中国注册会计师行业制度全编
（增补本·2018）

中国注册会计师协会 编

中国财经出版传媒集团
中国财政经济出版社

图书在版编目（CIP）数据

中国注册会计师行业制度全编：增补本.2018/中国注册会计师协会编.—北京：中国财政经济出版社，2018.6
ISBN 978–7–5095–8207–7

Ⅰ.①中… Ⅱ.①中… Ⅲ.①会计师–行业管理–制度–汇编–中国 Ⅳ.①F233.2

中国版本图书馆 CIP 数据核字（2018）第 074337 号

责任编辑：段　钢　　　责任印制：刘春年
美　　编：孙俪铭　　　责任校对：杨瑞琦

中国财政经济出版社 出版

URL：http://www.cfeph.cn
E–mail：cfeph@cfeph.cn

（版权所有　翻印必究）

社址：北京市海淀区阜成路甲 28 号　邮政编码：100142
营销中心电话：010–88191537　北京财经书店电话：64033436　84041336
北京汇林印务有限公司印装　各地新华书店经销
787×1092 毫米　16 开　44.75 印张　768 000 字
2018 年 6 月第 1 版　2018 年 6 月北京第 1 次印刷
定价：218.00 元
ISBN 978–7–5095–8207–7
（图书出现印装问题，本社负责调换）
本社质量投诉电话：010–88190744
打击盗版举报热线 010–88191661、QQ：2242791300

前　言

注册会计师独立审计是市场监督体系重要的制度安排，注册会计师专业服务是高端服务业重要门类，注册会计师行业是社会管理创新重要力量，注册会计师队伍是新的社会阶层人士重要代表，注册会计师行业党建是社会组织党建重要探索。

党的十九大确立了习近平新时代中国特色社会主义思想，对新时代中国特色社会主义建设作出了全面部署。注册会计师行业学习贯彻党的十九大精神，要以习近平新时代中国特色社会主义思想和注册会计师行业要"紧紧抓住服务国家建设这个主题和诚信建设这条主线"的重要论述为指导，深入实施行业发展战略，创新实施行业发展五年规划，全面加强行业各项建设，更好地服务新时代国家建设大局，为建设现代化经济体系贡献行业力量。

制度建设是注册会计师行业建设的重要领域，是行业高质量发展的重要保障。注册会计师行业高度重视制度建设。2011年，注册会计师行业开展"制度建设年"主题活动，推动完善了行业制度体系。为巩固行业制度建设成果，促进制度体系的有效实施，并作为"制度建设年"主题活动的重要任务，中国注册会计师协会编纂完成《中国注册会计师行业制度全编》，全编共6卷，包括行业发展卷、行业管理卷、执业准则卷、实务指引卷、职业道德卷、行业党建卷，收录制度22类、178件。2015年1月，编纂完成《注册会计师行业制度全编（增补本）》，收录《注册会计师行业制度全编》出版后，至2014年12月31日发布的新制度，共46件。

为反映行业制度建设的新成果，发挥制度在行业高质量发展中的保障和促进作用，中国注册会计师协会决定编纂《中国注册会计师行业制度全编（增补本·2018）》，收录 2015 年 1 月 1 日至 2017 年 12 月 31 日新制订、修订的行业相关制度 42 件。同时附列了《注册会计师行业制度全编》和《注册会计师行业制度全编（增补本）》中已失效、废止的制度一览表。

书中疏漏之处，欢迎提出批评意见和建议。

中国注册会计师协会
2018 年 3 月

目 录

中华人民共和国注册会计师法
  (1993 年 10 月 31 日第八届全国人民代表大会常务委员会
  第四次会议通过，2014 年 8 月 31 日第十二届全国
  人民代表大会常务委员会修正) …………………………………… 1
中华人民共和国会计法
  (1985 年 1 月 21 日第六届全国人民代表大会常务委员会第九次
  会议通过，1993 年 12 月 29 日第八届全国人民代表大会常务
  委员会第五次会议修正，1999 年 10 月 31 日第九届全国人民
  代表大会常务委员会第十二次会议修订，2017 年 11 月 4 日
  第十二届全国人民代表大会常务委员会第三十次会议修正) ……… 8

一、行业发展

国务院关于加快发展服务贸易的若干意见
  (2015 年 1 月 28 日，国发〔2015〕8 号) ………………………… 19
商务部　中央宣传部　发展改革委　工业和信息化部　财政部
  交通运输部　卫生计生委　人民银行　海关总署
  税务总局　统计局　旅游局　中医药局
  关于印发《服务贸易发展"十三五"规划》的通知
  (2017 年 3 月 2 日，商服贸发〔2017〕76 号) …………………… 27
国家发展改革委关于印发《服务业创新发展大纲
  (2017—2025 年)》的通知
  (2017 年 6 月 13 日，发改规划〔2017〕1116 号) ……………… 51
财政部关于印发《会计改革与发展"十三五"规划纲要》的通知
  (2016 年 10 月 8 日，财会〔2016〕19 号) ……………………… 76

中国注册会计师协会关于印发《注册会计师行业发展规划
　　（2016—2020年)》的通知
　　　（2016年12月15日，会协〔2016〕74号) …………… 88
中国注册会计师协会关于印发《注册会计师行业信息化建设规划
　　（2016—2020年)》的通知
　　　（2016年12月15日，会协〔2016〕73号) …………… 101
中国注册会计师协会关于印发《会计师事务所信息化促进
　　工作方案》的通知
　　　（2017年6月30日，会协〔2017〕31号) …………… 109
关于规范全国性社会组织年度财务审计工作的通知
　　（2015年2月25日，民发〔2015〕47号) ………………… 112
财政部　科技部　教育部　发展改革委关于进一步做好中央
　　财政科研项目资金管理等政策贯彻落实工作的通知
　　　（2017年3月3日，财科教〔2017〕6号) ……………… 114
中国注册会计师协会关于印发《会计师事务所品牌建设指南》的通知
　　（2016年11月2日，会协〔2016〕53号) ………………… 117

二、行业管理
考试
关于印发《注册会计师全国统一考试应考人员考场守则》等5项
　　考试管理制度的通知（2014年6月3日，财考〔2014〕6号) …… 127
　　注册会计师全国统一考试应考人员考场守则 ………………… 128
　　注册会计师全国统一考试成绩复核办法 ……………………… 130
　　注册会计师全国统一考试报名管理办法 ……………………… 131
　　注册会计师全国统一考试免试管理办法 ……………………… 133
　　注册会计师全国统一考试合格证管理办法 …………………… 140
关于印发《注册会计师全国统一考试考务管理办法》等7项
　　考试管理制度的通知（2014年6月3日，财考〔2014〕7号) …… 145
　　注册会计师全国统一考试考务管理办法 ……………………… 145
　　注册会计师全国统一考试考场管理办法 ……………………… 157
　　注册会计师全国统一考试监考人员工作规则 ………………… 159
　　注册会计师全国统一考试巡考人员工作规则 ………………… 166
　　注册会计师全国统一考试纸笔作答考务工作暂行规定 ……… 171
　　注册会计师全国统一考试突发事件应急处理办法 …………… 173

注册会计师全国统一考试试卷评阅工作规则 …………………… 175

机构
会计师事务所执业许可和监督管理办法
　　（2017 年 8 月 20 日，财政部令第 89 号）…………………… 179
代理记账管理办法（2016 年 2 月 24 日，财政部令第 80 号）……… 194
国家税务总局关于发布《涉税专业服务监管办法（试行）》的公告
　　（2017 年 5 月 5 日，国家税务总局公告 2017 年第 13 号）……… 199
关于发布《涉税专业服务信息公告与推送办法（试行）》的公告
　　（2017 年 11 月 22 日，国家税务总局公告 2017 年第 42 号）…… 204
财政部关于做好会计师事务所执业许可管理工作的通知
　　（2017 年 9 月 28 日，财办会〔2017〕19 号）………………… 208
财政部　中国保险监督管理委员会关于印发《会计师事务所职业
　　责任保险暂行办法》的通知
　　（2015 年 6 月 30 日，财会〔2015〕13 号）…………………… 220
财政部　国家档案局关于印发《会计师事务所审计档案管理办法》的
　　通知（2016 年 1 月 11 日，财会〔2016〕1 号）………………… 224
财政部关于印发《金融企业选聘会计师事务所管理办法》的通知
　　（2016 年 3 月 3 日，财金〔2016〕12 号）…………………… 229
国务院国有资产监督管理委员会关于印发《中央企业重组后选聘
　　会计师事务所及会计师事务所受短期暂停承接新业务处理
　　有关问题解答》的通知
　　（2017 年 11 月 10 日，国资厅发财管〔2017〕55 号）………… 237
中国注册会计师协会关于修改《会计师事务所综合评价办法》的通知
　　（2015 年 7 月 1 日，会协〔2015〕42 号）…………………… 240
中国注册会计师协会关于发布《年度业务收入前 100 家会计师
　　事务所信息发布办法》的通知
　　（2018 年 1 月 2 日，会协〔2018〕1 号）…………………… 248

注册
注册会计师注册办法
　　（2005 年 1 月 22 日财政部令第 25 号发布，2017 年 12 月 4 日
　　财政部令第 90 号修改）……………………………………… 251

行业监管

财政部关于简化为会计师事务所出具行政处罚证明材料的通知
　　（2016年2月3日，财监〔2016〕2号） ………………………… 255
关于查询会计师事务所及注册会计师行业惩戒信息的通知
　　（2015年1月26日，会协〔2015〕5号） ……………………… 257

涉外管理

财政部关于印发《会计师事务所从事中国内地企业境外上市审计
　　业务暂行规定》的通知
　　（2015年5月26日，财会〔2015〕9号） ……………………… 258
关于大力支持香港澳门特别行政区会计专业人士
　　担任内地会计师事务所合伙人有关问题的通知
　　（2016年5月16日，财会〔2016〕9号） ……………………… 263
财政部关于《境外会计师事务所在中国内地
　　临时执行审计业务暂行规定》的补充通知
　　（2017年4月17日，财会〔2017〕10号） ……………………… 266

三、执业准则

财政部关于印发《中国注册会计师审计准则第1504号
　　——在审计报告中沟通关键审计事项》等12项准则的通知
　　（2016年12月23日，财会〔2016〕24号） …………………… 269
中国注册会计师审计准则第1111号
　　——就审计业务约定条款达成一致意见 ………………………… 271
中国注册会计师审计准则第1131号——审计工作底稿 ………… 275
中国注册会计师审计准则第1151号——与治理层的沟通 ……… 279
中国注册会计师审计准则第1301号——审计证据 ……………… 284
中国注册会计师审计准则第1324号——持续经营 ……………… 287
中国注册会计师审计准则第1332号——期后事项 ……………… 292
中国注册会计师审计准则第1341号——书面声明 ……………… 296
中国注册会计师审计准则第1501号
　　——对财务报表形成审计意见和出具审计报告 ………………… 300
中国注册会计师审计准则第1502号
　　——在审计报告中发表非无保留意见 …………………………… 308

中国注册会计师审计准则第1503号
——在审计报告中增加强调事项段和其他事项段 …………… 314
中国注册会计师审计准则第1504号
——在审计报告中沟通关键审计事项 …………………… 317
中国注册会计师审计准则第1521号
——注册会计师对其他信息的责任 …………………… 320
中国注册会计师协会关于印发《〈中国注册会计师审计准则第1504号
——在审计报告中沟通关键审计事项〉应用指南》等16项
应用指南的通知 …………………………………………… 327
《中国注册会计师审计准则第1111号
——就审计业务约定条款达成一致意见》应用指南 ……… 329
《中国注册会计师审计准则第1121号
——对财务报表审计实施的质量控制》应用指南 ………… 348
《中国注册会计师审计准则第1131号——审计工作底稿》
应用指南 ……………………………………………… 356
《中国注册会计师审计准则第1151号——与治理层的
沟通》应用指南 ……………………………………… 362
《中国注册会计师审计准则第1251号
——评价审计过程中识别出的错报》应用指南 …………… 376
《中国注册会计师审计准则第1321号——审计会计估计（包括
公允价值会计估计）和相关披露》应用指南 ……………… 382
《中国注册会计师审计准则第1324号——持续经营》
应用指南 ……………………………………………… 410
《中国注册会计师审计准则第1331号
——首次审计业务涉及的期初余额》应用指南 …………… 426
《中国注册会计师审计准则第1332号
——期后事项》应用指南 …………………………… 434
《中国注册会计师审计准则第1401号
——对集团财务报表审计的特殊考虑》应用指南 ………… 438
《中国注册会计师审计准则第1501号
——对财务报表形成审计意见和出具审计报告》
应用指南 ……………………………………………… 467
《中国注册会计师审计准则第1502号
——在审计报告中发表非无保留意见》应用指南 ………… 489

《中国注册会计师审计准则第 1503 号
　　——在审计报告中增加强调事项段和其他事项段》
　　应用指南 …………………………………………………… 507
《中国注册会计师审计准则第 1504 号
　　——在审计报告中沟通关键审计事项》应用指南 ………… 517
《中国注册会计师审计准则第 1511 号
　　——比较信息：对应数据和比较财务报表》应用指南 …… 532
《中国注册会计师审计准则第 1521 号
　　——注册会计师对其他信息的责任》应用指南 …………… 544

四、实务指引

财政部　银监会关于进一步规范银行函证及回函工作的通知
　　（2016 年 7 月 12 日，财会〔2016〕13 号）………………… 579
中国注册会计师协会关于印发《企业内部控制审计问题解答》的通知
　　（2015 年 2 月 5 日，会协〔2015〕7 号）…………………… 594
中国注册会计师协会关于印发《中国注册会计师职业判断指南》的
　　通知（2015 年 3 月 26 日，会协〔2015〕18 号）………… 606
中国注册会计师协会关于印发《会计师事务所财政支出绩效评价
　　业务指引》的通知
　　（2016 年 4 月 6 日，会协〔2016〕10 号）………………… 619

五、行业党建

中共财政部党组关于印发《注册会计师行业"学党章党规、学系列讲话，
　　做合格党员"学习教育的指导意见》的通知
　　（2016 年 5 月 18 日，财党〔2016〕41 号）………………… 659
中共财政部党组关于印发《关于进一步深化注册会计师行业党的
　　建设工作的指导意见》的通知
　　（2016 年 5 月 30 日，财党〔2016〕43 号）………………… 667
中共财政部党组印发《关于推进注册会计师行业"两学一做"
　　学习教育常态化制度化的指导意见》的通知
　　（2017 年 5 月 28 日，财党〔2017〕35 号）………………… 677
关于学习贯彻中央统战工作会议和《中国共产党统一战线工作
　　条例（试行）》精神的通知
　　（2015 年 7 月 7 日，会行党〔2015〕8 号）………………… 685

中国注册会计师行业党委关于认真学习宣传贯彻党的十九大精神的通知
　　（2017 年 11 月 22 日，会行党〔2017〕16 号）…………………… 688

六、附录
《中国注册会计师行业制度全编》及《中国注册会计师行业制度
　　全编（增补本）》中已失效或废止制度一览表 ………………… 697

中华人民共和国注册会计师法

(1993年10月31日第八届全国人民代表大会常务委员会第四次会议通过，2014年8月31日第十二届全国人民代表大会常务委员会修正)

第一章 总则

第一条 为了发挥注册会计师在社会经济活动中的鉴证和服务作用，加强对注册会计师的管理，维护社会公共利益和投资者的合法权益，促进社会主义市场经济的健康发展，制定本法。

第二条 注册会计师是依法取得注册会计师证书并接受委托从事审计和会计咨询、会计服务业务的执业人员。

第三条 会计师事务所是依法设立并承办注册会计师业务的机构。

注册会计师执行业务，应当加入会计师事务所。

第四条 注册会计师协会是由注册会计师组成的社会团体。中国注册会计师协会是注册会计师的全国组织，省、自治区、直辖市注册会计师协会是注册会计师的地方组织。

第五条 国务院财政部门和省、自治区、直辖市人民政府财政部门，依法对注册会计师、会计师事务所和注册会计师协会进行监督、指导。

第六条 注册会计师和会计师事务所执行业务，必须遵守法律、行政法规。

注册会计师和会计师事务所依法独立、公正执行业务，受法律保护。

第二章 考试和注册

第七条 国家实行注册会计师全国统一考试制度。注册会计师全国统一考试办法，由国务院财政部门制定，由中国注册会计师协会组织实施。

第八条 具有高等专科以上学校毕业的学历或者具有会计或者相关专业中级以上技术职称的中国公民，可以申请参加注册会计师全国统一考试；具有会计或者相关专业高级技术职称的人员，可以免予部分科目的考试。

第九条 参加注册会计师全国统一考试成绩合格，并从事审计业务工作二年以上的，可以向省、自治区、直辖市注册会计师协会申请注册。

除有本法第十条所列情形外，受理申请的注册会计师协会应当准予注册。

第十条 有下列情形之一的，受理申请的注册会计师协会不予注册：

（一）不具有完全民事行为能力的；

（二）因受刑事处罚，自刑罚执行完毕之日起至申请注册之日止不满五年的；

（三）因在财务、会计、审计、企业管理或者其他经济管理工作中犯有严重错误受行政处罚、撤职以上处分，自处罚、处分决定之日起至申请注册之日止不满二年的；

（四）受吊销注册会计师证书的处罚，自处罚决定之日起至申请注册之日止不满五年的；

（五）国务院财政部门规定的其他不予注册的情形的。

第十一条 注册会计师协会应当将准予注册的人员名单报国务院财政部门备案。国务院财政部门发现注册会计师协会的注册不符合本法规定的，应当通知有关的注册会计师协会撤销注册。

注册会计师协会依照本法第十条的规定不予注册的，应当自决定之日起十五日内书面通知申请人。申请人有异议的，可以自收到通知之日起十五日内向国务院财政部门或者省、自治区、直辖市人民政府财政部门申请复议。

第十二条 准予注册的申请人，由注册会计师协会发给国务院财政部门统一制定的注册会计师证书。

第十三条 已取得注册会计师证书的人员，除本法第十一条第一款规定的情形外，注册后有下列情形之一的，由准予注册的注册会计师协会撤销注册，收回注册会计师证书：

（一）完全丧失民事行为能力的；

（二）受刑事处罚的；

（三）因在财务、会计、审计、企业管理或者其他经济管理工作中犯有严重错误受行政处罚、撤职以上处分的；

（四）自行停止执行注册会计师业务满一年的。

被撤销注册的当事人有异议的，可以自接到撤销注册、收回注册会计师证书的通知之日起十五日内向国务院财政部门或者省、自治区、直辖市人民政府财政部门申请复议。

依照第一款规定被撤销注册的人员可以重新申请注册，但必须符合本法第九条、第十条的规定。

第三章 业务范围和规则

第十四条 注册会计师承办下列审计业务：

（一）审查企业会计报表，出具审计报告；

（二）验证企业资本，出具验资报告；

（三）办理企业合并、分立、清算事宜中的审计业务，出具有关的报告；

（四）法律、行政法规规定的其他审计业务。

注册会计师依法执行审计业务出具的报告，具有证明效力。

第十五条 注册会计师可以承办会计咨询、会计服务业务。

第十六条 注册会计师承办业务，由其所在的会计师事务所统一受理并与委托人签订委托合同。

会计师事务所对本所注册会计师依照前款规定承办的业务，承担民事责任。

第十七条 注册会计师执行业务，可以根据需要查阅委托人的有关会计资料和文件，查看委托人的业务现场和设施，要求委托人提供其他必要的协助。

第十八条 注册会计师与委托人有利害关系的，应当回避；委托人有权要求其回避。

第十九条 注册会计师对在执行业务中知悉的商业秘密，负有保密义务。

第二十条 注册会计师执行审计业务，遇有下列情形之一的，应当拒绝出具有关报告：

（一）委托人示意其作不实或者不当证明的；

（二）委托人故意不提供有关会计资料和文件的；

（三）因委托人有其他不合理要求，致使注册会计师出具的报告不能对财务会计的重要事项作出正确表述的。

第二十一条 注册会计师执行审计业务，必须按照执业准则、规则确定的工作程序出具报告。

注册会计师执行审计业务出具报告时，不得有下列行为：

（一）明知委托人对重要事项的财务会计处理与国家有关规定相抵触，而不予指明；

（二）明知委托人的财务会计处理会直接损害报告使用人或者其他利

害关系人的利益,而予以隐瞒或者作不实的报告;

(三)明知委托人的财务会计处理会导致报告使用人或者其他利害关系人产生重大误解,而不予指明;

(四)明知委托人的会计报表的重要事项有其他不实的内容,而不予指明。

对委托人有前款所列行为,注册会计师按照执业准则、规则应当知道的,适用前款规定。

第二十二条 注册会计师不得有下列行为:

(一)在执行审计业务期间,在法律、行政法规规定不得买卖被审计单位的股票、债券或者不得购买被审计单位或者个人的其他财产的期限内,买卖被审计单位的股票、债券或者购买被审计单位或者个人所拥有的其他财产;

(二)索取、收受委托合同约定以外的酬金或者其他财物,或者利用执行业务之便,谋取其他不正当的利益;

(三)接受委托催收债款;

(四)允许他人以本人名义执行业务;

(五)同时在两个或者两个以上的会计师事务所执行业务;

(六)对其能力进行广告宣传以招揽业务;

(七)违反法律、行政法规的其他行为。

第四章 会计师事务所

第二十三条 会计师事务所可以由注册会计师合伙设立。

合伙设立的会计师事务所的债务,由合伙人按照出资比例或者协议的约定,以各自的财产承担责任。合伙人对会计师事务所的债务承担连带责任。

第二十四条 会计师事务所符合下列条件的,可以是负有限责任的法人:

(一)不少于三十万元的注册资本;

(二)有一定数量的专职从业人员,其中至少有五名注册会计师;

(三)国务院财政部门规定的业务范围和其他条件。

负有限责任的会计师事务所以其全部资产对其债务承担责任。

第二十五条 设立会计师事务所,由省、自治区、直辖市人民政府财政部门批准。

申请设立会计师事务所,申请者应当向审批机关报送下列文件:

（一）申请书；

（二）会计师事务所的名称、组织机构和业务场所；

（三）会计师事务所章程，有合伙协议的并应报送合伙协议；

（四）注册会计师名单、简历及有关证明文件；

（五）会计师事务所主要负责人、合伙人的姓名、简历及有关证明文件；

（六）负有限责任的会计师事务所的出资证明；

（七）审批机关要求的其他文件。

第二十六条 审批机关应当自收到申请文件之日起三十日内决定批准或者不批准。

省、自治区、直辖市人民政府财政部门批准的会计师事务所，应当报国务院财政部门备案。国务院财政部门发现批准不当的，应当自收到备案报告之日起三十日内通知原审批机关重新审查。

第二十七条 会计师事务所设立分支机构，须经分支机构所在地的省、自治区、直辖市人民政府财政部门批准。

第二十八条 会计师事务所依法纳税。

会计师事务所按照国务院财政部门的规定建立职业风险基金，办理职业保险。

第二十九条 会计师事务所受理业务，不受行政区域、行业的限制；但是，法律、行政法规另有规定的除外。

第三十条 委托人委托会计师事务所办理业务，任何单位和个人不得干预。

第三十一条 本法第十八条至第二十一条的规定，适用于会计师事务所。

第三十二条 会计师事务所不得有本法第二十二条第（一）项至第（四）项、第（六）项、第（七）项所列的行为。

第五章 注册会计师协会

第三十三条 注册会计师应当加入注册会计师协会。

第三十四条 中国注册会计师协会的章程由全国会员代表大会制定，并报国务院财政部门备案；省、自治区、直辖市注册会计师协会的章程由省、自治区、直辖市会员代表大会制定，并报省、自治区、直辖市人民政府财政部门备案。

第三十五条 中国注册会计师协会依法拟订注册会计师执业准则、规则,报国务院财政部门批准后施行。

第三十六条 注册会计师协会应当支持注册会计师依法执行业务,维护其合法权益,向有关方面反映其意见和建议。

第三十七条 注册会计师协会应当对注册会计师的任职资格和执业情况进行年度检查。

第三十八条 注册会计师协会依法取得社会团体法人资格。

第六章 法律责任

第三十九条 会计师事务所违反本法第二十条、第二十一条规定的,由省级以上人民政府财政部门给予警告,没收违法所得,可以并处违法所得一倍以上五倍以下的罚款;情节严重的,并可以由省级以上人民政府财政部门暂停其经营业务或者予以撤销。

注册会计师违反本法第二十条、第二十一条规定的,由省级以上人民政府财政部门给予警告;情节严重的,可以由省级以上人民政府财政部门暂停其执行业务或者吊销注册会计师证书。

会计师事务所、注册会计师违反本法第二十条、第二十一条的规定,故意出具虚假的审计报告、验资报告,构成犯罪的,依法追究刑事责任。

第四十条 对未经批准承办本法第十四条规定的注册会计师业务的单位,由省级以上人民政府财政部门责令其停止违法活动,没收违法所得,可以并处违法所得一倍以上五倍以下的罚款。

第四十一条 当事人对行政处罚决定不服的,可以在接到处罚通知之日起十五日内向作出处罚决定的机关的上一级机关申请复议;当事人也可以在接到处罚决定通知之日起十五日内直接向人民法院起诉。

复议机关应当在接到复议申请之日起六十日内作出复议决定。当事人对复议决定不服的,可以在接到复议决定之日起十五日内向人民法院起诉。复议机关逾期不作出复议决定的,当事人可以在复议期满之日起十五日内向人民法院起诉。

当事人逾期不申请复议,也不向人民法院起诉,又不履行处罚决定的,作出处罚决定的机关可以申请人民法院强制执行。

第四十二条 会计师事务所违反本法规定,给委托人、其他利害关系人造成损失的,应当依法承担赔偿责任。

第七章 附则

第四十三条 在审计事务所工作的注册审计师,经认定为具有注册会计师资格的，可以执行本法规定的业务，其资格认定和对其监督、指导、管理的办法由国务院另行规定。

第四十四条 外国人申请参加中国注册会计师全国统一考试和注册，按照互惠原则办理。

外国会计师事务所需要在中国境内临时办理有关业务的，须经有关的省、自治区、直辖市人民政府财政部门批准。

第四十五条 国务院可以根据本法制定实施条例。

第四十六条 本法自 1994 年 1 月 1 日起施行。1986 年 7 月 3 日国务院发布的《中华人民共和国注册会计师条例》同时废止。

中华人民共和国会计法

(1985年1月21日第六届全国人民代表大会常务委员会第九次会议通过，1993年12月29日第八届全国人民代表大会常务委员会第五次会议修正，1999年10月31日第九届全国人民代表大会常务委员会第十二次会议修订，2017年11月4日第十二届全国人民代表大会常务委员会第三十次会议修正)

第一章 总则

第一条 为了规范会计行为，保证会计资料真实、完整，加强经济管理和财务管理，提高经济效益，维护社会主义市场经济秩序，制定本法。

第二条 国家机关、社会团体、公司、企业、事业单位和其他组织（以下统称单位）必须依照本法办理会计事务。

第三条 各单位必须依法设置会计账簿，并保证其真实、完整。

第四条 单位负责人对本单位的会计工作和会计资料的真实性、完整性负责。

第五条 会计机构、会计人员依照本法规定进行会计核算，实行会计监督。

任何单位或者个人不得以任何方式授意、指使、强令会计机构、会计人员伪造、变造会计凭证、会计账簿和其他会计资料，提供虚假财务会计报告。

任何单位或者个人不得对依法履行职责、抵制违反本法规定行为的会计人员实行打击报复。

第六条 对认真执行本法，忠于职守，坚持原则，做出显著成绩的会计人员，给予精神的或者物质的奖励。

第七条 国务院财政部门主管全国的会计工作。

县级以上地方各级人民政府财政部门管理本行政区域内的会计工作。

第八条 国家实行统一的会计制度。国家统一的会计制度由国务院财政部门根据本法制定并公布。

国务院有关部门可以依照本法和国家统一的会计制度制定对会计核算和会计监督有特殊要求的行业实施国家统一的会计制度的具体办法或者补

充规定，报国务院财政部门审核批准。

中国人民解放军总后勤部可以依照本法和国家统一的会计制度制定军队实施国家统一的会计制度的具体办法，报国务院财政部门备案。

第二章　会计核算

第九条　各单位必须根据实际发生的经济业务事项进行会计核算，填制会计凭证，登记会计账簿，编制财务会计报告。

任何单位不得以虚假的经济业务事项或者资料进行会计核算。

第十条　下列经济业务事项，应当办理会计手续，进行会计核算：

（一）款项和有价证券的收付；

（二）财物的收发、增减和使用；

（三）债权债务的发生和结算；

（四）资本、基金的增减；

（五）收入、支出、费用、成本的计算；

（六）财务成果的计算和处理；

（七）需要办理会计手续、进行会计核算的其他事项。

第十一条　会计年度自公历1月1日起至12月31日止。

第十二条　会计核算以人民币为记账本位币。

业务收支以人民币以外的货币为主的单位，可以选定其中一种货币作为记账本位币，但是编报的财务会计报告应当折算为人民币。

第十三条　会计凭证、会计账簿、财务会计报告和其他会计资料，必须符合国家统一的会计制度的规定。

使用电子计算机进行会计核算的，其软件及其生成的会计凭证、会计账簿、财务会计报告和其他会计资料，也必须符合国家统一的会计制度的规定。

任何单位和个人不得伪造、变造会计凭证、会计账簿及其他会计资料，不得提供虚假的财务会计报告。

第十四条　会计凭证包括原始凭证和记账凭证。

办理本法第十条所列的经济业务事项，必须填制或者取得原始凭证并及时送交会计机构。

会计机构、会计人员必须按照国家统一的会计制度的规定对原始凭证进行审核，对不真实、不合法的原始凭证有权不予接受，并向单位负责人报告；对记载不准确、不完整的原始凭证予以退回，并要求按照国家统一的会计制度的规定更正、补充。

原始凭证记载的各项内容均不得涂改；原始凭证有错误的，应当由出具单位重开或者更正，更正处应当加盖出具单位印章。原始凭证金额有错误的，应当由出具单位重开，不得在原始凭证上更正。

记账凭证应当根据经过审核的原始凭证及有关资料编制。

第十五条 会计账簿登记，必须以经过审核的会计凭证为依据，并符合有关法律、行政法规和国家统一的会计制度的规定。会计账簿包括总账、明细账、日记账和其他辅助性账簿。

会计账簿应当按照连续编号的页码顺序登记。会计账簿记录发生错误或者隔页、缺号、跳行的，应当按照国家统一的会计制度规定的方法更正，并由会计人员和会计机构负责人（会计主管人员）在更正处盖章。

使用电子计算机进行会计核算的，其会计账簿的登记、更正，应当符合国家统一的会计制度的规定。

第十六条 各单位发生的各项经济业务事项应当在依法设置的会计账簿上统一登记、核算，不得违反本法和国家统一的会计制度的规定私设会计账簿登记、核算。

第十七条 各单位应当定期将会计账簿记录与实物、款项及有关资料相互核对，保证会计账簿记录与实物及款项的实有数额相符、会计账簿记录与会计凭证的有关内容相符、会计账簿之间相对应的记录相符、会计账簿记录与会计报表的有关内容相符。

第十八条 各单位采用的会计处理方法，前后各期应当一致，不得随意变更；确有必要变更的，应当按照国家统一的会计制度的规定变更，并将变更的原因、情况及影响在财务会计报告中说明。

第十九条 单位提供的担保、未决诉讼等或有事项，应当按照国家统一的会计制度的规定，在财务会计报告中予以说明。

第二十条 财务会计报告应当根据经过审核的会计账簿记录和有关资料编制，并符合本法和国家统一的会计制度关于财务会计报告的编制要求、提供对象和提供期限的规定；其他法律、行政法规另有规定的，从其规定。

财务会计报告由会计报表、会计报表附注和财务情况说明书组成。向不同的会计资料使用者提供的财务会计报告，其编制依据应当一致。有关法律、行政法规规定会计报表、会计报表附注和财务情况说明书须经注册会计师审计的，注册会计师及其所在的会计师事务所出具的审计报告应当随同财务会计报告一并提供。

第二十一条 财务会计报告应当由单位负责人和主管会计工作的负责

人、会计机构负责人（会计主管人员）签名并盖章；设置总会计师的单位，还须由总会计师签名并盖章。

单位负责人应当保证财务会计报告真实、完整。

第二十二条 会计记录的文字应当使用中文。在民族自治地方，会计记录可以同时使用当地通用的一种民族文字。在中华人民共和国境内的外商投资企业、外国企业和其他外国组织的会计记录可以同时使用一种外国文字。

第二十三条 各单位对会计凭证、会计账簿、财务会计报告和其他会计资料应当建立档案，妥善保管。会计档案的保管期限和销毁办法，由国务院财政部会同有关部门制定。

第三章 公司、企业会计核算的特别规定

第二十四条 公司、企业进行会计核算，除应当遵守本法第二章的规定外，还应当遵守本章规定。

第二十五条 公司、企业必须根据实际发生的经济业务事项，按照国家统一的会计制度的规定确认、计量和记录资产、负债、所有者权益、收入、费用、成本和利润。

第二十六条 公司、企业进行会计核算不得有下列行为：

（一）随意改变资产、负债、所有者权益的确认标准或者计量方法，虚列、多列、不列或者少列资产、负债、所有者权益；

（二）虚列或者隐瞒收入，推迟或者提前确认收入；

（三）随意改变费用、成本的确认标准或者计量方法，虚列、多列、不列或者少列费用、成本；

（四）随意调整利润的计算、分配方法，编造虚假利润或者隐瞒利润；

（五）违反国家统一的会计制度规定的其他行为。

第四章 会计监督

第二十七条 各单位应当建立、健全本单位内部会计监督制度。单位内部会计监督制度应当符合下列要求：

（一）记账人员与经济业务事项和会计事项的审批人员、经办人员、财物保管人员的职责权限应当明确，并相互分离、相互制约；

（二）重大对外投资、资产处置、资金调度和其他重要经济业务事项的决策和执行的相互监督、相互制约程序应当明确；

（三）财产清查的范围、期限和组织程序应当明确；

（四）对会计资料定期进行内部审计的办法和程序应当明确。

第二十八条 单位负责人应当保证会计机构、会计人员依法履行职责，不得授意、指使、强令会计机构、会计人员违法办理会计事项。

会计机构、会计人员对违反本法和国家统一的会计制度规定的会计事项，有权拒绝办理或者按照职权予以纠正。

第二十九条 会计机构、会计人员发现会计账簿记录与实物、款项及有关资料不相符的，按照国家统一的会计制度的规定有权自行处理的，应当及时处理；无权处理的，应当立即向单位负责人报告，请求查明原因，作出处理。

第三十条 任何单位和个人对违反本法和国家统一的会计制度规定的行为，有权检举。收到检举的部门有权处理的，应当依法按照职责分工及时处理；无权处理的，应当及时移送有权处理的部门处理。收到检举的部门、负责处理的部门应当为检举人保密，不得将检举人姓名和检举材料转给被检举单位和被检举人个人。

第三十一条 有关法律、行政法规规定，须经注册会计师进行审计的单位，应当向受委托的会计师事务所如实提供会计凭证、会计账簿、财务会计报告和他会计资料以及有关情况。

任何单位或者个人不得以任何方式要求或者示意注册会计师及其所在的会计师事务所出具不实或者不当的审计报告。

财政部门有权对会计师事务所出具审计报告的程序和内容进行监督。

第三十二条 财政部门对各单位的下列情况实施监督：

（一）是否依法设置会计账簿；

（二）会计凭证、会计账簿、财务会计报告和其他会计资料是否真实、完整；

（三）会计核算是否符合本法和国家统一的会计制度的规定；

（四）从事会计工作的人员是否具备专业能力、遵守职业道德。

在对前款第（二）项所列事项实施监督，发现重大违法嫌疑时，国务院财政部门及其派出机构可以向与被监督单位有经济业务往来的单位和被监督单位开立账户的金融机构查询有关情况，有关单位和金融机构应当给予支持。

第三十三条 财政、审计、税务、人民银行、证券监管、保险监管等部门应当依照有关法律、行政法规规定的职责，对有关单位的会计资料实施监督检查。

前款所列监督检查部门对有关单位的会计资料依法实施监督检查后，

应当出具检查结论。有关监督检查部门已经作出的检查结论能够满足其他监督检查部门履行本部门职责需要的，其他监督检查部门应当加以利用，避免重复查账。

第三十四条　依法对有关单位的会计资料实施监督检查的部门及其工作人员对在监督检查中知悉的国家秘密和商业秘密负有保密义务。

第三十五条　各单位必须依照有关法律、行政法规的规定，接受有关监督检查部门依法实施的监督检查，如实提供会计凭证、会计账簿、财务会计报告和他会计资料以及有关情况，不得拒绝、隐匿、谎报。

第五章　会计机构和会计人员

第三十六条　各单位应当根据会计业务的需要，设置会计机构，或者在有关机构中设置会计人员并指定会计主管人员；不具备设置条件的，应当委托经批准设立从事会计代理记账业务的中介机构代理记账。

国有的和国有资产占控股地位或者主导地位的大、中型企业必须设置总会计师。总会计师的任职资格、任免程序、职责权限由国务院规定。

第三十七条　会计机构内部应当建立稽核制度。

出纳人员不得兼任稽核、会计档案保管和收入、支出、费用、债权债务账目的登记工作。

第三十八条　会计人员应当具备从事会计工作所需要的专业能力。

担任单位会计机构负责人（会计主管人员）的，应当具备会计师以上专业技术职务资格或者从事会计工作三年以上经历。

本法所称会计人员的范围由国务院财政部门规定。

第三十九条　会计人员应当遵守职业道德，提高业务素质。对会计人员的教育和培训工作应当加强。

第四十条　因有提供虚假财务会计报告，做假账，隐匿或者故意销毁会计凭证、会计账簿、财务会计报告，贪污，挪用公款，职务侵占等与会计职务的有关违法行为被依法追究刑事责任的人员，不得再从事会计工作。

第四十一条　会计人员调动工作或者离职，必须与接管人员办清交接手续。

一般会计人员办理交接手续，由会计机构负责人（会计主管人员）监交；会计机构负责人（会计主管人员）办理交接手续，由单位负责人监交，必要时主管单位可以派人会同监交。

第六章 法律责任

第四十二条 违反本法规定，有下列行为之一的，由县级以上人民政府财政部门责令限期改正，可以对单位并处三千元以上五万元以下的罚款；对其直接负责的主管人员和其他直接责任人员，可以处二千元以上二万元以下的罚款；属于国家工作人员的，还应当由其所在单位或者有关单位依法给予行政处分：

（一）不依法设置会计账簿的；

（二）私设会计账簿的；

（三）未按照规定填制、取得原始凭证或者填制、取得的原始凭证不符合规定的；

（四）以未经审核的会计凭证为依据登记会计账簿或者登记会计账簿不符合规定的；

（五）随意变更会计处理方法的；

（六）向不同的会计资料使用者提供的财务会计报告编制依据不一致的；

（七）未按照规定使用会计记录文字或者记账本位币的；

（八）未按照规定保管会计资料，致使会计资料毁损、灭失的；

（九）未按照规定建立并实施单位内部会计监督制度或者拒绝依法实施的监督或者不如实提供有关会计资料及有关情况的；

（十）任用会计人员不符合本法规定的。

有前款所列行为之一，构成犯罪的，依法追究刑事责任。

会计人员有第一款所列行为之一，情节严重的，五年内不得从事会计工作。

有关法律对第一款所列行为的处罚另有规定的，依照有关法律的规定办理。

第四十三条 伪造、变造会计凭证、会计账簿，编制虚假财务会计报告，构成犯罪的，依法追究刑事责任。

有前款行为，尚不构成犯罪的，由县级以上人民政府财政部门予以通报，可以对单位并处五千元以上十万元以下的罚款；对其直接负责的主管人员和其他直接责任人员，可以处三千元以上五万元以下的罚款；属于国家工作人员的，还应当由其所在单位或者有关单位依法给予撤职直至开除的行政处分；其中的会计人员，五年内不得从事会计工作。

第四十四条 隐匿或者故意销毁依法应当保存的会计凭证、会计账簿、财务会计报告，构成犯罪的，依法追究刑事责任。

有前款行为，尚不构成犯罪的，由县级以上人民政府财政部门予以通报，可以对单位并处五千元以上十万元以下的罚款；对其直接负责的主管人员和其他直接责任人员，可以处三千元以上五万元以下的罚款；属于国家工作人员的，还应当由其所在单位或者有关单位依法给予撤职直至开除的行政处分；其中的会计人员，五年内不得从事会计工作。

第四十五条 授意、指使、强令会计机构、会计人员及其他人员伪造、变造会计凭证、会计账簿，编制虚假财务会计报告或者隐匿、故意销毁依法应当保的会计凭证、会计账簿、财务会计报告，构成犯罪的，依法追究刑事责任；尚不构成犯罪的，可以处五千元以上五万元以下的罚款；属于国家工作人员的，还应当由其所在单位或者有关单位依法给予降级、撤职、开除的行政处分。

第四十六条 单位负责人对依法履行职责、抵制违反本法规定行为的会计人员以降级、撤职、调离工作岗位、解聘或者开除等方式实行打击报复，构成犯罪的，依法追究刑事责任；尚不构成犯罪的，由其所在单位或者有关单位依法给予行政处分。对受打击报复的会计人员，应当恢复其名誉和原有职务、级别。

第四十七条 财政部门及有关行政部门的工作人员在实施监督管理中滥用职权、玩忽职守、徇私舞弊或者泄露国家秘密、商业秘密，构成犯罪的，依法追刑事责任；尚不构成犯罪的，依法给予行政处分。

第四十八条 违反本法第三十条规定，将检举人姓名和检举材料转给被检举单位和被检举人个人的，由所在单位或者有关单位依法给予行政处分。

第四十九条 违反本法规定，同时违反其他法律规定的，由有关部门在各自职权范围内依法进行处罚。

第七章 附则

第五十条 本法下列用语的含义：

单位负责人，是指单位法定代表人或者法律、行政法规规定代表单位行使职权的主要负责人。

国家统一的会计制度，是指国务院财政部门根据本法制定的关于会计核算、会计监督、会计机构和会计人员以及会计工作管理的制度。

第五十一条 个体工商户会计管理的具体办法，由国务院财政部门根据本法的原则另行规定。

第五十二条 本法自 2000 年 7 月 1 日起施行。

中国注册会计师行业制度全编
(增补本·2018)

行业发展

国务院关于加快发展服务贸易的若干意见

(2015年1月28日,国发〔2015〕8号)

各省、自治区、直辖市人民政府,国务院各部委、各直属机构:

近年来,我国服务贸易发展较快,但总体上国际竞争力相对不足,仍是对外贸易"短板"。大力发展服务贸易,是扩大开放、拓展发展空间的重要着力点,有利于稳定和增加就业、调整经济结构、提高发展质量效率、培育新的增长点。为适应经济新常态,加快发展服务贸易,现提出以下意见:

一、总体要求

(一)指导思想。深入贯彻党的十八大和十八届二中、三中、四中全会精神,以深化改革、扩大开放、鼓励创新为动力,着力构建公平竞争的市场环境,促进服务领域相互投资,完善服务贸易政策支持体系,加快服务贸易自由化和便利化,推动扩大服务贸易规模,优化服务贸易结构,增强服务出口能力,培育"中国服务"的国际竞争力。

(二)基本原则。

深化改革,扩大开放。深化服务业改革,放宽服务领域投资准入,减少行政审批事项,打破地区封锁和行业垄断,破除制约服务业发展的体制机制障碍;坚持有序推进服务业开放,以开放促改革、促发展、促创新。

市场竞争,政府引导。发挥市场在服务贸易领域资源配置中的决定性作用,着力激发各类市场主体发展新活力;强化政府在制度建设、宏观指导、营造环境、政策支持等方面的职责,更好发挥政府引导作用。

产业支撑,创新发展。注重产业与贸易、货物贸易与服务贸易协调发展。依托制造业优势发展服务贸易,带动中国服务"走出去";发挥服务贸易的支撑作用,提升货物贸易附加值。夯实服务贸易发展基础,增强服务业的国际竞争力。

(三)发展目标。服务业开放水平进一步提高,服务业利用外资和对外投资范围逐步扩大、质量和水平逐步提升。服务贸易规模日益扩大,到2020年,服务进出口额超过1万亿美元,服务贸易占对外贸易的比重进一步提升，服务贸易的全球占比逐年提高。服务贸易结构日趋优化，新兴服务领域占比逐年提高，国际市场布局逐步均衡，"一带一路"沿线国家在我国服务出口中的占比稳步提升。

二、主要任务

（四）扩大服务贸易规模。巩固旅游、建筑等劳动密集型服务出口领域的规模优势；重点培育运输、通信、金融、保险、计算机和信息服务、咨询、研发设计、节能环保、环境服务等资本技术密集型服务领域发展，既通过扩大进口满足国内需求，又通过鼓励出口培育产业竞争力和外贸竞争新优势；积极推动文化艺术、广播影视、新闻出版、教育等承载中华文化核心价值的文化服务出口，大力促进文化创意、数字出版、动漫游戏等新型文化服务出口，加强中医药、体育、餐饮等特色服务领域的国际交流合作，提升中华文化软实力和影响力。

（五）优化服务贸易结构。优化服务贸易行业结构，积极开拓服务贸易新领域，稳步提升资本技术密集型服务和特色服务等高附加值服务在服务进出口中的占比。优化国际市场布局，继续巩固传统市场，在挖掘服务出口潜力的同时，加大资本技术密集型服务进口力度；大力开拓"一带一路"沿线国家市场，提高新兴国家市场占比，积极发展运输、建筑等服务贸易，培育具有丝绸之路特色的国际精品旅游线路和产品，推进承载中华文化的特色服务贸易发展，提高资本技术密集型服务贸易占比。优化国内区域布局，巩固东部沿海地区的规模和创新优势，加快发展资本技术密集型服务贸易，发挥中西部地区的资源优势，培育特色产业，鼓励错位竞争、协同发展。

（六）规划建设服务贸易功能区。充分发挥现代服务业和服务贸易集聚作用，在有条件的地区开展服务贸易创新发展试点。依托现有各类开发区和自由贸易试验区规划建设一批特色服务出口基地。拓展海关特殊监管区域和保税监管场所的服务出口功能，扩充国际转口贸易、国际物流、中转服务、研发、国际结算、分销、仓储等功能。

（七）创新服务贸易发展模式。积极探索信息化背景下新的服务贸易发展模式，依托大数据、物联网、移动互联网、云计算等新技术推动服务贸易模式创新，打造服务贸易新型网络平台，促进制造业与服务业、各服务行业之间的融合发展。将承接服务外包作为提升我国服务水平和国际影响力的重要手段，扩大服务外包产业规模，增加高技术含量、高附加值外包业务比重，拓展服务外包业务领域，提升服务跨境交付能力。推动离岸、在岸服务外包协调发展，在积极承接国际服务外包的同时，逐步扩大在岸市场规模。

（八）培育服务贸易市场主体。打造一批主业突出、竞争力强的大型跨国服务业企业，培育若干具有较强国际影响力的服务品牌；支持有特色、善创新的中小企业发展，引导中小企业融入全球供应链。鼓励规模以上服务业企业走国际化发展道路，积极开拓海外市场，力争规模以上服务业企业都有进出口实绩。支持服务贸易企业加强自主创新能力建设，鼓励服务领域技术引进和消化吸收再创新。

（九）进一步扩大服务业开放。探索对外商投资实行准入前国民待遇加负面清单的管理模式，提高利用外资的质量和水平。推动服务业扩大开放，推进金融、教育、文化、医疗等服务业领域有序开放，逐步实现高水平对内对外开放；放开育幼养老、建筑设计、会计审计、商贸物流、电子商务等服务业领域外资准入限制。积极参与多边、区域服务贸易谈判和全球服务贸易规则制定。建立面向全球的高标准自由贸易区网络，依托自由贸易区战略实施，积极推动服务业双向互惠开放。基本实现内地与港澳服务贸易自由化。推动大陆与台湾服务业互利开放。

（十）大力推动服务业对外投资。支持各类服务业企业通过新设、并购、合作等方式，在境外开展投资合作，加快建设境外营销网络，增加在境外的商业存在。支持服务业企业参与投资、建设和管理境外经贸合作区。鼓励企业建设境外保税仓，积极构建跨境产业链，带动国内劳务输出和货物、服务、技术出口。支持知识产权境外登记注册，加强知识产权海外布局，加大海外维权力度，维护企业权益。

三、政策措施

（十一）加强规划引导。发挥规划的引领作用，定期编制服务贸易发展规划。指导地方做好规划工作，确立主导行业和发展重点，扶持特色优势行业发展。加强对重点领域的支持引导，制订重点服务出口领域指导目录。建立不同层级的重点企业联系制度。

（十二）完善财税政策。充分利用外经贸发展专项资金等政策，加大对服务贸易发展的支持力度，进一步优化资金安排结构，突出政策支持重点，完善和创新支持方式，引导更多社会资金加大对服务贸易发展的支持力度，拓宽融资渠道，改善公共服务。结合全面实施"营改增"改革，对服务出口实行零税率或免税，鼓励扩大服务出口。

（十三）创新金融服务。加强金融服务体系建设，鼓励金融机构在风险可控的前提下创新金融产品和服务，开展供应链融资、海外并购融资、应收账款质押贷款、仓单质押贷款、融资租赁等业务。鼓励政策性金融机构在现有业务范围内加大对服务贸易企业开拓国际市场、开展国际并购等业务的支持力度，支持服务贸易重点项目建设。鼓励保险机构创新保险品种和保险业务，探索研究推出更多、更便捷的外贸汇率避险险种，在风险可控的前提下采取灵活承保政策，简化投保手续。引导服务贸易企业积极运用金融、保险等多种政策工具开拓国际市场，拓展融资渠道。推动小微企业融资担保体系建设，积极推进小微企业综合信息共享。加大多层次资本市场对服务贸易企业的支持力度，支持符合条件的服务贸易企业在交易所市场上市、在全国中小企业股份转让系统挂牌、发行公司债和中小企业私募债等。

（十四）提高便利化水平。建立和完善与服务贸易特点相适应的口岸通关管理模式。探索对会展、拍卖、快递等服务企业所需通关的国际展品、艺术品、电子商务快件等特殊物品的监管模式创新，完善跨境电子商务通关服务。加强金融基础设施建设，便利跨境人民币结算，鼓励境内银行机构和支付机构扩大跨境支付服务范围，支持服务贸易企业采用出口收入存放境外等方式提高外汇资金使用效率。加强人员流动、资格互认、标准化等方面的国际磋商与合作，为专业人才和专业服务"引进来"和"走出去"提供便利。为外籍高端人才办理在华永久居留提供便利。

（十五）打造促进平台。支持商协会和促进机构开展多种形式的服务贸易促进活动，通过政府购买服务的形式整体宣传"中国服务"，提升服务贸易品牌和企业形象。支持企业赴境外参加服务贸易重点展会。积极培育服务贸易交流合作平台，形成以中国（北京）国际服务贸易交易会为龙头、以各类专业性展会论坛为支撑的服务贸易会展格局，鼓励其他投资贸易类展会增设服务贸易展区。积极与主要服务贸易合作伙伴和"一带一路"沿线国家签订服务贸易合作协议，在双边框架下开展务实合作。

四、保障体系

（十六）健全法规体系。加快推进相关服务行业基础性法律制修订工作，逐步建立和完善服务贸易各领域法律法规体系，规范服务贸易市场准入和经营秩序。研究制定或完善有关服务进出口的相关法规。鼓励有条件的地方出台服务贸易地方性法规。建立与国际接轨的服务业标准化体系。

（十七）建立协调机制。建立国务院服务贸易发展协调机制，加强对服务贸易工作的宏观指导，统筹服务业对外开放、协调各部门服务出口政策、推进服务贸易便利化和自由化。各地要将大力发展服务贸易作为稳定外贸增长和培育外贸竞争新优势的重要工作内容，纳入政府考核评价指标体系，完善考核机制。

（十八）完善统计工作。建立和完善国际服务贸易统计监测、运行和分析体系，健全服务贸易统计指标体系，加强与国际组织、行业协会的数据信息交流，定期发布服务贸易统计数据。创新服务贸易统计方法，加强对地方服务贸易统计工作的指导，开展重点企业数据直报工作。

（十九）强化人才培养。大力培养服务贸易人才，加快形成政府部门、科研院所、高校、企业联合培养人才的机制。加大对核心人才、重点领域专门人才、高技能人才和国际化人才的培养、扶持和引进力度。鼓励高等学校国际经济与贸易专业增设服务贸易相关课程。鼓励各类市场主体加大人才培训力度，开展服务贸易经营管理和营销服务人员培训，建设一支高素质的专业人才队伍。

（二十）优化发展环境。积极营造全社会重视服务业和服务贸易发展的良好氛围。清理和规范服务贸易相关法律法规和部门规章，统一内外资法律法规，培育各类市场主体依法平等进入、公平竞争的营商环境。推动行业协会、商会建立健全行业经营自律规范、自律公约和职业道德准则，规范会员行为，推进行业诚信建设，自觉维护市场秩序。

五、组织领导

（二十一）各地区、各有关部门要从全局和战略的高度，充分认识大力发展服务贸易的重要意义，根据本地区、本部门、本行业实际情况，制订出台行动计划和配套支持政策。各地区要建立工作机制，结合本地实际，积极培育服务贸易特色优势产业。各有关部门要密切协作，形成合力，促进产业政策、贸易政策、投资政策的良性互动，积极营造大力发展服务贸易的政策环境。

附件：重点任务分工及进度安排表

国务院
2015 年 1 月 28 日

附件：

重点任务分工及进度安排表

序号	工作任务	负责部门	时间进度
1	在有条件的地区开展国际服务贸易创新发展试点。依托现有各类开发区和自由贸易试验区规划建设一批特色服务出口基地。	商务部牵头，发展改革委、财政部、海关总署、质检总局参加	2015年上半年启动
2	拓展海关特殊监管区域和保税监管场所的服务出口功能，扩充国际转口贸易、国际物流、中转服务、研发、国际结算、分销、仓储等功能。	海关总署牵头，发展改革委、财政部、商务部、人民银行、税务总局、质检总局等参加	持续实施
3	探索对外商投资实行准入前国民待遇加负面清单的管理模式。	发展改革委、商务部牵头，相关部门参加	2015年3月实施
4	积极参与多边、区域服务贸易谈判和全球服务贸易规则制定。建立面向全球的高标准自由贸易区网络，依托自由贸易区战略实施，积极推动服务业双向互惠开放。基本实现内地与港澳服务贸易自由化。推动大陆与台湾服务业互利开放。	商务部牵头，发展改革委、港澳办、台办参加	持续实施
5	支持各类服务业企业通过新设、并购、合作等方式，在境外开展投资合作，加快建设境外营销网络，增加在境外的商业存在。	发展改革委、商务部牵头	持续实施
6	支持服务业企业参与投资、建设和管理境外经贸合作区。鼓励企业建设境外保税仓，积极构建跨境产业链，带动国内劳务输出和货物、服务、技术出口。	商务部牵头，发展改革委、财政部、海关总署、贸促会参加	持续实施
7	支持知识产权境外登记注册，加强知识产权海外布局，加大海外维权力度，维护企业权益。	知识产权局、商务部牵头	持续实施
8	发挥规划的引领作用，定期编制服务贸易发展规划。指导地方做好规划工作，确立主导行业和发展重点，扶持特色优势行业发展。	商务部	持续实施

续表

序号	工作任务	负责部门	时间进度
9	加强对重点领域的支持引导，制订重点服务出口领域指导目录。	商务部	2015年上半年实施
10	充分利用外经贸发展专项资金等政策，加大对服务贸易发展的支持力度，进一步优化资金安排结构，突出政策支持重点，完善和创新支持方式，引导更多社会资金加大对服务贸易发展的支持力度，拓宽融资渠道，改善公共服务。	财政部、商务部	持续实施
11	结合全面实施"营改增"改革，对服务出口实行零税率或免税，鼓励扩大服务出口。	财政部、税务总局牵头，商务部参加	持续实施
12	鼓励金融机构在风险可控的前提下创新金融产品和服务，开展供应链融资、海外并购融资、应收账款质押贷款、仓单质押贷款、融资租赁等业务。	银监会牵头，人民银行、商务部参加	持续实施
13	鼓励政策性金融机构在现有业务范围内加大对服务贸易企业开拓国际市场、开展国际并购等业务的支持力度，支持服务贸易重点项目建设。	银监会牵头，人民银行、商务部参加	持续实施
14	鼓励保险机构创新保险品种和保险业务，探索研究推出更多、更便捷的外贸汇率避险险种，在风险可控的前提下采取灵活承保政策，简化投保手续。	保监会	持续实施
15	加大多层次资本市场对服务贸易企业的支持力度，支持符合条件的服务贸易企业在交易所市场上市、在全国中小企业股份转让系统挂牌、发行公司债和中小企业私募债等。	证监会、发展改革委	持续实施
16	建立和完善与服务贸易特点相适应的口岸通关管理模式。探索对会展、拍卖、快递等服务企业所需通关的国际展品、艺术品、电子商务快件等特殊物品的监管模式创新，完善跨境电子商务通关服务。	海关总署牵头，财政部、商务部、税务总局、质检总局、邮政局参加	持续实施

续表

序号	工作任务	负责部门	时间进度
17	加强金融基础设施建设，便利跨境人民币结算，鼓励境内银行机构和支付机构扩大跨境支付服务范围，支持服务贸易企业采用出口收入存放境外等方式提高外汇资金使用效率。	人民银行、外汇局	持续实施
18	加强人员流动、资格互认、标准化等方面的国际磋商与合作，为专业人才和专业服务"引进来"和"走出去"提供便利。	商务部牵头，人力资源社会保障部、质检总局参加	持续实施
19	为外籍高端人才办理在华永久居留提供便利。	公安部	持续实施
20	支持企业赴境外参加服务贸易重点展会。积极培育服务贸易交流合作平台，形成以中国（北京）国际服务贸易交易会为龙头、以各类专业性展会论坛为支撑的服务贸易会展格局，鼓励其他投资贸易类展会增设服务贸易展区。	商务部牵头，贸促会参加	持续实施
21	积极与主要服务贸易合作伙伴和"一带一路"沿线国家签订服务贸易合作协议，在双边框架下开展务实合作。	商务部	持续实施
22	研究制定或完善有关服务进出口的相关法规。	商务部牵头，相关部门参加	持续实施
23	建立国务院服务贸易发展协调机制，加强对服务贸易工作的宏观指导，统筹服务业对外开放、协调各部门服务出口政策、推进服务贸易便利化和自由化。	商务部	2015年上半年启动
24	建立和完善国际服务贸易统计监测、运行和分析体系，健全服务贸易统计指标体系，加强与国际组织、行业协会的数据信息交流，定期发布服务贸易统计数据。创新服务贸易统计方法，加强对地方服务贸易统计工作的指导，开展重点企业数据直报工作。	商务部牵头，统计局、外汇局、贸促会参加	持续实施
25	鼓励高等学校国际经济与贸易专业增设服务贸易相关课程。	教育部	持续实施

商务部 中央宣传部 发展改革委 工业和信息化部 财政部 交通运输部 卫生计生委 人民银行 海关总署 税务总局 统计局 旅游局 中医药局关于印发《服务贸易发展"十三五"规划》的通知

（2017年3月2日，商服贸发〔2017〕76号）

各省、自治区、直辖市、计划单列市及新疆生产建设兵团商务、宣传、发展改革、工业和信息化、财政、交通运输、卫生计生、海关、税务、统计、旅游、中医药部门，中国人民银行上海总部、各分行、营业管理部、省会（首府）城市中心支行、副省级城市中心支行：

《中共中央国务院关于构建开放型经济新体制的若干意见》（中发〔2015〕13号）明确提出提升服务贸易战略地位。发展服务贸易是推动外贸转型升级的重要支撑，是培育经济发展新动能的重要抓手，是推进大众创业、万众创新的重要载体，是努力构建开放型经济新体制的重要内容。为贯彻落实《中华人民共和国国民经济和社会发展第十三个五年规划纲要》、《国务院关于加快发展服务贸易的若干意见》（国发〔2015〕8号）精神和工作部署，大力推动服务贸易创新发展，商务部会同有关部门制定了《服务贸易发展"十三五"规划》。现印发给你们，请结合当地情况制定具体工作方案，切实抓好贯彻落实。

附件：服务贸易发展"十三五"规划

商务部 中央宣传部 发展改革委
工业和信息化部 财政部 交通运输部
卫生计生委 人民银行 海关总署
税务总局 统计局 旅游局 中医药局
2017年3月2日

附件：

服务贸易发展"十三五"规划

《服务贸易发展"十三五"规划》，根据《中华人民共和国国民经济和社会发展第十三个五年规划纲要》和《商务发展第十三个五年规划纲要》编制。

一、发展形势

（一）发展基础

"十二五"时期，在党中央、国务院的坚强领导下，我国加快建立开放型经济新体制，深入推进服务业改革开放，服务贸易发展各项目标任务圆满完成，服务贸易在国民经济中的地位显著提升。

贸易规模快速扩大。"十二五"期间，我国服务进出口年均增长15.7%，世界排名由"十一五"末的第四位上升至第二位，其中服务出口年均增长11%，服务进口年均增长19.4%。2015年，服务进出口达7529亿美元。其中，服务出口2867亿美元，世界排名第三；服务进口4662亿美元，世界排名第二。服务贸易占我国外贸（货物和服务进出口之和）的比重和我国服务出口、服务进口全球占比实现"三提升"，2015年分别增至16%、6%、10.1%，比"十一五"末分别提高5.1、2和5.2个百分点。

行业结构持续优化。运输、旅游、建筑等传统领域保持较快增长，技术、文化、计算机和信息服务、咨询服务、金融、中医药服务等新兴领域优势逐步积累、发展加快。2015年，计算机和信息服务、保险服务出口分别为245.5亿美元、50亿美元，占比分别为8.6%、1.8%，比"十一五"末分别提高1.8和0.7个百分点。服务外包高速发展，2015年承接国际服务外包执行金额646.4亿美元，"十二五"期间年均增长28.3%，成为世界第二大服务接包国。

区域发展渐趋协调。以北京、上海、广东为中心的东部沿海地区是我国服务贸易发展最为集中的区域，中西部地区是拉动服务贸易快速增长的新生力量。2015年东部和中西部服务进出口占比分别为85.8%和14.2%，中西部地区占比比"十一五"末提高6个百分点。重点区域服务贸易增势良好，"十二五"期间长江经济带11个省市、京津冀地区和东北地区服务进出口分别增长77.1%、64.6%、133.1%。

市场开拓成效明显。服务贸易市场集中度进一步提升，2015年我国前十大服务贸易伙伴服务进出口占比为62.4%，比"十一五"末提高2.1个百分点。承接国际服务外包的国家或地区达197个，比"十一五"末增加29个。截至目前，我国与7个国家和地区签署了服务贸易合作备忘录，建立了服务贸易促进工作机制，开展双边务实合作。

（二）发展前景

1. 面临的机遇。

从国际看，一是服务业和服务贸易战略地位更加突出。服务业与其他产业融合趋势增强。作为全球价值链的核心环节，技术和知识密集型服务成为影响国际分工和贸易利益分配的关键因素，传统制造领域的跨国公司纷纷向服务提供商转型。二是服务贸易与投资合作的广度和深度不断拓展。2015年，世界服务出口47540亿美元，占货物和服务出口之和的比重升至22.4%。服务业投资占全球直接投资存量的比重超过60%，服务业跨境并购占比超过50%。三是数字化时代服务贸易创新不断加快。大数据、云计算、物联网、移动互联等技术运用，极大提高了服务的可贸易性，服务贸易企业形态、商业模式、交易方式发生深刻变革。

从国内看，一是服务贸易发展的产业基础更加坚实。供给侧结构性改革深入推进，有利于生产要素加快向服务领域集聚。2015年服务业增加值占比首次超过50%，预计到2020年提高到56%。二是对外经贸合作形成的国际市场网络优势更加明显。我国与230个国家和地区建立了贸易联系，货物贸易大国地位有利于相关服务贸易发展。海外投资合作加快发展，商业存在模式服务贸易具有较大发展潜力。三是服务贸易发展环境不断优化。服务贸易领域改革开放步伐加快，自贸试验区、北京扩大服务业开放试点以及面向全球的高标准自贸区网络建设，都将拓展服务贸易发展新空间。服务贸易创新发展试点深入推进，政策体系更趋完善。

2. 面临的挑战。

从国际看，一是世界经济复苏缓慢。国际金融危机深层次影响依然存在，世界经济持续调整、增速放缓。我国服务贸易发展面临外需不振、贸易保护主义抬头等不利因素。二是服务贸易国际竞争加剧。发达国家力争巩固服务贸易国际竞争制高点地位。发展中国家纷纷加大支持服务贸易力度，努力迈向全球价值链和国际服务业分工中高端。三是服务贸易领域的国际经贸规则面临重构。发达国家积极推进服务贸易规则谈判，不断提高服务业开放标准，服务贸易领域国际规则制定权争夺更加激烈。

从国内看，一是我国经济发展仍面临一些制约因素。劳动力、土地等要素成本持续攀升，资源和生态环境约束趋紧，竞争新优势尚待培育。二是服务业特别是生产性服务业发展相对滞后。生产性服务业与发达国家差距明显，服务贸易发展的产业基础仍然较弱。三是服务贸易发展面临突出问题。服务贸易逆差较大，服务出口规模和质量有待提升。服务贸易结构亟须优化，新兴行业发展滞后。服务贸易促进体系有待健全，政策框架还不够完善。

综合判断，"十三五"时期我国服务贸易面临的国际国内环境总体有利，发展机遇大于挑战。要认清当前服务贸易发展的历史方位，全面提升服务贸易战略地位，更加积极有效应对各种风险挑战，努力推动服务贸易迈向新台阶。

二、发展思路

（一）指导思想

全面贯彻党的十八大和十八届三中、四中、五中、六中全会精神，深入贯彻习近平总书记系列重要讲话精神，牢固树立和贯彻落实创新、协调、绿色、开放、共享发展理念，坚持市场在资源配置中起决定性作用和更好发挥政府作用，以推进服务贸易领域供给侧结构性改革为主线，夯实服务贸易产业基础，完善服务贸易体制机制、政策框架、促进体系，提高服务贸易开放程度和便利化水平，增强服务出口能力，扩大服务贸易规模，优化服务贸易结构，促进服务贸易与货物贸易、服务贸易与对外投资联动协调发展。

（二）发展理念

一是坚持创新发展。全面贯彻创新驱动发展战略，积极推动服务贸易技术创新和商业模式创新。拓展服务贸易发展领域，提升传统服务的可贸易性。大力发展跨境电子商务、供应链管理、服务外包和云众包等新型服务。推动服务业与制造业、服务贸易与货物贸易融合发展。加快形成人力资源、技术、品牌、知识产权、标准、市场网络等综合竞争新优势。

二是坚持协调发展。注重服务贸易与服务业、货物贸易、国际投资合作协调发展，不断夯实服务贸易发展的产业基础和国际经贸合作基础。努力扩大服务出口，促进服务出口与进口协调发展，缓解服务贸易逆差。突出各地服务贸易优势和特色领域，着力培育服务贸易中心城市，带动各地服务贸易协调发展。推进服务贸易各领域协调发展，大力促进知识技术密集型服务出口，着力优化服务贸易结构。

三是坚持绿色发展。把绿色发展理念贯穿服务贸易发展各领域、各环节。积极推进服务贸易数字化。鼓励服务贸易企业绿色采购和销售，推动服务贸易企业节能减排，大力发展绿色低碳型服务贸易。鼓励和推动绿色低碳型服务贸易企业国际化发展。

四是坚持开放发展。推进服务领域有序开放，放宽投资准入，全面实行准入前国民待遇加负面清单管理模式，打破地区封锁和行业垄断，破除服务业发展的体制机制障碍。加强服务贸易领域多边、区域和双边合作，努力开拓国际市场。支持企业和公共服务机构走出去开展全球市场网络布局，积极利用自由贸易协定等加强重点国别市场的开拓。

五是坚持共享发展。要牢固树立共享发展理念，充分发挥服务贸易对稳增长、扩就业的作用。支持电子商务、服务外包等领域创新创业。加快发展生活性服务贸易，着力提高养老、医疗、教育等与人民群众紧密相关的服务品质，增进社会福利。

（三）发展目标

服务贸易大国地位进一步巩固，服务贸易强国建设加快。"十三五"期间力争服务贸易年均增速高于全球服务贸易平均增速。技术、知识密集型和高附加值服务出口占比持续提升，人力资源密集型和中国特色服务出口优势进一步巩固，服务贸易在开放型经济发展中的战略地位显著提升。

三、战略布局

统筹利用国际国内两个市场两种资源，着力优化境外市场布局、境内区域布局，形成内外联动、开放发展的服务贸易新格局。

（一）优化境内布局

围绕国家区域发展总体战略，打造北京、上海、广东服务贸易核心区和环渤海、长三角、泛珠三角服务贸易集聚圈，在此基础上积极发展"两横一纵"服务贸易辐射带，努力形成三核引领、区域集聚、纵横辐射、全面发展的服务贸易地域布局。

1. 打造三个服务贸易核心区。

打造北京服务贸易核心区，以北京市服务业扩大开放综合试点为契机，努力探索适应服务业和服务贸易发展的体制机制，培育"北京服务"世界品牌，带动京津冀服务贸易协同发展。打造上海服务贸易核心区，支持上海建设面向全球的服务贸易中心城市，加快上海服务贸易创新发展试点，对接高标准国际贸易投资规则，构建公平竞争的市场环境，完善政策支持体系，促进服务业各领域双向投资。打造广东服务贸易核心区，以广州、深圳服务贸易创新发展试点建设为重要抓手，发挥中国（广东）自由贸易试验区平台优势，深入推进粤港澳服务贸易自由化，提升广东对区域服务贸易发展的辐射带动力。

2. 打造三大服务贸易集聚圈。

打造环渤海服务贸易集聚圈。增强北京服务贸易核心区对京津冀区域服务贸易交流合作的带动作用。推进天津服务贸易创新发展试点建设，加快济南、青岛、威海对日、韩服务贸易投资合作，吸引文化贸易、技术贸易、运输、旅游、教育、医疗保健、生态环保、环境服务、服务外包等领域的国际国内服务贸易资源在环渤海及其周边集聚，提升区域服务贸易国际化水平。

打造长三角服务贸易集聚圈。充分发挥上海服务贸易核心区的引领带动作用，推动江苏南京（江北新区）、苏州以及浙江杭州服务贸易创新发展试点先行先试，完善物流运输、旅游、跨境电子商务、金融服务、信息服务、文化贸易、技术贸易、服务外包、中医药服务等优势领域在长三角发展布局，促进长三角中心城市区域联动、协同发展，带动长三角地区全面参与国际竞争与合作，扩大长三角服务贸易集聚效应。

打造泛珠三角服务贸易集聚圈。突出广东服务贸易核心区与港澳服务贸易合作的定位，促进穗港澳之间资金、信息和人员的便捷流动，推动专业服务、金融服务、文化贸易、研发设计、服务外包等领域服务贸易资源向广东及其周边地区集聚，努力把泛珠三角建设成为引领华南、携手港澳、辐射东南亚、面向全球的服务贸易发展高地和综合服务枢纽。

3. 打造"两横一纵"服务贸易辐射带。

以环渤海、长三角、泛珠三角服务贸易集聚圈为中心，向南向北延伸贯通东北地区、海峡西岸经济区等，打造东部沿海服务贸易辐射带。着力加快沈阳、大连、长春和哈尔滨（新区）科技服务业支撑高端制造业发展，加强与东北亚地区服务贸易合作。积极推动福州（平潭）、厦门等海峡西岸城市群承接台湾服务业转移，努力打造对台服务业合作示范区。海南围绕建设国际旅游岛，积极探索扩大旅游服务出口新路径。广西南宁等城市以中国-东盟自由贸易区升级建设为契机，加强与东盟各国的服务贸易合作。

以长江经济带沿线服务贸易创新发展试点地区和中心城市为支撑，打造长江沿线服务贸易辐射带。发挥长三角服务贸易集聚圈在东部沿海服务贸易辐射带、长江沿线服务贸易辐射带中的叠加辐射效应，加快推动湖北以武汉为重点、重庆以两江新区为重点、四川以成都为重点、贵州以贵安新区为重点积极扩大服务出口。支持贵州以贵安新区电子信息产业园大数据基地、中关村贵阳科技园大数据基地、黔南州超算中心等产业基地为载体，努力打造贵州大数据服务品牌优势。

以西北地区服务贸易创新发展试点地区和中心城市为重点，打造面向中亚西亚的"一带一路"服务贸易辐射带。推动陕西以西安和西咸新区为重点，紧扣"一带一路"发展主题，大力发展文化旅游、国际物流运输等服务贸易。支持兰州、乌鲁木齐依托丝绸之路经济带，发挥特色优势，大力发展服务贸易。

充分发挥"两横一纵"辐射带作用，在辐射带内外依托现有国家级经济技术开发区、国家高新技术产业开发区、战略性新兴产业基地等平台和载体，规划建设特色服务贸易集聚区，积极推动服务贸易全面发展。

（二）优化境外布局

1. 开拓"一带一路"沿线市场。

积极与"一带一路"沿线重点国家和地区签订服务贸易合作协议，扩大服务业相互开放。与有关国家共同开辟新航线和运输线路，大力发展国际运输服务。推动企业在沿线重点国家的交通枢纽和节点城市，建立仓储物流基地和分拨中心，完善区域营销和售后服务网络。推动与有关国家扩大建筑服务资质、建筑服务市场准入等领域开放，提升建筑服务贸易水平，鼓励工程设计、施工建设、运营维护等建营一体化服务输出。鼓励境外经贸合作区、跨境经济合作区引进更多服务业和服务贸易项目。鼓励与"一带一路"沿线国家和地区加强服务外包合作，积极拓展发包市场，带动中国服务、标准、技术、品牌走出去。鼓励符合条件的金融机构在"一带一路"沿线国家和地区开设分支机构，为企业贸易结算和投融资创造条件。积极发展与"一带一路"沿线国家和地区文化贸易，扩大图书、影视剧、动漫、网络游戏等文化产品与服务出口，提升中华文化影响力。积极引导我国服务贸易企业争取亚洲基础设施投资银行、丝路基金、金砖国家新开发银行、中国—东盟银行联合体、上海合作组织银行联合体的融资支持。

加大对东盟各国开展服务业贸易投资合作的力度。发挥广西对东盟合作优势，利用中国—东盟博览会等平台，重点加强与新加坡、印度尼西亚、马来西亚、泰国、菲律宾、越南等国服务贸易合作，在基础设施建设、旅游、文化、医疗保健、技术和知识产权、跨境电子商务、服务外包、港口等领域加大合作力度，提高我国在东盟地区商业存在规模。发挥云南对南亚合作优势，办好中国—南亚博览会，加强云南与南亚服务贸易合作。

2. 巩固传统市场。

进一步提升与港澳台服务贸易合作水平。落实内地与香港、澳门《关于建立更紧密经贸关系的安排》（CEPA）及《CEPA服务贸易协议》，巩固与港澳服务贸易合作，不断提高合作层次。以现代服务业合作为重点，加强内地与港澳在金融、会计、法律、市场推广、物流、设计、知识产权等领域合作。不断拓展内地与港澳服务业合作新空间，支持内地企业与港澳企业携手开拓"一带一路"沿线国家和地区市场。鼓励香港金融机构、商务服务机构和专业服务人才，联合内地企业开拓国际市场。加强两岸服务业合作，积极承接台湾服务业转移，重点加强与制造业相配套的服务业合作，不断提高两岸经贸互利合作水平。

加强与发达国家服务贸易合作。进一步加强与欧美发达国家在旅游、运输、建筑等传统服务贸易领域合作，着力引进先进技术，开展研发设计合作，发展节能环保、环境服务等先进生产性服务贸易。有针对性开展城市规划开发建设、城市运营管理、节能环保、城市治污治堵、智慧城市、海绵城市建设等领域合作。持续提升承接欧美发达国家服务外包业务能力，提高承接知识密集型的高附加值服务外包和提供系统解决方案的能力。积极推动大数据、中医药、健康养老等新兴服务贸易合作。

深化与周边国家服务贸易合作。实施好中韩自由贸易协定相关条款，进一步提升中韩服务贸易自由化和便利化水平。加强与韩国在文化贸易、服装设计等领域合作，扩大服务业双向投资。积极推进中日韩自由贸易协定谈判，加强与日本在工业设计、技术服务、节能环保、运输、旅游、文化等领域的合作。

3. 培育新兴市场。

加强与具有独特产业优势国家的服务贸易往来。从优势互补、互利合作出发，进一步加强与丹麦、爱尔兰、以色列和瑞士等国的经贸合作关系，在知识产权、工业设计、机器人技术、环保技术、农业技术等领域促进双方合作，促进我国产业升级。

积极发展与拉美服务贸易。依托中国－拉美和加勒比共同体论坛，强化中拉服务领域贸易投资合作，不断丰富中拉经贸合作内涵。充分发挥中国在计算机与信息、其他商业服务方面的比较优势，扩大对拉美出口。通过拉美产能合作带动中拉技术贸易、金融、保险和通讯等领域合作。推动中国对拉美服务业投资，积极开展对拉商业存在形式的服务贸易。加强与巴西等新兴经济体服务贸易合作。以中国与哥斯达黎加、智利、秘鲁等国家自由贸易协定为依托，促进双边服务贸易开放，不断提升中拉服务贸易自由化和便利化水平。

以中非十大合作计划带动中非服务贸易发展。依托中非合作论坛，积极落实"中非十大合作计划"，带动中非服务贸易合作。加强与南非等新兴经济体服务贸易合作。以中非工业化合作计划和中非基础设施合作计划带动中国建筑、设计、技术、运营服务输出，通过中非公共卫生合作计划和中非人文合作计划带动旅游、建筑、文化、中医药、中文教育、中华特色餐饮等服务输出。

四、主要任务

（一）完善发展体制

加快完善服务贸易管理协调机制。充分发挥国务院服务贸易发展部际联席会议作用，加强对服务贸易工作的宏观指导和部门间的协调配合，统筹服务业对内对外开放，促进产业政策、贸易政策、投资政策的良性互动，形成政策合力。建立健全服务贸易法律体系，完善与服务贸易特点相适应的口岸通关管理模式、跨境人民币业务管理制度和外汇管理制度。推动各服务行业主管部门加强与行业协会、专业统计机构的协调，形成政府管理、行业自律、统计监测以及消费者监督的多层次服务贸易监管机制。健全政府、贸易促进机构、协会、企业协同配合的服务贸易促进和服务体系，建立全国服务贸易重点联系企业制度以及国家层面的服务贸易综合监管服务平台。

加快推进服务贸易创新发展试点。充分发挥试点地区在发展服务贸易中的积极性和创造性，推进服务贸易领域供给侧结构性改革，探索适应服务贸易创新发展的管理体制、促进机制、政策体系、监管模式，打造服务贸易制度创新高地。加强对试点工作的指导、督促推动和政策协调，及时总结成功经验做法并在全国复制推广。研究建立试点地区的评估机制，推动部分试点效果好的地区升级成为服务贸易创新发展示范区。

（二）优化行业结构

稳步提升传统服务出口。进一步扩大旅游、运输、建筑等服务出口，着力增强传统服务贸易国际竞争力。加快传统服务贸易创新发展，运用互联网等现代技术手段改造提升传统服务贸易。加快培育品牌优势，着力推动传统服务贸易品牌化发展。积极推动传统服务贸易行业跨界融合发展，打造跨界融合发展的产业集团和产业联盟。加强国际和区域合作，积极培育国际市场网络和渠道网点优势，支持有条件的服务贸易企业在境外建立服务网络，增强国际市场开拓能力，提高服务出口效益和附加值。

积极扩大新兴服务出口。利用互联网等现代信息技术，推进服务贸易数字化和交易模式创新。发挥我国人力资本、创新资源丰富的优势，全面贯彻落实国家创新驱动发展战略，加强技术创新、管理创新、业态创新和商业模式创新，提升服务质量和技术含量。重点培育通信、金融、保险、计算机和信息服务、咨询、研发设计、知识产权、节能、检验检测认证、环境、会展等资本、技术和知识密集型服务出口。加大科技创新投入，支持新兴服务领域企业原始创新，增强集成创新和消化吸收再创新能力，提高国际化经营水平。着力培育新兴服务贸易行业标准方面的优势，支持通信、互联网、物联网等领域的技术标准在海外推广应用，推动通信、计算机和信息服务、金融等领域企业积极参加国际标准和规范制修订。积极推动文化艺术、广播影视、新闻出版、教育等承载中华文化核心价值的文化服务出口，大力促进文化创意、数字出版、动漫游戏等新兴文化服务出口，努力培育我国中华特色文化贸易优势。

继续提升服务进口质量。鼓励对国民经济和社会发展影响深远、促进效应明显的重点服务进口，增加有效供给，满足日益增长的国内生产、生活需求，推进创业创新和经济结构优化升级。积极扩大国内急需的咨询、研发设计、节能环保、环境服务等知识、技术密集型生产性服务进口。有序发展运输、旅游服务进口。加强人员流动、资格互认、行业标准制定等方面的国际磋商与合作，为促进重要服务进口创造便利化环境。

（三）壮大市场主体

打造影响力大、国际竞争力强的服务贸易领军企业。依据企业规模、国际化程度、主营业务等指标，在金融、运输、工程承包、通讯等领域培育一定数量占据全球价值链高端地位的服务贸易领军企业。鼓励和支持服务贸易领军企业积极开展跨国投资合作，参与投资、建设和管理境外经贸合作区，带动国内劳务输出和货物、服务、技术、标准输出。支持领军企业开展全球服务贸易市场网络布局，通过新设、并购、合作等方式，加快建设境外研发中心和营销网络，积极开拓新业务、新领域和新市场。支持领军企业开展知识产权境外登记注册，完善知识产权海外布局。

做强主业突出、国内领先的服务贸易企业中间梯队。在互联网、电信、保险等领域培育一批具有区域和行业影响力的服务贸易大型企业。鼓励大型企业瞄准国际技术前沿和新型商业模式，推动迈向全球价值链中高端。推动大型企业强强联合，开展跨地区、跨行业兼并重组，整合区域和行业价值链，形成服务贸易品牌，提高核心竞争力。

积极扶持特色明显、善于创新的服务贸易中小型企业。在专业服务、旅游、文化、信息技术、检验检测认证、教育、医疗等服务贸易行业和细分领域，积极培育外向度高、具有独特竞争优势的中小型服务贸易企业。积极支持中小型企业参与服务贸易国际分工，找准定位，融入全球价值链。鼓励创新型、创业型服务贸易中小微企业发展，支持企业走"专、精、特、新"发展道路，加强与龙头、大型企业协作，形成服务贸易企业完整健康生态链。通过建立产业联盟、搭建公共服务平台、开展服务贸易知识和政策培训等方式，提高中小型企业国际市场开拓能力。

（四）培植创新动力

推动服务贸易交易模式创新。积极鼓励技术贸易、通信服务、计算机信息服务发展，着力扩大跨境交付服务贸易规模。加快国际营销网络和境外交付中心建设，促进服务业双向投资和商业存在模式的服务贸易发展。运用信息技术提升服务的可贸易性，重点支持远程医疗、在线教育等新型业态，促进金融与互联网深度融合，不断提高服务贸易的跨境交付能力。增强我国电子商务发展优势，创新境外消费服务贸易发展。依托大数据、物联网、移动互联网、云计算等新技术，打造新型服务贸易促进和交易平台。

加快服务贸易发展业态创新。顺应产业跨界融合发展新趋势，大力发展"制造＋服务"、"文化＋旅游"、"中医药＋健康旅游"等，推动服务贸易新领域、新业态发展。抓住数字技术革命新机遇，大力发展数字内容服务、社交网站服务、搜索引擎服务等，积极参与相关国际规则制定。顺应全球价值链分工新趋势，大力发展国际供应链管理服务，着力打造国际绿色供应链，提高供应链管理控制能力和业务发展水平，着力增强国际商务服务能力和全球商务运营能力。支持云众包平台建设，构建开放式创新体系，提升我国企业整合国内外资源发展服务贸易的能力。

（五）扩大开放合作

积极推进对外开放，提升服务市场国际化新水平。推动服务业扩大开放，进一步推进金融、电信、教育、文化等服务业领域开放，逐步放开育幼养老、建筑设计、会计审计、商贸物流等服务业领域外资准入限制。以北京市服务业扩大开放综合试点为契机，大力推动服务业领域开放力度。充分利用自贸试验区对外开放先行先试平台和载体作用，总结评估并在全国范围内复制推广对外商投资实行准入前国民待遇加负面清单管理模式。提高服务业利用外资的质量和水平，鼓励引进全球服务业跨国公司，大力推动商业存在模式的服务贸易发展。加强与国际服务企业战略联盟合作，吸引世界500强企业、境外大型企业设立运营总部、研发中心、采购中心、分销中心、物流中心、品牌培育中心、外包中心、清算中心等贸易营运和管理功能总部。依托自由贸易区战略实施，进一步推动相关国家服务领域市场开放，加快推进我与自贸伙伴之间的服务贸易自由化。积极与主要服务贸易合作伙伴和"一带一路"沿线重点国家和地区签订服务贸易合作协议，深化服务贸易合作。创新边境地区服务贸易发展，在服务市场准入、人员出入境管理、服务提供人员资质互认等方面建立和完善与边境服务贸易相配套的服务贸易自由化、便利化政策体系，探索沿边和边境地区发展服务贸易的新模式，在旅游、分销、医疗保健、娱乐等领域发展边境特色服务贸易。

积极稳妥"走出去"，拓展服务贸易发展新前沿。以海外投资和国际产能合作带动服务贸易发展。引导企业在境外项目规划、设计咨询、系统集成、运营维护、技术合作、检测维修等环节开展增值服务，建立境外分销、售后服务基地和全球维修体系，加快服务环节国际化。促进对外承包工程转型升级，推动承包工程与技术服务和运营管理相结合，推动业务向项目融资、设计咨询、运营管理等服务领域拓展。支持各类服务业企业通过新设、并购、合作等方式，开展境外投资合作。支持在境外开展技术研发投资合作，创建国际化营销网络和知名品牌，增加境外商业存在。支持服务业企业参与投资、建设和管理境外经贸合作区。探索建设服务外包境外合作区。鼓励企业在海外设立符合当地条件和规定的保税仓库，服务"走出去"，积极构建跨境产业链，带动劳务输出和服务、技术出口。

积极参与规则制定，主动融入国际服务贸易新格局。积极参与多边、区域服务贸易谈判和全球服务贸易规则制定。积极维护多边贸易体制在国际服务贸易发展中的主渠道作用，切实反映发展中国家特别是新兴经济体的贸易利益诉求。努力在气候变化与环境保护、知识产权等领域参与规则制定。充分利用二十国集团、金砖国家、亚太经合组织、自贸协定等机制和平台，引领国际服务贸易规则走向。积极争取中医药等中华传统服务领域的技术标准制定主动权和主导权。积极推动中美、中欧投资协定谈判。深入挖掘自贸协定框架下加强双边服务贸易合作的潜力。

（六）健全监管体系

完善事中事后监管体系。创新监管举措，建立涵盖服务贸易领域业务流程记录、统计监测分析、信用综合评价、政策支持保障、事中事后监管等功能为一体的服务贸易综合监管服务平台。建立分类风险管理机制，完善以随机抽查、重点检查、举报核查为主的日常监管制度，对有失信记录的企业加大检查频次。建立定期分析和风险研判机制。做好跨部门国际服务贸易数据协调与共享，完善投诉举报管理制度，规范处理流程。强化企业主体责任，引导企业增强法律意识、诚信意识和自律意识。充分发挥行业协会和企业商会在规范行业行为、调解矛盾纠纷、促进行业自律、维护行业公平等方面的积极作用。加强社会监督和舆论监督，引导社会公众参与市场监管，形成各部门信息共享、协同监管和社会公众参与监督的监管体系。

加强信用监督体系建设。构建信用评价指标体系，建立服务贸易市场主体信用记录，纳入全国信用信息共享平台，加大服务贸易企业信用信息公示力度，促进行政许可、资质审查备案、行政处罚、日常监管、消费投诉、行业自律、司法裁决执行等信息的归集共享。推广市场准入前信用承诺制度、守信激励和失信惩戒典型案例发布制度。构建守信激励机制，对守信主体实行业务优先办理、简化程序等激励政策。建立服务贸易企业"黑名单"制度。

五、保障措施

（一）优化营商环境

优化服务贸易法制化环境。研究制修订服务贸易、技术进出口等方面的法律制度，逐步建立和完善服务贸易各领域法律体系。规范服务贸易市场准入、经营秩序、投资促进等相关政策。清理和规范服务贸易相关行业规章，推进服务行业基础性法律的制修订工作，鼓励有条件的地方出台服务贸易地方性法规。制订服务贸易重点专项领域促进办法。加快形成与国际接轨的高标准贸易投资规则体系，促进国内与国际服务贸易投资规则衔接。推动建立与国际接轨的服务业标准化体系。提高服务贸易政策措施的透明度。

推动服务领域市场化改革。加强对重点领域的支持引导，编制重点服务领域专项发展规划，制订发布服务出口、进口目录。探索建立符合国际惯例的服务贸易管理新模式，完善重点服务行业资质与认证管理，建立行业竞争自律公约机制。发挥市场在服务贸易领域资源配置中的决定性作用，激发市场主体新活力。完善社会资本公平参与相关行业发展的政策，破除制约服务业发展的体制机制障碍。简化服务领域行政审批程序，培育各类市场主体依法平等进入、公平竞争的营商环境。加大服务贸易领域版权、专利、商标等知识产权的执法监管力度。完善服务贸易企业诚信体系建设。

（二）完善促进体系

落实完善服务贸易财税政策。研究发挥财政资金的引导作用，营造良好的外部环境，促进服务贸易新兴领域发展，创新支持方式，加大对服务贸易发展的支持力度。扩大对离岸服务外包和技术出口支持的产业领域，加大对研发设计、节能环保和环境服务等国内急需的生产性服务进口支持，设立服务贸易创新发展引导基金，引导更多社会资金加大对符合产业导向服务贸易企业的支持力度。对符合条件的出口服务按现行规定享受增值税零税率或免税政策，落实技术先进型服务企业税收优惠政策，推进境外旅客购物离境退税政策实施，鼓励扩大服务出口。

加强金融服务体系建设。鼓励金融机构在风险可控和财务可持续的前提下创新金融产品和服务，鼓励开发性、政策性金融机构结合自身业务范围，在市场化运作的基础上加大对服务贸易企业开拓国际市场、开展国际并购等业务的支持力度，支持服务贸易重点项目建设。出台金融支持服务贸易发展的指导意见。推动扩大服务贸易领域人民币计价和结算。加强金融基础设施建设，便利跨境人民币结算，鼓励境内银行机构和支付机构扩大跨境支付服务范围。拓宽服务贸易企业的融资渠道，积极支持符合条件的服务贸易企业在资本市场融资。鼓励保险公司针对服务贸易企业的风险特点，有针对性地创新开发保险产品，提高服务贸易企业的出口信用保险覆盖面。以信用保险和保证保险为重点抓手，充分发挥信用保证保险在服务贸易领域的作用，为服务贸易企业提供损失补偿和增信融资等服务。

完善服务贸易外汇政策。完善服务贸易外汇收支管理，不断提升服务贸易外汇收支和融资便利化水平，降低汇率风险。加强服务贸易外汇形势监测分析，强化服务贸易跨境资金流动风险防控，做好跨境资金异常流动应对工作。加快推进外汇和国际收支法律法规修订，建立外汇管理负面清单制度。

创新服务贸易便利化政策。建立和完善与服务贸易特点相适应的口岸通关模式。创新服务贸易海关监管模式，完善符合跨境电子商务业态发展的工作机制，积极参与跨境电子商务国际规则和标准构建。发挥海关特殊监管区域和保税监管场所政策优势，大力发展国际转口贸易、国际物流、中转服务、研发、维修、国际结算、分销等服务贸易。探索对会展、拍卖、快递等服务企业所需通关的国际展品、艺术品、快件等特殊物品的监管模式创新，完善跨境电子商务通关服务。加强人员流动、资格互认、标准化等方面的国际磋商与合作，为专业人才和专业服务引进来、走出去提供便利。

健全服务贸易促进平台。通过政府购买服务的方式整体宣传"中国服务"，提升中国服务贸易品牌和企业形象。积极培育服务贸易交流合作平台，形成以中国（北京）国际服务贸易交易会（京交会）为龙头、以各类专业性展会论坛为支撑的服务贸易会展格局，鼓励其他投资贸易类展会增设服务贸易展区。支持企业赴境外参加国际知名服务贸易展览展示活动，在境外重点展览会上增设服务贸易展区。支持在境外举办服务贸易综合类展会和专业性展会。鼓励服务贸易领军企业搭建行业公共服务平台，支持行业内中小企业服务企业融入全球价值链。

（三）健全合作机制

深化政府间交流合作，开展与主要服务贸易伙伴的对话与磋商。落实已签署的双边服务贸易合作协议，积极开展与美国等发达经济体的服务贸易合作对话，建立中国与金砖国家、中国与"一带一路"沿线重点国家和地区的服务贸易促进工作机制，确立双方共同关注的重点服务贸易领域，推动开展互利共赢合作。加快推进我国与自由贸易区伙伴国之间的服务贸易自由化进程。

（四）强化人才支撑

加大人才培育与引进力度。创新服务贸易人才培养模式，加快形成政府部门、科研院所、高校、企业联合培养人才的新机制。推动高校和科研院所加强服务贸易相关学科建设，鼓励和支持高校国际经济与贸易等学科专业开设服务贸易课程，加大服务贸易领域专业人才的培养力度。完善服务贸易人才"政府引导、机构主导、企业支持"的培训体系建设，开展多层次各行业服务贸易专项培训。建立健全人才激励机制，加快在有条件的地方建立服务贸易人才培训基地。支持企业引进海外服务贸易高端人才，为外籍高端人才在华永久居留、工作提供便利。

加强服务贸易战略研究和智库建设。建立服务贸易专家库，培养一批具有国际视野的服务贸易领域专家人才队伍，加强对服务贸易理论和实践问题研究，注重发达国家先进经验和成功实践的研究总结与借鉴，强化服务贸易国际规则动态追踪和谈判策略研究。支持国内智库加强与国际知名智库交流合作。成立服务贸易专家咨询委员会，为服务贸易发展提供咨询和智力支持。

（五）加强统计考核

完善统计体系。健全服务贸易统计指标体系，加强与国际组织、行业协会的数据信息交流，定期发布服务贸易统计数据。按创新服务贸易统计方法，拓宽数据来源渠道，建立以服务贸易综合监管服务平台数据为基础、以各部门行业数据为参考、以重点领域调查为依托、以专家学者研判为补充的服务贸易统计分析体系，提高服务贸易统计数据准确性、时效性和权威性。加强对地方服务贸易统计工作的指导和数据支持。提高月度服务贸易数据发布的及时性和权威性。不断扩大服务贸易直报覆盖面和统计范围。做好《国际服务贸易统计监测制度》的修订和落实工作。建立不同层级的服务贸易重点企业联系制度，针对具体行业建立重点项目库和企业库，形成企业诉求反馈机制。

强化考核评估。加强规划实施监督，分解任务、落实责任，开展规划落实的督查与中期评估等。完善服务贸易发展评价与考核机制，将加快发展服务贸易作为稳定外贸增长和培育外贸竞争新优势的重要工作内容。及时对服务贸易创新发展试点进行评估与总结，形成可复制、可推广的经验。研究服务贸易创新发展试点地区向示范区升级的举措，谋划好支持服务贸易发展的长期制度安排。

附件：

服务贸易发展重要领域

一、物流运输服务

（一）海运港口

加强国际海运立法工作，研究推进《国际海运条例》修订。加强海运企业与货主的紧密合作，推动签订长期运输合同，有序发展以资本为纽带的合资经营。进一步完善鼓励性措施，引导中资方便旗船舶在国内登记，扩大国轮船队规模。大力推动海运企业兼并重组，促进规模化、专业化经营，支持符合条件的中资海运企业开展对外投资和跨国经营。做好自贸试验区海运政策创新成果经验复制推广工作。完善港口功能体系，加强与区域内产业互动，注重港口与保税、临港物流园区经济融合，加快发展港口物流服务功能。建成高效、便捷、经济、安全、绿色的现代化海运系统，船队装备水平全面提升，服务网络进一步拓展，现代国际航运服务体系基本建立，关联产业协调联动发展，国际竞争力增强。

（二）航空运输

完善国际航线网络布局，统筹制定国际航空运输开放政策，构建通达全球的航线网络，建立通畅的空中丝绸之路，积极推进周边区域航空一体化进程。打造国际枢纽，着力提升北京、上海、广州机场国际枢纽竞争力，加快成都、昆明、深圳、重庆、西安、乌鲁木齐、哈尔滨等国际枢纽建设。合理配置航权和时刻资源，统筹推进国际枢纽地位和航空公司国际竞争力的同步提升。鼓励各类航空公司通过联营合作、资产并购、布局海外基地等方式拓展国际市场，加快全球市场布局。不断推进航权开放和航空合作，倡导和推动"一带一路"沿线国家和地区区域航空运输自由化，大力推进"中非区域航空合作计划"，积极参与非洲区域航空网络建设。推进中国民航走出去，促进中国民航标准、管理、技术、产品、服务输出。形成多层次、广覆盖、差异化的国际航空运输服务体系，枢纽网络辐射范围和强度逐步强化，运输质量和效率大幅提升，国际竞争力和影响力不断提高。

（三）铁路运输

积极推进铁路在技术咨询、勘察设计、建设施工、装备制造、运输管理、人才培训及技术标准等领域的对外贸易合作。加快推进中俄、中巴、中印、中蒙等双边铁路合作。优化提升中欧、中亚国际班列功能。深度参与和承担铁路国际标准的研究制订，提高我国铁路标准的国际使用能力和使用率。支持铁路行业相关企业技术装备进出口。基本形成路网布局优化完善，装备水平先进适用，运营管理现代科学，运输能力和服务品质全面提升，市场竞争力和国际影响力明显增强的铁路网络，形成功能完善、衔接顺畅的对外铁路运输通道，对外经济和技术合作迈上新台阶。

（四）邮政快递

推进快递市场对外开放。支持跨境寄递发展，完善国际邮件处理中心布局，支持建设一批国际快件转运中心和海外仓，因地制宜加强各类口岸国际邮件互换局（交换站）和国际快件监管区建设。支持邮政企业开展国际小包业务。推动开展国际航空快件中转集拼业务。支持快递企业通过设立分支机构、合资合作、委托代理等方式拓展国际服务网络，依托"一带一路"国家和地区国际骨干通道建设，开辟中国与南亚、中亚、东南亚、欧洲跨境邮件、快件运输通道。推进完善邮政快递领域服务贸易相关政策，完善邮件、快件在通关、检验检疫、结汇等方面的管理体制机制。努力实现邮政、快递企业国际市场份额稳步提升；国际邮件、快件出口量稳步增长；跨境寄递服务与跨境电子商务联动效应明显，打造联通亚太、辐射全球的航空快递货运枢纽，构建联通国际的邮政快递服务网络，国际邮政快递服务通达范围更广，速度更快。

(五)国际货运代理

修订相关法律法规,健全行业统计制度和诚信体系建设,支持行业标准建设和宣贯协同推进。推进订舱平台、报关报检、港口中转、海陆空货运代理、会展运输、集运(拼)等传统货代业务的集约化和专业化水平。支持有条件的企业参与中欧和中亚班列的开通运行,经营海铁联运、多式联运等增量业务。开展工程物流、保税物流、电商物流、国际采购等相对高端专业的国际物流,提升国际竞争力。支持企业走出去,加快海外网络布局,投资并购海外物流项目,参与境外产业园区建设,开展境外属地化物流服务,提升国际化经营水平。促进国际货运代理市场规模明显扩大,从业人员数量有较大增长,支持一批具有较强竞争力的大型国际货代物流企业,培育发展一批功能完善、网络体系完备、专业物流突出的区域性大中型货运代理服务商。基本形成结构合理、业态多样、服务优质、运转有序的国际货代市场。

二、旅游服务

逐步优化旅游产品结构,提升国内旅游消费品质,采取综合手段吸引境外旅游消费回流。提升中国国际旅游竞争力,推动入境旅游品牌建设。重点打造丝绸之路旅游带、长江国际黄金旅游带、黄河华夏文明旅游带、长城生态文化旅游带等国家精品旅游带,推出一批入境旅游品牌和精品线路。不断提升丝绸之路旅游节、国际旅游博览会、大型体育赛事等旅游节庆、会展活动的知名度和影响力。努力实现中国旅游产品国际竞争力和吸引力进一步提升,中国旅游业"走出去"步伐加快。

三、建筑与工程服务

推动我国工程设计咨询企业走出去,鼓励有实力的勘察设计、招标代理、监理企业向工程咨询及全过程项目管理发展,拓展国际市场。进一步加强国际多边、双边谈判并商签自贸协定,争取其他世贸组织成员取消对我国建筑企业和相关技术人员走出去的限制,消除壁垒,放宽对我国企业的准入要求。在海外建设一批能源资源基地和物流集散中心。通过对外投资合作促进国内装备、技术、标准和服务走出去,引导企业开展售后运营维护和技术服务。推动对外承包工程向项目融资、设计咨询、后续运营维护管理等高附加值领域拓展,引导和鼓励企业开展投资、建设和运营相结合的建营一体化项目。鼓励企业提升跟随性服务水平,引导企业在海外建立加工组装、分销网络、售后服务基地和全球维修体系。努力实现建筑服务贸易额进一步增长，质量和效益进一步提升。建立统一开放、竞争有序的建筑市场。对外承包工程进一步转型升级，一批拥有知名品牌、具有较强国际竞争力的大型建筑业企业进入国际工程承包市场，并带动我国建造技术出口。

四、节能环保服务

健全和完善环境服务贸易定义、分类、统计和技术标准体系。加快培育壮大环境服务业，增强环境服务国际竞争力，推动我国环境服务企业服务"一带一路"沿线国家和地区。引导节能服务公司应用先进节能技术，开拓国际市场，带动节能产品、标准、技术和装备走出去。扩大环境治理、生态保护及修复、野生动植物保护等领域的对外援助。着力培育国际环境服务贸易领域的专业咨询服务机构，扩大环境服务贸易规模，优化环境服务贸易结构。鼓励国内企业到境外进行环境投资和并购，逐步提升我国环境服务业国际竞争能力。努力实现环境服务出口额比"十二五"时期翻一番。环境综合服务业发展模式不断创新，环境服务贸易管理制度和政策体系更加完善，环境服务贸易自由化和便利化水平进一步提升，环境服务贸易规模和国际竞争力稳步提高。

五、能源服务

拓展重点区域市场，促进能源相关服务出口。结合国内标准体系建设，逐步推动相关国际标准收集和关键性标准对标及翻译推广工作，推动中国能源相关服务标准、规范走出去。推动完善能源企业"联合出海"模式，支持高技术服务企业为我国投资项目、技术援助项目提供配套的技术服务。建立和完善能源企业走出去信息系统，为海外项目开发建设提供信息服务和技术支撑。建立能源企业国际市场信息沟通制度，搭建信息和交流共享平台。加强国际化人才、管理队伍建设，提升国际竞争力和精细化管理服务水平。推进核电领域在重点国家实现项目突破。能源信息统计、标准制定、绿色发展等方面的国际影响力提升。能源企业在项目、服务产品、技术出口等方面的综合能力稳步提升。

六、金融服务

（一）银行

进一步提升外商投资金融业的开放度和透明度。鼓励符合条件的中资金融机构根据需要完善境外分支机构和服务网点布局。完善信贷政策，推动服务贸易结算与融资发展，支持银行在风险可控、商业可持续的前提下，帮助企业参与海外并购、重大项目建设。继续完善人民币汇率市场化形成机制，有序实现人民币资本项目可兑换。拓宽人民币跨境使用和投融资渠道，稳步开展双边货币合作。努力实现金融业双向开放水平稳步提升，金融机构境外布局更加完善。跨境贸易金融产品开发、贸易金融服务水平进一步提升。

（二）证券

积极稳妥推进对外开放，逐步放宽外资参股境内证券期货经营机构的持股比例和业务范围限制，鼓励境内证券期货经营机构实施走出去战略，增强国际竞争力。基本形成结构合理、功能完善、规范透明、稳健高效、开放包容、具有一定国际竞争力的多层次资本市场体系。

（三）保险

鼓励中资保险公司尝试多形式、多渠道走出去，为我国海外企业提供风险保障，支持中资保险公司通过国际资本市场筹集资金，多渠道进入海外市场，努力扩大保险服务出口。努力实现保险业对外开放水平稳步提升，保险市场进一步对内对外开放，引进来和走出去更好结合，保险产品不断创新、承包理赔效率提高，保险服务质量和效率进一步提升。

七、信息通信服务

加强下一代国家信息基础设施发展的国家战略指导，明确国家战略性公共基础设施顶层架构，深入实施"互联网＋"行动计划，稳步推进市场开放和国际合作。力争"宽带中国"战略各项目标全面实现，基本建成高速、移动、安全、泛在新一代信息基础设施。信息通信服务国际合作和交流顺利开展，在设备制造、业务运营、工程设计与工程施工等领域向更多国家和地区拓展业务，影响力显著增强。积极发展软件和信息技术服务贸易，围绕技术研发、标准研制、行业人才培养、应用推广等领域，积极开展双边、多边国际交流与合作。支持软件和信息技术服务企业与其他行业企业加强协作联动，发挥产业链协同竞争优势，创新业务模式和形态，扩大软件产品和服务出口，推动提升信息技术服务外包升级，打造产业国际竞争优势。

八、技术贸易

积极支持和引导各方科技力量通过引进技术、创新促进实现国际竞争力提升，重点扶持专利和专有技术对外许可、技术资讯和服务，推动有条件的企业走出去，把先进和成熟的实用技术推向国际市场。通过多双边合作、搭建技术贸易促进平台等多种方式，加强政府、非政府组织、企业间的交流与合作，拓展技术贸易渠道，健全技术贸易促进体系，为企业进入国际技术贸易市场提供综合性政策支撑。努力实现我国技术贸易总量和质量显著提升，技术进出口服务和管理体系逐步完善，基本形成覆盖技术进出口全链条的服务体系。

九、知识产权服务

放宽知识产权服务业准入，提升对外开放水平，承接境外高端服务业转移。提高知识产权服务机构涉外事务处理能力，培育一批市场化、专业化、品牌化、国际化的知识产权服务机构。鼓励知识产权服务机构在产品出口、服务外包、境外设展、海外投资、品牌输出等活动中提供专业化服务。研究发布主要贸易目标国、对外投资目的地知识产权环境信息。形成一批具有国际竞争力和影响力的知识产权服务品牌机构，为中国企业走出去提供全方位、高品质的知识产权服务。

十、商务服务

（一）会计服务

健全行业法规制度体系，深化对外开放与交流合作，有序扩大会计服务市场开放，支持会计师事务所更好更快走出去；引进新的国际服务项目和技术，加快构建公共部门注册会计师审计制度，鼓励国内会计师事务所拓展业务范围，走多元化发展道路；强化行业人才体系建设，全面提升注册会计师从业队伍的国际化执业能力职业道德和专业素质；完善会计服务信息系统，形成智能化、即时化、远程化的注册会计师行业管理服务与业务应用信息化体系。着力实现行业法规制度和管理体系逐步完善，会计师事务所规模结构更加合理，国际化发展取得重要突破，注册会计师专业胜任能力显著提高，行业信息化水平大幅提升。

（二）法律服务

深入开展专项法律服务，发展涉外法律服务，完善调解、仲裁等多元化纠纷解决服务，培养一批在业务领域、服务能力方面具有较强国际竞争力的涉外法律服务机构，组织开展诉讼和非诉讼代理、公证等多种形式的服务。努力实现法律服务领域进一步拓展，国际服务能力稳步提升，服务结构明显优化，执业环境切实改善，法律服务队伍专业化、国际化素质不断提高。

（三）展览服务

健全展览业管理体制，加强展览业法律体系建设，推进简政放权，充分发挥促进展览业改革发展部际联席会议制度作用，强化部门间协作关系。健全展览业标准体系、诚信体系、统计监测体系和知识产权保护体系，加强人才体系建设。培育品牌展会和龙头展览企业。优化展品出入境监管方式方法，提高展品出入境通关效率。支持官方贸易促进机构整合国内外展览资源，搭建展览机构相互协作的平台。用好世博会等国际展览平台，培育境外展览项目，改善境外办展结构，构建多元化、宽领域、高层次的境外参展办展新格局。努力实现国际招商招展能力、规模和水平大幅提升。培育品牌展会，打造有较强国际竞争力的展览企业。

（四）人力资源服务

加强顶层设计，营造外国人才引进的良好环境。完善人才引进体制机制，建立标准统一、程序规范的外国人来华工作许可制度，实现工作许可、签证与居留有机衔接。整合外国人才引进管理服务资源，优化机构与职能配置，建立统一、权威、高效的人才管理体制。服务国家重大发展战略和需求，以"高精尖缺"为导向，优化引才结构，着力吸引和集聚一批具有重大创新能力的科学家、科技领军人才、企业家人才和其他急需紧缺人才。创新引进外国人才方式，建立科学合理的外国人才评价办法。选择若干重大创新领域和地区对各项重点改革举措先行先试，引领示范和推进人才对外开放。深化国际人才和智力交流合作，加强政府间合作，强化驻外使领馆和中国国际人才交流协会驻外机构的公共服务功能。发挥市场在人才资源配置中的决定性作用和政府引导作用，健全中国国际人才市场的服务功能，制定市场服务标准，健全市场服务规则。努力使我国成为世界优秀人才集聚高地，较好满足我国经济社会发展对外国人才和智力的需求。

十一、个人、文化和娱乐服务

（一）文化服务

加强对中华优秀传统文化的凝炼萃取和对外推介，坚持创造性转化和创新性发展，做好中国文学、戏曲、书画、民乐等传统经典的现代呈现和译介推广，加强对我国世界文化遗产和非物质文化遗产的活态展示和国际推介。深度挖掘中医药、中餐、中华武术、传统曲艺等特色优势，支持中华特色服务贸易企业建立海外机构和服务网点，融合协同走出去。鼓励和引导文化企业加大内容创新力度，创作开发体现中华优秀文化、展示当代中国形象、面向国际市场的文化产品和服务。支持文化企业拓展文化出口平台和渠道，鼓励各类企业通过新设、收购、合作等方式，在境外开展文化领域投资合作。推动对外文化贸易优化升级，稳定传统优势文化产品出口，利用跨境电子商务等新兴贸易方式，提高数字文化产品的国际竞争力。尽快培育国家文化出口重点企业成为海关高信用企业，享受海关便捷通关措施。减少对文化出口的行政审批事项，简化手续，缩短时限。加强相关知识产权保护，支持文化企业开展涉外知识产权维权工作。加强老字号商标保护，在传承传统技艺的基础上，运用现代理念和技术创新服务方式，开发面向海内外的特色服务。培育一批具有国际竞争力的外向型文化企业，形成一批具有核心竞争力的文化产品，打造一批具有国际影响力的文化品牌；培育一批竞争力较强的中华传统服务企业，打造一批享誉海外的中华传统服务品牌。搭建若干具有较强辐射力的文化交易平台，使对外文化贸易额在对外贸易总额中的比重提高，我国文化产品和服务在国际市场的份额进一步扩大，中华文化影响力持续扩大。

（二）体育服务

制订体育服务贸易产品指导目录，鼓励各类运动项目，尤其是我国的优势项目和民族特色项目服务出口，以人才、版权、技术等多种方式输出体育资源。大力支持各地根据自身自然资源和人文优势，结合相关运动项目特点，培育具有国际影响力的体育品牌赛事，探索建立体育服务贸易出口聚集区。加强体育服务标准化工作，完善体育职业技能鉴定体系，提升体育服务行业整体竞争力，有选择地引导和规范体育服务进入我国市场。加强体育行业展会的国际化、市场化运作，整合相关展会资源，建设体育服务贸易推介平台，开展体育服务贸易推介活动。努力实现竞赛表演、健身休闲、场馆服务、体育中介、体育培训、体育传媒加快发展，体育服务规模逐步扩大，我国体育服务业在国际上的竞争力进一步提升。

（三）教育服务

以优质资源请进来和教育走出去为重点，深化与发达国家教育合作交流，以教育走出去为重点，扩大与发展中国家教育合作交流。提升中外合作办学质量，加强中外合作办学管理、完善准入制度建设；建立合作办学成功经验共享机制；重点围绕国家急需的自然科学与工程科学类专业建设，引进国外优质教育资源，建设一批示范性机构和项目；鼓励职业院校和社会力量配合企业走出去，积极参与境外办学。努力实现教育合作交流更加深化，培养一大批服务贸易专门人才，为加快发展服务贸易提供更加有力的人才和智力支撑。

（四）医疗服务

提高对外开放合作水平，积极推动在境外设立医疗机构。推动国际健康医疗旅游发展，建设健康医疗旅游示范基地，促进上下游产业集群发展。推动卫生应急产业发展并走向国际。积极推进中医药服务标准的国际化进程。健全国际谈判机制，降低中医药服务的准入。建立中医药服务贸易促进体系，完善境内外营销网络。设立由金融和产业资本共同筹资的健康产业投资基金，支持各类优秀中医药机构通过新设、并购、合作等方式，开展境外投资合作，搭建国际化公共服务平台，加大支持开拓国际市场。强化知识产权保护，加强海外专利战略布局。有利于健康服务业发展的体制机制进一步健全，打造一批医疗服务知名品牌和产业集群，形成一定国际竞争力。中医药服务贸易多元化发展，促进体系基本建立。培育一批境内外中医药服务贸易示范区域和示范机构（企业），打造一批具有国际影响力的知名品牌。

十二、国际服务外包

健全服务外包创新机制，培育创新环境，促进创新合作。建立服务外包企业信用记录和信用评价体系，完善知识产权保护体系，加强事中事后监管，营造法治化国际化的营商环境。积极支持有条件的企业走出去，加大对企业开拓国际市场、开展境外并购等业务的支持力度，提高离岸接包能力。发挥东部先发引领作用，培育中西部发展新动力，促进区域协调发展。以中国服务外包示范城市为基础，重点支持主导产业突出、创新能力强、体制机制先行先试的服务外包产业集聚区。努力实现我国服务外包产业规模日益扩大，产业结构明显优化，企业创新和专业服务水平显著提升，国际竞争力进一步增强。我国企业承接离岸外包执行额1000亿美元以上，年均增长10%左右，产业结构更加优化，数字化、智能化的高技术含量、高附加值服务外包比重明显提升。

国家发展改革委关于印发《服务业创新发展大纲（2017—2025年）》的通知

(2017年6月13日，发改规划〔2017〕1116号)

各省（直辖市、自治区）人民政府，新疆生产建设兵团，中央编办，国务院有关部委、直属机构：

为深入贯彻习近平总书记关于供给侧结构性改革的重要讲话精神，落实党中央、国务院决策部署，推进服务业改革开放和供给创新，我们会同有关部门研究起草了《服务业创新发展大纲（2017—2025年）》（以下简称《大纲》）。经国务院同意，现印发你们。请按照《大纲》确定的指导思想、发展目标和重点任务，加强组织领导，分解落实责任，认真组织实施。

附件：服务业创新发展大纲（2017—2025年）

国家发展改革委
2017年6月13日

附件：

服务业创新发展大纲（2017—2025年）

加快服务业创新发展、增强服务经济发展新动能，关系人民福祉增进，是更好满足人民日益增长需求、深入推进供给侧结构性改革的重要内容；关系经济转型升级，是振兴实体经济、支撑制造强国和农业现代化建设、实现一二三次产业在更高层次上协调发展的关键所在；关系国家长远发展，是全面提升综合国力、国际竞争力和可持续发展能力的重要途径。为深入打造中国服务新品牌、建设服务业强国，为我国服务业发展提供指引，现制定《服务业创新发展大纲（2017—2025年）》。

一、背景情况

(一) 世界服务业发展趋势

上世纪七、八十年代以来,全球经济结构呈现出服务业主导的发展趋势,发达国家都经历了向服务业为主的经济结构转型和变革。在科技进步和经济全球化驱动下,服务业内涵更加丰富、分工更加细化、业态更加多样、模式不断创新,在产业升级中的作用更加突出,已经成为支撑发展的主要动能、价值创造的重要源泉和国际竞争的主战场。

新一轮科技革命引发服务业创新升级。新一代信息、人工智能等技术不断突破和广泛应用,加速服务内容、业态和商业模式创新,推动服务网络化、智慧化、平台化,知识密集型服务业比重快速提升。服务业转型升级正在推动新一轮产业变革和消费革命,使产业边界日渐模糊,融合发展态势更加明显,个性化、体验式、互动式等服务消费蓬勃兴起。

服务投资贸易全球化拓展服务业发展空间。服务全球化成为经济全球化进入新阶段的鲜明特征。服务业成为国际产业投资热点,制造业跨国布局带动生产性服务业全球化发展,跨国公司在全球范围内整合各类要素,资本、技术和自然人跨境流动更加便利,带动全球服务投资贸易快速增长。信息化大大提升服务可贸易性,数字服务贸易持续迅猛增长。

国际经贸规则重构推动全球服务分工格局深度调整。国际经贸新规则制定的焦点逐渐转向服务领域,多边和区域性投资贸易谈判正致力于推动服务贸易和跨境投资的自由化、便利化。服务投资贸易规则加快健全,将对全球服务业发展和国际分工格局产生深刻影响。

(二) 我国服务业发展基础和条件

我国正处于实现"两个一百年"奋斗目标承上启下的历史阶段和从上中等收入国家向高收入国家迈进的关键时期,经济发展进入新常态,结构优化、动能转换、方式转变的要求更加迫切,需要以服务业整体提升为重点,构建现代产业新体系,增强服务经济发展新动能,实现经济保持中高速增长、迈向中高端水平。

服务业发展站在新的历史起点上。"十二五"以来,我国服务业发展连续迈上新台阶,2011 年成为吸纳就业最多的产业,2012 年增加值超过第二产业,2015 年增加值占国内生产总值(GDP)比重超过 50%。服务领域不断拓宽,服务品种日益丰富,新业态、新模式竞相涌现,有力支撑了经济发展、就业扩大和民生改善。

服务业发展仍面临诸多矛盾和问题。我国服务业发展整体水平不高,产业创新能力和竞争力不强,质量和效益偏低。服务供给未能适应需求变化,生产性服务业发展明显滞后,生活性服务业供给不足。服务业增加值比重仍低于世界平均水平,整体上处于国际分工中低端环节,服务贸易逆差规模持续扩大。更为关键的是,服务业发展还面临思想观念转变相对滞后,体制机制束缚较多,统一开放、公平竞争的市场环境尚不完善等障碍。

服务业进入全面跃升的重要阶段。全面深化改革、全方位对外开放和全面依法治国正释放服务业发展新动力和新活力。城乡居民收入持续增长和消费升级,为服务业发展提供了巨大需求潜力。新型工业化、信息化、城镇化、农业现代化协同推进,极大地拓展了服务业发展广度和深度。生态、养老等服务业新领域也不断涌现。综合判断,我国服务业发展正处于重要机遇期,应当顺应发展潮流,尊重规律,立足国情,转变观念,重点在深化改革开放、营造良好发展环境上下功夫,激发全社会推动服务业创新发展的动力和活力,引领产业升级、改善民生福祉、增强发展动能,阔步迈向服务经济新时代。

二、总体要求

(一)指导思想

全面贯彻党的十八大和十八届三中、四中、五中、六中全会精神,深入贯彻习近平总书记系列重要讲话精神和治国理政新理念新思想新战略,认真落实党中央、国务院决策部署,统筹推进"五位一体"总体布局和协调推进"四个全面"战略布局,牢固树立和贯彻落实新发展理念,适应把握引领经济发展新常态,坚定不移深入推进供给侧结构性改革,以提高质量和核心竞争力为中心,努力构建优质高效、充满活力、竞争力强的现代服务产业新体系,推动中国服务与中国制造互促共进,加快形成服务经济发展新动能,推动经济转型升级和社会全面进步,确保如期全面建成小康社会,为实现第二个百年奋斗目标和中华民族伟大复兴的中国梦奠定坚实基础。

(二)基本原则

坚持以人为本、人才为基。坚持以人民为中心的发展思想,以增进人民福祉、促进人的全面发展为出发点和落脚点,扩大服务供给,更好满足多层次多样化需求。把人才作为核心资源,壮大人才队伍,提高职业素养,充分调动各类人才积极性和创造性,有力支撑服务业强国建设。

坚持市场主导、质量至上。以市场需求为导向,顺应消费升级趋势,提升服务品质，充分发挥市场在资源配置中的决定性作用和更好发挥政府作用，在公平竞争中提升服务业竞争力。树立质量第一的意识，健全服务质量治理和促进体系，打造以标准、质量、品牌为核心的竞争优势，全面提高服务业发展质量和效率。

坚持创新驱动、融合发展。把发展基点放在创新上，营造良好创新环境，深入推进大众创业、万众创新，促进新技术、新产业、新业态、新模式蓬勃发展，增强服务经济发展新动能。推进服务业与农业、制造业及服务业不同领域之间的深度融合，形成有利于提升中国制造核心竞争力的服务能力和服务模式，发挥"中国服务＋中国制造"组合效应。

坚持重点突破、特色发展。瞄准供需矛盾突出、带动力强的重点行业，集中力量破解关键领域和薄弱环节的发展难题，推动服务业转型升级。鼓励各地发挥比较优势、培育竞争优势，因地制宜发展各具特色的服务业，增强城市综合服务功能，引领区域产业升级和分工协作，提升区域经济整体实力。强化小城镇综合服务功能，更好服务农村和农业发展。

坚持深化改革、扩大开放。以改革推动服务业发展，打破制约服务业发展的体制机制障碍，顺应服务业发展规律创新经济治理，推动制度体系和发展环境系统性优化，最大限度激发市场活力。以开放促改革、促发展，稳步扩大服务领域开放，深度参与国际分工合作，在开放竞争中拓展空间、提升水平。

（三）主要目标

到2025年，服务业市场化、社会化、国际化水平明显提高，发展方式转变取得重大进展，支撑经济发展、民生改善、社会进步、竞争力提升的功能显著增强，人民满意度明显提高，由服务业大国向服务业强国迈进的基础更加坚实。

发展环境全面优化。服务业加快发展的基础性制度更加健全，基础设施体系更加完善，政府服务和监管水平全面提升，统一开放、公平竞争、创新激励的市场环境加快形成。

有效供给持续扩大。在优化结构、提高质量、提升效率基础上，实现服务业增加值"十年倍增"。服务业体系更加完备、产品更加丰富，供需协调性显著增强，服务业增加值占GDP比重提高到60%，就业人口占全社会就业人口比重提高到55%。

质量效益显著改善。服务质量明显提高，经济效益、社会效益、生态效益全面提升。服务可及性、便利性明显提高，标准化、品牌化建设取得重大突破，重点领域消费者满意度达到较高水平。

创新能力大幅提升。服务业研发投入和创新成果持续较快增长，科技进步对服务业发展的支撑作用明显增强。产业融合持续深化，新服务模式和业态蓬勃发展。服务业信息化水平大幅提高，数字服务、数字贸易快速发展。

国际竞争力明显增强。在国际分工体系中的地位不断提升，逐步形成若干具有全球影响力的服务经济中心城市，形成一批具有较强国际竞争力的跨国企业和知名品牌，培育一批细分市场领军企业，服务贸易竞争力明显提高，高附加值服务出口占比持续提升、国际收支状况明显改善。

三、创新引领，增强服务业发展动能

营造激励服务业创新发展的宽松环境，促进技术工艺、产业形态、商业模式创新应用，以信息技术和先进文化提升服务业发展水平。

（一）积极发展新技术新工艺

适应服务业创新发展需要，完善创新机制和模式，推动技术工艺创新与广泛深度应用。

提升技术创新能力。强化企业技术创新主体地位，引导建立研发机构、打造研发团队、加大研发投入。推动政产学研用合作和跨领域创新协作，鼓励社会资本参与应用型研发机构市场化改革。鼓励龙头企业牵头建立技术创新战略联盟，开展共性技术联合开发和推广应用。激发中小微服务企业创新活力，促进专精特新发展。充分发挥协会商会在推动行业技术进步中的作用。鼓励服务提供商和用户通过互动开发、联合开发、开源创新等方式，构建多方参与的技术创新网络。促进人工智能、生命科学、物联网、区块链等新技术研发及其在服务领域的转化应用。建立多层次、开放型技术交易市场和转化平台。

加强技能工艺创新。适应服务专业化、精细化、个性化发展要求，支持服务企业研发应用新工艺，提升设计水平，优化服务流程。鼓励挖掘、保护、发展传统技艺，利用新技术开发现代工艺、更好弘扬传统工艺。大力弘扬新时期工匠精神，保护一批传统工艺工匠，培养一批具有精湛技艺技能的高技能人才。

（二）鼓励发展新业态新模式

坚持包容创新、鼓励探索、积极培育的发展导向，促进各种形式的商业模式、产业形态创新应用。

鼓励平台经济发展。适应平台经济快速发展需要，加快完善有利于平台型企业发展的融资支持、复合型人才供给、兼并重组等政策，明确平台运营规则和权责边界，提升整合资源、对接供需、协同创新功能。

支持平台型企业带动和整合上下游产业。支持分享经济发展。建立健全适应分享经济发展的企业登记管理、灵活就业、质量安全、税收征管、社会保障、信用体系、风险控制等政策法规，妥善协调并保障各方合法权益。引导企业依托现有生产能力、基础设施、能源资源等发展分享经济，提供基于互联网的个性化、柔性化、分布式服务。

促进体验经济发展。鼓励企业挖掘生产、制造、流通各环节的体验价值，利用虚拟现实（VR）等新技术创新体验模式，发展线上线下新型体验服务。加强体验场所设施的质量和安全监管。

（三）大力推动服务业信息化

树立互联网、大数据思维，推动信息技术在服务领域深度应用，促进服务业数字化智能化发展。

推进服务业数字化。鼓励利用新一代信息技术改造提升服务业，创新要素配置方式，推动服务产品数字化、个性化、多样化。加强数据资源在服务领域的开发利用和云服务平台建设，推进政府信息、公共信息等数据资源开放共享，发展大数据交易市场。全面推进重点领域大数据高效采集、有效整合、安全利用和应用拓展。

促进服务业智能化。培育人工智能产业生态，促进人工智能在教育、环境保护、海洋、交通、商业、健康医疗、金融、网络安全、社会治理等重点领域推广应用，促进规模化发展。丰富移动智能终端、可穿戴设备等服务内容及形态。

（四）丰富服务业文化内涵

发挥文化元素和价值理念对服务业创新发展的特殊作用，增强服务业发展的文化软实力。

鼓励企业提升服务产品文化价值。鼓励采用更多文化元素进行服务产品设计与创新。提升研发设计、商务咨询等服务的文化创意含量，将传统文化、民俗风情和民族区域特色注入旅游休闲、文化娱乐、体育健身、健康养老等服务。鼓励用文化提升品牌价值，打造具有文化内涵的服务品牌。

提升中国服务文化影响力。发挥中华文化博大精深、兼容并蓄优势，吸收借鉴国外优秀文化成果，发展具有独特文化魅力和吸引力的服务产品及服务模式，提升中国服务国际竞争力。推动服务走出去与文化走出去有机结合，在服务业国际化发展中展示中华文化风采。

> **专栏1　服务业创新引领行动**
>
> （一）创新能力提升行动。实施高技术服务业、知识密集型服务业创新发展工程，提升信息、生物、检验检测等重点领域基础和核心技术创新能力，大力促进科技研发成果转化应用。
>
> （二）新业态新模式发展行动。鼓励发展信息资讯、商品交易、物流运输等领域平台经济，交通出行、房屋住宿、专业技能、生活服务等领域分享经济，生产制造、休闲娱乐、旅游购物、医疗保健等领域体验经济，以及其他各类服务新形态。促进区块链技术应用和分布式服务模式发展。
>
> （三）信息化提升行动。推进服务业与互联网、物联网协同发展、融合发展，培育协同制造、个性化定制、工业云、农业信息化等服务，发展基于互联网的教育、健康、养老、旅游、文化、物流等服务，积极依托物联网拓展服务领域、丰富服务内容。
>
> （四）文化价值提升行动。鼓励开发富有文化内涵的服务，打造富有诚信和社会责任感的企业，倡导做爱岗敬业、富有爱心和人文关怀的从业人员，建设富有文化价值的品牌。

四、转型升级，优化服务供给结构

聚焦服务业重点领域和发展短板，促进生产服务、流通服务等生产性服务业向专业化和价值链高端延伸，社会服务、居民服务等生活性服务业向精细和高品质转变。

（一）推动生产服务加快发展

以产业升级需求为导向，推动生产服务专业化、高端化发展，发展壮大高技术服务业，提升产业体系整体素质和竞争力。

信息服务。加快培育基于移动互联网、大数据、云计算、物联网等新技术的信息服务。发展网络信息服务，大力发展云计算综合服务，完善大数据资源配置和产业链，支持有条件的企业建设跨行业物联网运营和支撑平台。积极发展信息技术咨询、设计和运维服务。鼓励发展高端软件和信息安全产业。

科创服务。构建覆盖科技创新全链条、产品生产全周期的创业创新服务体系。大力发展研究开发、工业设计、技术转移转化、创业孵化、科技咨询等服务。鼓励发展多种形式的创业创新支撑和服务平台，围绕创新链拓展服务链，促进科创服务专业精细和规模集成发展。大力发展知识产权服务，完善知识产权交易和中介服务体系，建设专利运营与产业化服务平台。加快培育标准化服务业。

金融服务。发展高效安全、绿色普惠、开放创新的现代金融服务业，提高金融服务实体经济效能。完善商业性、开发性、政策性和合作金融服务体系，推进金融市场宽化、深化、国际化，促进股权、债券等市场健康发展，提高市场效率。稳步扩大金融业对内对外开放，放宽金融机构准入限制，稳妥推进金融业综合经营，培育具有国际竞争力的金融控股公司。大力发展普惠金融，鼓励发展科技金融、绿色金融，规范发展互联网金融。大力发展保险业。积极发展融资租赁。推动金融机构数字化转型，探索区块链等金融新技术研究应用。积极稳妥推进金融产品和服务模式创新，有效防范和化解金融风险。

商务服务。积极发展工程设计、咨询评估、法律、会计审计、信用中介、检验检测认证等服务，提高专业化水平。支持专业人才队伍建设，减少和规范职业资格许可及认定，健全职业水平评价制度。鼓励各类社会资本以独资、合资、参股联营等多种形式提供商务服务，加快培育有竞争力的服务机构。鼓励发展综合与专业相互协调支撑的各类高端智库。

人力资源服务。鼓励发展招聘、人力资源服务外包和管理咨询、高级人才寻访等业态，规范发展人力资源事务代理、人才测评和技能鉴定、人力资源培训、劳务派遣等服务。发展专业化、国际化人力资源服务机构。

节能环保服务。加快发展节能环保技术、咨询、评估、计量、检测和运营管理等服务。鼓励创新服务模式，提供节能咨询、诊断、设计、融资、改造、托管等"一站式"合同能源管理综合服务。支持发展生态修复、环境风险与损害评价等服务。推动在城镇污水垃圾处理、工业园区污染集中处理等重点领域开展环境污染第三方治理，推广产业园区、小城镇环境综合治理托管。加快发展碳资产管理、碳咨询、碳排放权交易等服务。

（二）促进流通服务转型发展

以提高效率、降低流通成本为目标，积极推动流通服务创新转型，优化城乡网络布局，提升流通服务水平，增强基础支撑能力。

现代物流。大力发展社会化、专业化物流，提升物流信息化、标准化、网络化、智慧化水平，建设高效便捷、通达顺畅、绿色安全的现代物流服务体系。提高供应链管理水平，推动物流、制造、商贸等联动发展。大力发展单元化物流和多式联运。加快发展冷链物流、城乡配送和港航服务。加快推进物流基础设施建设，强化重点物流节点城市综合枢纽功能。推进交通与物流融合发展。支持物流衍生服务发展。完善国际物流大通道和境外仓布局，发展国际物流。

现代商贸。促进线上线下融合互动、平等竞争，构建差异化、特色化、便利化的现代商贸服务体系，支持商品交易市场转型升级。开展零售业提质增效行动，推进传统商贸和实体商业转变经营模式、创新组织形式、增强体验式服务能力。支持连锁经营向多行业、多业态和农村延伸。促进电子商务规范发展，积极发展农村电商。鼓励社区商业业态创新，拓展便民增值服务。引导流通企业加强供应链创新与应用。大力发展绿色流通和消费。

（三）扩大社会服务有效供给

充分发挥社会服务对提升人的生存质量和发展能力的重要作用，在政府保基本、兜底线的基础上，充分发挥市场主体作用，增加服务有效供给，更好满足多层次、多样化需求。社会服务增加值占GDP比重大幅提高。

教育培训服务。鼓励社会力量兴办各类教育，积极发展丰富多样的教育培训服务。支持和规范民办教育培训机构发展。鼓励发展继续教育、职业教育、老年教育、社区教育、校外教育，创新发展技能培训、兴趣培训。鼓励开发数字教育资源，发展开放式教育培训云服务。鼓励教育服务外包，引导社会力量提供实训实习等专业化服务。打造"留学中国"品牌，稳步扩大来华留学规模。扩大教育培训领域对外开放，支持引进优质教育资源，开展合作办学。

健康服务。深化医药卫生体制改革，完善准入制度，强化服务质量监管，建立覆盖全生命周期、满足多元化需求的全民健康服务体系。有序推进公立医疗机构改革，大力发展社会办医，支持社会力量提供多层次多样化医疗服务。鼓励发展专业性医院管理集团。鼓励发展医学检验等第三方医疗服务，推动检验检查结果互认。推动精准医疗等新兴服务发展。推进医疗服务下基层，推广家庭医生签约服务。支持中医药养生保健、医疗康复、健康管理、心理咨询等服务发展。积极支持康复医院、护理院发展，推动医养结合。鼓励创新型新药研发。积极发展智慧医疗，鼓励医疗机构提升信息化水平，支持健康医疗大数据资源开发应用。鼓励发展第三方医疗服务评价。丰富商业健康保险产品，大力发展医疗责任险、医疗意外险等执业保险。

体育服务。倡导全民健身，鼓励兴办多种形式的健身俱乐部和健身组织,加快发展健身休闲产业。繁荣发展足球、篮球、排球、冰雪、水上、山地户外等运动,推动体育竞赛表演业发展,推进职业联赛市场化改革,鼓励发展国际品牌赛事,丰富业余体育赛事,创新项目推广普及方式。促进体育旅游、体育传媒、体育会展、体育经纪等发展。

养老服务。全面放开养老服务市场,丰富养老服务和产品供给,加快发展居家和社区养老服务,建立以企业和机构为主体、社区为纽带的养老服务网络。支持社会力量举办养老服务机构,重点支持兴办面向失能半失能、失智、高龄老年人的医养结合型养老机构,鼓励规范化、专业化、连锁化经营。推动养老服务向精神慰藉、康复护理、紧急救援、临终关怀等领域延伸。鼓励发展智慧养老。探索建立长期护理保险制度,加强与福利性护理补贴项目的整合衔接,发展商业长期护理保险等金融产品。

文化服务。加快构建结构合理、门类齐全、科技含量高、富有创意、竞争力强的现代文化产业体系。推动三网融合和媒体融合,整合广电网络、出版发行资源,鼓励文化企业联合重组,打造大型文化服务集团。加快发展数字出版、网络视听、移动多媒体、动漫游戏、网络音乐、网络文学、创意设计、绿色印刷等新兴产业,推动影视制作、工艺美术、文化会展、出版发行印刷等转型升级,鼓励演出、娱乐、艺术品市场等线上线下融合发展。鼓励实体书店建设成为复合式文化场所。提升文化原创能力和研发能力,促进文化内容和形式创新。

(四)提高居民服务质量

顺应生活方式转变和消费升级趋势,引导居民服务规范发展,改善服务体验,全面提升服务品质和消费满意度。家政服务。加快建立供给充分、服务便捷、管理规范、惠及城乡的家政服务体系。引导社会资本投资家政服务,鼓励有条件的企业品牌化、连锁化发展,支持中小家政服务企业专业化、特色化发展。加强服务规范化和职业化建设,加大对家政服务人员培训的支持力度,制定推广雇主和家政服务人员行为规范,促进权益保护机制创新和行业诚信体系建设。

旅游休闲。开展旅游休闲提质升级行动,推动旅游资源开发集约化、产品多样化、服务优质化。推广全域旅游,积极发展都市休闲旅游和乡村旅游,打造国家精品旅游带,建设国家旅游风景道,促进精品、特色旅游线路开发建设。大力发展红色旅游,优化提升生态旅游、文化旅游,加快发展工业旅游、健康医疗旅游、冰雪旅游、研学旅行等。发展自驾车旅游、邮轮游艇旅游。支持旅游衍生品开发。加强旅游资源保护性开发,推进旅游景区建设和管理绿色化。规范旅游市场秩序,提高从业人员专业素质和游客文明素养。加强旅游休闲安全应急、紧急救援、保险支撑能力，保障旅游安全。深化国际旅游合作，推进旅游签证便利化。

房地产服务。优化住房供需结构，强化住房居住属性，构建以政府为主提供基本保障、以市场为主满足多层次需求的住房供应体系。积极发展住房租赁市场，规范发展二手房市场。促进房地产评估和经纪、土地评估和登记代理机构专业化发展，规范中介服务市场秩序。鼓励有条件的房地产企业向综合服务商转型。积极推进社区适老化改造。提升物业服务水平。

五、促进融合，构建产业协同发展体系

鼓励产业融合发展，打造一批以服务为主体的一二三产业融合型龙头企业，强化服务业对现代农业和先进制造业的全产业链支撑作用，形成交叉渗透、交互作用、跨界融合的产业生态系统。

（一）促进服务业与农业融合

加快发展农村服务业，构建全程覆盖、区域集成的新型农业社会化服务体系，增强服务业对转变农业发展方式、发展现代农业的支撑引领能力。

培育多元化融合发展主体。引导新型农业生产经营主体向生产经营服务一体化转型，壮大农村一二三产业融合发展主体。鼓励农民专业合作社、农业产业化龙头企业、工商资本、其他社会化服务组织投资发展农业服务。支持有条件的农业生产、加工、流通企业发展面向大宗农产品及区域特色农业的专业化服务。支持农机合作社发展壮大为全程机械化综合农事服务主体，促进供销社等服务主体向农业综合服务商转型。支持农商联盟发展，鼓励银行、保险、科研、邮政等机构与农村各类服务主体深度合作。

加快发展融合新业态。实施创意农业发展行动，鼓励发展生产、生活、生态有机结合的功能复合型农业。支持农业生产托管、农业产业化联合体、农业创客空间、休闲农业和乡村旅游等融合模式创新。鼓励平台型企业与农产品优势特色产区合作，形成线上线下有机结合的农产品流通模式，畅通农产品进城和农资下乡渠道。建设全国农产品商务信息服务公共平台。鼓励利用信息技术，优化农业生产和经营决策、农技培训、农产品供需对接等服务。积极探索农产品个性化定制服务、会展农业等新业态。

（二）推进服务业与制造业融合

充分发挥制造业对服务业发展的基础作用，有序推动双向融合，促进

有条件的制造企业由生产型向生产服务型转变、服务企业向制造环节延伸。发展服务型制造。促进制造企业向创意孵化、研发设计、售后服务等产业链两端延伸，建立产品、服务协同盈利新模式。鼓励有条件的制造企业向设计咨询、设备制造及采购、施工安装、维护管理等一体化服务总集成总承包商转变。支持领军制造企业"裂变"专业优势，面向全行业提供市场调研、研发设计、工程总包和系统控制等服务。鼓励制造企业优化供应链管理，推动网络化协同制造，积极发展服务外包。推进信息化与工业化深度融合，加快发展智能化服务，提高制造智能化水平。

推动服务向制造拓展。以产需互动为导向，推动以服务为主导的反向制造。鼓励服务企业开展批量定制服务，推动生产制造环节组织调整和柔性化改造。支持服务企业利用信息、营销渠道、创意等优势，向制造环节拓展业务范围，实现服务产品化发展。发展产品全生命周期管理、网络精准营销和在线支持新型云制造服务，实现创新资源、生产能力和市场需求的智能匹配和高效协同。

搭建服务制造融合平台。支持有条件的地区打造电子商务集聚区，系统构建信息、营销、售后等个性化服务体系，柔性制造、智慧工厂等智能化生产体系，电子商务、金融、物流等社会化协同体系。依托新型工业化产业示范基地等制造业集聚区，聚焦共性生产服务需求，加快建设生产服务支撑平台。支持高质量的工业云计算和大数据中心建设。

（三）鼓励服务业内部相互融合

推动服务业内部细分行业生产要素优化配置和服务系统集成，创新服务供给，拓展增值空间。支持服务业多业态融合发展。

支持服务企业拓展经营领域，加快业态和模式创新，构建产业生态圈。顺应消费升级和产业升级趋势，促进设计、物流、旅游、养老等服务业跨界融合发展。培育服务业融合发展新载体。发挥平台型、枢纽型服务企业的引领作用，带动创新创业和小微企业发展，共建"平台＋模块"产业集群。培育系统解决方案提供商，推动优势企业跨地区、跨行业、跨所有制整合经营，发展一批具有综合服务功能的大型企业集团或产业联盟。

六、提升质量，推动服务业优质高效发展

实施质量强国战略，创新服务质量治理，着力提升重点领域服务质量，积极推进服务标准化、规范化和品牌化。

（一）健全服务质量治理体系

构建责任清晰、多元参与、依法监管的服务质量治理和促进体系，加快形成以质取胜、优胜劣汰、激励相容的良性发展机制。强化企业主体责任。完善激励约束机制，引导企业加强全程质量控制，建立服务质量自我评估与公开承诺制度，主动发布服务质量标准、质量状况报告。推行质量责任首负承诺，完善全过程质量责任追溯、传导和监督机制。鼓励推广服务质量保险，建立质量保证金制度。

提升政府监管和执法水平。加大服务质量随机抽查力度。完善质量安全举报核查与协同处理制度，健全质量监督检查结果公开、质量安全事故强制报告、质量信用记录、严重失信服务主体强制退出等制度。健全服务质量风险监测机制。

充分发挥社会监督作用。畅通消费者质量投诉举报渠道，推广服务质量社会监督员制度，鼓励第三方服务质量调查。支持行业协会商会加强质量自律，发布行业服务质量和安全报告。加快推进检验检测认证等质量服务市场化发展。

（二）提高服务标准化水平

开展服务标准化提升行动，加快形成政府引导、市场驱动、社会参与、协同推进的标准化建设格局。

健全服务标准体系。建立政府主导制定的标准与市场自主制定的标准协同发展、协调配套的新型标准体系。将政府主导制定的强制性国家标准限定在保障人身健康和生命财产安全、公共安全、生态环境安全及满足经济社会管理基本要求范围之内。支持社会组织制定团体标准，鼓励企业自主制定企业标准。

推行更高服务标准。加强标准制修订工作，推动国际国内标准接轨，提高服务领域标准化水平。鼓励企业制定高于国家标准或行业标准的企业标准，积极创建国际一流标准。研究建立企业标准领跑者制度，推动企业服务标准自我声明公开和监督制度全面实施，鼓励标准制定专业机构对企业公开的标准开展比对和评价。整合优化全国标准信息网络平台。

（三）打造中国服务知名品牌

开展品牌价值提升行动，发展一批能够展示中国服务形象的品牌，发挥品牌对服务业转型升级引领作用。

鼓励企业加强品牌建设。引导企业增强品牌意识，健全品牌管理体系，提升品牌认可度和品牌价值，打造世界知名品牌。发挥行业协会商会在品牌培育和保护方面的作用。

鼓励品牌培育和运营专业服务机构发展。营造良好品牌发展环境。完善品牌、商标法律法规，完善维权与争端解决机制。加大品牌、商标保护执法力度，依法打击侵权行为。提升商标注册便利化水平，健全集体商标、证明商标注册管理制度。加强品牌宣传和展示，营造重视品牌、保护品牌的社会氛围。

> **专栏2 服务质量、标准、品牌建设行动**
>
> （一）服务质量满意度提升行动。建立健全符合行业特点的服务质量测评体系，在现代物流、银行保险、商贸流通、旅游住宿、医疗卫生、邮政通讯、社区服务等重点行业建立顾客满意度评价制度。
>
> （二）服务质量标杆引领行动。鼓励社会组织分行业遴选和公布一批质量领先、管理严格、公众满意的服务标杆，总结推广先进质量管理经验。鼓励企业瞄准行业标杆开展质量比对，实施质量改进与赶超措施。
>
> （三）服务质量监测能力提升行动。广泛动员社会各界力量，协同建设集监测、采信、分析、发布于一体的质量信息服务体系，搭建服务质量信息共享与社会监督平台。支持金融、交通运输、电子商务、旅游、健康等重点行业质量监测能力建设，鼓励建立行业质量和安全数据库。
>
> （四）服务标准化提升行动。创新标准研制方式，完善科技、金融、物流、知识产权等生产性服务领域标准，制修订家政、养老、健康、教育、文化、旅游等生活性服务领域标准，加快新兴服务领域标准研制。建立健全服务认证制度体系。
>
> （五）品牌价值提升行动。在金融、物流、商务服务等重点领域和电子商务、云计算、大数据、物联网等新兴领域，创建一批高价值服务品牌。鼓励中小服务企业品牌孵化器建设。支持具有文化、民族、地域特色的服务品牌建设，创新区域性知名品牌。

七、彰显特色，优化服务业空间布局

充分发挥各地比较优势，调整服务业功能分工和空间布局，构建特色鲜明、优势互补、体系健全的服务业发展新格局。

（一）优化服务业发展格局

围绕国家区域发展总体战略和"一带一路"建设、京津冀协同发展、长江经济带发展战略实施，对接新型城镇化发展，统筹规划、协调推进，促进服务业开放、集聚和协同发展。

优化服务业区域布局。充分发挥"四大板块"比较优势，推动东部地区服务业率先向价值链高端攀升、提升辐射带动能力和国际化水平；支持东北地区依托制造业和现代农业基础加快发展生产性服务业；鼓励中部地区发挥区位和产业优势，扩大服务业规模、提升服务水平；支持西部地区加快弥补服务业短板，发展特色优势产业。鼓励跨区域服务业合作，促进服务业梯度转移和有序承接。依托"一带一路"核心区和节点城市，扩大服务开放合作力度。全方位拓展京津冀地区服务业合作广度和深度，推进三地服务和要素市场一体化，促进服务业合理分工和错位发展，整体提高服务业发展层次和品质。着力扩大长江经济带中心城市辐射带动能力，增强节点城市物流与贸易功能，建设东中西互动的服务业合作联动发展带。优化提升珠三角服务业发展水平，强化与港澳地区的开放合作，推动泛珠三角区域服务业合作。结合脱贫攻坚，以生活服务和特色产业为重点，支持革命老区、民族地区、边疆地区、贫困地区及资源枯竭、产业衰退、生态严重退化等困难地区服务业加快发展。

构建城市群服务业网络。优化服务业空间组织模式，促进城市群服务业联动发展和协同创新。强化中心城市综合服务功能，优化战略性服务设施布局，发挥网络化效应，支持各具特色的服务业集聚区建设。鼓励构建跨区域信息交流与合作协调机制。

大力发展海洋服务。坚持陆海统筹，发展功能完善、业态多元、布局合理的海洋服务。发展现代航运服务和海洋物流，积极发展海洋旅游和文化产业，加快发展海洋工程咨询、新能源、生物研发、信息等服务。积极发展涉海金融、商务、商贸、会展等配套服务。推动基础较好的地区建设特色海洋服务集群。

（二）加快建设多层次服务经济中心

充分发挥中心城市资源要素密集、规模经济显著、专业分工细化和市场需求集中的优势，完善服务功能，打造不同层级的服务经济中心，增强辐射带动能力，促进服务业发展与新型工业化、城镇化良性互动。

建设具有全球影响力的现代服务经济中心。增强北京、上海和广州—深圳国际服务枢纽和文化交流门户功能，促进高端服务业和高附加值服务环节集聚，提高在全球创新链、价值链、产业链、供应链中的地位和控制力。加快国家级服务经济中心建设。鼓励各地区依托服务业发展基础较好的超大城市和部分特大城市，加快形成以服务业为主体的产业结构，打造一批具有较强辐射功能的国家级服务经济中心。加快提升服务业层次和水平，搭建服务全国的特色化、专业化服务平台。鼓励跨国公司和企业集团设立区域性、功能型总部，支持有条件的城市提升全球影响力。

提升区域服务经济中心辐射带动能力。依托大城市建设区域服务经济中心，增强服务业集聚效应和辐射能力，更好服务区域发展。推动生产性服务业加快发展，提升对区域产业升级的支撑能力。

增强健康养老、教育培训、文化创意等服务功能，提升城市宜居度和吸引力。增强中小城市和小城镇服务功能。充分发挥中小城市和小城镇集聚产业、服务周边、带动农村的重要作用。促进中小城市与区域中心城市产业对接，利用中心城市服务资源改造提升传统产业，打造区域物流枢纽和制造业配套协作服务中心，主动承接中心城市旅游、休闲、健康、养老等服务需求。支持具有独特资源、区位优势和民族特色的小城镇建设休闲旅游、商贸物流、科技教育、民俗文化等特色镇。

（三）加强服务平台载体建设

积极搭建各类服务平台载体，集聚资源要素、强化组合优势、深化分工合作、探索开放创新，为服务业发展提供有效支撑。

建设专业化服务经济平台。结合科研基地布局优化，在科研资源密集地区，大力发展创新设计、研发服务，建设科创服务中心。依托重大信息基础设施建设，增强信息服务功能，建设信息服务中心。选择有条件的区域中心城市，发展多层次资本市场，规范发展区域性股权市场，建设金融服务中心。依托产业集聚规模大、专业人才集中的地区，加快发展咨询评估、财务管理、检验检测等服务，建设商务服务中心。

挖掘老城区服务业发展潜力。结合城市更新和棚户区改造，加快老城区服务业升级。科学规划土地二次开发，加强文化传承与保育，完善配套政策，支持存量房产和土地发展现代服务业，实现老城区转型发展。

促进开发区、新城新区服务业加快发展。坚持产城融合、特色发展的方向，加快完善服务功能，推动开发区、新城新区从单一功能向混合功能转型。促进商务商业、金融保险、创意设计等服务发展，增强健康医疗、教育培训、商贸物流、文体休闲等服务功能。支持开发区生产性服务业与先进制造业融合发展。

统筹推进服务业试点示范。以解决重点难点问题为导向，以推进体制机制和政策创新为重点，统筹推进各类服务业改革试点示范。继续开展服务业综合改革试点，规范有序推进自由贸易试验区、服务业扩大开放综合试点等建设。加快制度创新成果复制推广。

鼓励打造交通枢纽型经济区。依托大型机场、沿海港口、沿边口岸、高铁车站等交通枢纽设施，加强集疏运衔接配套，完善口岸等服务功能，促进高铁经济和临空、临港经济发展。依托综合交通枢纽城市，建设物流服务中心和多式联运中心。

八、深化改革，创建服务业发展良好环境

加大重点领域关键环节市场化改革力度，深入推进简政放权、放管结合、优化服务改革，最大程度释放市场主体活力和创造力。

（一）实现公平开放的市场准入

完善市场准入制度，全面实施公平竞争审查制度，清理废除妨碍统一市场和公平竞争的各种规定和做法，促进服务和要素自由流动、平等交换。

实施市场准入负面清单制度。以市场准入负面清单为核心，建立服务领域平等规范、公开透明的准入标准，并适时动态调整。放宽民间资本市场准入领域，扩大服务领域开放度，推进非基本公共服务市场化产业化、基本公共服务供给模式多元化。

破除各类显性隐性准入障碍。减少审批事项，优化审批流程，规范审批行为。清理规范各类前置审批和事中事后管理事项，明确确需保留事项的审批主体、要件、程序和时限，并向社会公开。继续推进商事制度改革。整合公共服务机构设置、执业许可等审批环节，鼓励有条件的地方为申办公共服务机构提供一站式服务。

打破市场分割和地方保护。推进统一开放、竞争有序的服务市场体系建设，打破地域分割、行业垄断和市场壁垒，营造权利平等、机会平等、规则平等的发展环境。除特殊规定外，禁止设置限制服务企业跨地区发展、服务跨地区供给的规定，纠正各种形式限制、歧视和排斥竞争的行为。加大服务业反垄断力度。

（二）发展充满活力的市场主体

依法保障各类市场主体公平竞争，深化国有企业改革，推动事业单位改革取得突破性进展，形成各类市场主体竞相发展的生动局面。

确立法人主体平等地位。依法规范市场主体行为，确保不同主体之间法律地位一律平等。实行营利和非营利分类管理，明确不同性质主体的权责。完善分类登记管理制度，规范社会服务类机构登记，明确机构性质变更实施细则。建立健全市场退出机制。

分类推进国有服务企业改革发展。对主业处于充分竞争行业和领域的国有服务企业，实行股份制公司制改革，积极引入其他国有资本或非国有资本实现股权多元化。对主业处于关系国家安全、国民经济命脉重要领域的国有服务企业，保持国有资本控股地位，支持非国有资本参股。对电信、铁路等服务行业，根据不同行业特点实行网运分开、放开竞争性业务，促进公共资源配置市场化。推进承担公共服务和准公共服务职能的国有企业改革，具备条件的可以推行投资主体多元化。完善现代企业制度。鼓励各类社会资本参与国有服务企业改革，鼓励发展非公有资本控股的混合所有制企业。进一步破除各种形式的行政垄断。

深化事业单位改革。按照政事分开、事企分开和管办分离的要求，加快推进教育、科技、文化、卫生等事业单位分类改革，将从事生产经营活动的事业单位及能够分离的生产经营部门逐步转为企业，参与服务业市场公平竞争。加快建立现代法人治理结构，推动产权管理与业务管理分开，健全内部决策、执行与监督机制，依法独立开展经营活动。改革完善人事制度，改革事业单位编制管理办法，建立与不同性质组织运作相适应的人力资源管理制度。鼓励公办医疗、养老等机构与从业人员实行弹性灵活、权责明确的聘用制度。逐步取消公立医院行政级别，改革医师执业注册办法，促进医师有序流动和多点执业。完善民办机构参与服务业公办机构改制细则，鼓励从事生产经营活动的事业单位直接改制为混合所有制企业。

（三）健全现代高效的监管体系

顺应服务业发展新趋势，更新理念、创新方式、完善机制，加快构建统一高效、开放包容、多元共治的监管体系。

创新监管理念和方式。树立依法依规、独立专业、程序透明、结果公开的现代监管理念，推动监管方式由按行业归属监管向功能性监管转变、由具体事项的细则式监管向事先设置安全阀及红线的触发式监管转变、由分散多头监管向综合协同监管转变、由行政主导监管向依法多元监管转变。按照服务类别制定统一的监管规则、标准和程序，并向社会公开。积极运用信息技术提高监管效率、覆盖面和风险防控能力。

实行统一综合协同监管。促进监管机构和职能整合，推进综合执法。建立健全跨部门、跨区域执法联动响应和协作机制，加强信息共享和联合执法，实现违法线索互查、处理结果互认，避免交叉执法、多头执法、重复检查。推进监管能力专业化，打造专业务实高效的监管执法队伍。建立健全社会化监督机制，充分发挥公众和媒体监督作用，完善投诉举报管理制度。鼓励社会组织发挥自律互律他律作用，完善商事争议多元化解决机制。

创新新业态新模式监管方式。坚持包容创新、守住底线，适应服务经济新业态新模式特点，创新监管方式，提升监管能力。坚持审慎监管和包容式监管,避免过度监管,充分发挥平台型企业的自我约束和关联主体管理作用,创新对"互联网+"、平台经济、分享经济等的监管模式。

(四)营造公平普惠的政策环境

破除制约服务业发展的政策障碍,消除政策歧视,创新要素供给机制,加快形成公平透明、普惠友好的政策支持体系。

创新财税政策。积极构建有利于服务业创新发展的财税政策环境。落实支持服务业及小微企业发展的税收优惠政策。加大政府购买服务力度,研究制定政府购买服务指导性目录。有效发挥相关产业基金和服务业引导资金作用。推广政府与社会资本合作模式,引导社会资本投入服务业。

完善土地政策。优化土地供应调控机制,合理确定用地供给,保障服务业用地需求。依据不同服务门类特性及产业政策导向,有针对性地制定土地政策。探索对知识密集型服务业实行年租制、"先租赁后出让"等弹性供地制度。依法支持利用工业、仓储等用房用地兴办符合规划的服务业。创新适应新产业、新业态特点的建设用地用途归类方式。

优化金融支持。拓宽融资渠道,调整修订不适应服务企业特点的政策规定,支持通过发行股票、债券等直接融资方式筹集资金。探索允许营利性医疗、养老、教育等社会领域机构使用有偿取得的土地、设施等财产进行抵押融资。鼓励金融机构开发适应服务业特点的融资产品和服务。完善动产融资服务体系。鼓励有条件的地方建立小微企业信贷风险补偿机制。支持融资担保机构扩大小微企业担保业务规模。

深化价格改革。加快完善主要由市场决定价格机制,合理区分基本与非基本需求,放开竞争性领域和环节服务价格。健全交通运输价格机制,放开具备竞争条件的客货运输价格。创新公用事业和公益性服务价格管理方式。深化教育、医疗、养老等领域价格改革,营利性机构提供的服务实行经营者依法自主定价。全面清理规范涉企收费,推进实施涉企收费目录清单管理并常态化公示。

健全消费政策。鼓励消费金融创新,支持发展消费信贷。鼓励保险机构开发更多适应医疗、文化、养老、旅游等行业和小微企业特点的保险险种。

九、扩大开放,培育服务业国际竞争新优势

以"一带一路"战略为统领,推动服务领域双向开放,深度融入全球服务业分工体系,以高水平对外开放促进我国服务业大发展。

(一)深入推进服务领域对外开放

把服务领域开放作为我国新一轮对外开放的重中之重,在坚守国家安全底线的前提下，加大开放力度，丰富开放内涵，提高服务领域开放水平。

完善国际化法治化便利化营商环境。对外资全面实施准入前国民待遇加负面清单管理制度，简化外资企业设立和变更管理程序，提高市场准入透明度和可预期性。在财政政策、融资服务、土地使用和经济技术合作等方面实现内外资企业一视同仁。

推动重点领域对外开放。坚持服务全局、积极有序的原则，稳步扩大服务业对外开放。优先放开对弥补发展短板、促进产业转型升级、提高人民生活质量具有重要作用的领域。推进教育、医疗等社会服务领域有序开放。放开建筑设计、评级服务等领域外资准入限制。有序推动银行、证券、保险等领域对外开放。健全文化、互联网等领域分类开放体系，逐步放宽准入限制。鼓励外商投资工业设计和创意、工程咨询、现代物流、检验检测认证等生产性服务业。

（二）打造服务业全方位开放新格局

推动沿海沿边内陆全方位开放，拓展对外开放空间，形成平衡协调、纵横联动的服务业对外开放格局。

提升沿海服务业开放水平。鼓励沿海地区加大引资引技引智力度，大力发展高层次外向型服务业，建设一批承接国际服务转移的重要平台和国际服务合作窗口城市。支持有条件的地区建设具有全球影响力的金融、技术、信息等要素市场。

打造内陆、沿边开放型服务经济高地。依托战略性互联互通重大项目以及重点口岸、边境城市、边境（跨境）经济合作区和重点开发开放试验区建设，引导优质服务要素集聚，提升服务业开放水平。面向国际经济合作走廊，将边境省区中心城市和口岸城镇培育成为新的交通枢纽、贸易中心和金融服务中心。支持内地空港陆港门户城市，建成新的国际物流通道和人文交流中心。优化整合中欧班列，推进品牌化发展。大力发展边境旅游，推进跨境旅游合作区、边境旅游试验区建设。

深化内地和港澳、大陆和台湾地区服务业合作。进一步扩大对港澳开放服务领域，支持港澳充分发挥金融、商贸、物流、旅游、会展及专业服务优势，积极参与内地服务业发展和多种形式合作走出去。深化内地与香港金融合作。加深内地同港澳在文化教育、医疗保健、养老安老、环境保护、食品安全等领域交流合作，支持内地与港澳开展创新及科技合作。以服务业合作为重点，加快前海、南沙、横琴等重大合作平台建设，推动粤港澳大湾区建设。促进大陆和台湾地区服务业合作。

（三）提升全球服务市场资源配置能力

鼓励服务企业在全球范围内配置资源、开拓市场，拓展发展新空间，提升国际竞争力。

加快发展服务贸易。积极开拓欧美等发达国家市场、"一带一路"沿线国家、拉美和非洲等新兴市场。巩固旅游、建筑等服务出口优势，扩大金融保险、交通运输、信息通信、研发咨询、环境服务等高附加值服务出口。积极推动文化、中医药等服务出口，加强体育、餐饮等特色服务领域的国际交流合作。大力发展服务外包，推动服务外包向价值链高端延伸。

创新全球服务资源配置方式。围绕关键短板和战略需求，支持服务企业以跨国并购、绿地投资、联合投资等方式，高效配置全球人才、技术、品牌等核心资源。鼓励企业通过在境外设立研发中心、分销中心、物流中心、展示中心等形式，构建跨境服务产业链。鼓励企业利用信息技术改造提升传统服务投资贸易方式，积极发展跨境电商、全球维修、全球采购等服务。

强化"走出去"服务支撑。鼓励会计、法律、资产评估、公共关系、海外救援等服务国际化发展，支持行业协会等机构参与建设海外支撑服务体系。健全"走出去"金融支持体系，发挥开发性、政策性金融机构作用，鼓励社会资本参与，拓宽海外投融资渠道。积极发展海外投资保险，扩大政策性保险覆盖面。构建高效有力的海外利益保护体系，提升服务能力。加强境外风险防控体系建设。

（四）积极参与国际服务投资贸易规则制定

积极参与多边双边、区域服务投资贸易谈判和全球经贸规则制定，增强在国际服务贸易中的制度性话语权。推动世界贸易组织（WTO）框架下的服务业开放谈判。主动参与相关国际服务贸易协定谈判。参与国际标准制定，推进优势、特色领域服务标准国际化，推动与主要贸易国之间标准互认。加快实施自由贸易区战略，构筑立足周边、辐射"一带一路"、面向全球的高标准自由贸易区网络。积极开展国际投资贸易新规则试验，提高自由贸易试验区等各类相关试验区建设质量，加快探索建立适应国际规则新要求的制度体系。积极推广成熟创新经验。

十、夯实基础，强化服务业发展支撑

健全服务业配套制度和基础设施，改善社会信用环境，加强人才队伍建设，保障消费者权益，夯实服务业持续健康发展基础。

(一) 健全配套基础制度

完善服务业相关法律法规体系，健全知识产权保护、信息安全、社会组织管理、统计等制度。

完善法律法规体系。研究推进服务业相关基础性法律制定修订工作，加强权益保障、公平竞争、市场监管等领域的立法工作。

健全知识产权保护制度。完善专利权、商标权、著作权、商业秘密保护等法律法规，研究完善商业模式知识产权保护制度，完善互联网、大数据、电子商务等领域知识产权保护规则。简化优化知识产权审查和注册流程。推进知识产权基础信息资源共享。

健全知识产权侵权惩罚性赔偿制度。健全企业海外知识产权维权援助机制。

健全信息安全保护制度。加强国家安全、个人隐私和商业秘密保护。建立健全大数据安全管理制度，实行服务领域数据资源分类分级管理和风险评估制度。建立互联网企业数据资源资产化和利用授信机制。加快完善网络安全、个人信息保护、互联网信息服务等领域法律法规，明确数据采集、传输、存储、利用、处理等环节的安全要求及责任主体，界定数据用途和发布边界。严厉打击非法泄露和出卖数据行为。

完善社会组织管理制度。完善行业协会商会类、科技类、公益慈善类、城乡社区服务类社会组织直接依法登记制度。稳妥推进行业协会商会与行政机关脱钩，增强行业协会商会助推行业发展、促进行业自律功能。完善公益性捐赠税前扣除、非营利性组织相关税收等政策。

完善统计制度。整合优化服务业统计调查资源，健全数据互通共享机制。适应服务业特点和业态模式创新，健全服务业统计调查制度，完善统计分类标准和指标体系，改进小微服务企业抽样调查和数据采集，提高统计数据精准性。加强和改进服务业增加值核算。加强大数据在服务业统计中的应用。

(二) 强化人才队伍支撑

扩大人才供给，促进人才流动，加大引进力度，大力集聚一批适应服务业创新发展要求、具有国际化经营能力的企业家人才，建设规模宏大的服务业专业技术人才和高技能人才队伍。

健全人才使用和激励机制。打破制度障碍，完善职称评定、薪酬制度、社会保障等配套政策体系，促进医疗、教育、科技、文化等各领域人才有序自由流动。引导和鼓励高校毕业生到基层工作。完善职业技能鉴定制度，畅通技能人才成长路径，推动服务从业人员职业化、专业化发展。

加强劳动保护和职业防护，积极改善医疗、养老服务护理人员等工作条件。健全人才创新成果收益分配机制，支持人才以知识、技能、管理等多种创新要素参与分配。挖掘多层次人力资源，注重发挥老年人力资源作用。

实施更加开放的人才政策。加快营造具有国际竞争力的人才吸引环境。加大国际人才吸引力度，通过完善外国人永久居留制度等措施，为海外人才来华工作、出入境和居留创造更加宽松便利的条件。推动"千人计划"、"万人计划"、创新人才推进计划等重大人才计划向急需的服务行业倾斜。鼓励开展国际高水平人才交流活动。

加大人才培养培训力度。加大服务领域高端专业人才培养力度，扩大应用型、技术技能型人才规模，大力培养复合型人才。强化综合素质和创新能力培养，创新培养培训方式，深化产教融合、校企合作、工学结合的人才培养模式。推行终身职业技能培训制度，完善职业培训补贴政策，鼓励职业技能和专业知识持续更新。

（三）完善基础设施体系

适应产业结构、形态和模式变化，系统构建和完善适应服务业发展的基础设施体系。加快推进基础设施改造升级，提升智慧化和网络化水平。围绕满足新产业、新业态发展需要，补齐基础设施短板，在信息、交通、流通、旅游、社会服务等领域，组织实施基础设施建设重大工程。推进服务业相关基础设施标准化建设和改造，促进互联互通和系统功能优化。改进基础设施运营管理，提高运行效率。

专栏3　服务业相关基础设施建设重点领域

（一）信息基础设施。加快构建新一代信息基础设施。加强面向服务业应用的信息基础设施和平台建设，完善物联网、云计算及大数据平台等基础设施，统筹布局建设大型、超大型数据中心。建设数据信息资源开放平台。

（二）交通基础设施。积极构建国际运输网络。加快城市群城际铁路网建设，完善高铁快运设施。规划建设支线和通用航空机场。加快内河高等级航道建设。推动公共交通优先发展，加快大城市中心城区轨道交通建设，推动超大、特大城市市域（郊）铁路发展。加强综合交通枢纽布局、建设和运营衔接。完善港口集疏运体系。依托重要物流节点城市和枢纽站场，建设一批多式联运货运枢纽。积极发展智慧交通。

（三）流通基础设施。加强社区和农村流通基础设施建设，优化社区商业网点、公共服务设施的规划布局和业态配置。加快城市流通基础设施升级改造。建设或改造升级一批集运输、仓储、配送、信息为一体的综合物流服务基础。推动智能仓储设施和智慧物流平台建设。统筹交通、邮政、商务、供销等物流站点资源，推动城乡末端配送点建设。加强物流标准化建设，优化农产品冷链物流设施网络。

（四）旅游基础设施。畅通景区和乡村旅游区与交通干线连接，推动从机场、客运场站、客运码头到主要景区交通无缝对接。完善景区停车场、厕所、垃圾污水处理、游客信息服务等设施。建设邮轮游艇码头、自驾车房车营地、通航机场等新型旅游基础设施。规划建设区域性旅游应急救援基地。

（五）社会服务设施。严格按照新建居住区或社区建设相关规定，配建便民商业服务、社区服务、健身休闲等设施。促进教育培训、健康、养老、文化等服务设施建设和升级。盘活存量土地用于社会服务设施建设，改造提升现有社会服务设施。

（四）加强社会信用体系建设

加强信用法律法规建设，完善褒扬诚信、惩戒失信机制，引导服务企业和从业人员树立诚信理念、弘扬诚信美德，营造优良信用环境。

着力加强服务市场诚信建设。建立健全市场主体信用记录，开展服务企业诚信承诺活动，构建跨地区、跨部门、跨领域的守信联合激励和失信联合惩戒机制。加大对非法集资、商业欺诈等违法行为和破坏市场公平竞争秩序行为的查处力度，对严重失信主体实行行业限期禁入等限制性措施。强化医疗、教育、文化、旅游、商贸等领域诚信建设，提升工程建设、广告等领域诚信水平。运用互联网技术大力推进服务领域信用体系建设。

培育和规范信用服务市场。发展各类信用服务机构，逐步建立公共和社会信用服务机构互为补充、信用信息基础服务和增值服务相辅相成的多层次信用服务体系。支持具有较高市场公信力的第三方征信机构培育和发展。支持信用服务产品开发和创新，鼓励社会机构依法使用征信产品，拓展应用范围。推进并规范信用评级行业发展。加强信用服务行业自律和自身信用建设。

（五）保障消费者合法权益

坚持消费者优先理念，健全适应服务消费特点的制度安排，强化线上线下消费者权益保护，有效维护消费者合法权益。

着力提高信息透明度。健全服务信息依法依规告知制度，明确质量、计量、标准等强制性承诺信息内容，鼓励领军企业、行业协会商会发布更高标准的服务信息指引。严格落实经营者明码标价和收费公示制度。规范商业合同格式和条款解释，推进合同条款标准化、表述通俗化。利用各种公共信息平台，将政府各部门涉及企业违规违法行为及信用状况、服务质量检查结果、顾客投诉处理结果等信息及时向全社会公布。支持第三方机构开展服务评价。加强对消费者的金融、法律等专业知识普及。

完善消费者权益保障制度。推动调整修订现行法律法规中不利于保护消费者权益的条款，完善服务质量担保、损害赔偿、风险监控、投诉响应等制度。完善和强化服务消费惩罚性赔偿制度，加大赔偿处罚力度。推行先行赔付制度。充分发挥消费者协会等组织维护消费者权益的作用，积极发挥消费者维权服务网络平台作用。

健全服务纠纷解决机制。强化消费者权益损害法律责任，坚持依法解决服务纠纷。健全公益诉讼制度，适当扩大公益诉讼主体范围。探索建立纠纷多元化解决机制，探索和完善诉讼、仲裁与调解对接机制。

加快发展服务业是产业结构优化升级的主攻方向。各地区、各部门要加快转变观念，充分认识推动服务业发展的重大意义，着力营造服务业发展的良好环境。加强组织领导，健全工作机制，强化部门协同和上下联动，形成工作合力。各地区要因地制宜、大胆创新，积极探索服务业发展的新思路新举措，及时总结推广经验。各部门要按照分工研究制定具体实施方案，细化政策措施，切实履行好政府职责。充分发挥服务业发展部际联席会议制度作用，加强战略谋划，强化统筹协调和督促落实。加强宣传解读，积极营造全社会合力推进服务业创新发展的良好氛围。

财政部关于印发《会计改革与发展"十三五"规划纲要》的通知

(2016年10月8日,财会〔2016〕19号)

各省、自治区、直辖市、计划单列市财政厅（局），新疆生产建设兵团财务局，中共中央直属机关事务管理局，国家机关事务管理局财务司，中央军委后勤保障部财务局、武警部队后勤部财务局，财政部驻各省、自治区、直辖市、计划单列市财政监察专员办事处：

为贯彻落实党的十八届五中全会精神，根据《中华人民共和国国民经济和社会发展第十三个五年规划纲要》和《国家财政"十三五"规划》的有关要求，在认真总结全国会计管理工作取得的成就和经验、深入分析"十三五"时期会计改革发展面临的形势和任务的基础上，我部制定了《会计改革与发展"十三五"规划纲要》（以下简称《规划纲要》）。现印发给你们，请认真贯彻执行。

各级财政部门和中央有关主管部门，要深刻认识发布实施《规划纲要》的重大意义，组织学习和大力宣传《规划纲要》的指导思想、基本原则、总体目标和任务措施，交流典型经验、做法和成效，为进一步加强会计管理、全面深化会计改革营造良好氛围和创造有利条件。要加强《规划纲要》实施的组织保障，紧密结合本地区、本部门实际，抓紧制定《规划纲要》的实施方案，积极落实有关重大政策措施。要建立监督检查机制，对《规划纲要》的实施情况进行跟踪了解和督促检查，针对实施过程中发现的新情况、新问题，及时采取有效措施，确保《规划纲要》的各项目标任务和政策措施落到实处，取得实效。

各地区、各部门在实施《规划纲要》中制定的实施方案及实施进展情况，请及时报我部会计司。

附件：会计改革与发展"十三五"规划纲要

财政部
2016年10月8日

附件：

会计改革与发展"十三五"规划纲要

"十三五"时期（2016年至2020年）是全面建成小康社会的决胜阶段，也是全面建成与社会主义市场经济相适应的会计体系的关键时期。为科学规划、全面指导未来五年我国会计改革与发展，更好地为经济社会发展和财政中心工作服务，根据《中华人民共和国国民经济和社会发展第十三个五年规划纲要》和《国家财政"十三五"规划》的有关要求，制定本规划纲要。

一、"十三五"时期会计改革与发展面临的形势

"十二五"时期，会计行业紧紧围绕服务经济社会发展大局和财政中心工作，坚持解放思想，开拓创新，会计改革与发展取得了显著成绩。以《会计法》为中心的法律、法规和配套规章进一步完善，会计法制化建设得到加强；企业会计准则体系进一步完善并有效实施，与国际财务报告准则持续趋同；修订行政事业单位会计准则制度，根据国务院批准发布的《权责发生制政府综合财务报告制度改革方案》印发了《政府会计准则——基本准则》，在医院等事业单位会计制度中率先引入权责发生制，政府会计改革取得积极进展；全面加强管理会计体系建设，指导、推动管理会计有效应用；企业内部控制规范体系有效实施，发布实施行政事业单位内部控制规范，对行政事业单位加强内部控制建设和权力制约提出指导意见；发布实施企业会计信息化工作规范，企业会计准则通用分类标准稳步推行；以《会计行业中长期人才发展规划（2010—2020年）》为指导，全面实施全国会计领军（后备）人才培养工程及其特殊支持计划、大中型企事业单位总会计师素质提升工程、会计名家工程等高端人才培养工程，稳步推进会计专业技术资格改革，大力开展会计人员继续教育和职业道德教育，会计队伍整体素质明显提高，职能作用进一步发挥；全面贯彻《关于加快发展我国注册会计师行业的若干意见》（国办56号文），注册会计师行业较快发展并不断做强做大，注册会计师执业质量和社会公信力稳步提升；会计学会、会计行业自律组织建设得到加强，会计理论研究、会计教育工作取得积极进展；会计对外交流与合作进一步深化；会计管理体制进一步完善，会计管理工作不断加强。在肯定会计改革与发展取得成绩的

同时，应当正视会计工作中存在的问题和不足，主要表现在：会计工作的转型升级仍不能适应经济管理要求，复合型、国际化高端会计人才相对缺乏，会计法治建设、内部控制建设、会计诚信建设和会计监管工作仍需进一步加强等等，这些问题都需要在"十三五"时期通过制度创新、机制创新、理论创新切实加以解决。

"十三五"时期，会计行业机遇与挑战并存，会计改革与发展任务艰巨而繁重，会计的服务对象、服务领域、工作职能、工作手段、工作体制和工作机制都面临着重大转型升级。党的十八届三中、四中、五中全会作出了一系列重大战略部署，对建立权责发生制政府综合财务报告制度、内部控制建设、加强现代服务业发展等提出了明确要求，指明了改革发展方向；我国经济发展方式的转变、供给侧结构性改革的推进、国有企业改革的深化和资本市场的发展，为企业会计准则完善和顺利实施、管理会计广泛应用提出了明确的要求；贯彻人才强国战略和完善人才评价激励机制，为加强会计人才队伍建设和健全会计人才评价制度提供了有力政策保障；国家大数据战略和"互联网+"行动计划的实施，为信息技术在会计领域的深入应用奠定了坚实基础；我国积极参与全球经济治理以及"一带一路"战略的实施，为我国深入参与国际会计标准的制定，全方位开展会计对外交流与合作提供了有利条件。当然，"十三五"时期我国会计改革与发展也面临诸多挑战。随着我国经济结构调整和发展方式转变，会计工作面临许多新情况、新问题，要求会计法制、会计标准必须适应环境变化不断完善、强化实施，要求会计从业人员必须转变观念、开拓创新，要求会计监管和宏观管理必须改进监管方式、形成监管合力和牢固树立服务理念，在认真总结过去五年会计行业成绩经验基础上，科学引导会计行业在未来五年健康顺利发展。

二、"十三五"时期会计改革与发展的总体要求

（一）指导思想。

"十三五"时期，会计改革与发展的指导思想是：高举中国特色社会主义伟大旗帜，全面贯彻落实党的十八大和十八届三中、四中、五中全会精神，以马克思列宁主义、毛泽东思想、邓小平理论、"三个代表"重要思想、科学发展观为指导，深入贯彻习近平总书记系列重要讲话精神和中央决策部署，按照"五位一体"总体布局和"四个全面"战略布局，牢固树立和贯彻落实创新、协调、绿色、开放、共享的发展理念，紧紧围绕经济社会发展和财政中心工作，全面加强会计法制建设、会计标准建设、

会计人才队伍建设、会计服务市场建设、会计理论建设，进一步健全完善会计管理体制和机制，全面推动会计转型升级，为全面建成小康社会服务。

（二）基本原则。

——坚持创新引领。创新是会计改革与发展的源泉和动力。会计行业必须不断推进制度创新、机制创新和理论创新，更新发展理念，消除体制障碍，破解工作难题，为会计改革与发展提供持续动力。

——坚持强化法治。法治是会计改革与发展的可靠保障。会计行业必须按照科学民主立法要求，运用法治思维和法治方式，加强会计法律法规体系建设，把会计工作纳入法治化轨道，依法推进会计改革与发展，形成有法必依、执法必严、违法必究的良好氛围。

——坚持服务发展。突出服务理念是会计工作的必然要求。会计行业必须紧紧围绕"五位一体"总体布局和"四个全面"战略布局，强化服务理念，创新服务方式，努力为经济社会发展和财政中心工作服务，为市场主体和广大会计人员服务，在服务中转型升级，不断提高服务效能。

——坚持文化传承。继承和弘扬会计传统文化是推进会计改革与发展的内在要求。会计行业必须坚持中国特色社会主义道路自信、理论自信、制度自信、文化自信，认同与尊崇中国会计行业的传统文化、传统思想价值体系，正确处理好继承与发展、借鉴与创新、趋同与互动的关系，切实提高中国会计行业竞争软实力。

——坚持开放合作。对外开放与合作是会计改革与发展的必由之路。会计行业必须树立开放发展、合作共赢理念，以维护国家利益、促进会计行业发展为出发点，坚持企业会计准则国际趋同战略，积极参与国际会计组织治理改革，推进会计服务市场有序开放，深化会计国际交流与合作，在开放合作中不断提高我国会计的国际话语权和影响力。

（三）总体目标。

"十三五"期间会计改革与发展的总体目标是，建立健全与社会主义市场经济相适应的会计体系，深入推进会计工作法治化、信息化、现代化。

——会计法制和会计标准体系更加科学。修订《会计法》、《注册会计师法》及其配套法规、规章，完善会计监管、行政执法机制，切实落实单位负责人对本单位会计工作的主体责任，进一步规范会计秩序，提高会计信息质量和注册会计师审计质量；完善企业会计准则体系，建立政府会计准则制度体系，加强管理会计体系建设，全面推行内部控制规范体系，加强其他会计审计标准体系建设，大力推动各项会计审计标准体系的贯彻实施。

——会计工作转型升级取得实效。适应经济社会发展需要，进一步夯实会计基础工作，积极融合新技术、新手段，推动会计核算技术的优化升级；以建设管理会计体系为抓手，引导、推动管理会计广泛应用；探索会计信息资源有效利用机制，进一步推动各单位会计信息化水平不断提高；加强政策引导、经验交流，不断强化会计工作在信息利用、资本运营、价值管理、内部控制、风险防范等方面的职能作用。

——会计工作者执业能力明显增强。完善会计人员继续教育、会计人才评价等政策并发挥其导向作用，促进广大会计工作者知识结构进一步优化、职业道德素养进一步提高、执业能力和服务水平进一步提升，培育造就结构合理、素质优良的会计人才队伍。

——会计管理体制更加完善。按照依法行政要求，进一步理顺中央、地方、部门、行业组织（团体）在会计管理方面的权责关系，进一步健全、完善以间接管理为主，法律手段、经济手段与行政手段并用，有利于发挥各方面积极性和创造性的会计管理体制。

三、"十三五"时期会计改革与发展的主要任务

（一）加强会计法制建设。

1. 完善会计法律体系。修订《会计法》、《注册会计师法》及其配套法规、规章，提高会计法律法规的科学性、严肃性和可执行性，进一步规范会计审计行为，提高会计信息质量和审计执业质量。

2. 广泛开展会计普法教育。采取多种形式广泛宣传会计法律法规和准则制度，广泛宣传加强法制、依法理财、维护国家财经纪律的重要意义，引导单位负责人和社会各界重视、支持会计审计工作，引导广大会计工作者学好用好会计法律知识、自觉树立诚信理念，努力构建学法、用法、守法长效机制。

3. 加强会计监督检查。认真开展对《会计法》及会计准则制度执行情况的监督检查，按照定期随机抽查与不定期专项检查相结合的方式，创新监管手段，主动公开检查结果，严肃查处违法会计行为，切实做到有法必依、执法必严、违法必究。研究建立会计诚信档案和会计"黑名单"制度，将会计人员、注册会计师的诚信记录和单位会计信用信息纳入全国信用信息共享平台。理顺会计监管机制，整合会计监管资源，形成会计监管合力。

（二）加快推进政府及非营利组织会计改革。

1. 建立政府会计准则制度体系。加快落实国务院批准发布的《权责发生制政府综合财务报告制度改革方案》，有序推进政府会计改革，在已发布的《政府会计准则——基本准则》基础上，加快制定政府会计具体准则及应用指南和政府会计制度，建立健全政府会计准则制度体系，为编制权责发生制政府财务报告和健全完善政府财务报告体系奠定基础。研究制定政府成本会计制度。抓好政府会计准则制度贯彻实施工作，完善信息化建设等相关配套措施，确保政府会计改革顺利进行。积极参与国际公共部门会计准则建设，不断提高我国在国际政府会计标准制定中的话语权。

2. 完善民间非营利组织会计制度。适应民间非营利组织发展要求，密切跟踪基金会、社会团体、民办医疗、民办教育等非营利组织财务管理、会计核算等情况，研究修订民间非营利组织会计制度，进一步规范民间非营利组织会计管理，促进社会事业健康发展。

3. 修订社会保险基金等基金（资金）类会计制度。积极配合社保、住房、土地等制度改革，适时修订社会保险基金、住房公积金、土地储备资金等基金（资金）类会计制度。

（三）健全企业会计准则体系。

1. 完善企业会计准则体系。根据经济社会发展要求，适时修订、完善相关企业会计准则，及时发布企业会计准则解释。研究制订我国金融市场、资本市场对外开放的相关会计政策。规范企业会计准则体系体例，清理企业会计准则制度类规范性文件，进一步完善企业会计准则体系。

2. 继续保持企业会计准则国际趋同。立足我国实际情况，适应国际财务报告准则发展，积极稳妥推进我国企业会计准则与国际财务报告准则持续全面趋同。积极参与国际财务报告准则基金会各层面事务和国际财务报告准则制定工作，不断提高我国在国际财务报告准则制定中的话语权和影响力。充分利用亚洲—大洋洲会计准则制定机构组、中日韩会计准则制定机构会议、国际会计准则理事会新兴经济体工作组等多边、双边交流机制，协调立场，争取支持，为我国企业会计准则建设和国际趋同创造有利的国际环境。深度参与国际综合报告委员会工作，提高我国对国际综合报告框架等规则制定的影响力，持续研究综合报告在我国的适用性和可行性。

3. 加强企业会计准则体系实施。加强企业会计准则宣传、培训和对其实施情况的监督检查，密切跟踪、分析上市公司年度财务报告，及时了解企业会计准则执行中的新情况、新问题，完善企业会计问题应急处理机制。健全沟通协调机制，定期与监管部门、有关企业及会计师事务所等沟通交流企业会计准则实施情况。加强企业会计准则与税收政策、监管政策的协调。做好小企业会计准则体系实施的监督、指导。

4. 完善企业会计准则外部咨询机制。发挥会计标准战略委员会在会计准则建设中研究咨询、决策支持的重要作用。发挥会计准则委员会在会计准则研究、起草、实施以及对外交流、组织联系咨询专家队伍等方面的作用，为企业会计准则建设提供重要支撑。健全企业会计准则咨询专家队伍，充实研究力量，改进咨询方式，提高咨询水平。

（四）推进管理会计广泛应用。

1. 加强管理会计指引体系建设。坚持经验总结和理论创新，加强政策指导，2018年底前基本形成以管理会计基本指引为统领、以管理会计应用指引为具体指导、以管理会计案例示范为补充的管理会计指引体系。制定发布系列分行业产品成本核算制度，推动企业切实改进和加强成本管理。加强管理会计国际交流与合作，不断提高我国在国际管理会计界的地位和影响力。

2. 推进管理会计广泛应用。认真抓好管理会计指引体系实施，采取政策宣讲、经验交流、成果推广、人员培训、理论研讨等多种形式和措施，深入推动管理会计广泛应用。同时，加强管理会计理论研究、教学教材改革，支持管理会计创新中心建设。

3. 提升会计工作管理效能。以深入实施管理会计指引体系为抓手，积极推动企业和其他单位会计工作转型升级，进一步发挥会计工作在战略管理、预算管理、成本管理、营运管理、投融资管理、绩效管理、风险管理等方面的职能作用，促进企业提高管理水平和经济效益，促进行政事业单位提高理财水平和预算绩效，更好地为经济社会发展服务。

（五）完善内部控制规范体系。

1. 完善内部控制规范体系。按照党的十八届四中全会关于"对财政资金分配使用、国有资产管理、政府投资、政府采购、公共资源转让、公共工程建设等权力集中的部门和岗位实行分事行权、分岗设权、分级授权，定期轮岗，强化内部流程控制，防止权力滥用"的要求，研究制定政府内部控制规范和非营利组织内部控制规范，修订《行政事业单位内部控制规范（试行）》，将行政事业单位内部控制对象从经济活动层面拓展到全部业务活动和内部权力运行。制订行政事业单位内部控制量化指标体系。完善《企业内部控制基本规范》及其配套指引，研究制定《小企业内部控制规范》。积极开展内部控制对外交流与合作，深入参与国际内部控制与风险管理标准制定工作。

2. 加强内部控制规范实施。加强对中央企业执行内部控制规范的政策指导，推进地方国有大中型企业实施内部控制规范。密切跟踪上市公司执行内部控制规范情况，定期发布上市公司执行内部控制规范情况报告。会同监管部门制定中小板、创业板和新三板挂牌公司执行内部控制规范的政策措施。认真贯彻落实《财政部关于全面推进行政事业单位内部控制建设的指导意见》，加强对行政事业单位执行内部控制规范情况的监督检查，推动行政事业单位全面开展内部控制建设。

（六）加强会计信息化建设。

1. 推进企业会计准则通用分类标准有效实施。不断更新企业会计准则通用分类标准，推动监管部门在监管领域制定和实施监管扩展分类标准，形成各部门协调配合的财务报告数据交换标准体系，适时推动建立以披露财务报告数据为主的社会化会计信息公共服务平台。研究制定企业账户层面和交易层面会计数据以及相关业务数据交换标准，降低会计信息生产成本和企业内外部交易成本，促进企业数据的深度利用。积极参与可扩展商业报告语言（XBRL）等国际标准制定工作，全面提升我国在会计信息化领域的国际影响力。

2. 不断提高单位会计信息化水平。认真抓好《企业会计信息化工作规范》等制度的贯彻落实，在不断提高企业会计信息化水平的同时，积极探索推动行政事业单位会计信息化工作，推动基层单位会计信息系统与业务系统的有机融合，推动会计工作从传统核算型向现代管理型转变。引导企业以可扩展商业报告语言（XBRL）提升内部管理信息标准化，促进财务、业务数据的融合与互联。同时，密切关注大数据、"互联网+"发展对会计工作的影响，及时完善相关规范，研究探索会计信息资源共享机制、会计资料无纸化管理制度。

（七）大力发展会计服务市场。

1. 促进注册会计师行业健康发展。不断拓展会计师事务所业务领域，研究建立公共部门注册会计师审计制度、政府购买注册会计师专业服务制度，支持会计师事务所拓展涉税服务、管理会计咨询、法务会计服务等新型业务。研究探索改进会计师事务所选聘方式和审计费用支付方式，着力增强独立性。推动大中型会计师事务所广泛采用特殊普通合伙组织形式，鼓励小型会计师事务所优先采用普通合伙组织形式，适当、适度限制有限责任会计师事务所从事关系公众利益的高风险业务。指导会计师事务所加强内部治理和总分所一体化管理，完善大中小会计师事务所合理布局，进一步推动大型会计事务所做强做大,促进中小型会计师事务所健康、规范发展。

2. 推进代理记账业务不断发展。加强对代理记账业务的政策扶持和业务指导,促进小企业、个体工商户以及其他小型经济组织选择依法设立的代理记账机构代理记账,支持小微企业等的健康发展。探索建立政府购买代理记账服务制度。注重发挥各代理记账行业协会在行业自律方面的服务作用。积极支持其他会计咨询、会计培训等服务业务的大力发展。

3. 加强注册会计师行业和其他会计服务行业的行政监管。进一步完善注册会计师行业法规制度,落实行政审批制度改革和简政放权要求,简化会计师事务所设立审批和变更备案,健全会计师事务所退出机制。完善注册会计师考试、注册、职业责任保险等制度。改进中央企业审计轮换制度,探索大型企业集团"主审+参审"审计模式。适应金融改革和多层次资本市场发展要求,完善会计师事务所从事证券期货审计业务管理制度。加强政策协调,研究解决对会计师事务所多头检查、重复检查等问题,探索联合监管机制,形成监管合力,提高监管效能。加强对代理记账机构的事中事后监管,完善代理记账管理信息化平台,建立代理记账机构信息公示制度。探索会计服务业信用体系建设。

4. 推进会计服务市场开放。坚持平等互利原则,抓好双边、多边会计服务市场开放谈判和跨境审计监管合作。鼓励会计中介服务机构开展跨境服务,规范会计师事务所跨境执业行为,发挥会计师事务所在中国企业、中国资本"走出去"过程中的积极作用。指导支持会计师事务所以成员所模式为主流构建国际网络、参与国际竞争,重点扶持大型会计师事务所创建民族品牌国际会计网络或在加盟的国际会计网络中日益发挥重要影响。

(八)实施会计人才战略。

1. 深化会计职称制度改革。以会计人员能力框架为指导,改革会计专业技术资格评价制度,改进选才评价标准,完善考试科目设置,加强考务管理,提高考试水平与实践能力的匹配度,推动增设正高级会计专业技术资格,形成初级、中级、高级(含副高级和正高级)等层次清晰、相互衔接、体系完整的会计专业技术职务资格评价制度,充分发挥会计专业技术职务资格评价对会计人才选拔、培养的导向作用。进一步优化会计人员结构,力争到 2020 年具备初级资格会计人员达到 500 万人左右,具备中级资格会计人员达到 200 万人左右,具备高级资格会计人员达到 18 万人左右。

2. 完善会计人员继续教育制度。完善会计人员继续教育制度，指导会计人员继续教育，不断提高会计人员专业胜任能力。加强继续教育教材、师资队伍建设，丰富继续教育方式、内容和手段，推广在线教育等现代化培训方式。加强对会计人员继续教育机构的管理，规范会计培训市场，坚决打击乱收费、假培训等违法行为。

3. 深化会计领军人才培养。研究制定《全国会计领军人才培养工程发展规划》，健全全国会计领军人才培养工程及其特殊支持计划长效机制。创新选拔、培养机制，完善考核、使用制度，不断充实全国会计领军人才队伍，到2020年，完成全国会计领军（后备）人才达到2000名的培养目标。继续推进全国会计领军人才特殊支持计划。指导各地财政部门和中央有关主管单位开展的会计领军人才培养工作。

4. 加快行业急需紧缺专门人才培养。加快推进管理会计人才培养，力争到2020年培养3万名精于理财、善于管理和决策的管理会计人才。继续加强总会计师制度建设，推动在大中型企业、行政事业单位配备总会计师（财务总监），深入推进大中型企事业单位总会计师素质提升工程。适应我国政府职能转变和全面深化财税体制改革的要求，加大政府会计领域人才的培养力度，造就与政府会计改革要求相适应的会计人才队伍。积极推进高端会计人员和注册会计师国际化人才培养。

5. 指导会计专业学位研究生教育。加强与教育部门的协调，推动加速培养应用型高层次会计人才。研究完善会计硕士专业学位质量认证体系，加大案例研究和教学，创新会计专业学位研究生培养模式。积极推进设立会计博士专业学位，完善会计专业学位系列。积极推动会计专业学位研究生教育和会计专业技术资格考试"双向挂钩"。

6. 加强会计人员职业道德建设。制定会计人员职业道德规范，加强会计职业道德建设。大力弘扬会计诚信理念，探索建立会计诚信档案制度，加强督促检查和行业自律，不断提高会计人员的职业修养和素质，进一步提高会计社会公信力。

7. 加强会计从业资格管理。完善会计从业资格考试大纲，充实、更新无纸化考试题库，提高会计从业资格考试的公正性、科学性。加强会计人员信息化管理，建立统一的会计人员管理平台，促进会计人员基础数据的共享和利用。

8. 加强会计管理队伍建设。健全会计管理队伍的选拔、培养和使用机制，要将作风正派、责任心强、综合素质高的干部充实到各级会计管理队伍中来。加强对全国各级财政部门会计管理工作者的培训工作，指导、督促会计管理工作者不断更新观念、创新思维，改进工作作风，加强理论业务修养，进一步提高服务社会、服务会计人员的能力和水平。

（九）繁荣会计理论研究。

1. 加强对会计理论研究工作的指导。坚持理论创新和理论联系实际，指导会计理论工作者紧紧围绕经济社会发展和财政会计中心工作实际，深入开展会计学术研究和理论创新，加快建立具有中国特色、实现重大理论突破并彰显国际影响力的中国会计理论和方法体系。指导会计理论工作者深入改革实践一线，总结实践经验，形成理论指导，推动会计改革与发展。指导会计理论工作者进一步丰富会计理论研究方法，切实改进文风学风，不断净化学术环境。

2. 发挥会计学术人才高端引领作用。继续抓好会计名家培养工程等学术带头人培养；进一步完善《会计研究》、《中国会计研究》（英文版，CJAS）、优秀论文评选等会计学术成果评价机制，推出一批重大研究成果和高端会计学术人才，更好地推动中国会计理论研究走向国际。

3. 加强会计学术组织建设。加强对各级会计学会的业务指导，支持学会依法开展学术活动，规范学会内部管理，努力把学会建设成为服务会计改革与发展的重要智库。不断改进学会会员服务，进一步提高组织凝聚力、增强社会服务力。

四、组织保障

（一）加强组织领导。各级财政部门和中央有关主管部门要重视和加强会计管理工作，统筹规划，组织协调，确保规划纲要的有效落实，并指导、督促会计管理机构、会计行业组织、会计学会等加强协作、抓好落实，共同推进会计管理工作，促进本地区（部门）会计管理工作水平不断迈上新台阶。各地区（部门）应当积极推动将规划纲要中重大的会计改革与发展举措纳入本地区（部门）的国民经济和社会发展"十三五"规划中，充分发挥会计在推动经济社会发展中的基础性作用。有条件的地区（部门），可以结合实际研究制定本地区（部门）会计"十三五"规划或配套政策措施，确保有关重大会计改革任务如期完成、取得实效。各单位要结合实际认真抓好会计组织体系、会计核算体系、内部控制体系建设，进一步规范会计行为、提高会计信息质量和服务水平，更好地为加强经济管理、提高经济效益服务。

（二）健全会计管理机构。各级财政部门要高度重视会计管理机构和队伍建设，进一步健全会计管理机构，充实会计管理队伍，落实会计管理经费，为会计改革与发展提供重要的组织、人力资源和资金保障。各级会计管理机构要增强服务意识，探索建立会计工作联系点制度，并抓好窗口建设，充分利用信息化技术，完善会计管理工作服务平台，切实加强基层会计管理工作，进一步提升会计服务质量和效能，推动会计管理工作从管理型向服务型转变。

（三）积极营造规划纲要实施的良好社会氛围。各级财政部门和中央有关主管部门应当采取多种形式，广泛宣传规划纲要的基本内容，广泛宣传"十三五"时期会计改革与发展的目标任务，争取社会各界对会计改革与发展的理解、重视、支持，为全面深化会计改革、推进会计事业发展营造良好社会氛围。

（四）建立健全规划纲要实施的考核检查机制。财政部门和中央有关主管部门要对规划纲要确定的目标任务进行分解，并督促落实；要定期检查、评估规划纲要的落实情况，针对存在问题及时采取有效措施，确保规划纲要确定的各项目标任务落到实处、取得实效。

中国注册会计师协会关于印发《注册会计师行业发展规划（2016—2020年)》的通知

(2016年12月15日，会协〔2016〕74号)

各省、自治区、直辖市注册会计师协会：

《注册会计师行业发展规划（2016—2020年)》，经中国注册会计师协会常务理事会审议通过，现予印发。

各地在规划实施中所取得的进展和发现的问题，请报告我会。

附件：注册会计师行业发展规划（2016—2020年）

中国注册会计师协会
2016年12月15日

抄送：深圳市注册会计师协会

附件：

注册会计师行业发展规划（2016—2020年）

为贯彻落实党的十八届五中全会和《中华人民共和国国民经济和社会发展第十三个五年规划纲要》精神，抓住机遇，明确目标，凝聚共识，协调行动，科学指导和全面推进注册会计师行业持续健康发展，更好地服务国家建设，制订本规划。

一、行业发展面临的形势

"十二五"时期，注册会计师行业紧紧围绕服务国家建设主题和诚信建设主线，全面深入实施行业发展战略体系，创新开展行业管理和服务，探索推进行业党的建设，行业发展呈现新面貌。五年来，执业标准保持了动态国际趋同，行业信息化水平稳步提升，行业领军人才的作用日益显现，行业服务领域大幅拓展，行业业务收入总规模保持较快增长，业务收入结构显著改善，会计师事务所做强做大、做精做专取得新进展。截至2015年12月31日，全国有会计师事务所8374家（含分所1001家），其中，年业务收入超过1亿元的会计师事务所49家，超过10亿元的会计师事务所13家，超过20亿元的会计师事务所6家，超过30亿元的会计师事务所4家；中注协个人会员总数超过21万人，其中注册会计师101376人，非执业会员113715人。2015年全行业实现业务总收入689.71亿元，过去5年年均增长13.9%；非鉴证业务收入占比由2010年的16%提高到2015年的30%；行业所服务的企业、行政事业单位由350万家增至420万家，其中包括22800余家上市公司和5100余家新三板公司。

与此同时，注册会计师行业也存在一些突出问题。比如，行业高端人才相对缺乏，注册会计师专业胜任能力相比全面转型升级的新需求还要进一步提升，会计师事务所业务范围有待进一步拓展，海外市场开拓能力有待增强，会计师事务所治理体系尚不健全，部分事务所员工流转率过高，市场不正当低价竞争等现象仍然存在。这些问题制约了行业服务能力的进一步提升和行业的持续快速发展。

注册会计师行业是市场经济监督体系重要的制度安排、高端服务业的重要门类、社会管理创新的重要力量、社会组织党建创新的重要领域。市场经济越发展，改革开放越深入，注册会计师行业越重要。《中华人民共和国国民经济和社会发展第十三个五年规划纲要》提出的国家"十三五"时期新目标、新任务，为注册会计师行业谋划未来五年的发展提供了重要依据。全行业要认真总结恢复重建以来特别是过去五年的实践经验，深化认识行业发展规律和建设规律，准确把握国家发展重要战略机遇期内涵和条件的深刻变化，深刻领会国家经济社会发展战略布局为行业发展提供的新机遇和新挑战，认清形势，明确任务，坚定信心，迎难而上，充分调动各方面积极性，充分利用各方面资源，着力在优化结构、增强动力、解决问题、补齐短板上取得突破，不断开拓行业发展新境界，在服从服务于国家建设大局的进程中，实现行业"十三五"时期持续快速发展。

二、指导思想、基本原则和发展目标

（一）指导思想

全面贯彻党的十八大和十八届历次全会精神，深入贯彻习近平总书记系列重要讲话精神和注册会计师行业要"紧紧抓住服务国家建设这个主题和诚信建设这条主线"的重要批示精神，围绕服务"五位一体"总体布局、"四个全面"战略布局，自觉践行创新、协调、绿色、开放、共享的发展理念，以增强行业专业服务能力为核心，以体制机制创新和业务服务创新为支撑，以加强行业党建为政治保障，继续深入实施做强做大战略、人才培养战略、国际趋同战略、新业务拓展战略和信息化战略，着力破解行业发展难题，着力推进行业转型升级，使行业服务能力与国家经济总量规模相匹配、与国家公共部门改革和公共资源管理需求相匹配、与中国经济国际化进程相匹配，为实现全面建成小康社会奋斗目标作出应有的贡献。

（二）基本原则

——坚持服务大局。服务国家建设大局是行业全体从业人员的崇高使命，也是实现行业持续快速发展的活水源泉。行业要深刻认识国家建设总体布局，自觉践行五大发展理念，针对国家改革发展重大部署，把握需求，提升能力，坚守诚信，强化服务，在服务国家建设大局中实现行业自身的持续健康发展。

——坚持创新发展。创新是实现行业发展的不竭动力。要通过理念创新为行业发展凝聚新共识，通过体制机制创新为行业发展提供新动力，通过业务创新和供给创新适应并满足国家改革发展不断释放的新需求。

——坚持问题导向。问题导向是推进行业发展重要的工作方法。明确行业发展任务、规划行业发展路径，要从认识问题起步，抓住制约行业发展的主要矛盾和矛盾的主要方面，抓住重点，纲举目张，增进协调，带动全局，在解决问题中实现行业发展的新突破。

——坚持遵循规律。遵循规律是推进行业科学发展的必然要求。发展政策、管理制度、促进措施符合规律，行业发展就会事半功倍。要深化对市场经济和专业服务业发展规律、行业人才培养成长规律、会计师事务所"智合"规律等的认识，特别是深化对注册会计师行业服务国家建设主题和诚信建设主线的本质要求及科学内涵的认识与理解，深化对行业依法治理、依规管理的规律把握，自觉遵循，认真实践。

——坚持国际视野。国际视野是行业开放发展的基本内涵。要把握注册会计师行业作为高度国际化行业的重要特性，持续推进行业国际趋同，加快行业国际布局，实现行业国际互动，紧密服务中国经济国际化进程。

——坚持以人为本。在注册会计师行业坚持以人为本，就是坚持以广大注册会计师和从业人员为本。注册会计师和从业人员是行业发展的主体力量。行业的发展、会计师事务所的建设，要以注册会计师职业精神发扬、专业能力提升、职业道德坚守为基础。要激发广大注册会计师的创新热情、发展意愿和责任意识，着力优化执业环境、成长环境和服务环境。要尊重广大注册会计师在行业管理和建设中的主体地位，坚持民主协商、民主管理。要完善会计师事务所治理机制、管理机制和分配机制，使注册会计师和从业人员参与管理、参与决策，共享会计师事务所发展成果。

（三）发展目标

——行业职业化水平持续提高。职业化是注册会计师行业作为专业服务业的本质特征。职业精神的养成和坚守是职业化的核心，专业能力的培育和保持是职业化的基础。要把职业价值观、职业道德和职业态度的养成贯穿到学历教育、职业资格考试、继续教育、执业质量监督检查等行业建设的各个领域，把专业能力的培育作为行业工作的重中之重，把专业精神融合到注册会计师职业精神中，全面提高注册会计师队伍对职业精神的认同，使追求和实践职业精神成为每一个注册会计师的自觉行动。经过五年的努力，会员总数接近30万人，其中注册会计师预计达到14万人。

——行业市场化水平总体改善。行业当前面临的诸多矛盾与注册会计师行业专业服务市场不完善有关。要以改善供给能力、开发市场需求、规范市场秩序为重点推进会计服务市场建设。创新服务品种、扩大市场覆盖、优化服务结构，不断扩大行业综合服务供给，积极培育专业领域的服务供给；培养和推广会计师事务所专业服务品牌，提高市场对注册会计师专业服务价值的认知；改善会计服务市场秩序，改进会计服务定价机制。2016—2020年间，行业业务总收入保持年均10%以上的增长，非鉴证业务收入占行业总收入的比重接近40%。

——行业信息化水平大幅提升。用现代信息技术全面装备注册会计师行业。充分利用信息技术创新成果，形成以信息化设施为基础，以数据资源为核心，以技术支持和安全管理为保障，全面更新行业管理信息系统，建成服务便捷的协同办公系统，建设会计师事务所智能审计作业云平台和智能内部管理信息系统，打造互联化、移动化、智能化的注册会计师行业信息化体系，以信息化建设推动行业专业服务现代化。

——行业国际化水平显著提升。持续推进注册会计师执业准则的国际趋同，使国际趋同成果在注册会计师行业落地生根。积极参与会计职业国际组织的工作，在国际审计执业标准建设中发挥更大的作用。加强会计师事务所国际网络建设，扩大中国会计师事务所专业服务的国际覆盖，更好地服务中国企业、中国资本"走出去"和国家"一带一路"战略的实施。力争到2020年，行业国际业务收入占比达到15%以上。

三、持续深化行业人才培养

深入实施行业人才培养战略，扩大人才培养数量，提高人才培养质量，拓宽人才培养领域，满足国家建设和行业发展对注册会计师人才的需求。

（一）改革完善注册会计师考试制度

巩固注册会计师考试基本制度和组织管理制度改革成果，深化注册会计师考试质量保证制度改革，持续打造国内顶尖的职业资格考试品牌。全面树立职业导向、原理导向和考生友好导向的考试理念，进一步面向实务，改进考试方法，提升考试质量，完善考试组织管理，加强与考生的良性互动，引导考生提高职业道德水平和专业胜任能力。

保持注册会计师考试制度国际趋同，提升考试制度的国际认可度，将中国注册会计师资格打造成为会计行业走向国际的通行证。

（二）深入实施行业领军人才培养工程

深入研究领军人才培养规律，制定包括选拔、培训、使用、考核等环节在内的领军人才培养大纲，进一步改进领军人才培养选拔机制，促进领军人才工作更加科学化、规范化。围绕国家发展战略重点和行业发展热点，完善分类别领军人才培养模式，加强对管理会计、信息技术等方向的领军人才培养。创新领军人才培养形式，突出"以用促学"、"用中成才"，打造专家型、领导型、复合型、国际型的领军人才队伍。研究支持中西部地区行业人才培养的政策措施，各地方注协要结合地区经济发展状况和市场需求开展领军人才培养，逐步建立梯次化领军人才培养体系。

着力培养熟悉国际会计审计准则以及新兴经济体、发达国家法律环境和市场规则的国际化人才。

（三）持续加强行业继续教育工作

跟踪研究国家人才建设政策，把握行业人才职业化成长规律和要求，完善行业继续教育体系和人才培养机制。深化"分级分类分模块"课程体系研究，从注册会计师职业生涯所处阶段的级别、所处岗位的类别、所需能力模块的要素等维度，细化设计注册会计师培训课程体系。会计师事务所要建立完善包括人员招聘、培训、使用、考核、激励、晋升在内的人力资源管理制度。

进一步优化中注协、地方注协、会计师事务所、国家会计学院四大培训主体的定位分工，提高行业培训资源配置水平。适应改革发展新形势对行业培训工作新需求，重点开发注册会计师胜任能力全要素模块课程，积极开发新政策、新准则、新技术、新业务以及党建课程，大力开发金融业务、国际业务、管理咨询、信息化咨询等特殊业务领域、高端需求、高技术含量、高附加值业务项目课程包，满足会计师事务所承办"一特三高"业务的需要。各级注协要加强对会计师事务所助理人员培训的指导。开展案例库建设和师资库建设。

创新"互联网+"培训模式，建立功能完整、安全便利、互联互通的网络教学平台。鼓励注册会计师和非执业会员通过网络教学平台完成继续教育。

（四）加强会员发展和行业后备人才培养工作

进一步加强会员发展工作。完善和便捷入会程序。健全非执业会员数据库，完善非执业会员继续教育制度，建立符合非执业会员特点和专业胜任能力需求的培训组织体系。各地方注协要重点加强非执业会员服务工作，全面提升为非执业会员服务的水平。

重视和加强行业后备人才培养工作。持续做好注册会计师专业方向核心课程师资培训，支持提升注册会计师专业方向教师教学水平。继续选送优秀学生到境外会计公司实习，进一步完善定向培养机制制度。各级注协与会计师事务所、注册会计师专业方向院校共建实践型教学基地。加强行业师资与高校师资的交流和互动。深入研究注册会计师资格考试与学位教育的对接机制。

四、着力加强会计师事务所机构建设

深入实施会计师事务所做强做大战略，继续支持大型会计师事务所全面提升综合服务能力，着力推动中小会计师事务所做精做专，进一步提高行业整体诚信水平和服务能力。

（一）提升会计师事务所专业服务能力

各级注协要结合不同地区、不同规模、不同专长、不同条件会计师事务所的实际，研究和完善支持会计师事务所做强做大、做精做专相关政策，大力推进会计师事务所专业建设和品牌建设，实现差异化发展。

支持和鼓励大型会计师事务所加强人才队伍、专业标准、技术设施等方面建设，适应大型、高端、国际化客户的综合服务需求，提升服务高端市场的核心竞争力。支持会计师事务所加强与其他专业服务机构的合作，全面提升综合服务能力。

支持和鼓励中小会计师事务所结合地区和业务实际，加强机构间的专业合作和资源的共享互补，满足客户的多元化服务需求。重点研究中小会计师事务所发展中的突出矛盾，加大对中小会计师事务所的扶持力度，通过以大带小、岗位辅导、结对帮扶等方式，加强对边远地区、经济不发达地区、贫困地区中小会计师事务所的支持。

（二）加强会计师事务所内部治理

进一步完善会计师事务所治理结构和管理制度，着力推进总分所一体化管理，健全质量控制体系和执业责任承担制度，改进报酬分配制度，提高经营管理和重大决策的透明度。

加强对特殊普通合伙和普通合伙会计师事务所管理经验的交流借鉴，指导会计师事务所在依法、人合、透明、效能原则下运行，推进合伙文化建设。

（三）推动会计师事务所品牌建设

会计师事务所要把品牌建设置于做强做大、做精做专的核心环节，科学制定品牌战略，准确实施品牌定位，建立品牌管理体系。

进一步完善会计师事务所综合评价指标体系，改进会计师事务所综合评价前百家信息发布制度。推动建立优胜劣汰业务委托机制，强化市场对会计师事务所品牌价值的认知。

（四）提升会计师事务所执业风险控制水平

会计师事务所要加强对注册会计师审计理念的教育引导和审计方法的研究，结合行业信息化新要求建立健全风险防控机制，提高识别风险、评估风险、管理风险和应对风险的水平。

深化对注册会计师民事诉讼风险、民事责任承担以及廉政风险防范的认识，加强对会计师事务所风险防范的指导。支持会计师事务所参投职业责任保险，提升职业责任保险覆盖范围。

五、大力发展注册会计师专业服务市场

深化实施新业务拓展战略，推动会计专业服务市场建设，引导新需求，创造新供给，规范会计专业服务市场竞争机制。

（一）丰富专业服务产品供给

巩固和深化审计鉴证核心业务。拓展和提升内部控制审计业务。顺应多层次资本市场建设要求，健全审计鉴证服务体系。进一步提升对大型国有企业、金融企业和互联网企业等的审计鉴证服务能力。积极开展社会组织、慈善机构、医疗卫生机构、院校及科研机构等审计鉴证服务。

拓展对供给侧结构性改革的支持业务。培育和提升战略规划、并购重组、成本控制、流程再造、风险控制、经营管理、破产清算等领域的专业服务能力，为国家完成"三去一降一补"重点任务提供高质量的专业服务。

承接政府购买服务和社会管理创新领域服务。进一步拓展涉税服务、法务会计服务、企业社会责任报告鉴证服务，开发承接财政支出和投资绩效评价服务。推动建立公共部门注册会计师审计制度。

积极开拓其他非鉴证服务领域。拓展信息系统、电子商务、碳排放等业务领域的咨询服务，重点开发对高新科技、信息产业、金融保险、文化创意等创新创意产业的支持业务。

（二）推动会计服务示范基地建设

巩固会计服务示范基地建设成果，总结可复制可推广的经验，针对重点区域、重点产业、重要园区进一步创建会计服务示范基地。引导会计师事务所与其他专业服务机构的有效合作、与多样化市场需求的有效对接，形成以会计师事务所为主导，多元化发展、产业化经营的会计综合服务产业集群。

（三）优化专业服务市场环境

研究推动政府购买专业服务政策落地，推动完善会计专业服务招投标制度，建立公开、透明、无歧视的招投标程序，改变与专业服务不相适应的"价低者得"招投标机制，持续抵制不正当低价竞争。

推动完善会计师事务所轮换制度，确定合理的服务期限和"冷冻"期，加强对注册会计师执业独立性的监管。

会计师事务所要完善服务定价机制，建立与工作量、业务风险和服务质量相匹配的服务收费机制。

研究探索从事上市公司审计业务的会计师事务所透明度报告制度，促进会计师事务所公开披露内部治理、质量控制体系等信息，为公众监督创造条件。

（四）增进公众对行业的认知

扩展和丰富行业宣传平台及渠道，宣传推介行业专业价值和专业服务能力，扩大行业社会影响，提升行业整体形象。支持会计师事务所积极履行社会责任，研究发布行业社会责任报告。

六、全面提升行业国际化发展水平

深入实施执业准则国际趋同战略，加快行业国际化发展布局，积极参与国际规则制定和国际组织治理，加强中国注册会计师资质的国际推介，提升行业国际化发展水平。

（一）加快拓展国际市场

继续支持会计师事务所加入国际网络，参与国际网络治理和决策，扩大在国际网络中的影响；充分利用国际网络的技术优势、管理优势和市场资源，提升会计师事务所的国际业务能力。继续支持会计师事务所自主创建国际网络。

积极拓展注册会计师专业服务国际市场，服务中国企业和中国资本"走出去"，服务"一带一路"战略。开拓国际金融机构技术援助服务等国际服务项目。

（二）持续保持准则国际趋同

改革审计报告系列准则，提高审计报告的相关性和有用性。制定或修订利用内部审计工作、财务报表披露审计、会计估计、质量控制、集团审计等准则，提升审计质量标准。修订商定程序、编表服务准则、财务报表审阅服务准则，提高准则对中小会计师事务所的相关性。制定温室气体排放鉴证准则、综合报告鉴证准则，支持新业务拓展。研究数据分析技术对审计的影响，并更新相关准则。保持职业道德守则的动态国际趋同。做好实务指南和问题解答工作，提高会计师事务所理解和执行准则的能力。

积极参与国际标准的制定工作，提高中国注册会计师行业在国际标准制定中的话语权。

（三）积极参与会计行业国际治理

继续向国际会计职业组织推荐优秀专业人士担任理事或委员，选派行业优秀代表到国际会计职业组织工作，在会计行业国际治理中发挥作用。

坚持走出去与请进来相结合，不断完善行业国际交流合作体系，拓展与国际及境外会计职业组织合作的广度和深度，更加有效地利用国际资源、借鉴国际经验推动行业发展。积极发展境外会员，加强中国注册会计师资质的国际推广。

七、推动实施"互联网＋注册会计师"行动计划

适应"互联网＋"新形势，围绕互联互通、数据应用、信息共享，注重网络与信息安全，应用互联网、云计算和大数据等技术，全面提升各级注协和会计师事务所信息化水平。

（一）夯实信息化建设基础

优化信息化架构，实现行业各类各级信息化主体内部业务横向一体化和外部联系垂直一体化，最终形成行业信息化立体化架构。构建系统架构技术标准，确保行业应用系统自身的可扩展性，以及不同信息系统之间的兼容性和连通性，推进行业各类各级主体信息系统的互联互通。根据行业数据标准规范体系以及数据共享与统计决策要求，实施数据清洗，提升数据质量，在保障数据安全的基础上，建立行业数据中心。

（二）打造行业管理服务智能平台

建设行业管理信息系统，实现编码统一、授权管理、报备同步、开放共享，推动行业管理服务从支持业务管理向业务管理与决策支持并重转变。建设协同办公系统，实现办公数字化、移动办公、知识共享和决策，提升内部管理运行效率，提高决策效能。完善法律法规库和经济数据库，拓展不同业务数据库的平台对接。建设服务会计师事务所的风险控制库、审计程序库、审计提示库等功能的应用知识库平台。建立行业诚信服务体系，探索业务报告客户评价反馈机制，提升行业公信力。

（三）构建会计师事务所信息系统

推动会计师事务所建设智能审计作业云平台，解决与客户信息系统之间的数据接口瓶颈。利用云计算技术，建立会计师事务所按需获取硬件、软件、网络和安全等审计信息化资源路径。建立质量监控与风险预警功能，实现审计业务的事前、事中和事后质量控制。开发数据分析工具，探索实施全数据测试。推动会计师事务所建设智能内部管理信息系统，建设总分所和部门机构的集中管理平台，实现远程办公、移动办公和即时办公。完善支撑会计师事务所信息系统日常稳定、安全运行的基础硬件设施。

（四）增强行业数据应用能力

顺应信息技术发展带来的业务技术和方法变化，制定数据分析技术标准。增强注册会计师信息技术和数据技术应用能力，加快培养复合型数据分析人才。在审计数据关联性分析、风险识别、预警与预测、客户分析、行业管理服务和决策支持等领域，开展大数据应用研究与实践，提升行业数据挖掘分析应用能力。

八、改革完善行业监管

发挥监管作为注册会计师行业诚信建设总抓手、行业业务建设总枢纽、行业发展质量总检验的作用，进一步创新监管工作理念，体现独立监管要求，完善行业事中事后监管，改进和提高监管工作成效。

（一）加强行业执业质量检查

完善会计师事务所系统风险检查制度，实现周期性检查与专项检查的有机结合，提高执业质量检查的效率和效果。协调统一全国注协检查惩戒政策，建立健全地方注协间重大审计案件通报协调机制。加强行业检查队伍建设。

建立"双随机一公开"机制，随机抽取检查对象、随机选派检查人员，及时公开抽查情况和查处结果。继续对从事上市公司审计的会计师事务所进行三年一个周期的检查，对其他会计师事务所进行五年一个周期的检查。

研究证券发行制度改革环境下对从事上市公司审计的会计师事务所的监管措施，持续推进上市公司年报审计监管工作。

进一步完善行业检查和惩戒制度，严格检查纪律和行业惩戒，提高行业检查和惩戒的权威性，推动行业执业质量和职业道德水平的整体提高。

（二）推动行业监管的协调

加强与政府部门、监管机构的协调，完善行业监管体系，减少多头监管与重复检查，共同营造协调、高效、有序、健康的行业监管环境。

加强与相关行业的沟通，协同对从事多元化业务的执业机构进行检查。推动相关行业组织职业道德准则的趋同。

（三）综合治理行业不正当低价竞争

继续整顿规范市场竞争秩序，加强对行业不正当低价竞争行为的监督检查，打击竞相压价、不正当低价竞争的行为。

九、不断完善行业组织治理

加强各级注协建设，进一步健全和完善行业组织治理，更加充分地发挥注协在行业管理服务中的职能作用，推动行业管理创新。

（一）加强行业治理机制建设

跟踪研究行业协会改革发展政策，根据新形势对行业组织治理结构的新要求，加强行业治理机制建设，强化民主决策、民主监督、民主管理，发挥会员在行业治理中的主体作用。重视发挥理事会和常务理事会的民主决策功能。建立监事会制度。完善专门（专业）委员会的设置，发挥专门（专业）委员会的议事和咨询作用。

（二）加强各级注协秘书处建设

加强各级注协秘书处党的建设、机构建设、干部队伍建设、作风建设、廉政建设和内部管理制度建设，提高秘书处的执行能力。加强各级注协秘书处预算管理，完善财务运行机制。公开办事制度和程序，自觉接受监督。推进各级注协秘书处干部人事制度改革，完善绩效考核评价体系和奖惩机制。

（三）提升各级注协服务和管理能力

坚持服务、监督、管理、协调的宗旨，健全各级注协工作运行规则和制度规范，完善工作机制，提升工作效能。改革完善会费政策，加大对行业建设重点领域的投入，进一步提高会费资金的使用效率和效果。增强服务意识，健全完善行业维权机制，探索加强会员服务和完善服务机制的新途径、新方法。

十、持续加强行业党的建设

落实全面从严治党要求，以习近平总书记系列重要讲话精神为统领、以促进行业科学发展为目标、以夯实基层基础为重点、以党组织书记队伍建设为抓手、以制度机制建设为保障，不断深化行业党的建设，努力使行业党建工作继续走在社会组织的前列。

（一）创新行业党建工作机制

深入贯彻落实《中共中央办公厅印发〈关于加强社会组织党的建设工作的意见（试行）〉的通知》、《中共财政部党组关于印发〈关于进一步深化注册会计师行业党的建设工作的指导意见〉的通知》，进一步健全"条块结合，充分发挥行业党组织作用"的党建工作管理体制，完善工作机制，强化党建责任。坚持思想建党，组织全行业深入开展"两学一做"学习教育，提升会计师事务所党组织开展思想工作的意识和能力。推动制度治党，严格执行党的纪律和规矩，制定并实施会计师事务所党组织工作手册，健全会计师事务所党组织考核机制。深化作风建设，巩固拓展行业群众路线教育实践活动成果。坚持党建与业务相结合，持续实施主题年活动，探索"互联网+"党建。

（二）充分发挥行业基层党组织和党员先进模范作用

切实发挥会计师事务所党组织政治核心作用。动态推进会计师事务所党的组织和工作全覆盖。强化会计师事务所党组织的政治功能和政治作用，推动会计师事务所服务型党组织建设。围绕会计师事务所健康发展、职工群众需求、会计师事务所特点开展党组织活动，提高组织生活质量。支持会计师事务所党组织履行职责，发挥战斗堡垒作用。推广会计师事务所支部工作法，创建会计师事务所党建工作示范点。

充分发挥党员示范带头作用。尊重党员的主体地位，创新党员教育管理，探索建立网上党课、设立QQ群等党的活动阵地，积极开展党员公开承诺活动，加强践诺机制建设，强化党员管理监督。加强党员发展工作，深入实施"双培"工程。

(三) 继续加强行业统战和群建工作

组织行业从业人员学习领会党的路线方针政策,开展理想信念教育,支持从业人员有序政治参与,引导行业从业人员爱国、敬业、创新、守法、诚信、奉献,做合格的中国特色社会主义事业建设者。

加强行业代表人士"选、推、育、用"制度机制建设,强化对行业代表人士的服务和宣传工作。

创新群众工作体制机制和方式方法,推进行业群团组织建设。激发青年投身行业发展的积极性和创造性,引领注册会计师行业青年成长成才。

十一、规划实施的保障

(一) 法律保障

积极参与行业法规建设,健全行业规范体系,运用法治思维、依靠法律保障,改进和加强行业治理与管理。

(二) 政策保障

加强政策协调,制定和推动出台支持行业发展的政策措施,破解制约行业发展的难题,抓好政策措施的执行到位,保证政策实施的效果。

(三) 资金保障

各级注协要因地制宜,研究制定引导会计师事务所科学发展的支持措施和扶持办法,加强行业各领域工作的资金保障。会计师事务所要加大对自身各项建设的资金投入力度。

(四) 组织保障

各级注协理事会、专门(专业)委员会和秘书处要围绕规划措施的落实和目标的实现,切实履行好各自职能,加强咨询、决策、执行的各环节工作,定期检查、评估规划措施的落实情况,以规划要求为促进,进一步增强服务意识,不断提高行业服务和管理水平。

各省、自治区、直辖市注册会计师协会可以根据本规划,结合本地实际,制定本地区行业发展规划。

中国注册会计师协会关于印发《注册会计师行业信息化建设规划（2016—2020年）》的通知

（2016年12月15日，会协〔2016〕73号）

各省、自治区、直辖市注册会计师协会：

《注册会计师行业信息化建设规划（2016—2020年）》已经中国注册会计师协会第五届常务理事会审议通过，现予印发。

各地在规划实施中所取得的进展和发现的问题，请报告我会。

附件：注册会计师行业信息化建设规划（2016—2020年）

中国注册会计师协会
2016年12月15日

抄送：深圳市注册会计师协会

附件：

注册会计师行业信息化建设规划（2016—2020年）

为深化实施注册会计师行业信息化战略，把握"互联网＋"机遇，创新融合信息技术，形成行业发展新动能，实现信息技术引领行业跨越式发展，制定本规划。

一、行业信息化建设进程和面临的形势

"十二五"时期，注册会计师行业非常重视信息化建设，将行业信息化确定为行业发展战略。2011年，中国注册会计师协会（简称"中注协"）发布《行业信息化建设总体方案》及相关配套文件，有效指导了行业信息化建设。通过全行业努力，行业信息化建设成效显著。

行业管理服务信息化水平明显提高。完成行业管理信息系统（二期）

建设，实现注册会计师考试机考改革和中注协网络信息安全升级改造；建成行业高清视频会议系统，满足召开大中小型视频会议、远程教育培训和注册会计师考试中央监控功能需求；完善行业诚信监控体系，促进提升行业公信力。

会计师事务所信息化水平逐步提升。指导软件公司开发完成大型事务所审计软件，在部分大型会计师事务所部署使用。成立中小型会计师事务所审计软件提升委员会，指导推动中小型会计师事务所审计软件及辅助工具的质量提升。部署法律法规库和经济数据库，为注册会计师贯彻风险导向审计提供信息支持。一大批会计师事务所开展了信息化建设，基础设施进一步完善。

同时应清醒地认识到，行业信息化建设仍存在一定差距。一是部分会计师事务所信息化意识不够强，信息化建设投入不足，主体责任落实尚不到位。二是与客户信息化环境不相匹配，部分会计师事务所提供专业服务的信息化程度低。三是现有系统互联互通与功能整合程度低，部分存在信息"孤岛"现象。四是对信息技术创新成果融合应用不够，已经建成的信息系统有待进一步升级。

当前，信息技术大规模应用势头迅猛。以互联网、云计算和大数据为核心的现代信息技术，大规模应用于经济社会各个领域，成为商业模式和业务形态转型升级的重要驱动力。信息化正向信息联动、平台整合、流程互通、跨界协同和智能服务方向发展。党的十八大以来，我国将信息化提升至国家战略层面，确定以信息化建设带动经济社会发展，明确要求在"十三五"期间大力实施网络强国战略、国家大数据战略、"互联网＋"行动计划，拓展网络经济空间，促进互联网和经济社会融合发展。注册会计师行业迫切需要融合信息技术，变革审计理念、方法与技术，创新行业管理服务内容与方式，重塑行业信息化建设形态，实现互联互通、信息资源共享。

二、指导思想、基本原则和建设目标

（一）指导思想

深入贯彻党的十八大及十八届历次全会精神，践行创新、协调、绿色、开放和共享发展理念，按照党中央、国务院关于网信事业发展决策部署，把握发展新机遇，综合运用互联网、云计算和大数据等信息技术的创新成果，在更深程度和更高层次提升行业管理服务、注协机关办公和会计师事务所信息化水平，以行业信息化驱动注册会计师专业服务现代化，为行业持续发展奠定现代技术基础，为行业服务国家建设和诚信建设提供强劲支撑。

（二）基本原则

统筹规划，协调推进。坚持一体化要求，加强顶层设计，适应信息技术发展新趋势，确保整体架构科学、功能定位合理、资源配置优化。加强分类指导，推进行业各类各级主体在重点领域的应用和协同发展。

需求导向，深化应用。围绕行业管理服务、注协机关办公、会计师事务所审计作业与内部管理需求，明确行业信息化发展方向和重点。充分发挥市场作用，利用信息技术提升行业管理服务水平和会计师事务所核心竞争力，深化互联互通和信息资源整合利用，构建行业信息化智能应用新格局。

深度融合，创新引领。准确把握信息技术发展趋势和服务对象的信息化水平，探索信息技术与注册会计师行业的全面融合，促进行业信息化开放、包容与共享发展。鼓励行业信息化的技术创新、应用创新和服务创新，使信息化成为行业发展的新动力和新支柱。

主体能动，安全有序。明确行业信息化各类各级主体责任、划定功能边界，发挥主体能动性。建立健全信息化建设、应用与运维制度体系，加强安全技术支撑和监督落实，保障网络、系统、应用和数据安全。

（三）建设目标

用现代信息技术全面装备注册会计师行业。充分利用信息技术创新成果，形成以信息化设施为基础，以数据资源为核心，以技术支持和安全管理为保障，打造互联化、移动化、智能化的注册会计师行业信息化体系。

具体来讲，利用5年时间，优化完善信息化架构，制定系统架构技术标准、行业数据标准和数据交换标准，形成行业信息化标准规范体系，保障系统互联与数据共享；全面更新行业管理信息系统，建成服务便捷的协同办公系统，建立行业数据中心，实现行业管理服务智能化和现代化；会计师事务所建设智能审计作业云平台和智能内部管理信息系统，实现信息技术和数据技术并重发展。

三、主要任务

适应"互联网＋"新形势，围绕互联互通、数据应用、信息共享，注重网络与信息安全，应用互联网、云计算和大数据等技术，全面提升各级注协和会计师事务所信息化水平。

（一）夯实信息化建设基础

行业信息化要建立开放、完善的信息化架构，先进、兼容的系统架构技术标准和统一的数据标准，解决不同主体、不同时段建设的信息系统一定程度上存在的兼容性差、互联互通程度低的问题。

第一，优化信息化架构。

信息化架构是对信息化建设组织多角度的综合描述，反映了组织结构+流程+技术的总体设计安排，是融合先进技术、优化业务流程的信息化方案，是连接业务战略与信息化战略的桥梁。根据《行业信息化建设总体方案》提出的信息化架构，各级注协和会计师事务所根据各自发展目标，从战略高度匹配信息化建设目标与业务战略目标，优化信息化架构，实现行业各类各级主体信息化内部业务横向一体化和外部联系垂直一体化，最终形成行业信息化立体化架构。

第二，构建系统架构技术标准。

为实现信息系统之间的数据共享和工作协同，落实绿色发展理念，根据信息化架构要求、信息系统的应用范围，以及用户类型、用户数量和数据来源等特征要求，构建具有前瞻性和满足移动互联、云计算和大数据应用环境下的系统架构技术标准，为系统开发、集成和整合提供技术标准支撑，确保行业应用系统自身的可扩展性，以及不同信息系统之间的兼容性和连通性，推进行业各类各级主体信息系统的互联互通。

第三，开展数据治理。

为实现行业数据开放共享，从行业数据的获取、处理和使用等方面开展数据治理。对行业信息资源提出包括分类分级、电子化记录和管理的数据标准，以及行业应用系统之间的数据交换标准，形成层次分明、构成合理的数据标准规范体系。行业各类各级主体根据行业数据标准规范体系，以及数据共享与统计决策要求，实施数据清洗，提升数据质量，在保障数据安全的基础上，建立行业数据中心。

（二）打造行业管理服务智能平台

行业管理服务信息化要与信息技术深入融合，推动信息系统建设向移动应用、大数据要素的技术转变，全面更新行业管理信息系统，建设协同办公系统，保障网络信息安全，打造行业管理服务智能平台。

第一，全面更新行业管理信息系统。

建设行业管理信息系统，实现编码统一、授权管理、报备同步、开放共享，推动行业管理服务从支持业务管理向业务管理与决策支持并重转变。以会员管理和服务为核心，加快线上线下融合，打通从考生到成为注册会计师（或非执业会员）整个职业周期的数据流，通过业务流程优化和功能整合完善，提供方便快捷的在线受理与服务，实现管理网络化、服务信息化和程序规范化。

按照互联互通要求，基于行业信息化架构、系统架构技术和数据标准，促进行业管理信息系统与协同办公系统、会计师事务所信息系统和政府部门管理信息系统的有效衔接，实现行业数据流动汇集和开放共享枢纽中心作用。行业管理信息系统建设，由中注协主持完成设计、开发、测试和上线运行，地方注协和会计师事务所参与配合。

第二，建设协同办公系统。

以办公数字化、移动办公、知识共享和决策支持为目的，建设注协机关协同办公系统。强化知识共享和对人、财、物进行协同，打破时空限制，全面实现网上办公和网上审批，提升内部管理运行效率，提高决策效能。

协同办公系统与行业管理信息系统实现互联互通，并对相关系统预留接口。全国注协协同办公系统由中注协主持设计和建设，地方注协提出本级注协协同办公系统的业务功能需求，参与实施。

第三，完善行业信息服务体系。

完善法律法规库和经济数据库。采取统一购买服务方式，持续更新完善两个知识库的内容，提升内容搜索工具的准确性与智能性，开发统计分析与决策支持智能工具，简化功能使用和完善移动应用，拓展不同业务数据库的平台对接，提升风险导向审计作业决策支持能力，形成行业知识库基础平台。

建设服务会计师事务所的风险控制库、审计程序库、审计提示库等功能的应用知识库平台。中注协牵头，集中行业资源优势，建立行业在线知识交流机制，形成全行业应用知识和操作技能基础，地方注协和会计师事务所配合建设。

建立行业诚信服务体系。基于行业数据标准，以云服务模式，采集、存储包括会员基本情况、执业情况、业务报告等相关信息，向公众提供会计师事务所诚信、业务报告防伪识别等信息服务，探索业务报告客户评价反馈机制，提升行业公信力。

（三）构建会计师事务所信息系统

会计师事务所根据系统架构技术标准和数据治理要求，融合互联网、云计算和大数据技术，实现会计师事务所审计作业和内部管理信息化。充分倚重会计师事务所的主体作用，发挥注协的战略引领和政策引导作用，推动行业软件市场的发展，促进行业软件产品的供给。

第一，建设智能审计作业云平台。

建设覆盖作业管理、项目管理、独立性管理、后续管理和客户管理等领域的会计师事务所智能审计作业云平台。基于数据交换标准，实现与行业管理信息系统衔接。融合信息技术创新成果，提升审计作业平台提取数据的能力，解决与客户信息系统之间的数据接口瓶颈。以云计算作为信息技术资源服务模式，建立会计师事务所按需获取硬件、软件、网络和安全等审计信息化资源路径，实现海量多类型数据的有效存储、利用、整合与共享。建立质量监控与风险预警功能，实现审计业务的事前、事中和事后质量控制，探索对审计客户的即时审计和持续审计模式，实现及时发现错误和舞弊的功能。开发数据分析工具，推进实施全数据测试，提高对重大错报和舞弊风险的识别、评估和应对能力。支持注册会计师实现远程作业、移动作业，提高审计执业质量与效率。

会计师事务所根据自身情况，有序实现智能审计作业系统的建设。加入国际网络的会计师事务所，在本地化和安全性的基础上，可以利用国际网络的智能审计作业平台；大型会计师事务所，着力提升智能审计作业水平；中小型会计师事务所，可以选购智能审计作业辅助系统，或者向市场租赁具有智能审计作业功能的公共云平台。

第二，建设智能内部管理信息系统。

会计师事务所内部管理信息化建设要以"网络应用、协同应用、智能应用"为核心，从会计财务、人力资源、继续教育、通讯服务、资产管理、行政办公和知识共享等功能应用领域，整合现有内部管理信息系统。建设总分所和部门机构的集中管理平台，实现远程办公、移动办公和即时办公，并基于数据交换标准实现与注协协同办公系统衔接。建立知识共享库，实现决策支持，提升内部治理能力。

会计师事务所根据自身需求，可以使用国际网络统一的内部管理系统，或自主开发，或采购市场上成熟的内部管理系统。有条件的会计师事务所，可利用云计算，在保证系统功能的前提下，通过建设私有云或租赁公共云服务模式，打造内部管理和审计作业一体化云平台。

第三，完善基础设施与保障信息安全。

完善基础设施。严格按照国家网络和计算机环境基础设施标准，完善支撑会计师事务所信息系统日常稳定、安全运行的基础硬件设施，包括主机设备、存储设备、网络设备、机房设施与布线，实现基础设施达到先进水平。

提升信息安全能力。重视移动互联、云计算和大数据环境下的网络与信息安全防护，根据国家信息系统安全等级保护要求，结合业务战略目标确定保护级别和实施达标，升级加固网络信息安全基础设施，完善信息采集、处理、存储、传输管理制度，以及信息系统运维管理制度，加强网络信息安全事件预警预防，注重信息系统的安全评估与监测，建立网络信息安全应急处理机制，夯实信息化建设基础。

（四）增强行业数据应用能力

数据已成为经济社会的战略资源。随着行业信息化水平的不断提高，行业信息化基础设施和信息系统逐渐完善，行业信息化应逐步增强数据分析应用支撑能力，实现信息技术与数据技术并重发展。顺应信息技术发展带来的业务技术和方法变化，制定数据分析技术标准。

增强注册会计师信息技术和数据技术应用能力，加快培养复合型数据分析人才。在审计数据关联性分析、风险识别、预警与预测、客户分析、行业管理服务和决策支持等领域，开展基于云计算的大数据应用研究与实践，提升行业数据挖掘分析应用能力。

四、保障措施

（一）加强组织领导

发挥行业信息化委员会、大型会计师事务所审计软件实施委员会和中小型会计师事务所审计软件提升委员会等机构的统筹领导和技术指导作用，建立决策科学、运行有效、职责明确的工作机制。强化行业信息化各类各级主体的协调配合和联动，充分发挥会计师事务所的信息化建设主体作用。

（二）加大资金保障

中注协和地方注协要加强行业信息化政策研究，增加信息化建设费用年度预算，加大对会计师事务所信息化建设奖励和中西部欠发达地区的扶持力度。会计师事务所要加大资金投入，尤其要重视信息化基础设施、应用软件系统和复合型人才培养等方面的持续投入。

（三）加快人才培养

中注协和地方注协要加大行业信息化人才培养力度，提高信息技术知识在资格前教育、行业继续教育、领军人才培养中的比重；加强注协机关工作人员信息化专业知识培训，发挥行业领军人才在行业信息化建设中的专业带头作用。会计师事务所要加大信息化人才培养和引进力度，重视培养和引进具有财务审计、信息系统审计、大数据分析等技能的复合型人才，满足信息化环境下对新型人才的需求。

（四）建立绩效评估体系

借鉴信息化治理标准，建立科学、可行的信息化绩效评估体系，明确信息化建设相关方的关系和责任。结合信息化顶层设计和项目建设，对信息化全生命周期实施有效的风险管理控制和绩效评估，强化监督落实，切实发挥绩效评估的导向作用。加大会计师事务所信息化建设在行业综合评价体系中的权重。

（五）注重规划的实施

行业信息化各类各级主体要根据本规划，结合自身实际，制定信息化建设规划或方案，分解任务，明确进度，落实责任。每年年底要对当年度信息化工作任务完成情况进行总结和评估。坚持问题导向，制定有力措施，加强对规划执行情况的督促与考核，确保各项工作任务有序推进。

中国注册会计师协会关于印发《会计师事务所信息化促进工作方案》的通知

(2017年6月30日，会协〔2017〕31号)

各省、自治区、直辖市注册会计师协会：

《会计师事务所信息化促进工作方案》已经中国注册会计师协会行业信息化委员会审议通过，现予印发。

附件：会计师事务所信息化促进工作方案

中国注册会计师协会
2017年6月30日

抄送：深圳市注册会计师协会

附件：

会计师事务所信息化促进工作方案

为深入实施注册会计师行业信息化战略，实现"十三五"时期注册会计师行业信息化目标，有效落实行业信息化五年规划提出的会计师事务所信息化建设任务，按照行业信息化五年规划"充分倚重会计师事务所的主体作用，发挥注协的战略引领和政策引导作用"的要求，提出中国注册会计师协会（简称中注协）促进会计师事务所信息化工作方案。

一、会计师事务所信息化建设任务与责任

行业信息化五年规划指出，用现代信息技术全面装备注册会计师行业，充分利用信息技术创新成果，形成以信息化设施为基础，以数据资源为核心，以技术支持和安全管理为保障，打造互联化、移动化、智能化的注册会计师行业信息化体系。其中，会计师事务所要按照行业信息化五年规划的要求，融合互联网、云计算和大数据技术，建设智能审计作业系统和智能内部管理信息系统；增强数据分析应用能力，实现信息技术和数据技术并重发展；完善基础设施，提升信息安全能力。

中注协要在充分倚重会计师事务所主体地位的同时，发挥战略引领和政策引导作用，聚焦行业技术标准，促进行业软件产品供给，在全面建设行业管理信息系统和注协协同办公系统的同时，协同推进行业信息化建设各个领域的工作。

二、政策引导、路径规划和资金扶持

第一，发挥中注协信息化委员会对行业信息化建设工作的战略推进和政策指导作用，把握信息技术发展新成果和新动向，研究会计师事务所信息化建设新进展和新情况，适时提出促进会计师事务所信息化政策和措施的建议。

第二，充分利用国际专家资源，开展行业信息化交流咨询，指导促进会计师事务所信息化工作。

第三，组织专家力量，开展会计师事务所信息化通用路径研究，发布指导文件，为会计师事务所信息化建设提供方法论指导，解决会计师事务所信息化建设过程中顶层设计不够、实现路径不清的问题。其中，重点论证审计软件与内部管理软件的一体开发、同时布置、有效整合的具体方案。

第四，总结评估"十二五"时期会计师事务所信息化奖励政策实施效果，更新和丰富会计师事务所信息化激励支持政策的内容与形式。

三、人才培养、技术培训和经验交流

第一，将信息化人才培养列入行业继续教育培训的重点任务，举办以信息化为专题的培训班、研讨班、研修班；在各类培训班中增加信息化课程；创立面向信息化的行业领军人才培养方案；将信息化知识纳入注册会计师考试大纲。

第二，建立行业信息化网站专栏、会刊专栏、公众号专栏，协调行业公共媒体设立行业信息化专版，开展会计师事务所信息化知识交流和经验分享；举办报告会，宣讲信息技术趋势，交流行业信息化的实践、进展和经验。

四、引导供给、对接供需和优化服务

第一，改造建立大中型会计师事务所应用软件开发指导委员会、小型会计师事务所应用软件开发指导委员会。其职责是：向软件服务商传达会计师事务所信息化需求；介绍风险导向审计、会计师事务所内部管理等注册会计师行业知识；对软件服务商提供的信息技术产品在会计师事务所的使用情况反馈意见建议；对软件技术产品进行用户评价。

第二，建立信息技术产品推介平台，提升会计师事务所对信息技术产品的认知，促进会计师事务所与软件服务商的供需对接。

第三，推进面向会计师事务所的信息技术产品市场规范化建设，倡导、监督使用正版软件。

第四，持续优化经济数据库和法律法规库服务，扩大面向全行业的信息化公共产品供给。

第五，为会计师事务所采购信息化产品探索联合采购机制。

第六，优化信息化审计环境，协调解决审计软件与客户会计系统的对接障碍问题。

五、制定标准、深化应用和修订准则

第一，制订包括系统架构标准、数据标准在内的会计师事务所信息化技术标准，为会计师事务所信息化建设和软件服务商开发信息技术产品提供技术规范，同时保障会计师事务所信息系统与行业管理信息系统有效对接。

第二，开展信息技术对会计师事务所影响的研究，探索大数据、人工智能等信息技术在注册会计师行业的有效应用。

第三，开展网络信息安全研究，对会计师事务所建立信息系统安全保障措施提供指导。

第四，建立基于网上报备功能的行业数据中心，做好行业数据的挖掘工作，为会计师事务所开展职业判断和风险控制提供大数据支持。

第五，研究修订注册会计师执业准则，建立与会计师事务所信息化进程相匹配的执业规范。

关于规范全国性社会组织年度财务审计工作的通知

(2015年2月25日,民发〔2015〕47号)

各全国性社会组织、各会计师事务所:

为提高社会组织的财务管理和会计工作水平,增强年度检查的监管效果,根据《社会团体登记管理条例》、《基金会管理条例》、《民办非企业单位登记管理暂行条例》、《国务院办公厅转发财政部关于加快发展我国注册会计师行业若干意见的通知》(国办发〔2009〕56号)和《民间非营利组织会计制度》(财会〔2004〕7号)等法规文件的相关要求,现就在民政部登记的社会团体、基金会、民办非企业单位等社会组织(以下简称社会组织)年度财务审计工作有关事宜通知如下:

一、社会组织在接受年度检查时,应当按照登记管理机关的要求报送会计师事务所出具的年度审计报告。登记管理机关为履行监管职责,可以同时出资委托会计师事务所对社会组织进行年度财务抽审。

二、为营造公平竞争的市场环境,除基金会、境外基金会代表机构和其他具有公益性捐赠税前扣除资格的公益性社会团体应当按照《关于加强和完善基金会注册会计师审计制度的通知》(财会〔2011〕23号)的规定选聘会计师事务所外,其他社会组织可以自主选聘经财政部门批准设立的会计师事务所对本单位的年度财务工作进行审计。

三、各社会组织应当积极配合会计师事务所的审计工作,及时提供审计所需资料,并对所提供资料的真实性、合法性负责。社会组织应当以年度审计工作为契机,加强项目管理、收支管理和成本核算,不断提高财务管理水平和会计工作水平。

四、承接社会组织审计业务的会计师事务所应当按照法律法规和委托方要求,组织具有胜任能力的审计人员开展工作,严格遵守审计准则和职业道德的规定,认真完成年度审计工作,对审计报告的真实性和合法性负责。

五、社会组织年度审计报告应当符合中国注册会计师执业准则和登记管理机关的相关规定。年度审计报告所附财务报告应当包含社会组织自身及所设立的分支(代表)机构的全部收支情况。不符合要求的年度审计报告，登记管理机关不予受理。

六、社会组织审计业务收费实行市场调节价。鼓励会计师事务所对部分确有困难的社会组织适当减免审计费用，提供公益审计服务。

七、登记管理机关为履行监管职责对社会组织进行年度财务抽审时，应当根据政府采购制度有关规定选聘会计师事务所，并按照国库集中支付管理制度和合同约定，将审计费用支付给受托会计师事务所。

八、对在财务审计中发现的社会组织违法违规行为，由登记管理机关和相关部门依法予以查处。对于违背注册会计师执业准则，为社会组织出具虚假审计报告的会计师事务所，由财政部门依法予以处理。

九、本通知自下发之日起执行。

民政部　财政部
2015年2月25日

财政部 科技部 教育部 发展改革委关于进一步做好中央财政科研项目资金管理等政策贯彻落实工作的通知

(2017年3月3日,财科教〔2017〕6号)

国务院有关部委、有关直属机构,各中央高校、科研院所:

为了进一步做好《中共中央办公厅 国务院办公厅印发〈关于进一步完善中央财政科研项目资金管理等政策的若干意见〉的通知》(以下简称《若干意见》)贯彻落实工作,促进中央财政科研项目资金管理改革举措落地生根,切实增强科研人员改革"成就感""获得感",现就有关问题通知如下:

一、提高思想认识,强化责任担当

《若干意见》是加快推进科技领域"放管服"改革、完善财政科研项目资金管理的重要举措,对于促进形成充满活力的科技管理和运行机制、激发广大科研人员创新创造活力具有十分重要的意义。各部门、各单位要进一步提高思想认识,全面深入学习,准确把握文件精神和具体要求,切实增强做好贯彻落实工作的责任感和紧迫感。项目主管部门要加强统筹协调,督促和指导所属单位落实好相关政策。中央高校、科研院所等相关单位要切实履行法人责任,加快制度建设,完善内控机制,规范工作流程,创新服务方式,确保下放的管理权限"接得住、管得好"。

二、细化政策措施,狠抓政策执行

(一)加快制度建设。

项目承担单位应当结合本单位实际,抓紧制定和完善项目预算调剂、间接费用统筹使用、劳务费分配管理、结余资金使用、科研财务助理岗位设立、内部信息公开公示等内部管理办法。对于督查或自查中发现未在规定时间出台制度的单位,应当逐项对照、查漏补缺,务必于3月底前完成整改。

各单位在制定制度时，应当严格按照本单位内部决策程序开展工作，有关制度应当以单位正式文件形式印发，并在单位内部以适当的方式公开。各项制度应当做到权责明确、流程清晰、操作性强、务实管用。各项制度以及中央高校、科研院所按规定制定的差旅会议内部管理办法，应当作为预算编制、评估评审、经费管理、审计检查、财务验收等工作依据。

项目主管部门应当尽快完善预算编制指南，制定预算评估评审和财务验收工作细则等具体操作规范。

（二）大力推进信息公开。

项目承担单位应当完善内部信息公开制度，明确单位内部信息公开的责任主体、程序、方式、范围和期限等，除涉密信息外，财政科研项目预决算、预算调剂、资金使用（重点是间接费用、外拨资金、结余资金使用）、研究成果等情况均应以适当方式在单位内部公开。要充分运用信息公开的手段，加强内部监督和管理。

（三）细化、完善劳务费和间接费用管理。

项目承担单位应当建立健全劳务费管理办法，进一步细化访问学者、项目聘用研究人员的管理要求，规范对访问学者、项目聘用研究人员的资格认定、审批或备案、公开公示程序，明确管理责任，细化岗位设立、工作协议、劳务费标准和发放办法等日常管理规定。项目聘用研究人员应当为项目承担单位通过劳务派遣方式或者签订劳动合同、聘用协议等方式为项目聘用的研究人员（包括退休人员）。

项目承担单位应当建立健全间接费用管理办法，进一步明确间接费用分配原则和流程，完善绩效考核办法，以及绩效支出与科研人员在项目工作中的实际贡献挂钩的机制，妥善处理合理分摊间接成本和对科研人员激励的关系。中央高校、科研院所等事业单位在安排绩效支出时，应当符合事业单位绩效工资管理有关规定。

（四）加强结余资金统筹管理。

对于完成任务目标并一次性通过验收的项目，验收结论确定的结余资金全部留归项目承担单位使用，由其统筹用于本单位科研活动的直接支出。2年后（自验收结论下达后次年的1月1日起计算）结余资金未用完的，按规定原渠道收回。未一次性通过验收的项目，结余资金按规定原渠道收回。

项目承担单位应当认真落实结余资金使用管理权限，加强结余资金统筹管理，在内部管理办法中明确具体统筹方式和管理要求，提高科研项目

（五）做好在研项目政策衔接。

《若干意见》发布时，已进入结题验收环节的项目，继续按照原政策执行，不作调整；尚在执行环节的项目，由项目承担单位统筹考虑本单位实际情况，与科研人员特别是项目负责人充分协商后，在项目预算总额不变的前提下，自主决定是否执行新规定。

（六）规范会计师事务所开展的财务审计。

项目主管部门制定财务验收工作细则，明确科研项目财务验收的责任主体、主要内容、程序规范等。加强对承接科研项目财务审计委托任务的会计师事务所的指导和培训，提高其政策理解和把握能力，促进提升财务审计工作质量。按照政府采购法的有关要求，规范对承接科研项目财务审计委托任务的会计师事务所选聘程序，完善信用管理体系，会同财政部门对严重违规会计师事务所的严重不良信用记录记入"黑名单"。

中国注册会计师协会制定科研项目财务审计操作指引，明确会计师事务所从事科研项目财务审计工作要求和技术规范，将科研项目财务审计纳入执业质量检查范围。会计师事务所应当建立健全相关质量控制机制，切实提升服务能力和审计质量。

三、发挥部门作用，加强统筹指导

各部门、各单位应当进一步加大宣传培训力度，在官方网站开辟专栏，系统、集中登载中央财政科研项目资金管理有关政策文件及解读，及时发布本部门、本单位制定的相关管理办法。加大对财务人员、科研财务助理、科研人员等相关人员的培训力度。同时，加强对中央财政科研项目资金的事中事后监管，严肃查处违法违纪问题。

项目主管部门应当结合本部门实际情况，对共性问题统筹研究，提出解决方案或指导意见。加强对本部门所属高校、科研院所等单位落实《若干意见》的跟踪指导，及时总结典型做法，并予以推广。

财政部、科技部将持续跟踪改革进展，建立中央财政科研项目资金管理改革等政策落实情况的督查机制、通报机制。有关通报和督查结果将纳入信用管理，与中央高校管理改革等绩效拨款、间接费用核定、结余资金留用等挂钩。

财政部　科技部　教育部　发展改革委
2017 年 3 月 3 日

中国注册会计师协会关于印发《会计师事务所品牌建设指南》的通知

(2016年11月2日，会协〔2016〕53号)

各省、自治区、直辖市注册会计师协会：

　　为深入实施会计师事务所做强做大战略，指导推动会计师事务所加强品牌建设，中国注册会计师协会制定了《会计师事务所品牌建设指南》，现予印发。

　　附件：会计师事务所品牌建设指南

中国注册会计师协会
2016年11月2日

抄送：深圳市注册会计师协会

附件：

会计师事务所品牌建设指南

第一章　总则

第一条　为指导会计师事务所（以下简称"事务所"）加强品牌建设，提升品牌价值，提高品牌管理能力，制定本指南。

第二条　事务所品牌是其内部管理、专业品质、服务能力、视觉标志、客户评价等因素共同作用而形成的整体形象，蕴含事务所的职业精神和责任承诺。

第三条　事务所品牌建设应当深入贯彻社会主义核心价值观，紧紧围绕服务国家建设这个主题、诚信建设这条主线，遵循专业服务机构的品牌建设规律，大力弘扬和传递注册会计师职业价值观，因所制宜，明确目标，健全机制，实现品牌建设的长效化常态化。

第四条 事务所品牌建设应当注重以下几个结合：

（一）品牌建设与诚信建设相结合。诚信是注册会计师行业的基石。要树立事务所品牌建设的核心是坚持和弘扬诚信精神的理念，将诚信要求贯穿于事务所品牌建设的全过程。

（二）品牌建设与合伙文化建设相结合。事务所是承担专家责任的专业服务机构，"人合"与"智合"是事务所治理结构的基础，也是事务所品牌建设的基础。要在品牌建设的过程中大力倡导合伙文化、践行合伙理念。

（三）品牌建设与发展战略实施相结合。品牌建设是一项长期的事业，需要明确目标、科学定位、持续实践。要将品牌建设作为事务所战略任务来定位，与自身做强做大、做精做专、国际化发展等战略任务同设计、同部署、同实施，相互支持、相得益彰。

（四）品牌建设与人才建设相结合。事务所是由注册会计师组成的专家团队，人才是事务所核心资源，也是事务所品牌的重要承载。要把树立品牌意识、展示品牌价值作为注册会计师专业人才建设的重要内容。

第五条 事务所品牌建设是一个系统工程，应当加强品牌建设的组织保障，有条件的事务所特别是大型事务所可设立负责品牌工作的专门机构，指导品牌建设工作。

事务所品牌建设是一项全员参与的工作。要强化员工的品牌意识，建立品牌行为标准规范，加强员工的品牌知识培训，规范员工的品牌行为。

事务所品牌建设还应当考虑品牌相关方。品牌相关方包括但不限于事务所合伙人、员工、客户、合作伙伴、监管机构、新闻媒体以及社会公众等。

第二章　事务所品牌愿景和品牌战略

第一节　品牌愿景

第六条 品牌愿景是事务所对其品牌建设的未来蓝图和最终目标的清晰描述。

第七条 事务所制定品牌愿景需要重点做好以下工作：

（一）确定品牌目标，包括品牌的含义、品牌的目标受众、品牌定位等。

（二）确立品牌形象，明确品牌与客户之间的价值相关点，以及品牌在客户中的形象特征。

（三）作出品牌承诺，实现服务品质与服务承诺之间、服务实践与目标受众之间最大程度的匹配。

（四）建立客户模型，清晰地描述目标客户选择事务所专业服务的认知方式和行为习惯。

（五）塑造品牌文化，在全体员工中树立品牌意识，优化品牌行为，使品牌成为事务所专业文化、诚信文化、合伙文化的集中表达。

第二节 品牌战略

第八条 事务所应当在品牌愿景的基础上制定品牌战略，并将其作为事务所总体战略的重要组成部分，系统筹划、统一实施。

第九条 事务所制定品牌战略，要将品牌作为事务所的重要资产来管理，考虑品牌相关方、品牌投资计划、品牌传播机制、品牌关系处理、品牌沟通管理、品牌绩效评价、品牌持续改进、品牌危机管控等内容。

品牌是能够增加事务所专业价值并带来预期利益的重要资产，包括品牌知名度、美誉度、忠诚度，以及品牌联想和附着在品牌上的其他资产形态。

第十条 事务所制定品牌战略，需要考虑所面临的内外部环境。其中，内部环境因素包括事务所总体战略、机构治理、制度体系、专业品质、人才资源、历史传承等；外部环境因素包括国家及区域经济发展战略、法律法规政策、市场竞争状况、客户评价和期望等。

第三章 事务所品牌定位、设计和传播

第一节 品牌定位

第十一条 品牌定位是事务所进行品牌建设的基础环节，是决定事务所品牌建设目标能否实现的关键。事务所进行品牌定位要明晰自身优势和市场环境。通过市场细分、目标市场选择和市场定位，确定满足目标客户需求并有别于同行的自身品牌整体形象。

品牌定位还需要考虑与品牌相关方的认知。品牌认知是以客户为核心的事务所品牌相关方所有感知的总和，包括在品牌相关方心智中形成的特殊印象、占据的特殊地位，以及由此带来的选择动力和信赖利益。

第十二条 事务所进行品牌定位，应使其与国家产业政策相适应、具有满足目标客户需求的能力和潜力；有效识别自身竞争优势，制订实施配套的事务所治理和管理改进方案、技术开发方案、文化建设等措施。

第十三条 事务所可以从目标客户、服务地域、竞争位置和服务差异等方面进行品牌定位。

（一）目标客户定位，即以某类或几类客户群体作为事务所的主要服务对象。

（二）服务地域定位，即以城市、地区、全国或国际市场作为事务所的服务客户范围。

（三）竞争位置定位，即就担任市场领导者、市场追随者、市场挑战者、市场补充者作出战略选择。

（四）服务差异定位，即明确重点服务领域、业务条线和服务品种以发展自身的专业优势。

第二节 品牌设计

第十四条 事务所的品牌设计包括品牌内涵设计与品牌形象设计。

品牌内涵是指品牌所体现的事务所价值追求、经营理念、职业道德、专业精神、服务品质等。

品牌形象是指品牌标识、标准字、标准色、标准象征图案、标准办公用具、标准着装等外在标准化所传递的直观信息。

第十五条 品牌标识是展示事务所品牌形象的第一要素，包括品牌名称和品牌徽标。

品牌徽标是事务所品牌内涵的形象表达，可通过造型简洁、意义明确、标准统一的视觉符号，将事务所品牌内涵传达给客户等品牌相关方。

第十六条 事务所品牌标识的设计可重点考虑如下原则：

（一）可传播。品牌标识力求简明清晰，方便辨认记忆，使用具有自身特色又易于理解认知的形象语言或图案。

（二）有关联。品牌名称宜与事务所的字号名称关联，或直接采用事务所字号名称的简称；同时，品牌名称与品牌徽标协调呼应。

（三）有内涵。体现事务所的精神内在、价值追求与文化个性，保持品牌的联想空间。

（四）可保护。注意进行商标、专利登记注册，使品牌处于有效的法律保护状态。

第三节 品牌传播

第十七条 品牌传播是指事务所利用各种传播推广手段，持续不断地将品牌内涵和品牌形象与客户等品牌相关方进行交流沟通，以提高品牌知名度、美誉度和忠诚度。

第十八条 品牌传播的重心是发掘品牌与客户等品牌相关方可能存在的接触点，包括与品牌初次接触、完成服务、建立信任关系，一直到后续维护的整个过程。

第十九条 事务所可根据自身条件选择适当有效的品牌传播策略，包括形象传播、公关传播、事件传播、广告传播、终端传播、口碑传播等。

第二十条 开展品牌传播可以采取多种形式，包括举办专业讲座与论坛、发布行业研究报告、出版专业著作、参与制定和解读行业标准、支持社会公益、参政议政、支持学术研究、开展校园招聘、参加国内外权威机构排名、参与行业组织的工作，以及开设网站、网页等新媒体传播平台等。

第二十一条 事务所进行品牌传播时应遵循职业道德守则的要求，做到客观、真实、适当，不损害职业形象；不夸大宣传所提供的服务、拥有的资质或获得的经验；不贬低其他会计师事务所及注册会计师的工作。

第四章 事务所品牌维护和危机管理

第一节 品牌维护

第二十二条 品牌维护是指事务所针对环境的变化所采取的维护品牌形象、保持品牌的市场地位和提升品牌价值的一系列管理活动。

第二十三条 事务所应当重视通过品牌自我维护和法律维护等手段，防止品牌受到损害，维护品牌形象和地位。

（一）品牌自我维护。在事务所品牌设计、传播、内部管理与具体运营活动中，采取提升服务品质、进行技术创新和品牌秘密保护等手段达到自我维护目的。

（二）品牌法律维护。通过法律手段实现品牌维护的目的，包括名称字号的登记，商标、专利技术、著作以及专有服务产品等知识产权的申请与注册。

第二节　品牌危机管理

第二十四条　品牌危机是指由于事务所自身、客户、同行等因素的突变以及品牌管理失常，对品牌形象造成不良影响、信任度下降，进而出现的品牌危机状态。品牌危机具有突发性、严重危害性、强烈冲击性、舆论高度关注性等特点。

第二十五条　事务所应当将品牌危机管理纳入事务所应急领导机制一体实施，制定危机管理预案，明确危机处理原则和方式。

第二十六条　品牌危机处理应当做到反应迅速、统一有序、有效化解，并做好品牌危机处理过程的总结工作，以汲取教训，防止危机再次发生，持续维护品牌形象。

第五章　事务所品牌监控与评价

第一节　品牌监控

第二十七条　事务所要注重建立、实施并保持对品牌的持续监控，包括对品牌的跟踪、分析、评价与改进。品牌监控主要基于以下目的：

（一）检验品牌建设是否达到预期目标；
（二）评价品牌管理的有效性；
（三）评价品牌建设能力和绩效；
（四）调整和改进品牌管理体系。

第二十八条　事务所应当研究确定和监控影响品牌形象的关键绩效指标，并将其作为调整品牌战略和改进品牌建设的基础工作。品牌形象的关键绩效指标主要包括：

（一）目标市场的占有率；
（二）品牌传播投入情况及传播效率；
（三）专业价值与服务品质的提升度；
（四）品牌知名度、美誉度和忠诚度。

第二节　品牌评价

第二十九条　事务所可以从品牌能力、品牌品质、品牌声誉、品牌文化和品牌影响力等方面对品牌作出评价。

（一）品牌能力是指事务所品牌规划、品牌管理和品牌保护的能力。

（二）品牌品质体现在事务所服务品质、业务质量、品牌价值等方面。

（三）品牌声誉表现为品牌相关方对品牌知名度、品牌美誉度、品牌忠诚度等的认可情况。

（四）品牌文化体现为专业精神、员工行为习惯、与客户互动关系等。

（五）品牌影响力包括事务所规模能力在行业内的地位、市场份额、收费在行业的相对水平、对行业事务的参与程度、技术应用在业内的领先程度、管理改进在业内的影响程度、服务覆盖区域变化、品牌国际化程度等。

第三十条 事务所品牌评价可以采取自我评价，也可以由第三方评估机构进行评价。

中国注册会计师行业制度全编
（增补本·2018）

行业管理

考试

关于印发《注册会计师全国统一考试应考人员考场守则》等5项考试管理制度的通知

（2014年6月3日，财考〔2014〕6号）

各省、自治区、直辖市财政厅（局）注册会计师考试委员会：

为了保证注册会计师全国统一考试的顺利进行，满足计算机化考试环境下考试组织管理工作的需要，财政部注册会计师考试委员会修订了《注册会计师全国统一考试应考人员考场守则》等5项考试管理制度，现予以印发。

附件：1. 注册会计师全国统一考试应考人员考场守则
   2. 注册会计师全国统一考试成绩复核办法
   3. 注册会计师全国统一考试报名管理办法
   4. 注册会计师全国统一考试免试管理办法
   5. 注册会计师全国统一考试合格证管理办法

2014年6月3日

抄送：各省、自治区、直辖市财政厅（局）注册会计师考试委员会办公室。

附件1：

注册会计师全国统一考试应考人员考场守则

第一条 为了规范注册会计师全国统一考试应考人员考场行为，保证考试正常有序进行，根据《注册会计师全国统一考试办法》和《注册会计师全国统一考试违规行为处理办法》，制定本守则。

第二条 应考人员应当遵守《注册会计师全国统一考试办法》、《注册会计师全国统一考试违规行为处理办法》和本守则的规定。

第三条 考试开始前40分钟，应考人员应当凭本人准考证和与报名信息一致的有效身份证件进入考场，接受监考人员核对证件，在《注册会计师全国统一考试考场情况记录表》（简称《考场情况记录表》）"考生签字"栏内签名，并拍照后按照监考人员指定的位置入座。

第四条 进入考场时，应考人员可以携带蓝色或黑色钢笔、圆珠笔、铅笔、直尺、不具有文字储存及显示、录放功能的计算器等，不得携带手机等通讯设备和电子设备、书籍、纸张、饮品以及其他与考试无关的物品进入考场座位。

如果应考人员携带与考试无关的物品，应当存放在考场内监考人员指定的位置。

第五条 应考人员入座后，应当将准考证和身份证件放置在座位左上角，以备监考人员检查。

第六条 应考人员入座后，不得擅自离开考场。如果有特殊情况需要暂时离开考场，应当由监考人员陪同，返回考场时应当重新拍照。

在同一考场同一时间，只允许1名应考人员暂时离开考场。

第七条 入座后考试开始前，应考人员可以登录计算机考试界面，核对考试相关信息。

第八条 考试开始30分钟后，应考人员不得进入考场。应考人员交卷退场时间不得早于考试结束前30分钟。

第九条 应考人员根据答题情况可向监考人员申请草稿纸。

第十条 如果出现考试机故障、网络故障或供电故障等异常情况，导致应考人员无法正常考试，应考人员应当听从监考人员的安排。

第十一条 因考试机故障等客观原因导致应考人员答题时间出现损失，应考人员可以当场向监考人员提出补时要求，由监考人员根据财政部注册会计师考试委员会办公室的规定予以处理。

第十二条 如果应考人员因突发疾病不能继续考试的，应当停止考试，立即就医。

第十三条 考试结束前，应考人员有违规行为或特殊情况需离场处理的，应当经监考人员批准，在《考场情况记录表》中填写交卷时间并签字确认，由指定的监考人员陪同至考点备用休息室，至考试结束前 30 分钟方可离开。

第十四条 考试结束时，应考人员应当听从监考人员指令，停止考试，将草稿纸整理好放在桌面上，等候监考人员清点回收。监考人员宣布退场后，应考人员方可退出考场。应考人员离开考场后不得在考场附近逗留、喧哗。

第十五条 应考人员在考试期间应当严格遵守考场纪律，保持考场肃静，维护考场秩序。

第十六条 应考人员对试题内容负有保密义务，不得将试题内容抄录或复制后带出考场，不得传播、扩散试题内容。

第十七条 应考人员如果出现违规行为，将按照《注册会计师全国统一考试违规行为处理办法》相关规定处理，有关情况将向所在单位通报，并向社会公布。

第十八条 选择纸笔作答考试方式的应考人员，客观题在计算机上作答，主观题在纸质答题卷上作答，答题结果填写在草稿纸上或未填写在答题卷指定位置上无效。

第十九条 本守则自 2014 年 6 月 3 日起施行。2012 年 8 月 28 日财政部注册会计师考试委员会印发的《注册会计师全国统一考试应考人员考场守则》（财考〔2012〕5 号）同时废止。

附件2：

注册会计师全国统一考试成绩复核办法

第一条 为了规范注册会计师全国统一考试成绩复核工作，根据《注册会计师全国统一考试办法》，制定本办法。

第二条 注册会计师全国统一考试成绩复核工作由财政部注册会计师考试委员会办公室（简称财政部考办）负责组织实施。

第三条 成绩复核工作严格遵循客观、公正、公平的原则。

第四条 成绩复核仅限于复核考生答卷是否存在分数的错登、错加等，原则上不再重新评阅答卷。复核结果只向考生提供所复核科目的客观题成绩、主观题成绩和总成绩。复核后的成绩为最终成绩，考生不得再次申请复核。

第五条 考生可以在考试成绩发布后第5个工作日起10个工作日内，通过注册会计师全国统一考试网上报名系统，提出成绩复核申请。

第六条 财政部考办应当在考生成绩复核申请结束之日起40个工作日内进行成绩复核，并公布成绩复核结果。考生可以通过注册会计师全国统一考试成绩查询系统查询成绩复核结果。

第七条 本办法自2014年6月3日起施行。2012年8月28日财政部注册会计师考试委员会印发的《注册会计师全国统一考试成绩复核办法》（财考〔2012〕5号）同时废止。

附件 3：

注册会计师全国统一考试报名管理办法

第一条 为了加强注册会计师全国统一考试报名管理工作，提高考试工作组织管理和服务水平，根据《注册会计师全国统一考试办法》和《注册会计师全国统一考试违规行为处理办法》，制定本办法。

第二条 财政部注册会计师考试委员会办公室（简称财政部考办）负责制定注册会计师全国统一考试报名简章（简称报名简章），开发和维护网上报名系统，组织全国考试报名工作。

第三条 各省、自治区、直辖市财政厅（局）注册会计师考试委员会办公室（简称地方考办）负责根据报名简章及时制定本地区考试报名简章，组织开展本地区考试报名工作。地方考办应当按照报名简章的要求，加强对辖内考区考试报名工作的指导和监督。

第四条 参加注册会计师全国统一考试的报名人员应当通过"注册会计师全国统一考试网上报名系统"进行报名。报名分为网上填报基本信息、资格审核和交费确认三个步骤。

第五条 报名人员应当按照报名简章和网上报名系统的要求进行报名，准确、完整地填写个人信息，并在规定时间内完成网上填报基本信息、资格审核和交费。

第六条 资格审核期间，地方考办应当严格审查报名人员提交的毕业证书或中级以上职称证书原件、身份证件原件及复印件，确保报名人员符合报名要求。对不符合报名条件的人员，不得准予报名。

持国外学历证书的报名人员，应当同时提供教育部留学服务中心出具的学历认证书。

第七条 资格审核工作结束后，财政部考办将对报名人员的报名条件进行检查。未通过检查的报名人员将不能下载打印准考证。对不符合报名条件的人员，将根据《注册会计师全国统一考试违规行为处理办法》做出相应处理。

第八条 地方考办应当在报名工作结束后的规定时间内，完成数据和账务核对工作，发现问题及时上报财政部考办；每年报名工作结束后，地方考办应当按照规定标准上缴考务费。

第九条 报名参加中国注册会计师考试的港澳台地区居民及外国人，应当按照财政部注册会计师考试委员会（简称财政部考委会）发布的

《香港特别行政区、澳门特别行政区、台湾地区居民及外国人参加注册会计师全国统一考试报名简章》的规定进行报名。

在欧洲考区参加中国注册会计师考试的报名人员，应当按照财政部考委会发布的《中华人民共和国注册会计师全国统一考试（欧洲考区）报名简章》的规定进行报名。

第十条 本办法自 2014 年 6 月 3 日起施行。2012 年 8 月 28 日财政部注册会计师考试委员会印发的《注册会计师全国统一考试报名管理办法》（财考〔2012〕5 号）同时废止。

附件 4：

注册会计师全国统一考试免试管理办法

第一条 为了加强注册会计师全国统一考试免试管理工作，提高考试工作组织管理和服务水平，根据《注册会计师全国统一考试办法》，制定本办法。

第二条 财政部注册会计师考试委员会办公室（简称财政部考办）负责注册会计师全国统一考试的免试管理工作。

第三条 各省、自治区、直辖市财政厅（局）注册会计师考试委员会办公室（简称地方考办）负责本地区免试资格审查、文件审核上报及审批结果通知等工作。

第四条 具有高级会计师、高级审计师、高级经济师和高级统计师或具有经济学、管理学和统计学相关学科副教授、副研究员以上高级技术职称的人员（简称免试申请人），可以申请免予注册会计师全国统一考试专业阶段考试 1 个专长科目的考试。

中国注册会计师协会按照互惠原则与境外会计职业组织达成相互豁免部分考试科目的，符合豁免条件的人员，可以申请免予部分科目考试。

免试申请人取得免试科目资格后，免试科目长期有效，不得提出变更免试科目。

第五条 免试申请人应当填写《20××年度注册会计师全国统一考试专业阶段考试科目免试申请表》，并提供身份证件、高级技术职称证书及批准文件等相关资料，报地方考办审核。

第六条 地方考办应当审查高级技术职称证书的真实性。签发高级技术职称批准文件的机构不属于省部级高级职称评审委员会机构的，应当审查该机构的高级技术职称评审资格。

第七条 地方考办应当审核免试申请人的免试科目。

第八条 地方考办应当在对免试申请人的申请资料审核无误后，制作上报文件。上报文件包括：

（一）地方考办关于免试申请人申请免试的请示；

（二）20××年度注册会计师全国统一考试专业阶段考试科目免试申请汇总表；

（三）20××年度注册会计师全国统一考试专业阶段考试科目免试申

请表（含近期标准证件照片）；

（四）免试申请人高级技术职称证书复印件和高级技术职称批准文件的复印件；

（五）免试申请人身份证件复印件。

在《20××年度注册会计师全国统一考试专业阶段考试科目免试申请表》中"地方考办意见"栏内，地方考办应当签署意见并加盖公章。上报资料中应当注明"原件已审核，复印件与原件一致"，由经办人签字，并加盖地方考办公章。

第九条 地方考办应当在上报文件的同时，通过注册会计师考试管理信息系统中免试管理模块上报电子数据。免试申请人员报送的相关材料的档案管理，按照《注册会计师全国统一考试档案管理办法》执行。

第十条 财政部考办应当对地方考办上报的相关文件进行审核，并在审核无误后30个工作日内予以批复。免试生效年度为免试申请人提交申请的年度。

第十一条 境外符合豁免部分考试科目人员（简称豁免申请人），可直接向财政部考办提出豁免申请。

第十二条 豁免申请人应当提交以下资料：

（一）豁免申请表；

（二）符合豁免条件的考试合格证明复印件；

（三）身份证件复印件；

（四）境外会计职业组织的会员证书复印件；

（五）近期标准证件照片。

第十三条 财政部考办应当对豁免申请人提供的相关材料进行审核，并在审核无误后30个工作日内予以批复。

第十四条 本办法自2014年6月3日起施行。2012年8月28日财政部注册会计师考试委员会印发的《注册会计师全国统一考试免试管理办法》（财考〔2012〕5号）同时废止。

附：1. ××省关于注册会计师全国统一考试专业阶段考试科目申请免试的请示（式样）

2. 注册会计师全国统一考试专业阶段考试科目免试申请表（式样）

3. 注册会计师全国统一考试专业阶段考试科目免试申请汇总表（式样）

4. 注册会计师全国统一考试科目豁免申请表（适用于香港会计师公会会员或专业资格课程合格人员）

5. 中国注册会计师全国统一考试科目豁免申请表（适用于英格兰及威尔士特许会计师协会会员）

附1：

××省（区、市）关于×××（姓名）等××人20××年度注册会计师全国统一考试专业阶段考试科目申请免试的请示

财政部注册会计师考试委员会办公室：

  我省（区、市）×××（核准的第一人姓名）等××人申报20××年度注册会计师全国统一考试免试申请，上述申请人的相关证明材料均已审核无误，现予以上报。其中，×××等××人免试"审计"科目；×××等××人免试"财务成本管理"科目；×××等××人免试"经济法"科目；×××等××人免试"会计"科目；×××等××人免试"公司战略与风险管理"科目；×××等××人免试"税法"科目。

  以上妥否，请予批复。

  附件：1. ××省（区、市）20××年度注册会计师全国统一考试专业阶段考试科目免试申请汇总表

     2. 申请人相关证明材料

20××年×月×日

附 2：

20××年度注册会计师全国统一考试
专业阶段考试科目免试申请表（式样）

姓名		性别		出生年月		照片
身份证件号码						
技术职称			职称评定时间			
工作单位				联系电话		
通讯地址				邮政编码		
申请科目免试（划√）	审计	财务成本管理	经济法	会计	公司战略与风险管理	税法
本人对上述信息及资料的真实性负责	签 名： 年　月　日					
申请人所在单位人事主管部门对技术职称的确认	签 章 年　月　日					
地方考办意见	签 章 年　月　日					

附3：

××省（区、市）20××年度注册会计师全国统一考试专业阶段考试科目免试申请汇总表（式样）

序号	姓名	身份证件号码	技术职称	免试科目					
				审计	财务成本管理	经济法	会计	公司战略与风险管理	税法

附4：

注册会计师全国统一考试科目豁免申请表
（适用于香港会计师公会会员或专业资格课程合格人员）

姓名		性别		照　片
学历		专业		
工作单位				
香港身份证/护照及号码		发证机构		
出生年月		长期居住所在地		
通信地址				
移动电话		固定电话		
邮编		传真		
电邮				

续表

香港会计师公会会员申请豁免的,应当填写以下信息,并提交香港会计师公会会员证书复印件1份,香港身份证或护照复印件1份。

加入香港会计师公会时间	从　　　年　　　月开始
香港会计师公会会员代码	

专业资格课程合格人员申请豁免的,应当填写以下信息,并提交香港会计师公会专业资格课程考试全科合格证书及期终考试合格成绩单复印件。

参加香港专业资格课程时间	从　　年　　月到　　年　　月		
香港专业资格课程学员代码			
申请免试科目	会计、审计、财务成本管理、公司战略与风险管理		
申请人签字		日期	

注：申请表须贴有近期免冠照片1张（规格为长40mm×宽30mm），每一项内容须详细填写。申请人须同时提供当年的中国注册会计师全国统一考试报名表或4年内的考试成绩单/准考证复印件1份。申请表复印有效。

附5：

中国注册会计师全国统一考试科目豁免申请表
（适用于英格兰及威尔士特许会计师协会会员）

中文姓名		性别		照　片
英文姓名				
学历		专业		
工作单位				
身份证明及号码		发证机关		
出生年月		长期居住所在地		
通信地址				
邮编		固定电话		
移动电话		传真		
E－mail				
成为ICAEW会员时间	年　　月　　日			
ICAEW会员证书号码				
申请免试科目及确认	审计及财务成本管理	申请人签字		

注：1. 申请表需贴近期免冠照片，每一项内容都必须详细填写，否则不予审核。
　　2. 与申请表同时交付身份证或护照复印件1张、英格兰及威尔士特许会计师协会（ICAEW）会员证书复印件1份、ACA考试合格通知书复印件1份，规格为35mm×35mm。
　　3. 申请表复印有效。

附件5：

注册会计师全国统一考试合格证管理办法

第一条 为了加强注册会计师全国统一考试合格证管理工作，提高考试工作组织管理和服务水平，根据《注册会计师全国统一考试办法》，制定本办法。

第二条 财政部注册会计师考试委员会办公室（简称财政部考办）负责注册会计师全国统一考试专业阶段考试合格证书（简称专业阶段考试合格证）和注册会计师全国统一考试全科考试合格证书（简称全科合格证）的审核和发放工作。

第三条 各省、自治区、直辖市财政厅（局）注册会计师考试委员会办公室（简称地方考办）组织实施本地区注册会计师全国统一考试合格证的申请和办理工作。

第四条 参加注册会计师全国统一考试的考生，专业阶段考试的单科考试合格成绩5年内有效。对在连续5个年度考试中取得专业阶段全部科目考试合格成绩的考生，由财政部考办颁发专业阶段考试合格证。专业阶段考试合格的考生应当在成绩发布之日起45个工作日后到参加专业阶段考试最后一科考试报名地的地方考办领取专业阶段考试合格证。

第五条 对存在个人信息变更、免试等情形的专业阶段考试合格证申请人，应当持有效的个人身份证件、考试科目成绩合格凭证（注册会计师全国统一考试成绩通知单、免试批复文件复印件或××年度注册会计师全国统一考试成绩复核结果通知单），向参加专业阶段考试最后一科考试报名地的地方考办申请办理。

第六条 地方考办应当对专业阶段考试合格证申请人提供的证明材料进行审核。审核无误后，地方考办应当汇总本地区专业阶段合格证申请人相关资料，制作上报文件（一式两份）。申请人相关材料应当注明"原件已审核，复印件与原件一致"，由经办人签字并加盖地方考办公章。

第七条 地方考办应当通过注册会计师考试管理信息系统中专业阶段考试合格证管理模块对考生信息资料进行审核，形成上报数据电子文件；同时打印出专业阶段考试合格证申报表，在"地方考办意见"栏内填写日期并加盖地方考办公章。

第八条 专业阶段考试合格证申请人发生姓名或身份证件变更的，应当提供户口簿复印件、身份证件复印件、户籍所在地派出所出具的加盖户口专用章的户籍证明原件或身份证件变更相关证明的原件或复印件。如为复印件，应当注明"原件已审核，复印件与原件一致"，由经办人签字并加盖地方考办公章。

第九条 报名时因手工录入错误或姓名中有无法录入的偏难字，造成与专业阶段考试合格证申请人真实姓名或身份证件号不符的，专业阶段考试合格证申请人应当提供身份证件的复印件，地方考办出具的证明或以往年度偏难字表，由经办人签字并加盖地方考办公章。

第十条 专业阶段考试合格证申请人如有通过成绩复核、获准免试等情形的，地方考办应当在专业阶段考试合格证申报表的备注栏中注明财政部考办批准的文件号。

第十一条 财政部考办应当对专业阶段考试合格证申请人提供的相关材料进行审核，并在审核无误后30个工作日内予以批复，向地方考办下发批复文件及电子数据。地方考办收到批复文件和电子数据后，应当及时制发专业阶段考试合格证，同时做好专业阶段考试合格证发放登记备案工作。

地方考办应当在确认收到上一批次的批复文件和电子数据后，才能上报下一批次的办理文件。

第十二条 专业阶段考试合格证签署的日期应当与财政部考办下发的批复文件日期一致。

第十三条 专业阶段合格证持有人将专业阶段考试合格证丢失或毁损的，财政部考办不予补发。专业阶段合格证持有人可以向地方考办提出办理成绩证明申请。地方考办经审核无误后，以文件形式上报财政部考办。财政部考办审核无误后30个工作日内向申请人出具专业阶段考试合格成绩证明，由地方考办发放。

第十四条 以前年度取得专业阶段考试合格成绩后，未及时申请专业阶段考试合格证的，应当向地方考办申请办理。

第十五条 专业阶段考试合格证申请人取得专业阶段考试合格证后要求变更姓名或身份证件号的，应当提供个人信息变更申请说明，户口簿、新旧身份证、户籍所在地派出所出具的户籍证明（不属于派出所出具户籍证明的，由相关权威机构出具证明），专业阶段考试合格证等材料原件及复印件，经地方考办对原件审核无误后制作上报文件，审核时应当注明"原件已审核，复印件与原件一致"，由经办人签字并加盖地方考办公章。

第十六条 参加注册会计师全国统一考试的考生，取得职业能力综合测试合格成绩者，由财政部考办颁发全科合格证。职业能力综合测试成绩合格的考生在成绩发布之日起 45 个工作日后到参加职业能力综合测试考试报名地的地方考办领取全科合格证。

第十七条 全科合格证签署的日期应当与财政部考办下发的批复文件日期一致。

第十八条 全科合格证持有人将全科合格证丢失或损毁的，财政部考办不予补发。全科合格证持有人可以向地方考办提出办理成绩证明申请。地方考办经审核无误后，以文件形式上报财政部考办。财政部考办审核无误后 30 个工作日内向申请人出具全科合格成绩证明，由地方考办发放。

第十九条 2009 年及以前年度取得全科合格成绩后，未及时申请全科合格证的，可以向地方考办申请办理。地方考办收到申请后上报财政部考办。财政部考办应当对全科合格证申请人提供的相关材料进行审核，审核无误后按 2009 年全科合格证号编排规则赋予全科合格证号，并在 30 个工作日内予以批复。

第二十条 对于全科合格证申请人取得全科合格证后要求变更姓名或身份证件号的，考虑到数据库的一致性与安全性，不予变更。全科合格证申请人可以在申请加入中国注册会计师协会或注册成为中国注册会计师时办理相关事宜。

第二十一条 地方考办在向财政部考办领取专业阶段考试合格证或全科合格证时，应当认真填写《注册会计师全国统一考试合格证书领用登记表》。如果存在毁损或报废的，地方考办应当在自领取专业阶段考试合格证或全科合格证后 60 日内，将毁损或报废的证书退至财政部考办，财政部考办据此补发新证。

第二十二条 地方考办在发放全科合格证时，应当同时向全科合格证申请人发放《中国注册会计师协会非执业会员登记表》。

第二十三条 本办法自 2014 年 6 月 3 日起施行。2012 年 8 月 28 日财政部注册会计师考试委员会印发的《注册会计师全国统一考试合格证管理办法》（财考〔2012〕5 号）同时废止。

附：1. 注册会计师全国统一考试专业阶段考试合格证申报文件（式样）
　　2. 合格证持有人的成绩证明（式样）
　　3. 注册会计师全国统一考试合格证书领用登记表（式样）

附 1：

注册会计师全国统一考试专业阶段考试
合格证申报文件（式样）

××省（市、区）关于×××（姓名）等××人申请20××年度
注册会计师全国统一考试专业阶段考试合格证的请示

财政部注册会计师考试委员会办公室：

  我省（市、区）×××（待批的第一人姓名）等××人××××年至××××年已取得6科合格成绩，现申请20××年度注册会计师全国统一考试专业阶段考试合格证。上述考生的相关证明材料均已审核无误，符合申请专业阶段考试合格证条件。

  以上妥否，请予批复。

  附件：1. ××省（市、区）20××年度注册会计师全国统一考试专业阶段考试合格证申报表

      2. 手工输入考生相关证明资料

20××年×月×日

附 2：

合格证持有人的成绩证明（式样）

全科合格（专业阶段合格）成绩证明

  ×××（姓名），身份证件号：××××××××××××，于20××年取得注册会计师全国统一考试全科合格证（专业阶段合格证），证书号为×××××××。

  特此证明。

20××年×月×日

附 3：

注册会计师全国统一考试合格证书领用登记表（式样）

省份	专业阶段考试合格证		全科合格证		发放日期	签收人	回收		补发		经办人	备注
	发放数量	毁损数量	发放数量	毁损数量			日期	数量	日期	数量		

制表人：

关于印发《注册会计师全国统一考试考务管理办法》等 7 项考试管理制度的通知

（2014 年 6 月 3 日，财考〔2014〕7 号）

各省、自治区、直辖市财政厅（局）注册会计师考试委员会：

为了保证注册会计师全国统一考试的顺利进行，满足计算机化考试环境下考试组织管理工作的需要，财政部注册会计师考试委员会修订了《注册会计师全国统一考试考务管理办法》等 7 项考试管理制度，现予以印发。

附件：1. 注册会计师全国统一考试考务管理办法
   2. 注册会计师全国统一考试考场管理办法
   3. 注册会计师全国统一考试监考人员工作规则
   4. 注册会计师全国统一考试巡考人员工作规则
   5. 注册会计师全国统一考试纸笔作答考务工作暂行规定
   6. 注册会计师全国统一考试突发事件应急处理办法
   7. 注册会计师全国统一考试试卷评阅工作规则

2014 年 6 月 3 日

抄送：各省、自治区、直辖市财政厅（局）注册会计师考试委员会办公室。

附件 1：

注册会计师全国统一考试考务管理办法

第一章 总则

第一条 为了规范注册会计师全国统一考试考务管理工作，明确财政部注册会计师考试委员会办公室（简称财政部考办），各省、自治区、直辖市财政厅（局）注册会计师考试委员会办公室（简称地方考办）和计算机化考试服务公司（简称机考公司）的职责，保证考试正常有序举行，根据《注册会计师全国统一考试办法》和《注册会计师全国统一考试违规行为处理办法》，制定本办法。

第二条 财政部考办组织实施注册会计师全国统一考试工作。财政部考办设在中国注册会计师协会（简称中注协）。

第三条 地方考办组织实施本地区注册会计师全国统一考试工作。地方考办设在各省、自治区、直辖市注册会计师协会（简称地方注协）。

第四条 机考公司接受财政部考办和地方考办的委托，具体承办注册会计师全国统一考试计算机化考试（简称机考）相关服务工作。

第二章 职责划分

第五条 财政部考办考务管理职责主要包括：

（一）执行财政部注册会计师考试委员会（简称财政部考委会）制定的考试相关制度和规则；

（二）制定考务管理制度和规则；

（三）组织考试报名；

（四）遴选确定机考公司，并与机考公司统一签订机考服务合同；

（五）指导和监督机考公司承办考点落实、考场安排、布置和管理以及考试实施等工作；

（六）指导和监督地方考办及机考公司对相关工作人员进行培训；

（七）组织全国范围的巡考；

（八）指导和监督地方考办及机考公司处理考试期间发生的突发事件；

（九）组织试卷评阅；

（十）发布考试成绩并组织实施成绩复核；

（十一）指导地方考办处理考试期间的考生违规行为，直接处理试卷评阅期间发现的考生违规行为；

（十二）指导地方考办工作。

第六条 地方考办考务管理职责主要包括：

（一）执行财政部考办制定的考务管理制度和规则；

（二）制定本地区考试报名简章并组织考试报名工作；

（三）督导机考公司落实本地区考点和考场，组织对本地区考点和考场情况进行检查；

（四）组织本地区巡考，并对巡考人员进行培训；

（五）督导机考公司对考试相关工作人员进行培训；

（六）督导机考公司承办考试实施工作；

（七）在机考公司保电申请遇到困难时，协调解决本地区考试期间的电力供应；

（八）协调公安机关，主动通报注册会计师考试情况；

（九）协助处理考试期间发生的突发事件，同时监督机考公司对突发事件的处理，并及时将处理情况上报财政部考办；

（十）督导监考人员处理考试期间的考生违规行为；

（十一）安排专人每天查看考试专用邮箱，及时掌握财政部考办发布的有关信息；

（十二）安排专人随时关注网络舆情，发现异常情况及时上报；

（十三）办理财政部考办交办的其他考务管理工作。

第七条 机考公司考务管理职责主要包括：

（一）执行财政部考办制定的考务管理制度和规则；

（二）按照财政部考办和地方考办的要求安排考点和考场，保证机位数量、考场环境及考试机软硬件配置满足考试要求；

（三）配合地方考办检查、落实考点和考场；

（四）按照财政部考办的要求编排考场；

（五）布置考点和考场；

（六）与当地供电部门联系，保证考试期间的电力供应；

（七）在地方考办的督导下，配备、培训和管理督考人员、考点负责人、监考人员及技术支持人员；

（八）印制、发放和回收考试相关文件、资料和证件等；

（九）具体承办考试实施工作，保证考场秩序；

（十）在地方考办的督导下，及时处理考试期间考生违规行为；

（十一）按照财政部考办和地方考办的要求，及时处理考试期间发生的突发事件；

（十二）保证试卷发放与回收的保密、安全与完整；

（十三）履行合同中的规定事项。

第三章 人员配备

第八条 财政部考办、地方考办和机考公司应当配备与所承担的考务工作任务相适应的考试工作人员。

第九条 考试工作人员应当具有较高政治素质，熟悉考试业务，工作认真负责，身体健康，遵守考试保密工作相关规定。

第十条 考试工作人员应当实行回避制度。凡本人或其配偶、直系亲属参加考试的，不得参与当年度的监考、巡考等工作。

第十一条 地方考办应当按照要求配备巡考人员，负责考试期间各考点、考场巡考及督导工作。每个考点选派至少 2 名巡考人员，其中 1 名作为巡考负责人。超过 5 个考场的考点，每增加 5 个考场应当增配 1 名巡考人员。

地方考办应当在考试开始前 2 周将巡考人员名单和联系方式报财政部考办备案。

第十二条 机考公司应当按照下列要求配备考试工作人员：

（一）每个省（自治区、直辖市）设 1 名省级联系人，职责主要包括：

1. 协调机考公司与地方考办有关事务；
2. 协调本省各考区有关事务；
3. 配合地方考办完成本省考点、考场的检查工作；
4. 陪同地方考办进行巡考。

（二）每个考区设 1 名考区联系人，职责主要包括：

1. 协调本考区有关事务；
2. 沟通协调本考区督考人员工作；
3. 配合地方考办完成本考区考点、考场的检查工作。

（三）每个考点设 1 名督考人员和 1 名考点负责人，督考人员的职责主要包括：

1. 检查考点和考场考前准备工作，保证考试正常进行；
2. 监督考点负责人、监考人员和技术支持人员履行职责情况；
3. 陪同巡考人员于考试开始前检查考点和考场的布置情况。

考点负责人的职责主要包括：

1. 保证考点和考场的布置符合要求；
2. 保证考试设备和系统处于适用状态；
3. 检查落实考场准备工作；
4. 负责考点保密工作，保证考试期间无关人员不接触考试设备和系统；
5. 监督监考人员和技术支持人员履行职责情况；
6. 负责考试期间考点考务工作；
7. 办理机考公司交办的其他事项。

（四）每 3 个考场配备 1 名技术支持人员，职责主要包括：

1. 按时完成考试系统软件的安装、调试和试考工作；

2. 及时处理考试期间出现的技术问题，保证考试正常进行。

（五）每个考场至少配备 2 名监考人员（超过 50 台考试机的考场，每增加 25 台考试机应当增配 1 名监考人员），负责考试期间考场监考工作。

（六）每个考点根据考场数量配备若干考场外流动监考人员，负责检查、维护考场考试秩序，并处理监考人员移交的需在考场外处理的有关事项。

（七）考点负责人、督考人员和技术支持人员不得兼任监考人员。

第十三条　考试开始前 1 个月，机考公司应当将各省级、考区联系人名单和联系方式报财政部考办和地方考办审核备案。

第十四条　考试开始前 1 周，机考公司应当将督考人员、考点负责人、监考人员和技术支持人员名单和联系方式报财政部考办和地方考办审核备案，并对所有考试工作人员进行统一培训。培训方案应当经财政部考办认可。

第四章　考场设置

第十五条　机考公司应当按照财政部考办和地方考办的要求选择和确定考点、考场，确保符合考试要求。

第十六条　考试开始前 1 个月，地方考办应当将机位检查完毕，并将所有符合要求的考点、考场和机位数量以及考场租赁协议上报财政部考办。

第十七条　考试开始前 1 个月，机考公司应当根据财政部考办规定的考场编排要求和当年度报名人数，本着"就近、集中、方便考生"的原则编排考场，生成准考证，并报财政部考办审核确认。

第十八条　考试开始前 1 天，机考公司应当按照要求完成考点、考场的布置工作。

第五章　考试实施

第十九条　考试期间，财政部考办设全国总值班室，地方考办设地方考办值班室。值班室应当配备至少 1 部电话机、1 台传真机和 1 部手机。地方考办应当与财政部考办保持联系畅通。

第二十条　考试期间，所有考试工作人员应当佩戴统一制发的标有"20××年度注册会计师全国统一考试"字样的相应证件。

第二十一条　考试临近前，监考人员应当执行以下工作程序：

（一）考试开始前 60 分钟，监考人员应当进入考场，检查考场管理机、考试服务器和考试机是否正常运行；

（二）考试开始前50分钟，监考人员到考点考务办公室向考点负责人领取《考场情况记录表》、《工作程序记录表》、《违规情况报告单》、《违规物品暂扣、退还表》和草稿纸；

（三）考试开始前40分钟，监考人员组织应考人员进入考场，核对准考证、身份证件，要求应考人员本人在《考场情况记录表》中的"考生签字"栏内签名、拍照后入座、登录考试界面，核对考试信息。对没有同时携带准考证和身份证件的应考人员，不得允许其进入考场；

（四）考试开始前10分钟，监考人员向应考人员宣读或播放《注册会计师全国统一考试应考人员考场守则》；

（五）考试开始前5分钟，监考人员再次提醒应考人员登录考试界面、核对考试相关信息，并向应考人员发放草稿纸，做好考试准备。

第二十二条 考试开始后，监考人员应当执行以下工作程序：

（一）考试开始时，准时点击考场管理机上的"开始考试"按钮；

（二）考试开始30分钟后，禁止应考人员入场，并清点本考场出考人数，上报考点负责人；

（三）考试期间，如果出现网络故障或供电故障等异常情况，导致应考人员无法正常考试的，应当维持考场秩序，安抚应考人员，立即请技术支持人员排除故障并向考点负责人报告。因考试机故障等客观原因导致应考人员答题时间出现损失，应当向应考人员补时，不超过10分钟的，经监考人员批准给予补时；10—30分钟的，报经巡考负责人批准，给予补时；超过30分钟的，须逐级上报财政部考办，并根据财政部考办指令进行相应处理；

（四）对于考试期间出现的异常情况（含本条第（三）项），在《考场情况记录表》中予以记录，并根据要求将考场重要情况或异常情况及时上报考点负责人；

（五）考试结束前30分钟，提醒应考人员注意掌握考试时间，允许交卷退场；

（六）对于应考人员发生的违规行为，监考人员应当及时报告巡考人员，根据《注册会计师全国统一考试违规行为处理办法》和《注册会计师全国统一考试违规行为处理工作规程》进行处理；

（七）如实填写《考场情况记录表》，并将《考场情况记录表》、《违规情况报告单》（一式二份）及有关材料和草稿纸交考点负责人验收。

第二十三条 考试开始30分钟后，考点负责人将本考点出考人数报巡考负责人，由巡考负责人报地方考办汇总后报财政部考办。

第二十四条 考试期间，考点负责人向巡考负责人报告本考点出现的突发事件，并按照要求及时妥善处理，做好应考人员的安抚工作。

第二十五条 考试结束后，考点负责人及时将考点考试数据上传至财政部考办指定的数据中心，并将考点《考场情况记录表》、《违规情况报告单》及有关资料和草稿纸交给巡考负责人。

第二十六条 考试期间，地方考办应当充分利用现代科技手段防范高科技舞弊。

第二十七条 全部考试结束后，地方考办应当回收本地区考点的《考场情况记录表》、《违规情况报告单》及有关资料和草稿纸。

地方考办应当在考试结束后3天内将标注有异常情况的《考场情况记录表》复印件、《违规情况报告单》（之一）和有关资料派专人送达或传真至财政部考办指定的地点。

《考场情况记录表》原件、《违规情况报告单》（之二）、草稿纸及有关资料由地方考办收存，按有关档案管理规定处理。

第二十八条 考试结束后1个月内，地方考办应当将本地区当年度考试工作总结上报财政部考办。

第六章 附则

第二十九条 有关注册会计师全国统一考试考生信息，考点、考场设置的情况，考试实施过程中的情况，属于工作过程中的内部管理信息，按照工作秘密管理。任何单位和个人，未经财政部考委会同意，不得擅自向社会发布。

第三十条 考试工作人员必须严格遵守本办法，违反者，将按照《注册会计师全国统一考试违规行为处理办法》相关规定予以处理。

第三十一条 本办法自2014年6月3日起施行。2012年8月28日财政部注册会计师考试委员会印发的《注册会计师全国统一考试考务管理办法》（财考〔2012〕5号）同时废止。

附：1. 注册会计师全国统一考试考场情况记录表

2. 注册会计师全国统一考试应考人员违规情况报告单

3. 注册会计师全国统一考试违规人员违规物品暂扣、退还表

4. 20××年度注册会计师全国统一考试工作人员备案表（机考公司）

5. 20××年度注册会计师全国统一考试巡考人员备案表

附 1：

注册会计师全国统一考试考场情况记录表

考场号：_____　　　　　　考试时间：_____
考点名称：_____　　　　　　考试科目：_____
考区名称：_____　　　　　　考场人数：_____

座位号	准考证号	姓名	考生签名	座位号	准考证号	姓名	考生签名
1				16			
2				17			
3				18			
4				19			
5				20			
6				21			
7				22			
8				23			
9				24			
10				25			
11				26			
12				27			
13				28			
14				29			
15				30			

考试情况		提前交卷退场情况记录	
		考生姓名	交卷退场时间
	监考人员签字：		

附2：

注册会计师全国统一考试应考人员违规情况报告单

考区：_____ 考点：_____ 考试日期：____年____月____日

姓名		性别		准考证号	
考试科目		考场号		座位号	
身份证号				联系电话	
工作单位及地址					
违规行为描述	违规人员签字：　　　　　　　　　　　　年　　月　　日				
当场处理情况	监考人员签字：　　　　　　　　　　　　年　　月　　日				
考点意见	考点负责人签字： 巡考负责人签字：　　　　　　　　　　　年　　月　　日				
省级注协处理意见	省级注协负责人签字：　　　　　　　　　　年　　月　　日				
备注					

注：此表一式二份，一份连同有违规行为应考人员的有关证据由省级注册会计师协会收存并作为做出处理决定的依据；另一份交付中国注册会计师协会备案。

附3：

注册会计师全国统一考试违规人员违规物品暂扣、退还表

考区：_____　　　考点：_____　　　编号：_____

姓名		性别		准考证号	
考试科目		考场号		座位号	
身份证号				联系电话	
工作单位及地址					
违规物品描述	1. 物品名称： 2. 型号： 3. 数量： 4. 原因：				
当场暂扣处理情况	违规人员签字：			年　月　日	
	监考人员签字：			年　月　日	
	考点负责人签字： 巡考负责人签字：			年　月　日	
事后退还处理情况	省级注协负责人签字：			年　月　日	
	退还物品领取人签字：			年　月　日	
备注					

注：1. 非物品持有人本人领取退还物品，应持有委托书及委托人和本人的身份证件（原件）。
　　2. 此表一式贰份，一份由应考人员保存，一份由省级注协保存。
　　3. 领取退还物品所持的委托书及证件，应进行复印备份，由省级注协存档。

附 4：

20××年度注册会计师全国统一考试
工作人员备案表（机考公司）

人员＼项目	省份	考区	考点	考场	姓名	手机号码	考试科目
省级和考区联系人							
督考人员							
考点负责人							
监考人员							
技术支持人员							

附 5：

20××年度注册会计师全国统一考试巡考人员备案表

_____省（区、市）

考区	考点	姓名	工作单位	职务	手机号码	考试科目

附件2：

注册会计师全国统一考试考场管理办法

第一条 为了规范注册会计师全国统一考试考场管理工作，保证考试正常有序举行，根据《注册会计师全国统一考试办法》和《注册会计师全国统一考试违规行为处理办法》，制定本办法。

第二条 财政部注册会计师考试委员会办公室（简称财政部考办）委托的计算机化考试服务公司（简称机考公司）应当按照财政部考办的要求和本办法的规定，安排、布置和管理考场。

机考公司应当接受财政部考办和各省、自治区、直辖市财政厅（局）注册会计师考试委员会办公室（简称地方考办）的监督和指导。

第三条 机考公司应当与考场所对应的符合要求的法人单位签署合法有效的考场租赁协议，如与法人单位下属机构签署的，应当报该法人单位备案同意。

第四条 考点、考场的设立应当满足以下要求：

（一）考点要求：

1. 考点机位数量满足本考点考试的要求；
2. 考点位于交通便利的城区。

（二）考场要求：

1. 考场安静、通风和光线充足；
2. 考场内不堆放与考试无关的杂物；
3. 消防设施齐全、疏散通道畅通；
4. 网线、电源线为暗线，如为明线，须用胶带固定；
5. 考场配备能够覆盖全场的监控摄像设备。

（三）考场硬件、软件及网络配置要求：

1. 考试机主机CPU不低于1GHz主频，内存不低于256M，开机启动较快，键盘和鼠标能够正常使用，显示器为15英寸或以上；
2. 考试机使用Windows系列操作系统；
3. 网络带宽为2M或以上，备用网络在512K或以上。

第五条 考试开始前2个月，地方考办应当督导机考公司落实本地区考点和考场，组织对本地区考点和考场进行检查，并将符合条件的考点、考场和机位数量上报财政部考办。

对存在机位缺口的考区，地方考办应当督促机考公司及时完成机位缺口数量补充任务。

第六条 考试开始前1个月，地方考办应当将补充考点和机位数量检查完毕，并将所有符合要求的考点、考场和机位数量上报财政部考办。

第七条 考试开始前1个月，机考公司应当根据财政部考办规定的考场编排要求和当年度报名人数，本着"就近、集中、方便考生"的原则编排考场，并报财政部考办审核确认。

第八条 考试开始前1天，机考公司应当按照下列要求布置考点、考场：

（一）在考点门口悬挂标有"20××年度注册会计师全国统一考试"字样的横幅；

（二）在考点门口张贴考场分布图；

（三）在考点内设置考务办公室，作为考试期间处理考试事务的场所，考务办公室内至少配备1部电话机和1部手机，保证考试期间考务办公室的通讯畅通；

（四）在考务办公室附近预留1个备用休息室，供出现违规行为或有特殊情况需提前退出考场但不得退出考点的应考人员使用，备用休息室应当配备至少2名监考人员；

（五）在考场门口张贴《注册会计师全国统一考试违规行为处理办法》、《注册会计师全国统一考试应考人员考场守则》，以及考试日程安排表和考生名单；

（六）准备《注册会计师全国统一考试考场情况记录表》、《注册会计师全国统一考试监考人员工作程序记录表》、《注册会计师全国统一考试监考人员承诺书》、《注册会计师全国统一考试应考人员违规情况报告单》、《注册会计师全国统一考试违规人员违规物品暂扣、退还表》、草稿纸及考试期间督考人员、考点负责人、监考人员、技术支持人员佩戴的相应证件，并负责回收和保管；

（七）在考场门口或考场内安排物品存放处，并张贴物品存放处标志；

（八）在考试机位显著位置标识座位号；

（九）配备医护人员、保卫人员和网络维护人员值班。

第九条 本办法自2014年6月3日起施行。2012年8月28日财政部注册会计师考试委员会印发的《注册会计师全国统一考试考场管理办法》（财考〔2012〕5号）同时废止。

附件3：

注册会计师全国统一考试监考人员工作规则

第一条 为了规范注册会计师全国统一考试监考工作，保证考试正常有序进行，根据《注册会计师全国统一考试办法》和《注册会计师全国统一考试违规行为处理办法》，制定本规则。

第二条 监考人员由财政部注册会计师考试委员会办公室（简称财政部考办）委托的计算机化考试服务公司（简称机考公司）选派，并报财政部考办和各省、自治区、直辖市财政厅（局）注册会计师考试委员会办公室（简称地方考办）备案。

第三条 监考人员应当由政治素质高、责任心强、熟悉考务工作的人员担任。监考人员应当是考点单位在职员工。

第四条 监考人员应当遵守《注册会计师全国统一考试工作人员报备、回避和承诺制度》的规定，签订《注册会计师全国统一考试监考人员承诺书》。凡本人或其配偶、直系亲属参加考试的，不得参加当年度监考工作。

第五条 监考人员与应考人员为同一单位或有隶属关系的，不得担任与应考人员同一考场的监考工作。

第六条 监考人员应当接受财政部考办、地方考办和机考公司组织的统一培训和考核。

第七条 监考人员应当佩戴由财政部考办统一制发的标有"20××年度注册会计师全国统一考试监考人员"字样的监考证件。

第八条 考试期间，监考人员在考场内不得吸烟、阅读书报、吃零食、聊天、上网、玩游戏，不得使用手机等通讯设备，不得谈论与试题有关的内容，不得对外传递试题或泄露与考试有关的内容，不得进入不属于其职责范围的考场，不得擅自变更考试时间、地点或其他考试安排，不得抄录、复制考试内容，不得允许任何与考试无关人员进入考场。

第九条 考试期间，监考人员不得允许无关人员接触考场管理机和考试服务器，保证考场管理机、考试服务器和考试机正常运行。

第十条 考试开始前60分钟，监考人员应当进入考场，检查考场管理机、考试服务器和考试机是否正常运行。

第十一条 考试开始前50分钟，监考人员应当到考务办公室领取

《注册会计师全国统一考试考场情况记录表》（简称《考场情况记录表》）、《注册会计师全国统一考试监考人员工作程序记录表》（《简称工作程序记录表》）、《注册会计师全国统一考试应考人员违规情况报告单》（简称《违规情况报告单》）、《注册会计师全国统一考试违规人员违规物品暂扣、退还表》（简称《违规物品暂扣、退还表》）、《注册会计师全国统一考试监考人员承诺书》和草稿纸。

第十二条　考试开始前40分钟，监考人员应当组织应考人员进入考场，核对准考证和身份证件，要求应考人员本人在《考场情况记录表》中的"考生签字"栏内签名，拍照后入座，登录考试界面，核对个人相关信息。对没有同时携带准考证和身份证件的应考人员，监考人员不得允许其进入考场。

第十三条　监考人员应当要求应考人员将其携带的与考试无关的物品存放在指定的位置。

第十四条　考试开始前10分钟，监考人员应当向应考人员宣读或播放《注册会计师全国统一考试应考人员考场守则》。

第十五条　考试开始前5分钟，监考人员应当再次提醒应考人员登录考试界面、核对考试相关信息，并向应考人员发放草稿纸，做好考试准备。

第十六条　考试开始时，监考人员应当准时点击考场管理机上的"开始考试"按钮。

第十七条　考试期间，1名监考人员应当在考场前部监考，其他监考人员应当在考场内来回巡视，并再次逐一核对应考人员准考证和身份证件上的照片是否与本人一致。

如果发现应考人员本人与证件上照片不一致，监考人员应当在考场管理机上与报名数据库中信息进行核对。经核对确认不一致的，监考人员应当报告巡考人员和考点负责人，终止其本场考试，责令退出考场，请其至备用考场，并在《考场情况记录表》中记录，至考试结束前30分钟方可离开。

第十八条　考试开始30分钟后，监考人员应当禁止应考人员入场，并清点本考场出考人数，上报考点负责人。

第十九条　应考人员有违规行为或特殊情况需场外处理的，应当经监考人员批准，在《考场情况记录表》中填写交卷时间并签字确认，由流动监考人员陪同其至备用考场，至考试结束前30分钟方可离开。

第二十条　考试期间，如果出现网络故障、供电故障或考试机故障等异常情况，导致应考人员无法正常考试，监考人员应当维持考场秩序，安抚应考人员，立即请技术支持人员排除故障。重要情况应当及时向考点负责人和巡考人员报告。

因考试机故障等客观原因导致个别应考人员答题时间出现损失，应当向应考人员补时，不超过10分钟的，经监考人员批准给予补时；10－30分钟的，报经巡考负责人批准，给予补时；超过30分钟的，须逐级上报财政部考办，并根据财政部考办指令进行相应处理。

对于所有的补时处理，均应当在《考场情况记录表》中记录，并有应考人员、监考人员和批准人签字。对于考试期间出现的异常情况，监考人员应当在《考场情况记录表》中记录，并请巡考人员签字，如果涉及技术问题，应当同时要求技术支持人员签字。对于考试期间出现的突发事件，应当按照《注册会计师全国统一考试突发事件应急处理办法》的要求和程序办理。

第二十一条 考试期间，应考人员因特殊情况需要暂时离开考场的，应当由1名监考人员陪同前往。在同一考场同一时间，监考人员应当只允许1名应考人员暂时离开考场。应考人员返回考场时，监考人员应当为其重新拍照。

第二十二条 监考人员不得对试题的内容进行解释。如果应考人员对试题的正确性提出质疑，监考人员应当及时上报，并根据财政部考办的指令进行相应处理。

第二十三条 对于应考人员发生的违规行为，监考人员应当及时报告巡考人员，根据《注册会计师全国统一考试违规行为处理办法》和《注册会计师全国统一考试违规行为处理工作规程》进行处理。当发现并确认应考人员有违规行为时，应当做好以下工作：

（一）要求违规应考人员立即停止答题；

（二）收缴违规物品，重要物品应当填写《违规物品暂扣、退还表》；

（三）对应考人员违规行为进行认定，并在《违规情况报告单》中记录其违规情况，由2名监考人员签字确认；

（四）将记录的内容告知应考人员，并要求其签字确认。应考人员拒不签字的，监考人员应当在《违规情况报告单》中注明；

（五）在《考场情况记录表》中记录违规应考人员姓名、准考证号、座位号、违规情形等内容；

（六）及时向考点负责人报告应考人员违规情况，将违规应考人员移交流动监考人员带至备用休息室，并将《违规情况报告单》、《违规物品暂扣、退还表》及违规物品等证据一并上交考点负责人。对违规应考人员相互抄袭的，监考人员应当写出书面证明材料。

第二十四条　如果应考人员突发疾病不能继续考试，监考人员应当劝其停止考试并就医。

第二十五条　考试结束前 30 分钟，监考人员应当提醒应考人员注意掌握考试时间，并允许应考人员交卷退场。

第二十六条　考试结束时间到，监考人员应当做好以下工作：

（一）宣布考试结束，要求所有应考人员将草稿纸整理好放在桌面上；

（二）当众清点回收草稿纸，清点回收无误后，宣布应考人员退出考场；

（三）检查所有考试机是否交卷成功，确认成功后按照要求上传本考场考试数据。

第二十七条　应考人员退出考场后，监考人员应当如实填写《考场情况记录表》和《工作程序记录表》，连同草稿纸一并交考点负责人验收。

第二十八条　考试期间，监考人员有下列行为之一的，财政部考办按照《注册会计师全国统一考试违规行为处理办法》，取消其参加当年度及以后年度监考资格，并视情节轻重建议其所在单位给予相应处分：

（一）擅自为应考人员调换考场或者座位的；

（二）擅自变更考试时间、地点或其他考试安排的；

（三）吸烟、阅读书报、吃零食、聊天、上网、玩游戏、使用手机等通讯设备的；

（四）进入不属于其职责范围的考场的；

（五）发现应考人员有违规行为不予制止的；

（六）因未认真履行职责，造成考场秩序混乱的；

（七）对外传递试题或泄露与考试有关内容的；

（八）擅自将草稿纸或者与考试有关内容带出考场或者传递给他人的；

（九）强迫或者唆使他人违规，或者参与考场内外串通违规的；

（十）应当回避考试工作而不回避的；

（十一）擅自对试题内容进行解释的；

（十二）抄录、复制考试内容的。

第二十九条　本规则自 2014 年 6 月 3 日起施行。2012 年 8 月 28 日财政部注册会计师考试委员会印发的《注册会计师全国统一考试监考人员工作规则》（财考〔2012〕5 号）同时废止。

附：1. 注册会计师全国统一考试监考人员工作程序记录表
　　2. 注册会计师全国统一考试监考人员承诺书

附1：

注册会计师全国统一考试监考人员工作程序记录表

地方考办：_____ 　　　　　　考　区：_____
考　点：_____ 　　　　　　　　考　场：_____
考试科目：_____ 　　　　　　 考试时间：_____

主要工作程序	完成情况
1. 佩戴统一制发的标有"20××年度注册会计师全国统一考试监考人员"字样的证件。	
2. 不得吸烟、阅读书报、吃零食、聊天，不得使用手机等通讯设备，不得谈论与试题有关的内容，不得对外传递试题或泄露与考试有关的内容，不得进入不属于其职责范围的考场，不得擅自变更考试时间、地点或其他考试安排，不得抄录、复制考试内容，不得允许任何与考试无关人员进入考场。	
3. 考试开始前60分钟进入考场，检查考试管理机、考试服务器和考试机是否正常运行。	
4. 考试开始前50分钟，到考务办公室领取《考场情况记录表》、《违规情况报告单》、《违规物品暂扣、退还表》、《监考人员承诺书》、草稿纸和本表。	
5. 考试开始前40分钟，组织应考人员进入考场，核对准考证和身份证件，要求应考人员本人在《考场情况记录表》中的"考生签字"栏内签名，拍照后入座、登录考试界面，核对个人相关信息。对没有同时携带准考证和身份证件的应考人员，不得允许其进入考场。	
6. 考试开始前10分钟，向应考人员宣读或播放《注册会计师全国统一考试应考人员考场守则》。	
7. 考试开始前5分钟，再次提醒应考人员登录考试界面、核对考试相关信息。向应考人员发放草稿纸，做好考试准备。	
8. 考试开始时，准时点击考场管理机上的"开始考试"按钮。	
9. 考试期间，1名监考人员在考场前部监考，其他监考人员在考场内来回巡视，并再次逐一核对应考人员准考证和身份证件上的照片是否与本人一致。如果发现不一致，应当在考试管理机上与报名数据库中信息进行核对。经核对确认不一致的，应当报巡考负责人和考点负责人，终止其本场考试，责令退出考场，移送至备用休息室至考试结束前30分钟，并在《考场情况记录表》中记录。	
10. 考试开始30分钟后，禁止应考人员进入考场，并认真清点本考场出考人数，上报考点负责人。	
11. 考试结束前30分钟以前，不得允许应考人员交卷退场。	

续表

主要工作程序	完成情况
12. 考试期间，有违规行为或特殊情况需场外处理的，应考人员应当经监考人员批准，在《考场情况记录表》中填写交卷时间并签字确认，由流动监考人员陪同其至备用休息室，至考试结束前30分钟方可离开。	
13. 考试期间，如果出现网络故障或供电故障等异常情况，导致应考人员无法正常考试，应当维持考场秩序，安抚应考人员，立即请技术支持人员排除故障，并向考点负责人报告。 因考试机故障等客观原因导致应考人员答题时间出现损失，应当向应考人员补时，不超过10分钟的，经监考人员批准给予补时；10－30分钟的，报经巡考负责人批准，给予补时；超过30分钟的，须逐级上报财政部考办，并根据财政部考办指令进行相应处理。 对于考试期间出现的异常情况，应当在《考场情况记录表》中记录。如果涉及技术问题，应当要求技术支持人员共同签字。	
14. 应考人员因特殊情况需要暂时离开考场的，1名监考人员应当陪同前往。在同一考场同一时间，应当只允许1名应考人员暂时离开考场。	
15. 如果应考人员突发疾病不能继续考试，应当劝其停止考试并就医。	
16. 当发现并确认应考人员有违规行为时，应当做好以下工作： （1）要求违规应考人员立即停止答题； （2）收缴违规物品。重要物品应当填写《违规物品暂扣、退还表》； （3）对应考人员违规行为进行认定，并在《违规情况报告单》中记录其违规情况，由2名监考人员签字确认； （4）将记录的内容告知应考人员，并要求其签字确认。违规应考人员拒不签字的，监考人员应当在《违规情况报告单》中注明。同时在《考场情况记录表》上记录违规应考人员姓名、准考证号、座位号、违规情形等内容； （5）及时向考点负责人报告应考人员违规情况，将违规应考人员移交考点负责人带至备用休息室至考试结束前30分钟，并将《违规情况报告单》、《违规物品暂扣、退还表》及违规物品等证据一并上交考点负责人。对违规应考人员相互抄袭的，监考人员应当写出书面证明材料。	
17. 考试结束前30分钟，提醒应考人员注意掌握考试时间。	
18. 考试结束时间到，应当做好以下工作： （1）宣布考试结束，要求所有应考人员将草稿纸整理好放在桌面上； （2）当众清点回收草稿纸，清点回收无误后，宣布应考人员退出考场； （3）检查所有考试机是否交卷成功，确认成功后按照要求上传整场考试数据。	
19. 如实填写《考场情况记录表》和《注册会计师全国统一考试监考人员工作程序记录表》，连同草稿纸一并交考点负责人验收。	
监考人员签字： 年 月 日	

附 2：

注册会计师全国统一考试监考人员承诺书

本人在参与_____年度注册会计师全国统一考试监考工作中，将严格遵守《注册会计师全国统一考试办法》、《注册会计师全国统一考试违规行为处理办法》和《注册会计师全国统一考试监考人员工作规则》等规定，认真履行职责，坚决查处一切违规行为。承诺具体如下：

一、遵守监考人员工作规则，严格按照监考工作要求进行监考，保证完成监考任务。

二、遵守保密制度和安全制度，不擅自询问、查阅、复制、泄露与考试相关的信息、数据。

三、按照考场管理要求，不违规操作，不徇私舞弊。

四、遵守报告制度，对于突发事件和异常情况，第一时间向考点负责人报告。

五、遵守报备与回避制度，本人和本人配偶、直系亲属均没有报名参加本年度注册会计师全国统一考试。

六、因本人原因造成事故，愿接受纪律处分并承担相应的法律责任。

承诺人：
手机号：
年　　月　　日

附件 4：

注册会计师全国统一考试巡考人员工作规则

第一条 为了规范注册会计师全国统一考试巡考工作，保证考试正常有序进行，根据《注册会计师全国统一考试办法》和《注册会计师全国统一考试违规行为处理办法》，制定本规则。

第二条 巡考人员由各省、自治区、直辖市财政厅（局）注册会计师考试委员会办公室（简称地方考办）选派，并向财政部注册会计师考试委员会办公室（简称财政部考办）备案。

第三条 巡考人员应当由政治素质高、责任心强、熟悉考务工作的人员担任。

第四条 巡考人员应当遵守《注册会计师全国统一考试工作人员报备、回避和承诺制度》的规定，与地方考办签订《注册会计师全国统一考试巡考人员承诺书》。凡本人或其配偶、直系亲属参加考试的，不得参加当年度巡考工作。

第五条 巡考人员应当接受财政部考办和地方考办组织的统一培训和考核。

第六条 巡考人员应当佩戴统一制发的标有"20××年度注册会计师全国统一考试巡考人员"字样的巡考证件。

第七条 考试开始前1天，巡考人员应当检查考点、考场布置是否符合要求，考前各项工作是否准备就绪。

如果发现问题，巡考人员应当及时告知督考人员，要求其整改，并向地方考办报告。

第八条 考试当天，巡考人员应当检查督考人员、考点负责人、监考人员和技术支持人员是否到位，并履行职责。

如果发现问题，巡考负责人应当立即向地方考办报告，由地方考办上报财政部考办。对不履行职责的考点负责人、监考人员和技术支持人员，巡考负责人应当给予警示并要求其立即改正，必要时要求督考人员停止相关人员参与考务管理工作。对不履行职责的督考人员，巡考负责人应当给予警示并要求其立即改正，对拒不改正者应当上报地方考办。

第九条 考试期间，巡考人员应当从始至终在考点、考场巡查，监督考试秩序，至少每隔30分钟对考点所有考场巡视一遍。

第十条 巡考人员在考场内不得吸烟、阅读书报、吃零食、聊天、上网、玩游戏，不得使用手机等通讯设备，不得谈论与试题有关的内容，不得对外传递试题或泄露与考试有关的内容，不得擅自变更考试时间、地点或其他考试安排，不得抄录、复制考试内容，不得允许任何与考试无关人员进入考场。

第十一条 考试期间，巡考人员应当根据财政部考办和地方考办的指令协调处理突发事件。

第十二条 考试期间，巡考人员应当对应考人员进行抽查，核对应考人员准考证、身份证件上的照片是否与本人一致。

如果发现应考人员本人与照片不一致，巡考人员应当要求监考人员在考场管理机上与报名数据库中信息进行核对。

第十三条 考试开始30分钟后，巡考负责人应当根据考点负责人的统计将本考点出考人数上报地方考办。

第十四条 巡考人员应当监督、指导监考人员对考生违规行为的处理，发现处理不当的，应当督促其及时纠正。

第十五条 考试结束后，巡考人员负责回收《注册会计师全国统一考试考场情况记录表》和草稿纸。如有违规情况，则一并回收《注册会计师全国统一考试应考人员违规情况报告单》、《注册会计师全国统一考试违规人员违规物品暂扣、退还表》及违规物品等证据，上交地方考办，由地方考办按照相关工作规程办理。

第十六条 巡考工作结束后3天内，巡考负责人应当将书面巡考报告和《注册会计师全国统一考试巡考人员工作程序记录表》提交地方考办。

第十七条 本规则自2014年6月3日起施行。2012年8月28日财政部注册会计师考试委员会印发的《注册会计师全国统一考试巡考人员工作规则》（财考〔2012〕5号）同时废止。

附：1. 注册会计师全国统一考试巡考人员工作程序记录表
　　2. 注册会计师全国统一考试巡考人员承诺书

附 1：

注册会计师全国统一考试巡考人员工作程序记录表

地方考办：＿＿＿＿＿＿＿＿＿＿　　　　　　考　　区：＿＿＿＿＿＿＿＿＿＿
考　　点：＿＿＿＿＿＿＿＿＿＿　　　　　　考　　场：＿＿＿＿＿＿＿＿＿＿
考试科目：＿＿＿＿＿＿＿＿＿＿　　　　　　考试时间：＿＿＿＿＿＿＿＿＿＿

主要工作程序	完成情况
1. 考试开始前1天，检查考点布置是否符合要求，确认考点： （1）在考点门口悬挂标有"20××年度注册会计师全国统一考试"字样的横幅； （2）在考点门口张贴考场分布图； （3）在考点内设置考务办公室，作为考试期间处理考试事务的场所，考务办公室内至少配备1部电话机和1部手机，保证考试期间考务办公室的通讯畅通； （4）在考务办公室附近预留1个备用休息室，供出现违规行为或有特殊情况需提前退出考场但不得退出考点的应考人员使用，备用休息室应当配备至少2名监考人员； （5）配备医护人员和保卫人员和网络维护人员值班； （6）财政部考办提出的其他要求。	
2. 考试开始前1天，检查考场环境是否符合要求，确认考场： （1）考场安静、通风和光线充足； （2）考场内不堆放与考试无关的杂物； （3）消防设施齐全、疏散通道畅通； （4）网线、电源线为暗线或用胶带固定； （5）考场配备能够覆盖全场的监控摄像设备。	
3. 如果发现问题，应当及时告知督考人员，要求其整改，并向地方考办报告。	
4. 考试当天，检查督考人员、考点负责人、监考人员和技术支持人员是否到位并履行职责。如果发现问题，巡考负责人应当立即向地方考办报告，由地方考办上报财政部考办。对不履行职责的考点负责人、监考人员和技术支持人员，巡考负责人应当给予警示并要求其立即改正，必要时要求督考人员停止相关人员参与考务管理工作。对不履行职责的督考人员，巡考负责人应当给予警示并要求其立即改正，对拒不改正者应当上报地方考办。	
5. 考试开始30分钟后，根据考点负责人的统计将本考点出考人数上报地方考办。	

续表

主要工作程序	完成情况
6. 从始至终在考点、考场巡查，监督考试秩序。至少每隔30分钟对考点所有考场巡视一遍。	
7. 在考场内不得吸烟、阅读书报、吃零食、聊天，不得使用手机等通讯设备，不得谈论与试题有关的内容，不得对外传递试题或泄露与考试有关的内容，不得擅自变更考试时间、地点或其他考试安排，不得抄录、复制考试内容，不得允许任何与考试无关人员进入考场。	
8. 对不少于10%的应考人员进行抽查，核对应考人员准考证、身份证件上的照片是否与本人一致，如果发现不一致，应当要求监考人员在考场管理机上与报名数据库中信息进行核对。	
9. 根据财政部考办的指令协调处理突发事件。	
10. 考试结束后，负责回收《注册会计师全国统一考试考场情况记录表》和草稿纸。如有违规情况，则一并回收《注册会计师全国统一考试应考人员违规情况报告单》、《注册会计师全国统一考试违规人员违规物品暂扣、退还表》及违规物品等证据，上交地方考办，由地方考办按照相关工作规程办理。	
11. 巡考工作结束后3天内，应当将书面巡考报告和《注册会计师全国统一考试巡考人员工作程序记录表》提交地方考办。	
巡考负责人签字： 巡考人员签字：	年　月　日

附 2：

注册会计师全国统一考试巡考人员承诺书

本人在参与_____年度注册会计师全国统一考试巡考工作中，将严格遵守《注册会计师全国统一考试办法》、《注册会计师全国统一考试违规行为处理办法》和《注册会计师全国统一考试巡考人员工作规则》等规定，认真履行职责，坚决查处一切违规行为。承诺具体如下：

一、遵守巡考人员工作规则，严格按照巡考工作要求进行巡考，保证完成巡考任务。

二、遵守保密制度和安全制度，不擅自询问、查阅、复制、泄露与考试相关的信息、数据。

三、按照考场管理要求，不违规操作，不徇私舞弊。

四、遵守报告制度，对于突发事件和异常情况，第一时间向地方注协报告。

五、遵守报备与回避制度，本人和本人配偶、直系亲属均没有报名参加本年度注册会计师全国统一考试。

六、因本人原因造成事故，愿接受纪律处分并承担相应的法律责任。

承诺人：
手机号：
年　　月　　日

附件 5：

注册会计师全国统一考试纸笔作答考务工作暂行规定

第一条 为了规范注册会计师全国统一考试纸笔作答考务工作，保证考试正常有序进行，根据《注册会计师全国统一考试办法》和《注册会计师全国统一考试违规行为处理办法》，制定本规定。

第二条 财政部注册会计师考试委员会办公室（简称财政部考办）统一印制答题卷，分科密封包装。

第三条 答题卷运送、回收的程序及要求：

（一）答题卷由财政部考办指派专人，于考试开始前1天护送至设置纸笔作答考场的省、自治区、直辖市财政厅（局）注册会计师考试委员会办公室（简称地方考办）试卷库；

（二）地方考办应当于每科考试开始前1小时，指派专人将该科答题卷直接送达各考点的考务办公室，交给考点负责人；

（三）每科考试结束后，地方考办应当派人将答题卷送回试卷库存放。全部考试结束后，由财政部考办派人将答题卷送往指定的试卷评阅地；

（四）答题卷应当安排至少2人护送，做到人不离卷，切实保证答题卷的保密安全；

（五）答题卷的交接应当严格履行签收手续，认真填写交接单，保证答题卷袋密封完好。

第四条 地方考办试卷库应当按照国家保密规定和标准进行配备。存放答题卷的卷柜锁闭后，应当加封盖有地方考办印章的密封条。答题卷入库期间，地方考办应当聘请安保人员对试卷库实施24小时守卫，确保答题卷存放的安全。

答题卷入库、出库，应当建立登记制度。地方考办应当指派2名以上工作人员在场监督，并对出入库时间、数量、涉及人员等签字确认。

第五条 答题卷启用前和密封后，任何人不得以任何理由擅自拆封。

第六条 答题卷运送、保管过程中如发生泄密及其他意外事故，应当立即采取有效措施，防止扩散，并及时报财政部考办进行妥善处理。

第七条 考试开始前1天，地方考办应当准备好装订、密封答题卷所用的物品（剪刀、钩针和胶水等），并由地方考办巡考人员带到考点考务办公室。

第八条 监考人员在考试开始前 60 分钟，到考点考务办公室向考点负责人领取答题卷袋，并检查答题卷袋是否有破损，核对答题卷袋上所标明科目是否与本场考试科目相同，核对无误后直接进入考场。

第九条 考试开始前 15 分钟，监考人员应当当众确认答题卷袋完好后启封，并在《注册会计师全国统一考试考场情况记录表》（简称《考场情况记录表》）上记录拆封人和拆封时间。

第十条 考试开始前 5 分钟，监考人员应当向应考人员分发答题卷和草稿纸，并要求应考人员在答题卷指定位置填写姓名、准考证号、身份证件号等信息。

第十一条 考试开始后，由 1 名监考人员在考场前部监考，其他监考人员逐一核实应考人员在答题卷上填写的信息是否与其所持身份证件、准考证一致，应考人员准考证、身份证件照片是否与应考人员为同一人，应考人员是否已在《考场情况记录表》上签字确认。

第十二条 考试结束时间到，监考人员应当要求应考人员立即停止答题，将答题卷和草稿纸翻放在桌面上，并当众清点回收答题卷和草稿纸。清点回收工作结束后，应考人员方可退出考场。

应考人员退出考场后，监考人员应当清点本考场有效答题卷和未使用答题卷的数量，填写在答题卷袋封面的指定栏目内，并认真填写《考场情况记录表》。

第十三条 监考人员应当将本考场答题卷带回考务办公室，交考点负责人验收后分别处理：

（一）有效答题卷清点无误后按统一规定装订成册并密封，装入本考场答题卷袋中，并再次密封；

（二）未使用过的答题卷清点无误后，装袋回收。

考点负责人应当监督监考人员封装、回收答题卷。

第十四条 考点负责人将回收的有效答题卷和未使用过的答题卷交地方考办巡考人员，并签字确认。

第十五条 全部考试结束后，地方考办将有效答题卷和未使用过的答题卷交财政部考办人员送往指定的试卷评阅地。

第十六条 香港考区、澳门考区和欧洲考区纸笔作答考务管理工作参照本规定执行。

第十七条 本规定自 2014 年 6 月 3 日起施行。2012 年 8 月 28 日财政部注册会计师考试委员会印发的《注册会计师全国统一考试纸笔作答考务工作暂行规定》（财考〔2012〕5 号）同时废止。

附件6：

注册会计师全国统一考试突发事件应急处理办法

第一条 为了及时处理注册会计师全国统一考试过程中发生的突发事件，保证考试正常有序进行，根据《中华人民共和国保守国家秘密法》、《注册会计师全国统一考试办法》和《注册会计师全国统一考试违规行为处理办法》，制定本办法。

第二条 本办法所称突发事件，是指影响考试正常进行或对考试造成不利影响的各类事件。

突发事件分为重大突发事件和一般突发事件。

重大突发事件，是指导致考试不能正常进行，或者对考试安全和结果造成严重影响的事件。

一般突发事件，是指对考试有一定影响，经过及时处理后考试能够正常进行，或者对考试安全和结果造成一定影响的事件。

第三条 重大突发事件包括：

（一）由于系统故障、网络拥堵、黑客攻击和电力供应中断等原因，导致全国或个别考区或考点考试无法如期举行或不能继续举行；

（二）由于自然灾害、疫情疾病、恐怖事件、火灾、重大事件等原因，导致个别考区或考点考试无法如期举行或不能继续举行；

（三）个别考点出现应考人员大面积舞弊行为；

（四）个别考点出现应考人员围攻或殴打考试工作人员、损坏公共财物等情况，考场秩序混乱，导致考试不能正常进行；

（五）试题出现明显错误影响应考人员正常答题；

（六）其他重大突发事件。

第四条 一般突发事件包括：

（一）由于断电、断网、系统故障、网络拥堵、黑客攻击、火灾等原因，导致个别考场无法正常进行考试，但在及时处理后能够恢复正常；

（二）个别考场出现应考人员大面积舞弊行为；

（三）个别考场出现应考人员围攻或殴打考试工作人员、损坏公共财物等情况，导致考场秩序混乱；

（四）个别应考人员突发重大疾病；

（五）其他突发事件。

第五条 在重大突发事件发生后，计算机化考试服务公司（简称机考公司）应当立即向各省、自治区、直辖市财政厅（局）注册会计师考试委员会办公室（简称地方考办）和财政部注册会计师考试委员会办公室（简称财政部考办）报告，并按照财政部考办的指令及时处理。

在一般突发事件发生后，机考公司应当按照《注册会计师全国统一考试考务管理办法》的规定及时处理，同时向地方考办和财政部考办报告。

机考公司应当将突发事件处理结果，及时报地方考办和财政部考办。

地方考办应当根据本办法的规定或财政部考办的指令，指导和监督机考公司对突发事件的处理。

第六条 如果发生本办法第三条第一款和第二款事件，由财政部考办宣布停止考试，并另行安排考试。如果突发事件发生在考试期间，机考公司应当安抚应考人员，尽快疏导应考人员离开考场。

第七条 如果发生本办法第三条第三款事件，由财政部考办宣布停止考试，并按照《注册会计师全国统一考试违规行为处理办法》进行处理。

第八条 如果发生本办法第三条第四款事件，机考公司应当安抚应考人员，请地方考办联系当地公安机关维持秩序。如果考试不能继续进行，由财政部考办宣布停止考试，并另行安排考试。机考公司应当尽快疏导应考人员离开考场。

第九条 如果发生本办法第三条第五款事件，如果时间允许，由财政部考办发出指令予以纠正，机考公司应当立即将纠正内容通知到所有应考人员。如果时间不允许，由财政部考办另行采取措施，以保证考试的公平。

第十条 如果发生其他重大突发事件，机考公司应当按照财政部考办的指令进行处理，将不利影响降至最低。

第十一条 如果发生本办法第四条第一款事件，机考公司原则上应当在50分钟内解决，并按照财政部考办的有关规定或指令给予补时。如果50分钟内无法解决，由财政部考办宣布停止考试，并另行安排考试。机考公司应当安抚应考人员，尽快疏导应考人员离开考场。

第十二条 如果发生本办法第四条第二款事件，由财政部考办宣布停止考试，并按照《注册会计师全国统一考试违规行为处理办法》进行处理。

第十三条 如果发生本办法第四条第三款事件，机考公司应当安抚应考人员，并请地方考办联系当地公安机关维持秩序。如果考试不能继续进行，由财政部考办宣布停止考试，并另行安排考试。机考公司应当尽快疏导应考人员离开考场。

第十四条 如果发生本办法第四条第四款事件，机考公司应当协助应考人员离开考场并就医。

第十五条 本办法自 2014 年 6 月 3 日起施行。2012 年 8 月 28 日财政部注册会计师考试委员会印发的《注册会计师全国统一考试突发事件应急处理办法》（财考〔2012〕5 号）同时废止。

附件 7：

注册会计师全国统一考试试卷评阅工作规则

第一条 为了规范注册会计师全国统一考试试卷评阅工作（简称评卷工作），公正、准确地评定考生考试成绩，根据《注册会计师全国统一考试办法》和《注册会计师全国统一考试违规行为处理办法》，制定本规则。

第二条 评卷工作在财政部注册会计师考试委员会（简称财政部考委会）领导下，由财政注册会计师考试委员会办公室（简称财政部考办）具体组织实施，遵循客观、公平、公正的原则。

第三条 财政部考办评卷工作主要职责包括：

（一）制定评卷相关工作制度；

（二）管理评卷场所和机器设备；

（三）安全保管考试试卷及相关数据、资料；

（四）负责评卷工作相关保密安全工作；

（五）选拔、培训、考核评卷人员；

（六）管理、监督评卷技术支持和服务人员；

（七）确定参考答案和评分标准，检查评分标准的执行情况和评卷质量；

（八）指导、检查、协调评卷各环节的工作，掌握评卷工作进度，及时妥善处理异常情况；

（九）监督评卷纪律遵守情况，查处违规评卷人员；

（十）鉴定、处理考生异常试卷；

（十一）向财政部考委会提交评卷结果。

第四条 根据职责需要，财政部考办分别设立数据中心组、试卷评阅组、质量检查组、后勤保障组等。

（一）数据中心组由财政部考办工作人员、评卷技术支持人员组成，负责数据管理、任务分配、数据统计等工作；

（二）试卷评阅组由财政部考办工作人员和承担评卷任务的人员组成，

负责试卷的评阅工作；

（三）质量检查组由财政部考办工作人员、各科目命题专家、评卷指导老师组成，负责督导、检查评卷质量，以及现场发现异常试卷的初次鉴定等工作；

（四）后勤保障组由财政部考办、相关地方考办工作人员，以及承担评卷任务单位的管理人员组成，负责评卷场所、资料的管理以及安保等工作。

第五条　评卷场所应当符合以下要求：

（一）设置在单独区域，实行封闭管理，由安保人员值守，符合保密安全要求；

（二）评卷场所实行凭证出入。所有出入评卷场所的人员应当佩带财政部考办统一制发的工作证件。没有证件的，不得出入评卷场所。

第六条　评卷人员应当具备以下条件：

（一）责任心强、作风正派；

（二）具备评卷工作要求的相应学科专业水平，参加财政部考办组织的统一培训并取得上岗资格。

第七条　评卷人员应当遵守以下要求：

（一）遵守《注册会计师全国统一考试工作人员报备、回避和承诺制度》的规定，与财政部考办签订《注册会计师全国统一考试试卷评阅工作承诺书》；

（二）严格遵循评分标准和相关工作规定；

（三）严格遵守评卷纪律，不得外传考试试题、参考答案、评分标准及评卷情况，不得查询考生分数。

第八条　评卷工作程序及要求：

（一）客观题由计算机自动评阅；

（二）主观题实行三评机制，即首先由两位评卷人员独立评阅，形成一评、二评结果，然后对一评、二评结果存在差异点等需要再次评阅的试卷，进行第三次评阅；

（三）正式评卷前，财政部考办组织命题专家进行抽样试评、确定参考答案、明确评分标准；

（四）评卷人员在评卷期间发现异常试卷时，应当完成评阅，并将试卷标注为异常，注明异常原因，填写《注册会计师全国统一考试异常试卷报告单》，按相关程序处理；

（五）评卷过程中，如发现大面积作弊嫌疑或遇到其他重大问题，由财政部考办报财政部考委会进行妥善处理。

第九条 评卷人信息以及经评阅的考生答卷，属于工作过程中的内部管理信息，按照工作秘密管理，不对外公开。

第十条 评卷人员违反本规则的，视其情节轻重，给予取消评卷资格，并根据《注册会计师全国统一考试违规行为处理办法》进行处理。

第十一条 本规则自 2014 年 6 月 3 日起施行。2012 年 8 月 28 日财政部注册会计师考试委员会印发的《注册会计师全国统一考试试卷评阅工作规则》（财考〔2012〕5 号）同时废止。

附：1. 注册会计师全国统一考试异常试卷报告单
　　2. 注册会计师全国统一考试试卷评阅工作承诺书

附 1：

注册会计师全国统一考试异常试卷报告单

评卷时间：_____年___月___日

考试科目		考区		考点	
姓名		性别		准考证号	
考场号		座位号		身份证号	
异常情形描述	评卷工作人员签字：			年　月　日	
评卷组长意见	评卷组长签字：			年　月　日	
异常试卷鉴定组意见	异常试卷鉴定组签字：			年　月　日	
财政部考办意见	财政部考办签字：			年　月　日	
备注					

附 2：

注册会计师全国统一考试试卷评阅工作承诺书

我将严格遵守《注册会计师全国统一考试试卷评阅工作规则》及相关工作规定，认真做好注册会计师全国统一考试试卷评阅工作，切实做到公正、准确地评定考生成绩。现承诺如下：

一、严格执行保密制度。不对外泄露考试试题、参考答案、评分标准、评卷安排等信息，不查询考生成绩。

二、按质按量完成评卷任务。严格遵循评分标准和相关工作规定，在规定的时间，完成评卷任务。

三、严格遵守评卷纪律。明确工作职责，不失职越职，不以任何理由获取本人职责外的评卷信息。

四、严格按照计算机使用规定进行操作。保管好用户名和密码，不将用户名和密码告知他人。

五、严格遵守注册会计师全国统一考试报备与回避制度。

六、发现异常情况及时向财政部考办报告。

七、如有违反上述承诺的情形，愿意接受依据《注册会计师全国统一考试违规行为处理办法》作出的处罚。

承诺人：

年　月　日

机构

会计师事务所执业许可和监督管理办法

（2017年8月20日，财政部令第89号）

财政部对《会计师事务所审批和监督暂行办法》（财政部令第24号）进行了修订，修订后的《会计师事务所执业许可和监督管理办法》已经部长办公会审议通过。现予公布，自2017年10月1日起施行。

部长 肖捷
2017年8月20日

会计师事务所执业许可和监督管理办法

第一章 总则

第一条 为规范会计师事务所及其分所执业许可，加强对会计师事务所的监督管理，促进注册会计师行业健康发展，根据《中华人民共和国注册会计师法》（以下简称《注册会计师法》）、《中华人民共和国合伙企业法》、《中华人民共和国公司法》等法律、行政法规，制定本办法。

第二条 财政部和省、自治区、直辖市人民政府财政部门（以下简称省级财政部门）对会计师事务所和注册会计师进行管理、监督和指导，适用本办法。

第三条 省级财政部门应当遵循公开、公平、公正、便民、高效的原则，依法办理本地区会计师事务所执业许可工作，并对本地区会计师事务所进行监督管理。

财政部和省级财政部门应当加强对会计师事务所和注册会计师的政策指导，营造公平的会计市场环境，引导和鼓励会计师事务所不断完善内部治理，实现有序发展。

省级财政部门应当推进网上政务，便利会计师事务所执业许可申请和变更备案。

第四条　会计师事务所、注册会计师应当遵守法律、行政法规，恪守职业道德，遵循执业准则、规则。

第五条　会计师事务所、注册会计师依法独立、客观、公正执业，受法律保护，任何单位和个人不得违法干预。

第六条　会计师事务所可以采用普通合伙、特殊普通合伙或者有限责任公司形式。

会计师事务所从事证券服务业务和经法律、行政法规规定的关系公众利益的其他特定业务，应当采用普通合伙或者特殊普通合伙形式，接受财政部的监督。

第二章　会计师事务所执业许可的取得

第七条　会计师事务所应当自领取营业执照之日起60日内，向所在地的省级财政部门申请执业许可。

未取得会计师事务所执业许可的，不得以会计师事务所的名义开展业务活动，不得从事《注册会计师法》第十四条规定的业务（以下简称注册会计师法定业务）。

第八条　普通合伙会计师事务所申请执业许可，应当具备下列条件：

（一）2名以上合伙人，且合伙人均符合本办法第十一条规定条件；

（二）书面合伙协议；

（三）有经营场所。

第九条　特殊普通合伙会计师事务所申请执业许可，应当具备下列条件：

（一）15名以上由注册会计师担任的合伙人，且合伙人均符合本办法第十一条、第十二条规定条件；

（二）60名以上注册会计师；

（三）书面合伙协议；

（四）有经营场所；

（五）法律、行政法规或者财政部依授权规定的其他条件。

第十条　有限责任会计师事务所申请执业许可，应当具备下列条件：

（一）5名以上股东，且股东均符合本办法第十一条规定条件；

（二）不少于人民币30万元的注册资本；

（三）股东共同制定的公司章程；

（四）有经营场所。

第十一条 除本办法第十二条规定外，会计师事务所的合伙人（股东），应当具备下列条件：

（一）具有注册会计师执业资格；

（二）成为合伙人（股东）前3年内没有因为执业行为受到行政处罚；

（三）最近连续3年在会计师事务所从事审计业务且在会计师事务所从事审计业务时间累计不少于10年或者取得注册会计师执业资格后最近连续5年在会计师事务所从事审计业务；

（四）成为合伙人（股东）前3年内没有因欺骗、贿赂等不正当手段申请会计师事务所执业许可而被省级财政部门作出不予受理、不予批准或者撤销会计师事务所执业许可的决定；

（五）在境内有稳定住所，每年在境内居留不少于6个月，且最近连续居留已满5年。

因受行政处罚、刑事处罚被吊销、撤销注册会计师执业资格的，其被吊销、撤销执业资格之前在会计师事务所从事审计业务的年限，不得计入本条第一款第三项规定的累计年限。

第十二条 不符合本办法第十一条第一款第一项和第三项规定的条件，但具有相关职业资格的人员，经合伙协议约定，可以担任特殊普通合伙会计师事务所履行内部特定管理职责或者从事咨询业务的合伙人，但不得担任首席合伙人和执行合伙事务的合伙人，不得以任何形式对该会计师事务所实施控制。具体办法另行制定。

第十三条 普通合伙会计师事务所和特殊普通合伙会计师事务所应当设立首席合伙人，由执行合伙事务的合伙人担任。

有限责任会计师事务所应当设立主任会计师，由法定代表人担任，法定代表人应当是有限责任会计师事务所的股东。

首席合伙人（主任会计师）应当符合下列条件：

（一）在境内有稳定住所，每年在境内居留不少于6个月，且最近连续居留已满10年；

（二）具有代表会计师事务所履行合伙协议或者公司章程授予的管理职权的能力和经验。

第十四条 会计师事务所应当加强执业质量控制，建立健全合伙人（股东）、签字注册会计师和其他从业人员在执业质量控制中的权责体系。

首席合伙人（主任会计师）对会计师事务所的执业质量负主体责任。审计业务主管合伙人（股东）、质量控制主管合伙人（股东）对会计师事务所的审计业务质量负直接主管责任。审计业务项目合伙人（股东）对组织承办的具体业务项目的审计质量负直接责任。

第十五条 注册会计师担任会计师事务所的合伙人（股东），涉及执业关系转移的，该注册会计师应当先在省、自治区、直辖市注册会计师协会（以下简称省级注册会计师协会）办理从原会计师事务所转出的手续。若为原会计师事务所合伙人（股东）的，还应当按照有关法律、行政法规，以及合伙协议或者公司章程的规定，先办理退伙或者股权转让手续。

第十六条 会计师事务所的名称应当符合国家有关规定。未经同意，会计师事务所不得使用包含其他已取得执业许可的会计师事务所字号的名称。

第十七条 申请会计师事务所执业许可，应当向其所在地的省级财政部门提交下列材料：

（一）会计师事务所执业许可申请表；

（二）会计师事务所合伙人（股东）执业经历等符合规定条件的材料；

（三）拟在该会计师事务所执业的注册会计师情况汇总表；

（四）营业执照复印件；

（五）书面合伙协议或者公司章程复印件；

（六）经营场所产权证明或者使用权证明复印件。

合伙人（股东）是境外人员或移居境外人员的，还应当提交符合本办法第十一条第一款第五项、第十三条第三款第一项条件的住所有效证明和居留时间有效证明及承诺函。

因合并或者分立新设会计师事务所的，申请时还应当提交合并协议或者分立协议。

申请人应当对申请材料内容的真实性、准确性、完整性负责。

第十八条 省级财政部门应当对申请人提交的申请材料进行审查。对申请材料不齐全或者不符合法定形式的，应当当场或者在接到申请材料后5日内一次性告知申请人需要补正的全部内容。对申请材料齐全、符合法定形式，或者申请人按照要求提交全部补正申请材料的应当受理。受理申请或者不予受理申请，应当向申请人出具加盖本行政机关专用印章和注明日期的书面凭证。

省级财政部门受理申请的，应当将申请材料中有关会计师事务所名称以及合伙人（股东）执业资格及执业时间等情况在5日内予以公示。

第十九条 省级财政部门应当通过财政会计行业管理系统对申请人有关信息进行核对，并自受理申请之日起30日内作出准予或者不予会计师事务所执业许可的决定。

第二十条 省级财政部门作出准予会计师事务所执业许可决定的,应当自作出准予决定之日起 10 日内向申请人出具准予行政许可的书面决定、颁发会计师事务所执业证书,并予以公告。准予许可决定应当载明下列事项:

(一)会计师事务所的名称和组织形式;

(二)会计师事务所合伙人(股东)的姓名;

(三)会计师事务所首席合伙人(主任会计师)的姓名;

(四)会计师事务所的业务范围。

第二十一条 省级财政部门作出准予会计师事务所执业许可决定的,应当自作出准予决定之日起 30 日内将准予许可决定报财政部备案。

财政部发现准予许可不当的,应当自收到准予许可决定之日起 30 日内通知省级财政部门重新审查。

省级财政部门重新审查后发现申请人不符合本办法规定的申请执业许可的条件的,应当撤销执业许可,并予以公告。

第二十二条 省级财政部门作出不予会计师事务所执业许可决定的,应当自作出决定之日起 10 日内向申请人出具书面决定,并通知工商行政管理部门。

书面决定应当说明不予许可的理由,并告知申请人享有依法申请行政复议或者提起行政诉讼的权利。

会计师事务所执业许可申请未予准许,企业主体继续存续的,不得从事注册会计师法定业务,企业名称中不得继续使用"会计师事务所"字样,申请人应当自收到不予许可决定之日起 20 日内办理工商变更登记。

第二十三条 会计师事务所的合伙人(股东)应当自会计师事务所取得执业证书之日起 30 日内办理完成转入该会计师事务所的手续。

注册会计师在未办理完成转入手续以前,不得在拟转入的会计师事务所执业。

第二十四条 会计师事务所应当完善职业风险防范机制,建立职业风险基金,办理职业责任保险。具体办法由财政部另行制定。

特殊普通合伙会计师事务所的合伙人按照《合伙企业法》等法律法规的规定及合伙协议的约定,对会计师事务所的债务承担相应责任。

第三章 会计师事务所分所执业许可的取得

第二十五条 会计师事务所设立分支机构应当依照本办法规定申请分所执业许可。

第二十六条 会计师事务所分所的名称应当采用"会计师事务所名称＋分支机构所在行政区划名＋分所"的形式。

第二十七条 会计师事务所应当在人事、财务、业务、技术标准、信息管理等方面对其设立的分所进行实质性的统一管理，并对分所的业务活动、执业质量和债务承担法律责任。

第二十八条 会计师事务所申请分所执业许可，应当自领取分所营业执照之日起60日内，向分所所在地的省级财政部门提出申请。

第二十九条 申请分所执业许可的会计师事务所，应当具备下列条件：

（一）取得会计师事务所执业许可3年以上，内部管理制度健全；

（二）不少于50名注册会计师（已到和拟到分所执业的注册会计师除外）；

（三）申请设立分所前3年内没有因为执业行为受到行政处罚。

跨省级行政区划申请分所执业许可的，会计师事务所上一年度业务收入应当达到2000万元以上。

因合并或者分立新设的会计师事务所申请分所执业许可的，其取得会计师事务所执业许可的期限，可以从合并或者分立前会计师事务所取得执业许可的时间算起。

第三十条 会计师事务所申请分所执业许可，该分所应当具备下列条件：

（一）分所负责人为会计师事务所的合伙人（股东），并具有注册会计师执业资格；

（二）不少于5名注册会计师，且注册会计师的执业关系应当转入分所所在地省级注册会计师协会；由总所人员兼任分所负责人的，其执业关系可以不作变动，但不计入本项规定的5名注册会计师；

（三）有经营场所。

第三十一条 会计师事务所申请分所执业许可，应当向分所所在地的省级财政部门提交下列材料：

（一）分所执业许可申请表；

（二）会计师事务所合伙人会议或者股东会作出的设立分所的书面决议；

（三）注册会计师情况汇总表（会计师事务所和申请执业许可的分所分别填写）；

（四）分所营业执照复印件；

（五）会计师事务所对该分所进行实质性统一管理的承诺书，该承诺书由首席合伙人（主任会计师）签署，并加盖会计师事务所公章；

（六）经营场所产权证明或者使用权证明复印件。

跨省级行政区划申请分所执业许可的，还应当提交上一年度会计师事务所业务收入证明。

第三十二条 省级财政部门审批分所执业许可的程序比照本办法第十八条至第二十二条第二款的规定办理。

会计师事务所跨省级行政区划设立分所的，准予分所执业许可的省级财政部门还应当将准予许可决定抄送会计师事务所所在地的省级财政部门。

省级财政部门作出不予分所执业许可决定的，会计师事务所应当自收到不予许可决定之日起20日内办理该分所的工商注销手续。

第四章 会计师事务所及其分所的变更备案和执业许可的注销

第三十三条 会计师事务所下列事项发生变更的，应当自作出决议之日起20日内向所在地的省级财政部门备案；涉及工商变更登记的，应当自办理完工商变更登记之日起20日内向所在地的省级财政部门备案：

（一）会计师事务所的名称；

（二）首席合伙人（主任会计师）；

（三）合伙人（股东）；

（四）经营场所；

（五）有限责任会计师事务所的注册资本。

分所的名称、负责人或者经营场所发生变更的，该会计师事务所应当同时向会计师事务所和分所所在地的省级财政部门备案。

第三十四条 会计师事务所及其分所变更备案的，应当提交变更事项情况表，以及变更事项符合会计师事务所和分所执业许可条件的证明材料。

第三十五条 会计师事务所及其分所变更名称的，应当同时向会计师事务所和分所所在地的省级财政部门提交营业执照复印件，交回原会计师事务所执业证书或者分所执业证书，换取新的会计师事务所执业证书或者分所执业证书。

省级财政部门应当将会计师事务所及其分所的名称变更情况予以公告。

第三十六条 会计师事务所跨省级行政区划迁移经营场所的，应当在办理完迁入地工商登记手续后10日内向迁出地省级财政部门办理迁出手续。会计师事务所应当提交迁入地的营业执照复印件，并由迁出地省级财政部门在一式两份的会计师事务所跨省级行政区划迁移表上盖章确认。

会计师事务所应当在办理完迁出手续后 10 日内，向迁入地省级财政部门提交经迁出地省级财政部门盖章确认的会计师事务所跨省级行政区划迁移表、合伙人（股东）情况汇总表和迁入地的营业执照复印件。

迁入地省级财政部门应当在收到备案材料后 10 日内，收回原会计师事务所执业证书，换发新的会计师事务所执业证书，并予以公告，同时通知迁出地省级财政部门。

迁出地省级财政部门收到通知后，将该会计师事务所迁移情况予以公告。

第三十七条 迁入地省级财政部门应当对迁入的会计师事务所持续符合执业许可条件的情况予以审查。未持续符合执业许可条件的，责令其在 60 日内整改，未在规定期限内整改或者整改期满仍未达到执业许可条件的，由迁入地省级财政部门撤销执业许可，并予以公告。

第三十八条 跨省级行政区划迁移经营场所的会计师事务所设有分所的，会计师事务所应当在取得迁入地省级财政部门换发的执业证书后 15 日内向其分所所在地的省级财政部门备案，并提交其营业执照复印件和执业证书复印件。分所所在地省级财政部门应当收回原分所执业证书，换发新的分所执业证书。

第三十九条 会计师事务所未在规定时间内办理迁出和迁入备案手续的，由迁出地省级财政部门自发现之日起 15 日内公告该会计师事务所执业许可失效。

第四十条 省级财政部门应当在受理申请的办公场所将会计师事务所、会计师事务所分所申请执业许可的条件、变更、注销等应当提交的材料目录及要求、批准的程序及期限予以公示。

第四十一条 会计师事务所发生下列情形之一的，省级财政部门应当办理会计师事务所执业许可注销手续，收回会计师事务所执业许可证书：

（一）会计师事务所依法终止的；

（二）会计师事务所执业许可被依法撤销、撤回或者执业许可证书依法被吊销的；

（三）法律、行政法规规定的应当注销执业许可的其他情形。

会计师事务所分所执业许可注销的，比照本条第一款规定办理。

会计师事务所或者分所依法终止的，应当自办理工商注销手续之日起 10 日内，告知所在地的省级财政部门。

第四十二条 会计师事务所执业许可被依法注销，企业主体继续存续的，不得从事注册会计师法定业务，企业名称中不得继续使用"会计师事务所"字样，并应当自执业许可被注销之日起10日内，办理工商变更登记。

分所执业许可被依法注销的，应当自注销之日起20日内办理工商注销手续。

第四十三条 省级财政部门应当将注销会计师事务所或者分所执业许可的有关情况予以公告，并通知工商行政管理部门。

第四十四条 会计师事务所及其分所在接受财政部或者省级财政部门（以下简称省级以上财政部门）检查、整改及整改情况核查期间，不得办理以下手续：

（一）首席合伙人（主任会计师）、审计业务主管合伙人（股东）、质量控制主管合伙人（股东）和相关签字注册会计师的离职、退伙（转股）或者转所；

（二）跨省级行政区划迁移经营场所。

第五章 监督检查

第四十五条 省级以上财政部门依法对下列事项实施监督检查：

（一）会计师事务所及其分所持续符合执业许可条件的情况；

（二）会计师事务所备案事项的报备情况；

（三）会计师事务所和注册会计师的执业情况；

（四）会计师事务所的风险管理和执业质量控制制度建立与执行情况；

（五）会计师事务所对分所实施实质性统一管理的情况；

（六）法律、行政法规规定的其他监督检查事项。

第四十六条 省级以上财政部门依法对会计师事务所实施全面或者专项监督检查。

省级以上财政部门对会计师事务所进行监督检查时，可以依法对被审计单位进行延伸检查或者调查。财政部门开展其他检查工作时，发现被检查单位存在违规行为而会计师事务所涉嫌出具不实审计报告及其他鉴证报告的，可以由省级以上财政部门延伸检查相关会计师事务所。

省级以上财政部门在开展检查过程中，可以根据工作需要，聘用一定数量的专业人员协助检查。

第四十七条 在实施监督检查过程中，检查人员应当严格遵守财政检查工作的有关规定。

第四十八条　财政部应当加强对省级财政部门监督、指导会计师事务所和注册会计师工作的监督检查。

省级财政部门应当按照财政部要求建立信息报告制度，将会计师事务所和注册会计师发生的重大违法违规案件及时上报财政部。

第四十九条　省级以上财政部门在开展会计师事务所监督检查时，要采取随机抽取检查对象、随机选派执法检查人员并及时公开抽查情况和查处结果。

省级以上财政部门结合会计师事务所业务分布、质量控制和内部管理等情况，分类确定对会计师事务所实施监督检查的频次和方式，建立定期轮查制度和随机抽查制度。

第五十条　省级以上财政部门应当将发生以下情形的会计师事务所列为重点检查对象，实施严格监管：

（一）审计收费明显低于成本的；

（二）会计师事务所对分所实施实质性统一管理薄弱的；

（三）以向委托人或者被审计单位有关人员、中间人支付回扣、协作费、劳务费、信息费、咨询费等不正当方式承揽业务的；

（四）有不良执业记录的；

（五）被实名投诉或者举报的；

（六）业务报告数量明显超出服务能力的；

（七）被非注册会计师实际控制的；

（八）需要实施严格监管的其他情形。

第五十一条　会计师事务所应当在出具审计报告及其他鉴证报告后30日内，通过财政会计行业管理系统报备签字注册会计师、审计意见、审计收费等基本信息。

会计师事务所应当在出具审计报告后60日内，通过财政会计行业管理系统报备其出具的年度财务报表审计报告，省级财政部门不得自行增加报备信息，不得要求会计师事务所报送纸质材料，并与注册会计师协会等实行信息共享。

第五十二条　省级以上财政部门可以对会计师事务所依法进行实地检查，或者将有关材料调到本机关或者检查人员办公地点进行核查。

调阅的有关材料应当在检查工作结束后1个月内送还并保持完整。

第五十三条　省级以上财政部门在实施监督检查过程中，有权要求会计师事务所和注册会计师说明有关情况，调阅会计师事务所工作底稿及相关资料，向相关单位和人员调查、询问、取证和核实有关情况。

第五十四条 会计师事务所和注册会计师应当接受省级以上财政部门依法实施的监督检查,如实提供中文工作底稿及相关资料,不得拒绝、延误、阻挠、逃避检查,不得谎报、隐匿、销毁相关证据材料。

会计师事务所或者注册会计师有明显转移、隐匿有关证据材料迹象的,省级以上财政部门可以对证据材料先行登记保存。

第五十五条 对会计师事务所和注册会计师的违法违规行为,省级以上财政部门依法作出行政处罚决定的,应当自作出处罚决定之日起10日内将相关信息录入财政会计行业管理系统,并及时予以公告。

第五十六条 会计师事务所应当于每年5月31日之前,按照财政部要求通过财政会计行业管理系统向所在地的省级财政部门报备下列信息:

(一)持续符合执业许可条件的相关信息;

(二)上一年度经营情况;

(三)内部治理及会计师事务所对分所实施实质性统一管理情况;

(四)会计师事务所由于执行业务涉及法律诉讼情况。

会计师事务所与境外会计师事务所有成员所、联系所或者业务合作关系的,应当同时报送相关信息,说明上一年度与境外会计师事务所合作开展业务的情况。

会计师事务所在境外发展成员所、联系所或者设立分支机构的,应当同时报送相关信息。

会计师事务所跨省级行政区划设有分所的,应当同时将分所有关材料报送分所所在地的省级财政部门。

第五十七条 省级财政部门收到会计师事务所按照本办法第五十六条的规定报送的材料后,应当对会计师事务所及其分所持续符合执业许可条件等情况进行汇总,于6月30日之前报财政部,并将持续符合执业许可条件的会计师事务所及其分所名单及时予以公告。

第五十八条 会计师事务所未按照本办法第五十一条、第五十六条规定报备的,省级以上财政部门应当责令限期补交报备材料、约谈首席合伙人(主任会计师),并视补交报备材料和约谈情况组织核查。

第五十九条 会计师事务所及其分所未能持续符合执业许可条件的,会计师事务所应当在20日内向所在地的省级财政部门报告,并在报告日后60日内自行整改。

省级财政部门在日常管理、监督检查中发现会计师事务所及其分所未持续符合执业许可条件的,应当责令其在60日内整改。

整改期满,会计师事务所及其分所仍未达到执业许可条件的,由所在地的省级财政部门撤销执业许可并予以公告。

第六十条 会计师事务所和注册会计师必须按照执业准则、规则的要求，在实施必要的审计程序后，以经过核实的审计证据为依据，形成审计意见，出具审计报告，不得有下列行为：

（一）在未履行必要的审计程序，未获取充分适当的审计证据的情况下出具审计报告；

（二）对同一委托单位的同一事项，依据相同的审计证据出具不同结论的审计报告；

（三）隐瞒审计中发现的问题，发表不恰当的审计意见；

（四）为被审计单位编造或者伪造事由，出具虚假或者不实的审计报告；

（五）未实施严格的逐级复核制度，未按规定编制和保存审计工作底稿；

（六）未保持形式上和实质上的独立；

（七）违反执业准则、规则的其他行为。

第六十一条 注册会计师不得有下列行为：

（一）在执行审计业务期间，在法律、行政法规规定不得买卖被审计单位的股票、债券或者不得购买被审计单位或者个人的其他财产的期限内，买卖被审计单位的股票、债券或者购买被审计单位或者个人所拥有的其他财产；

（二）索取、收受委托合同约定以外的酬金或者其他财物，或者利用执行业务之便，谋取其他不正当利益；

（三）接受委托催收债款；

（四）允许他人以本人名义执行业务；

（五）同时在两个或者两个以上的会计师事务所执行业务；

（六）同时为被审计单位编制财务会计报告；

（七）对其能力进行广告宣传以招揽业务；

（八）违反法律、行政法规的其他行为。

第六十二条 会计师事务所不得有下列行为：

（一）分支机构未取得执业许可；

（二）对分所未实施实质性统一管理；

（三）向省级以上财政部门提供虚假材料或者不及时报送相关材料；

（四）雇用正在其他会计师事务所执业的注册会计师，或者允许本所人员以他人名义执行业务，或者明知本所的注册会计师在其他会计师事务所执业而不予制止；

（五）允许注册会计师在本所挂名而不在本所执行业务，或者明知本所注册会计师在其他单位从事获取工资性收入的工作而不予制止；

（六）借用、冒用其他单位名义承办业务；

（七）允许其他单位或者个人以本所名义承办业务；

（八）采取强迫、欺诈、贿赂等不正当方式招揽业务，或者通过网络平台或者其他媒介售卖注册会计师业务报告；

（九）承办与自身规模、执业能力、风险承担能力不匹配的业务；

（十）违反法律、行政法规的其他行为。

第六章　法律责任

第六十三条　会计师事务所或者注册会计师违反法律法规及本办法规定的，由省级以上财政部门依法给予行政处罚。

违法情节轻微，没有造成危害后果的，省级以上财政部门可以采取责令限期整改、下达监管关注函、出具管理建议书、约谈、通报等方式进行处理。

第六十四条　会计师事务所采取隐瞒有关情况、提供虚假材料等手段拒绝提供申请执业许可情况的真实材料的，省级财政部门不予受理或者不予许可，并对会计师事务所和负有责任的相关人员给予警告。

会计师事务所采取欺骗、贿赂等不正当手段获得会计师事务所执业许可的，由省级财政部门予以撤销，并对负有责任的相关人员给予警告。

第六十五条　会计师事务所及其分所已办理完工商登记手续但未在规定时间内申请执业许可的，以及违反本办法第二十二条第三款、第三十二条第三款、第四十二条规定的，由省级财政部门责令限期改正，逾期不改正的，通知工商行政管理部门依法进行处理，并予以公告，对其执行合伙事务合伙人、法定代表人或者分所负责人给予警告，不予办理变更、转所手续。

第六十六条　会计师事务所有下列情形之一的，由省级以上财政部门责令限期改正，逾期不改正的可以按照本办法第六十三条第二款的规定进行处理：

（一）未按照本办法第二十三条规定办理转所手续的；

（二）分所名称不符合本办法第二十六条规定的；

（三）未按照本办法第三十三条至三十五条第一款规定办理有关变更事项备案手续的。

第六十七条　会计师事务所违反本办法第六十条第一项至第四项规定的，由省级以上财政部门给予警告，没收违法所得，可以并处违法所得1

倍以上5倍以下的罚款;情节严重的,并可以由省级以上财政部门暂停其执业1个月到1年或者吊销执业许可。

会计师事务所违反本办法第六十条第五项至第七项规定,情节轻微,没有造成危害后果的,按照本办法第六十三条第二款的规定进行处理;情节严重的,由省级以上财政部门给予警告,没收违法所得。

第六十八条 会计师事务所违反本办法第二十四条、第六十二条第二项至第十项规定的,由省级以上财政部门责令限期整改,未按规定期限整改的,对会计师事务所给予警告,有违法所得的,可以并处违法所得1倍以上3倍以下罚款,最高不超过3万元;没有违法所得的,可以并处以1万元以下的罚款。对会计师事务所首席合伙人(主任会计师)等相关管理人员和直接责任人员可以给予警告,情节严重的,可以并处1万元以下罚款;涉嫌犯罪的,移送司法机关,依法追究刑事责任。

第六十九条 会计师事务所违反本办法第四十四条、第五十四条规定的,由省级以上财政部门对会计师事务所给予警告,可以并处1万元以下的罚款;对会计师事务所首席合伙人(主任会计师)等相关管理人员和直接责任人员给予警告,可以并处1万元以下罚款。

第七十条 注册会计师违反本办法第六十条第一项至第四项规定的,由省级以上财政部门给予警告;情节严重的,可以由省级以上财政部门暂停其执行业务1个月至1年或者吊销注册会计师证书。

注册会计师违反本办法第六十条第五项至第七项规定的,情节轻微,没有造成危害后果的,按照本办法第六十三条第二款的规定进行处理;情节严重的,由省级以上财政部门给予警告。

第七十一条 注册会计师违反本办法第六十一条规定,情节轻微,没有造成危害后果的,按照本办法第六十三条第二款的规定进行处理;情节严重的,由省级以上财政部门给予警告,有违法所得的,可以并处违法所得1倍以上3倍以下的罚款,最高不超过3万元;没有违法所得的,可以并处以1万元以下罚款。

第七十二条 法人或者其他组织未获得执业许可,或者被撤销、注销执业许可后继续承办注册会计师法定业务的,由省级以上财政部门责令其停止违法活动,没收违法所得,可以并处违法所得1倍以上5倍以下的罚款。

会计师事务所违反本办法第六条第二款规定的,适用前款规定处理。

第七十三条 会计师事务所或者注册会计师违反本办法的规定,故意出具虚假的审计报告、验资报告,涉嫌犯罪的,移送司法机关,依法追究刑事责任。

第七十四条 省级以上财政部门在作出较大数额罚款、暂停执业、吊销注册会计师证书或者会计师事务所执业许可的决定之前，应当告知当事人有要求听证的权利；当事人要求听证的，应当按规定组织听证。

第七十五条 当事人对省级以上财政部门审批和监督行为不服的，可以依法申请行政复议或者提起行政诉讼。

第七十六条 省级以上财政部门的工作人员在实施审批和监督过程中，滥用职权、玩忽职守、徇私舞弊或者泄露国家秘密、商业秘密的，按照《公务员法》等国家有关规定追究相应责任；涉嫌犯罪的，移送司法机关，依法追究刑事责任。

第七章 附则

第七十七条 本办法所称"注册会计师"是指中国注册会计师；所称"注册会计师执业资格"是指中国注册会计师执业资格。

本办法所称"以上"、"以下"均包括本数或者本级。本办法规定的期限以工作日计算，不含法定节假日。

第七十八条 具有注册会计师执业资格的境外人员可以依据本办法申请担任会计师事务所合伙人（股东）。

其他国家或者地区对具有该国家或者地区注册会计师执业资格的中国境内居民在当地设立会计师事务所、担任会计师事务所合伙人（股东）或者执业有特别规定的，我国可以采取对等管理措施。

第七十九条 本办法施行前已经取得的会计师事务所及其分所执业许可继续有效，发生变更事项的，其变更后的情况应当符合本办法的规定。

会计师事务所申请转制为普通合伙或者特殊普通合伙会计师事务所的，转制办法另行制定。

第八十条 注册会计师协会是由会计师事务所和注册会计师组成的社会团体，依照《注册会计师法》履行相关职责，接受财政部和省级财政部门的监督、指导。

第八十一条 本办法自2017年10月1日起施行。财政部2005年1月18日发布的《会计师事务所审批和监督暂行办法》（财政部令第24号）同时废止。

代理记账管理办法

（2016年2月24日，财政部令第80号）

《代理记账管理办法》已经财政部部务会议审议通过，现予公布，自2016年5月1日起施行。

部长　楼继伟
2016年2月16日

代理记账管理办法

第一条　为了加强代理记账资格管理，规范代理记账活动，促进代理记账行业健康发展，根据《中华人民共和国会计法》等法律、行政法规，制定本办法。

第二条　代理记账资格的申请、取得和管理，以及代理记账机构从事代理记账业务，适用本办法。

本办法所称代理记账机构是指依法取得代理记账资格，从事代理记账业务的机构。

本办法所称代理记账是指代理记账机构接受委托办理会计业务。

第三条　除会计师事务所以外的机构从事代理记账业务应当经县级以上地方人民政府财政部门（以下简称审批机关）批准，领取由财政部统一规定样式的代理记账许可证书。具体审批机关由省、自治区、直辖市、计划单列市人民政府财政部门确定。

会计师事务所及其分所可以依法从事代理记账业务。

第四条　符合下列条件的机构可以申请代理记账资格：

（一）为依法设立的企业；

（二）持有会计从业资格证书的专职从业人员不少于3名；

（三）主管代理记账业务的负责人具有会计师以上专业技术职务资格且为专职从业人员；

（四）有健全的代理记账业务内部规范。

第五条 申请代理记账资格的机构，应当向所在地的审批机关提交申请报告并附送下列材料：

（一）营业执照复印件；

（二）从业人员会计从业资格证书，主管代理记账业务的负责人具备会计师以上专业技术职务资格的证明；

（三）专职从业人员在本机构专职从业的书面承诺；

（四）代理记账业务内部规范。

第六条 审批机关审批代理记账资格应当按照下列程序办理：

（一）申请人提交的申请材料不齐全或不符合规定形式的，应当在5日内一次告知申请人需要补正的全部内容，逾期不告知的，自收到申请材料之日起即视为受理；申请人提交的申请材料齐全、符合规定形式的，或者申请人按照要求提交全部补正申请材料的，应当受理申请。

（二）受理申请后应当按照规定对申请材料进行审核，并自受理申请之日起20日内作出批准或者不予批准的决定。20日内不能作出决定的，经本审批机关负责人批准可延长10日，并应当将延长期限的理由告知申请人。

（三）作出批准决定的，应当自作出决定之日起10日内向申请人发放代理记账许可证书，并向社会公示。

（四）作出不予批准决定的，应当自作出决定之日起10日内书面通知申请人。书面通知应当说明不予批准的理由，并告知申请人享有依法申请行政复议或者提起行政诉讼的权利。

第七条 申请人应当自取得代理记账许可证书之日起20日内通过企业信用信息公示系统向社会公示。

第八条 代理记账机构名称、主管代理记账业务的负责人发生变更，设立或撤销分支机构，跨原审批机关管辖地迁移办公地点的，应当自作出变更决定或变更之日起30日内依法向审批机关办理变更登记，并应当自变更登记完成之日起20日内通过企业信用信息公示系统向社会公示。

代理记账机构变更名称的，应当向审批机关提交营业执照复印件，领取新的代理记账许可证书，并同时交回原代理记账许可证书。

代理记账机构跨原审批机关管辖地迁移办公地点的，迁出地审批机关应当及时将代理记账机构的相关信息及材料移交迁入地审批机关。

第九条 代理记账机构设立分支机构的，分支机构应当及时向其所在地的审批机关办理备案登记。

分支机构名称、主管代理记账业务的负责人发生变更的，分支机构应当按照要求向其所在地的审批机关办理变更登记。

代理记账机构应当在人事、财务、业务、技术标准、信息管理等方面对其设立的分支机构进行实质性的统一管理,并对分支机构的业务活动、执业质量和债务承担法律责任。

第十条 未设置会计机构或配备会计人员的单位,应当委托代理记账机构办理会计业务。

第十一条 代理记账机构可以接受委托办理下列业务:

(一)根据委托人提供的原始凭证和其他相关资料,按照国家统一的会计制度的规定进行会计核算,包括审核原始凭证、填制记账凭证、登记会计账簿、编制财务会计报告等;

(二)对外提供财务会计报告;

(三)向税务机关提供税务资料;

(四)委托人委托的其他会计业务。

第十二条 委托人委托代理记账机构代理记账,应当在相互协商的基础上,订立书面委托合同。委托合同除应具备法律规定的基本条款外,应当明确下列内容:

(一)双方对会计资料真实性、完整性各自应当承担的责任;

(二)会计资料传递程序和签收手续;

(三)编制和提供财务会计报告的要求;

(四)会计档案的保管要求及相应的责任;

(五)终止委托合同应当办理的会计业务交接事宜。

第十三条 委托人应当履行下列义务:

(一)对本单位发生的经济业务事项,应当填制或者取得符合国家统一的会计制度规定的原始凭证;

(二)应当配备专人负责日常货币收支和保管;

(三)及时向代理记账机构提供真实、完整的原始凭证和其他相关资料;

(四)对于代理记账机构退回的,要求按照国家统一的会计制度的规定进行更正、补充的原始凭证,应当及时予以更正、补充。

第十四条 代理记账机构及其从业人员应当履行下列义务:

(一)遵守有关法律、法规和国家统一的会计制度的规定,按照委托合同办理代理记账业务;

(二)对在执行业务中知悉的商业秘密予以保密;

(三)对委托人要求其作出不当的会计处理,提供不实的会计资料,以及其他不符合法律、法规和国家统一的会计制度行为的,予以拒绝;

(四)对委托人提出的有关会计处理相关问题予以解释。

第十五条 代理记账机构为委托人编制的财务会计报告，经代理记账机构负责人和委托人负责人签名并盖章后，按照有关法律、法规和国家统一的会计制度的规定对外提供。

第十六条 县级以上人民政府财政部门对代理记账机构及其从事代理记账业务情况实施监督检查。

第十七条 代理记账机构应当于每年 4 月 30 日之前，向审批机关报送下列材料：

（一）代理记账机构基本情况表（附表）；

（二）专职从业人员变动情况。

代理记账机构设立分支机构的，分支机构应当于每年 4 月 30 日之前向其所在地的审批机关报送上述材料。

第十八条 代理记账机构采取欺骗、贿赂等不正当手段取得代理记账资格的，由审批机关撤销其资格。

第十九条 代理记账机构在经营期间达不到本办法规定的资格条件的，审批机关发现后，应当责令其在 60 日内整改；逾期仍达不到规定条件的，由审批机关撤销其代理记账资格。

第二十条 代理记账机构有下列情形之一的，审批机关应当办理注销手续，收回代理记账许可证书并予以公告：

（一）代理记账机构依法终止的；

（二）代理记账资格被依法撤销或撤回的；

（三）法律、法规规定的应当注销的其他情形。

第二十一条 代理记账机构违反本办法第七条、第八条、第九条、第十四条、第十七条规定，以及违反第五条第三项规定、作出不实承诺的，由县级以上人民政府财政部门责令其限期改正，拒不改正的，列入重点关注名单，并向社会公示，提醒其履行有关义务；情节严重的，由县级以上人民政府财政部门按照有关法律、法规给予行政处罚，并向社会公示。

第二十二条 代理记账机构从业人员在办理业务中违反会计法律、法规和国家统一的会计制度的规定，造成委托人会计核算混乱、损害国家和委托人利益的，由县级以上人民政府财政部门依据《中华人民共和国会计法》等有关法律、法规的规定处理。

代理记账机构有前款行为的，县级以上人民政府财政部门应当责令其限期改正，并给予警告；有违法所得的，可以处违法所得 3 倍以下罚款，但最高不得超过 3 万元；没有违法所得的，可以处 1 万元以下罚款。

第二十三条 委托人故意向代理记账机构隐瞒真实情况或者委托人会

同代理记账机构共同提供虚假会计资料的，应当承担相应法律责任。

第二十四条　未经批准从事代理记账业务的，由县级以上人民政府财政部门按照有关法律、法规予以查处。

第二十五条　县级以上人民政府财政部门及其工作人员在代理记账资格管理过程中，滥用职权、玩忽职守、徇私舞弊的，依法给予行政处分；涉嫌犯罪的，移送司法机关处理。

第二十六条　代理记账机构依法成立的行业组织，应当维护会员合法权益，建立会员诚信档案，规范会员代理记账行为，推动代理记账信息化建设。

代理记账行业组织应当接受县级以上人民政府财政部门的指导和监督。

第二十七条　本办法规定的"5日"、"10日"、"20日"、"30日"均指工作日。

第二十八条　省级人民政府财政部门可以根据本办法制定具体实施办法，报财政部备案。

第二十九条　外商投资企业申请代理记账资格，从事代理记账业务按照本办法和其他有关规定办理。

第三十条　本办法自2016年5月1日起施行，财政部2005年1月22日发布的《代理记账管理办法》（财政部令第27号）同时废止。

国家税务总局关于发布《涉税专业服务监管办法（试行）》的公告

(2017年5月5日，国家税务总局公告2017年第13号)

为深入贯彻落实国务院"放管服"改革部署要求，规范涉税专业服务，维护国家税收利益和纳税人合法权益，依据《中华人民共和国税收征收管理法》及其实施细则和国务院有关决定，国家税务总局制定了《涉税专业服务监管办法（试行）》，现予以发布，自2017年9月1日起施行。

特此公告。

国家税务总局
2017年5月5日

涉税专业服务监管办法（试行）

第一条 为贯彻落实国务院简政放权、放管结合、优化服务工作要求，维护国家税收利益，保护纳税人合法权益，规范涉税专业服务，依据《中华人民共和国税收征收管理法》及其实施细则和国务院有关决定，制定本办法。

第二条 税务机关对涉税专业服务机构在中华人民共和国境内从事涉税专业服务进行监管。

第三条 涉税专业服务是指涉税专业服务机构接受委托，利用专业知识和技能，就涉税事项向委托人提供的税务代理等服务。

第四条 涉税专业服务机构是指税务师事务所和从事涉税专业服务的会计师事务所、律师事务所、代理记账机构、税务代理公司、财税类咨询公司等机构。

第五条 涉税专业服务机构可以从事下列涉税业务：

（一）纳税申报代理。对纳税人、扣缴义务人提供的资料进行归集和专业判断，代理纳税人、扣缴义务人进行纳税申报准备和签署纳税申报表、扣缴税款报告表以及相关文件。

（二）一般税务咨询。对纳税人、扣缴义务人的日常办税事项提供税务咨询服务。

（三）专业税务顾问。对纳税人、扣缴义务人的涉税事项提供长期的专业税务顾问服务。

（四）税收策划。对纳税人、扣缴义务人的经营和投资活动提供符合税收法律法规及相关规定的纳税计划、纳税方案。

（五）涉税鉴证。按照法律、法规以及依据法律、法规制定的相关规定要求，对涉税事项真实性和合法性出具鉴定和证明。

（六）纳税情况审查。接受行政机关、司法机关委托，依法对企业纳税情况进行审查，作出专业结论。

（七）其他税务事项代理。接受纳税人、扣缴义务人的委托，代理建账记账、发票领用、减免退税申请等税务事项。

（八）其他涉税服务。

前款第三项至第六项涉税业务，应当由具有税务师事务所、会计师事务所、律师事务所资质的涉税专业服务机构从事，相关文书应由税务师、注册会计师、律师签字，并承担相应的责任。

第六条 涉税专业服务机构从事涉税业务，应当遵守税收法律、法规及相关税收规定，遵循涉税专业服务业务规范。

涉税专业服务机构为委托人出具的各类涉税报告和文书，由双方留存备查，其中，税收法律、法规及国家税务总局规定报送的，应当向税务机关报送。

第七条 税务机关应当对税务师事务所实施行政登记管理。未经行政登记不得使用"税务师事务所"名称，不能享有税务师事务所的合法权益。

税务师事务所合伙人或者股东由税务师、注册会计师、律师担任，税务师占比应高于百分之五十，国家税务总局另有规定的除外。

税务师事务所办理商事登记后，应当向省税务机关办理行政登记。省税务机关准予行政登记的，颁发《税务师事务所行政登记证书》，并将相关资料报送国家税务总局，抄送省税务师行业协会。不予行政登记的，书面通知申请人，说明不予行政登记的理由。

税务师事务所行政登记流程（规范）另行制定。

从事涉税专业服务的会计师事务所和律师事务所，依法取得会计师事务所执业证书或律师事务所执业许可证，视同行政登记。

第八条 税务机关对涉税专业服务机构及其从事涉税服务人员进行实

名制管理。

税务机关依托金税三期应用系统，建立涉税专业服务管理信息库。综合运用从金税三期核心征管系统采集的涉税专业服务机构的基本信息、涉税专业服务机构报送的人员信息和经纳税人（扣缴义务人）确认的实名办税（自有办税人员和涉税专业服务机构代理办税人员）信息，建立对涉税专业服务机构及其从事涉税服务人员的分类管理，确立涉税专业服务机构及其从事涉税服务人员与纳税人（扣缴义务人）的代理关系，区分纳税人自有办税人员和涉税专业服务机构代理办税人员，实现对涉税专业服务机构及其从事涉税服务人员和纳税人（扣缴义务人）的全面动态实名信息管理。

涉税专业服务机构应当向税务机关提供机构和从事涉税服务人员的姓名、身份证号、专业资格证书编号、业务委托协议等实名信息。

第九条 税务机关应当建立业务信息采集制度，利用现有的信息化平台分类采集业务信息，加强内部信息共享，提高分析利用水平。

涉税专业服务机构应当以年度报告形式，向税务机关报送从事涉税专业服务的总体情况。

税务师事务所、会计师事务所、律师事务所从事专业税务顾问、税收策划、涉税鉴证、纳税情况审查业务，应当在完成业务的次月向税务机关单独报送相关业务信息。

第十条 税务机关对涉税专业服务机构从事涉税专业服务的执业情况进行检查，根据举报、投诉情况进行调查。

第十一条 税务机关应当建立信用评价管理制度，对涉税专业服务机构从事涉税专业服务情况进行信用评价，对其从事涉税服务人员进行信用记录。

税务机关应以涉税专业服务机构的纳税信用为基础，结合委托人纳税信用、纳税人评价、税务机关评价、实名办税、业务规模、服务质量、执业质量检查、业务信息质量等情况，建立科学合理的信用评价指标体系，进行信用等级评价或信用记录，具体办法另行制定。

第十二条 税务机关应当加强对税务师行业协会的监督指导，与其他相关行业协会建立工作联系制度。

税务机关可以委托行业协会对涉税专业服务机构从事涉税专业服务的执业质量进行评价。

全国税务师行业协会负责拟制涉税专业服务业务规范（准则、规则），报国家税务总局批准后施行。

第十三条 税务机关应当在门户网站、电子税务局和办税服务场所公告纳入监管的涉税专业服务机构名单及其信用情况，同时公告未经行政登记的税务师事务所名单。

第十四条 涉税专业服务机构及其涉税服务人员有下列情形之一的，由税务机关责令限期改正或予以约谈；逾期不改正的，由税务机关降低信用等级或纳入信用记录，暂停受理所代理的涉税业务（暂停时间不超过六个月）；情节严重的，由税务机关纳入涉税服务失信名录，予以公告并向社会信用平台推送，其所代理的涉税业务，税务机关不予受理：

（一）使用税务师事务所名称未办理行政登记的；

（二）未按照办税实名制要求提供涉税专业服务机构和从事涉税服务人员实名信息的；

（三）未按照业务信息采集要求报送从事涉税专业服务有关情况的；

（四）报送信息与实际不符的；

（五）拒不配合税务机关检查、调查的；

（六）其他违反税务机关监管规定的行为。

税务师事务所有前款第一项情形且逾期不改正的，省税务机关应当提请工商部门吊销其营业执照。

第十五条 涉税专业服务机构及其涉税服务人员有下列情形之一的，由税务机关列为重点监管对象，降低信用等级或纳入信用记录，暂停受理所代理的涉税业务（暂停时间不超过六个月）；情节较重的，由税务机关纳入涉税服务失信名录，予以公告并向社会信用平台推送，其所代理的涉税业务，税务机关不予受理；情节严重的，其中，税务师事务所由省税务机关宣布《税务师事务所行政登记证书》无效，提请工商部门吊销其营业执照，提请全国税务师行业协会取消税务师职业资格证书登记、收回其职业资格证书并向社会公告，其他涉税服务机构及其从事涉税服务人员由税务机关提请其他行业主管部门及行业协会予以相应处理：

（一）违反税收法律、行政法规，造成委托人未缴或者少缴税款，按照《中华人民共和国税收征收管理法》及其实施细则相关规定被处罚的；

（二）未按涉税专业服务相关业务规范执业，出具虚假意见的；

（三）采取隐瞒、欺诈、贿赂、串通、回扣等不正当竞争手段承揽业务，损害委托人或他人利益的；

（四）利用服务之便，谋取不正当利益的；

（五）以税务机关和税务人员的名义敲诈纳税人、扣缴义务人的；

（六）向税务机关工作人员行贿或者指使、诱导委托人行贿的；

（七）其他违反税收法律法规的行为。

第十六条 税务机关应当为涉税专业服务机构提供便捷的服务，依托信息化平台为信用等级高的涉税专业服务机构开展批量纳税申报、信息报送等业务提供便利化服务。

第十七条 税务机关所需的涉税专业服务，应当通过政府采购方式购买。

税务机关和税务人员不得参与或违规干预涉税专业服务机构经营活动。

第十八条 税务师行业协会应当加强税务师行业自律管理，提高服务能力、强化培训服务，促进转型升级和行业健康发展。

税务师事务所自愿加入税务师行业协会。从事涉税专业服务的会计师事务所、律师事务所、代理记账机构除加入各自行业协会接受行业自律管理外，可自愿加入税务师行业协会税务代理人分会；鼓励其他没有加入任何行业协会的涉税专业服务机构自愿加入税务师行业协会税务代理人分会。

第十九条 各省税务机关依据本办法，结合本地实际，制定涉税专业服务机构从事涉税专业服务的具体实施办法。

第二十条 本办法自 2017 年 9 月 1 日起施行。

关于发布《涉税专业服务信息公告与推送办法（试行）》的公告

（2017年11月22日，国家税务总局公告2017年第42号）

现将国家税务总局制定的《涉税专业服务信息公告与推送办法（试行）》予以发布，自2017年12月1日起施行。

特此公告。

国家税务总局
2017年11月22日

涉税专业服务信息公告与推送办法（试行）

第一条 为加强涉税专业服务信息的运用管理，发挥涉税专业服务机构在优化纳税服务、提高征管效能等方面的积极作用，依据《涉税专业服务监管办法（试行）》（国家税务总局公告2017年第13号发布），制定本办法。

第二条 本办法所称涉税专业服务机构包括：

（一）税务师事务所；

（二）依法取得执业许可且从事涉税专业服务的会计师事务所和律师事务所；

（三）经商事登记且从事涉税专业服务的代理记账机构、税务代理公司、财税类咨询公司等其他机构。

第三条 省税务机关通过门户网站、电子税务局和办税服务场所公告涉税专业服务信息，负责向社会信用平台和行业主管部门、行业协会、工商、海关等其他部门推送涉税专业服务信息。

税务机关纳税服务部门负责向税务机关内部风险控制、征收管理、税务稽查、税政管理、税法宣传、税务师管理等部门，及涉税专业服务机构及其委托人推送涉税专业服务信息。

第四条 涉税专业服务信息公告内容：

（一）纳入实名制管理的涉税专业服务机构名单及其信用状况公告内容：涉税专业服务机构名称、统一社会信用代码、法定代表人（或单位负责人）姓名、地址、联系电话、信用积分情况等基本信息；

（二）未经行政登记的税务师事务所名单公告内容：机构名称、统一社会信用代码、法定代表人（或单位负责人）姓名、地址、联系电话、商事登记日期等基本信息；

（三）涉税专业服务机构失信名录公告内容：涉税专业服务机构名称、统一社会信用代码、法定代表人（或单位负责人）姓名、地址、联系电话、失信行为、认定日期等基本信息；

（四）从事涉税服务人员失信名录公告内容：姓名、身份证件号码（隐去出生年、月、日号码段）、职业资格证书名称及编号、所属涉税专业服务机构名称、失信行为、认定日期等基本信息。

第五条 省税务机关通过门户网站、电子税务局和办税服务场所发布公告，于每月10日前对公告内容进行动态调整。

第六条 涉税专业服务信息推送内容：

（一）纳入实名制管理的涉税专业服务机构信用状况推送内容：涉税专业服务机构名称、统一社会信用代码、法定代表人（或单位负责人）姓名、地址、联系电话、信用积分情况等基本信息；

（二）未纳入实名制管理的涉税专业服务机构信息推送内容：机构名称、统一社会信用代码、法定代表人（或单位负责人）姓名、地址、联系电话、商事登记日期等基本信息；

（三）涉税专业服务机构失信名录推送内容：涉税专业服务机构名称、统一社会信用代码、法定代表人（或单位负责人）姓名、地址、联系电话、失信行为、认定日期等基本信息；

（四）从事涉税服务人员失信名录推送内容：姓名、身份证件号码（隐去出生年、月、日号码段）、职业资格证书名称及编号、所属涉税专业服务机构名称、失信行为、认定日期等基本信息；

（五）涉税专业服务风险信息推送内容：涉税专业服务机构名称、统一社会信用代码、法定代表人（或单位负责人）姓名、地址、联系电话、风险评估情况等基本信息。

第七条 税务机关运用以金税三期核心征管系统为基础、以网上办税服务系统为支撑的信息化平台，进行信息推送。

第八条 税务机关对涉税专业服务机构和从事涉税服务人员违反《涉税专业服务监管办法（试行）》第十四条、第十五条规定的情形进行分类处理。属于严重违法违规情形的，纳入涉税服务失信名录。

税务机关在将涉税专业服务机构和从事涉税服务人员列入涉税服务失信名录前，应当依法对其行为是否确属严重违法违规的情形进行核实，确认无误后向当事人送达告知书，告知当事人将其列入涉税服务失信名录的事实、理由和依据。当事人无异议的，列入涉税服务失信名录；当事人有异议且提出申辩理由、证据的，税务机关应当进行复核后予以确定。

第九条　省税务机关将涉税服务失信名录向财政、司法等行业主管部门和所属行业协会推送，提请予以相应处理和行业自律管理。

第十条　省税务机关按照本省社会信用平台管理要求，定期将涉税服务失信名录向社会信用平台推送，对失信行为实行联合惩戒。

第十一条　省税务机关将信用等级高的涉税专业服务机构和信用记录好的从事涉税服务人员信息向财政、司法等行业主管部门和所属行业协会，以及工商、海关等需要涉税专业服务信息的政府部门推送，实行联合激励。

第十二条　税务机关纳税服务部门将纳入实名制管理的涉税专业服务机构和人员的信用状况、涉税专业服务风险信息、涉税专业服务机构与纳税人的委托代理情况、涉税专业服务机构从事涉税专业服务情况等信息以及未纳入实名制管理的涉税专业服务机构信息向内部风险控制、征收管理、税政管理等部门推送，对风险高的涉税专业服务机构和人员进行风险预警、启动调查评估。

第十三条　税务机关纳税服务部门将涉税专业服务机构及委托方纳税人涉嫌偷税（逃避缴纳税款）、逃避追缴欠税、骗取国家退税款、虚开发票等违法信息向税务稽查部门推送。

第十四条　税务机关纳税服务部门将信用等级高的涉税专业服务机构和信用记录好的从事涉税服务人员信息向征收管理、税政管理、税法宣传等部门推送，对其提供便利化纳税服务，简化涉税业务办理流程，引导其参与税务机关税法宣传和政策辅导。

第十五条　税务机关纳税服务部门将纳入实名制管理的涉税专业服务机构和人员的信用状况、涉税专业服务风险信息、违规行为和遵守行业协会自律情况等信息以及未纳入实名制管理的涉税专业服务机构信息向其委托人定期推送，为其委托人提供参考信息。

第十六条　税务机关纳税服务部门将纳入实名制管理的涉税专业服务机构和人员的信用状况、涉税专业服务风险信息、违规行为等信息向涉税专业服务机构推送，对涉税专业服务机构进行风险提示或预警，引导其规范、健康发展。

第十七条 各省税务机关可以依据本办法,结合本地实际,制定具体实施办法。

第十八条 本办法自 2017 年 12 月 1 日起施行。

财政部关于做好会计师事务所执业许可管理工作的通知

(2017年9月28日,财办会〔2017〕19号)

各省、自治区、直辖市财政厅(局),深圳市财政委员会:

《会计师事务所执业许可和监督管理办法》(财政部令第89号,以下简称《办法》)将于2017年10月1日起实施。为做好《办法》的贯彻实施,提高会计师事务所行政许可管理水平,现就有关事项通知如下:

一、为规范会计师事务所执业许可管理,提升行政许可标准化水平,财政部制定了用于会计师事务所执业许可申请和变更备案等事项的表格(见附件),请各省、自治区、直辖市财政厅(局),深圳市财政委员会(以下简称省级财政部门)自《办法》实施之日起使用新表格。

二、各省级财政部门应当及时调整完善本地区会计师事务所执业许可管理制度,更新会计师事务所执业许可办理指南等公开文件,依据《办法》在受理申请的办公场所公示新的执业许可条件、变更、注销等应当提交的材料目录及相关要求等。

三、各省级财政部门已受理但预计将于2017年10月1日后作出决定的会计师事务所及分所执业许可申请,应当依据新《办法》进行审查,作出决定。已提交的材料不需要按新申请表格进行调整;需要申请人对相关情况进行补充说明的,请做好政策解释和沟通工作。

四、自《办法》实施之日起启用新版会计师事务所执业证书和会计师事务所分所执业证书。之前发放的会计师事务所执业证书和会计师事务所分所执业证书可继续使用至2018年5月31日。统一换发时间另行通知。

五、各省级财政部门应当以《办法》实施为契机,切实转变管理理念,严格落实"谁审批谁监管、谁主管谁监管"的要求,进一步强化会计师事务所事中事后监管并优化服务,激发会计服务市场活力,促进公平竞争。

六、自《办法》实施之日起,《关于印发〈财政部关于科学引导小型会计师事务所规范发展的暂行规定〉的通知》(财会〔2010〕13号)、《关于做好会计师事务所工商登记后置审批改革政策衔接工作的通知》

（财会〔2014〕30号）同时废止。《办法》公布前制定的有关规定与《办法》不一致的，以《办法》为准。

七、各省级财政部门要密切跟踪《办法》实施情况，加大《办法》宣传力度，指导注册会计师协会、会计师事务所和注册会计师做好实施工作。督促会计师事务所不断优化内部治理、提高执业水平。实施中遇到有关问题，请及时反馈财政部。

附件：1. 会计师事务所执业许可申请表
   2. 会计师事务所合伙人或者股东情况汇总表
   3. 会计师事务所合伙人或者股东执业经历表
   4. 注册会计师情况汇总表
   5. 具有注册会计师执业资格的境外人员或移居境外人员承诺函
   6. 会计师事务所分所执业许可申请表
   7. 会计师事务所变更事项情况表
   8. 会计师事务所分所变更事项情况表
   9. 会计师事务所跨省级行政区划迁移表
   10. 会计师事务所注销分所执业许可情况表
   11. 会计师事务所执业许可注销情况表

财政部办公厅
2017年9月28日

附件1：

会计师事务所执业许可申请表

申请执业事务所名称			组织形式	
设立方式		出资总额或者注册资本（单位：万元）		
首席合伙人姓名（仅限合伙组织形式）		是否符合规定的条件		
主任会计师姓名（仅限有限责任组织形式）		是否符合规定的条件		
工商登记部门		工商登记日期		统一社会信用代码	
合伙人或者股东总数		合伙人或者股东以外的注册会计师数量		注册会计师以外的专职从业人员数量	
经营场所				
通讯地址			邮编	
联系人		电子邮箱		
联系电话		传真		
全体合伙人或者股东申明及保证	我们申请会计师事务所执业证书，并保证本申请表所填报内容及所附申请材料全部属实。我们承诺自会计师事务所取得执业证书之日起30日内办理完转入该会计师事务所的手续。 全体合伙人或者股东签名： 申请执业事务所盖章 年　月　日			

注：设立方式一栏填"新设"、"合并新设"或"分立新设"。

附件2：

会计师事务所合伙人或者股东情况汇总表

会计师事务所名称（盖章）：

序号	合伙人或者股东姓名	身份证件号码	国家/地区	境内住所地址	是否为移居境外人员	注册会计师证书编号	累计从事审计业务时间*（年）	最近连续执业时间*（年）	至申请时已在境内连续居留时间*（年）	前3年内是否因执业行为受过行政处罚（如有，请说明）*	前3年内是否因欺骗、贿赂等不正当手段申请会计师事务所执业许可而被作出不予受理、不予批准或撤销会计师事务所执业许可的决定（如有，请说明）*	出资额（万元）	出资或者股权比例	是否符合规定的资格条件

首席合伙人或者主任会计师签名：　　　　　年　月　日

注：1. 跨省级行政区划迁移办公场所不需填写表中带"*"项。
2. 有关栏目填写不下时，可插入续写。
3. 每位合伙人（股东）需填写附表3。

附件3：

会计师事务所合伙人或者股东执业经历表

姓名（本人签名）：
注册会计师证书编号：

时间	状态					所在会计师事务所	职务	参与的审计项目*	证明人*
	尚未取得注册会计师执业资格（如是，填写"√"）	首次注册（请填写批准文号）	重新注册（请填写批准文号）	注销或者撤销（请填写文号及原因）	已取得注册会计师执业资格（如是，填写"√"）				

注：1. 请按时间顺序依次填写，状态栏中每次只填一项。
2. 满足"取得注册会计师执业资格后最近连续5年在会计师事务所从事审计业务"条件的合伙人（股东）只需填写最近一次注册信息。
3. 状态栏选择"尚未取得注册会计师执业资格"的，需填写"*"项，参与的审计项目每年至少填一项同时附审计工作底稿中有本人签字的复核页复印件。填写数量需满足《会计师事务所执业许可和监督管理办法》第十一条第（三）项中累计审计经历的最低要求。

附件 4：

注册会计师情况汇总表

会计师事务所或者分所名称（盖章）：

序号	注册会计师姓名	注册会计师证书	
		证书编号	最近一次通过注协检查的时间
保证	谨此保证，本表所填报内容及所附证明材料全部属实。 首席合伙人或者主任会计师签名： 　　　　　　　　　　　　　　　　　　　　　年　月　日		

注：1. 申请会计师事务所执业证书时，填报除合伙人或者股东以外的注册会计师。
　　2. 申请分所执业证书时，分别填报会计师事务所以及申请执业证书的分所的注册会计师。会计师事务所注册会计师（不包括分所注册会计师及拟到分所执业的注册会计师）合计超过 50 名时，可不再填写。
　　3. 有关栏目填写不下时，可插入行填写。

附件 5：

具有注册会计师执业资格的境外人员或
移居境外人员承诺函

本人在境内有固定住所（地址：　　　　　　）。至申请时已在中国境内连续居留满＿＿年，其中每年在境内居留不少于 6 个月。本人承诺担任会计师事务所合伙人（股东）期间，每年在中国境内居留时间将不少于 6 个月。

签名：

　　　　　　　　　　　　　　　　　　　　　　　　　　　日期：

附件 6：

会计师事务所分所执业许可申请表

事务所名称			组织形式	
事务所取得执业许可日期		批准文号		
事务所经营场所		注册会计师（不包括已到和拟到分所执业的注册会计师）数量		
事务所最近三年内是否因执业行为受到行政处罚（如有，请另附页说明）			上年业务收入（万元）	
分所名称				
分所工商登记部门		分所工商登记日期	统一社会信用代码	
分所注册会计师数量（不含分所负责人）		分所负责人	姓名	
			注册会计师证书编号	
			是否为事务所的合伙人或者股东	
分所经营场所				
分所通讯地址			分所邮编	
分所联系人		分所联系电话	分所电子邮箱	
事务所申请及保证	我所申请分所执业许可，保证本申请表所填报内容及所附申请材料全部属实；并承诺在人事、财务、业务、技术标准和信息管理等方面对该分所进行实质性的统一管理。 首席合伙人或者主任会计师签名： 会计师事务所盖章 年　月　日			

附件7：

会计师事务所变更事项情况表

会计师事务所名称：
批准执业日期：批准文号：执业证书编号：
变更原因（填"合并"、"分立"或"其他"）：

项目		变更前情况	变更后情况	变更后是否符合执业许可条件
名称				
首席合伙人或者主任会计师				
有限责任事务所注册资本				
组织形式（仅限合伙制会计师事务所）				
合伙人或者股东	数量			
	姓名			
经营场所	经营场所			
	通讯地址及邮编			
	联系电话			
事务所保证		我所保证本表所填报内容及所附证明材料全部属实。首席合伙人或者主任会计师签名：会计师事务所盖章　　　　　　　　　　年　月　日		

注：1. 本表只需填变更事项栏目，未变更的不填。
　　2. 有关栏目填写不下时，可多张填写，并在每页签章。

附件8：

会计师事务所分所变更事项情况表

会计师事务所名称：　　　　　　组织形式：
分所名称：　　　　　　批准分所执业日期：
批准分所执业文号：　　　　　　分所执业证书编号：

项目		变更前情况	变更后情况	变更后是否符合执业许可条件
分所名称				
分所负责人				
分所经营场所	经营场所			
	通讯地址及邮编			
	联系电话			
事务所保证	我所保证本表所填报内容及所附证明材料全部属实。 首席合伙人或者主任会计师签名： 会计师事务所盖章 　　　　　　　　　　　　　　　年　月　日			

注：本表只须填变更事项栏目，未变更的不填。

附件9：

会计师事务所跨省级行政区划迁移表

事务所名称			组织形式	
迁出前名称				
迁出前经营场所		现经营场所		
迁入地工商登记时间		迁入地工商登记部门		
统一社会信用代码		出资总额/注册资本（单位：万元）		
首席合伙人或者主任会计师姓名		合伙人或者股东总数		
合伙人或者股东以外的注册会计师数量		注册会计师以外的专职从业人员数量		
通讯地址			邮编	
联系人		电子邮箱		
联系电话		传真		
是否存在以下情况（如有，请后附说明）	（1）正在接受财政部或者省级财政部门组织的检查（　）			
	（2）尚处于整改或者整改情况核查期间（　）			
分所情况	分所名称		批准执业机关	

续表

我所已从迁入，持续符合执业许可条件，保证本表所填报内容及所附材料全部属实。 首席合伙人或者主任会计师签名： 会计师事务所盖章 　　　　　　　　　　　　　　　　　　　　　　　　　年　月　日
已收到会计师事务所交回的会计师事务所执业证书，证书编号： 经办人： 联系电话： 迁出地省级财政部门（盖章） 　　　　　　　　　　　　　　　　　　　　　　　　　年　月　日

附件10：

会计师事务所注销分所执业许可情况表

事务所名称			
组织形式		批准执业日期	
执业证书编号		首席合伙人或者主任会计师姓名	
注销执业许可的分所名称			
分所批准执业日期		分所执业批准文号	
分所执业证书编号		分所工商登记部门	
分所工商登记日期		统一社会信用代码	
注销分所执业许可的原因			
事务所保证	我所保证本表所填报内容全部属实。 首席合伙人或者主任会计师签名： 会计师事务所盖章 　　　　　　　　　　　　年　月　日		

附件 11：

会计师事务所执业许可注销情况表

事务所名称				
组织形式		批准执业日期		
批准文号		执业证书编号		
工商登记日期		工商登记部门		
统一社会信用代码				
首席合伙人或者主任会计师姓名		经营场所		
分所	名称	批准执业日期	批准执业文号	执业证书编号
注销执业许可原因				
事务所保证	谨此保证，本表所填报内容全部属实。 首席合伙人或者主任会计师签名： 会计师事务所盖章 　　　　　　　　　　　　　　年　月　日			

财政部 中国保险监督管理委员会关于印发《会计师事务所职业责任保险暂行办法》的通知

(2015年6月30日，财会〔2015〕13号)

各省、自治区、直辖市财政厅（局），深圳市财政委员会，各保监局，各财产保险公司：

为规范会计师事务所职业责任保险投保行为，提高会计师事务所职业责任赔偿能力，促进会计师事务所可持续发展，根据《中华人民共和国注册会计师法》、《中华人民共和国保险法》和其他有关法律法规，财政部、保监会制定了《会计师事务所职业责任保险暂行办法》，现予印发，自2015年7月1日起施行。

附件：会计师事务所职业责任保险暂行办法

财政部　保监会
2015年6月30日

附件：

会计师事务所职业责任保险暂行办法

第一章 总则

第一条 为了规范会计师事务所职业责任保险投保行为，提高会计师事务所职业责任赔偿能力，促进会计师事务所可持续发展，根据《中华人民共和国注册会计师法》、《中华人民共和国保险法》和其他有关法律法规，制定本办法。

第二条 本办法所称会计师事务所职业责任保险（以下简称职业责任保险），是指会计师事务所及其合伙人、股东和其他执业人员因执业活动造成委托人或其他利害关系人经济损失，依法应当承担赔偿责任的保险。

会计师事务所及其合伙人、股东和其他执业人员的执业活动包括其依法开展的审计业务和其他非审计业务。

第三条 鼓励会计师事务所根据本所经营管理情况和发展需要投保职业责任保险。会计师事务所投保的职业责任保险累计赔偿限额达到本办法第九条或第十条规定的金额的，可以不再提取职业风险基金。已提取的职业风险基金的处理，按照有关法律法规的规定和会计师事务所合伙协议或公司章程的约定办理。

第二章　投保

第四条 会计师事务所对本所投保职业责任保险实行统一管理。分所的职业责任保险，原则上由总所统一投保。

第五条 会计师事务所应当优先为本所的审计业务投保职业责任保险。

会计师事务所可以根据业务风险程度和自身发展需要为其他非审计业务投保职业责任保险。

第六条 职业责任保险包括主险和附加险。会计师事务所可以在投保主险的基础上，为本所投保账册文件丢失险、首次投保追溯期扩展险等附加险。

第七条 保险公司应当建立市场化的职业责任保险费率浮动机制，根据会计师事务所风险情况及历史赔付记录进行保险费率浮动调整，促进会计师事务所加强质量控制和风险管理。

第八条 会计师事务所应当结合本所的业务范围、经营规模和风险管控能力等因素，与保险公司协商确定职业责任保险的累计赔偿限额。累计赔偿限额应当达到本办法第九条或第十条规定的金额。

前款所称累计赔偿限额，是指保险合同中载明的保险公司对保险责任范围内所有损失的最高赔偿金额。

第九条 从事上市公司、金融企业等高风险审计业务的会计师事务所，其累计赔偿限额不低于按以下两种方法计算得出的较高额：

（1）100万元与合伙人人数的乘积（按投保时的人数计算）；

（2）5000万元。

第十条 从事非上市公司、非金融企业审计业务的会计师事务所，其累计赔偿限额不低于按以下两种方法计算得出的较高额：

（1）会计师事务所最近一个年度的审计业务收入；

（2）50万元与合伙人（股东）人数的乘积（按投保时的人数计算）。

第十一条　职业责任保险合同条款应当符合《中华人民共和国保险法》的规定，并应当包含下列各事项：

（一）保险责任包含会计师事务所及其合伙人、股东和其他执业人员执业活动中因非故意行为造成委托人或其他利害关系人的经济损失，依法应当承担的赔偿责任；

（二）保险期间为1年及以上；

（三）约定合理的追溯期或报告期；

（四）会计师事务所被提起仲裁或者诉讼的，仲裁或者诉讼费用以及其他必要的、合理的法律费用，除合同另有约定外，由保险公司承担。

第十二条　会计师事务所在投保时应当向保险公司提供必要的信息资料，如实告知经营情况和风险状况。

在保险合同有效期内，如果保险合同载明的重要事项发生变更，会计师事务所应当及时通知保险公司。

第十三条　保险公司应当向会计师事务所说明保险合同的条款内容，特别是责任免除条款。未作说明的，责任免除条款不产生效力。

第十四条　保险公司及其工作人员对会计师事务所提供的信息资料负有保密义务。

第三章　赔偿

第十五条　会计师事务所发生本办法第二条规定的因执业活动造成委托人或其他利害关系人的经济损失，依法应当承担赔偿责任的情形的，保险公司应当根据保险合同的约定予以赔偿。

第十六条　保险公司应当严格履行保险合同义务，不得出现恶意拖赔、惜赔、无理拒赔等损害会计师事务所合法权益的行为。

第十七条　会计师事务所和保险公司对合同条款或赔偿事项有争议的，可以按照双方的约定申请仲裁，或者依法向人民法院提起诉讼。

采用保险公司提供的格式条款订立的保险合同，会计师事务所与保险公司对合同条款或赔偿事项有争议的，应当按照通常理解予以解释。有两种以上解释的，人民法院或者仲裁机构应当作出有利于会计师事务所的解释。

第十八条　省级财政部门、注册会计师协会可以会同省级保险监督管理部门、保险行业协会组织成立职业责任保险专家委员会，对履行保险合同可能产生的争议提供专家鉴定意见，供司法机关或有关方面参考。

第四章 监督检查

第十九条 会计师事务所应当在每年 5 月 31 日之前将职业责任保险保单复印件或者保险公司出具的该会计师事务所已投保职业责任保险的相关证明报所在地省级财政部门和注册会计师协会备案。

保险合同发生变更或解除的，会计师事务所应当将变更后的相关证明或新签订保险合同的相关证明报所在地省级财政部门和注册会计师协会备案。

第二十条 省级以上财政部门和注册会计师协会需要保险公司协助提供会计师事务所的投保、出险和理赔等必要信息的，保险公司应当提供。

第二十一条 省级以上财政部门和保险监督管理部门分别对会计师事务所和保险公司办理职业责任保险的情况进行监督检查，必要时可开展联合检查。

第五章 罚则

第二十二条 会计师事务所违反本办法规定的，由省级以上财政部门责令限期改正，逾期未改正的，列为重点监管对象并予以公告，提请审计业务委托方、其他利害关系人和社会公众关注该会计师事务所的职业责任赔偿能力。

第二十三条 保险公司办理会计师事务所职业责任保险，违反有关保险条款和保险费率管理规定的，由保险监督管理部门依照《中华人民共和国保险法》和有关规定予以处罚。

第六章 附则

第二十四条 本办法自 2015 年 7 月 1 日起施行。本办法施行后，此前有关规定与本办法不一致的，以本办法为准。

第二十五条 在本办法施行前已设立的会计师事务所，鼓励其在 5 年内尽快完成由提取职业风险基金向投保职业责任保险的过渡。

在本办法施行后新设立的会计师事务所，鼓励其优先采用投保职业责任保险的方式提高职业责任赔偿能力。

财政部　国家档案局关于印发《会计师事务所审计档案管理办法》的通知

(2016年1月11日，财会〔2016〕1号)

各省、自治区、直辖市财政厅（局）、档案局，深圳市财政委员会、档案局：

为规范会计师事务所审计档案管理，保障审计档案的真实、完整、有效和安全，充分发挥审计档案的重要作用，根据《中华人民共和国档案法》《中华人民共和国注册会计师法》《中华人民共和国档案法实施办法》及有关规定，财政部、国家档案局制定了《会计师事务所审计档案管理办法》，现予印发，自2016年7月1日起施行。

财政部　国家档案局
2016年1月11日

会计师事务所审计档案管理办法

第一章　总则

第一条　为规范会计师事务所审计档案管理，保障审计档案的真实、完整、有效和安全，充分发挥审计档案的重要作用，根据《中华人民共和国档案法》《中华人民共和国注册会计师法》《中华人民共和国档案法实施办法》及有关规定，制定本办法。

第二条　在中华人民共和国境内依法设立的会计师事务所管理审计档案，适用本办法。

第三条　本办法所称审计档案，是指会计师事务所按照法律法规和执业准则要求形成的审计工作底稿和具有保存价值、应当归档管理的各种形式和载体的其他历史记录。

第四条　审计档案应当由会计师事务所总所及其分所分别集中管理，接受所在地省级财政部门和档案行政管理部门的监督和指导。

第五条 会计师事务所首席合伙人或法定代表人对审计档案工作负领导责任。

会计师事务所应当明确一名负责人（合伙人、股东等）分管审计档案工作，该负责人对审计档案工作负分管责任。

会计师事务所应当设立专门岗位或指定专人具体管理审计档案并承担审计档案管理的直接责任。审计档案管理人员应当接受档案管理业务培训，具备良好的职业道德和专业技能。

第六条 会计师事务所应当结合自身经营管理实际，建立健全审计档案管理制度，采用可靠的防护技术和措施，确保审计档案妥善保管和有效利用。

会计师事务所从事境外发行证券与上市审计业务的，应当严格遵守境外发行证券与上市保密和档案管理相关规定。

第二章 归档、保管与利用

第七条 会计师事务所从业人员应当按照法律法规和执业准则的要求，及时将审计业务资料按审计项目整理立卷。

审计档案管理人员应当对接收的审计档案及时进行检查、分类、编号、入库保管，并编制索引目录或建立其他检索工具。

第八条 会计师事务所不得任意删改已经归档的审计档案。按照法律法规和执业准则规定可以对审计档案作出变动的，应当履行必要的程序，并保持完整的变动记录。

第九条 会计师事务所自行保管审计档案的，应当配置专用、安全的审计档案保管场所，并配备必要的设施和设备。

会计师事务所可以向所在地国家综合档案馆寄存审计档案，或委托依法设立、管理规范的档案中介服务机构（以下简称中介机构）代为保管。

第十条 会计师事务所应当按照法律法规和执业准则的规定，结合审计业务性质和审计风险评估情况等因素合理确定审计档案的保管期限，最低不得少于十年。

第十一条 审计档案管理人员应当定期对审计档案进行检查和清点，发现损毁、遗失等异常情况，应当及时向分管负责人或经其授权的其他人员报告并采取相应的补救措施。

第十二条 会计师事务所应当严格执行审计档案利用制度，规范审计档案查阅、复制、借出等环节的工作。

第十三条 会计师事务所对审计档案负有保密义务，一般不得对外提供；确需对外提供且符合法律法规和执业准则规定的，应当严格按照规定办理相关手续。手续不健全的，会计师事务所有权不予提供。

第三章 权属与处置

第十四条 审计档案所有权归属会计师事务所并由其依法实施管理。

第十五条 会计师事务所合并的，合并各方的审计档案应当由合并后的会计师事务所统一管理。

第十六条 会计师事务所分立后原会计师事务所存续的，在分立之前形成的审计档案应当由分立后的存续方统一管理。

会计师事务所分立后原会计师事务所解散的，在分立之前形成的审计档案，应当根据分立协议，由分立后的会计师事务所分别管理，或由其中一方统一管理，或向所在地国家综合档案馆寄存，或委托中介机构代为保管。

第十七条 会计师事务所因解散、依法被撤销、被宣告破产或其他原因终止的，应当在终止之前将审计档案向所在地国家综合档案馆寄存或委托中介机构代为保管。

第十八条 会计师事务所分所终止的，应当在终止之前将审计档案交由总所管理，或向所在地国家综合档案馆寄存，或委托中介机构代为保管。

第十九条 会计师事务所交回执业证书但法律实体存续的，应当在交回执业证书之前将审计档案向所在地国家综合档案馆寄存或委托中介机构代为保管。

第二十条 有限责任制会计师事务所及其分所因组织形式转制而注销，并新设合伙制会计师事务所及分所的，转制之前形成的审计档案由新设的合伙制会计师事务所及分所分别管理。

第二十一条 会计师事务所及分所委托中介机构代为保管审计档案的，应当签订书面委托协议，并在协议中约定审计档案的保管要求、保管期限以及其他相关权利义务。

第二十二条 会计师事务所及分所终止或会计师事务所交回执业证书但法律实体存续的，应当在交回执业证书时将审计档案的处置和管理情况报所在地省级财政部门备案。委托中介机构代为保管审计档案的，应当提交书面委托协议复印件。

第四章 鉴定与销毁

第二十三条 会计师事务所档案部门或档案工作人员所属部门（以下统称档案管理部门）应当定期与相关业务部门共同开展对保管期满的审计档案的鉴定工作。

经鉴定后，确需继续保存的审计档案应重新确定保管期限；不再具有保存价值且不涉及法律诉讼和民事纠纷的审计档案应当登记造册，经会计师事务所首席合伙人或法定代表人签字确认后予以销毁。

第二十四条 会计师事务所销毁审计档案，应当由会计师事务所档案管理部门和相关业务部门共同派员监销。销毁电子审计档案的，会计师事务所信息化管理部门应当派员监销。

第二十五条 审计档案销毁决议或类似决议、审批文书和销毁清册（含销毁人、监销人签名等）应当长期保存。

第五章 信息化管理

第二十六条 会计师事务所应当加强信息化建设，充分运用现代信息技术手段强化审计档案管理，不断提高审计档案管理水平和利用效能。

第二十七条 会计师事务所对执业过程中形成的具有保存价值的电子审计业务资料，应当采用有效的存储格式和存储介质归档保存，建立健全防篡改机制，确保电子审计档案的真实、完整、可用和安全。

第二十八条 会计师事务所应当建立电子审计档案备份管理制度，定期对电子审计档案的保管情况、可读取状况等进行测试、检查，发现问题及时处理。

第六章 监督管理

第二十九条 会计师事务所从业人员转所执业的，离所前应当办理完结审计业务资料交接手续，不得将属于原所的审计业务资料带至新所。

禁止会计师事务所及其从业人员损毁、篡改、伪造审计档案，禁止任何个人将审计档案据为己有或委托个人私存审计档案。

第三十条 会计师事务所违反本办法规定的，由省级以上财政部门责令限期改正。逾期不改的，由省级以上财政部门予以通报、列为重点监管对象或依法采取其他行政监管措施。

会计师事务所审计档案管理违反国家保密和档案管理规定的，由保密行政管理部门或档案行政管理部门分别依法处理。

第七章 附则

第三十一条 会计师事务所从事审阅业务和其他鉴证业务形成的业务档案参照本办法执行。有关法律法规另有规定的,从其规定。

第三十二条 本办法自 2016 年 7 月 1 日起施行。

财政部关于印发《金融企业选聘会计师事务所管理办法》的通知

(2016年3月3日，财金〔2016〕12号)

各中央金融企业，各省、自治区、直辖市、计划单列市财政厅（局），新疆生产建设兵团财务局，财政部驻各省、自治区、直辖市、计划单列市财政监察专员办事处：

为加强国有金融资产管理，规范国有及国有控股金融企业选聘会计师事务所行为，提高会计信息质量，促进注册会计师行业的公平竞争，保护金融企业和会计师事务所的合法权益，现将《金融企业选聘会计师事务所管理办法》印发给你们，请遵照执行。

各省、自治区、直辖市、计划单列市财政厅（局）及新疆生产建设兵团财务局请将本文转发地方金融企业执行。

附件：金融企业选聘会计师事务所管理办法

财政部
2016年3月3日

附件：

金融企业选聘会计师事务所管理办法

第一章 总则

第一条 为加强国有金融资产管理，规范金融企业选聘会计师事务所行为，提高会计信息质量，促进注册会计师行业的公平竞争，保护金融企业和会计师事务所的合法权益，根据《公司法》、《中华人民共和国注册会计师法》及相关法律法规，制定本办法。

第二条 在中华人民共和国境内依法设立的国有及国有控股金融企业

（含中国投资有限责任公司）适用本办法，其他金融企业参照本办法执行。

第三条　本办法所称金融企业，指获得金融业务（包括证券、保险业务）许可证的企业，包括政策性银行、开发性银行、邮政储蓄银行、国有商业银行、股份制商业银行、城市商业银行、农村商业银行、农村合作银行、信用社、新型农村金融机构、信托投资公司、金融租赁公司、金融资产管理公司、财务公司、保险公司、证券公司、期货公司、基金管理公司，以及金融控股公司、融资性担保公司、金融监管部门所属的从事相关金融业务的企业等。

第四条　本办法所称金融企业选聘会计师事务所是指金融企业根据相关法律法规要求，聘用会计师事务所对财务报告（包括中国会计准则财务报告和国际财务报告准则财务报告，下同）发表审计意见、出具审计报告的行为。

第五条　金融企业选聘会计师事务所，服务费用达到或超过120万元的，应采用公开招标或邀请招标的采购方式；服务费用不足120万元的，可采用公开招标、邀请招标或竞争性谈判等采购方式。

第六条　金融企业合并资产总额在5000亿元及以内或者控股企业户数在50户及以内的，其全部企业原则上聘用同一家会计师事务所实施审计；金融企业合并资产总额在5000亿元以上，并且控股企业户数在50户以上的，其全部企业最多可聘用不超过5家会计师事务所实施审计。对于聘用多家会计师事务所审计的，应确定其中一家为主审会计师事务所。主审会计师事务所承担的审计业务量一般不低于50%并且金融企业母公司报表及合并报表必须由主审会计师事务所审计。参与审计的会计师事务所对各自审计的内容承担审计责任，主审会计师事务所对金融企业母公司报表及合并报表承担审计责任。

第七条　金融企业选聘会计师事务所招标投标活动应当遵循公开、公平、公正和诚实信用的原则。

任何单位和个人不得违反法律、行政法规规定，限制或者排斥会计师事务所参加投标，不得以任何方式非法干涉招标投标活动。

会计师事务所通过投标承接和执行审计业务的，应当遵守审计准则和职业道德规范，严格按照业务约定书履行义务、完成中标项目。

第二章　会计师事务所资质要求

第八条　金融企业聘用的会计师事务所要具备以下基本资质：

（一）在中国境内依法注册成立3年及以上，由有限责任制转为特殊的普通合伙制或普通合伙制的会计师事务所，延续转制前的经营年限；

（二）具有固定的工作场所，组织机构健全，内部管理和控制制度较为完善并且执行有效；

（三）具有良好的执业质量记录，按时保质完成审计工作任务，在审计工作中没有出现重大审计质量问题和不良记录，具备承担相应审计风险的能力；

（四）具有良好的职业道德记录和社会声誉，认真执行有关财务审计的法律、法规和政策规定；

（五）能够保守被审计金融企业的商业秘密，维护国家金融信息安全；

（六）财政部规定的其他条件。

第九条 承担金融企业审计业务的会计师事务所，注册会计师人数、经营年限、业务规模等资质条件必须与金融企业规模相适应。具体要符合以下条件：

（一）金融企业合并资产规模在 5000 亿元以上的，受聘会计师事务所注册会计师人数不少于 200 人，近 3 年内有连续从事金融企业审计相关经验；

（二）金融企业合并资产规模达 1 万亿元以上的，受聘会计师事务所注册会计师不少于 400 人，近 3 年内有连续从事金融企业审计相关经验。受聘会计师事务所在承接该项审计业务后，单项业务收入占事务所当年总收入的比例原则上不得超过 40%。

第十条 会计师事务所存在下列情况之一的，不得从事金融企业审计业务：

（一）近 3 年内因违法违规行为被财政部、省级财政部门或其他相关部门给予没收违法所得、罚款、暂停执行部分或全部业务、吊销有关执业许可证和撤销会计师事务所等行政处罚；

（二）近 3 年内因审计质量等问题被国家相关主管部门给予警告或通报批评两次（含两次）以上；

（三）财政部、省级财政部门根据会计师事务所执业质量，明确其不适合承担金融企业审计工作。

第十一条 金融企业在境外上市，应当优先选择有利于保障国家经济信息安全的大型会计师事务所提供相关服务，如根据相关要求聘用境外会计师事务所的，受聘会计师事务所应具备良好的职业道德记录和社会声誉，并在中国境内设有符合本办法第八条、第九条和第十条规定的相关成员机构。

第十二条 金融企业在选聘会计师事务所过程中，应按本办法规定要求投标会计师事务所提供有关资质证明文件，充分运用财政部门和注册会计师协会公开的行业信息，对会计师事务所进行资格审查。

第三章 招标、投标、开标、评标规范

第十三条 金融企业通过招标选聘会计师事务所，招标方式分为公开招标和邀请招标。

（一）公开招标，指通过在公开媒体发布招标公告，邀请会计师事务所投标的选聘方式。

（二）邀请招标，指通过投标邀请书，邀请3家及以上会计师事务所投标的选聘方式。

第十四条 金融企业负责组织内部相关业务部门编制选聘会计师事务所招标文件。招标文件应当包括下列内容：

（一）招标项目介绍；

（二）对投标会计师事务所资质审查的标准；

（三）投标报价要求；

（四）评标标准；

（五）拟签订业务约定书的主要条款。

招标单位应当在招标文件中详细披露便于投标会计师事务所确定工作量、制定工作方案、提出合理报价、编制投标文件的招标项目信息，包括金融企业的组织架构、所处行业、业务类型、地域分布、财务信息（如资产规模及结构、负债水平、年业务收入水平、其他相关财务指标）等。

第十五条 招标文件确定的评标标准至少应当包括以下内容：

（一）投标会计师事务所的资质条件；

（二）投标会计师事务所的工作方案、人员配备、相关工作经验、职业道德记录和质量控制水平、商务响应程度；

（三）投标会计师事务所的报价；

（四）其他金融企业认为应评定的标准。

金融企业可参照附表（评标标准及其权重设计参考表）设计具体评标标准及权重表。

第十六条 会计师事务所根据招标公告的要求或投标邀请书中的规定进行投标。会计师事务所应按照规定的程序及相关要求，在规定时间内将投标文件报送招标人。未按招标公告及相关要求密封的投标文件、迟报的投标文件均为无效投标文件。

第十七条　会计师事务所在投标书中对以下方面作出明确的承诺和陈述：

（一）会计师事务所的营业执照和执业证书复印件；

（二）同意承担招标书规定的工作内容；

（三）审计工作方案及保证措施；

（四）会计师事务所近3年受行政处罚、处理情况；

（五）项目小组人员构成、项目负责人及主要成员简介及其相关资格证书的复印件；

（六）收取费用预算及支付方式（费用预算中人工费用、差旅费用、其他费用等应分别列示）；

（七）未经金融企业有关监管部门和被审计金融企业书面同意，不将审计工作底稿及审计过程中获得的有关被审计单位的相关信息在审计团队以外流传，根据法律、法规、职业道德守则要求向有关监管部门提供信息或披露信息的除外；

（八）其他需要报送的材料和情况。

第十八条　在会计师事务所按规定投标后，金融企业应密封保存，并于评标时在监票人员的监督下统一开标。

第十九条　金融企业应当组建评标专家库。专家库成员应由金融企业内部专业人士和熟悉金融业务或财务会计业务的外部专家组成。

金融企业组建评标委员会负责评标，评标委员会由金融企业代表和评标专家组成，成员人数为5人以上单数，其中评标专家不得少于成员总数的2/3，并且熟悉金融业务或财务会计业务的外部专家一般不应少于成员总数的1/3。

评标委员会名单在中标结果确定前应当保密。

第二十条　金融企业应当采取必要的措施，保证评标在严格保密的情况下进行。任何单位和个人不得非法干预、影响评标的过程和结果。

第二十一条　评标委员会应当按照公平、公正、择优的原则进行评标，认真对投标会计师事务所的投标文件和陈述进行审核，依据评标标准对投标会计师事务所进行评分，按照得分高低次序排出名次，并根据名次向金融企业推荐不超过3名中标候选会计师事务所，同时提供书面评标报告。

第四章　金融企业决策程序规范

第二十二条　金融企业应在评标委员会推荐的中标候选会计师事务所中确定一名中标会计师事务所。

在同等条件下，对于符合下列条件之一的会计师事务所应优先考虑：

（一）高级管理团队关系和谐、年富力强的；

（二）运用信息化手段实施质量控制和内部管理的；

（三）组织形式为特殊的普通合伙制的；

（四）由财政部和中国证监会推荐从事 H 股企业审计业务的；

（五）具有较强的执业责任承担能力的。

第二十三条　股份制金融企业，由金融企业经营管理层或董事会专门委员会初步确定中标会计师事务所后，应按企业章程规定，履行董事会或股东会（股东大会）审议程序，决定聘用中标会计师事务所，并确定会计师事务所的报酬。

第二十四条　股份制金融企业，如董事会或股东会（股东大会）未审议通过聘用中标会计师事务所，金融企业经营管理层或董事会专门委员会应在评标委员会推荐的中标候选会计师事务所中另行确定一名中标会计师事务所，重新提请董事会或股东会（股东大会）审议。如中标候选会计师事务所均未获通过，金融企业应重新启动会计师事务所选聘程序。

第二十五条　金融企业履行内部决策程序决定聘用中标会计师事务所后，应向中标会计师事务所发出中标通知书，同时将中标结果通知所有未中标的投标会计师事务所。

第五章　会计师事务所中标有效期

第二十六条　金融企业连续聘用同一会计师事务所（包括该会计师事务所的相关成员单位）原则上不超过 5 年。5 年期届满，根据中国注册会计师协会公布的最近一期会计师事务所综合评价信息，对于排名进入前 15 名且审计质量优良的会计师事务所，金融企业经履行内部决策程序后，可适当延长聘用年限，但连续聘用年限不超过 8 年，在上述年限内可以不再招标。连续聘用会计师事务所的起始年限从该会计师事务所实际承担金融企业财务报告审计业务的当年开始计算。

第二十七条　审计项目主管合伙人和签字注册会计师连续承担同一金融企业审计业务不超过 5 年。

第二十八条　除本办法第二十六条规定的情况外，会计师事务所一经中标，有效期限最长为 5 年。在中标有效期内，金融企业续聘同一会计师事务所的，可以不再招标，按公司治理程序续聘。

截至本办法印发之日，金融企业招标聘用会计师事务所期限如已达到原办法规定的中标有效期限（3 年），可以延长至不超过 5 年。

第二十九条 会计师事务所在中标有效期内，存在以下情况的，金融企业有权终止与会计师事务所的业务约定：

（一）会计师事务所未按业务约定将审计报告等服务成果提交金融企业的；

（二）会计师事务所出具的审计报告不符合审计工作要求，存在明显审计质量问题的；

（三）会计师事务所将服务分包或转包给其他机构的；

（四）会计师事务所与其他投标人串通、与金融企业有关人员串通，虚假投标的；

（五）会计师事务所资质条件发生变化，不符合本办法第八条、第九条、第十条规定的；

（六）其他违反法律、法规和业务约定的行为。

第三十条 金融企业解聘、不再续聘会计师事务所，金融企业连续聘用同一会计师事务达到规定年限或者中标有效期满，会计师事务所辞聘，会计师事务所承接业务存在办法第十条所列情况，或不再符合本办法第二十六条关于延长聘用年限规定条件的，金融企业应根据本办法规定，重新履行会计师事务所招标程序。

第六章 管理与监督

第三十一条 经履行本办法规定程序，金融企业拟聘用中标会计师事务所或根据第二十六条规定拟延长聘用年限的，应在决定聘用（或延长聘用）后15个工作日内，将选聘会计师事务所结果报同级财政部门备案。

第三十二条 除金融企业连续聘用同一会计师事务达到规定年限的情况外，在中标有效期满前，金融企业解聘会计师事务所或会计师事务所辞聘的，金融企业应将有关情况报同级财政部门备案。备案内容包括金融企业解聘会计师事务所或会计师事务所辞聘的主要原因，金融企业对该会计师事务所执业质量和职业道德等情况的基本评价，会计师事务所的陈述意见，以及其他需要说明的情况。

第三十三条 各级财政部门负责对同级金融企业选聘会计师事务所的行为实施监督和管理，对相关违规行为及时予以制止和纠正，并依法进行处理。

第七章 附则

第三十四条 金融企业聘用会计师事务所从事其他审计、审阅、鉴证、咨询等业务参照本办法执行。

第三十五条 本办法由财政部负责解释。金融企业可以根据本办法制定本企业选聘会计师事务所管理实施细则，经履行内部决策程序后实施。

第三十六条 本办法自印发之日起施行。《财政部关于印发的通知》（财金〔2010〕169号）同时废止。

附表：

评标标准及其权重设计参考表

评审内容	权重
工作方案	20%
人员配备	20%
报价	20%
相关工作经验	15%
职业道德记录和质量控制水平	10%
会计师事务所资质	10%
商务响应程度	5%

注：1. 对于报价的评审，应当以报价与平均报价差异的绝对值作为评审标准，差异绝对值越小，所得分值越高。

2. 金融企业可根据招标金融企业的特点及业务需求对评标标准权重予以适当调整，调整幅度在参考权重标准的20%以内。

国务院国有资产监督管理委员会关于印发《中央企业重组后选聘会计师事务所及会计师事务所受短期暂停承接新业务处理有关问题解答》的通知

(2017年11月10日，国资厅发财管〔2017〕55号)

各中央企业：

  为促进中央企业提高决算工作质量，规范决算审计工作，国资委印发了《中央企业财务决算审计工作规则》（国资发评价〔2004〕173号）、《关于加强中央企业财务决算审计工作的通知》（国资厅发评价〔2005〕43号）、《关于印发〈中央企业财务决算审计有关问题解答〉的通知》（国资厅发评价〔2006〕23号），国资委与财政部联合印发了《关于会计师事务所承担中央企业财务决算审计有关问题的通知》（财会〔2011〕24号）等有关规定，建立了中央企业决算审计中介机构资质、数量、轮换管理制度体系，在执行中不断完善，既保障了中央企业在政策框架内的自主选聘权，又促进了审计质量提高和审计行业健康发展。近期，企业在实践中遇到一系列新情况，如中央企业重组后事务所如何管理、会计师事务所被行业主管部门（财政部）短期暂停新承接业务如何处理等，为帮助各中央企业更好地执行国资委关于财务决算工作统一要求，现将《中央企业重组后选聘会计师事务所及会计师事务所受短期暂停承接新业务处理有关问题解答》印发给你们，在执行过程中有何问题，请及时反映。

国资委办公厅
2017年11月10日

中央企业重组后选聘会计师事务所及会计师事务所受短期暂停承接新业务处理有关问题解答

随着中央企业重组步伐加快，以及会计师行业整合重组力度加强，近期不少中央企业和会计师事务所陆续反映财务决算审计会计师事务所选聘中的一些新情况和问题，现解答如下：

一、关于选聘会计师事务所的基本原则

除国资委根据工作需要统一委托会计师事务所对企业年度财务决算进行审计以外，企业决算审计会计师事务所选聘由企业依法合规自主决策。选聘会计师事务所应符合财政部、国资委有关会计师事务所资质、年限等要求。

二、关于中央企业重组后会计师事务所家数、连续审计年限计算等问题

（一）对经国资委批准，2家以上中央企业集团进行重组的，重组后新集团全部境内子企业（含注册地境外、实体经营在境内企业）的决算审计会计师事务所应控制到5家以内，遇有特殊情况（如重组时间紧张未能及时更换等）需要过渡的，过渡期原则上为重组后1次决算审计，最多不超过2次。

（二）重组后新集团在编报第2次集团合并决算以前，由集团统一组织招标更换会计师事务所的，承担重组前各企业决算审计的事务所（含主审与参审）如果参与投标并中标的，其连续审计年限从新集团统一选聘之日起重新计算。重组后新集团第2次决算以后再更换会计师事务所的，视同未发生重组的企业，各事务所审计年限从实际承担审计业务起连续计算。

（三）年限连续计算既包括主审所，也包括参审所，只要承担过集团部分企业决算审计业务，其年限均连续计算。

（四）重组后新集团在子企业审计业务分派中应注意：一是主审会计师事务所承担的审计业务量一般不低于50%，且企业总部报表和合并报表必须由主审会计师事务所审计；二是同一会计师事务所从实际承担某子企业审计时起，原则上连续年限不应超过8年。

（五）境外子企业因跨多个国别确有需要的，决算审计中介机构可根据工作需要安排，原则上同一事务所连续审计年限不应超过8年。

三、关于对受到行业主管部门短期内暂停承接新业务处理的会计师事务所是否可以选聘问题

鉴于行业主管部门作出的短期内暂停承接新业务处理与《关于加强中央企业财务决算审计工作的通知》（国资厅发评价〔2005〕43号）中关于3年内被国家相关主管部门暂停执行部分或全部业务情形不完全相同，是否选聘由企业依法合规决定。选聘时应把握：

（一）被处罚的会计师3年内不应作为中央企业审计报告签字会计师。

（二）在被处理的会计师事务所完成整改、有关主管部门恢复其新承接业务资格前，不应选聘该所，业务资格恢复后是否选聘由企业自定。

（三）如果引起处理的案例为中央企业审计业务，在该事务所恢复业务资格后一段时间内（1年或以上，视相关问题严重程度调整）不应选聘该所。

《关于加强中央企业财务决算审计工作的通知》（国资厅发评价〔2005〕43号）、《关于印发〈中央企业财务决算审计有关问题解答〉的通知》（国资厅发评价〔2006〕23号）等相关规定与本解答不一致的，以本解答为准。

中国注册会计师协会关于修改《会计师事务所综合评价办法》的通知

(2015年7月1日,会协〔2015〕42号)

各省、自治区、直辖市注册会计师协会:

为体现会计师事务所综合评价工作的基本要求,更加科学合理地设计评价方法,在广泛征求意见的基础上,经中国注册会计师协会常务理事会审议通过,对《会计师事务所综合评价办法》(会协〔2014〕22号)作出修订。

现予发布,自发布之日起施行。

附件:
1. 《会计师事务所综合评价办法》
2. 关于修订《会计师事务所综合评价办法》的说明

中国注册会计师协会
2015年7月1日

附件1:

会计师事务所综合评价办法

(2014年5月发布,2015年6月修订)

经中国注册会计师协会常务理事会审议通过,《会计师事务所综合评价办法》作出如下修订:

第十三条改为:"前百家事务所排名得分=业务收入指标得分+综合评价其他指标得分-处罚和惩戒指标应减分值。其中:

(一)业务收入指标得分=[前百家候选事务所业务收入中位数+前百家候选事务所业务收入中位数×(该事务所业务收入的自然对数-前百家候选事务所业务收入中位数的自然对数)]/修正系数

（1）事务所业务收入＝该事务所本身业务收入＋与该事务所统一经营的其他执业机构业务收入×5％

（2）修正系数＝前百家候选事务所中业务收入最高者的业务收入得分（修正前）/1000

（二）业务收入指标得分和综合评价其他指标得分，满分均为1000分

（三）处罚和惩戒指标应减分值＝∑［刑事处罚、行政处罚和行业惩戒的次数（人数）×相关分值］处罚和惩戒指标为直接减分项，按照处罚和惩戒不同种类减分：

1. 事务所受到暂停业务处罚，及与其他处罚并处的，一次减8分；单处警告、没收违法所得、罚款，及以上三项或者两项处罚并处的，一次减6分；受到公开谴责的，一次减6分；受到通报批评的，一次减4分；受到训诫的，一次减2分。

2. 注册会计师受到吊销注册会计师证书、撤销会员资格的，减5分；受到其他行政处罚和行业惩戒的应减分值，分别按照事务所受到相应行政处罚和行业惩戒应减分值的50％计算；因执业行为受到刑事处罚的，一次减8分"。

第一条、第五条、第七条、第八条、第九条、第十二条、第十五条作文字性修订。

第一条 为综合反映与科学评价会计师事务所（以下简称事务所）发展水平，引导事务所做强做大、做精做专，不断提升服务国家建设、服务市场主体、服务公众利益的能力，制定本办法。

第二条 中国注册会计师协会（以下简称中注协）以注册会计师行业管理信息系统为基础，组织开展事务所综合评价工作，并公布事务所综合评价前百家排名信息。

第三条 事务所综合评价每年进行一次。

第四条 经批准设立的事务所，除具有下列情形之一者之外，均参加综合评价：

（一）未持续达到规定的设立条件；

（二）未履行会员义务；

（三）未按时填列综合评价信息；

（四）上年度填列综合评价信息严重失实。

第五条 涉及合并、分立事项的事务所，于上年度12月31日前办结以下所有手续的，可以合并、分立后的事务所参加综合评价：

（一）签订合并、分立协议，形成合并、分立相关会议决议及合伙人（股东）协议；

（二）完成主管部门批准变更相关执业证书、变更登记手续和工商管理部门批准变更登记手续；

（三）完成合伙人（股东）退伙（退股）、注册会计师转所手续。

第六条　参加综合评价的事务所，按照要求填写综合评价表，上报所在地的省、自治区、直辖市注册会计师协会（以下简称地方注协）审核。事务所跨省级行政区设立的分所，上报分所所在地地方注协审核。

第七条　为保证综合评价工作的公平、公正，综合评价表指标将上年度12月31日作为基准日。

第八条　事务所应当及时更新行业管理信息系统中与综合评价相关的信息，并对填报信息的真实性负责。

第九条　地方注协负责审核本地区事务所和本地区分所填列的信息。可以结合注册会计师任职资格检查工作，对本地区事务所、分所填列信息组织审查，将审查结果上报中注协。

第十条　中注协对事务所填列信息进行抽查。如果发现填列信息不实的，责令事务所限期更正。如发现填列信息严重失实或故意填列不实信息的，取消事务所当年度综合评价资格，并通报批评。

第十一条　中注协根据综合评价结果，按照本办法的规定，计算并确认事务所的综合评价得分，公布事务所综合评价得分前百家排名信息。

对于在公布前终止的事务所的信息，不予公布。

第十二条　事务所综合评价前百家排名所依据指标包括业务收入指标、综合评价其他指标、处罚和惩戒指标三大类。

（一）业务收入指标是指，事务所每年上报中注协的、经过审计的上一年度事务所本身业务收入，以及与事务所统一经营的其他执业机构业务收入。

（二）综合评价其他指标是指，综合评价表中除了业务收入指标、处罚和惩戒指标以外的指标。包括：基本情况、内部治理、执业质量、人力资源、国际业务、信息技术、党群共建、社会责任、受奖励情况等。

（三）处罚和惩戒指标是指，最近两个年度内，事务所及其注册会计师在执业中受到刑事处罚、行政处罚和行业惩戒。

第十三条　前百家事务所排名得分＝业务收入指标得分＋综合评价其他指标得分－处罚和惩戒指标应减分值。其中：

（一）业务收入指标得分＝［前百家候选事务所业务收入中位数＋前

百家候选事务所业务收入中位数×(该事务所业务收入的自然对数－前百家候选事务所业务收入中位数的自然对数)]/修正系数

（1）事务所业务收入＝该事务所本身业务收入＋与该事务所统一经营的其他执业机构业务收入×5%

（2）修正系数＝前百家候选事务所中业务收入最高者的业务收入得分（修正前）/1000

（二）业务收入指标得分和综合评价其他指标得分，满分均为1000分

（三）处罚和惩戒指标应减分值＝$\sum$[刑事处罚、行政处罚和行业惩戒的次数（人数）×相关分值] 处罚和惩戒指标为直接减分项，按照处罚和惩戒不同种类减分：

1. 事务所受到暂停业务处罚，及与其他处罚并处的，一次减8分；单处警告、没收违法所得、罚款，及以上三项或者两项处罚并处的，一次减6分；受到公开谴责的，一次减6分；受到通报批评的，一次减4分；受到训诫的，一次减2分。

2. 注册会计师受到吊销注册会计师证书、撤销会员资格的，减5分；受到其他行政处罚和行业惩戒的应减分值，分别按照事务所受到相应行政处罚和行业惩戒应减分值的50%计算；因执业行为受到刑事处罚的，一次减8分。

第十四条 地方注协可以本办法为参照，根据自身实际情况，制定本地区的综合评价办法。

附件 2：

关于修订《会计师事务所综合评价办法》的说明

《会计师事务所综合评价办法》(以下简称《办法》) 实施以来，在引导会计师事务所做强做大、做精做专方面发挥了积极作用。但也有行业内外同志反映，按目前的评分办法，收入指标占比权重过大，其他指标相对弱化，这种情况在排名靠前的事务所中尤为突出。

经我会组织数据统计分析领域专家对计算过程的专题研究，认为造成以上情况的主要原因是，按目前评分方法计算，业务收入数值跨度大、数据分布偏态、得分级差大，收入在排名得分中具有压倒性的决定作用而综合评价其他指标体现不充分。

为进一步体现会计师事务所综合评价工作的目标，平衡业务收入指标与综合评价其他指标之间的分值比重，有效避免得分数据偏态、级差过大以及收入指标起压倒性作用等问题，根据事务所行业数据的特点，科学、合理地设计得分计算方法，我们重新对办法第十三条有关内容作出以下修改：

第一，采用对数尺度变换方法的计算公式替代现有公式，计算得出业务收入指标得分。上述修改的统计学依据为：(1) 理论上讲，对数变换是单调函数变换，不会改变数据的原有次序，也就是说利用对数变换后的数据进行得分测算，得到的排名次序与使用原数据测算的结果一致；(2) 对数变换是数据正态化的一种常用有效手段，可以增加数据的对称性和数据分布的稳定性，有效地纠正事务所收入数据的偏态分布特征；(3) 对数变换可以有效降低原业务收入的数量级，缩减数据分布的数值区间，降低得分结果的级差，有效改善得分差距的级差过大的问题；(4) 对数变换对数值小的部分数据差异的敏感程度高，数量众多的低收入事务所会拉开相应的差距。

第二，业务收入指标和综合评价其他指标得分均为 1000 分。

第三，统一经营的其他执业机构收入按 5% 的比例折算计入业务收入指标得分。

在将修改《办法》第十三条建议送审议过程中，部分省级注协、中注协注册管理委员会委员及中注协常务理事提出了一些新的修改意见。综合各方考虑，除第十三条外，我们对《办法》第一、五、七、八、九、十

二、十五条一并作以下修改（标黑处为修改内容）：

"**第一条** 为综合反映与**科学**评价会计师事务所（以下简称事务所）**科学**发展水平，引导事务所做强做大、做精做专，不断提升服务国家建设、服务市场主体、服务公众利益的能力，制定本办法。"

"**第五条** 涉及合并、分立事项的事务所，于上年度12月31日前办结以下所有手续的，可以合并、分立后的事务所参加综合评价：

（一）签订合并**、**分立协议，形成合并、分立相关会议决议及合伙人（股东）协议；

（二）完成**主管部门批准变更相关执业证书、变更登记手续和工商管理部门批准变更登记手续；**

（三）完成合伙人（股东）退伙（退股）、注册会计师转所手续。"

"**第七条** 为保证综合评价工作的公平、公正，综合评价表指标将上年度12月31日作为基准日。**开始填报后，将以基准日的数据为准，从行业管理信息系统中提取综合评价表所需数据。**"

"**第八条** 事务所**应当及时更新行业管理信息系统中与综合评价相关的信息，并对填报信息的真实性负责。**"

"**第九条** 地方注协负责审核本地区事务所和本地区分所**填列的**信息。可以结合**本地区当年度**注册会计师任职资格检查工作，对本地区事务所**、及**分所填列信息组织审查，将审查结果上报中注协。"

"**第九条** 地方注协负责审核本地区事务所和本地区分所的填列信息。可以结合本地区当年度注册会计师任职资格检查工作，对本地区事务所及**其**分所填列信息组织审查，将审查结果上报中注协。"

"**第十二条** 事务所综合评价前百家排名**所依据**指标**包括分为：**业务收入指标、综合评价其他指标、处罚和惩戒指标三大类。

（一）业务收入指标**是指，**事务所每年上报中注协的、经过审计的上一年度事务所本身业务收入，以及与事务所统一经营的其他执业机构业务收入。

（二）综合评价其他指标**是指，**综合评价表中除了业务收入指标、处罚和惩戒指标以外的指标。包括：基本情况、内部治理、执业质量、人力资源、国际业务、信息技术、党群共建、社会责任、受奖励情况等**类指标。**

（三）处罚和惩戒指标是指，最近两个年度内，事务所及其注册会计师在执业中受到刑事处罚、行政处罚和行业惩戒**的情况**。"

"**第十三条** 前百家事务所排名得分＝业务收入指标得分＋综合评价

其他指标得分－处罚和惩戒指标应减分值。其中：

（一）业务收入指标得分＝[前百家候选事务所业务收入中位数＋前百家候选事务所业务收入中位数×（该事务所业务收入的自然对数－前百家候选事务所业务收入中位数的自然对数）]/修正系数

（1）事务所业务收入＝该事务所本身业务收入＋与该事务所统一经营的其他执业机构业务收入×5%

（2）修正系数＝前百家候选事务所中业务收入最高者的业务收入得分（修正前）/1000

（二）业务收入指标得分和综合评价其他指标得分，满分均为1000分

（三）综合评价其他指标得分＝该事务所综合评价其他指标得分之和

（三）处罚和惩戒指标应减分值＝∑[刑事处罚、行政处罚和行业惩戒的次数（人数）×相关分值]

处罚和惩戒指标为直接减分项，按照下列处罚和惩戒不同种类减分：

1. 事务所受到暂停业务处罚，及与其他处罚并处的，一次减8分；单处警告、没收违法所得、罚款，及以上三项或者两项处罚并处的，一次减6分；受到公开谴责的，一次减6分；受到通报批评的，一次减4分；受到训诫的，一次减2分。

2. 注册会计师受到吊销注册会计师证书、撤销会员资格的，减5分；受到其他行政处罚和行业惩戒的应减分值，分别按照事务所受到相应行政处罚和行业惩戒应减分值的50%计算；因执业行为受到刑事处罚的，一次减8分。"

"第十五条　本办法自发布之日起施行。"

附：关于第十三条采用的两个数学概念的说明

（一）中位数

1. 概念：中位数（又称中值，Median），表示样本或者总体分布的正中间位置所对应的标志值，中位数将数列划分为数量相等的两部分，也就是说高于中位数的观测的数量和低于中位数的观测的数量是相等的。对于有限数列，可以通过把所有观测值高低排序后找出正中间的标志值作为中位数。对于分组数据可以通过内插法确定中位数的位置。

2. 中位数的特点及其应用

中位数不受分布数列的极大或极小值影响，可以代表全体数据的一般水平，在偏态的分布中，中位数作为数据平均水平的代表性优于均值。

会计师事务所综合排名算法中，事务所业务收入原始数据呈现严重偏态的特征，即业务收入较多的事务所数量较少，业务收入较少的事务所数量较多，且收入水平差距较大。由于均值会受到极端值的影响，而中位数具备不受数列极大、极小值影响的特点，更能代表数据的一般水平，因此使用收入中位数能较好地反映前百家事务所收入水平的平均情况。

（二）自然对数

1. 概念：以常数 e 为底数的对数叫做自然对数，记作 $\ln(x)(x>0)$。见下图。

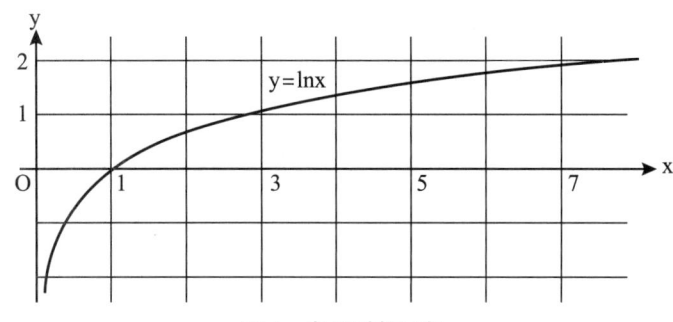

图1　自然对数函数

注：e 是一个无限不循环小数，其值约等于 2.718281828459…自然对数的底数 e 是由一个重要极限给出的。定义：当 n 趋于无限时，$\lim_{n\to\infty}\left(1+\dfrac{1}{n}\right)=e$。

2. 自然对数的特点

（1）自然对数函数是严格的递增函数，它具有保持原始数列中的数据次序的特点。也就是说，利用自然对数重新表达后不改变数据值之间的距离；

（2）自然对数函数是连续函数，这保证了原始数据中非常接近的点，在利用自然对数重新表达后也非常接近；

（3）自然对数是光滑函数，保证函数没有尖锐的拐点，即对数据的转换是一个平缓的过程。

3. 自然对数的应用

自然对数在社会学、经济学领域里经常用于对偏态的收入数据进行变换，使变换后的数据接近正态分布，以满足有关方法的适用条件。

在会计师事务所综合排名算法中对事务所业务收入取自然对数，就是在保证变换后数据的次序不发生变化的前提下来改善收入数据的偏态情况，并且缓和收入级差过大的情况。

中国注册会计师协会关于发布《年度业务收入前 100 家会计师事务所信息发布办法》的通知

（2018 年 1 月 2 日，会协〔2018〕1 号）

各省、自治区、直辖市注册会计师协会：

《年度业务收入前 100 家会计师事务所信息发布办法》已经中国注册会计师协会第五届常务理事会审议通过，现予发布，自 2018 年 1 月 1 日起施行。

附件：年度业务收入前 100 家会计师事务所信息发布办法

中国注册会计师协会
2018 年 1 月 2 日

附件：

年度业务收入前 100 家会计师事务所信息发布办法

第一条 为提高注册会计师行业透明度，便于公众了解会计师事务所（以下简称事务所），制定本办法。

第二条 中国注册会计师协会（以下简称中注协）负责开展事务所信息的发布工作。

第三条 事务所信息发布工作每年进行一次。原则上应当在每年 5 月底前公布上一年度信息。

第四条 列入信息发布范围的为上年度业务收入排名前 100 家事务所（以下简称前 100 家事务所），并按事务所业务收入排序。

事务所业务收入，是指以事务所为主体开展业务取得的收入。在公布事务所业务收入总额的同时，公布其中的鉴证业务收入和非鉴证业务收入。

事务所业务收入信息依据经过注册会计师审计的事务所财务报表。

第五条 除下列情形之一外，事务所可自愿参加按业务收入排序，并据以列入发布范围：

（一）未持续达到规定设立条件的。

（二）未履行会员义务的。

第六条 除公布年度业务收入信息外，同时公布前 100 家事务所的以下信息：

（一）与事务所统一经营的其他专业机构业务收入。

（二）在事务所执业的注册会计师数量。

（三）事务所从业人员数量（不包括与事务所统一经营的其他专业机构的从业人员数量）。

（四）事务所的分所数量。

（五）事务所所属的同一国际会计网络或国际会计联盟的成员数量（按国别或地区为单位进行统计，不按国别或地区内的分所为单位进行统计）。

（六）处罚和惩戒情况，即，最近 3 个年度内，事务所及其注册会计师因为执业行为受到刑事处罚、行政处罚和行业惩戒的情况。

上述信息以上一年度 12 月 31 日为基准。

第七条 事务所信息取自注册会计师行业管理信息系统。

事务所应当及时填列和适时更新注册会计师行业管理信息系统，并对所填报信息的真实性负责。各省、自治区、直辖市注册会计师协会（以下简称地方注协）应当对本地区事务所（含分所，下同）填列和更新注册会计师行业管理信息系统相关信息进行监督指导。

第八条 涉及合并、分立事项的事务所，在上年度 12 月 31 日前办结以下所有手续的，应当以合并、分立后的事务所列入信息发布范围：

（一）签订合并、分立协议，形成合并、分立相关会议决议及合伙人（股东）协议。

（二）完成工商变更登记手续。

（三）完成事务所变更备案；需要变更名称的，并取得新的事务所执业证书。

第九条 各级注协应当根据职责，结合事务所执业质量检查和注册会计师任职资格检查对事务所填报信息进行检查。

第十条 信息发布后，如果发现事务所填报信息不实，中注协应当责令相关事务所限期公告更正，对没有按期公告更正的相关事务所，应当给予公开批评；对所填报信息严重失实的事务所，应当给予公开批评，撤回所发布的相关事务所信息,并撤销参加下一年信息发布的资格。对相关事务所填报业务收入信息严重失实负有审计责任的事务所,由中注协惩戒委员会按照《中国注册会计师协会会员执业违规行为惩戒办法》作出惩戒。

第十一条 中注协注册委员会负责研究处理前100家事务所信息发布中的重大问题。

第十二条 地方注协可以参照本办法制定本地区事务所按年度业务收入排名的信息发布办法。

第十三条 本办法自2018年1月1日起施行。

注册

注册会计师注册办法

（2005年1月22日财政部令第25号发布，
2017年12月4日财政部令第90号修改）

第一条 为了规范注册会计师注册工作，根据《中华人民共和国注册会计师法》及相关法律，制定本办法。

第二条 申请注册成为注册会计师适用本办法。

第三条 省、自治区、直辖市注册会计师协会（以下简称"省级注册会计师协会"）负责本地区注册会计师的注册及相关管理工作。中国注册会计师协会对省级注册会计师协会的注册管理工作进行指导。

注册会计师依法执行业务，应当取得财政部统一制定的中华人民共和国注册会计师证书（以下简称"注册会计师证书"）。

第四条 具备下列条件之一，并在中国境内从事审计业务工作2年以上者，可以向省级注册会计师协会申请注册：

（一）参加注册会计师全国统一考试成绩合格；

（二）经依法认定或者考核具有注册会计师资格。

第五条 注册申请人有下列情形之一的，不予注册：

（一）不具有完全民事行为能力的；

（二）因受刑事处罚，自刑罚执行完毕之日起至申请注册之日止不满5年的；

（三）因在财务、会计、审计、企业管理或者其他经济管理工作中犯有严重错误受行政处罚、撤职以上处分，自处罚、处分决定生效之日起至申请注册之日止不满2年的；

（四）受吊销注册会计师证书的处罚，自处罚决定生效之日起至申请注册之日止不满5年的；

（五）因以欺骗、贿赂等不正当手段取得注册会计师证书而被撤销注册，自撤销注册决定生效之日起至申请注册之日止不满3年的；

（六）不在会计师事务所专职执业的；

（七）年龄超过70周岁的。

第六条 注册申请人申请注册，应当通过所在的会计师事务所向会计师事务所所在地的省级注册会计师协会提交下列材料：

（一）注册会计师注册申请表（附表1）；

（二）注册会计师全国统一考试全科合格证书复印件；

（三）2名注册会计师出具的注册申请人从事审计业务2年以上证明表（附表2）；

（四）与所在会计师事务所签订的聘用合同复印件；

（五）有效身份证件或者身份证明复印件（外国人应当提交护照和签证复印件，香港、澳门特别行政区及台湾地区居民应当提交在香港、澳门特别行政区及台湾地区的身份证件复印件和中国出入境行政管理部门发放的通行证复印件替代此项材料）；

（六）有效人事档案证明或者退休证明复印件（外国人和香港、澳门特别行政区及台湾地区居民应当提交由中国劳动行政管理部门发放的就业证复印件替代此项材料）。

经依法认定或者考核具有注册会计师资格的，应当提交相关文件和符合认定或者考核条件的相关证明，替代前款第（二）项材料。

第七条 注册申请人和所在的会计师事务所应当对申请材料内容的真实性负责，证明人应当对证明材料内容的真实性负责。

第八条 省级注册会计师协会应当在受理注册申请的办公场所将申请注册应当提交的材料目录及要求、准予注册的程序及期限，以及不予注册的情形予以公示。

第九条 省级注册会计师协会收到注册申请人提交的申请材料后，应当对注册申请人提交的申请材料进行形式审查，并核对有关复印件与原件是否相符。对申请材料不齐全或者不符合法定形式的注册申请人，应当当场或者在5个工作日内一次告知其需要补正的全部材料及内容。

对申请材料齐全、符合法定形式，或者按照要求提交全部补正申请材料的注册申请人，应当受理其注册申请。

第十条 省级注册会计师协会受理或者不予受理注册申请，应当向注册申请人出具加盖本单位专用印章和注明日期的书面凭证。

第十一条 省级注册会计师协会应当对申请材料的内容进行审查，并自受理注册申请之日起20个工作日内做出准予或者不予注册的决定。20个工作日内不能做出决定的，经省级注册会计师协会负责人批准，可以延长 10 个工作日，并应当将延长期限的理由告知注册申请人。

第十二条 省级注册会计师协会做出准予注册决定的，应当自做出决定之日起 10 个工作日内向注册申请人颁发注册会计师证书。

省级注册会计师协会应当自做出准予注册决定之日起 20 个工作日内，将准予注册的决定和注册会计师注册备案表（附表 3）报送财政部、中国注册会计师协会备案，抄报所在地的省、自治区、直辖市人民政府财政部门（以下简称"省级财政部门"）并将准予注册人员的名单在全国性报刊或者相关网站上予以公告。

第十三条 省级注册会计师协会做出不予注册决定的，应当自做出决定之日起 15 个工作日内书面通知注册申请人。书面通知中应当说明不予注册的理由，并告知注册申请人享有依法申请行政复议或者提起行政诉讼的权利。

第十四条 财政部依法对省级注册会计师协会的注册工作进行检查，发现注册不符合本办法规定的，应当通知省级注册会计师协会撤销注册。

第十五条 中国注册会计师协会和省级注册会计师协会应当对注册会计师的任职资格和执业情况进行监督检查，必要时可以进行实地检查。

第十六条 注册会计师有下列情形之一的，由所在地的省级注册会计师协会撤销注册，收回注册会计师证书：

（一）完全丧失民事行为能力的；

（二）受刑事处罚的；

（三）自行停止执行注册会计师业务满 1 年的；

（四）以欺骗、贿赂等不正当手段取得注册会计师证书的。

第十七条 省级注册会计师协会工作人员滥用职权、玩忽职守准予注册的，或者对不具备申请资格或不符合法定条件的申请人准予注册的，由省级注册会计师协会撤销注册，收回注册会计师证书。

第十八条 被撤销注册的人员可以重新申请注册，但必须符合本办法第四条规定条件，并且没有本办法第五条规定所列情形。

第十九条 注册会计师有下列情形之一的，由所在地的省级注册会计师协会注销注册：

（一）依法被撤销注册，或者吊销注册会计师证书的；

（二）不在会计师事务所专职执业的。

第二十条 省级注册会计师协会应当将注销注册的决定抄报财政部和所在地的省级财政部门、中国注册会计师协会，并自做出决定之日起 10 个工作日内将注销注册人员的名单在全国性报刊或者相关网站上予以公告。

第二十一条 注册会计师违反《中华人民共和国注册会计师法》第二十条、第二十一条规定，由财政部或者所在地的省级财政部门给予警告；情节严重的，可以由财政部或者所在地的省级财政部门暂停其执行业务或者吊销注册会计师证书。

财政部和省级财政部门应当按照《中华人民共和国行政处罚法》及有关规定实施行政处罚，并将行政处罚决定抄送中国注册会计师协会和注册会计师所在地的省级注册会计师协会。

第二十二条 受到行政处罚，或者被撤销注册或注销注册的当事人有异议的，可以依法申请行政复议或者提起行政诉讼。

第二十三条 各省级注册会计师协会及其工作人员在开展注册会计师注册工作中，存在违反本办法规定的行为，以及其他滥用职权、玩忽职守、徇私舞弊等违法违纪行为的，依照《中华人民共和国注册会计师法》《中华人民共和国行政许可法》《中华人民共和国行政监察法》《财政违法行为处罚处分条例》等国家有关规定追究相应责任；涉嫌犯罪的，依法移送司法机关处理。

第二十四条 香港、澳门特别行政区和台湾地区居民以及按照互惠原则确认的外国人申请注册，依照本办法办理。

第二十五条 本办法自2005年3月1日起施行。

自本办法施行之日起，《注册会计师注册审批暂行办法》（〔93〕财会协字第122号）、《外籍中国注册会计师注册审批暂行办法》（财协字〔1998〕9号）、《〈外籍中国注册会计师注册审批暂行办法〉的补充规定》（财会〔2003〕34号）同时废止。

附件：注册会计师申请注册材料（略）

行业监管

财政部关于简化为会计师事务所出具行政处罚证明材料的通知

（2016年2月3日，财监〔2016〕2号）

各省、自治区、直辖市、计划单列市财政厅（局）、财政部驻各省、自治区、直辖市、计划单列市财政监察专员办事处：

为贯彻落实国务院"推进简政放权、优化公共服务、方便群众办事"的精神，提高行政审批效率，更好地为会计师事务所提供服务，我部决定简化会计师事务所审批事项中财政部门出具未接受行政处罚证明材料的程序。现将相关事项和具体要求通知如下：

一、利用我部"财政会计行业管理系统"的内设功能，在会计师事务所相关事项的行政审批流程中，简化会计师事务所需提交的申报材料，取消财政部门出具未受到行政处罚证明材料的环节，调整为通过管理系统查询相关会计师事务所和注册会计师是否受到行政处罚。

二、会计师事务所行政审批过程中查询申请人未接受行政处罚事项的具体程序如下：

（一）对注册会计师个人是否受到过行政处罚事项，由具体审批的财政部门在"财政会计行业管理系统"中自主查询，对查询表明未受到行政处罚的，应当按相关规定履行审批手续，并将查询结果打印存档。

（二）事务所跨省设立分所时，根据《会计师事务所审批和监督暂行办法》（财政部令第24号）第二十七条的规定，由事务所总所所在地财政部门负责在"财政会计行业管理系统"中查询是否受到过行政处罚，并回复分所所在地省级财政部门。

三、对证券资格会计师事务所行政审批事项，自本通知下发之日起实施，之前下发的《关于为会计师事务所特殊普通合伙转制出具行政处罚证明的通知》（财监便〔2013〕29号）、《关于为大型会计师事务所设立分所出具行政处罚证明的通知》（财监便〔2014〕22号）停止执行；对非证券资格会计师事务所行政审批事项，自2016年4月1日起实施。

四、请各财政厅（局）于2016年3月底前将近三年对会计师事务所和注册会计师做出的行政处罚信息完整录入"财政会计行业管理系统"，今后对会计师事务所和注册会计师做出行政处罚决定后7日内应将处罚信息及时录入"财政会计行业管理系统"。

五、请各财政厅（局）指定专人负责处罚信息的录入。执行中如有建议，请及时反馈我部监督检查局，联系电话：010-68552323。"财政会计行业管理系统"网址www.acc.gov.cn，技术支持电话：010-68553117。

六、本《通知》适用范围仅限于财政部门做出的行政处罚。会计师事务所应当在提交有关申请材料时，主动向受理方说明是否受到其他有关部门依法做出的行政处罚，并提交未受到其他有关部门行政处罚的书面承诺函。会计师事务所提供虚假承诺的，依法承担相应责任。

财政部
2016年2月3日

关于查询会计师事务所及注册会计师行业惩戒信息的通知

(2015年1月26日,会协〔2015〕5号)

各证券资格会计师事务所:

根据中国注册会计师协会《注册会计师和会计师事务所信息披露制度》的有关规定,会计师事务所及注册会计师近三年的行业惩戒信息已经被录入中国注册会计师协会行业管理信息系统,并向公众公开披露。如需查询,可登录中注协网站(http://www.cicpa.org.cn),在"行业管理信息系统–行业系统(会员版)"点击"公众查询"栏目下的"会计师事务所信息查询"和"注册会计师信息查询"。

中注协原则上不再为各会计师事务所和注册会计师出具有关行业惩戒情况的书面证明。因特殊情况确需办理相关证明的,请与我会业务监管部联系。

电　　话:010-88250184/0178/0183
邮　　箱:monit@cicpa.org.cn
传　　真:010-88250055
联系地址:北京市海淀区西四环中路16号院2号楼业务监管部
邮　　编:100039

中国注册会计师协会
2015年1月26日

涉外管理

财政部关于印发《会计师事务所从事中国内地企业境外上市审计业务暂行规定》的通知

（2015年5月26日，财会〔2015〕9号）

各省、自治区、直辖市财政厅（局），深圳市财政委员会：

　　为规范会计师事务所从事中国内地企业境外上市审计行为，促进境内外会计师事务所依法开展业务合作，维护投资者利益和资本市场秩序，根据《中华人民共和国注册会计师法》和其他有关法律法规，财政部制定了《会计师事务所从事中国内地企业境外上市审计业务暂行规定》，现予印发，自2015年7月1日起施行。

　　附件：会计师事务所从事中国内地企业境外上市审计业务暂行规定

财政部
2015年5月26日

附件：

会计师事务所从事中国内地企业境外上市审计业务暂行规定

　　第一条　为规范会计师事务所从事中国内地企业境外上市审计行为，促进境内外会计师事务所依法开展业务合作，维护投资者利益和资本市场秩序，根据《中华人民共和国注册会计师法》和其他有关法律法规，制定本暂行规定。

　　第二条　本暂行规定所称的境外上市审计业务，是指会计师事务所提供的与中国内地企业直接或间接在境外发行股票、债券或其他证券并上市

（含拟上市，下同）相关的财务报告审计以及上市后年度财务报告审计等服务。

中国内地企业直接或间接在境外发行股票、债券或其他证券并上市的相关审计业务不属于临时执业范畴，境外会计师事务所不得通过临时执业方式入境执行相关业务。

在中国内地依法设立且由香港特别行政区、澳门特别行政区和台湾地区投资者直接或间接持有百分之五十以上股份、股权、财产份额、表决权或其他类似权益的企业，其境外上市审计不适用本暂行规定。

第三条　中国内地企业依法自主选择符合上市地法规制度和监管要求的中国内地会计师事务所或境外会计师事务所为其提供境外上市审计服务。

第四条　经境外监管机构认可，获准为中国内地企业境外上市提供审计服务的中国内地会计师事务所，应当按照法律法规和执业准则执行相关审计业务。

第五条　中国内地企业依法委托境外会计师事务所审计的，该受托境外会计师事务所应当与中国内地会计师事务所开展业务合作。双方应当签订业务合作书面协议，自主协商约定业务分工以及双方的权利和义务，其中在境内形成的审计工作底稿应由中国内地会计师事务所存放在境内。

第六条　外国会计师事务所受托开展中国内地企业境外上市审计业务的，应当优先与中国内地依法设立、具有首次公开发行财务报告审计或上市后年度财务报告审计经验、执业质量和职业道德良好且最近3年内未因执业行为受到暂停执业6个月以上行政处罚的合伙制（含特殊的普通合伙）会计师事务所开展业务合作。

受托的外国会计师事务所依法承担审计责任。

第七条　中国香港特别行政区、澳门特别行政区和台湾地区会计师事务所受托开展中国内地企业境外上市审计业务的，应当优先与中国内地依法设立、拥有25名以上中国注册会计师、执业质量和职业道德良好且最近3年内未因执业行为受到暂停执业6个月以上行政处罚的会计师事务所开展业务合作。

受托的香港特别行政区、澳门特别行政区和台湾地区会计师事务所依法承担审计责任，同时在业务合作中享有业务分派、利益分配等主导权利。

第八条　境外会计师事务所从事中国内地企业境外上市审计业务的，应当在入境执行审计业务前至少提前7日向中国内地企业所在地省级财政部门报备（具体格式见附1），并抄送财政部。同时，应提供与委托企业签订的审计业务约定书复印件以及与中国内地会计师事务所签订的业务合作书面协议复印件。

境外会计师事务所未及时报备或报备信息（含审计业务约定书和业务合作书面协议）不真实、不完整的，由省级以上财政部门予以通报，责令限期改正并转送其所在国家（地区）有关监管机构处理；情节严重的，予以公告，自公告日起5年内不得从事中国内地企业境外上市审计业务。

境外会计师事务所未按照规定与中国内地会计师事务所合作开展审计业务或保存审计工作底稿的，由省级以上财政部门责令限期改正；限期未改正并违规执业的，由省级以上财政部门予以公告，自公告日起5年内不得从事中国内地企业境外上市审计业务。

第九条 境外会计师事务所从事中国内地企业境外上市审计业务的，应当在业务报告日后60日内向中国内地企业所在地省级财政部门书面报告与中国内地会计师事务所开展业务合作的情况（具体格式见附2），并抄送财政部。

境外会计师事务所逾期不报告或报告信息不真实、不完整的，由省级以上财政部门予以通报，责令限期改正并转送其所在国家（地区）有关监管机构处理；情节严重的，予以公告，自公告日起5年内不得从事中国内地企业境外上市审计业务。

第十条 中国内地会计师事务所从事中国内地企业境外上市审计业务的，每年应当按照《会计师事务所审批和监督暂行办法》（财政部令第24号）的规定报备上一年度执行中国内地企业境外上市审计业务情况，有关具体要求按照财政部对年度报备工作的规定执行。逾期不报备或报备信息不真实、不完整的，由所在地省级财政部门予以通报，责令限期改正并列为重点监管对象。

第十一条 中国内地企业委托境外会计师事务所提供境外上市审计服务的，应当提示境外会计师事务所优先选择符合本暂行规定第六条至第七条规定的中国内地会计师事务所开展业务合作。

第十二条 中国内地企业与为其提供境外上市审计服务的会计师事务所应当严格遵守《关于加强在境外发行证券与上市相关保密和档案管理工作的规定》（中国证券监督管理委员会　国家保密局　国家档案局公告〔2009〕29号）。

中国内地企业境外上市涉及法律诉讼等事项需由境外司法部门或监管机构调阅审计工作底稿的，或境外监管机构履行监管职能需调阅审计工作底稿的，按照境内外监管机构达成的监管协议执行。

第十三条 本暂行规定所称的境外会计师事务所，包括依法设立的外国会计师事务所、中国香港特别行政区会计师事务所、中国澳门特别行政区会计师事务所和台湾地区会计师事务所。

第十四条 本暂行规定自 2015 年 7 月 1 日起施行。

附：
1. 境外会计师事务所入境执行审计业务信息报备表
2. 境外会计师事务所与中国内地会计师事务所业务合作报告表

附1：

境外会计师事务所入境执行审计业务信息报备表

境外会计师事务所名称：_____

____年____月____日至____年____月____日，本会计师事务所拟与中国内地会计师事务所开展中国内地企业境外上市审计业务合作，具体情况如下：

序号	中国内地企业名称（中英文）	境外上市地	境外上市证券名称及代码	审计业务类型	开展业务合作的内地会计师事务所名称	内地会计师事务所项目主管合伙人（注册会计师）姓名、执业证书编号、联系方式	境外会计师事务所项目主管合伙人（注册会计师）姓名、执业证书编号、联系方式
1							
2							
3							
4							
5							

备注：

本会计师事务所承诺以上信息真实完整，不存在虚假记载、误导性陈述或重大遗漏。

境外会计师事务所印鉴： 境外会计师事务所负责人或其授权代表签名：

年　　月　　日

填表说明：可按此表格式另再制表。

附 2：

境外会计师事务所与中国内地会计师事务所业务合作报告表

境外会计师事务所名称：_____

____年____月____日至____年____月____日，本会计师事务所与中国内地会计师事务所开展了中国内地企业境外上市审计业务合作，具体情况如下：

序号	中国内地企业名称（中英文）	境外上市地	境外上市证券名称及代码	审计业务类型	开展业务合作的内地会计师事务所名称	内地会计师事务所项目主管合伙人（注册会计师）姓名、执业证书编号、联系方式	业务报告意见类型	报告签署人（项目主管合伙人）	报告签署日期
1									
2									
3									
4									
5									

备注：

本会计师事务所承诺以上信息真实完整，不存在虚假记载、误导性陈述或重大遗漏。

境外会计师事务所印鉴：　　境外会计师事务所负责人或其授权代表签名：

　　　　　　　　　　　　　　　　　　　年　　月　　日

填表说明：可按此表格式另再制表。

关于大力支持香港澳门特别行政区会计专业人士担任内地会计师事务所合伙人有关问题的通知

(2016年5月16日,财会〔2016〕9号)

各省、自治区、直辖市财政厅(局),深圳市财政委员会:

2015年11月,内地分别与香港、澳门特别行政区签署了《内地与香港〈关于建立更紧密经贸关系的安排〉服务贸易协议》和《内地与澳门〈关于建立更紧密经贸关系的安排〉服务贸易协议》(以下统称《服务贸易协议》),自2016年6月1日起实施。为认真落实《服务贸易协议》,支持和规范取得中国注册会计师资格的港澳永久性居民(以下简称港澳会计专业人士)担任内地合伙制会计师事务所合伙人,促进港澳会计专业人士在内地发展兴业,现就有关问题通知如下:

一、认真学习、准确把握《服务贸易协议》规定

《服务贸易协议》涉及港澳会计专业人士担任合伙制会计师事务所合伙人的内容有3项:一是港澳会计专业人士可在内地担任合伙制会计师事务所合伙人,会计师事务所的控制权须由内地居民持有,具体要求按照内地财政主管部门的规定执行;二是担任合伙人的港澳会计专业人士在内地有固定住所,其中每年在内地居留不少于6个月;三是港澳会计专业人士申请成为内地会计师事务所合伙人时,已在港澳取得的审计工作经验等同于相等时间的内地审计工作经验。

前款所称合伙制会计师事务所,包括普通合伙会计师事务所和特殊普通合伙会计师事务所。

各省级财政部门应当认真学习、准确把握上述规定,严格按照《注册会计师法》、会计师事务所执业许可管理有关规章制度(以下简称有关规章制度)和《服务贸易协议》规定办理审批工作,确保审批工作依法、规范、高效、便捷进行。

二、明确审批条件,简化审批要求

港澳会计专业人士在内地申请合伙制会计师事务所执业许可并担任合

伙人的，应当向拟设立会计师事务所工商登记地所属的省级财政部门提出会计师事务所执业许可申请并经其批准；港澳会计专业人士申请加入内地已经取得执业许可的合伙制会计师事务所并担任合伙人的，应当由该会计师事务所向工商登记地所属的省级财政部门备案。省级财政部门应当根据《注册会计师法》和有关规章制度，及时办理审批或者备案。

（一）申请条件。

港澳会计专业人士申请担任内地合伙制会计师事务所合伙人，应当符合《注册会计师法》和有关规章制度对合伙人资格条件的规定，包括具有中国注册会计师资格、满足审计工作经验年限要求和未受行政处罚要求等，并符合下列要求：

1. 会计师事务所首席合伙人（或者履行最高管理职责的其他职务）须为内地居民或者具有中国国籍的港澳永久性居民；

2. 在合伙协议中对会计师事务所经营管理决策相关事项作出约定，其中具有中国内地居民身份的合伙人在经营管理决策中的表决权不得低于51%；

3. 港澳会计专业人士在内地有固定住所，其中每年在内地居留不少于6个月。

（二）申请材料。

港澳会计专业人士申请担任内地合伙制会计师事务所的合伙人，应当按照《注册会计师法》和有关规章制度的规定向省级财政部门提交申请材料。各省级财政部门应当结合法规制度、申请条件和审批流程明确申请材料清单，并一次性告知申请人。省级财政部门在审查申请材料过程中，应当重点审核下列事项：

1. 中国注册会计师资格证书复印件；

2. 港澳永久性居民身份证明材料复印件；拟担任首席合伙人的，还应当提交经本人签字确认的不具有其他国家国籍的声明书；

3. 由港澳会计师事务所出具的在港澳的审计工作经验证明材料；

4. 载有经营管理决策表决权比例的书面合伙协议复印件；

5. 在内地有固定住所的产权证明复印件或者租赁协议等使用权证明复印件（附出租方产权证明复印件）。

申请人对所提交的申请材料的真实性、准确性、完整性负责。

省级财政部门有权要求申请人出示有关证明材料的原件，确保复印件与原件相符。经审核无误的，应当将无需留存的相关原件当场退还申请人，并对申请人材料中受港澳法律保护的个人敏感信息严格保密。

港澳会计专业人士申请担任内地合伙制会计师事务所合伙人时涉及办理工商登记或者变更手续的，按照内地工商行政管理部门的规定执行。

三、有关要求

（一）各省级财政部门应当深刻认识内地与港澳签署《服务贸易协议》的重要意义，高度重视港澳会计专业人士申请担任内地合伙制会计师事务所合伙人相关工作，本着依法、便民、高效的原则开展审批或者备案，既严格依法行政，又切实优化服务，保障港澳会计专业人士在内地发展兴业的合法权益。同时，应当大力加强事中事后监管，保障市场竞争公平有序。

（二）港澳会计专业人士应当严格按照《注册会计师法》、有关规章制度和执业准则、规则的要求执行注册会计师业务；应当按照《合伙企业法》和合伙协议妥善处理与内地合伙人的关系，共同建设和维护良好的合伙文化；应当自觉接受省级以上财政部门对其执业活动的监管，勤勉尽责执业；应当依法履行纳税义务，及时足额纳税。

内地法律法规和规章制度对境外人员接触涉密单位、场所和资料有限制性规定的，从其规定。

财政部或者各省（区、市）人民政府（含其财政部门）此前发布的涉及港澳会计专业人士来内地担任合伙制会计师事务所合伙人相关试点政策的规范性文件与本通知规定不一致的，以本通知为准。

港澳会计专业人士担任普华永道中天会计师事务所（特殊普通合伙）、德勤华永会计师事务所（特殊普通合伙）、安永华明会计师事务所（特殊普通合伙）和毕马威华振会计师事务所（特殊普通合伙）合伙人，按本土化转制有关规定执行，不适用本通知规定。

本通知自 2016 年 6 月 1 日起施行。

财政部

2016 年 5 月 16 日

财政部关于《境外会计师事务所在中国内地临时执行审计业务暂行规定》的补充通知

(2017年4月17日,财会〔2017〕10号)

各省、自治区、直辖市财政厅(局),深圳市财政委员会:

为进一步规范境外会计师事务所在中国内地临时执行审计业务审批工作,完善责任追究制度,现就《境外会计师事务所在中国内地临时执行审计业务暂行规定》(财会〔2011〕4号)有关事项补充通知如下:

各省级财政部门及其工作人员在开展境外会计师事务所在中国内地临时执行审计业务审批工作中,存在违反审批有关规定以及其他滥用职权、玩忽职守、徇私舞弊等违法违纪行为的,按照《行政许可法》、《公务员法》、《行政监察法》等国家有关规定追究相应责任。

特此通知。

财政部
2017年4月17日

中国注册会计师行业制度全编
(增补本·2018)

执业准则

财政部关于印发《中国注册会计师审计准则第 1504 号——在审计报告中沟通关键审计事项》等 12 项准则的通知

(2016 年 12 月 23 日,财会〔2016〕24 号)

中国人民银行、审计署、国资委、海关总署、国家税务总局、工商总局、银监会、证监会、保监会、国家外汇管理局,各省、自治区、直辖市财政厅(局):

为了提高注册会计师审计报告的信息含量,满足资本市场改革与发展对高质量会计信息的需求,保持我国审计准则与国际准则的持续全面趋同,中国注册会计师协会拟订了《中国注册会计师审计准则第 1504 号——在审计报告中沟通关键审计事项》等 12 项准则(以下统称本批准则),现予批准印发。有关事项通知如下:

1. 对于 A + H 股公司供内地使用的审计报告,应于 2017 年 1 月 1 日起执行本批准则;对于 A + H 股公司供境外使用的审计报告,如果选择按照中国注册会计师审计准则出具审计报告,应于 2017 年 1 月 1 日起执行本批准则;对于 H 股公司的财务报表审计业务,如果选择按照中国注册会计师审计准则出具审计报告,应于 2017 年 1 月 1 日起执行本批准则。

2. 对于股票在沪深交易所交易的上市公司(即主板公司、中小板公司、创业板公司,包括除 A + H 股公司以外其他在境内外同时上市的公司)、首次公开发行股票的申请企业(IPO 公司),其财务报表审计业务,应于 2018 年 1 月 1 日起执行本批准则。

3. 对于股票在全国中小企业股份转让系统公开转让的非上市公众公司(新三板公司)中的创新层挂牌公司、面向公众投资者公开发行债券的公司,应视同上市公司,其财务报表审计业务,应于 2018 年 1 月 1 日起执行本批准则。

4. 对于其他实体的财务报表审计业务,暂不要求执行本批准则中仅针对上市实体审计业务的规定;对于本批准则中的其他规定,应于 2018 年 1 月 1 日起执行。

5. 允许和鼓励提前执行本批准则。

本批准则生效实施后,《财政部关于印发〈中国注册会计师审计准则第1101号——注册会计师的总体目标和审计工作的基本要求〉等38项准则的通知》(财会〔2010〕21号)中《中国注册会计师审计准则第1111号——就审计业务约定条款达成一致意见》等11项准则(详见附件3)同时废止。

执行中有任何情况和问题,请及时反馈中国注册会计师协会。

附件:

1. 本批审计准则一览表

2. 《中国注册会计师审计准则第1504号——在审计报告中沟通关键审计事项》等12项准则

3. 本批审计准则生效实施后废止的11项准则

财政部
2016 年 12 月 23 日

附件1:

本批审计准则名称一览表

一、新制定的审计准则(1项)

1. 中国注册会计师审计准则第1504号——在审计报告中沟通关键审计事项。

二、实质性修订的审计准则(6项)

2. 中国注册会计师审计准则第1501号——对财务报表形成审计意见和出具审计报告;

3. 中国注册会计师审计准则第1502号——在审计报告中发表非无保留意见;

4. 中国注册会计师审计准则第1503号——在审计报告中增加强调事项段和其他事项段;

5. 中国注册会计师审计准则第1151号——与治理层的沟通;

6. 中国注册会计师审计准则第1324号——持续经营;

7. 中国注册会计师审计准则第1521号——注册会计师对其他信息的责任。

三、仅作出文字调整的审计准则（5 项）

8. 中国注册会计师审计准则第 1111 号——就审计业务约定条款达成一致意见；
9. 中国注册会计师审计准则第 1131 号——审计工作底稿；
10. 中国注册会计师审计准则第 1301 号——审计证据；
11. 中国注册会计师审计准则第 1332 号——期后事项；
12. 中国注册会计师审计准则第 1341 号——书面声明。

附件 2：

中国注册会计师审计准则第 1111 号——就审计业务约定条款达成一致意见

（2016 年 12 月 23 日修订）

第一章 总则

第一条 为了规范注册会计师确定审计的前提条件是否存在，以及与管理层就审计业务约定条款达成一致意见，制定本准则。

第二条 本准则规范被审计单位控制范围内的，注册会计师与管理层有必要达成一致意见的事项。《中国注册会计师审计准则第 1121 号——对财务报表审计实施的质量控制》规范注册会计师控制范围内的业务承接的有关事项。

第二章 定义

第三条 审计的前提条件，是指管理层在编制财务报表时采用可接受的财务报告编制基础，以及管理层对注册会计师执行审计工作的前提的认同。

第四条 在本准则中单独提及的管理层，应当理解为管理层和治理层（如适用）。

第三章 目标

第五条 注册会计师的目标是，只有通过实施下列工作就执行审计工

作的基础达成一致意见后,才承接或保持审计业务:

(一)确定审计的前提条件存在;

(二)确认注册会计师和管理层已就审计业务约定条款达成一致意见。

第四章 要求

第一节 审计的前提条件

第六条 为了确定审计的前提条件是否存在,注册会计师应当:

(一)确定管理层在编制财务报表时采用的财务报告编制基础是否是可接受的;

(二)就管理层认可并理解其责任与管理层达成一致意见。

管理层的责任包括:

(一)按照适用的财务报告编制基础编制财务报表,并使其实现公允反映(如适用);

(二)设计、执行和维护必要的内部控制,以使财务报表不存在由于舞弊或错误导致的重大错报;

(三)向注册会计师提供必要的工作条件,包括允许注册会计师接触与编制财务报表相关的所有信息(如记录、文件和其他事项),向注册会计师提供审计所需要的其他信息,允许注册会计师在获取审计证据时不受限制地接触其认为必要的内部人员和其他相关人员。

第七条 如果管理层或治理层在拟议的审计业务约定条款中对审计工作的范围施加限制,以致注册会计师认为这种限制将导致其对财务报表发表无法表示意见,注册会计师不应将该项业务作为审计业务予以承接,除非法律法规另有规定。

第八条 如果审计的前提条件不存在,注册会计师应当就此与管理层沟通。在下列情况下,除非法律法规另有规定,注册会计师不应承接拟议的审计业务:

(一)除本准则第十九条规定的情形外,注册会计师确定被审计单位在编制财务报表时采用的财务报告编制基础不可接受;

(二)注册会计师未能与管理层达成本准则第六条第一款第(二)项提及的一致意见。

第二节 就审计业务约定条款达成一致意见

第九条 注册会计师应当就审计业务约定条款与管理层或治理层(如

适用）达成一致意见。

第十条 注册会计师应当将达成一致意见的审计业务约定条款记录于审计业务约定书或其他适当形式的书面协议中。审计业务约定条款应当包括下列主要内容：

（一）财务报表审计的目标与范围；

（二）注册会计师的责任；

（三）管理层的责任；

（四）指出用于编制财务报表所适用的财务报告编制基础；

（五）提及注册会计师拟出具的审计报告的预期形式和内容，以及对在特定情况下出具的审计报告可能不同于预期形式和内容的说明。

第十一条 如果法律法规足够详细地规定了审计业务约定条款，注册会计师除了记录适用的法律法规以及管理层认可并理解其责任的事实外，不必将本准则第十条规定的事项记录于书面协议。

第十二条 如果法律法规规定的管理层的责任与本准则第六条第二款的规定相似，注册会计师根据判断可能确定法律法规规定的责任与本准则第六条第二款的规定在效果上是等同的。如果等同，注册会计师可以使用法律法规的措辞，在书面协议中描述管理层的责任；如果不等同，注册会计师应当使用本准则第六条第二款的措辞，在书面协议中描述这些责任。

第三节 连续审计

第十三条 对于连续审计，注册会计师应当根据具体情况评估是否需要对审计业务约定条款作出修改，以及是否需要提醒被审计单位注意现有的条款。

第四节 审计业务约定条款的变更

第十四条 在缺乏合理理由的情况下，注册会计师不应同意变更审计业务约定条款。

第十五条 在完成审计业务前，如果被审计单位或委托人要求将审计业务变更为保证程度较低的业务，注册会计师应当确定是否存在合理理由予以变更。

第十六条 如果审计业务约定条款发生变更，注册会计师应当与管理层就新的业务约定条款达成一致意见，并记录于业务约定书或其他适当形式的书面协议中。

第十七条 如果注册会计师不同意变更审计业务约定条款，而管理层又不允许继续执行原审计业务，注册会计师应当：

（一）在适用的法律法规允许的情况下，解除审计业务约定；

（二）确定是否有约定义务或其他义务向治理层、所有者或监管机构等报告该事项。

第五节 业务承接时的其他考虑

第十八条 如果相关部门对涉及财务会计的事项作出补充规定，注册会计师在承接审计业务时应当确定该补充规定是否与财务报告编制基础存在冲突。

如果存在冲突，注册会计师应当与管理层沟通补充规定的性质，并就下列事项之一达成一致意见：

（一）在财务报表中作出额外披露能否满足补充规定的要求；

（二）对财务报表中关于适用的财务报告编制基础的描述是否可以作出相应修改。

如果无法采取上述任何措施，按照《中国注册会计师审计准则第1502号——在审计报告中发表非无保留意见》的规定，注册会计师应当确定是否有必要发表非无保留意见。

第十九条 如果相关部门要求采用的财务报告编制基础不可接受，只有同时满足下列所有条件，注册会计师才能承接该项审计业务：

（一）管理层同意在财务报表中作出额外披露，以避免财务报表产生误导；

（二）在审计业务约定条款中明确，注册会计师按照《中国注册会计师审计准则第1503号——在审计报告中增加强调事项段和其他事项段》的规定，在审计报告中增加强调事项段，以提醒使用者关注额外披露；注册会计师在对财务报表发表的审计意见中不使用"财务报表在所有重大方面按照［适用的财务报告编制基础］编制，公允反映了……"等措辞，除非法律法规另有规定。

第二十条 如果不具备本准则第十九条规定的条件，但相关部门要求注册会计师承接该项审计业务，注册会计师应当：

（一）评价财务报表误导的性质对审计报告的影响；

（二）在审计业务约定条款中适当提及该事项。

第二十一条 如果相关部门规定的审计报告的结构或措辞与审计准则要求的明显不一致，注册会计师应当评价：

（一）使用者是否可能误解从财务报表审计中获取的保证；

(二)如果可能存在误解,审计报告中作出的补充解释是否能够减轻这种误解。

如果认为审计报告中作出的补充解释不能减轻可能的误解,除非法律法规另有规定,注册会计师不应承接该项审计业务。

按照相关部门的这类规定执行的审计工作,并不符合审计准则的要求。因此,注册会计师不应在审计报告中提及已按照审计准则的规定执行了审计工作。

中国注册会计师审计准则第 1131 号——审计工作底稿

(2016 年 12 月 23 日修订)

第一章 总则

第一条 为了规范审计工作底稿的格式、内容和范围以及审计工作底稿的归档,明确注册会计师在财务报表审计中编制审计工作底稿的责任,制定本准则。

第二条 本准则附录中列示的其他审计准则,对在特定情况下就相关事项编制审计工作底稿提出具体要求,但并不构成对本准则普遍适用性的限制。相关法律法规也可能对编制审计工作底稿提出额外要求。

第三条 在符合本准则和其他相关审计准则要求的情况下,审计工作底稿能够实现下列目的:

(一)提供证据,作为注册会计师得出实现总体目标结论的基础;

(二)提供证据,证明注册会计师按照审计准则和相关法律法规的规定计划和执行了审计工作。

第四条 审计工作底稿还可以实现下列目的:

(一)有助于项目组计划和执行审计工作;

(二)有助于负责督导的项目组成员按照《中国注册会计师审计准则第 1121 号——对财务报表审计实施的质量控制》的规定,履行指导、监督与复核审计工作的责任;

(三)便于项目组说明其执行审计工作的情况;

(四)保留对未来审计工作持续产生重大影响的事项的记录;

(五)便于会计师事务所按照《质量控制准则第 5101 号——会计师事务所对执行财务报表审计和审阅、其他鉴证和相关服务业务实施的质量控制》的规定，实施质量控制复核与检查；

（六）便于监管机构和注册会计师协会根据相关法律法规或其他相关要求，对会计师事务所实施执业质量检查。

第二章 定义

第五条 审计工作底稿，是指注册会计师对制定的审计计划、实施的审计程序、获取的相关审计证据，以及得出的审计结论作出的记录。

第六条 审计档案，是指一个或多个文件夹或其他存储介质，以实物或电子形式存储构成某项具体业务的审计工作底稿的记录。

第七条 有经验的专业人士，是指会计师事务所内部或外部的具有审计实务经验，并且对下列方面有合理了解的人士：

（一）审计过程；

（二）审计准则和相关法律法规的规定；

（三）被审计单位所处的经营环境；

（四）与被审计单位所处行业相关的会计和审计问题。

第三章 目标

第八条 注册会计师的目标是，编制审计工作底稿以便：

（一）提供充分、适当的记录，作为出具审计报告的基础；

（二）提供证据，证明注册会计师已按照审计准则和相关法律法规的规定计划和执行了审计工作。

第四章 要求

第一节 及时编制审计工作底稿

第九条 注册会计师应当及时编制审计工作底稿。

第二节 记录实施的审计程序和获取的审计证据

第十条 注册会计师编制的审计工作底稿，应当使得未曾接触该项审计工作的有经验的专业人士清楚了解：

（一）按照审计准则和相关法律法规的规定实施的审计程序的性质、

时间安排和范围；

（二）实施审计程序的结果和获取的审计证据；

（三）审计中遇到的重大事项和得出的结论，以及在得出结论时作出的重大职业判断。

第十一条　在记录已实施审计程序的性质、时间安排和范围时，注册会计师应当记录：

（一）测试的具体项目或事项的识别特征；

（二）审计工作的执行人员及完成审计工作的日期；

（三）审计工作的复核人员及复核的日期和范围。

第十二条　注册会计师应当记录与管理层、治理层和其他人员对重大事项的讨论，包括所讨论的重大事项的性质以及讨论的时间、地点和参加人员。

第十三条　如果识别出的信息与针对某重大事项得出的最终结论不一致，注册会计师应当记录如何处理该不一致的情况。

第十四条　在极其特殊的情况下，如果认为有必要偏离某项审计准则的相关要求，注册会计师应当记录实施的替代审计程序如何实现相关要求的目的以及偏离的原因。

第十五条　在某些例外情况下，如果在审计报告日后实施了新的或追加的审计程序，或者得出新的结论，注册会计师应当记录：

（一）遇到的例外情况；

（二）实施的新的或追加的审计程序，获取的审计证据，得出的结论，以及对审计报告的影响；

（三）对审计工作底稿作出相应变动的时间和人员，以及复核的时间和人员。

第十六条　编制审计工作底稿的文字应当使用中文。少数民族自治地区可以同时使用少数民族文字。中国境内的中外合作会计师事务所、国际会计公司成员所可以同时使用某种外国文字。会计师事务所执行涉外业务时可以同时使用某种外国文字。

第三节　审计工作底稿的归档

第十七条　注册会计师应当在审计报告日后及时将审计工作底稿归整为审计档案，并完成归整最终审计档案过程中的事务性工作。

审计工作底稿的归档期限为审计报告日后六十天内。

如果注册会计师未能完成审计业务，审计工作底稿的归档期限为审计业务中止后的六十天内。

第十八条 在完成最终审计档案的归整工作后，注册会计师不应在规定的保存期限届满前删除或废弃任何性质的审计工作底稿。

第十九条 会计师事务所应当自审计报告日起，对审计工作底稿至少保存十年。

如果注册会计师未能完成审计业务，会计师事务所应当自审计业务中止日起，对审计工作底稿至少保存十年。

第二十条 除本准则第十五条规定的情况外，在完成最终审计档案归整工作后，如果注册会计师发现有必要修改现有审计工作底稿或增加新的审计工作底稿，无论修改或增加的性质如何，注册会计师均应当记录：

（一）修改或增加审计工作底稿的理由；

（二）修改或增加审计工作底稿的时间和人员，以及复核的时间和人员。

附录：其他审计准则对编制审计工作底稿的具体要求

本附录列示了其他审计准则对注册会计师在特定情况下就相关事项编制审计工作底稿的具体要求。考虑本附录中列示的事项，并不能代替考虑本准则和应用指南中的规定。

1. 《中国注册会计师审计准则第1111号——就审计业务约定条款达成一致意见》第十条至第十二条；

2. 《中国注册会计师审计准则第1121号——对财务报表审计实施的质量控制》第三十九条和第四十条；

3. 《中国注册会计师审计准则第1141号——财务报表审计中与舞弊相关的责任》第四十八条至第五十一条；

4. 《中国注册会计师审计准则第1142号——财务报表审计中对法律法规的考虑》第二十九条；

5. 《中国注册会计师审计准则第1151号——与治理层的沟通》第二十四条；

6. 《中国注册会计师审计准则第1201号——计划审计工作》第十二条；

7. 《中国注册会计师审计准则第1211号——通过了解被审计单位及其环境识别和评估重大错报风险》第三十五条；

8. 《中国注册会计师审计准则第1221号——计划和执行审计工作时的重要性》第十四条；

9. 《中国注册会计师审计准则第1231号——针对评估的重大错报风

险采取的应对措施》第二十八条至第三十条；

10.《中国注册会计师审计准则第 1251 号——评价审计过程中识别出的错报》第十六条；

11.《中国注册会计师审计准则第 1321 号——审计会计估计（包括公允价值会计估计）和相关披露》第二十八条；

12.《中国注册会计师审计准则第 1323 号——关联方》第二十九条；

13.《中国注册会计师审计准则第 1401 号——对集团财务报表审计的特殊考虑》第六十三条；

14.《中国注册会计师审计准则第 1411 号——利用内部审计人员的工作》第十三条；

15.《中国注册会计师审计准则第 1521 号——注册会计师对其他信息的责任》第二十五条。

中国注册会计师审计准则第 1151 号——与治理层的沟通

（2016 年 12 月 23 日修订）

第一章　总则

第一条　为了明确注册会计师在财务报表审计中与治理层沟通的责任，制定本准则。

第二条　本准则适用于各种治理结构和规模被审计单位的财务报表审计，并针对治理层全部成员参与管理的情形以及上市实体提出了特殊考虑。本准则并不规范注册会计师与管理层或所有者的沟通，除非他们同时履行治理职责。

第三条　本准则是针对财务报表审计制定的，但对于其他历史财务信息审计，如果治理层对其他历史财务信息的编制负有监督责任，注册会计师可以根据具体情况遵守本准则的相关规定。

第四条　考虑到有效的双向沟通在财务报表审计中的重要性，本准则为注册会计师与治理层的沟通提供了一个基础框架，并明确了应当与其沟通的一些具体事项。

作为对本准则沟通要求的补充，本准则附录列示的其他审计准则对需要沟通的补充事项作出了规定。此外，《中国注册会计师审计准则第 1152 号——向治理层和管理层通报内部控制缺陷》针对注册会计师向治理层通报在审计过程中识别出的值得关注的内部控制缺陷，提出了具体要求。

法律法规、业务约定或其他规定可能要求沟通本准则或其他审计准则没有规定的其他事项，本准则并不禁止注册会计师就此与治理层沟通。

第五条 本准则主要规范注册会计师向治理层的沟通。但是，有效的双向沟通十分重要，这有助于：

（一）注册会计师和治理层了解与审计相关事项的背景，并建立建设性的工作关系，在建立这种关系时，注册会计师需要保持独立性和客观性；

（二）注册会计师向治理层获取与审计相关的信息，例如，治理层可以帮助注册会计师了解被审计单位及其环境，确定审计证据的适当来源，以及提供有关具体交易或事项的信息；

（三）治理层履行其对财务报告过程的监督责任，从而降低财务报表重大错报风险。

第六条 注册会计师有责任与治理层沟通本准则要求的事项，管理层也有责任就治理层关心的事项与治理层进行沟通，但注册会计师的沟通并不减轻管理层的这种责任。同样，管理层与治理层就应当由注册会计师沟通的事项进行的沟通，也不减轻注册会计师沟通这些事项的责任。但是，管理层就这些事项进行的沟通可能会影响注册会计师与治理层沟通的形式或时间安排。

第七条 清晰地沟通审计准则要求的特定事项是每项审计业务的必要组成部分。但是，审计准则并不要求注册会计师专门实施程序，以识别与治理层沟通的任何其他事项。

第八条 法律法规可能限制注册会计师就某些事项与治理层沟通。例如，法律法规可能明确禁止某些沟通或其他行为，以避免妨碍有关机构调查实际发生的或涉嫌的非法行为。

在某些情形下，注册会计师的保密义务与沟通义务之间的潜在冲突可能十分复杂，此时注册会计师可以考虑获取法律咨询意见。

第二章 定义

第九条 治理层，是指对被审计单位战略方向以及管理层履行经营管理责任负有监督责任的人员或组织。治理层的责任包括对财务报告过程的监督。在某些被审计单位，治理层可能包括管理层成员。

第十条 管理层，是指对被审计单位经营活动的执行负有管理责任的人员。在某些被审计单位，管理层包括部分或全部的治理层成员。

第三章 目标

第十一条 注册会计师的目标是：

（一）就注册会计师与财务报表审计相关的责任、计划的审计范围和时间安排的总体情况，与治理层进行清晰的沟通；

（二）向治理层获取与审计相关的信息；

（三）及时向治理层通报审计中发现的与治理层对财务报告过程的监督责任相关的重大事项；

（四）推动注册会计师和治理层之间有效的双向沟通。

第四章 要求

第一节 沟通的对象

第十二条 注册会计师应当确定与被审计单位治理结构中的哪些适当人员进行沟通。

第十三条 如果注册会计师与治理层的下设组织（如审计委员会）或个人沟通，应当确定是否还需要与治理层整体进行沟通。

第十四条 在某些情况下，治理层全部成员参与管理被审计单位，例如，在一家小企业中，仅有的一名业主管理该企业，并且没有其他人负有治理责任。此时，如果就本准则第十七条第（三）项要求沟通的事项已与负有管理责任的人员沟通，且这些人员同时负有治理责任，注册会计师无需就这些事项再次与负有治理责任的相同人员沟通。然而，注册会计师应当确信与负有管理责任人员的沟通能够向所有负有治理责任的人员充分传递应予沟通的内容。

第二节 沟通的事项

第十五条 注册会计师应当与治理层沟通注册会计师与财务报表审计相关的责任，包括：

（一）注册会计师负责对管理层在治理层监督下编制的财务报表形成和发表意见；

（二）财务报表审计并不减轻管理层或治理层的责任。

第十六条 注册会计师应当与治理层沟通计划的审计范围和时间安排的总体情况,包括识别出的特别风险。

第十七条 注册会计师应当与治理层沟通审计中发现的下列事项:

(一)注册会计师对被审计单位会计实务(包括会计政策、会计估计和财务报表披露)重大方面的质量的看法。在适当的情况下,注册会计师应当向治理层解释为何某项在适用的财务报告编制基础下可以接受的重大会计实务,并不一定最适合被审计单位的具体情况;

(二)审计工作中遇到的重大困难;

(三)已与管理层讨论或需要书面沟通的审计中出现的重大事项,以及注册会计师要求提供的书面声明,除非治理层全部成员参与管理被审计单位;

(四)影响审计报告形式和内容的情形(如有);

(五)审计中出现的、根据职业判断认为与监督财务报告过程相关的所有其他重大事项。

第十八条 如果被审计单位是上市实体,注册会计师还应当与治理层沟通下列内容:

(一)就审计项目组成员、会计师事务所其他相关人员以及会计师事务所和网络事务所按照相关职业道德要求保持了独立性作出声明;

(二)根据职业判断,注册会计师认为会计师事务所、网络事务所与被审计单位之间存在的可能影响独立性的所有关系和其他事项,包括会计师事务所和网络事务所在财务报表涵盖期间为被审计单位和受被审计单位控制的组成部分提供审计、非审计服务的收费总额。这些收费应当分配到适当的业务类型中,以帮助治理层评估这些服务对注册会计师独立性的影响;

(三)为消除对独立性的不利影响或将其降至可接受的水平,已经采取的相关防范措施。

第三节 沟通的过程

第十九条 注册会计师应当就沟通的形式、时间安排和拟沟通的基本内容与治理层沟通。

第二十条 对于审计中发现的重大问题,如果根据职业判断认为采用口头形式沟通不适当,注册会计师应当以书面形式与治理层沟通。书面沟通不必包括审计过程中的所有事项。

第二十一条 注册会计师应当就本准则第十八条要求的注册会计师的独立性,以书面形式与治理层沟通。

第二十二条 注册会计师应当及时与治理层沟通。

第二十三条 注册会计师应当评价其与治理层之间的双向沟通对实现审计目的是否充分。如果认为双向沟通不充分，注册会计师应当评价其对重大错报风险评估以及获取充分、适当的审计证据的能力的影响，并采取适当措施。

第四节　审计工作底稿

第二十四条 如果本准则要求沟通的事项是以口头形式沟通的，注册会计师应当将其包括在审计工作底稿中，并记录沟通的时间和对象。

如果本准则要求沟通的事项是以书面形式沟通的，注册会计师应当保存一份沟通文件的副本，作为审计工作底稿的一部分。

附录：（参见本准则第四条）

质量控制准则和其他审计准则对与治理层沟通的具体要求

《质量控制准则第 5101 号——会计师事务所对执行财务报表审计和审阅、其他鉴证和相关服务业务实施的质量控制》和下列审计准则要求注册会计师与治理层沟通特定事项，但其规定并不影响本准则的普遍适用性：

1. 《中国注册会计师审计准则第 1141 号——财务报表审计中与舞弊相关的责任》第二十二条，第四十二条第（一）项，第四十四条至第四十六条；
2. 《中国注册会计师审计准则第 1142 号——财务报表审计中对法律法规的考虑》第十四条，第十九条，第二十二条至第二十四条；
3. 《中国注册会计师审计准则第 1152 号——向治理层和管理层通报内部控制缺陷》第十条；
4. 《中国注册会计师审计准则第 1251 号——评价审计过程中识别出的错报》第十三条和第十四条；
5. 《中国注册会计师审计准则第 1312 号——函证》第十六条；
6. 《中国注册会计师审计准则第 1323 号——关联方》第二十八条；
7. 《中国注册会计师审计准则第 1324 号——持续经营》第二十四条；

8.《中国注册会计师审计准则第 1331 号——首次审计业务涉及的期初余额》第九条；

9.《中国注册会计师审计准则第 1332 号——期后事项》第十条第二款第（二）项和第（三）项，第十三条第二款第（一）项，第十六条第（二）项，第十七条第二款第（一）项，第二十条；

10.《中国注册会计师审计准则第 1401 号——对集团财务报表审计的特殊考虑》第六十二条；

11.《中国注册会计师审计准则第 1502 号——在审计报告中发表非无保留意见》第十三条、第十五条、第二十条和第三十一条；

12.《中国注册会计师审计准则第 1503 号——在审计报告中增加强调事项段和其他事项段》第十三条；

13.《中国注册会计师审计准则第 1504 号——在审计报告中沟通关键审计事项》第十七条；

14.《中国注册会计师审计准则第 1511 号——比较信息：对应数据和比较财务报表》第二十一条；

15.《中国注册会计师审计准则第 1521 号——注册会计师对其他信息的责任》第十八条至第二十条；

16.《质量控制准则第 5101 号——会计师事务所对执行财务报表审计和审阅、其他鉴证和相关服务业务实施的质量控制》第四十五条第（一）项。

中国注册会计师审计准则第 1301 号——审计证据

（2016 年 12 月 23 日修订）

第一章　总则

第一条　为了规范注册会计师在财务报表审计中确定审计证据的构成，明确注册会计师设计和实施审计程序以获取充分、适当的审计证据的责任，制定本准则。

第二条　本准则适用于注册会计师在审计过程中获取和评价所有审计证据。其他审计准则对获取和评价审计证据提出了进一步要求。例如，《中国注册会计师审计准则第 1211 号——通过了解被审计单位及其环境识别和评估重大错报风险》等准则规范了审计的具体方面对审计证据的要求；《中国注册会计师审计准则第 1324 号——持续经营》等准则规范了针对特定问题需要获取的审计证据;《中国注册会计师审计准则第 1313 号——分析程序》等准则规范了获取审计证据需要实施的具体程序;《中国注册会计师审计准则第 1101 号——注册会计师的总体目标和审计工作的基本要求》和《中国注册会计师审计准则第 1231 号——针对评估的重大错报风险采取的应对措施》等准则规范了对已获取审计证据的充分性和适当性的评价。

第三条 审计证据的可靠性受其来源和性质的影响,并取决于获取审计证据的具体环境。判断审计证据可靠性的一般原则包括:

(一)从被审计单位外部独立来源获取的审计证据比从其他来源获取的审计证据更可靠;

(二)相关控制有效时内部生成的审计证据比控制薄弱时内部生成的审计证据更可靠;

(三)直接获取的审计证据比间接获取或推论得出的审计证据更可靠;

(四)以文件记录形式(包括纸质、电子或其他介质)存在的审计证据比口头形式的审计证据更可靠;

(五)从原件获取的审计证据比从复印、传真或通过拍摄、数字化或其他方式转化成电子形式的文件获取的审计证据更可靠。

通常情况下,注册会计师以函证方式直接从被询证者获取的审计证据,比被审计单位内部生成的审计证据更可靠。通过函证等方式从独立来源获取的相互印证的信息,可以提高注册会计师从会计记录或管理层书面声明中获取的审计证据的保证水平。

第二章 定义

第四条 审计证据,是指注册会计师为了得出审计结论和形成审计意见而使用的信息。审计证据包括构成财务报表基础的会计记录所含有的信息和从其他来源获取的信息。

第五条 会计记录,是指对初始会计分录形成的记录和支持性记录。例如,支票、电子资金转账记录、发票和合同;总分类账、明细分类账、会计分录以及对财务报表予以调整但未在账簿中反映的其他分录;支持成本分配、计算、调节和披露的手工计算表和电子数据表。

第六条 审计证据的充分性,是对审计证据数量的衡量。注册会计师需要获取的审计证据的数量受其对重大错报风险评估的影响,并受审计证据质量的影响。

第七条 审计证据的适当性,是对审计证据质量的衡量,即审计证据在支持审计意见所依据的结论方面具有的相关性和可靠性。

第八条 管理层的专家，是指在会计、审计以外的某一领域具有专长的个人或组织，其工作被管理层利用以协助编制财务报表。

第三章 目标

第九条 注册会计师的目标是，通过恰当的方式设计和实施审计程序，获取充分、适当的审计证据，以得出合理的结论，作为形成审计意见的基础。

第四章 要求

第一节 充分、适当的审计证据

第十条 注册会计师应当根据具体情况设计和实施恰当的审计程序，以获取充分、适当的审计证据。

第二节 用作审计证据的信息

第十一条 在设计和实施审计程序时，注册会计师应当考虑用作审计证据的信息的相关性和可靠性。

第十二条 如果用作审计证据的信息在编制时利用了管理层的专家的工作，注册会计师应当考虑管理层的专家的工作对实现注册会计师目的的重要性，并在必要的范围内实施下列程序：

（一）评价管理层的专家的胜任能力、专业素质和客观性；

（二）了解管理层的专家的工作；

（三）评价将管理层的专家的工作用作相关认定的审计证据的适当性。

第十三条 在使用被审计单位生成的信息时，注册会计师应当评价该信息对实现审计目的是否足够可靠，包括根据具体情况在必要时实施下列程序：

（一）获取有关信息准确性和完整性的审计证据；

（二）评价信息对实现审计目的是否足够准确和详细。

第三节 选取测试项目以获取审计证据

第十四条 在设计控制测试和细节测试时，注册会计师应当确定选取测试项目的方法，以有效实现审计程序的目的。

第四节 审计证据之间存在不一致或对审计证据可靠性存有疑虑

第十五条 如果存在下列情形之一，注册会计师应当确定需要修改或追加哪些审计程序予以解决，并考虑存在的情形对审计其他方面的影响：

（一）从某一来源获取的审计证据与从另一来源获取的不一致；

（二）注册会计师对用作审计证据的信息的可靠性存有疑虑。

中国注册会计师审计准则第 1324 号——持续经营

（2016 年 12 月 23 日修订）

第一章 总则

第一条 为了规范注册会计师在财务报表审计中与持续经营相关的责任以及对审计报告的影响，制定本准则。

第二条 在持续经营假设下，财务报表是基于被审计单位持续经营并在可预见的将来继续经营下去的假设编制的。

通用目的财务报表是运用持续经营假设编制的，除非管理层计划清算被审计单位、终止运营或别无其他现实的选择。特殊目的财务报表可以根据需要按照（或不按照）与持续经营假设相关的财务报告编制基础编制（例如，在特定国家或地区，持续经营假设与某些按照计税核算基础编制的财务报表无关）。

如果运用持续经营假设是适当的，则被审计单位对其资产和负债的记录是建立在正常经营过程中能够变现资产、清偿债务的基础上的。

第三条 某些财务报告编制基础（如我国企业会计准则）明确要求管理层对被审计单位持续经营能力作出专门评估，并规定了与此相关的需要考虑的事项和作出的披露。相关法律法规还可能对管理层评估持续经营能力的责任和相关财务报表披露作出具体规定。

第四条 其他财务报告编制基础可能没有明确要求管理层对持续经营能力作出专门评估。然而，如本准则第二条所述，如果持续经营假设是编制财务报表的基本原则，即使其他财务报告编制基础没有对此作出明确规定，管理层也需要在编制财务报表时评估持续经营能力。

第五条 管理层对持续经营能力的评估涉及在特定时点对事项或情况的未来结果作出判断，这些事项或情况的未来结果具有固有不确定性。下列因素与管理层的判断相关：

（一）某一事项或情况或其结果出现的时点距离管理层作出评估的时点越远，与事项或情况的结果相关的不确定性程度将显著增加。因此，大多数明确要求管理层对持续经营能力作出评估的财务报告编制基础规定了管理层应当考虑所有可获得信息的期间；

（二）被审计单位的规模和复杂程度、经营活动的性质和状况以及被审计单位受外部因素影响的程度，将影响对事项或情况的结果作出的判断；

（三）对未来的所有判断都以作出判断时可获得的信息为基础。管理层作出的判断在当时情况下可能是合理的，但之后发生的事项可能导致事项或情况的结果与作出的判断不一致。

第六条 注册会计师的责任是，就管理层在编制财务报表时运用持续经营假设的适当性获取充分、适当的审计证据并得出结论，并根据获取的审计证据就被审计单位持续经营能力是否存在重大不确定性得出结论。

即使编制财务报表时采用的财务报告编制基础没有明确要求管理层对持续经营能力作出专门评估，注册会计师的这种责任仍然存在。

第七条 如果存在可能导致被审计单位不再持续经营的未来事项或情况，审计的固有限制对注册会计师发现重大错报能力的潜在影响会加大。注册会计师不能对这些未来事项或情况作出预测。相应地，注册会计师未在审计报告中提及与被审计单位持续经营能力相关的重大不确定性，不能被视为对被审计单位持续经营能力的保证。

第二章 目 标

第八条 注册会计师的目标是：

（一）就管理层编制财务报表时运用持续经营假设的适当性，获取充分、适当的审计证据，并得出结论；

（二）根据获取的审计证据，就可能导致对被审计单位持续经营能力产生重大疑虑的事项或情况是否存在重大不确定性得出结论；

（三）按照本准则的规定出具审计报告。

第三章 要 求

第一节 风险评估程序和相关活动

第九条 在按照《中国注册会计师审计准则第1211号——通过了解

被审计单位及其环境识别和评估重大错报风险》的规定实施风险评估程序时，注册会计师应当考虑是否存在可能导致对被审计单位持续经营能力产生重大疑虑的事项或情况。在进行考虑时，注册会计师应当确定管理层是否已对被审计单位持续经营能力作出初步评估。

如果管理层已对持续经营能力作出初步评估，注册会计师应当与管理层进行讨论，并确定管理层是否已识别出单独或汇总起来可能导致对被审计单位持续经营能力产生重大疑虑的事项或情况。如果管理层已识别出这些事项或情况，注册会计师应当与其讨论应对计划。

如果管理层未对持续经营能力作出初步评估，注册会计师应当与管理层讨论其拟运用持续经营假设的理由，询问管理层是否存在单独或汇总起来可能导致对被审计单位持续经营能力产生重大疑虑的事项或情况。

第十条 针对有关可能导致对被审计单位持续经营能力产生重大疑虑的事项或情况的审计证据，注册会计师应当在整个审计过程中保持警觉。

第二节 评价管理层的评估

第十一条 注册会计师应当评价管理层对被审计单位持续经营能力作出的评估。

第十二条 在评价管理层对被审计单位持续经营能力作出的评估时，注册会计师的评价期间应当与管理层按照适用的财务报告编制基础或法律法规（如果法律法规要求的期间更长）的规定作出评估的涵盖期间相同。

如果管理层评估持续经营能力涵盖的期间短于自财务报表日起的十二个月，注册会计师应当提请管理层将其至少延长至自财务报表日起的十二个月。

第十三条 在评价管理层作出的评估时，注册会计师应当考虑该评估是否已包括注册会计师在审计过程中注意到的所有相关信息。

第三节 询问超出管理层评估期间的事项或情况

第十四条 注册会计师应当询问管理层是否知悉超出评估期间的、可能导致对被审计单位持续经营能力产生重大疑虑的事项或情况。

第四节 识别出事项或情况时实施追加的审计程序

第十五条 如果识别出可能导致对持续经营能力产生重大疑虑的事项或情况，注册会计师应当通过实施追加的审计程序（包括考虑缓解因素），获取充分、适当的审计证据，以确定可能导致对被审计单位持续经营能力产生重大疑虑的事项或情况是否存在重大不确定性（以下简称重大不确定性)。

这些程序应当包括：

(一) 如果管理层尚未对被审计单位持续经营能力作出评估，提请其进行评估；

(二) 评价管理层与持续经营能力评估相关的未来应对计划，这些计划的结果是否可能改善目前的状况，以及管理层的计划对于具体情况是否可行；

(三) 如果被审计单位已编制现金流量预测，且在评价管理层未来应对计划时对预测的分析是考虑事项或情况未来结果的重要因素，评价用于编制预测的基础数据的可靠性，并确定预测所基于的假设是否具有充分的支持；

(四) 考虑自管理层作出评估后是否存在其他可获得的事实或信息；

(五) 要求管理层和治理层（如适用）提供有关未来应对计划及其可行性的书面声明。

第五节 审计结论

第十六条 注册会计师应当评价是否已就管理层编制财务报表时运用持续经营假设的适当性获取了充分、适当的审计证据，并就运用持续经营假设的适当性得出结论。

第十七条 注册会计师应当根据获取的审计证据，运用职业判断，就单独或汇总起来可能导致对被审计单位持续经营能力产生重大疑虑的事项或情况是否存在重大不确定性得出结论。

如果注册会计师根据职业判断认为，鉴于不确定性潜在影响的重要程度和发生的可能性，为了使财务报表实现公允反映，管理层有必要适当披露该不确定性的性质和影响，则表明存在重大不确定性。

第十八条 如果认为管理层运用持续经营假设适合具体情况，但存在重大不确定性，注册会计师应当确定：

(一) 财务报表是否已充分披露可能导致对持续经营能力产生重大疑虑的主要事项或情况，以及管理层针对这些事项或情况的应对计划；

(二) 财务报表是否已清楚披露可能导致对持续经营能力产生重大疑虑的事项或情况存在重大不确定性，并由此导致被审计单位可能无法在正常的经营过程中变现资产和清偿债务。

第十九条 如果已识别出可能导致对被审计单位持续经营能力产生重大疑虑的事项或情况，但根据获取的审计证据，注册会计师认为不存在重大不确定性，则注册会计师应当根据适用的财务报告编制基础的规定，评价财务报表是否对这些事项或情况作出充分披露。

第六节 对审计报告的影响

第二十条 如果财务报表已按照持续经营假设编制，但根据判断认为管理层在财务报表中运用持续经营假设是不适当的，注册会计师应当发表否定意见。

第二十一条 如果运用持续经营假设是适当的，但存在重大不确定性，且财务报表对重大不确定性已作出充分披露，注册会计师应当发表无保留意见，并在审计报告中增加以"与持续经营相关的重大不确定性"为标题的单独部分，以：

（一）提醒财务报表使用者关注财务报表附注中对本准则第十八条所述事项的披露；

（二）说明这些事项或情况表明存在可能导致对被审计单位持续经营能力产生重大疑虑的重大不确定性，并说明该事项并不影响发表的审计意见。

第二十二条 如果运用持续经营假设是适当的，但存在重大不确定性，且财务报表对重大不确定性未作出充分披露，注册会计师应当按照《中国注册会计师审计准则第1502号——在审计报告中发表非无保留意见》的规定，恰当发表保留意见或否定意见。

注册会计师应当在审计报告"形成保留（否定）意见的基础"部分说明，存在可能导致对被审计单位持续经营能力产生重大疑虑的重大不确定性，但财务报表未充分披露该事项。

第二十三条 如果运用持续经营假设是适当的，但存在重大不确定性，且管理层不愿按照注册会计师的要求作出评估或延长评估期间，注册会计师应当考虑这一情况对审计报告的影响。

第七节 与治理层沟通

第二十四条 注册会计师应当与治理层就识别出的可能导致对被审计单位持续经营能力产生重大疑虑的事项或情况进行沟通，除非治理层全部成员参与管理被审计单位。

与治理层的沟通应当包括下列方面：
（一）这些事项或情况是否构成重大不确定性；
（二）管理层在编制财务报表时运用持续经营假设是否适当；
（三）财务报表中的相关披露是否充分；
（四）对审计报告的影响（如适用）。

第八节　严重拖延对财务报表的批准

第二十五条　如果管理层或治理层在财务报表日后严重拖延对财务报表的批准，注册会计师应当询问拖延的原因。如果认为拖延可能涉及与持续经营评估相关的事项或情况，注册会计师应当实施本准则第十五条所述的有必要实施的追加的审计程序，并考虑对注册会计师根据本准则第十七条的规定，就是否存在重大不确定性得出的结论的影响。

中国注册会计师审计准则第 1332 号——期后事项

（2016 年 12 月 23 日修订）

第一章　总则

第一条　为了规范注册会计师在财务报表审计中对期后事项的责任，制定本准则。对于与注册会计师在审计报告日后获取的其他信息的责任相关的事项，本准则不予规范，而是由《中国注册会计师审计准则第 1521 号——注册会计师对其他信息的责任》作出规范。然而，这种其他信息可能揭示出本准则范围内的期后事项。

第二条　财务报表可能受到财务报表日后发生的事项的影响。

适用的财务报告编制基础通常专门提及期后事项，将其区分为下列两类：

（一）对财务报表日已经存在的情况提供证据的事项；

（二）对财务报表日后发生的情况提供证据的事项。

审计报告的日期向财务报表使用者表明，注册会计师已考虑其知悉的、截至审计报告日发生的事项和交易的影响。

第二章　定义

第三条　期后事项，是指财务报表日至审计报告日之间发生的事项，以及注册会计师在审计报告日后知悉的事实。

第四条　财务报表日，是指财务报表涵盖的最近期间的截止日期。

第五条　审计报告日，是指注册会计师按照《中国注册会计师审计准则第 1501 号——对财务报表形成审计意见和出具审计报告》的规定在对财务报表出具的审计报告上签署的日期。

第六条 财务报表报出日,是指审计报告和已审计财务报表提供给第三方的日期。

第七条 财务报表批准日,是指构成整套财务报表的所有报表(包括相关附注)已编制完成,并且被审计单位的董事会、管理层或类似机构已经认可其对财务报表负责的日期。

第三章 目标

第八条 注册会计师的目标是:

(一)获取充分、适当的审计证据,以确定财务报表日至审计报告日之间发生的、需要在财务报表中调整或披露的事项是否已经按照适用的财务报告编制基础在财务报表中得到恰当反映;

(二)恰当应对在审计报告日后注册会计师知悉的、且如果在审计报告日知悉可能导致注册会计师修改审计报告的事实。

第四章 要求

第一节 财务报表日至审计报告日之间发生的事项

第九条 注册会计师应当设计和实施审计程序,获取充分、适当的审计证据,以确定所有在财务报表日至审计报告日之间发生的、需要在财务报表中调整或披露的事项均已得到识别。但是,注册会计师并不需要对之前已实施审计程序并已得出满意结论的事项执行追加的审计程序。

第十条 注册会计师应当按照本准则第九条的规定实施审计程序,以使审计程序能够涵盖财务报表日至审计报告日(或尽可能接近审计报告日)之间的期间。

在确定审计程序的性质和范围时,注册会计师应当考虑风险评估的结果。这些程序应当包括:

(一)了解管理层为确保识别期后事项而建立的程序;

(二)询问管理层和治理层(如适用),确定是否已发生可能影响财务报表的期后事项;

(三)查阅被审计单位的所有者、管理层和治理层在财务报表日后举行会议的纪要,在不能获取会议纪要的情况下,询问此类会议讨论的事项;

(四)查阅被审计单位最近的中期财务报表(如有)。

第十一条 在实施本准则第九条和第十条规定的审计程序后,如果注册会计师识别出需要在财务报表中调整或披露的事项,应当确定这些事项是否按照适用的财务报告编制基础的规定在财务报表中得到恰当反映。

第十二条 注册会计师应当按照《中国注册会计师审计准则第1341号——书面声明》的规定,要求管理层和治理层(如适用)提供书面声明,确认所有在财务报表日后发生的、按照适用的财务报告编制基础的规定应予调整或披露的事项均已得到调整或披露。

第二节 注册会计师在审计报告日后至财务报表报出日前知悉的事实

第十三条 在审计报告日后,注册会计师没有义务针对财务报表实施任何审计程序。

在审计报告日后至财务报表报出日前,如果知悉了某事实,且若在审计报告日知悉可能导致修改审计报告,注册会计师应当:

(一)与管理层和治理层(如适用)讨论该事项;

(二)确定财务报表是否需要修改;

(三)如果需要修改,询问管理层将如何在财务报表中处理该事项。

第十四条 如果管理层修改财务报表,注册会计师应当:

(一)根据具体情况对有关修改实施必要的审计程序;

(二)除非本准则第十五条所述的情形适用,将本准则第九条和第十条规定的审计程序延伸至新的审计报告日,并针对修改后的财务报表出具新的审计报告。新的审计报告日不应早于修改后的财务报表被批准的日期。

第十五条 在有关法律法规或适用的财务报告编制基础未禁止的情况下,如果管理层对财务报表的修改仅限于反映导致修改的期后事项的影响,被审计单位的董事会、管理层或类似机构也仅对有关修改进行批准,注册会计师可以仅针对有关修改将本准则第九条和第十条所述的审计程序延伸至新的审计报告日。在这种情况下,注册会计师应当选用下列处理方式之一:

(一)修改审计报告,针对财务报表修改部分增加补充报告日期,从而表明注册会计师对期后事项实施的审计程序仅限于财务报表相关附注所述的修改;

(二)出具新的或经修改的审计报告,在强调事项段或其他事项段中说明注册会计师对期后事项实施的审计程序仅限于财务报表相关附注所述的修改。

第十六条 在某些国家或地区,法律法规或财务报告编制基础可能不要求管理层报出经修改的财务报表，相应地，注册会计师也无需出具经修改的或新的审计报告。然而，如果认为管理层应当修改财务报表而没有修改，注册会计师应当分别以下情况予以处理：

（一）如果审计报告尚未提交给被审计单位，注册会计师应当按照《中国注册会计师审计准则第 1502 号——在审计报告中发表非无保留意见》的规定发表非无保留意见，然后再提交审计报告；

（二）如果审计报告已经提交给被审计单位，注册会计师应当通知管理层和治理层（除非治理层全部成员参与管理被审计单位）在财务报表作出必要修改前不要向第三方报出。如果财务报表在未经必要修改的情况下仍被报出，注册会计师应当采取适当措施，以设法防止财务报表使用者信赖该审计报告。

第三节　注册会计师在财务报表报出后知悉的事实

第十七条　在财务报表报出后，注册会计师没有义务针对财务报表实施任何审计程序。

在财务报表报出后，如果知悉了某事实，且若在审计报告日知悉可能导致修改审计报告，注册会计师应当：

（一）与管理层和治理层（如适用）讨论该事项；

（二）确定财务报表是否需要修改；

（三）如果需要修改，询问管理层将如何在财务报表中处理该事项。

第十八条　如果管理层修改了财务报表，注册会计师应当：

（一）根据具体情况对有关修改实施必要的审计程序；

（二）复核管理层采取的措施能否确保所有收到原财务报表和审计报告的人士了解这一情况；

（三）除非本准则第十五条所述的情形适用，将本准则第九条和第十条规定的审计程序延伸至新的审计报告日，并针对修改后的财务报表出具新的审计报告，新的审计报告日不应早于修改后的财务报表被批准的日期；

（四）如果本准则第十五条所述的情形适用，应当按照本准则第十五条的规定修改审计报告或提供新的审计报告。

第十九条　注册会计师应当在新的或经修改的审计报告中增加强调事项段或其他事项段，提醒财务报表使用者关注财务报表附注中有关修改原财务报表的详细原因和注册会计师提供的原审计报告。

第二十条　如果管理层没有采取必要措施确保所有收到原财务报表的人士了解这一情况，也没有在注册会计师认为需要修改的情况下修改财务报表，注册会计师应当通知管理层和治理层（除非治理层全部成员参与管理被审计单位），注册会计师将设法防止财务报表使用者信赖该审计报告。

如果注册会计师已经通知管理层或治理层，而管理层或治理层没有采取必要措施，注册会计师应当采取适当措施，以设法防止财务报表使用者信赖该审计报告。

中国注册会计师审计准则第 1341 号——书面声明

（2016 年 12 月 23 日修订）

第一章 总则

第一条 为了规范注册会计师在财务报表审计中向管理层获取书面声明，制定本准则。

第二条 本准则附录中列示的其他审计准则，对注册会计师在特定情况下就相关事项获取书面声明提出具体要求，但并不构成对本准则普遍适用性的限制。

第三条 审计证据是注册会计师为了得出审计结论和形成审计意见而使用的信息。书面声明是注册会计师在财务报表审计中需要获取的必要信息，也是审计证据。

第四条 尽管书面声明提供必要的审计证据，但其本身并不为所涉及的任何事项提供充分、适当的审计证据。而且，管理层已提供可靠书面声明的事实，并不影响注册会计师就管理层责任履行情况或具体认定获取的其他审计证据的性质和范围。

第二章 定义

第五条 书面声明，是指管理层向注册会计师提供的书面陈述，用以确认某些事项或支持其他审计证据。

书面声明不包括财务报表及其认定，以及支持性账簿和相关记录。

第六条 在本准则中单独提及管理层时，应当理解为管理层和治理层（如适用）。管理层负责按照适用的财务报告编制基础编制财务报表并使其实现公允反映。

第三章 目标

第七条 注册会计师的目标是：

（一）向管理层获取其认为自身已履行编制财务报表和向注册会计师提供完整信息的责任的书面声明；

（二）如果注册会计师认为有必要或其他审计准则有要求，通过书面声明支持与财务报表或具体认定相关的其他审计证据；

（三）恰当应对管理层提供的书面声明或管理层不提供注册会计师要求的书面声明的情况。

第四章 要求

第一节 提供书面声明的管理层

第八条 注册会计师应当要求对财务报表承担相应责任并了解相关事项的管理层提供书面声明。

第二节 针对管理层责任的书面声明

第九条 针对财务报表的编制，注册会计师应当要求管理层提供书面声明，确认其根据审计业务约定条款，履行了按照适用的财务报告编制基础编制财务报表并使其实现公允反映（如适用）的责任。

第十条 针对提供的信息和交易的完整性，注册会计师应当要求管理层就下列事项提供书面声明：

（一）按照审计业务约定条款，已向注册会计师提供所有相关信息，并允许注册会计师不受限制地接触所有相关信息以及被审计单位内部人员和其他相关人员。

（二）所有交易均已记录并反映在财务报表中。

第十一条 注册会计师应当要求管理层按照审计业务约定条款中对管理层责任的描述方式，在本准则第九条和第十条要求的书面声明中对管理层责任进行描述。

第三节 其他书面声明

第十二条 除本准则和其他审计准则要求的书面声明外，如果注册会计师认为有必要获取一项或多项其他书面声明，以支持与财务报表或者一项或多项具体认定相关的其他审计证据，注册会计师应当要求管理层提供这些书面声明。

第四节 书面声明的日期和涵盖的期间

第十三条 书面声明的日期应当尽量接近对财务报表出具审计报告的日期，但不得在审计报告日后。书面声明应当涵盖审计报告针对的所有财务报表和期间。

第五节 书面声明的形式

第十四条 书面声明应当以声明书的形式致送注册会计师。如果法律法规要求管理层就其责任作出书面公开陈述，并且注册会计师认为这些陈述提供了本准则第九条和第十条要求的部分或全部声明，则这些陈述所涵盖的相关事项不必包括在声明书中。

第六节 对书面声明可靠性的疑虑以及管理层不提供要求的书面声明

第十五条 如果对管理层的胜任能力、诚信、道德价值观或勤勉尽责存在疑虑，或者对管理层在这些方面的承诺或贯彻执行存在疑虑，注册会计师应当确定这些疑虑对书面或口头声明和审计证据总体的可靠性可能产生的影响。

第十六条 如果书面声明与其他审计证据不一致，注册会计师应当实施审计程序以设法解决这些问题。如果问题仍未解决，注册会计师应当重新考虑对管理层的胜任能力、诚信、道德价值观或勤勉尽责的评估，或者重新考虑对管理层在这些方面的承诺或贯彻执行的评估，并确定书面声明与其他审计证据的不一致对书面或口头声明和审计证据总体的可靠性可能产生的影响。

第十七条 如果认为书面声明不可靠，注册会计师应当采取适当措施，包括本准则第十九条所提及的按照《中国注册会计师审计准则第1502号——在审计报告中发表非无保留意见》的规定，确定其对审计意见可能产生的影响。

第十八条 如果管理层不提供要求的一项或多项书面声明，注册会计师应当：

（一）与管理层讨论该事项；

（二）重新评价管理层的诚信，并评价该事项对书面或口头声明和审计证据总体的可靠性可能产生的影响；

（三）采取适当措施，包括本准则第十九条提及的按照《中国注册会计师审计准则第 1502 号——在审计报告中发表非无保留意见》的规定，确定该事项对审计意见可能产生的影响。

第十九条 按照《中国注册会计师审计准则第 1502 号——在审计报告中发表非无保留意见》的规定，如果存在下列情形之一，注册会计师应当对财务报表发表无法表示意见：

（一）注册会计师对管理层的诚信产生重大疑虑，以至于认为其按照本准则第九条和第十条的要求作出的书面声明不可靠；

（二）管理层不提供本准则第九条和第十条要求的书面声明。

附录：其他审计准则对书面声明的具体要求

下列审计准则要求注册会计师在特定情况下就相关事项获取书面声明，但其规定并不影响本准则的普遍适用性。

1.《中国注册会计师审计准则第 1141 号——财务报表审计中与舞弊相关的责任》第四十三条；

2.《中国注册会计师审计准则第 1142 号——财务报表审计中对法律法规的考虑》第十六条；

3.《中国注册会计师审计准则第 1251 号——评价审计过程中识别出的错报》第十五条；

4.《中国注册会计师审计准则第 1311 号——对存货、诉讼和索赔、分部信息等特定项目获取审计证据的具体考虑》第十二条；

5.《中国注册会计师审计准则第 1321 号——审计会计估计（包括公允价值会计估计）和相关披露》第二十七条；

6.《中国注册会计师审计准则第 1323 号——关联方》第二十七条；

7.《中国注册会计师审计准则第 1324 号——持续经营》第十五条第二款第（五）项；

8.《中国注册会计师审计准则第 1332 号——期后事项》第十二条；

9.《中国注册会计师审计准则第 1511 号——比较信息：对应数据和比较财务报表》第十二条；

10.《中国注册会计师审计准则第 1521 号——注册会计师对其他信息的责任》第十四条第（三）项。

中国注册会计师审计准则第 1501 号——对财务报表形成审计意见和出具审计报告

(2016 年 12 月 23 日修订)

第一章 总则

第一条 为了规范注册会计师对财务报表形成审计意见,以及作为财务报表审计结果出具的审计报告的格式和内容,制定本准则。

第二条 《中国注册会计师审计准则第 1504 号——在审计报告中沟通关键审计事项》对注册会计师在审计报告中沟通关键审计事项的责任作出规范。《中国注册会计师审计准则第 1502 号——在审计报告中发表非无保留意见》和《中国注册会计师审计准则第 1503 号——在审计报告中增加强调事项段和其他事项段》规定了注册会计师在审计报告中发表非无保留意见、增加强调事项段或其他事项段时,审计报告的格式和内容如何进行相应调整。其他审计准则也包含出具审计报告时适用的报告要求。

第三条 本准则建立在注册会计师执行整套通用目的财务报表审计业务的基础上,适用于整套通用目的财务报表审计。

《中国注册会计师审计准则第 1601 号——对按照特殊目的编制基础编制的财务报表审计的特殊考虑》规定了注册会计师对按照特殊目的编制基础编制的财务报表审计的特殊考虑。《中国注册会计师审计准则第 1603 号——对单一财务报表和财务报表特定要素审计的特殊考虑》规定了注册会计师对单一财务报表或财务报表特定要素、账户或项目审计的特殊考虑。当某一审计业务适用《中国注册会计师审计准则第 1601 号——对按照特殊目的编制基础编制的财务报表审计的特殊考虑》或《中国注册会计师审计准则第 1603 号——对单一财务报表和财务报表特定要素审计的特殊考虑》时,本准则同样适用于该审计业务。

第四条 本准则中的要求旨在于两个方面作出恰当平衡:一是要保持审计报告的一致性、可比性,二是要在审计报告中提供对使用者更相关的信息以增加审计报告的价值。在已按照中国注册会计师审计准则的规定执行审计工作的情况下,注册会计师保持审计报告的一致性,将有助于使用者更容易识别已按照中国注册会计师审计准则的规定执行的审计项目,从而增强审计报告的可信性，同时有助于使用者理解审计工作和识别发生的异常情况。

第二章 定义

第五条 本准则所称财务报表，是指整套通用目的财务报表，包括相关附注。相关附注通常包括重要会计政策和会计估计。适用的财务报告编制基础的规定决定了财务报表的形式和内容，以及整套财务报表的构成。

第六条 通用目的财务报表，是指按照通用目的编制基础编制的财务报表。

第七条 通用目的编制基础，是指旨在满足广大财务报表使用者共同财务信息需求的财务报告编制基础。

第八条 审计报告，是指注册会计师根据审计准则的规定，在执行审计工作的基础上，对财务报表发表审计意见的书面文件。

第九条 无保留意见，是指当注册会计师认为财务报表在所有重大方面按照适用的财务报告编制基础的规定编制并实现公允反映时发表的审计意见。

第三章 目标

第十条 注册会计师的目标是：

（一）在评价根据审计证据得出的结论的基础上，对财务报表形成审计意见；

（二）通过书面报告的形式清楚地表达审计意见。

第四章 要求

第一节 对财务报表形成审计意见

第十一条 注册会计师应当就财务报表是否在所有重大方面按照适用的财务报告编制基础的规定编制并实现公允反映形成审计意见。

第十二条 为了形成审计意见，针对财务报表整体是否不存在由于舞弊或错误导致的重大错报，注册会计师应当得出结论，确定是否已就此获取合理保证。

在得出结论时，注册会计师应当考虑下列方面：

（一）按照《中国注册会计师审计准则第 1231 号——针对评估的重大错报风险采取的应对措施》的规定，是否已获取充分、适当的审计证据；

（二）按照《中国注册会计师审计准则第 1251 号——评价审计过程中识别出的错报》的规定，未更正错报单独或汇总起来是否构成重大错报；

（三）本准则第十三条至第十六条要求作出的评价。

第十三条 注册会计师应当评价财务报表是否在所有重大方面按照适用的财务报告编制基础的规定编制。

在评价时，注册会计师应当考虑被审计单位会计实务的质量，包括表明管理层的判断可能出现偏向的迹象。

第十四条 注册会计师应当依据适用的财务报告编制基础特别评价下列内容：

（一）财务报表是否充分披露了所选择和运用的重要会计政策；

（二）所选择和运用的会计政策是否符合适用的财务报告编制基础，并适合被审计单位的具体情况；

（三）管理层作出的会计估计是否合理；

（四）财务报表列报的信息是否具有相关性、可靠性、可比性和可理解性；

（五）财务报表是否作出充分披露，使预期使用者能够理解重大交易和事项对财务报表所传递信息的影响；

（六）财务报表使用的术语（包括每一财务报表的标题）是否适当。

第十五条 按照本准则第十三条和第十四条的规定作出的评价还应当包括财务报表是否实现公允反映。

在评价财务报表是否实现公允反映时，注册会计师应当考虑下列方面：

（一）财务报表的整体列报、结构和内容是否合理；

（二）财务报表（包括相关附注）是否公允地反映了相关交易和事项。

第十六条 注册会计师应当评价财务报表是否恰当提及或说明适用的财务报告编制基础。

第二节 审计意见的类型

第十七条 如果认为财务报表在所有重大方面按照适用的财务报告编制基础的规定编制并实现公允反映，注册会计师应当发表无保留意见。

第十八条 当存在下列情形之一时，注册会计师应当按照《中国注册会计师审计准则第 1502 号——在审计报告中发表非无保留意见》的规定，在审计报告中发表非无保留意见：

（一）根据获取的审计证据，得出财务报表整体存在重大错报的结论；

（二）无法获取充分、适当的审计证据，不能得出财务报表整体不存在重大错报的结论。

第十九条 如果财务报表没有实现公允反映，注册会计师应当就该事项与管理层讨论，并根据适用的财务报告编制基础的规定和该事项得到解决的情况，决定是否有必要按照《中国注册会计师审计准则第 1502 号——在审计报告中发表非无保留意见》的规定在审计报告中发表非无保留意见。

第三节　审计报告

第二十条 审计报告应当采用书面形式。

第二十一条 审计报告应当包括下列要素：

（一）标题；

（二）收件人；

（三）审计意见；

（四）形成审计意见的基础；

（五）管理层对财务报表的责任；

（六）注册会计师对财务报表审计的责任；

（七）按照相关法律法规的要求报告的事项（如适用）；

（八）注册会计师的签名和盖章；

（九）会计师事务所的名称、地址和盖章；

（十）报告日期。

在适用的情况下，注册会计师还应当按照《中国注册会计师审计准则第 1324 号——持续经营》、《中国注册会计师审计准则第 1504 号——在审计报告中沟通关键审计事项》、《中国注册会计师审计准则第 1521 号——注册会计师对其他信息的责任》的相关规定，在审计报告中对与持续经营相关的重大不确定性、关键审计事项、被审计单位年度报告中包含的除财务报表和审计报告之外的其他信息进行报告。

第二十二条 审计报告应当具有标题，统一规范为"审计报告"。

第二十三条 审计报告应当按照审计业务约定的要求载明收件人。

第二十四条 审计报告的第一部分应当包含审计意见，并以"审计意见"作为标题。

第二十五条 审计意见部分还应当包括下列方面：

（一）指出被审计单位的名称；

（二）说明财务报表已经审计；

（三）指出构成整套财务报表的每一财务报表的名称；

（四）提及财务报表附注，包括重大会计政策和会计估计；

（五）指明构成整套财务报表的每一财务报表的日期或涵盖的期间。

第二十六条 如果对财务报表发表无保留意见，除非法律法规另有规定，审计意见应当使用"我们认为，后附的财务报表在所有重大方面按照［适用的财务报告编制基础（如企业会计准则等）］的规定编制，公允反映了［……］"的措辞。

第二十七条 如果适用的财务报告编制基础是国际财务报告准则、国际公共部门会计准则或者其他国家或地区的财务报告准则，注册会计师应当在审计意见部分指明适用的财务报告编制基础是国际财务报告准则、国际公共部门会计准则，或者指明财务报告编制基础所属的国家或地区。

第二十八条 审计报告应当包含标题为"形成审计意见的基础"的部分。该部分应当紧接在审计意见部分之后，并包括下列方面：

（一）说明注册会计师按照审计准则的规定执行了审计工作；

（二）提及审计报告中用于描述审计准则规定的注册会计师责任的部分；

（三）声明注册会计师按照与审计相关的职业道德要求独立于被审计单位，并履行了职业道德方面的其他责任。声明中应当指明适用的职业道德要求，如中国注册会计师职业道德守则；

（四）说明注册会计师是否相信获取的审计证据是充分、适当的，为发表审计意见提供了基础。

第二十九条 审计报告应当包含标题为"管理层对财务报表的责任"的部分。审计报告中应当使用特定国家或地区法律框架下的恰当术语，而不必限定为"管理层"。在某些国家或地区，恰当的术语可能是"治理层"。

第三十条 管理层对财务报表的责任部分应当说明管理层负责下列方面：

（一）按照适用的财务报告编制基础的规定编制财务报表，使其实现公允反映，并设计、执行和维护必要的内部控制，以使财务报表不存在由于舞弊或错误导致的重大错报；

（二）评估被审计单位的持续经营能力和使用持续经营假设是否适当，并披露与持续经营相关的事项（如适用）。对管理层评估责任的说明应当包括描述在何种情况下使用持续经营假设是适当的。

第三十一条 当对财务报告过程负有监督责任的人员与履行上述第三十条所述责任的人员不同时，管理层对财务报表的责任部分还应当提及对财务报告过程负有监督责任的人员。在这种情况下，该部分的标题还应当提及"治理层"或者特定国家或地区法律框架中的恰当术语。

第三十二条　审计报告应当包含标题为"注册会计师对财务报表审计的责任"的部分。

第三十三条　注册会计师对财务报表审计的责任部分应当包括下列内容：

（一）说明注册会计师的目标是对财务报表整体是否不存在由于舞弊或错误导致的重大错报获取合理保证，并出具包含审计意见的审计报告；

（二）说明合理保证是高水平的保证，但并不能保证按照审计准则执行的审计在某一重大错报存在时总能发现；

（三）说明错报可能由于舞弊或错误导致。

在说明错报可能由于舞弊或错误导致时，注册会计师应当从下列两种做法中选取一种：

（一）描述如果合理预期错报单独或汇总起来可能影响财务报表使用者依据财务报表作出的经济决策，则通常认为错报是重大的；

（二）根据适用的财务报告编制基础，提供关于重要性的定义或描述。

第三十四条　注册会计师对财务报表审计的责任部分还应当包括下列内容：

（一）说明在按照审计准则执行审计工作的过程中，注册会计师运用职业判断，并保持职业怀疑；

（二）通过说明注册会计师的责任，对审计工作进行描述。这些责任包括：

1. 识别和评估由于舞弊或错误导致的财务报表重大错报风险，设计和实施审计程序以应对这些风险，并获取充分、适当的审计证据，作为发表审计意见的基础。由于舞弊可能涉及串通、伪造、故意遗漏、虚假陈述或凌驾于内部控制之上，未能发现由于舞弊导致的重大错报的风险高于未能发现由于错误导致的重大错报的风险。

2. 了解与审计相关的内部控制，以设计恰当的审计程序，但目的并非对内部控制的有效性发表意见。当注册会计师有责任在财务报表审计的同时对内部控制的有效性发表意见时，应当略去上述"目的并非对内部控制的有效性发表意见"的表述。

3. 评价管理层选用会计政策的恰当性和作出会计估计及相关披露的合理性。

4. 对管理层使用持续经营假设的恰当性得出结论。同时，根据获取的审计证据，就可能导致对被审计单位持续经营能力产生重大疑虑的事项或情况是否存在重大不确定性得出结论。如果注册会计师得出结论认为存在重大不确定性，审计准则要求注册会计师在审计报告中提请报表使用者关注财务报表中的相关披露；如果披露不充分，注册会计师应当发表非无保留意见。注册会计师的结论基于截至审计报告日可获得的信息。然而，未来的事项或情况可能导致被审计单位不能持续经营。

5. 评价财务报表的总体列报、结构和内容（包括披露），并评价财务报表是否公允反映相关交易和事项。

（三）当《中国注册会计师审计准则第1401号——对集团财务报表审计的特殊考虑》适用时，通过说明下列事项，进一步描述注册会计师在集团审计业务中的责任：

1. 注册会计师的责任是就集团中实体或业务活动的财务信息获取充分、适当的审计证据，以对合并财务报表发表审计意见；
2. 注册会计师负责指导、监督和执行集团审计；
3. 注册会计师对审计意见承担全部责任。

第三十五条 注册会计师对财务报表审计的责任部分还应当包括下列内容：

（一）说明注册会计师与治理层就计划的审计范围、时间安排和重大审计发现等事项进行沟通，包括沟通注册会计师在审计中识别的值得关注的内部控制缺陷；

（二）对于上市实体财务报表审计，指出注册会计师就已遵守与独立性相关的职业道德要求向治理层提供声明，并与治理层沟通可能被合理认为影响注册会计师独立性的所有关系和其他事项，以及相关的防范措施（如适用）；

（三）对于上市实体财务报表审计，以及决定按照《中国注册会计师审计准则第1504号——在审计报告中沟通关键审计事项》的规定沟通关键审计事项的其他情况，说明注册会计师从与治理层沟通过的事项中确定哪些事项对本期财务报表审计最为重要，因而构成关键审计事项。注册会计师应当在审计报告中描述这些事项，除非法律法规禁止公开披露这些事项，或在极少数情形下，注册会计师合理预期在审计报告中沟通某事项造成的负面后果超过在公众利益方面产生的益处，因而确定不应在审计报告中沟通该事项。

第三十六条 除审计准则规定的注册会计师责任外，如果注册会计师在对财务报表出具的审计报告中履行其他报告责任，应当在审计报告中将其单独作为一部分,并以"按照相关法律法规的要求报告的事项"为标题,或使用适合于该部分内容的其他标题,除非其他报告责任涉及的事项与审计准则规定的报告责任涉及的事项相同。如果涉及相同的事项,其他报告责任可以在审计准则规定的同一报告要素部分列示。

第三十七条 如果将其他报告责任在审计准则要求的同一报告要素部分列示,审计报告应当清楚区分其他报告责任和审计准则要求的报告责任。

第三十八条 如果审计报告将其他报告责任单独作为一部分,本准则第二十四条至第三十五条的要求应当置于"对财务报表出具的审计报告"标题下;"按照相关法律法规的要求报告的事项"部分置于"对财务报表出具的审计报告"部分之后。

第三十九条 审计报告应当由项目合伙人和另一名负责该项目的注册会计师签名和盖章。

第四十条 注册会计师应当在对上市实体整套通用目的财务报表出具的审计报告中注明项目合伙人。

第四十一条 审计报告应当载明会计师事务所的名称和地址,并加盖会计师事务所公章。

第四十二条 审计报告应当注明报告日期。审计报告日不应早于注册会计师获取充分、适当的审计证据,并在此基础上对财务报表形成审计意见的日期。

在确定审计报告日时,注册会计师应当确信已获取下列两方面的审计证据:

(一) 构成整套财务报表的所有报表(包括相关附注)已编制完成;

(二) 被审计单位的董事会、管理层或类似机构已经认可其对财务报表负责。

第四十三条 注册会计师在按照中国注册会计师审计准则执行审计工作时,还可能同时被要求按照其他国家或地区审计准则执行审计工作。在这种情况下,审计报告除了提及中国注册会计师审计准则外,还可能同时提及其他国家或地区审计准则。只有在同时符合下列条件时,注册会计师才应当同时提及:

(一) 其他国家或地区审计准则与中国注册会计师审计准则不存在冲突,即不会导致注册会计师形成不同的审计意见,也不会导致在中国注册会计师审计准则要求增加强调事项段或其他事项段的情形下,其他国家或

地区的审计准则不要求增加;

(二)如果使用其他国家或地区审计准则规定的结构或措辞,审计报告至少应当包括本准则第二十一条规定的所有要素。

第四十四条 如果审计报告同时提及中国注册会计师审计准则和其他国家或地区审计准则,审计报告应当指明审计准则所属的国家或地区。

第四节 与财务报表一同列报的补充信息

第四十五条 如果被审计单位将适用的财务报告编制基础未作要求的补充信息与已审计财务报表一同列报,注册会计师应当根据职业判断,评价补充信息是否由于其性质和列报方式而构成财务报表的必要组成部分。如果补充信息构成财务报表的必要组成部分,应当将其涵盖在审计意见中。

第四十六条 如果认为适用的财务报告编制基础未作要求的补充信息不构成已审计财务报表的必要组成部分,注册会计师应当评价这些补充信息的列报方式是否充分、清楚地使其与已审计财务报表相区分。如果未能充分、清楚地区分,注册会计师应当要求管理层改变未审计补充信息的列报方式。如果管理层拒绝改变,注册会计师应当指出未审计的补充信息,并在审计报告中说明这些补充信息未审计。

中国注册会计师审计准则第 1502 号——在审计报告中发表非无保留意见

(2016 年 12 月 23 日修订)

第一章 总则

第一条 为了规范注册会计师在财务报表审计中出具非无保留意见的审计报告,制定本准则。

第二条 当按照《中国注册会计师审计准则第 1501 号——对财务报表形成审计意见和出具审计报告》的规定形成审计意见时,如果认为有必要发表非无保留意见,注册会计师应当遵守本准则。

本准则规定了当注册会计师在审计报告中发表非无保留意见时,审计报告的格式和内容如何进行相应调整。

在任何情形下,《中国注册会计师审计准则第 1501 号——对财务报表形成审计意见和出具审计报告》的报告要求均适用，本准则不再重述其规定，除非本准则明确涉及或修改这些报告要求。

第三条 本准则规定了三种类型的非无保留意见，即保留意见、否定意见和无法表示意见。

注册会计师确定恰当的非无保留意见类型，取决于下列事项：

（一）导致非无保留意见的事项的性质，是财务报表存在重大错报，还是在无法获取充分、适当的审计证据的情况下，财务报表可能存在重大错报；

（二）注册会计师就导致非无保留意见的事项对财务报表产生或可能产生影响的广泛性作出的判断。

第二章 定义

第四条 非无保留意见，是指对财务报表发表的保留意见、否定意见或无法表示意见。

第五条 广泛性，是描述错报影响的术语，用以说明错报对财务报表的影响，或者由于无法获取充分、适当的审计证据而未发现的错报（如存在）对财务报表可能产生的影响。

根据注册会计师的判断，对财务报表的影响具有广泛性的情形包括下列方面：

（一）不限于对财务报表的特定要素、账户或项目产生影响；

（二）虽然仅对财务报表的特定要素、账户或项目产生影响，但这些要素、账户或项目是或可能是财务报表的主要组成部分；

（三）当与披露相关时，产生的影响对财务报表使用者理解财务报表至关重要。

第三章 目标

第六条 注册会计师的目标是，当存在下列情形之一时，对财务报表清楚地发表恰当的非无保留意见：

（一）根据获取的审计证据，得出财务报表整体存在重大错报的结论；

（二）无法获取充分、适当的审计证据，不能得出财务报表整体不存在重大错报的结论。

第四章 要求

第一节 应当发表非无保留意见的情形

第七条 当存在下列情形之一时,注册会计师应当在审计报告中发表非无保留意见:

(一)根据获取的审计证据,得出财务报表整体存在重大错报的结论;

(二)无法获取充分、适当的审计证据,不能得出财务报表整体不存在重大错报的结论。

第二节 确定非无保留意见的类型

第八条 当存在下列情形之一时,注册会计师应当发表保留意见:

(一)在获取充分、适当的审计证据后,注册会计师认为错报单独或汇总起来对财务报表影响重大,但不具有广泛性;

(二)注册会计师无法获取充分、适当的审计证据以作为形成审计意见的基础,但认为未发现的错报(如存在)对财务报表可能产生的影响重大,但不具有广泛性。

第九条 在获取充分、适当的审计证据后,如果认为错报单独或汇总起来对财务报表的影响重大且具有广泛性,注册会计师应当发表否定意见。

第十条 如果无法获取充分、适当的审计证据以作为形成审计意见的基础,但认为未发现的错报(如存在)对财务报表可能产生的影响重大且具有广泛性,注册会计师应当发表无法表示意见。

第十一条 在极少数情况下,可能存在多个不确定事项。尽管注册会计师对每个单独的不确定事项获取了充分、适当的审计证据,但由于不确定事项之间可能存在相互影响,以及可能对财务报表产生累积影响,注册会计师不可能对财务报表形成审计意见。在这种情况下,注册会计师应当发表无法表示意见。

第十二条 在承接审计业务后,如果注意到管理层对审计范围施加了限制,且认为这些限制可能导致对财务报表发表保留意见或无法表示意见,注册会计师应当要求管理层消除这些限制。

第十三条 如果管理层拒绝消除本准则第十二条提及的限制,除非治理层全部成员参与管理被审计单位,注册会计师应当就此事项与治理层沟通,并确定能否实施替代程序以获取充分、适当的审计证据。

第十四条 如果无法获取充分、适当的审计证据，注册会计师应当通过下列方式确定其影响：

（一）如果未发现的错报（如存在）可能对财务报表产生的影响重大，但不具有广泛性，注册会计师应当发表保留意见；

（二）如果未发现的错报（如存在）可能对财务报表产生的影响重大且具有广泛性，以至于发表保留意见不足以反映情况的严重性，注册会计师应当在可行时解除业务约定（除非法律法规禁止）；如果在出具审计报告之前解除业务约定被禁止或不可行，应当发表无法表示意见。

第十五条 如果根据本准则第十四条第（二）项的规定解除业务约定，注册会计师应当在解除业务约定前，与治理层沟通在审计过程中发现的、将会导致发表非无保留意见的所有错报事项。

第十六条 如果认为有必要对财务报表整体发表否定意见或无法表示意见，注册会计师不应在同一审计报告中对按照相同财务报告编制基础编制的单一财务报表或者财务报表特定要素、账户或项目发表无保留意见。在同一审计报告中包含无保留意见，将会与对财务报表整体发表的否定意见或无法表示意见相矛盾。

第二节 非无保留意见审计报告的格式和内容

第十七条 如果对财务报表发表非无保留意见，除在审计报告中包含《中国注册会计师审计准则第1501号——对财务报表形成审计意见和出具审计报告》规定的审计报告要素外，注册会计师还应当：

（一）将《中国注册会计师审计准则第1501号——对财务报表形成审计意见和出具审计报告》第二十八条中规定的"形成审计意见的基础"这一标题修改为恰当的标题，如"形成保留意见的基础"、"形成否定意见的基础"或"形成无法表示意见的基础"；

（二）在该部分对导致发表非无保留意见的事项进行描述。

第十八条 如果财务报表中存在与具体金额（包括财务报表附注中的定量披露）相关的重大错报，注册会计师应当在形成审计意见的基础部分说明并量化该错报的财务影响。如果无法量化财务影响，注册会计师应当在该部分说明这一情况。

第十九条 如果财务报表中存在与叙述性披露相关的重大错报，注册会计师应当在形成审计意见的基础部分解释该错报错在何处。

第二十条 如果财务报表中存在与应披露而未披露信息相关的重大错报，注册会计师应当：

（一）与治理层讨论未披露信息的情况；

（二）在形成审计意见的基础部分描述未披露信息的性质；

（三）如果可行并且已针对未披露信息获取了充分、适当的审计证据，在形成审计意见的基础部分包含对未披露信息的披露，除非法律法规禁止。

第二十一条 如果因无法获取充分、适当的审计证据而导致发表非无保留意见，注册会计师应当在形成审计意见的基础部分说明无法获取审计证据的原因。

第二十二条 即使发表了否定意见或无法表示意见，注册会计师也应当在形成审计意见的基础部分说明注意到的、将导致发表非无保留意见的所有其他事项及其影响。

第二十三条 在发表非无保留意见时，注册会计师应当对审计意见部分使用恰当的标题，如"保留意见"、"否定意见"或"无法表示意见"。

第二十四条 当由于财务报表存在重大错报而发表保留意见时，注册会计师应当在审计意见部分说明：注册会计师认为，除形成保留意见的基础部分所述事项产生的影响外，后附的财务报表在所有重大方面按照适用的财务报告编制基础的规定编制，公允反映了［……］。

当由于无法获取充分、适当的审计证据而导致发表保留意见时，注册会计师应当在审计意见部分使用"除……可能产生的影响外"等措辞。

第二十五条 当发表否定意见时，注册会计师应当在审计意见部分说明：注册会计师认为，由于形成否定意见的基础部分所述事项的重要性，后附的财务报表没有在所有重大方面按照适用的财务报告编制基础的规定编制，未能公允反映［……］。

第二十六条 当由于无法获取充分、适当的审计证据而发表无法表示意见时，注册会计师应当：

（一）说明注册会计师不对后附的财务报表发表审计意见；

（二）说明由于形成无法表示意见的基础部分所述事项的重要性，注册会计师无法获取充分、适当的审计证据以作为对财务报表发表审计意见的基础；

（三）修改《中国注册会计师审计准则第1501号——对财务报表形成审计意见和出具审计报告》第二十五条第（二）项中规定的财务报表已经审计的说明，改为注册会计师接受委托审计财务报表。

第二十七条 当发表保留意见或否定意见时，注册会计师应当修改《中国注册会计师审计准则第1501号——对财务报表形成审计意见和出具审计报告》第二十八条第（四）项规定的表述，在对注册会计师是否获取了充分、适当的审计证据以作为形成审计意见的基础的说明中，包含恰当的措辞如"保留"或"否定"。

第二十八条　当注册会计师对财务报表发表无法表示意见时，审计报告中不应当包含《中国注册会计师审计准则第 1501 号——对财务报表形成审计意见和出具审计报告》第二十八条第（二）项和第（四）项中规定的要素，即：

（一）提及审计报告中用于描述注册会计师责任的部分；

（二）说明注册会计师是否已获取充分、适当的审计证据以作为形成审计意见的基础。

第二十九条　当由于无法获取充分、适当的审计证据而发表无法表示意见时，注册会计师应当对按照《中国注册会计师审计准则第 1501 号——对财务报表形成审计意见和出具审计报告》第三十三条至第三十五条的规定在审计报告中对注册会计师责任作出的表述进行修改，仅包含下列内容：

（一）注册会计师的责任是按照中国注册会计师审计准则的规定，对被审计单位财务报表执行审计工作，以出具审计报告；

（二）但由于形成无法表示意见的基础部分所述的事项，注册会计师无法获取充分、适当的审计证据以作为发表审计意见的基础；

（三）按照《中国注册会计师审计准则第 1501 号——对财务报表形成审计意见和出具审计报告》第二十八条第（三）项的规定，关于注册会计师在独立性和职业道德方面的其他责任的声明。

第三十条　除非法律法规另有规定，当对财务报表发表无法表示意见时，注册会计师不得在审计报告中包含《中国注册会计师审计准则第 1504 号——在审计报告中沟通关键审计事项》规定的关键审计事项部分，也不得在审计报告中包含《中国注册会计师审计准则第 1521 号——注册会计师对其他信息的责任》规定的其他信息部分。

第四节　与治理层的沟通

第三十一条　当拟在审计报告中发表非无保留意见时，注册会计师应当与治理层沟通导致拟发表非无保留意见的情况，以及拟使用的非无保留意见措辞。

中国注册会计师审计准则第1503号——在审计报告中增加强调事项段和其他事项段

(2016年12月23日修订)

第一章 总则

第一条 为了规范注册会计师在审计报告中增加强调事项段和其他事项段,以提供必要的补充信息,制定本准则。

第二条 如果认为必要,注册会计师可以在审计报告中提供补充信息,以提醒使用者关注下列事项:

(一)尽管已在财务报表中列报或披露,但对使用者理解财务报表至关重要的事项;

(二)未在财务报表中列报或披露,但与使用者理解审计工作、注册会计师的责任或审计报告相关的事项。

第三条 《中国注册会计师审计准则第1504号——在审计报告中沟通关键审计事项》及其应用指南针对注册会计师如何确定关键审计事项以及如何在审计报告中沟通关键审计事项作出了规定并提供了指引。如果审计报告中包含关键审计事项部分,本准则规范了关键审计事项和按照本准则的规定在审计报告中提供的补充信息之间的关系。

第四条 《中国注册会计师审计准则第1324号——持续经营》及其应用指南针对审计报告中与持续经营相关的沟通作出了规定并提供了指引。《中国注册会计师审计准则第1521号——注册会计师对其他信息的责任》及其应用指南针对审计报告中与其他信息相关的沟通作出了规定并提供了指引。

第五条 本准则附录1和附录2列示的其他审计准则,对在审计报告中增加强调事项段和其他事项段提出具体要求。在这些情况下,本准则对强调事项段或其他事项段格式的要求同样适用。

第二章 定义

第六条 强调事项段,是指审计报告中含有的一个段落,该段落提及已在财务报表中恰当列报或披露的事项,且根据注册会计师的职业判断,该事项对财务报表使用者理解财务报表至关重要。

第七条 其他事项段，是指审计报告中含有的一个段落，该段落提及未在财务报表中列报或披露的事项，且根据注册会计师的职业判断，该事项与财务报表使用者理解审计工作、注册会计师的责任或审计报告相关。

第三章　目标

第八条 注册会计师的目标是，在对财务报表形成审计意见后，如果根据职业判断认为有必要在审计报告中增加强调事项段或其他事项段，通过明确提供补充信息的方式，提醒财务报表使用者关注下列事项：

（一）尽管已在财务报表中恰当列报或披露，但对财务报表使用者理解财务报表至关重要的事项；

（二）未在财务报表中列报或披露，但与财务报表使用者理解审计工作、注册会计师的责任或审计报告相关的其他事项。

第四章　要求

第一节　审计报告中的强调事项段

第九条 如果认为有必要提醒财务报表使用者关注已在财务报表中列报或披露，且根据职业判断认为对财务报表使用者理解财务报表至关重要的事项，在同时满足下列条件时，注册会计师应当在审计报告中增加强调事项段：

（一）按照《中国注册会计师审计准则第1502号——在审计报告中发表非无保留意见》的规定，该事项不会导致注册会计师发表非无保留意见；

（二）当《中国注册会计师审计准则第1504号——在审计报告中沟通关键审计事项》适用时，该事项未被确定为在审计报告中沟通的关键审计事项。

第十条 如果在审计报告中包含强调事项段，注册会计师应当采取下列措施：

（一）将强调事项段作为单独的一部分置于审计报告中，并使用包含"强调事项"这一术语的适当标题；

（二）明确提及被强调事项以及相关披露的位置，以便能够在财务报表中找到对该事项的详细描述。强调事项段应当仅提及已在财务报表中列报或披露的信息；

（三）指出审计意见没有因该强调事项而改变。

第二节 审计报告中的其他事项段

第十一条 如果认为有必要沟通虽然未在财务报表中列报或披露，但根据职业判断认为与财务报表使用者理解审计工作、注册会计师的责任或审计报告相关的事项，在同时满足下列条件时，注册会计师应当在审计报告中增加其他事项段：

（一）未被法律法规禁止；

（二）当《中国注册会计师审计准则第1504号——在审计报告中沟通关键审计事项》适用时，该事项未被确定为在审计报告中沟通的关键审计事项。

第十二条 如果在审计报告中包含其他事项段，注册会计师应当将该段落作为单独的一部分，并使用"其他事项"或其他适当标题。

第三节 与治理层的沟通

第十三条 如果拟在审计报告中包含强调事项段或其他事项段，注册会计师应当就该事项和拟使用的措辞与治理层沟通。

附录1：其他审计准则对强调事项段的具体要求

下列审计准则要求注册会计师在特定情况下在审计报告中包含强调事项段，但其规定并不影响本准则的普遍适用性。

1. 《中国注册会计师审计准则第1111号——就审计业务约定条款达成一致意见》第十九条第（二）项；

2. 《中国注册会计师审计准则第1332号——期后事项》第十五条第（二）项和第十九条；

3. 《中国注册会计师审计准则第1601号——对按照特殊目的编制基础编制的财务报表审计的特殊考虑》第十五条。

附录2：其他审计准则对其他事项段的具体要求

下列审计准则要求注册会计师在特定情况下在审计报告中包含其他事项段，但其规定并不影响本准则的普遍适用性。

1.《中国注册会计师审计准则第 1332 号——期后事项》第十五条第（二）项和第十九条；

2.《中国注册会计师审计准则第 1511 号——比较信息：对应数据和比较财务报表》第十六条、第十七条、第十九条、第二十条和第二十二条。

中国注册会计师审计准则第 1504 号——在审计报告中沟通关键审计事项

（2016 年 12 月 23 日发布）

第一章　总则

第一条　为了明确注册会计师在审计报告中沟通关键审计事项的责任，制定本准则。

第二条　本准则规范注册会计师如何确定关键审计事项以及如何在审计报告中沟通关键审计事项，包括沟通的形式和内容。

第三条　沟通关键审计事项，旨在通过提高已执行审计工作的透明度增加审计报告的沟通价值。沟通关键审计事项能够为财务报表预期使用者提供额外的信息，以帮助其了解注册会计师根据职业判断认为对本期财务报表审计最为重要的事项。沟通关键审计事项还能够帮助财务报表预期使用者了解被审计单位，以及已审计财务报表中涉及重大管理层判断的领域。

第四条　在审计报告中沟通关键审计事项，还能够为财务报表预期使用者就与被审计单位、已审计财务报表或已执行审计工作相关的事项进一步与管理层和治理层沟通提供基础。

第五条　在审计报告中沟通关键审计事项以注册会计师已就财务报表整体形成审计意见为背景。在审计报告中沟通关键审计事项不能代替下列事项：

（一）管理层按照适用的财务报告编制基础在财务报表中作出的披露，或为使财务报表实现公允反映而作出的披露（如适用）；

（二）注册会计师按照《中国注册会计师审计准则第 1502 号——在审计报告中发表非无保留意见》的规定，根据审计业务的具体情况发表非无保留意见；

（三）当可能导致对被审计单位持续经营能力产生重大疑虑的事项或

情况存在重大不确定性时，注册会计师按照《中国注册会计师审计准则第1324号——持续经营》的规定进行报告。

在审计报告中沟通关键审计事项也不是注册会计师就单一事项单独发表意见。

第六条 本准则适用于对上市实体整套通用目的财务报表进行审计，以及注册会计师决定或委托方要求在审计报告中沟通关键审计事项的其他情形。如果法律法规要求注册会计师在审计报告中沟通关键审计事项，本准则同样适用。根据《中国注册会计师审计准则第1502号——在审计报告中发表非无保留意见》的规定，注册会计师在对财务报表发表无法表示意见时，不得在审计报告中沟通关键审计事项，除非法律法规要求沟通。

第二章 定义

第七条 关键审计事项，是指注册会计师根据职业判断认为对本期财务报表审计最为重要的事项。关键审计事项从注册会计师与治理层沟通过的事项中选取。

第三章 目标

第八条 注册会计师的目标是，确定关键审计事项，并在对财务报表形成审计意见后，以在审计报告中描述关键审计事项的方式沟通这些事项。

第四章 要求

第一节 确定关键审计事项

第九条 注册会计师应当从与治理层沟通过的事项中确定在执行审计工作时重点关注过的事项。在确定时，注册会计师应当考虑下列方面：

（一）按照《中国注册会计师审计准则第1211号——通过了解被审计单位及其环境识别和评估重大错报风险》的规定，评估的重大错报风险较高的领域或识别出的特别风险；

（二）与财务报表中涉及重大管理层判断（包括被认为具有高度估计不确定性的会计估计）的领域相关的重大审计判断；

（三）本期重大交易或事项对审计的影响。

第十条 注册会计师应当从根据本准则第九条的规定确定的事项中，确定哪些事项对本期财务报表审计最为重要，从而构成关键审计事项。

第二节 沟通关键审计事项

第十一条 除本准则第十四条和第十五条规定的情形外，注册会计师应当在审计报告中单设一部分，以"关键审计事项"为标题，并在该部分使用恰当的子标题逐项描述关键审计事项。关键审计事项部分的引言应当同时说明下列事项：

（一）关键审计事项是注册会计师根据职业判断，认为对本期财务报表审计最为重要的事项；

（二）关键审计事项的应对以对财务报表整体进行审计并形成审计意见为背景，注册会计师不对关键审计事项单独发表意见。

第十二条 如果按照《中国注册会计师审计准则第1502号——在审计报告中发表非无保留意见》的规定，某些事项导致注册会计师应当发表非无保留意见，注册会计师不得在审计报告的关键审计事项部分沟通这些事项。

第十三条 在审计报告的关键审计事项部分逐项描述关键审计事项时，注册会计师应当分别索引至财务报表的相关披露（如有），并同时说明下列内容：

（一）该事项被认定为审计中最为重要的事项之一，因而被确定为关键审计事项的原因；

（二）该事项在审计中是如何应对的。

第十四条 除非存在下列情形之一，注册会计师应当在审计报告中描述每项关键审计事项：

（一）法律法规禁止公开披露某事项；

（二）在极少数情形下，如果合理预期在审计报告中沟通某事项造成的负面后果超过在公众利益方面产生的益处，注册会计师确定不应在审计报告中沟通该事项。如果被审计单位已公开披露与该事项有关的信息，则本项规定不适用。

第十五条 根据《中国注册会计师审计准则第1502号——在审计报告中发表非无保留意见》的规定导致非无保留意见的事项，或者根据《中国注册会计师审计准则第1324号——持续经营》的规定可能导致对被审计单位持续经营能力产生重大疑虑的事项或情况存在重大不确定性，就其性质而言都属于关键审计事项。然而，这些事项不得在审计报告的关键审计事项部分进行描述，并且本准则第十三条至第十四条的要求不适用于这些情况。注册会计师应当按照适用的审计准则的规定报告这些事项，并在关键审计事项部分提及形成保留（否定）意见的基础部分或与持续经营相关的重大不确定性部分。

第十六条 如果注册会计师根据被审计单位和审计业务的具体事实和情况，确定不存在需要沟通的关键审计事项，或者仅有的需要沟通的关键审计事项是本准则第十五条所述的事项，注册会计师应当在审计报告中单设的关键审计事项部分对此进行说明。

第三节 与治理层的沟通

第十七条 注册会计师应当就下列事项与治理层沟通：
（一）注册会计师确定的关键审计事项；
（二）根据被审计单位和审计业务的具体事实和情况，注册会计师确定不存在需要在审计报告中沟通的关键审计事项（如适用）。

第四节 审计工作底稿

第十八条 注册会计师应当在审计工作底稿中记录下列事项：
（一）注册会计师根据本准则第九条的规定确定的在执行审计工作时重点关注过的事项，以及针对每一事项，根据本准则第十条的规定是否将其确定为关键审计事项及理由；
（二）注册会计师确定不存在需要在审计报告中沟通的关键审计事项的理由，或者仅有的需要沟通的关键审计事项是本准则第十五条所述的事项（如适用）；
（三）注册会计师确定不在审计报告中沟通某项关键审计事项的理由（如适用）。

中国注册会计师审计准则第1521号——注册会计师对其他信息的责任

（2016年12月23日修订）

第一章 总则

第一条 本准则规范了注册会计师对被审计单位年度报告中包含的除

财务报表和审计报告之外的其他信息的责任，无论其他信息是财务信息还是非财务信息。被审计单位的年度报告可能是一份单独的文件，也可能是服务于相同目的的系列文件组合。

第二条 本准则以注册会计师执行财务报表审计为背景。因此，本准则规定的注册会计师的目标应以《中国注册会计师审计准则第 1101 号——注册会计师的总体目标和审计工作的基本要求》第二十五条中描述的注册会计师的总体目标为背景来理解。注册会计师对财务报表发表的审计意见不涵盖其他信息，本准则也不要求注册会计师获取超过形成财务报表审计意见所需要的审计证据。

第三条 本准则要求注册会计师阅读和考虑其他信息，是由于如果其他信息与财务报表或者与注册会计师在审计中了解到的情况存在重大不一致，可能表明财务报表或其他信息存在重大错报，两者均会损害财务报表和审计报告的可信性。此类重大错报也可能不恰当地影响审计报告使用者的经济决策。

第四条 本准则也可能有助于注册会计师遵循相关的职业道德要求，即要求注册会计师不应当在明知的情况下与以下信息发生关联：含有严重虚假或误导性的陈述；含有缺少充分依据的陈述或信息；存在遗漏或含糊其辞的信息，且这种遗漏或含糊其辞会产生误导。

第五条 其他信息中，某些金额或其他项目旨在与财务报表中的金额或其他项目相一致，或者对其进行概括，或者为其提供更详细的信息；针对某些金额或其他项目，注册会计师在审计中已经了解到一些情况。

第六条 无论在审计报告日之前还是之后获取其他信息，注册会计师对其他信息的责任（除适用的报告责任外）均适用。

第七条 本准则不适用于：

（一）财务信息初步公告；

（二）证券发行文件，包括招股说明书。

第八条 本准则对注册会计师设定的责任，不构成对其他信息的鉴证。本准则也不要求注册会计师对其他信息提供一定程度的保证。

第九条 法律法规可能就其他信息对注册会计师提出超出本准则范围的要求。在此情况下，注册会计师应当遵守法律法规的要求。

第二章 定义

第十条 年度报告，是指管理层或治理层根据法律法规的规定或惯例，一般以年度为基础编制的、旨在向所有者（或类似的利益相关方）提供实体经营情况和财务业绩及财务状况（财务业绩及财务状况反映于财务报表）信息的一个文件或系列文件组合。一份年度报告包含或随附财务报表和审计报告，通常包括实体的发展，未来前景、风险和不确定事项，治理层声明，以及包含治理事项的报告等信息。

第十一条　其他信息，是指在被审计单位年度报告中包含的除财务报表和审计报告以外的财务信息和非财务信息。

第十二条　其他信息的错报，是指对其他信息作出不正确陈述或其他信息具有误导性，包括遗漏或掩饰对恰当理解其他信息披露的事项必要的信息。

第三章　目标

第十三条　注册会计师的目标是，在已经阅读其他信息的情况下：

（一）考虑其他信息与财务报表之间是否存在重大不一致；

（二）考虑其他信息与注册会计师在审计中了解到的情况之间是否存在重大不一致；

（三）当注册会计师识别出此类重大不一致似乎存在时，或者注册会计师知悉其他信息似乎存在重大错报时，予以恰当应对；

（四）根据本准则的规定进行报告。

第四章　要求

第一节　获取其他信息

第十四条　注册会计师应当：

（一）通过与管理层讨论，确定哪些文件组成年度报告，以及被审计单位计划公布这些文件的方式和时间安排；

（二）就及时获取组成年度报告的文件的最终版本与管理层作出适当安排。如果可能，在审计报告日之前获取；

（三）如果本条第（一）项中确定的部分或全部文件在审计报告日后才能取得，要求管理层提供书面声明，声明上述文件的最终版本将在可获取时并且在被审计单位公布前提供给注册会计师，以使注册会计师可以完成本准则要求的程序。

第二节 阅读并考虑其他信息

第十五条 注册会计师应当阅读其他信息。在阅读时，注册会计师应当：

（一）考虑其他信息和财务报表之间是否存在重大不一致。作为考虑的基础，注册会计师应当将其他信息中选取的金额或其他项目（这些金额或其他项目旨在与财务报表中的金额或其他项目相一致，或对其进行概括，或为其提供更详细的信息）与财务报表中的相应金额或其他项目进行比较，以评价其一致性；

（二）在已获取审计证据并已得出审计结论的背景下，考虑其他信息与注册会计师在审计中了解到的情况是否存在重大不一致。

第十六条 当根据本准则第十五条阅读其他信息时，注册会计师应当对与财务报表或注册会计师在审计中了解到的情况不相关的其他信息中似乎存在重大错报的迹象保持警觉。

第三节 当似乎存在重大不一致或其他信息似乎存在重大错报时的应对

第十七条 如果注册会计师识别出似乎存在重大不一致，或者知悉其他信息似乎存在重大错报，注册会计师应当与管理层讨论该事项，必要时，实施其他程序以确定：

（一）其他信息是否存在重大错报；

（二）财务报表是否存在重大错报；

（三）注册会计师对被审计单位及其环境的了解是否需要更新。

第四节 当注册会计师认为其他信息存在重大错报时的应对

第十八条 如果注册会计师认为其他信息存在重大错报，应当要求管理层更正其他信息：

（一）如果管理层同意作出更正，注册会计师应当确定更正已经完成；

（二）如果管理层拒绝作出更正，注册会计师应当就该事项与治理层进行沟通，并要求作出更正。

第十九条 如果注册会计师认为审计报告日前获取的其他信息存在重大错报，且在与治理层沟通后其他信息仍未得到更正，注册会计师应当采取恰当措施，包括：

（一）考虑对审计报告的影响，并就注册会计师计划如何在审计报告中处理重大错报与治理层进行沟通；

（二）在相关法律法规允许的情况下，解除业务约定。

第二十条 如果注册会计师认为审计报告日后获取的其他信息存在重大错报：

（一）如果其他信息得以更正，注册会计师应当根据具体情形实施必要的程序；

（二）如果与治理层沟通后其他信息未得到更正，注册会计师应当考虑其法律权利和义务，并采取恰当的措施，以提醒审计报告使用者恰当关注未更正的重大错报。

第五节 当财务报表存在重大错报或注册会计师对被审计单位及其环境的了解需要更新时的应对

第二十一条 如果注册会计师通过实施本准则第十五条至第十六条所述的程序，认为财务报表存在重大错报，或者注册会计师对被审计单位及其环境的了解需要更新，注册会计师应当根据其他审计准则作出恰当应对。

第六节 报告

第二十二条 如果在审计报告日存在下列两种情况之一，审计报告应当包括一个单独部分，以"其他信息"为标题：

（一）对于上市实体财务报表审计，注册会计师已获取或预期将获取其他信息；

（二）对于上市实体以外其他被审计单位的财务报表审计，注册会计师已获取部分或全部其他信息。

第二十三条 如果根据本准则第二十二条的要求，审计报告应当包含其他信息部分，该部分应当包括：

（一）管理层对其他信息负责的说明。

（二）指明：

1. 注册会计师于审计报告日前已获取的其他信息（如有）；

2. 对于上市实体财务报表审计，预期将于审计报告日后获取的其他信息（如有）。

（三）说明注册会计师的审计意见未涵盖其他信息，因此，注册会计师对其他信息不发表（或不会发表）审计意见或任何形式的鉴证结论。

（四）描述注册会计师根据本准则的要求，对其他信息进行阅读、考虑和报告的责任。

（五）如果审计报告日前已经获取其他信息，则选择下列二者之一进行说明：

1. 说明注册会计师无任何需要报告的事项；

2. 如果注册会计师认为其他信息存在未更正的重大错报，说明其他信息中的未更正重大错报。

第二十四条 如果注册会计师根据《中国注册会计师审计准则第1502号——在审计报告中发表非无保留意见》的规定发表保留或者否定意见，注册会计师应当考虑导致非无保留意见的事项对本准则第二十三条第（五）项要求的说明的影响。

第七节 审计工作底稿

第二十五条 根据《中国注册会计师审计准则第1131号——审计工作底稿》中与本准则相关的要求，注册会计师应当就下列事项形成审计工作底稿：

（一）按照本准则的规定实施的程序；

（二）注册会计师按照本准则的规定执行工作所针对的其他信息的最终版本。

附件 3：

本批审计准则生效实施后废止的 11 项准则

1. 中国注册会计师审计准则第 1111 号——就审计业务约定条款达成一致意见；
2. 中国注册会计师审计准则第 1131 号——审计工作底稿；
3. 中国注册会计师审计准则第 1151 号——与治理层的沟通；
4. 中国注册会计师审计准则第 1301 号——审计证据；
5. 中国注册会计师审计准则第 1324 号——持续经营；
6. 中国注册会计师审计准则第 1332 号——期后事项；
7. 中国注册会计师审计准则第 1341 号——书面声明；
8. 中国注册会计师审计准则第 1501 号——对财务报表形成审计意见和出具审计报告；
9. 中国注册会计师审计准则第 1502 号——在审计报告中发表非无保留意见；
10. 中国注册会计师审计准则第 1503 号——在审计报告中增加强调事项段和其他事项段；
11. 中国注册会计师审计准则第 1521 号——注册会计师对含有已审计财务报表的文件中的其他信息的责任。

中国注册会计师协会关于印发《〈中国注册会计师审计准则第 1504 号——在审计报告中沟通关键审计事项〉应用指南》等 16 项应用指南的通知

(2017 年 2 月 28 日,会协〔2017〕11 号)

各省、自治区、直辖市注册会计师协会:

《中国注册会计师审计准则第 1504 号——在审计报告中沟通关键审计事项》等 12 项准则于 2016 年 12 月 23 日由财政部批准发布。为了指导注册会计师正确理解和运用上述准则,我会拟订了《〈中国注册会计师审计准则第 1504 号——在审计报告中沟通关键审计事项〉应用指南》等 16 项应用指南(以下统称本批应用指南),现予发布,与对应的审计准则同步施行。

应用指南是对执业准则重要条款的进一步解释、说明和举例,旨在为注册会计师更好地理解和运用执业准则提供指引。注册会计师应当掌握执业准则及应用指南的全部内容,以理解每项准则的目标并恰当遵守其要求。

本批应用指南生效实施后,我会于 2010 年 11 月 1 日发布的《关于印发〈《中国注册会计师审计准则第 1101 号——注册会计师的总体目标和审计工作的基本要求》应用指南〉等 38 项应用指南的通知》(会协〔2010〕94 号)中《〈中国注册会计师审计准则第 1501 号——对财务报表形成审计意见和出具审计报告〉应用指南》等 15 项应用指南同时废止。执行中有何问题,请及时反馈我会。

附件:

1. 本批应用指南名称一览表
2. 《〈中国注册会计师审计准则第 1504 号——在审计报告中沟通关键审计事项〉应用指南》等 16 项应用指南
3. 本批应用指南生效实施后废止的 15 项应用指南

中国注册会计师协会
2017 年 2 月 28 日

附件 1：

本批应用指南名称一览表

一、新制定的审计准则应用指南（1 项）

1.《中国注册会计师审计准则第 1504 号——在审计报告中沟通关键审计事项》应用指南。

二、实质性修订的审计准则应用指南（6 项）

2.《中国注册会计师审计准则第 1501 号——对财务报表形成审计意见和出具审计报告》应用指南；

3.《中国注册会计师审计准则第 1502 号——在审计报告中发表非无保留意见》应用指南；

4.《中国注册会计师审计准则第 1503 号——在审计报告中增加强调事项段和其他事项段》应用指南；

5.《中国注册会计师审计准则第 1151 号——与治理层的沟通》应用指南；

6.《中国注册会计师审计准则第 1324 号——持续经营》应用指南；

7.《中国注册会计师审计准则第 1521 号——注册会计师对其他信息的责任》应用指南。

三、仅作出文字调整的审计准则应用指南（9 项）

8.《中国注册会计师审计准则第 1111 号——就审计业务约定条款达成一致意见》应用指南；

9.《中国注册会计师审计准则第 1121 号——对财务报表审计实施的质量控制》应用指南；

10.《中国注册会计师审计准则第 1131 号——审计工作底稿》应用指南；

11.《中国注册会计师审计准则第 1251 号——评价审计过程中识别出的错报》应用指南；

12.《中国注册会计师审计准则第 1321 号——审计会计估计（包括公允价值会计估计）和相关披露》应用指南；

13.《中国注册会计师审计准则第 1331 号——首次审计业务涉及的期初余额》应用指南;

14.《中国注册会计师审计准则第 1332 号——期后事项》应用指南;

15.《中国注册会计师审计准则第 1401 号——对集团财务报表审计的特殊考虑》应用指南;

16.《中国注册会计师审计准则第 1511 号——比较信息:对应数据和比较财务报表》应用指南。

附件 2:

《中国注册会计师审计准则第 1111 号——就审计业务约定条款达成一致意见》应用指南

(2017 年 2 月 28 日修订)

一、本准则的范围(参见本准则第一条和第二条)

1. 只有当注册会计师认为符合独立性和专业胜任能力等相关职业道德要求,并且拟承接的业务具备某些特征时,注册会计师才能将其作为鉴证业务(包括审计业务)予以承接。《中国注册会计师审计准则第 1121 号——对财务报表审计实施的质量控制》规范了注册会计师在承接审计业务时与职业道德要求相关的并且在其控制范围内的责任。本准则规范了在被审计单位控制范围内的,且对注册会计师和管理层而言有必要达成一致意见的事项(或前提条件)。

二、审计的前提条件

(一)财务报告编制基础(参见本准则第六条第一款第(一)项)

2. 承接鉴证业务的条件之一是,《中国注册会计师鉴证业务基本准则》中提及的标准适当,且能够为预期使用者获取。标准是指用于评价或计量鉴证对象的基准,当涉及列报时,还包括列报与披露的基准。适当的标准使注册会计师能够运用职业判断对鉴证对象作出合理一致的评价或计量。就审计准则而言,适用的财务报告编制基础为注册会计师提供了用以审计财务报表(包括公允反映,如相关)的标准。

3. 如果不存在可接受的财务报告编制基础，管理层就不具有编制财务报表的恰当基础，注册会计师也不具有对财务报表进行审计的适当标准。在多数情况下，注册会计师可以按照本指南第 8 段和第 9 段所述，假定适用的财务报告编制基础是可接受的。

确定财务报告编制基础的可接受性

4. 在确定编制财务报表所采用的财务报告编制基础的可接受性时，注册会计师需要考虑下列相关因素：

（1）被审计单位的性质（例如，被审计单位是商业企业、公共部门实体还是非营利组织）；

（2）财务报表的目的（例如，编制财务报表是用于满足广大财务报表使用者共同的财务信息需求，还是用于满足财务报表特定使用者的财务信息需求）；

（3）财务报表的性质（例如，财务报表是整套财务报表还是单一财务报表）；

（4）法律法规是否规定了适用的财务报告编制基础。

5. 许多财务报表使用者不能要求"量身定做"财务报表，以满足其特定的财务信息需求。尽管不能满足财务报表特定使用者的所有信息需求，但广大财务报表使用者仍存在共同的财务信息需求。按照某一财务报告编制基础编制，旨在满足广大财务报表使用者共同的财务信息需求的财务报表，称为通用目的财务报表。

6. 按照特殊目的编制基础编制的财务报表，称为特殊目的财务报表，旨在满足财务报表特定使用者的财务信息需求。对于特殊目的财务报表，预期财务报表使用者对财务信息的需求决定适用的财务报告编制基础。《中国注册会计师审计准则第 1601 号——对按照特殊目的编制基础编制的财务报表审计的特殊考虑》规范了如何确定旨在满足财务报表特定使用者财务信息需求的财务报告编制基础的可接受性。

7. 在承接审计业务后，注册会计师可能发现，适用的财务报告编制基础存在的缺陷表明该编制基础是不可接受的。如果法律法规规定采用该财务报告编制基础，本准则第十九条和第二十条的规定适用。如果法律法规未规定采用该财务报告编制基础，管理层可能决定采用另一种可接受的财务报告编制基础。在这种情况下，由于以前达成一致意见的业务约定条款不再准确，根据本准则第十六条的规定，注册会计师应当与管理层就新的审计业务约定条款达成一致意见，以反映财务报告编制基础的变更。

通用目的编制基础

8. 如果财务报告准则由经授权或获得认可的准则制定机构制定和发布，供某类实体使用，只要这些机构遵循一套既定和透明的程序（包括认真研究和仔细考虑广大利益相关者的观点），则认为财务报告准则对于这类实体编制通用目的财务报表是可接受的。这些财务报告准则的例子有：

（1）国际会计准则理事会发布的国际财务报告准则；

（2）国际公共部门会计准则理事会发布的国际公共部门会计准则；

（3）某一国家或地区经授权或获得认可的准则制定机构，在遵循一套既定和透明的程序（包括认真研究和仔细考虑广大利益相关者的观点）的基础上发布的会计准则。

在规范通用目的的财务报表编制的法律法规中，这些财务报告准则通常被界定为适用的财务报告编制基础。

法律法规规定的财务报告编制基础

9. 根据本准则第六条第一款第（一）项的规定，注册会计师需要确定管理层在编制财务报表时采用的财务报告编制基础是否是可接受的。法律法规可能为某类实体规定了在编制通用目的财务报表时采用的财务报告编制基础。通常情况下，注册会计师认为这种财务报告编制基础对这类实体编制通用目的财务报表是可接受的，除非有迹象表明不可接受。如果认为财务报告编制基础是不可接受的，则注册会计师需要遵守本准则第十九条和第二十条的规定。

不存在准则制定机构或法律法规未规定财务报告编制基础的国家或地区

10. 如果某一国家或地区不存在经授权或获得认可的准则制定机构，或者法律法规未规定采用的财务报告编制基础，当被审计单位在该国家或地区注册或经营时，管理层需要确定在编制财务报表时采用的财务报告编制基础。本指南附录3为在这种情况下确定财务报告编制基础的可接受性提供了指引。

（二）就管理层的责任达成一致意见（参见本准则第六条第一款第（二）项和第二款）

11. 按照审计准则的规定执行审计工作的前提是管理层已认可并理解其承担本准则第六条第二款规定的责任。审计准则并不超越法律法规对这些责任的规定。然而，独立审计的理念要求注册会计师不对财务报表的编制或被审计单位的相关内部控制承担责任，并要求注册会计师合理预期能够获取审计所需要的信息（在管理层能够提供或获取的信息范围内）。因此，管理层认可并理解其责任，这一前提对执行独立审计工作是至关重要的。为避免误解，在按照本准则第九条至第十二条的规定就审计业务约定条款达成一致意见并予以记录的过程中，注册会计师需要与管理层就管理层认可并理解其责任达成一致意见。

12. 财务报告责任如何在管理层和治理层之间划分，因被审计单位的资源（如人员素质和数量）和组织结构、相关法律法规的规定以及管理层和治理层在被审计单位各自角色的不同而不同。在大多数情况下，管理层负责执行，而治理层负责监督管理层。在某些情况下，治理层负有批准财务报表或监督与财务报告相关的内部控制的责任。在大型实体或公众利益实体中，治理层下设的组织，如审计委员会，可能负有某些监督责任。

13. 按照《中国注册会计师审计准则第1341号——书面声明》的规定，注册会计师应当要求管理层就其已履行某些责任提供书面声明。因此，注册会计师需要获取针对管理层责任的书面声明、其他审计准则要求的书面声明，以及在必要时需要获取用于支持其他审计证据（用以支持财务报表或者一项或多项具体认定）的书面声明。注册会计师需要使管理层意识到这一点。

14. 如果管理层不认可其责任，或不同意提供书面声明，注册会计师将不能获取充分、适当的审计证据。在这种情况下，注册会计师承接此类审计业务是不恰当的，除非法律法规另有规定。如果法律法规要求承接此类审计业务，注册会计师可能需要向管理层解释这种情况的重要性及其对审计报告的影响。

财务报表的编制（参见本准则第六条第二款第（一）项）

15. 大多数财务报告编制基础包括与财务报表列报相关的要求，对于这些财务报告编制基础，在提到"按照适用的财务报告编制基础编制财务报表"时，编制包括列报。实现公允列报的报告目标非常重要，因而在需要与管理层达成一致意见的执行审计工作的前提中需要特别提及公允列报，或需要特别提及管理层负有确保财务报表根据财务报告编制基础编制并使其实现公允反映的责任。

内部控制（参见本准则第六条第二款第（二）项）

16. 管理层设计、执行和维护必要的内部控制，以使编制的财务报表不存在由于舞弊或错误导致的重大错报。由于内部控制的固有限制，无论其如何有效，也只能合理保证被审计单位实现其财务报告目标。

17. 注册会计师按照审计准则的规定执行的独立审计工作，不能代替管理层维护编制财务报表所需要的内部控制。因此，注册会计师需要就管理层认可并理解其与内部控制有关的责任与管理层达成共识。然而，注册会计师根据本准则第六条第二款第（二）项的规定与管理层就此达成一致意见，并不意味着注册会计师将会发现由管理层维护的内部控制已实现其目标或不存在缺陷。

18. 管理层负责确定对编制财务报表而言必要的内部控制。"内部控制"这一术语涵盖了在控制要素范畴内的一系列广泛的活动。控制要素包括控制环境、风险评估过程、信息系统（包括与财务报告相关的业务流程）与沟通、控制活动和对控制的监督。然而，这种划分方法未必能够反映出某一特定实体是如何设计、执行并维护其内部控制，或如何划分特定要素的。某实体的内部控制（尤其是会计账簿和记录或会计系统）将反映管理层的需求、业务的复杂程度、该实体所面临风险的性质以及相关法律法规的规定。

19. 法律法规可能涉及管理层对会计账簿和记录或会计系统的适当性所负的责任。在某些情况下，实务操作中可能将会计账簿和记录或会计系统与内部控制或控制予以区分。根据本指南第18段所述，会计账簿和记录或会计系统是内部控制必要的组成部分，因此，本准则第六条第二款第（二）项在对管理层的责任进行说明时并未特别提及会计账簿和记录或会计系统。为避免误解，注册会计师可能需要向管理层解释其所负责任的范围。

其他的信息（参见本准则第六条第二款第（三）项）

19a. 本准则涉及到注册会计师出于审计目的可能要求管理层提供一些其他的信息。这些其他的信息可能包括与《中国注册会计师审计准则第1521号——注册会计师对其他信息的责任》规定的其他信息相关的事项（如适用）。当注册会计师预期将在审计报告日后获取其他信息时，审计业务约定条款也可能确认注册会计师对这些其他信息的责任。例如，如果注册会计师得出结论认为审计报告日后获取的其他信息存在重大错报，则需要采取适当或必要的措施（如适用）。

对小型被审计单位的特殊考虑（参见本准则第六条第一款第（二）项）

20. 管理层和注册会计师就审计业务约定条款达成一致意见的目的之一是避免双方对各自的责任产生误解。例如，如果第三方协助管理层编制财务报表，注册会计师可能需要提醒管理层，按照适用的财务报告编制基础编制财务报表仍是管理层的责任。

三、就审计业务约定条款达成的一致意见

（一）就审计业务约定条款达成一致意见（参见本准则第九条）

21. 在就审计业务约定条款达成一致意见时，管理层和治理层担任的

角色取决于被审计单位的治理结构和相关法律法规的规定。

（二）审计业务约定书或其他形式的书面协议（参见本准则第十条和第十一条）

22. 在审计工作开始前，注册会计师向被审计单位致送审计业务约定书，有助于避免管理层对审计产生误解，这符合被审计单位和注册会计师双方的利益。法律法规可能对审计工作的目标和范围以及管理层和注册会计师的责任（即本准则第十条所规定的事项）作出详细的规定。在这些情况下，尽管本准则第十一条允许注册会计师在审计业务约定书中只提及适用的法律法规以及管理层认可并理解其负有本准则第六条第二款所规定的责任的事实，注册会计师仍然可能认为，为提醒管理层而需要在审计业务约定书中列明本准则第十条所规定的事项。

审计业务约定书的格式和内容

23. 审计业务约定书的格式和内容可能因被审计单位而异。审计业务约定书中包括的有关注册会计师责任的信息，可根据《中国注册会计师审计准则第1101号——注册会计师的总体目标和审计工作的基本要求》的规定确定。本准则第六条第二款和第十二条规范了如何描述管理层的责任。除本准则第十条要求列明的事项外，审计业务约定书还可能包括下列主要方面：

（1）详细说明审计工作的范围，包括提及适用的法律法规、审计准则，以及注册会计师协会发布的职业道德守则和其他公告；

（2）对审计业务结果的其他沟通形式；

（3）关于注册会计师按照《中国注册会计师审计准则第1504号——在审计报告中沟通关键审计事项》的规定，在审计报告中沟通关键审计事项的要求；

（4）说明由于审计和内部控制的固有限制，即使审计工作按照审计准则的规定得到恰当的计划和执行，仍不可避免地存在某些重大错报未被发现的风险；

（5）计划和执行审计工作的安排，包括审计项目组的构成；

（6）管理层确认将提供书面声明（参见本指南第13段）；

（7）管理层同意向注册会计师及时提供财务报表草稿和其他所有附带信息，以使注册会计师能够按照预定的时间表完成审计工作；

（8）管理层同意告知注册会计师在审计报告日至财务报表报出日之间注意到的可能影响财务报表的事实；

（9）收费的计算基础和收费安排；

（10）管理层确认收到审计业务约定书并同意其中的条款。

23a. 当注册会计师未被要求沟通关键审计事项时，在审计业务约定条款中提及在审计报告中沟通关键审计事项的可能性也可能是有帮助的。在某些国家或地区，注册会计师可能有必要提及该可能性，以保留在审计报告中沟通关键审计事项的能力。

24. 如果情况需要，审计业务约定书也可列明下列内容：
（1）在某些方面对利用其他注册会计师和专家工作的安排；
（2）对审计涉及的内部审计人员和被审计单位其他员工工作的安排；
（3）在首次审计的情况下，与前任注册会计师（如存在）沟通的安排；
（4）说明对注册会计师责任可能存在的限制；
（5）注册会计师与被审计单位之间需要达成进一步协议的事项；
（6）向其他机构或人员提供审计工作底稿的义务。

本指南附录1和附录2列示了审计业务约定书的参考格式。

组成部分的审计

25. 如果母公司的注册会计师同时也是组成部分注册会计师，需要考虑下列因素，决定是否向组成部分单独致送审计业务约定书：
（1）组成部分注册会计师的委托人；
（2）是否对组成部分单独出具审计报告；
（3）与审计委托相关的法律法规的规定；
（4）母公司占组成部分的所有权份额；
（5）组成部分管理层相对于母公司的独立程度。

法律法规规定的管理层的责任（参见本准则第十一条和第十二条）

26. 在本指南第22段和第27段所述的情况下，如果认为没有必要在审计业务约定书中列明某些条款，注册会计师仍需根据本准则第十一条的规定，获取管理层认可并理解其负有本准则第六条第二款规定的责任的书面协议。然而，根据本准则第十二条的规定，如果法律法规规定的管理层的责任与本准则第六条第二款的规定在效果上是等同的，则书面协议中可以使用法律法规中的措辞。

对公共部门实体的特殊考虑

27. 规范公共部门审计的法律法规通常对注册会计师的委任作出规定，并说明注册会计师的责任和权力，包括接触被审计单位的记录和其他信息的权力。如果法律法规已对审计业务约定条款作出足够详细的规定，注册会计师仍可能认为签订与本准则第十一条的规定相比更全面的审计业务约定书是有益的。

四、连续审计（参见本准则第十三条）

28. 注册会计师可以决定不在每期都致送新的审计业务约定书或其他书面协议。然而，下列因素可能导致注册会计师修改审计业务约定条款或提醒被审计单位注意现有的业务约定条款：
（1）有迹象表明被审计单位误解审计目标和范围；
（2）需要修改约定条款或增加特别条款；
（3）被审计单位高级管理人员近期发生变动；
（4）被审计单位所有权发生重大变动；
（5）被审计单位业务的性质或规模发生重大变化；
（6）法律法规的规定发生变化；
（7）编制财务报表采用的财务报告编制基础发生变更；
（8）其他报告要求发生变化。

五、审计业务约定条款的变更

变更审计业务约定条款的要求（参见本准则第十四条）

29. 被审计单位可能由于下列事项要求注册会计师变更审计业务约定条款：
（1）环境变化对审计服务的需求产生影响；
（2）对原来要求的审计业务的性质存在误解；
（3）无论是管理层施加的还是其他情况引起的审计范围受到限制。

根据本准则第十四条的规定，注册会计师应当考虑要求变更审计业务约定条款的理由是否合理，特别是审计范围存在限制的影响。

30. 由于环境变化导致对审计服务的需求产生影响，或对原来要求的审计业务性质存在误解可以认为是被审计单位要求变更审计业务约定条款的合理理由。

31. 相反，如果有迹象表明变更审计业务约定条款的要求与错误的、不完整的或不能令人满意的信息有关，该变更不能认为是合理的。例如，如果注册会计师不能就应收款项获取充分、适当的审计证据，而被审计单位要求将审计业务变更为审阅业务，以避免注册会计师发表保留意见或无法表示意见，则该变更是不合理的。

变更为审阅业务或相关服务业务的要求（参见本准则第十五条）

32. 在同意将审计业务变更为审阅业务或相关服务业务前，接受委托按照审计准则执行审计工作的注册会计师，除考虑本指南第29段至第31

段提及的事项外，可能还需要评估变更业务对法律责任或业务约定的影响。

33. 如果注册会计师认为将审计业务变更为审阅业务或相关服务业务具有合理理由，截至变更日已执行的审计工作可能与变更后的业务相关，然而，注册会计师需要执行的工作和出具的报告要与变更后的业务相匹配。为避免引起报告使用者的误解，对相关服务业务出具的报告不应提及下列事项：

（1）原审计业务；

（2）在原审计业务中已执行的程序。

只有将审计业务变更为执行商定程序业务，注册会计师才可在报告中提及已执行的程序。

六、业务承接时的其他考虑

（一）相关部门对财务报告准则的补充规定（参见本准则第十八条）

34. 如果相关部门对涉及财务会计的事项作出补充规定，从运用审计准则的角度看，适用的财务报告编制基础既包括被认可的财务报告编制基础，也包括这些补充规定，但前提是这些补充规定与被认可的财务报告编制基础不存在冲突。例如，相关部门规定了除企业会计准则要求之外的其他披露，或缩小了在企业会计准则中可作出选择的范围。

（二）相关部门对财务报告编制基础的规定——影响业务承接的其他事项（参见本准则第十九条）

35. 相关部门可能规定审计意见中使用"财务报表在所有重大方面按照［适用的财务报告编制基础］编制，公允反映了……"等措辞，而注册会计师认为相关部门规定的财务报告编制基础是不可接受的，在这种情况下，审计报告中使用的规定的措辞可能与审计准则的要求存在明显不一致（参见本准则第二十一条）。

（三）相关部门对审计报告的规定（参见本准则第二十一条）

36. 按照审计准则的要求，除非注册会计师遵守了与审计工作相关的所有审计准则，否则不应声称遵守了审计准则。如果相关部门规定的审计报告的结构或措辞与审计准则要求的明显不一致，并且注册会计师认为在审计报告中作出的补充解释不能减轻可能的误解，注册会计师可以考虑在审计报告中声明没有按照审计准则的规定执行审计工作。

对公共部门实体的特殊考虑

37. 在公共部门领域，法律法规可能对公共部门审计提出具体要求。

例如，如果被审计单位试图限制审计范围，接受委托的注册会计师可能需要直接向监管机构报告。

附录1：（参见本指南第23段和第24段）

审计业务约定书参考格式（合同式）

本附录为注册会计师对按照企业会计准则编制的通用目的财务报表进行审计提供了审计业务约定书的参考格式。本约定书不具有强制性，仅作为一种指引，注册会计师可结合本准则中概述的考虑事项使用。本约定书是针对单个报告期间的财务报表审计而起草的，并且需要根据具体要求和情况作出修改。如果拟用于连续审计（参见本准则第十三条），则需要予以修改。就拟议的审计业务约定书是否适用，注册会计师可寻求法律建议。

审计业务约定书

甲方：ABC股份有限公司

乙方：××会计师事务所

兹由甲方委托乙方对20×1年度财务报表进行审计，经双方协商，达成以下约定：

一、审计的目标和范围

1. 乙方接受甲方委托，对甲方按照企业会计准则编制的20×1年12月31日的资产负债表，20×1年度的利润表、现金流量表、所有者权益（或股东权益）变动表以及相关财务报表附注（以下统称财务报表）进行审计。

2. 乙方审计工作的目标是对财务报表整体是否不存在由于舞弊或错误导致的重大错报获取合理保证，并出具包含审计意见的审计报告。合理保证是高水平的保证，但并不能保证按照审计准则执行的审计在某一重大错报存在时总能发现。错报可能由于舞弊或错误导致，如果合理预期错报单独或汇总起来可能影响财务报表使用者依据财务报表作出的经济决策，则通常认为错报是重大的。

3. 乙方通过执行审计工作，对财务报表的下列方面发表审计意见：

(1) 财务报表是否在所有重大方面按照企业会计准则的规定编制；(2) 财务报表是否在所有重大方面公允反映了甲方20×1年12月31日的财务状况以及20×1年度的经营成果和现金流量。

二、甲方的责任

1. 根据《中华人民共和国会计法》及《企业财务会计报告条例》，甲方及甲方负责人有责任保证会计资料的真实性和完整性。因此，甲方管理层有责任妥善保存和提供会计记录（包括但不限于会计凭证、会计账簿及其他会计资料），这些记录必须真实、完整地反映甲方的财务状况、经营成果和现金流量。

2. 按照企业会计准则的规定编制和公允列报财务报表是甲方管理层的责任，这种责任包括：(1) 按照企业会计准则的规定编制财务报表，并使其实现公允反映；(2) 设计、执行和维护必要的内部控制，以使财务报表不存在由于舞弊或错误导致的重大错报。

3. 在编制财务报表时，甲方管理层负责评估甲方的持续经营能力，必要时披露与持续经营相关的事项，并运用持续经营假设，除非管理层计划清算、终止运营或别无其他现实的选择。甲方治理层负责监督甲方的财务报告过程。

4. 及时为乙方的审计工作提供与审计有关的所有记录、文件和所需的其他的信息（在20×2年×月×日之前提供审计所需的全部资料，如果在审计过程中需要补充资料，亦应及时提供），并保证所提供资料的真实性和完整性。

5. 确保乙方不受限制地接触其认为必要的甲方内部人员和其他相关人员。

[下段适用于集团财务报表审计业务，使用时需根据客户/约定项目的特定情况修改，如果加入此段，应相应修改本约定书第一项关于业务范围的表述，并调整下面其他条款的编号。]

[6. 为满足乙方对甲方合并财务报表发表审计意见的需要，甲方须确保：

乙方和对组成部分财务信息执行相关工作的组成部分注册会计师之间的沟通不受任何限制。

乙方及时获悉组成部分注册会计师与组成部分治理层和管理层之间的重要沟通（包括就值得关注的内部控制缺陷进行的沟通）。

乙方及时获悉组成部分治理层和管理层与监管机构就与财务信息有关的事项进行的重要沟通。

在乙方认为必要时，允许乙方接触组成部分的信息、组成部分管理层或组成部分注册会计师（包括组成部分注册会计师的工作底稿），并允许乙方对组成部分的财务信息执行相关工作。］

6. 甲方管理层对其作出的与审计有关的声明予以书面确认。

7. 为乙方派出的有关工作人员提供必要的工作条件和协助，乙方将于外勤工作开始前提供主要事项清单。

8. 按照本约定书的约定及时足额支付审计费用以及乙方人员在审计期间的交通、食宿和其他相关费用。

9. 乙方的审计不能减轻甲方及甲方管理层的责任。

三、乙方的责任

1. 乙方按照中国注册会计师审计准则（以下简称审计准则）的规定执行审计工作。审计准则要求注册会计师遵守中国注册会计师职业道德守则。在执行审计的过程中，乙方需要运用职业判断，保持职业怀疑。

2. 乙方识别和评估由于舞弊或错误导致的财务报表重大错报风险，设计和实施审计程序以应对这些风险，并获取充分、适当的审计证据，作为发表审计意见的基础。由于舞弊可能涉及串通、伪造、故意遗漏、虚假陈述或凌驾于内部控制之上，未能发现由于舞弊导致的重大错报的风险高于未能发现由于错误导致的重大错报的风险。

3. 乙方了解与审计相关的内部控制，以设计恰当的审计程序，但目的并非对内部控制的有效性发表意见①。

4. 乙方评价管理层选用会计政策的恰当性和作出会计估计及相关披露的合理性。

5. 乙方对甲方管理层使用持续经营假设的恰当性得出结论。同时，根据获取的审计证据，就可能导致对甲方持续经营能力产生重大疑虑的事项或情况是否存在重大不确定性得出结论。如果乙方得出结论认为存在重大不确定性，应当在审计报告中提请报表使用者注意财务报表中的相关披露；如果披露不充分，乙方应当发表非无保留意见。乙方的结论基于截至审计报告日可获得的信息。然而，未来的事项或情况可能导致甲方不能持续经营。

6. 乙方评价财务报表的总体列报、结构和内容（包括披露），并评价

---

① 如果注册会计师结合财务报表审计对内部控制的有效性发表意见，应当删除"但目的并非对内部控制的有效性发表意见"的措辞。

财务报表是否公允反映相关交易和事项。

［下段适用于集团财务报表审计业务，使用时需根据客户/约定项目的特定情况修改，如果加入此段，应相应修改本约定书第一项关于业务范围的表述，并调整下面其他条款的编号。］

［7. 对不由乙方执行相关工作的组成部分财务信息，乙方不单独出具报告；有关的责任由对该组成部分执行相关工作的组成部分注册会计师及其所在的会计师事务所承担。］

7. 乙方从与甲方治理层沟通过的事项中，确定对本期财务报表审计最为重要的事项（关键审计事项），并在审计报告中描述这些事项（如适用）。这些事项的应对以对财务报表整体进行审计并形成审计意见为背景，乙方不对这些事项单独发表意见。

8. 在审计过程中，乙方若发现甲方存在乙方认为值得关注的内部控制缺陷，应以书面形式向甲方治理层或管理层通报。但乙方通报的各种事项，并不代表已全面说明所有可能存在的缺陷或已提出所有可行的改进建议。甲方在实施乙方提出的改进建议前应全面评估其影响。未经乙方书面许可，甲方不得向任何第三方提供乙方出具的沟通文件，除非法律法规另有要求。

9. 由于审计和内部控制的固有限制，即使按照审计准则的规定适当地计划和执行审计工作，仍无法避免财务报表的某些重大错报可能未被乙方发现的风险。

10. 按照约定时间完成审计工作，出具审计报告。乙方应于20×2年×月×日前出具审计报告。

11. 除下列情况外，乙方应当对执行业务过程中知悉的甲方信息予以保密：（1）法律法规允许披露，并取得甲方的授权；（2）根据法律法规的要求，为法律诉讼、仲裁准备文件或提供证据，以及向监管机构报告发现的违法行为；（3）在法律法规允许的情况下，在法律诉讼、仲裁中维护自己的合法权益；（4）接受注册会计师协会或监管机构的执业质量检查，答复其询问和调查；（5）法律法规、执业准则和职业道德规范规定的其他情形。

四、审计收费

1. 本次审计服务的收费是以乙方各级别工作人员在本次工作中所耗费的时间为基础计算的。乙方预计本次审计服务的费用总额为人民币×万元。

2. 甲方应于本约定书签署之日起×日内支付×%的审计费用，其余款项于［审计报告草稿完成日］结清。

3. 如果由于无法预见的原因，致使乙方从事本约定书所涉及的审计服务实际时间较本约定书签订时预计的时间有明显增加或减少时，甲乙双方应通过协商，相应调整本部分第1段所述的审计费用。

4. 如果由于无法预见的原因，致使乙方人员抵达甲方的工作现场后，本约定书所涉及的审计服务中止，甲方不得要求退还预付的审计费用；如上述情况发生于乙方人员完成现场审计工作，并离开甲方的工作现场之后，甲方应另行向乙方支付人民币×元的补偿费，该补偿费应于甲方收到乙方的收款通知之日起×日内支付。

5. 与本次审计有关的其他费用（包括交通费、食宿费等）由甲方承担。

五、审计报告和审计报告的使用

1. 乙方按照中国注册会计师审计准则规定的格式和类型出具审计报告。
2. 乙方向甲方致送审计报告一式×份。
3. 甲方在提交或对外公布乙方出具的审计报告及其后附的已审计财务报表时，不得对其进行修改。当甲方认为有必要修改会计数据、报表附注和所作的说明时，应当事先通知乙方，乙方将考虑有关的修改对审计报告的影响，必要时，将重新出具审计报告。

六、本约定书的有效期间

本约定书自签署之日起生效，并在双方履行完毕本约定书约定的所有义务后终止。但其中第三项第11段、第四、五、七、八、九、十项并不因本约定书终止而失效。

七、约定事项的变更

如果出现不可预见的情况，影响审计工作如期完成，或需要提前出具审计报告，甲、乙双方均可要求变更约定事项，但应及时通知对方，并由双方协商解决。

八、终止条款

1. 如果根据乙方的职业道德及其他有关专业职责、适用的法律法规或其他任何法定的要求，乙方认为已不适宜继续为甲方提供本约定书约定的审计服务，乙方可以采取向甲方提出合理通知的方式终止履行本约定书。

2. 在本约定书终止的情况下，乙方有权就其于终止之日前对约定的审计服务项目所做的工作收取合理的费用。

九、违约责任

甲、乙双方按照《中华人民共和国合同法》的规定承担违约责任。

十、适用法律和争议解决

本约定书的所有方面均应适用中华人民共和国法律进行解释并受其约束。本约定书履行地为乙方出具审计报告所在地，因本约定书引起的或与本约定书有关的任何纠纷或争议（包括关于本约定书条款的存在、效力或终止，或无效之后果），双方协商确定采取以下第_____种方式予以解决：

（1）向有管辖权的人民法院提起诉讼；
（2）提交×仲裁委员会仲裁。

十一、双方对其他有关事项的约定

本约定书一式两份，甲、乙双方各执一份，具有同等法律效力。

ABC 股份有限公司（盖章）　　　××会计师事务所（盖章）
授权代表：（签名并盖章）　　　授权代表：（签名并盖章）
20××年×月×日　　　　　　　20××年×月×日

附录 2：（参见本指南第 23 段和第 24 段）

审计业务约定书参考格式（信函式）

本附录为注册会计师对按照企业会计准则编制的通用目的财务报表进行审计提供了审计业务约定书的参考格式。本约定书不具有强制性，仅作为一种指引，注册会计师可结合本准则中概述的考虑事项使用。本约定书是针对单个报告期间的财务报表审计而起草的，并且需要根据具体要求和情况作出修改。如果拟用于连续审计（参见本准则第十三条），则需要予以修改。就拟议的审计业务约定书是否适用，注册会计师可寻求法律建议。

ABC 股份有限公司管理层或治理层的适当代表：

一、审计的目标和范围

贵方要求我方审计 ABC 股份有限公司（以下简称 ABC 公司）按照企业会计准则编制的 20×1 年 12 月 31 日的资产负债表，20×1 年度的利润表、现金流量表、所有者权益（或股东权益）变动表以及相关财务报表附注（以下统称财务报表）。我方很高兴通过本业务约定书确认我方已承接和了解该项审计业务。

我方审计工作的目标是对财务报表整体是否不存在由于舞弊或错误导致的重大错报获取合理保证，并出具包含审计意见的审计报告。合理保证是高水平的保证，但并不能保证按照审计准则执行的审计在某一重大错报存在时总能发现。错报可能由于舞弊或错误导致，如果合理预期错报单独或汇总起来可能影响财务报表使用者依据财务报表作出的经济决策，则通常认为错报是重大的。

我方通过执行审计工作，对财务报表的下列方面发表审计意见：(1) 财务报表是否在所有重大方面按照企业会计准则的规定编制；(2) 财务报表是否在所有重大方面公允反映了 ABC 公司 20×1 年 12 月 31 日的财务状况以及 20×1 年度的经营成果和现金流量。

二、注册会计师的责任

1. 我方按照中国注册会计师审计准则（以下简称审计准则）的规定执行审计工作。审计准则要求我方遵守中国注册会计师职业道德守则。在执行审计的过程中，我方需要运用职业判断，保持职业怀疑。

2. 我方识别和评估由于舞弊或错误导致的财务报表重大错报风险，设计和实施审计程序以应对这些风险，并获取充分、适当的审计证据，作为发表审计意见的基础。由于舞弊可能涉及串通、伪造、故意遗漏、虚假陈述或凌驾于内部控制之上，未能发现由于舞弊导致的重大错报的风险高于未能发现由于错误导致的重大错报的风险。

3. 我方了解与审计相关的内部控制，以设计恰当的审计程序，但目的并非对内部控制的有效性发表意见[①]。

4. 我方评价管理层选用会计政策的恰当性和作出会计估计及相关披露的合理性。

[①] 如果注册会计师结合财务报表审计对内部控制的有效性发表意见，应当删除"但目的并非对内部控制的有效性发表意见"的措辞。

5. 我方对贵方管理层使用持续经营假设的恰当性得出结论。同时，根据获取的审计证据，就可能导致对 ABC 公司持续经营能力产生重大疑虑的事项或情况是否存在重大不确定性得出结论。如果我方得出结论认为存在重大不确定性，应当在审计报告中提请报表使用者注意财务报表中的相关披露；如果披露不充分，我方应当发表非无保留意见。我方的结论基于截至审计报告日可获得的信息。然而，未来的事项或情况可能导致 ABC 公司不能持续经营。

6. 我方评价财务报表的总体列报、结构和内容（包括披露），并评价财务报表是否公允反映相关交易和事项。

7. 我方从与贵方治理层沟通过的事项中，确定对本期财务报表审计最为重要的事项（关键审计事项），并在审计报告中描述这些事项（如适用）。这些事项的应对以对财务报表整体进行审计并形成审计意见为背景，我方不对这些事项单独发表意见。

8. 在审计过程中，我方若发现存在我方认为值得关注的内部控制缺陷，应以书面形式向贵方治理层或管理层通报。但我方通报的各种事项，并不代表已全面说明所有可能存在的缺陷或已提出所有可行的改进建议。贵方在实施我方提出的改进建议前应全面评估其影响。未经我方书面许可，贵方不得向任何第三方提供我方出具的沟通文件。

9. 由于审计和内部控制的固有限制，即使按照审计准则的规定适当地计划和执行审计工作，仍无法避免财务报表的某些重大错报可能未被我方发现的风险。

10. 按照约定时间完成审计工作，出具审计报告。我方应于 20×2 年 $\times$ 月 $\times$ 日前出具审计报告。

11. 除下列情况外，我方应当对执行业务过程中知悉的贵方信息予以保密：（1）法律法规允许披露，并取得甲方的授权；（2）根据法律法规的要求，为法律诉讼、仲裁准备文件或提供证据，以及向监管机构报告发现的违法行为；（3）在法律法规允许的情况下，在法律诉讼、仲裁中维护自己的合法权益；（4）接受注册会计师协会或监管机构的执业质量检查，答复其询问和调查；（5）法律法规、执业准则和职业道德规范规定的其他情形。

三、管理层的责任

我方执行审计工作的前提是贵方已认可并理解应当承担下列责任：
（一）按照企业会计准则的规定编制财务报表，并使其实现公允反映；
（二）设计、执行和维护必要的内部控制，以使财务报表不存在由于舞弊或错误导致的重大错报；

（三）向我方提供下列必要的工作条件：

1. 允许我方接触与编制财务报表相关的所有信息，如记录、文件和其他事项；

2. 向我方提供审计所需的其他的信息；

3. 允许我方在获取审计证据时不受限制地接触我方认为必要的ABC公司内部人员和其他相关人员。

在编制财务报表时，贵方管理层负责评估ABC公司的持续经营能力，披露与持续经营相关的事项（如适用），并运用持续经营假设，除非管理层计划清算、终止运营或别无其他现实的选择。贵方治理层负责监督管理层的财务报告过程。

作为审计流程的一部分，我方将要求贵方对作出的与审计有关的声明予以书面确认。

我方期待在审计过程中与贵方员工进行通力合作。

四、其他相关信息

[插入其他信息，如收费安排、计费方法和其他特定条款（如适用）。]

五、审计报告

我方按照中国注册会计师审计准则规定的格式和类型出具审计报告。

本约定书一式两份，如果贵方完全接受本业务约定书的条款，谨请在本业务约定书上签名并盖章，并将其中一份经签名并盖章的约定书交回我方。如果贵方对本业务约定书的条款尚有疑问，或者希望对某些条款进行进一步的讨论，请随时与我方联系。

ABC股份有限公司（盖章）　　　　××会计师事务所（盖章）
授权代表：（签名并盖章）　　　　授权代表：（签名并盖章）
20××年×月×日　　　　　　　　20××年×月×日

附录3：（参见本指南第10段）

确定通用目的编制基础的可接受性

在某些国家或地区，不存在经授权或获得认可的准则制定机构，或者法律法规未规定财务报告编制基础。本附录为在这种情况下确定财务报告编制基础的可接受性提供指引。

1. 正如本指南第10段的解释，如果某一国家或地区不存在经授权或获得认可的准则制定机构，或者法律法规未规定采用的财务报告编制基础，当被审计单位在该国家或地区注册或经营时，管理层需要确定在编制财务报表时采用的财务报告编制基础。在这些国家或地区，通常的做法是使用本指南第8段所描述的某一准则制定机构制定的财务报告准则。

2. 值得指出的是，可能在某一国家或地区存在着既定的会计惯例，这些会计惯例被普遍认为是在该国家或地区内经营的某些被审计单位在编制通用目的的财务报表时采用的财务报告编制基础。如果采用这种财务报告编制基础，按照本准则第六条第一款第（一）项的规定，注册会计师应当确定这些会计惯例综合起来能否视为构成编制通用目的财务报表适用的财务报告编制基础。如果会计惯例在某一国家或地区已得到广泛使用，则该国家或地区的会计职业界可能已经考虑过该财务报告编制基础的可接受性，而注册会计师不必再考虑。另外的情况是，通过考虑会计惯例是否表现出适用的财务报告编制基础通常表现出的特征（见下文第3段），或通过将会计惯例与现有可接受的财务报告编制基础进行比较（见下文第4段），注册会计师可以确定会计惯例的可接受性。

3. 为使财务报表提供的信息对预期使用者有用，可接受的财务报告编制基础通常表现出下列特征：

（一）相关性：指财务报表提供的信息与被审计单位的性质和财务报表的目的相关。例如，对于一家编制通用目的财务报表的企业，根据信息是否满足广大财务报表使用者在作出经济决策时对共同财务信息的需求来对相关性进行评估。这些财务信息需求通常是通过对该企业的财务状况、经营成果和现金流量进行列报而得到满足的。

（二）完整性：指能够影响依据财务报表得出的结论的交易、事项、账户余额和披露不存在遗漏。

（三）可靠性：指财务报表提供的信息反映了事项和交易的经济实质

而非只是其法律形式（如适用），并且在相似的情况下使用这些信息，将会得出合理一致的评价、计量、列报与披露。

（四）中立性：指在财务报表中提供的信息不存在偏向。

（五）可理解性：指财务报表中的信息清晰、易于理解，且不会产生严重的理解分歧。

4. 注册会计师可能决定将会计惯例与现有可接受的财务报告编制基础的规定进行比较。例如，注册会计师可能将会计惯例与国际财务报告准则进行比较。对小型被审计单位的审计而言，注册会计师可能将会计惯例与经授权或获得认可的准则制定机构为此类被审计单位专门制定的财务报告编制基础进行比较。如果注册会计师进行这种比较并识别出差异，在确定编制和列报财务报表时采用的会计惯例是否构成可接受的财务报告编制基础时，注册会计师需要考虑产生差异的原因，以及对这种会计惯例的采用或在财务报表中对财务报告编制基础的描述是否导致财务报表产生误导。

5. 如果为满足个别偏好而将多种会计惯例汇总在一起，不能视为编制通用目的财务报表采用的可接受的财务报告编制基础。

《中国注册会计师审计准则第1121号——对财务报表审计实施的质量控制》应用指南

（2017年2月28日修订）

一、质量控制制度和项目组的角色（参见本准则第三条）

1. 《质量控制准则第5101号——会计师事务所对执行财务报表审计和审阅、其他鉴证和相关服务业务实施的质量控制》，规定了会计师事务所建立并保持有关审计业务的质量控制制度的责任。质量控制制度包括针对下列要素制定的政策和程序：

（1）对会计师事务所业务质量承担的领导责任；
（2）相关职业道德要求；
（3）客户关系和具体业务的接受与保持；
（4）人力资源；
（5）业务执行；
（6）监控。

依赖会计师事务所的质量控制制度（参见本准则第五条）

2. 在实施适用于审计业务的质量控制程序时，项目组可以依赖会计师事务所质量控制制度，除非会计师事务所或其他机构或人员提供的信息表明其不可依赖。例如，项目组可以依赖下列方面的质量控制制度：

(1) 通过招聘和正规培训提高人员的胜任能力；
(2) 通过收集和传达有关独立性的信息保持独立性；
(3) 通过接受和保持客户关系的制度维护客户关系；
(4) 通过监控过程确保遵守适用的法律法规和监管要求。

二、项目合伙人的定义（参见本准则第十三条）

3. 在有限责任公司制的会计师事务所，项目合伙人是指负责某项审计业务及其执行，并代表会计师事务所在出具的审计报告上签字的主任会计师、副主任会计师或类似职位的高级管理人员。

三、对审计质量承担的领导责任（参见本准则第二十二条）

4. 为履行对每项审计业务的总体质量承担的责任，项目合伙人需要通过行动示范和向项目组其他成员传达信息，以强调质量至上的事实和下列事项对审计质量的重要性：

(1) 按照职业准则和适用的法律法规的规定执行工作；
(2) 遵守适用的会计师事务所质量控制政策和程序；
(3) 出具适合具体情况的审计报告；
(4) 项目组能够提出自己的疑虑而不怕遭到报复。

四、相关职业道德要求

（一）遵守相关职业道德要求（参见本准则第二十三条）

5. 《中国注册会计师职业道德守则第 1 号——职业道德基本原则》和《中国注册会计师职业道德守则第 2 号——职业道德概念框架》规定了与注册会计师执行财务报表审计相关的职业道德基本原则，并提供了遵循这些原则的概念框架。注册会计师需要遵循的基本原则包括：

(1) 诚信；
(2) 独立性；
(3) 客观和公正；
(4) 专业胜任能力和应有的关注；
(5) 保密；

(6) 良好职业行为。

适用于网络和网络事务所的相关职业道德要求（参见本准则第二十三条至第二十五条）

6. 中国注册会计师职业道德守则和相关审计准则对网络和网络事务所作出了定义。在遵守本准则第二十三条至第二十五条的规定时，注册会计师可以结合职业道德守则中的定义理解本准则的相关职业道德要求。

（二）对独立性的不利影响（参见本准则第二十五条第二款第（三）项）

7. 项目合伙人可能识别出对审计业务独立性产生的不利影响，即使采取防范措施也无法消除或将其降至可接受的水平。在这种情况下，按照本准则第二十五条第二款第（三）项的规定，项目合伙人需要向会计师事务所内部相关人员报告，以确定采取适当的行动，包括消除产生不利影响的行为或利益，或在法律法规允许的情况下解除审计业务约定。

对公共部门实体的特殊考虑

8. 法律法规可能为执行公共部门实体审计的注册会计师保持独立性提供防范措施。然而，根据授权审计文件的条款规定，执行公共部门实体审计的注册会计师可能需要改变工作方法以符合本准则第二十五条的要求。如果授权审计文件不允许注册会计师解除业务约定，注册会计师可以通过提交公开报告披露这种情况，以说明如果执行的是私营部门实体审计，将会导致解除业务约定。

五、客户关系和审计业务的接受与保持（参见本准则第二十六条和第二十七条）

9. 在确定是否接受新客户或现有客户的新业务时，《质量控制准则第5101号——会计师事务所对执行财务报表审计和审阅、其他鉴证和相关服务业务实施的质量控制》要求会计师事务所根据具体情况获取必要的信息。

下列信息可以帮助项目合伙人确定有关客户关系和审计业务的接受与保持是否恰当：

（1）被审计单位的主要股东、关键管理人员和治理层是否诚信；
（2）项目组是否具有执行审计业务的专业胜任能力以及必要的时间和资源；
（3）会计师事务所和项目组能否遵守相关职业道德要求；
（4）在本期或以前审计中发现的重大事项，及其对保持客户关系的影响。

对公共部门实体的特殊考虑

10. 在公共部门实体，注册会计师可能按照法定程序接受委托。因此，本准则第二十六条和第二十七条以及本指南第 9 段的某些要求和考虑可能不相关。尽管如此，通过上述过程获取的信息，可以为执行公共部门实体审计的注册会计师在实施风险评估和履行报告责任时提供有价值的信息。

六、项目组的工作委派（参见本准则第二十八条）

11. 项目组包括在会计或审计的专业领域具有专长的人员。这些人员可能由会计师事务所聘请或雇用，对审计业务实施审计程序。然而，如果具有专长的人员参与业务只是为了提供咨询，则不属于项目组成员。咨询的问题详见本准则第三十二条和本指南第 22 段、第 23 段。

12. 在考虑项目组整体所需的适当专业胜任能力和素质时，项目合伙人可以关注项目组的下列情况：

（1）通过适当的培训和参与审计业务，获取执行类似性质和复杂程度的审计业务的知识和实务经验；

（2）掌握职业准则和适用的法律法规的规定；

（3）具有技术专长，包括信息技术以及会计或审计专业领域的专长；

（4）熟悉客户所处的行业；

（5）具有职业判断能力；

（6）了解会计师事务所质量控制政策和程序。

对公共部门实体的特殊考虑

13. 对于公共部门实体审计，接受委托的注册会计师需要拥有额外的胜任能力以履行授权审计文件的条款。这种胜任能力可能包括了解有关的报告制度（如向立法机关、其他主管机构或公共利益部门报告）。公共部门实体审计的范围更加广泛，可能包括绩效审计的部分内容、全面评价对法律法规或其他监管要求的遵守情况，以及防止和发现舞弊和腐败的情况。

七、业务执行

（一）指导、监督与执行（参见本准则第二十九条第（一）项）

14. 项目合伙人在指导审计业务时，需要告知项目组成员下列事项：

（1）项目组成员各自的责任，包括需要遵守相关职业道德要求，按照《中国注册会计师审计准则第 1101 号——注册会计师的总体目标和审计工作的基本要求》的规定在计划和执行审计工作时保持职业怀疑态度；

(2) 如果多位项目合伙人参与执行审计业务，各项目合伙人的责任；

(3) 拟执行工作的目标；

(4) 被审计单位的业务性质；

(5) 与风险相关的事项；

(6) 可能出现的问题；

(7) 执行审计业务的具体方案。

项目组成员之间的讨论有助于经验较少的成员向经验较丰富的成员提问，以实现项目组内部的适当沟通。

15. 适当的团队合作和培训，可以帮助经验较少的项目组成员清楚了解所委派工作的目标。

16. 项目合伙人对审计业务的监督包括：

(1) 跟进审计业务的进程；

(2) 考虑项目组各成员的胜任能力和素质，包括是否有足够的时间执行审计工作、是否理解工作指令、是否按照计划的方案执行审计工作；

(3) 解决在审计过程中发现的重大问题，考虑其重要程度并适当修改原计划的方案；

(4) 识别在审计过程中需要咨询的事项，或需要由经验较丰富的项目组成员考虑的事项。

(二) 复核

复核责任（参见本准则第三十条）

17. 按照《质量控制准则第 5101 号——会计师事务所对执行财务报表审计和审阅、其他鉴证和相关服务业务实施的质量控制》的规定，会计师事务所确定复核责任的政策和程序的原则是，由项目组内经验较丰富的人员复核经验较少的人员执行的工作。

18. 在复核已执行的审计工作时，复核人员需要考虑的事项包括：

(1) 审计工作是否已按照职业准则和适用的法律法规的规定执行；

(2) 重大事项是否已提请进一步考虑；

(3) 相关事项是否已进行适当咨询，由此形成的结论是否已得到记录和执行；

(4) 是否需要修改已执行审计工作的性质、时间安排和范围；

(5) 已执行的审计工作是否支持形成的结论，并已得到适当记录；

(6) 已获取的审计证据是否充分、适当；

(7) 审计程序的目标是否已实现。

项目合伙人对已执行工作的复核（参见本准则第三十一条）

19. 项目合伙人在审计过程的适当阶段及时实施复核，有助于重大事项在审计报告日之前得到及时满意的解决。

复核的内容包括：

（1）对关键领域所作的判断，尤其是执行业务过程中识别出的疑难问题或争议事项；

（2）特别风险；

（3）项目合伙人认为重要的其他领域。

项目合伙人无需复核所有审计工作底稿。《中国注册会计师审计准则第1131号——审计工作底稿》要求项目合伙人记录复核的范围和时间。

20. 如果在审计过程中更换项目合伙人，新任项目合伙人可以对截至变更日已执行的工作实施本指南第19段所述的复核程序，以承担项目合伙人的全部责任。

（三）利用在会计或审计专业领域具有专长的项目组成员时的考虑（参见本准则第二十九条至第三十一条）

21. 如果利用了在会计或审计专业领域具有专长的项目组成员的工作，对该成员工作的指导、监督和复核包括：

（1）与该成员就其工作的性质、范围和目标，该成员与项目组其他成员各自的角色，以及该成员与项目组其他成员之间沟通的性质、时间安排和范围达成一致意见；

（2）评价该成员工作的恰当性，包括评价其发现的事实或结论的相关性和合理性，以及与其他审计证据的一致性。

（四）咨询（参见本准则第三十二条）

22. 满足下列条件时，项目组向会计师事务所内部或外部就重大技术、职业道德或其他问题的咨询是有效的：

（1）提供所有相关事实，以使被咨询者能够提出有见地的意见；

（2）被咨询者具有适当的知识、资历和经验。

23. 项目组向会计师事务所外部的有关方面进行咨询可能是适当的，如在会计师事务所缺乏适当的内部资源时。项目组可以利用其他会计师事务所、职业团体、监管机构或提供相关质量控制服务的商业机构提供的咨询服务。

（五）项目质量控制复核

在审计报告日之前完成项目质量控制复核（参见本准则第三十三条第（三）项）

24. 按照《中国注册会计师审计准则第1501号——对财务报表形成

审计意见和出具审计报告》的规定，审计报告的日期不得早于注册会计师获取充分、适当的审计证据，并在此基础上对财务报表形成审计意见的日期。对于上市实体财务报表审计业务或符合标准需要实施项目质量控制复核的其他业务，这种复核有助于注册会计师确定是否已获取充分、适当的审计证据。

25. 项目质量控制复核人员在业务过程中的适当阶段及时实施项目质量控制复核，有助于重大事项在审计报告日之前得到迅速、满意的解决。

26. 只有项目质量控制复核人员完成本准则第三十四条至第三十五条要求的工作以后，项目质量控制复核才结束。作为最终审计档案归整工作的一部分，项目质量控制复核形成的工作底稿可以在审计报告日后完成。《中国注册会计师审计准则第1131号——审计工作底稿》对此作出了规定。

项目质量控制复核的性质、范围和时间安排（参见本准则第三十四条）

27. 即使在业务开始时认为不需要实施项目质量控制复核，项目合伙人也要关注情况的变化，以识别有必要实施项目质量控制复核的情形。

28. 项目质量控制复核的范围主要取决于审计业务的复杂程度、被审计单位是否是上市实体以及审计报告不适合具体情况的风险。实施项目质量控制复核并不减轻项目合伙人对审计业务及其执行的责任。

28a. 当《中国注册会计师审计准则第1504号——在审计报告中沟通关键审计事项》适用时，项目组在编制审计报告时得出的结论包括确定下列事项：

（1）拟包含在审计报告中的关键审计事项；

（2）按照《中国注册会计师审计准则第1504号——在审计报告中沟通关键审计事项》第十四条的规定，不在审计报告中沟通的关键审计事项（如有）；

（3）根据被审计单位和审计业务的具体事实和情况，不存在需要在审计报告中沟通的关键审计事项（如适用）。

此外，按照本准则第三十四条第二款第（二）项的要求对拟出具审计报告的复核，包括考虑拟在关键审计事项部分使用的措辞。

上市实体的项目质量控制复核（参见本准则第三十五条）

29. 在对上市实体实施项目质量控制复核时，与评价项目组作出的重大判断相关的其他事项包括：

（1）项目组在审计过程中根据《中国注册会计师审计准则第1211号——通过了解被审计单位及其环境识别和评估重大错报风险》识别出的重大错报风险，以及根据《中国注册会计师审计准则第1231号——针对评估的重大错报风险采取的应对措施》采取的应对措施，包括项目组根据《中国注册会计师审计准则第 1141 号——财务报表审计中与舞弊相关的责任》评估的舞弊风险以及采取的应对措施；

（2）作出的判断，尤其是有关重要性和特别风险的判断；

（3）项目组在审计中识别出的已更正和未更正错报的重要程度以及处理情况；

（4）项目组拟向管理层、治理层以及监管机构等其他方面（如适当）报告的事项。

在对上市实体财务报表审计以外的其他审计业务实施项目质量控制复核时，项目质量控制复核人员可以根据具体情况考虑上述部分或全部事项。

对小型被审计单位的特殊考虑（参见本准则第三十四条和第三十五条）

30. 除上市实体财务报表审计以外，符合会计师事务所规定的适当标准的审计业务也需要接受项目质量控制复核。在某些情况下，可能会计师事务所的全部业务都没有达到需要实施项目质量控制复核的标准。

对公共部门实体的特殊考虑（参见本准则第三十四条和第三十五条）

31. 就公共部门实体审计而言，接受法定委托的注册会计师可能承担类似项目合伙人的角色。在这种情况下，挑选项目质量控制复核人员时还需要考虑独立于被审计单位的需要，以及项目质量控制复核人员提供客观评价的能力。

32. 本准则第三十五条和本指南第 29 段提及的上市实体在公共部门实体中并不常见。然而，某些公共部门实体（如公用事业）可能因其规模、复杂性或涉及公众利益的程度而显得十分重要，因而拥有广泛的利益相关者。公共部门实体改制也可能催生各种新型的重要的实体。但是，确定实体是否重要没有固定的客观标准，注册会计师可以运用职业判断评价实体是否重要，进而确定是否需要实施项目质量控制复核。

八、监控（参见本准则第三十七条和第三十八条）

33. 《质量控制准则第 5101 号——会计师事务所对执行财务报表审计和审阅、其他鉴证和相关服务业务实施的质量控制》要求会计师事务所制定监控政策和程序，以合理保证质量控制制度中的政策和程序是相关和适当的，并正在有效运行。

34. 在评价可能影响审计业务的缺陷时，项目合伙人可能关注会计师事务所已经采取的、足以应对该缺陷的补救措施。

35. 会计师事务所质量控制制度存在缺陷，并不必然表明特定审计业务的执行没有遵守职业准则和适用的法律法规的规定，也不必然表明审计报告是不适当的。

九、审计工作底稿

对咨询情况的记录（参见本准则第三十九条第（四）项）

36. 项目组就疑难问题或争议事项向其他专业人士咨询所形成的、足够完整和详细的记录，有助于阅读者了解：
（1）寻求咨询的事项；
（2）咨询的结果，包括作出的决策、决策依据以及决策的执行情况。

《中国注册会计师审计准则第1131号——审计工作底稿》应用指南

（2017年2月28日修订）

一、及时编制审计工作底稿（参见本准则第九条）

1. 及时编制充分、适当的审计工作底稿，有助于提高审计质量，便于在完成审计报告前，对获取的审计证据和得出的结论进行有效复核和评价。在审计工作完成后编制的审计工作底稿，可能不如在执行审计工作时编制的审计工作底稿准确。

二、记录实施的审计程序和获取的审计证据

（一）审计工作底稿的格式、内容和范围（参见本准则第十条）

2. 审计工作底稿的格式、内容和范围主要取决于下列因素：
（1）被审计单位的规模和复杂程度；
（2）拟实施审计程序的性质；
（3）识别出的重大错报风险；
（4）已获取的审计证据的重要程度；
（5）识别出的例外事项的性质和范围；
（6）当从已执行审计工作或获取审计证据的记录中不易确定结论或结论的基础时，记录结论或结论基础的必要性；
（7）审计方法和使用的工具。

3. 审计工作底稿可以以纸质、电子或其他介质形式存在。审计工作底稿通常包括：

（1）总体审计策略；

（2）具体审计计划；

（3）分析表；

（4）问题备忘录；

（5）重大事项概要；

（6）询证函回函和声明；

（7）核对表；

（8）有关重大事项的往来函件（包括电子邮件）。

注册会计师还可以将被审计单位文件记录的摘要或复印件（如重大的或特定的合同和协议）作为审计工作底稿的一部分。然而，审计工作底稿并不能代替被审计单位的会计记录。

4. 审计工作底稿不需要包括已被取代的审计工作底稿的草稿或财务报表的草稿、反映不全面或初步思考的记录、存在印刷错误或其他错误而作废的文本，以及重复的文件记录等。

5. 注册会计师的口头解释本身不能为其执行的审计工作或得出的审计结论提供足够的支持，但可用来解释或澄清审计工作底稿中包含的信息。

对遵守审计准则的记录（参见本准则第十条第（一）项）

6. 原则上讲，注册会计师遵守本准则的要求，将能够根据具体情况编制出充分、适当的审计工作底稿。其他审计准则包含的有关审计工作底稿的具体要求，旨在明确如何将本准则的要求应用到其他审计准则提及的特定情况。其他审计准则有关审计工作底稿的具体要求，并不影响本准则的普遍适用性。此外，某一审计准则没有对审计工作底稿提出要求，并不意味着按照该准则执行审计工作可以不编制审计工作底稿。

7. 审计工作底稿为注册会计师按照审计准则的规定执行审计工作提供了证据。然而，对注册会计师而言，记录审计中考虑的所有事项或作出的所有职业判断，既没必要也不可行。进一步讲，如果审计档案包含的文件已表明注册会计师遵守了审计准则，注册会计师没有必要再对遵守审计准则的情况单独予以记录（如在核对表中记录遵守了审计准则）。例如：

（1）审计档案包含得到恰当记录的审计计划，表明注册会计师已计划了审计工作；

（2）审计档案包含签署的审计业务约定书，表明注册会计师已经与管理层或治理层（如适用）就审计业务约定条款达成一致意见；

（3）审计报告包含对财务报表恰当发表的保留意见，表明注册会计师按照审计准则的要求，在审计准则规定的情形下发表了保留意见；

（4）对适用于整个审计过程的要求，可以在审计档案中以多种方式表明注册会计师遵守了这些要求。例如，可能没有专门的方式记录注册会计师保持职业怀疑。但是，审计工作底稿仍然可以为注册会计师按照审计准则的要求保持了职业怀疑提供证据。这些证据可能包括注册会计师为了佐证管理层对其询问的答复而实施的特定审计程序。类似地，项目合伙人按照审计准则的要求对审计工作承担指导、监督和执行的责任，也可以在审计工作底稿中以多种方式予以证明。这可能包括记录项目合伙人及时参与审计过程的有关方面，例如，项目合伙人按照《中国注册会计师审计准则第1211号——通过了解被审计单位及其环境识别和评估重大错报风险》的要求参与项目组的讨论。

记录重大事项及相关重大职业判断（参见本准则第十条第（三）项）

8. 判断某一事项是否属于重大事项，需要对具体事实和情况进行客观分析。

重大事项通常包括：

（1）引起特别风险的事项；

（2）实施审计程序的结果表明财务报表可能存在重大错报的情形，或需要修正以前对重大错报风险的评估和针对这些风险拟采取的应对措施的情形；

（3）导致注册会计师难以实施必要审计程序的情形；

（4）可能导致在审计报告中发表非无保留意见或增加强调事项段的事项。

9. 注册会计师在执行审计工作和评价审计结果时运用职业判断的程度，是决定记录重大事项的审计工作底稿的格式、内容和范围的一项重要因素。在审计工作底稿中对重大职业判断进行记录，能够解释注册会计师得出的结论并提高职业判断的质量。这些记录对审计工作底稿的复核人员非常有帮助，同样也有助于执行以后期间审计的人员查阅具有持续重要性的事项（如对以前作出的会计估计进行复核）。

10. 根据本准则第十条的规定，当涉及重大事项和重大职业判断时，注册会计师需要编制与运用职业判断相关的审计工作底稿。例如：

（1）如果审计准则要求注册会计师"应当考虑"某些信息或因素，并且这种考虑在特定业务情况下是重要的，记录注册会计师得出结论的理由；

(2) 记录注册会计师对某些方面主观判断的合理性（如某些重大会计估计的合理性）得出结论的基础；

(3) 如果注册会计师针对审计过程中识别出的导致其对某些文件记录的真实性产生怀疑的情况实施了进一步调查（如适当利用专家的工作或实施函证程序），记录注册会计师对这些文件记录真实性得出结论的基础；

(4) 当《中国注册会计师审计准则第 1504 号——在审计报告中沟通关键审计事项》适用时，记录注册会计师确定关键审计事项或确定不存在需要沟通的关键审计事项的决策。

11. 注册会计师可以考虑编制重大事项概要，并将其作为审计工作底稿的组成部分。重大事项概要包括对审计过程中识别出的重大事项及其如何得到解决的记录，以及对提供相关信息的其他支持性审计工作底稿的交叉索引。重大事项概要可以提高复核和检查审计工作底稿的效率和效果，尤其是对于大型、复杂的审计项目。此外，编制重大事项概要不仅有助于注册会计师考虑重大事项，还可以帮助注册会计师根据实施的审计程序和得出的审计结论，考虑是否存在注册会计师不能实现某项相关审计准则的目标，以致妨碍实现注册会计师的总体目标的情况。

（二）指明测试的具体项目或事项以及编制人员和复核人员（参见本准则第十一条）

12. 记录具体项目或事项的识别特征可以实现多种目的，例如，这能反映项目组履行职责的情况，也便于对例外事项或不符事项进行调查。识别特征因审计程序的性质和测试的项目或事项的不同而不同。例如：

(1) 在对被审计单位生成的订购单进行细节测试时，注册会计师可以订购单的日期和其唯一的编号作为测试订购单的识别特征；

(2) 对于需要选取或复核既定总体内一定金额以上的所有项目的程序，注册会计师可以记录实施程序的范围并指明该总体（如银行存款日记账中一定金额以上的所有会计分录）；

(3) 对于需要从文件记录的总体中进行系统选样的审计程序，注册会计师可以通过记录样本的来源、抽样的起点及抽样间隔识别已选取的样本。例如，如果被审计单位对发运单顺序编号，测试发运单的识别特征可以是，对 4 月 1 日至 9 月 30 日的发运记录，从第 12345 号发运单开始每隔 125 号系统抽取发运单；

(4) 对于需要询问被审计单位中特定人员的程序，注册会计师可以以询问的时间、被询问人的姓名和岗位名称作为识别特征；

(5) 对于观察程序，注册会计师可以以观察的对象或观察过程、相关被观察人员及其各自的责任、观察的地点和时间作为识别特征。

13.《中国注册会计师审计准则第 1121 号——对财务报表审计实施的质量控制》要求注册会计师通过复核审计工作底稿复核已执行的审计工作，这意味着注册会计师需要记录已复核的审计工作、复核人员和复核日期，但并不意味着每张审计工作底稿都要有复核的证据。

记录与管理层、治理层及其他人员就重大事项进行的讨论（参见本准则第十二条）

14. 审计工作底稿的内容不限于注册会计师所作的记录，还可以包括其他适当的记录，如被审计单位人员编制且注册会计师认可的会议纪要。注册会计师可以与之讨论重大事项的其他人员，可能包括被审计单位内部除管理层、治理层以外的其他人员，以及被审计单位外部的机构或人员，如向被审计单位提供专业咨询的人员等。

记录对信息不一致情况的处理（参见本准则第十三条）

15. 审计准则要求注册会计师记录如何处理信息不一致的情况，并不意味着注册会计师需要保留不正确的或被取代的审计工作底稿。

对小型被审计单位的特殊考虑（参见本准则第十条）

16. 对小型被审计单位进行审计形成的审计工作底稿，通常比对大型被审计单位进行审计形成的审计工作底稿要少。此外，在项目合伙人执行所有审计工作的情况下，审计工作底稿将不包括仅为告知或指导项目组成员，或为项目组中其他成员的复核工作提供证据的事项（如审计工作底稿中没有关于项目组讨论或督导事项的记录）。然而，由于审计工作底稿可能因监管或其他目的需由外部机构或人员进行复核，项目合伙人需要按照本准则第十条的基本要求编制能够使有经验的专业人士理解的审计工作底稿。

17. 在编制小型被审计单位审计工作底稿时，注册会计师将审计的各个方面全部记录在一份文件中，并在适当时交叉索引至支持性的审计工作底稿，是十分有益和有效率的。

审计小型被审计单位时形成的审计工作底稿通常包括下列内容：对被审计单位及其环境（包括内部控制）的了解、总体审计策略和具体审计计划、根据《中国注册会计师审计准则第 1221 号——计划和执行审计工作时的重要性》确定的重要性、评估的风险、在审计过程中注意到的重大事项以及得出的结论等。

（三）对有关要求的偏离（参见本准则第十四条）

18. 审计准则的各项要求旨在使注册会计师能够实现准则中规定的各

项目标，进而实现注册会计师的总体目标。相应地，除某些例外情况外，审计准则要求注册会计师遵守与审计业务具体情况相关的各项要求。

19. 审计准则中有关审计工作底稿的要求仅在与审计业务的具体情况相关时才适用。只有存在下列情形之一时，某一要求才是不相关的：

（1）某项审计准则完全不相关。例如，如果某一被审计单位不具有内部审计机构或人员，《中国注册会计师审计准则第 1411 号——利用内部审计人员的工作》的所有规定都是不相关的；

（2）审计准则的某一要求具有适用条件但该条件不存在。例如，审计准则要求在无法获取充分、适当的审计证据时发表非无保留意见，但无法获取充分、适当的审计证据这种情形不存在。

（四）审计报告日后发生的事项（参见本准则第十五条）

20. 本准则第十五条中例外情况的例子包括注册会计师在审计报告日后获知、但在审计报告日已经存在的事实，并且如果注册会计师在审计报告日已获知该事实，可能导致财务报表需要作出修改或在审计报告中发表非无保留意见。因这一情况对审计工作底稿作出的变动，需要按照《中国注册会计师审计准则第 1121 号——对财务报表审计实施的质量控制》有关复核责任的规定进行复核，并由项目合伙人对审计工作底稿的变动负最终责任。

三、审计工作底稿的归档（参见本准则第十七条至第二十条）

21. 《质量控制准则第 5101 号——会计师事务所对执行财务报表审计和审阅、其他鉴证和相关服务业务实施的质量控制》要求会计师事务所制定有关及时完成最终业务档案归整工作的政策和程序。审计工作底稿的归档期限为审计报告日后六十天内。如果注册会计师未能完成审计业务，审计工作底稿的归档期限为审计业务中止后的六十天内。

22. 在审计报告日后将审计工作底稿归整为最终审计档案是一项事务性的工作，不涉及实施新的审计程序或得出新的结论。如果在归档期间对审计工作底稿作出的变动属于事务性的，注册会计师可以作出变动。允许变动的情形主要包括：

（1）删除或废弃被取代的审计工作底稿；

（2）对审计工作底稿进行分类、整理和交叉索引；

（3）对审计档案归整工作的完成核对表签字认可；

（4）记录在审计报告日前获取的、与项目组相关成员进行讨论并达成一致意见的审计证据。

23.《质量控制准则第5101号——会计师事务所对执行财务报表审计和审阅、其他鉴证和相关服务业务实施的质量控制》要求会计师事务所制定有关保管业务工作底稿的政策和程序。审计工作底稿的保存期限通常为自审计报告日起,或自集团审计报告日起(若迟于审计报告日),不少于十年。

24. 在完成最终审计档案的归整工作后,注册会计师可能发现在某些情况下有必要修改现有审计工作底稿或增加新的审计工作底稿。例如,会计师事务所内部人员或者外部机构或人员在实施监督检查的过程中提出了意见,注册会计师需要对现有审计工作底稿作出清晰的说明。

《中国注册会计师审计准则第1151号——与治理层的沟通》应用指南

(2017年2月28日修订)

一、治理层(参见本准则第十二条)

1. 治理结构因被审计单位和所在国家或地区的不同而异,反映了不同文化和法律背景以及被审计单位的规模和所有权特征等方面的影响。例如:

(1)在某些国家或地区,被审计单位设有监事会(其全部或主要成员不参与管理被审计单位),与董事会在法律上是分离的(即"双层"结构)。在其他一些国家或地区,被审计单位的监督和执行职责是单一或一元化的董事会(即"单层"结构)的法定责任。

(2)在某些被审计单位,治理层的职位是被审计单位法律结构中不可分割的一部分,如公司董事。在其他一些被审计单位,如某些政府性质的实体,则由被审计单位外部的机构承担治理职责。

(3)在某些情况下,治理层的部分或全部成员参与管理被审计单位。在其他一些情况下,治理层与管理层由不同的人员组成。

(4)在某些情况下,治理层负责批准被审计单位的财务报表。在其他一些情况下,管理层负有这一责任。

2. 在大多数被审计单位,治理职责是治理机构的集体责任,如董事会、监督委员会、合伙人、业主、管理委员会、治理委员会、受托人或类似职位的人员。但是，在某些小型被审计单位，可能由一个人承担治理职责，如在没有其他业主情况下的业主兼经理，或单独的一名受托人。当治理职责是一项集体责任时，可能由下设组织（如审计委员会甚至个人）负责具体工作以协助治理机构履行责任。而在另外一些情况下，下设组织或个人可能负有与治理机构不同的法定责任。

3. 这些差异意味着本准则不可能对所有审计业务详细规定注册会计师就特定事项与谁沟通。在某些情况下，例如，在没有正式界定治理结构的被审计单位（如某些家族企业、非营利组织和政府性质的实体），从适用的法律法规或其他业务环境中可能难以明确识别出适当的沟通人员。在这种情况下，注册会计师可能需要与委托方讨论或约定应当与哪些相关人员沟通。在决定与谁进行沟通时，注册会计师需要按照《中国注册会计师审计准则第 1211 号——通过了解被审计单位及其环境识别和评估重大错报风险》的规定了解被审计单位治理结构和治理过程。适当的沟通人员可能因拟沟通事项的不同而异。

4. 《中国注册会计师审计准则第 1401 号——对集团财务报表审计的特殊考虑》规定了集团注册会计师与治理层沟通的具体事项。如果被审计单位是集团的组成部分，组成部分注册会计师与之沟通的适当人员取决于业务环境和拟沟通的事项。在某些情况下，许多组成部分可能在同一内部控制系统中执行相同的业务，并采用相同的会计实务。如果这些组成部分的治理层是相同的（如隶属于同一董事会），为避免重复，注册会计师可以同时就这些组成部分与治理层沟通，以实现沟通目的。

（一）与治理层的下设组织沟通（参见本准则第十三条）

5. 在考虑与治理层的下设组织沟通时，注册会计师需要考虑下列事项：

（1）下设组织与治理层各自的责任；

（2）拟沟通事项的性质；

（3）相关法律法规的要求；

（4）下设组织是否有权就沟通的信息采取行动，以及是否能够提供注册会计师可能需要的进一步信息和解释。

6. 在决定是否需要与治理机构沟通信息时，注册会计师可能受到其对下设组织与治理机构沟通相关信息的有效性和适当性的评估的影响。注册会计师可以在就审计业务约定条款达成一致意见时明确指出，除非法律法规禁止，注册会计师保留与治理机构直接沟通的权利。

7. 在许多国家或地区，被审计单位设有审计委员会（或名称不同的类似下设组织）。尽管审计委员会的具体权力和职责可能不同，但与其沟通已成为注册会计师与治理层沟通的一个关键要素。

良好的治理原则建议：

（1）邀请注册会计师定期参加审计委员会会议；

（2）审计委员会主席和其他相关成员定期与注册会计师联系；

（3）审计委员会每年至少一次在管理层不在场的情况下会见注册会计师。

（二）治理层全部成员参与管理被审计单位的情形（参见本准则第十四条）

8. 在某些情况下，治理层全部成员参与管理被审计单位，此时需要对如何运用沟通的要求进行调整，以反映这一情况。在这种情况下，与负有管理责任的人员的沟通，可能不能向所有负有治理责任的人员充分传递应予沟通的内容。例如，在一家所有董事都参与管理的公司中，某一董事（如负责市场营销的董事）可能并不知道注册会计师与另一董事（如负责财务报表编制的董事）讨论的重大事项。

二、沟通的事项

（一）注册会计师与财务报表审计相关的责任（参见本准则第十五条）

9. 注册会计师与财务报表审计相关的责任通常包含在审计业务约定书或记录审计业务约定条款的其他适当形式的书面协议中。法律法规或被审计单位的治理结构可能要求治理层与注册会计师就业务约定条款达成一致意见。当实际情况并非如此时，向治理层提供审计业务约定书或其他适当形式的书面协议的副本，可能是与其就下列相关事项进行沟通的适当方式：

（1）注册会计师按照审计准则执行审计工作的责任，主要集中在对财务报表发表意见上。审计准则要求沟通的事项包括财务报表审计中发现的、与治理层对财务报告过程的监督有关的重大事项；

（2）审计准则并不要求注册会计师设计程序来识别与治理层沟通的补充事项；

（3）当《中国注册会计师审计准则第1504号——在审计报告中沟通关键审计事项》适用时，注册会计师确定并在审计报告中沟通关键审计事项的责任；

（4）依据法律法规的规定、与被审计单位的协议或适用于该业务的其他规定，注册会计师沟通特定事项的责任（如适用）。

10. 法律法规的规定、与被审计单位的协议或适用于该业务的其他规定，可能要求注册会计师与治理层进行更广泛的沟通。例如：

（1）与被审计单位的协议可能要求沟通会计师事务所或网络事务所在提供除财务报表审计以外的其他服务时发现的特定事项；

（2）授权对公共部门实体进行审计的文件可能要求注册会计师沟通其执行其他工作时（如绩效审计）注意到的事项。

（二）计划的审计范围和时间安排（参见本准则第十六条）

11. 就计划的审计范围和时间安排进行沟通可以：

（1）帮助治理层更好地了解注册会计师工作的结果，与注册会计师讨论风险问题和重要性的概念，以及识别可能需要注册会计师追加审计程序的领域；

（2）帮助注册会计师更好地了解被审计单位及其环境。

12. 就注册会计师识别出的特别风险进行沟通，可以帮助治理层了解存在特别风险的事项以及需要注册会计师予以特别考虑的原因。就特别风险进行沟通有助于治理层履行其对财务报告过程的监督责任。

13. 沟通的事项可能包括：

（1）注册会计师计划如何应对由于舞弊或错误导致的特别风险；

（2）注册会计师计划如何应对重大错报风险评估水平较高的领域；

（3）注册会计师对与审计相关的内部控制采取的方案；

（4）在审计中对重要性概念的运用；

（5）实施计划的审计程序或评价审计结果需要的专门技术或知识的性质及程度，包括利用注册会计师的专家的工作；

（6）当《中国注册会计师审计准则第1504号——在审计报告中沟通关键审计事项》适用时，注册会计师对于哪些事项可能需要重点关注因而可能构成关键审计事项所作的初步判断。

14. 可能适合与治理层讨论的计划方面的其他事项包括：

（1）如果被审计单位设有内部审计，注册会计师和内部审计人员如何以建设性和互补的方式一起工作，包括拟利用内部审计工作，以及拟利用内部审计人员提供直接帮助的性质和程度。

（2）治理层对下列问题的看法：

①与被审计单位治理结构中的哪些适当人员沟通；

②治理层和管理层之间的责任分配；

③被审计单位的目标和战略，以及可能导致重大错报的相关经营风险；

④治理层认为审计过程中需要特别关注的事项，以及治理层要求注册会计师追加审计程序的领域；

⑤与监管机构的重要沟通；

⑥治理层认为可能会影响财务报表审计的其他事项。

（3）治理层对下列问题的态度、认识和措施：

①被审计单位的内部控制及其在被审计单位中的重要性，包括治理层如何监督内部控制的有效性；

②舞弊发生的可能性或如何发现舞弊。

（4）治理层应对会计准则、公司治理实务、交易所上市规则和相关事项变化的措施。

（5）治理层对以前与注册会计师沟通作出的回应。

（6）哪些文件组成《中国注册会计师审计准则第1521号——注册会计师对其他信息的责任》所规定的其他信息，以及被审计单位计划公布这些文件的方式和时间安排。当注册会计师预期将在审计报告日后获取其他信息时，与治理层的沟通还可能包括如果审计报告日后获取的其他信息存在重大错报，注册会计师可能采取的适当或必要措施。

15. 尽管与治理层的沟通可以帮助注册会计师计划审计的范围和时间安排，但并不改变注册会计师独自承担制定总体审计策略和具体审计计划（包括获取充分、适当的审计证据所需程序的性质、时间安排和范围）的责任。

16. 在与治理层就计划的审计范围和时间安排进行沟通时，尤其是在治理层部分或全部成员参与管理被审计单位的情况下，注册会计师有必要保持职业谨慎，避免损害审计的有效性。例如，沟通具体审计程序的性质和时间安排，可能因这些程序易于被预见而降低其有效性。

（三）审计中的重大发现（参见本准则第十七条）

17. 沟通审计中的发现可能包括要求治理层提供进一步信息以完善获取的审计证据。例如，注册会计师可以证实治理层对与特定的交易或事项有关的事实和情况有着与其相同的理解。

18. 当《中国注册会计师审计准则第1504号——在审计报告中沟通关键审计事项》适用时，本准则第十七条要求与治理层进行的沟通以及第十六条要求就注册会计师识别出的特别风险进行的沟通，与注册会计师确定哪些事项可能属于重点关注过的事项，因而可能构成关键审计事项尤其相关。

会计实务重大方面的质量（参见本准则第十七条第（一）项）

19. 财务报告编制基础通常允许被审计单位作出会计估计以及有关会计政策和财务报表披露的判断，例如，当存在重大计量不确定性的情况下作出会计估计时，对运用的关键假设作出的判断。此外，法律法规或财务报告编制基础可能要求披露重要会计政策概要、提及"重要的会计估计"或"重要的会计政策和实务"，以向财务报表使用者指明管理层在编制财务报表时作出的最困难、最主观或最复杂的判断，并提供相关的进一步信息。

20. 注册会计师对于财务报表主观方面的看法可能与治理层履行对财务报告过程的监督职责尤其相关。例如，针对本指南第19段描述的相关事项，注册会计师对与导致特别风险的会计估计相关的估计不确定性是否得到充分披露进行了评价，治理层可能对这一评价感兴趣。就被审计单位会计实务重大方面的质量进行开放的、建设性的沟通，可能包括评价重大会计实务的可接受性。本指南附录指出了沟通中可能包括的事项。

审计工作中遇到的重大困难（参见本准则第十七条第（二）项）

21. 审计工作中遇到的重大困难可能包括下列事项：

（1）在提供实施审计程序所需的信息方面，管理层严重拖延或不愿意提供，或者被审计单位的人员不予配合；

（2）不合理地要求缩短完成审计工作的时间；

（3）为获取充分、适当的审计证据需要付出的努力远远超过预期；

（4）无法获取预期的信息；

（5）管理层对注册会计师施加的限制；

（6）管理层不愿意按照要求对被审计单位持续经营能力进行评估，或不愿意延长评估期间。

在某些情况下，这些困难可能构成对审计范围的限制，导致注册会计师发表非无保留意见。

已与管理层讨论或需要书面沟通的重大事项（参见本准则第十七条第（三）项）

22. 已与管理层讨论或需要书面沟通的重大事项可能包括：

（1）当年发生的重大事项或交易；

（2）影响被审计单位的业务环境，以及可能影响重大错报风险的经营计划和战略；

（3）对管理层就会计或审计问题向其他专业人士进行咨询的关注；

（4）管理层在首次委托或连续委托注册会计师时，就会计实务、审计准则应用、审计或其他服务费用与注册会计师进行的讨论或书面沟通；

(5) 与管理层存在意见分歧的重大事项，但因事实不完整或初步信息造成并在随后通过进一步获取相关事实或信息得以解决的初始意见分歧除外。

影响审计报告形式和内容的情形（参见本准则第十七条第（四）项）

23.《中国注册会计师审计准则第 1111 号——就审计业务约定条款达成一致意见》要求注册会计师就审计业务约定条款与管理层或治理层（如适用）达成一致意见。达成一致意见的审计业务约定条款应记录于审计业务约定书或其他适当形式的书面协议中，并提及审计报告的预期形式和内容等事项。正如本指南第 9 段所述，如果商谈业务约定条款的对象并非治理层，注册会计师可以向其提供一份业务约定书的副本，以沟通与审计工作相关的事项。本准则第十七条第（四）项要求的沟通旨在告知治理层审计报告可能不同于预期的形式和内容，或可能包含与执行的审计工作相关的进一步信息的情形。

24. 按照相关审计准则的规定，注册会计师应当或可能认为有必要在审计报告中包含更多信息并应当就此与治理层沟通的情形包括：

(1) 根据《中国注册会计师审计准则第 1502 号——在审计报告中发表非无保留意见》的规定，注册会计师预期在审计报告中发表非无保留意见；

(2) 根据《中国注册会计师审计准则第 1324 号——持续经营》的规定，报告与持续经营相关的重大不确定性；

(3) 根据《中国注册会计师审计准则第 1504 号——在审计报告中沟通关键审计事项》的规定，沟通关键审计事项；

(4) 根据《中国注册会计师审计准则第 1503 号——在审计报告中增加强调事项段和其他事项段》（或其他审计准则）的规定，注册会计师认为有必要（或应当）增加强调事项段或其他事项段；

(5) 根据《中国注册会计师审计准则第 1521 号——注册会计师对其他信息的责任》的规定，注册会计师认为其他信息存在未更正的重大错报。

在这些情形下，注册会计师可能认为有必要向治理层提供审计报告的草稿，以便于讨论如何在审计报告中处理这些事项。

与财务报告过程有关的其他重大事项（参见本准则第十七条第（五）项）

25.《中国注册会计师审计准则第 1201 号——计划审计工作》指出，由于未预期事项的存在、条件的变化或通过实施审计程序获取的审计证据等原因，注册会计师可能需要基于修正后的风险评估结果，对总体审计策略、具体审计计划以及原来计划的进一步审计程序的性质、时间安排和范围作出修改。注册会计师可以就此类事项与治理层进行沟通，例如，作为对审计工作的计划范围及时间安排所作的初步讨论的更新。

26. 审计中出现的、与治理层履行对财务报告过程的监督职责直接相关的其他重大事项，可能包括其他信息中已更正的重大错报等。

27. 除本准则第十七条第（一）至（四）项及相关应用指南规定的事项之外，根据《中国注册会计师审计准则第1121号——对财务报表审计实施的质量控制》的规定，注册会计师可能和项目质量控制复核人员讨论过其他事项，项目质量控制复核人员也可能考虑过其他事项。对于这些事项，注册会计师可以考虑与治理层进行沟通。

（四）注册会计师的独立性（参见本准则第十八条）

28. 注册会计师需要遵守与财务报表审计相关的职业道德要求，包括对独立性的要求。

29. 拟沟通的关系和其他事项以及防范措施因业务具体情况的不同而不同，但是通常包括：

（1）对独立性的不利影响，包括因自身利益、自我评价、过度推介、密切关系和外在压力产生的不利影响；

（2）法律法规和职业规范规定的防范措施、被审计单位采取的防范措施，以及会计师事务所内部自身的防范措施。

30. 相关职业道德要求或法律法规也可能规定，注册会计师在识别出违反独立性要求的情形时与治理层进行特定沟通。例如，《中国注册会计师职业道德守则》要求注册会计师就任何违反独立性要求的情形及会计师事务所已采取或拟采取的行动与治理层进行书面沟通。

31. 适用于上市实体的有关注册会计师独立性的沟通要求，可能对其他被审计单位也是适当的，包括涉及重大公众利益的实体，例如，由于实体拥有数量众多且分布广泛的利益相关者，以及考虑到业务的性质和范围。这些实体举例来说包括金融机构（如银行、保险公司和养老基金）以及慈善机构等。另一方面，可能存在与进行独立性沟通不相关的情形，例如，当治理层的全部成员已经通过其管理活动知悉了相关事实时。在被审计单位由业主进行管理，而注册会计师所在的会计师事务所和网络事务所除财务报表审计外与被审计单位几乎没有其他关联时，这种情形尤其可能出现。

（五）补充事项（参见本准则第四条）

32. 治理层对管理层的监督包括确保被审计单位设计、执行和维护恰当的内部控制。

33. 注册会计师可能注意到一些补充事项，虽然这些事项不一定与监督财务报告流程有关，但对治理层监督被审计单位的战略方向或与被审计单位受托责任相关的义务而言很可能是重要的。这些事项可能包括与治理结构或过程有关的重大问题、缺乏适当授权的高级管理层作出的重大决策或行动。

34. 在确定是否与治理层沟通补充事项时，注册会计师可能就其注意到的某类事项与适当层级的管理层进行讨论，除非在具体情形下不适合这么做。

35. 如果需要沟通补充事项，注册会计师使治理层注意下列事项可能是适当的：

（1）识别和沟通这类事项对审计目的（旨在对财务报表形成意见）而言，只是附带的；

（2）除对财务报表形成审计意见所需实施的审计程序外，没有专门针对这些事项实施其他程序；

（3）没有实施程序来确定是否还存在其他的同类事项。

三、沟通的过程

（一）确立沟通过程（参见本准则第十九条）

36. 清楚地沟通注册会计师的责任、计划的审计范围和时间安排以及期望沟通的大致内容，有助于为有效的双向沟通确立基础。

37. 讨论下列事项可能有助于实现有效的双向沟通：

（1）沟通的目的。如果目的明确，注册会计师和治理层就可以更好地就相关问题和在沟通过程中期望采取的行动取得相互了解；

（2）沟通拟采取的形式；

（3）由审计项目组和治理层中的哪些人员就特定事项进行沟通；

（4）注册会计师对沟通的期望，包括将进行双向沟通以及治理层将就其认为与审计工作相关的事项与注册会计师沟通。与审计工作相关的事项包括：可能对审计程序的性质、时间安排和范围产生重大影响的战略决策，对舞弊的怀疑或检查，对高级管理人员的诚信或胜任能力的疑虑；

（5）对注册会计师沟通的事项采取措施和进行反馈的过程；

（6）对治理层沟通的事项采取措施和进行反馈的过程。

38. 沟通过程随着具体情况的不同而不同，这些具体情况包括被审计单位的规模和治理结构、治理层如何开展工作，以及注册会计师对拟沟通事项的重要性的看法。难以建立有效的双向沟通可能意味着注册会计师与治理层之间的沟通不足以实现审计目的。(参见本指南第51段)

对小型被审计单位的特殊考虑

39. 相对于上市实体或大型被审计单位,在小型被审计单位审计中,注册会计师可以以不太正式的方式来与治理层沟通。

与管理层的沟通

40. 许多事项可以在正常的审计过程中与管理层讨论,包括本准则要求与治理层沟通的事项。这种讨论有助于确认管理层对被审计单位经营活动的执行以及(特别是)对财务报表的编制承担的责任。

41. 在与治理层沟通某些事项前,注册会计师可能就这些事项与管理层讨论,除非这种做法并不适当。例如,与管理层就其胜任能力或诚信方面的问题进行讨论可能是不适当的。除确认管理层的执行责任外,这些初步的讨论还可以澄清事实和问题,并使管理层有机会提供进一步的信息和解释。如果被审计单位设有内部审计,注册会计师可以在与治理层沟通前与内部审计人员讨论相关事项。

与第三方的沟通

42. 治理层可能根据法律法规的要求,或希望向第三方(如银行或特定监管机构)提供注册会计师书面沟通文件的副本。在某些情况下,向第三方披露书面沟通文件可能是违法或不适当的。在向第三方提供为治理层编制的书面沟通文件时,在书面沟通文件中声明以下内容,告知第三方这些书面沟通文件不是为他们编制,可能是非常重要的:

(1)书面沟通文件仅为治理层的使用而编制,在适当的情况下也可供集团管理层和集团注册会计师使用,但不应被第三方依赖;

(2)注册会计师对第三方不承担责任;

(3)书面沟通文件向第三方披露或分发的任何限制。

43. 法律法规可能要求注册会计师:

(1)向监管机构或执法机构报告与治理层沟通的特定事项。例如,如果管理层和治理层没有采取纠正措施,注册会计师有义务向监管机构或执法机构报告错报;

(2)将为治理层编制的特定报告的副本提交给相关监管机构、出资机构或其他机构,例如对某些公共部门实体,需要提交给某些主管部门;

(3)向公众公开为治理层编制的报告。

44. 除非法律法规要求向第三方提供注册会计师与治理层的书面沟通文件的副本,否则注册会计师在向第三方提供前可能需要事先征得治理层同意。

（二）沟通的形式（参见本准则第二十条）

45. 有效的沟通可能包括结构化的陈述、书面报告以及不太正式的沟通（包括讨论）。除本准则第二十条和第二十一条规定的事项外，对于其他事项，注册会计师可以采取口头或书面的方式沟通。书面沟通可能包括向治理层提供审计业务约定书。

46. 除特定事项的重要程度外，沟通的形式（口头沟通或书面沟通，沟通内容的详略程度，以正式或非正式的方式沟通）可能还受下列因素的影响：

（1）对该事项的讨论是否将包含在审计报告中。例如，在审计报告中沟通关键审计事项时，注册会计师可能认为有必要就确定为关键审计事项的事项进行书面沟通；

（2）特定事项是否已经得到满意的解决；

（3）管理层是否已事先就该事项进行沟通；

（4）被审计单位的规模、经营结构、控制环境和法律结构；

（5）在特殊目的财务报表审计中，注册会计师是否还审计被审计单位的通用目的财务报表；

（6）法律法规要求。在某些国家或地区，法律法规规定了与治理层书面沟通文件的形式；

（7）治理层的期望，包括与注册会计师定期会谈或沟通的安排；

（8）注册会计师与治理层持续接触和对话的次数；

（9）治理机构的成员是否发生了重大变化。

47. 如果已就某重大事项与治理层的个别成员（如审计委员会主席）讨论，注册会计师可能有必要在随后的沟通中概述该事项，以便治理层的所有成员获取完整和对称的信息。

（三）沟通的时间安排（参见本准则第二十二条）

48. 审计过程中的及时沟通有助于注册会计师与治理层进行充分的双向对话。然而，适当的沟通时间安排因业务环境的不同而不同。相关的环境包括事项的重要程度和性质，以及期望治理层采取的行动。例如：

（1）对于计划事项的沟通，通常在审计业务的早期阶段进行，如系首次接受委托，沟通可以随同就审计业务条款达成一致意见一并进行；

（2）对于审计中遇到的重大困难，如果治理层能够协助注册会计师克服这些困难，或者这些困难可能导致发表非无保留意见，可能需要尽快沟通。如果识别出值得关注的内部控制缺陷，注册会计师可能在根据《中国注册会计师审计准则第 1152 号——向治理层和管理层通报内部控制缺陷》及其应用指南的要求进行书面沟通前，尽快向治理层口头沟通。

（3）当《中国注册会计师审计准则第 1504 号——在审计报告中沟通关键审计事项》适用时，注册会计师可以在讨论审计工作的计划范围及时间安排时沟通对关键审计事项的初步看法，注册会计师在沟通重大审计发现时也可以与治理层进行更加频繁的沟通，以进一步讨论此类事项。

（4）无论何时（如承接一项非审计服务时和在进行总结性讨论时）就对独立性的不利影响和相关防范措施作出了重要判断，就独立性进行沟通都可能是适当的。

（5）沟通审计中发现的问题，包括注册会计师对被审计单位会计实务质量的看法，也可能作为总结性讨论的一部分。

（6）当同时审计通用目的和特殊目的财务报表时，注册会计师协调沟通的时间安排可能是适当的。

49. 可能与沟通的时间安排相关的其他因素包括：

（1）被审计单位的规模、经营结构、控制环境和法律结构；

（2）在规定的时限内沟通特定事项的法定义务；

（3）治理层的期望，包括与注册会计师定期会谈或沟通的安排；

（4）注册会计师识别出特定事项的时间。例如，注册会计师可能未能在可以采取预防措施的时间内识别出某一特定事项（如违反某项法律法规），但是沟通该事项可能有助于采取补救措施。

（四）沟通过程的充分性（参见本准则第二十三条）

50. 注册会计师不需要设计专门程序以支持其对与治理层之间的双向沟通的评价，这种评价可以建立在为其他目的而实施的审计程序所获取的审计证据的基础上。这些审计证据可能包括：

（1）针对注册会计师提出的沟通事项，治理层采取的措施的适当性和及时性。如果前期沟通中提出的重大事项没有得到有效解决，注册会计师可能需要询问没有采取适当措施的原因，并考虑再次提出该事项。这样能避免治理层形成错误印象，误认为注册会计师因觉得该事项已经充分解决或不再重要而感到满意；

（2）治理层在与注册会计师沟通的过程中表现出来的坦率程度；

（3）治理层在没有管理层在场的情况下与注册会计师会谈的意愿和能力；

（4）治理层表现出来的对注册会计师所提出的事项的全面理解能力。例如，治理层在多大程度上对相关问题展开调查以及质疑向其提出的

建议;

(5) 就拟沟通的形式、时间安排和期望的大致内容与治理层达成相互理解的难度;

(6) 当治理层全部或部分成员参与管理被审计单位时,他们所表现出的对与注册会计师讨论的事项如何影响其治理责任和管理责任的了解;

(7) 注册会计师与治理层之间的双向沟通是否符合法律法规的规定。

51. 如本准则第五条所述,有效的双向沟通对于注册会计师和治理层都有帮助。《中国注册会计师审计准则第 1211 号——通过了解被审计单位及其环境识别和评估重大错报风险》指出,治理层的参与(包括他们与内部审计人员(如有)和注册会计师的互动)是被审计单位控制环境的一个要素。不充分的双向沟通可能意味着令人不满意的控制环境,影响注册会计师对重大错报风险的评估。同时存在一种风险,即注册会计师可能不能获取充分、适当的审计证据以形成对财务报表的审计意见。

52. 如果注册会计师与治理层之间的双向沟通不充分,并且这种情况得不到解决,注册会计师可以采取下列措施:

(1) 根据范围受到的限制发表非无保留意见;

(2) 就采取不同措施的后果征询法律意见;

(3) 与第三方(如监管机构)、被审计单位外部的在治理结构中拥有更高权力的组织或人员(如企业的业主,股东大会中的股东)或对公共部门负责的政府部门进行沟通;

(4) 在法律法规允许的情况下解除业务约定。

四、审计工作底稿(参见本准则第二十四条)

53. 如果被审计单位编制的会议纪要是沟通的适当记录,注册会计师可以将其副本作为对口头沟通的记录,并作为审计工作底稿的一部分。

附录:(参见本准则第十七条第(一)项和本指南第 19 段、第 20 段)

会计实务的质量

本准则第十七条第(一)项要求的和本指南第 19 段至第 20 段讨论的沟通可能包括下列事项:

一、会计政策

1. 在考虑是否有必要对提供信息的成本与可能给财务报表使用者带来的效益之间进行平衡后，会计政策对于被审计单位具体情况的适当性。如果存在可接受的备选会计政策，沟通可能包括确定受重要会计政策选择影响的财务报表项目，以及与被审计单位相类似的单位所采用会计政策的信息。

2. 重要会计政策的初始选择和变更，包括对新会计准则的应用。沟通可能包括：会计政策变更的时间安排和方法对被审计单位当前和未来盈余的影响；与预期发布新会计准则相关的会计政策变更的时间安排。

3. 有争议的或新兴领域的（或在行业内具有独特性，尤其是缺乏权威的指南或共识时）重要会计政策的影响。

4. 与记录交易的期间相关的交易时间安排的影响。

二、会计估计

对于涉及重要估计的项目，《中国注册会计师审计准则第1321号——审计会计估计（包括公允价值会计估计）和相关披露》及其应用指南讨论的问题包括：

1. 管理层如何识别可能需要在财务报表中确认或披露会计估计的交易、事项及情况；

2. 可能需要作出新的会计估计或修正现有会计估计的情形变化；

3. 管理层关于在财务报表中确认或不确认会计估计的决策是否符合适用的财务报告编制基础；

4. 前期作出会计估计的方法在本期是否有或应该有变化，如果是，变化的原因及前期会计估计的结果；

5. 管理层作出会计估计的过程（例如，在管理层使用模型的情况下），包括选择的会计估计计量基础是否符合适用的财务报告编制基础；

6. 管理层作出会计估计时使用的重大假设是否合理；

7. 如果与管理层使用的重大假设的合理性或对适用的财务报告编制基础的适当运用相关，管理层执行特定行动的意图及能力；

8. 重大错报风险；

9. 可能表明存在管理层偏向的迹象；

10. 管理层如何考虑替代假设或结果以及未选择的原因，或管理层如何处理作出会计估计过程中的估计不确定性；

11. 财务报表中对估计不确定性进行披露的充分性。

三、财务报表披露

1. 在形成特别敏感的财务报表披露（如与收入确认、薪酬、持续经营、期后事项和或有事项有关的披露）时涉及的问题和作出的相关判断；
2. 财务报表披露的总体中立性、一贯性和明晰性。

四、相关事项

1. 财务报表中披露的特别风险、风险敞口和不确定性（如未决诉讼）对财务报表的潜在影响；
2. 财务报表受到超出被审计单位正常经营过程或者在其他方面显得异常的重大交易影响的程度。沟通该事项可能强调：
（1）该期间确认的不经常发生的金额；
（2）这些交易在财务报表中单独披露的程度；
（3）此类交易看起来是否用于实现特定的会计或税务处理，或特定的法律或监管目标；
（4）此类交易的形式看起来是否过于复杂，或针对交易的结构已进行了广泛的咨询；
（5）管理层是否更强调需要采取特定会计处理，而非交易背后的经济实质。
3. 影响资产和负债账面价值的因素，包括被审计单位确定有形资产和无形资产使用年限的依据。这方面的沟通可以解释如何选择影响账面价值的因素，以及备选的其他选项如何对财务报表产生影响；
4. 对错报的选择性更正，例如，如果更正某一错报将增加盈利，则对该错报予以更正，反之如果更正某一错报将减少盈利，则对该错报不予更正。

《中国注册会计师审计准则第 1251 号——评价审计过程中识别出的错报》应用指南

（2017 年 2 月 28 日修订）

一、错报的定义（参见本准则第三条）

1. 错报可能由下列事项导致：
（1）收集或处理用以编制财务报表的数据时出现错误；

（2）遗漏某项金额或披露；

（3）由于疏忽或明显误解有关事实导致作出不正确的会计估计；

（4）注册会计师认为管理层对会计估计作出不合理的判断或对会计政策作出不恰当的选择和运用。

《〈中国注册会计师审计准则第1141号——财务报表审计中与舞弊相关的责任〉应用指南》列举了由于舞弊导致的错报的例子。

二、累积识别出的错报（参见本准则第六条）

2. 注册会计师可能将低于某一金额的错报界定为明显微小的错报，对这类错报不需要累积，因为注册会计师认为这些错报的汇总数明显不会对财务报表产生重大影响。"明显微小"不等同于"不重大"。明显微小错报的金额的数量级，与按照《中国注册会计师审计准则第1221号——计划和执行审计工作时的重要性》确定的重要性的数量级相比，是完全不同的（明显微小错报的数量级更小）。这些明显微小的错报，无论单独或者汇总起来，无论从规模、性质或其发生的环境来看都是明显微不足道的。如果不确定一个或多个错报是否明显微小，就不能认为这些错报是明显微小的。

3. 为了帮助注册会计师评价审计过程中累积的错报的影响以及与管理层和治理层沟通错报事项，将错报区分为事实错报、判断错报和推断错报可能是有用的。事实错报是毋庸置疑的错报；判断错报是由于注册会计师认为管理层对会计估计作出不合理的判断或不恰当地选择和运用会计政策而导致的差异；推断错报是注册会计师对总体存在的错报作出的最佳估计数，涉及根据在审计样本中识别出的错报来推断总体的错报。《中国注册会计师审计准则第1314号——审计抽样》规定了如何确定推断错报和评价样本结果。

三、对审计过程中识别出的错报的考虑（参见本准则第七条和第八条）

4. 错报可能不会孤立发生，一项错报的发生还可能表明存在其他错报。例如，注册会计师识别出由于内部控制失效而导致的错报，或被审计单位广泛运用不恰当的假设或评估方法而导致的错报，均可能表明还存在其他错报。

5. 抽样风险和非抽样风险可能导致某些错报未被发现。审计过程中累积错报的汇总数接近按照《中国注册会计师审计准则第1221号——计划和执行审计工作时的重要性》的规定确定的重要性，则表明存在比可接受的低风险水平更大的风险,即可能未被发现的错报连同审计过程中累积错报的汇总数,可能超过重要性。

6. 注册会计师可能要求管理层检查某类交易、账户余额或披露,以使管理层了解注册会计师识别出的错报的发生原因,并要求管理层采取措施以确定这些交易、账户余额或披露实际发生错报的金额,以及对财务报表作出适当的调整。例如,在从审计样本中识别出的错报推断总体错报时,注册会计师可能提出这些要求。

四、错报的沟通和更正(参见本准则第九条和第十条)

7. 及时与适当层级的管理层沟通错报事项是重要的,因为这能使管理层评价这些事项是否为错报,并采取必要行动,如有异议则告知注册会计师。适当层级的管理层通常是指有责任和权限对错报进行评价并采取必要行动的人员。

8. 法律法规可能限制注册会计师向管理层或被审计单位内部的其他人员通报某些错报。例如,法律法规可能专门规定禁止通报某事项或采取其他行动,这些通报或行动可能不利于有关权力机构对实际存在的或怀疑存在的违法行为展开调查。在某些情况下,注册会计师的保密义务与通报义务之间存在的潜在冲突可能很复杂。此时,注册会计师可以考虑征询法律意见。

9. 管理层更正所有错报(包括注册会计师通报的错报),能够保持会计账簿和记录的准确性,降低由于与本期相关的、非重大的且尚未更正的错报的累积影响而导致未来期间财务报表出现重大错报的风险。

10. 《中国注册会计师审计准则第 1501 号——对财务报表形成审计意见和出具审计报告》要求注册会计师评价财务报表是否在所有重大方面按照适用的财务报告编制基础编制。这项评价包括考虑被审计单位会计实务的质量(包括表明管理层的判断可能出现偏向的迹象)。注册会计师对管理层不更正错报的理由的理解,可能影响其对被审计单位会计实务质量的考虑。

五、评价未更正错报的影响(参见本准则第十一条和第十二条)

11. 注册会计师在按照《中国注册会计师审计准则第 1221 号——计划和执行审计工作时的重要性》的规定确定重要性时,通常依据对被审计单位财务结果的估计,因为此时可能尚不知道实际的财务结果。因此,在评价未更正错报的影响之前,注册会计师可能有必要依据实际的财务结果对重要性作出修改。

12. 按照《中国注册会计师审计准则第 1221 号——计划和执行审计工作时的重要性》的规定，如果在审计过程中获知了某项信息，而该信息可能导致注册会计师确定与原来不同的财务报表整体重要性或者特定类别交易、账户余额或披露的一个或多个重要性水平（如适用），注册会计师应当予以修改。因此，在注册会计师评价未更正错报的影响之前，可能已经对重要性或重要性水平（如适用）作出重大修改。但是，如果注册会计师对重要性或重要性水平（如适用）进行的重新评价导致需要确定较低的金额，则应重新考虑实际执行的重要性和进一步审计程序的性质、时间安排和范围的适当性，以获取充分、适当的审计证据，作为发表审计意见的基础。

13. 注册会计师需要考虑每一单项错报，以评价其对相关类别的交易、账户余额或披露的影响，包括评价该项错报是否超过特定类别的交易、账户余额或披露的重要性水平（如适用）。

14. 如果注册会计师认为某一单项错报是重大的，则该项错报不太可能被其他错报抵销。例如，如果收入存在重大高估，即使这项错报对收益的影响完全可被相同金额的费用高估所抵销，注册会计师仍认为财务报表整体存在重大错报。对于同一账户余额或同一类别的交易内部的错报，这种抵销可能是适当的。然而，在得出抵销错报（即使是非重大错报）是适当的这一结论之前，需要考虑可能存在其他未被发现的错报的风险。

15. 确定一项分类错报是否重大，需要进行定性评估。例如，分类错报对负债或其他合同条款的影响，对单个财务报表项目或小计数的影响，以及对关键比率的影响。即使分类错报超过了在评价其他错报时运用的重要性水平，注册会计师可能仍然认为该分类错报对财务报表整体不产生重大影响。例如，如果资产负债表项目之间的分类错报金额相对于所影响的资产负债表项目金额较小，并且对利润表或所有关键比率不产生影响，注册会计师可以认为这种分类错报对财务报表整体不产生重大影响。

16. 即使某些错报低于财务报表整体的重要性，但因与这些错报相关的某些情况，在将其单独或连同在审计过程中累积的其他错报一并考虑时，注册会计师也可能将这些错报评价为重大错报。可能影响评价的情况包括：

（1）错报对遵守监管要求的影响程度；

（2）错报对遵守债务合同或其他合同条款的影响程度；

（3）错报与会计政策的不正确选择或运用相关，这些会计政策的不正

确选择或运用对当期财务报表不产生重大影响,但可能对未来期间财务报表产生重大影响;

(4) 错报掩盖收益的变化或其他趋势的程度(尤其是在结合宏观经济背景和行业状况进行考虑时);

(5) 错报对用于评价被审计单位财务状况、经营成果或现金流量的有关比率的影响程度;

(6) 错报对财务报表中列报的分部信息的影响程度。例如,错报事项对某一分部或对被审计单位的经营或盈利能力有重大影响的其他组成部分的重要程度;

(7) 错报对增加管理层薪酬的影响程度。例如,管理层通过达到有关奖金或其他激励政策规定的要求以增加薪酬;

(8) 相对于注册会计师所了解的以前向财务报表使用者传达的信息(如盈利预测),错报是重大的;

(9) 错报对涉及特定机构或人员的项目的相关程度。例如,与被审计单位发生交易的外部机构或人员是否与管理层成员有关联关系;

(10) 错报涉及对某些信息的遗漏,尽管适用的财务报告编制基础未对这些信息作出明确规定,但是注册会计师根据职业判断认为这些信息对财务报表使用者了解被审计单位的财务状况、经营成果或现金流量是重要的;

(11) 错报对将在被审计单位年度报告中包含的其他信息的影响程度,这些其他信息被合理预期可能影响财务报表使用者作出的经济决策。《中国注册会计师审计准则第 1521 号——注册会计师对其他信息的责任》规范了注册会计师对其他信息的责任。

需要指出的是,这些因素只是举例,不可能涵盖所有情况,也并非所有审计都会出现上述全部因素,仅供注册会计师参考。注册会计师不能以存在这些因素为由而必然认为错报是重大的。

17.《中国注册会计师审计准则第 1141 号——财务报表审计中与舞弊相关的责任》说明了如何考虑由于或可能由于舞弊导致的错报对审计的其他方面的影响,即使错报金额相对财务报表而言并不重大。

18. 与以前期间相关的非重大未更正错报的累积影响,可能对本期财务报表产生重大影响。有多种可接受的方法供注册会计师评价这些未更正错报对本期财务报表的影响。在不同期间使用相同的评价方法可以保持一致性。

(一)对公共部门实体的特殊考虑

19. 就公共部门实体审计而言,评价一项错报是否重大,可能还受到法律法规或其他监管要求规定的注册会计师对特定事项（如舞弊）履行报告责任的影响。

20. 评估某事项在性质上是否重大，可能受到公众利益、受托责任、管理层的正直诚实和确保有效的立法监督等方面的影响。涉及遵守法律法规和其他监管要求的事项更是如此。

（二）与治理层的沟通（参见本准则第十三条）

21. 如果注册会计师就未更正错报已与负有管理责任的人员沟通，且这些人员同时负有治理责任，注册会计师无需就这些事项再次与负有治理责任的相同人员沟通。然而，注册会计师需要确信与负有管理责任人员的沟通能够向所有负有治理责任的人员充分传递应予沟通的内容。

22. 如果存在大量单项不重大的未更正错报，注册会计师可能就未更正错报的笔数和总金额的影响进行沟通，而不是逐笔沟通单项未更正错报的细节。

23. 《中国注册会计师审计准则第1151号——与治理层的沟通》要求注册会计师就其要求管理层和治理层（如适用）提供的书面声明与治理层进行沟通（参见本准则第十五条）。

注册会计师在考虑根据相关情况判断出的错报金额、性质及可能对未来期间财务报表产生的影响后，可能需要与治理层讨论错报未得到更正的原因及其影响。

六、书面声明（参见本准则第十五条）

24. 由于编制财务报表要求管理层和治理层（如适用）调整财务报表以更正重大错报，注册会计师需要要求其提供有关未更正错报的书面声明。在某些情况下，管理层和治理层（如适用）可能并不认为注册会计师提出的某些未更正的错报是错报。基于这一原因，他们可能在书面声明中增加以下表述："因为［描述理由］，我们不同意……事项和……事项构成错报。"然而，即使获取了这一声明，注册会计师仍需要对未更正错报的影响形成结论。

七、审计工作底稿（参见本准则第十六条）

25. 注册会计师在记录未更正错报时，需要考虑下列事项：
（1）未更正错报的汇总影响；
（2）对是否超过特定类别的交易、账户余额或披露的重要性水平作出的评价；

（3）就未更正错报对关键比率或趋势以及遵守法律法规、监管要求与合同要求（如债务合同）的影响作出的评价。

《中国注册会计师审计准则第1321号——审计会计估计（包括公允价值会计估计）和相关披露》应用指南

（2017年2月28日修订）

一、会计估计的性质（参见本准则第三条）

1. 由于经营活动具有内在不确定性，某些财务报表项目只能进行估计。进一步讲，某项资产、负债或权益组成部分的具体特征或财务报告编制基础规定的计量基础或方法，可能导致有必要对某一财务报表项目作出估计。某些财务报告编制基础规定了计量的具体方法和需要在财务报表中作出的披露，但其他一些财务报告编制基础则规定较少。本指南附录讨论了不同财务报告编制基础下公允价值的计量和披露。

2. 某些会计估计涉及相对较低的估计不确定性，并可能导致较低的重大错报风险。例如：

（1）从事不复杂的经营活动的实体作出的会计估计；

（2）因与常规交易相关而经常作出并更新的会计估计；

（3）从较易获得的数据（如公布的利率或证券交易价格）中得出的会计估计。这些数据在公允价值会计估计中可能被称为"可观察到的"；

（4）在适用的财务报告编制基础规定的公允价值计量方法简单且容易使用的情况下，对需要以公允价值计量的资产或负债作出的公允价值会计估计；

（5）在模型的假设或输入数据是可观察到的情况下，采用广为人知或被普遍认可的计量模型作出的公允价值会计估计。

3. 然而，某些会计估计可能存在相对较高的估计不确定性，尤其是当这些会计估计以重大假设为基础时。例如：

（1）与诉讼结果相关的会计估计；

（2）非公开交易的衍生金融工具的公允价值会计估计；

（3）采用高度专业化的、由被审计单位自主开发的模型，或采用难以在市场上观察到的假设或输入数据作出的公允价值会计估计。

4. 估计不确定性的程度取决于下列三个因素：

（1）会计估计的性质；

（2）作出会计估计所使用的方法或模型被普遍认可的程度；

（3）作出会计估计所使用的假设的主观程度。

在某些情况下，与某项会计估计相关的估计不确定性可能太大，以致无法满足适用的财务报告编制基础规定的确认标准，因而难以作出会计估计。

5. 并非所有需要以公允价值计量的财务报表项目都涉及估计不确定性。例如，对于存在活跃和公开市场且能轻易获得交易发生时点价格的可靠信息的某些财务报表项目，公开的市场报价通常是确定公允价值的最佳审计证据。但是，即使能够明确地规定估值方法和数据，估计不确定性仍然存在。例如，如果持有量相对于市场存量重大或在交易方面存在限制，在以市场价格对具有活跃市场报价的证券估值时，可能需要作出调整。此外，当时的总体经济情况（如在特定市场缺乏流动性）也可能影响估计不确定性。

6. 除公允价值会计估计外，其他可能需要作出会计估计的例子有：

（1）坏账准备；

（2）存货跌价准备（如存货过时）；

（3）产品质量保证义务；

（4）折旧方法或资产预计使用寿命；

（5）如果投资的可收回性存在不确定性，对其账面价值计提的减值准备；

（6）长期合约的结果；

（7）由于了结诉讼或判决产生的成本。

7. 其他可能需要作出公允价值会计估计的情形举例如下：

（1）不存在活跃和公开市场的复杂金融工具；

（2）股份支付；

（3）待处置房屋建筑物或机器设备；

（4）企业合并中获取的某些资产或负债，包括商誉和无形资产；

（5）独立的当事人之间进行的非货币性资产（或负债）交换，如不同业务生产线设备之间的非货币性交换。

8. 估计需要基于编制财务报表时可获得的信息作出判断。对于许多会计估计，这些判断需要对作出估计时不确定的事项作出假设。注册会计师没有责任预测那些一旦在审计时知悉，就可能对管理层的行为或假设产生重大影响的未来情况、交易或事项。

（一）管理层偏向

9. 财务报告编制基础通常要求财务信息具有中立性，即不受偏向的影响。但是，会计估计并不精确，受到管理层判断的影响。这种判断可能涉及有意（如实现某一特定结果的动机）或无意的管理层偏向。会计估计对管理层偏向的敏感性随着管理层作出估计的主观性的增加而增加。无意的管理层偏向，以及有意的管理层偏向的可能性，是对会计估计作出主观决策时所固有的。对于连续审计，以前审计中识别出的可能存在管理层偏向的迹象，会对注册会计师本期计划审计工作、风险识别和评估活动产生影响。

10. 管理层偏向难以在账户层面发现。注册会计师可能只有在对不同类型或所有会计估计的汇总数加以考虑时，或者对连续几个期间进行观察时，才能识别出管理层偏向。即使某些形式的管理层偏向为主观决策所固有，在作出这些决策时，管理层可能无意误导财务报表使用者。但是，当存在有意误导时，管理层偏向具有欺诈性质。

（二）对公共部门实体的特殊考虑

11. 公共部门实体可能持有大量专用资产。这些资产不存在可轻易获得和可靠的信息来源，以按照公允价值或其他现值基础或者将两者结合起来对其进行计量。这些资产通常不产生现金流量，也不具有活跃市场。因此，对其按照公允价值进行计量通常需要估计，且可能很复杂，在极少情况下可能根本不可行。

二、风险评估程序和相关活动（参见本准则第十三条）

12. 本准则第十三条要求的风险评估程序和相关活动有助于注册会计师预期被审计单位作出的会计估计的性质和类型。注册会计师首要考虑的问题是所了解的情况是否足以识别和评估与会计估计相关的重大错报风险，以及计划进一步审计程序的性质、时间安排和范围。

（一）了解适用的财务报告编制基础的要求（参见本准则第十三条第一款第（一）项）

13. 了解适用的财务报告编制基础的要求，有助于注册会计师确定该编制基础是否：

（1）规定了会计估计的确认条件或计量方法；

（2）明确了某些允许或要求采用公允价值计量的条件（如与管理层执行与某项资产或负债相关的特定措施的意图挂钩）；

(3) 明确了要求作出或允许作出的披露。

了解适用的财务报告编制基础的要求，也为注册会计师就下列方面与管理层进行讨论提供了基础：

(1) 管理层如何运用与会计估计相关的要求；

(2) 注册会计师对这些要求是否得到恰当运用的判断。

14. 当存在可供选择的点估计时，财务报告编制基础可能为管理层确定点估计提供指引。例如，某些财务报告编制基础要求所选择的点估计应当反映管理层对最可能出现的结果的判断；其他一些财务报告编制基础则要求使用预期概率加权折现价值。在某些情况下，管理层可能有能力直接作出点估计；在其他情况下，管理层只有在考虑了各个据以确定点估计的可供选择的假设或结果后，才可能作出可靠的点估计。

15. 当会计估计对重大假设特别敏感时，适用的财务报告编制基础可能要求披露这些重大假设。此外，当存在高度的估计不确定性时，一些适用的财务报告编制基础不允许在财务报表中确认会计估计，但要求在财务报表附注中作出某些披露。

(二) 了解管理层如何识别是否需要作出会计估计（参见本准则第十三条第一款第（二）项）

16. 编制财务报表要求管理层确定是否有必要对某项交易、事项和情况作出会计估计，以及确定是否已按照适用的财务报告编制基础确认、计量和披露所有必要的会计估计。

17. 管理层识别需要作出会计估计的交易、事项和情况，可能依据下列因素：

(1) 管理层对被审计单位经营情况和所在行业的了解；

(2) 管理层对当前期间实施经营战略情况的了解；

(3) 管理层在以前期间编制财务报表所积累的经验（如适用）。

在上述情况下，注册会计师主要通过询问管理层，就可以了解管理层如何识别需要作出会计估计的情形。在其他情况下，当管理层作出会计估计的流程更为结构化时（如管理层设有正式的风险管理职责），注册会计师可以针对管理层定期复核导致会计估计的情况及在必要时重新估计会计估计的方法及惯常做法实施风险评估程序。会计估计（特别是与负债相关的会计估计）的完整性，通常是注册会计师考虑的重要因素。

18. 注册会计师在实施风险评估程序时对被审计单位及其环境的了解，连同在审计过程中获取的其他审计证据，有助于注册会计师识别某些可能需要作出会计估计的情况（包括情况的变化）。

19. 注册会计师可以向管理层询问下列情况：

（1）被审计单位是否从事可能需要作出会计估计的新型交易；

（2）需要作出会计估计的交易的条款是否已改变；

（3）由于适用的财务报告编制基础的要求或其他规定的变化，与会计估计相关的会计政策是否已经相应变化；

（4）可能要求管理层修改或作出新会计估计的外部监管变化或其他不受管理层控制的变化是否已经发生；

（5）是否已经发生可能需要作出新估计或修改现有估计的新情况或事项。

20. 在审计过程中，注册会计师可能识别出一些管理层没有识别出但需要作出会计估计的交易、事项和情况。针对管理层未能识别出重大错报风险的情形，《中国注册会计师审计准则第1211号——通过了解被审计单位及其环境识别和评估重大错报风险》提供了处理方法，包括如何确定与被审计单位的风险评估过程相关的内部控制是否存在值得关注的内部控制缺陷。

对小型被审计单位的特殊考虑

21. 由于小型被审计单位的业务活动通常有限，且交易较为简单，了解管理层如何识别作出会计估计的必要性通常并不复杂。在小型被审计单位，通常由某一个人（如业主兼经理）确定是否有必要作出会计估计，因此，注册会计师可对其进行重点询问。

（三）了解管理层如何作出会计估计（参见本准则第十三条第一款第（三）项和第二款）

22. 编制财务报表也要求管理层建立针对会计估计的财务报告过程（包括适当的内部控制）。这些过程通常包括：

（1）选择适当的会计政策，并规定作出会计估计的流程，包括适当的估计或估值的方法或模型（如适用）；

（2）形成或识别影响会计估计的相关数据和假设；

（3）定期复核需要作出会计估计和在必要时重新作出会计估计的情形。

23. 在了解管理层如何作出会计估计时，注册会计师可能考虑的事项包括：

（1）与会计估计相关的账户或交易的类型（例如，会计估计是在对常规和重复发生的交易进行记录时作出的，还是在对异常或非重复发生的交易进行记录时作出的）；

（2）针对特定会计估计，管理层是否使用以及如何使用经认可的计量技术；

（3）会计估计是否以期中可获得的数据为基础，如是，管理层是否已考虑以及如何考虑期中时点至期末之间发生的事项、交易和变化后的情况产生的影响。

计量方法（包括使用的模型）（参见本准则第十三条第二款第（一）项）

24. 在某些情况下，适用的财务报告编制基础可能规定会计估计的计量方法，如计量公允价值会计估计的特定模型。但是，在许多情况下，适用的财务报告编制基础没有规定计量方法，或可能规定了多种可供选择的计量方法。

25. 当适用的财务报告编制基础没有规定具体环境下采用的特定计量方法时，注册会计师在了解管理层作出会计估计所采用的方法或模型（如适用）时可能考虑的事项包括：

（1）在选择特定方法时，管理层如何考虑需要作出估计的资产或负债的性质；

（2）被审计单位是否在某些业务领域、行业或环境中从事经营活动，而这些业务领域、行业或环境存在用于作出特定类型会计估计的通用方法。

26. 如果管理层作出会计估计时采用了内部开发的模型或偏离了某一特定行业或环境中所采用的通用方法，则可能存在更大的重大错报风险。

相关控制（参见本准则第十三条第二款第（二）项）

27. 在了解相关控制时，注册会计师可能考虑的事项包括作出会计估计的人员的经验与胜任能力，以及与下列情况相关的控制：

（1）管理层如何确定作出会计估计所使用的数据的完整性、相关性和准确性；

（2）由适当层级的管理层和治理层（如适用）对会计估计（包括使用的假设或输入数据）进行复核和批准；

（3）将批准交易的人员和负责作出会计估计的人员进行职责分离，包括职责分配是否恰当地考虑了被审计单位的性质以及产品或服务的性质（例如，对于大型金融机构，相关职责分离可能包括设置负责对自有金融产品的公允价值作出估计和验证的独立部门，且该部门职员的薪酬不与这些产品挂钩）。

28. 其他与作出会计估计相关的控制取决于具体情况。例如，如果被审计单位使用特定模型作出会计估计，管理层可能针对该模型建立专门的政策和程序。相关控制可能包括对下列事项的控制：

（1）为特定目的而设计和开发或选择特定模型；

（2）该模型的使用；

（3）该模型可靠性的维护和定期验证。

管理层利用专家的工作（参见本准则第十三条第二款第（三）项）

29. 管理层可能拥有作出点估计必要的经验和胜任能力，或者被审计单位可能雇用那些具备作出点估计必要的经验和胜任能力的人员。在某些情况下，管理层可能需要聘请专家作出或者帮助其作出会计估计。这些情况可能包括：

（1）需要作出会计估计的事项（如在采掘行业对矿产或油气储量的测量）具有特殊性质；

（2）满足适用的财务报告编制基础相关要求的模型（如对某些公允价值计量采用的模型）具有一定的技术含量；

（3）需要作出会计估计的情况、交易或事项具有异常性或偶发性。

对小型被审计单位的特殊考虑

30. 在小型被审计单位，业主兼经理通常有能力作出所要求的点估计。然而在某些情况下，利用专家的工作也是必要的。注册会计师在审计前期阶段与业主兼经理就下列事项进行讨论，可能有助于业主兼经理确定是否需要利用专家的工作：

（1）会计估计的性质；

（2）会计估计的完整性；

（3）会计估计流程的适当性。

假设（参见本准则第十三条第二款第（四）项）

31. 假设是会计估计不可或缺的组成部分。在了解构成会计估计基础的假设时，注册会计师可能考虑的事项包括：

（1）假设（包括重大假设）的性质；

（2）管理层如何评价假设是否相关和完整（即考虑了所有相关变量）；

（3）管理层如何确定所采用假设的内在一致性（如适用）；

（4）假设是否与管理层所能控制的事项相关（如对可能影响资产使用年限的维修计划的假设），以及这些假设是否与被审计单位的经营计划和外部环境相符，或者假设与管理层控制之外的事项相关（如对利率、死亡率、潜在的司法或监管行为或未来现金流量的变动和时间安排的假设）；

（5）支持假设的文件记录（如存在）的性质和范围。

假设可能由专家作出或识别，以有助于管理层作出会计估计。当管理层采用这些假设时，就成为管理层的假设。

32. 尽管输入数据通常是指基础数据，但在某些情况下也指假设（如管理层采用模型作出会计估计时）。

33. 管理层可能使用来源于内部和外部不同类型的信息来支持假设，这些信息的相关性和可靠性各不相同。在某些情况下，假设可能可靠地建立在来源于外部（如公布的利率或其他统计数据）或内部（如历史信息或被审计单位以前经历过的情况）适用的信息的基础上。在其他情况下，假设可能更具有主观性，如被审计单位缺乏经验或没有获取信息的外部来源。

34. 对于公允价值会计估计，假设反映熟悉情况且自愿的公平交易参与方（有时称为市场参与方或类似称谓）在交换资产或清偿债务时用以确定公允价值可能使用的信息，或者假设与熟悉情况且自愿的公平交易参与方使用的信息一致。特定假设也可能因被估值资产或负债的特征、估值方法（如市场法或收益法）和适用的财务报告编制基础的要求的不同而不同。

35. 对于公允价值会计估计，假设或输入数据因其来源和基础的不同而不同。例如：

（1）依据从独立于报告主体以外的渠道获得的市场数据（有时称为"可观察到的输入数据"或类似称谓）得出的假设或输入数据，反映了市场参与方在确定资产或负债价格时使用的信息；

（2）依据具体情况下可获得的最佳信息（有时称为"不可观察到的输入数据"或类似称谓）得出的假设或输入数据，反映了被审计单位自身对市场参与方在确定资产或负债价格时使用何种假设作出的判断。

在实务中，（1）和（2）之间的差别并不总是明显的，管理层可能有必要从不同市场参与方使用的假设中作出选择。

36. 假设或输入数据的主观程度（如是否可观察到）影响估计不确定性的程度，并由此影响注册会计师对会计估计的重大错报风险的评估。

用以作出会计估计的方法是否已经发生变化（参见本准则第十三条第二款第（五）项）

37. 在评价管理层如何作出会计估计时，注册会计师需要了解用以作出会计估计的方法与前期相比是否已经发生变化或应当发生变化。当影响被审计单位的环境或情况或者适用的财务报告编制基础的要求发生变化时，需要改变估计方法加以应对。如果管理层改变了用于作出会计估计的方法，则注册会计师需要确定管理层能够证明新方法更加恰当，或者新方法本身就是对变化的应对。例如，如果管理层将作出会计估计的依据从盯市法转为模型法，注册会计师需要根据经济环境质疑管理层关于市场的假设是否合理。

估计不确定性（参见本准则第十三条第二款第（六）项）

38. 在了解管理层是否以及如何评估估计不确定性的影响时，注册会计师可能考虑的事项包括：

（1）管理层是否已经考虑以及如何考虑各种可供选择的假设或结果，如通过敏感性分析确定假设变化对会计估计的影响；

（2）当敏感性分析表明存在多种可能结果时，管理层如何作出会计估计；

（3）管理层是否监控上期作出会计估计的结果，以及管理层是否已恰当应对实施监控程序的结果。

（四）复核上期会计估计（参见本准则第十四条）

39. 会计估计的结果通常有别于在上期财务报表中确认的会计估计。通过实施风险评估程序识别和了解差异产生的原因，注册会计师可能获得：

（1）关于上期会计估计流程有效性的信息，据此能够判断当前流程的有效性；

（2）证明在本期对上期会计估计作出的重新估计是适当的审计证据；

（3）有关可能需要在财务报表中披露的事项（如估计不确定性）的审计证据。

40. 复核上期会计估计，也可能有助于注册会计师在本期识别那些增加会计估计对管理层偏向敏感性的环境或情况，或者显示可能存在的管理层偏向的环境或情况。注册会计师保持职业怀疑，有助于识别这些环境或情况，并确定进一步审计程序的性质、时间安排和范围。

41. 《中国注册会计师审计准则第1141号——财务报表审计中与舞弊相关的责任》要求注册会计师复核与以前年度财务报表反映的重大会计估计相关的管理层判断和假设。为应对管理层凌驾于控制之上的风险，在设计和实施程序以复核会计估计是否存在管理层偏向，因而可能显示存在舞弊导致的重大错报风险时，注册会计师需要执行这种复核。在实务中，作为风险评估程序，按照本准则要求对上期会计估计作出的复核，可以结合《中国注册会计师审计准则第1141号——财务报表审计中与舞弊相关的责任》要求的复核一并执行。

42. 对上期审计中识别出的具有高度估计不确定性的会计估计，或者自上期以来发生重大变化的会计估计，注册会计师可能认为需要进行更加详细的复核；反之，对因记录常规和重复发生交易而产生的会计估计，注册会计师可能认为运用分析程序作为风险评估程序足以实现复核目的。

43. 对公允价值会计估计和其他以计量日情况为基础的会计估计，上期财务报表中确认的公允价值金额与本期结果或为实现本期目的而重新作出估计的金额之间的差异可能更大。这是因为这些会计估计的计量目标是确定某一时点的价值，该价值可能随被审计单位经营环境的变化而发生显著和快速的变化。因此，注册会计师在复核时，可将重点放在获取与识别和评估重大错报风险相关的信息。例如，在某些情况下，如果市场参与方假设发生的变化影响上期公允价值会计估计的结果，则了解该变化可能难以提供与本期审计目的相关的信息。在这种情况下，注册会计师在对上期公允价值会计估计结果进行考虑时，可能着重了解管理层上期会计估计流程（即管理层的历史记录）的有效性，并据此判断管理层本期估计流程可能的有效性。

44. 会计估计的结果与上期财务报表中已确认金额之间的差异，并不必然表明上期财务报表存在错报。但是，由于没有运用或错误运用下列两类信息而产生的差异可能表明上期财务报表存在错报：（1）在上期财务报表编制完成阶段管理层可以获得的信息；（2）合理预期管理层已经获得并在编制和列报财务报表时已予以考虑的信息。许多财务报告编制基础对界定会计估计变化是否构成错报以及相应的会计处理提供指引。

三、识别和评估重大错报风险

（一）估计不确定性（参见本准则第十五条）

45. 与会计估计相关的估计不确定性的程度受下列因素的影响：

（1）会计估计对判断的依赖程度；

（2）会计估计对假设变化的敏感性；

（3）是否存在可以降低估计不确定性的经认可的计量技术（当然，作为输入数据的假设，其主观程度仍可导致估计不确定性）；

（4）预测期的长度和从过去事项得出的数据对预测未来事项的相关性；

（5）是否能够从外部来源获得可靠数据；

（6）会计估计依据可观察到的或不可观察到的输入数据的程度。

与会计估计相关的估计不确定性程度，可能影响会计估计对管理层偏向的敏感性。

46. 在评估重大错报风险时，注册会计师考虑的事项也可能包括：

（1）会计估计的实际的或预期的重要程度；

（2）会计估计的记录金额（即管理层的点估计）与注册会计师预期应记录金额的差异；

(3) 管理层在作出会计估计时是否利用专家工作;

(4) 对上期会计估计进行复核的结果。

（二）高度估计不确定性和特别风险（参见本准则第十六条）

47. 可能存在高度估计不确定性的会计估计举例如下：

（1）高度依赖判断的会计估计，如对未决诉讼的结果或未来现金流量的金额和时间安排的判断，而未决诉讼的结果或未来现金流量的金额和时间安排取决于多年后才能确定结果的不确定事项；

（2）未采用经认可的计量技术计算的会计估计；

（3）注册会计师对上期财务报表中类似会计估计进行复核的结果表明最初会计估计与实际结果之间存在很大差异，在这种情况下管理层作出的会计估计；

（4）采用高度专业化的、由被审计单位自主开发的模型，或在缺乏可观察到的输入数据的情况下作出的公允价值会计估计。

48. 由于存在估计不确定性，表面上不重要的会计估计同样可能导致重大错报，即财务报表中确认或披露的会计估计金额的大小，可能不能充分反映估计不确定性。

49. 在某些情况下，估计不确定性非常高，以致难以作出合理的会计估计。因此，适用的财务报告编制基础可能禁止在财务报表中对此进行确认或以公允价值计量。在这种情况下，特别风险不仅与会计估计是否应予确认或以公允价值计量相关，而且与披露的充分性相关。针对这种会计估计，适用的财务报告编制基础可能要求披露会计估计和与之相关的高度估计不确定性（参见本指南第 120 段至第 123 段）。

50. 如果认为会计估计导致特别风险，注册会计师需要了解与会计估计相关的控制，包括控制活动。

51. 在某些情况下，会计估计的估计不确定性可能导致对被审计单位的持续经营能力产生重大疑虑。《中国注册会计师审计准则第 1324 号——持续经营》及其应用指南针对这种情况作出了规定并提供了指引。

四、应对评估的重大错报风险（参见本准则第十七条）

52.《中国注册会计师审计准则第 1231 号——针对评估的重大错报风险采取的应对措施》要求注册会计师设计和实施审计程序（包括其性质、时间安排和范围），以应对与会计估计相关的评估的财务报表层次和认定层次重大错报风险。本指南第 53 段至第 115 段重点说明认定层次的具体应对措施。

（一）对适用的财务报告编制基础要求的运用（参见本准则第十七条第（一）项）

53. 许多财务报告编制基础规定会计估计的确认条件，并详细说明作出会计估计的方法和需要作出的披露。这些规定可能较为复杂，并要求运用判断。根据实施风险评估程序时了解的情况，注册会计师需要重点关注适用的财务报告编制基础中容易被误用或产生不同解释的相关要求。

54. 注册会计师确定管理层是否恰当地遵守适用的财务报告编制基础的要求，在某种程度上依据其对被审计单位及其环境的了解。例如，对某些项目（如在企业并购中获得的无形资产）的公允价值进行计量需要特别考虑被审计单位的性质及其经营活动的影响。

55. 在某些情况下，为了确定管理层是否恰当地遵守适用的财务报告编制基础的要求，注册会计师有必要实施追加的审计程序，如检查资产当前实物状况。

56. 在运用适用的财务报告编制基础的要求时，管理层需要考虑影响被审计单位的环境或情况的变化。例如，特定类型资产或负债开始引入活跃市场时，可能表明使用折现现金流量估计其公允价值不再恰当。

（二）方法的一致性和变化的基础（参见本准则第十七条第（二）项）

57. 在情况没有发生变化或没有出现新的信息时，对会计估计或估计方法作出改变是武断的。武断的变化导致各期财务报表不一致，并可能产生财务报表重大错报，或显示存在管理层偏向。因此，注册会计师考虑会计估计或其估计方法自上期以来发生的变化是非常重要的。

58. 管理层通常能够为不同期间基于环境的变化对会计估计或其估计方法的改变提供很好的理由。注册会计师需要根据判断确定什么构成很好的理由，以及该理由支持管理层观点（即环境已经发生变化，需要对会计估计或其估计方法作出改变）的充分性。

（三）应对评估的重大错报风险（参见本准则第十八条）

59. 注册会计师在确定单独或综合运用本准则第十八条规定的措施以应对重大错报风险时，需要考虑下列事项的影响：

（1）会计估计的性质，包括会计估计是源于常规还是非常规交易；

（2）预期审计程序能否有效地为注册会计师提供充分、适当的审计证据；

（3）评估的重大错报风险，包括评估的风险是否是特别风险。

60. 例如，在评估坏账准备的合理性时，检查期后的现金回收情况并结合其他程序可能是有效的审计程序。当与会计估计相关的估计不确定性很高时，如会计估计是以采用不可观察到的输入数据的独有模型为基础时，可能有必要综合运用本准则第十八条规定的应对措施以获取充分、适当的审计证据。

61. 本指南第 62 段至第 95 段为本准则第十八条规定的措施提供了进一步指引，解释每项应对措施可能适用的情况。

截至审计报告日发生的事项（参见本准则第十八条第一款第（一）项）

62. 如果截至审计报告日可能发生的事项预期发生并提供用以证实或否定会计估计的审计证据，确定这些事项是否提供有关会计估计的审计证据可能是恰当的应对措施。

63. 截至审计报告日发生的事项有时可能提供有关会计估计的充分、适当的审计证据。例如，期后不久出售某被替代的产品的全部存货，可能提供有关其可变现净值估计的审计证据。在这种情况下，如果已获取有关该事项的充分、适当的审计证据，可能没有必要对会计估计实施追加的审计程序。

64. 对于某些会计估计，截至审计报告日发生的事项不可能提供审计证据。例如，与某些会计估计相关的情况或事项需要较长时间才有进展；同样，由于公允价值会计估计的计量目标，期后信息可能不反映资产负债表日存在的事项或情况，因而可能与公允价值会计估计的计量无关。本准则第十八条规定了注册会计师可能采取的应对重大错报风险的其他措施。

65. 在某些情况下，与会计估计相矛盾的事项可能表明管理层没有建立作出会计估计的有效流程，或者在作出会计估计时存在管理层偏向。

66. 即使决定对特定会计估计不采取这种方法，注册会计师仍需要遵守《中国注册会计师审计准则第 1332 号——期后事项》及其应用指南的相关规定。注册会计师需要实施审计程序，获取充分、适当的审计证据，以确定财务报表日至审计报告日之间发生的、需要在财务报表中调整或披露的事项是否已经按照适用的财务报告编制基础在财务报表中得到恰当反映。由于除公允价值会计估计外的许多会计估计的计量通常取决于未来情况、交易或事项的结果，《中国注册会计师审计准则第 1332 号——期后事项》规定的审计工作对于这些会计估计尤为相关。

对小型被审计单位的特殊考虑

67. 当财务报表日和审计报告日相隔较长时，注册会计师对该期间事项的复核可能是应对除公允价值会计估计外的其他会计估计的有效措施。这对于某些业主亲自管理的小型被审计单位，特别是当管理层没有针对会计估计建立正式的控制程序时尤其如此。

测试管理层如何作出会计估计（参见本准则第十八条第一款第（二）项）

68. 如果会计估计是依据模型（使用可观察到的或不可观察到的输入数据）作出的公允价值会计估计，测试管理层如何作出会计估计和会计估计所依据的数据，可能是恰当的应对措施。此外，在下列情况下，这种测试也可能是恰当的：

（1）会计估计源于被审计单位会计系统对数据的常规处理；

（2）注册会计师对上期财务报表中类似的会计估计的复核表明管理层本期的会计估计流程可能是有效的；

（3）会计估计建立在性质相似、单项不重要但数量众多的项目的基础上。

69. 测试管理层如何作出会计估计可能涉及下列方面，例如：

（1）测试会计估计所依据的数据的准确性、完整性和相关性，以及管理层是否使用这些数据和假设恰当地作出会计估计；

（2）考虑外部数据或信息的来源、相关性和可靠性，包括从管理层聘请的、用以协助其作出会计估计的外部专家那里获取的数据或信息；

（3）重新计算会计估计，并复核有关会计估计信息的内在一致性；

（4）考虑管理层的复核和批准流程。

对小型被审计单位的特殊考虑

70. 在小型被审计单位，作出会计估计的流程的结构化程度相对较低。管理层积极参与管理的小型被审计单位可能不存在对会计程序的全面描述、复杂的会计记录或书面政策。即使小型被审计单位没有建立正式的流程，也并不意味着管理层不能为注册会计师测试会计估计提供基础。

评价计量方法（参见本准则第十八条第一款第（二）项）

71. 当适用的财务报告编制基础没有规定计量方法时，评价计量方法（包括适用的模型）是否适用于具体情况属于职业判断。

72. 为了评价计量方法是否适用于具体情况，注册会计师可能需要考虑如下事项：

（1）管理层选择计量方法的理由是否合理；

（2）管理层是否充分评价和恰当运用适用的财务报告编制基础提供的、用以支持所选择的计量方法的标准（如存在）；

（3）根据被估计的资产或负债的性质和适用的财务报告编制基础的要求，评价计量方法是否适用于具体情况；

（4）计量方法相对于被审计单位开展的业务、所处行业和环境是否恰当。

73. 在某些情况下，管理层可能已确定采用不同的估计方法会导致一系列显著不同的会计估计。在这种情况下，了解被审计单位如何调查导致这些差异的原因可能有助于注册会计师评价管理层所选择方法的恰当性。

评价模型的使用

74. 在某些情况下，特别是作出公允价值会计估计时，管理层可能使用模型。使用的模型是否适用于具体情况，可能取决于多种因素，如被审计单位的性质及其环境，包括被审计单位所处的行业和需要计量的特定资产或负债。

75. 本指南第 76 段所述事项的相关程度取决于具体情况，包括模型是否公开出售供特定部门或行业使用，或是专有的模型。在某些情况下，被审计单位可能利用专家来开发和测试模型。

76. 根据所处的不同环境，在测试模型时，注册会计师还可能考虑如下事项：

（1）在使用前是否验证模型，并定期复核以确保其能持续满足预定用途。被审计单位的验证流程可能包括：

①评价模型理论上的合理性和数学上的可靠性，包括模型参数的恰当性；

②评价模型输入数据相对于市场惯例的一致性和完整性；

③与实际交易相比，评价模型的输出数据。

（2）是否存在针对模型变更的恰当控制政策和程序；

（3）是否定期校准和测试模型的有效性，特别是当输入数据具有主观性时；

（4）是否对模型输出数据作出调整，包括作出公允价值会计估计时，这些调整是否反映市场参与方在类似环境中所使用的假设；

（5）模型是否得到恰当记录，包括模型的预定用途、局限性和关键参数、要求的输入数据和实施验证分析的结果。

管理层使用的假设（参见本准则第十八条第一款第（二）项）

77. 注册会计师对管理层使用的假设的评价，仅以其在审计时可获得的信息为基础。针对管理层假设而实施审计程序是为了财务报表审计的目的，而不是为了针对假设本身发表意见。

78. 在评价管理层使用的假设的合理性时，注册会计师可能考虑诸如下列事项：

（1）单项假设是否显得合理；

（2）假设是否相互依赖且具有内在一致性；

（3）当将这些假设汇总起来考虑或结合其他假设考虑时，无论是对于

特定会计估计还是其他会计估计,这些假设是否显得合理;

(4) 对于公允价值会计估计,假设是否恰当地反映可观察到的市场假设。

79. 会计估计所依据的假设可能反映管理层对特定目标和战略结果的预期。注册会计师可以通过考虑假设是否与诸如下列事项相符,来实施审计程序评价这些假设的合理性:

(1) 总体经济环境和被审计单位的经济情况;

(2) 被审计单位的计划;

(3) 以前期间所作的假设(如相关);

(4) 被审计单位的经验或以前经历的情况(这种历史信息在一定程度上可以代表未来情况或事项);

(5) 管理层使用的与财务报表相关的其他假设。

80. 所使用的假设的合理性可能取决于管理层执行某项措施的意图和能力。管理层通常记录与特定资产或负债相关的计划和意图,而适用的财务报告编制基础可能也要求管理层作出这些记录。尽管所需获取的关于管理层意图和能力的审计证据的范围属于职业判断,注册会计师实施的程序可能包括:

(1) 复核管理层过去声称的意图的实现情况;

(2) 复核书面计划和其他文档,包括得到正式批准的预算、授权或会议纪要(如适用);

(3) 向管理层询问执行某项措施的理由;

(4) 复核财务报表日至审计报告日之间发生的事项;

(5) 根据被审计单位面临的经济环境,评价其执行某项措施的能力,包括对现有承诺的影响。

但是,某些适用的财务报告编制基础可能不允许在作出会计估计时考虑管理层的意图或计划。作出公允价值会计估计通常不考虑管理层的意图或计划,因为公允价值计量目标要求假设反映市场参与方可能运用的假设。

81. 在评价管理层使用的构成公允价值会计估计基础的假设的合理性时,注册会计师除了考虑本指南第 78 段提及的事项外,在适用时还可能考虑下列事项:

(1) 管理层是否以及如何在作出假设时加入特定市场输入数据(如相关);

(2) 假设是否与可观察到的市场情况和以公允价值计量的资产或负债的特征一致;

（3）市场参与方假设的来源是否相关和可靠，以及当存在多种市场参与方假设时管理层如何选择假设；

（4）管理层是否以及如何考虑在可比较的交易、资产或负债中使用的假设或有关信息（如适用）。

82. 进一步讲，公允价值会计估计可能依据可观察到和不可观察到的输入数据。当公允价值会计估计依据不可观察到的输入数据时，注册会计师可能考虑的事项包括管理层是如何为下列方面提供合理支持的：

（1）识别与会计估计相关的市场参与方的特征；

（2）修改自有假设以反映市场参与方可能使用的假设；

（3）是否包括在具体情形下可获得的最佳信息；

（4）管理层的假设是如何考虑可比较的交易、资产或负债的（如适用）。

当存在不可观察到的输入数据时，注册会计师需要在评价假设时结合本准则第十八条提出的其他应对措施，以获取充分、适当的审计证据。在这种情况下，注册会计师有必要实施其他审计程序，如检查适当层级的管理层和治理层（如适用）复核和批准会计估计的文件。

83. 在评价支持会计估计的假设的合理性时，注册会计师可能识别出一个或多个重大假设，这可能表明会计估计存在高度估计不确定性并由此可能产生特别风险。本指南第102段至第115段说明了应对特别风险的其他措施。

测试控制运行的有效性（参见本准则第十八条第一款第（三）项）

84. 当管理层作出会计估计的流程的设计、执行和维护良好时，测试与管理层如何作出会计估计相关的控制运行的有效性可能是适当的。例如：

（1）存在适当层级的管理层和治理层（如适用）对会计估计进行复核和批准的控制；

（2）会计估计源于被审计单位会计系统对数据的常规处理。

85. 当存在下列情形之一时，注册会计师需要测试控制运行的有效性：

（1）在评估认定层次重大错报风险时，预期针对会计估计流程的控制的运行是有效的；

（2）仅实施实质性程序不能提供认定层次充分、适当的审计证据。

对小型被审计单位的特殊考虑

86. 小型被审计单位可能存在针对作出会计估计的控制，但其运行的规范性存在差别。进一步讲，在管理层积极参与财务报告过程的情况下，小型被审计单位可能确定某些类型的控制是不必要的。但是，在极小型实体中，可能不存在太多注册会计师能够识别出的控制。因此，注册会计师可能采用实质性方案应对重大错报风险，从而实施本准则第十八条规定的一项或多项其他应对措施。

作出点估计或区间估计（参见本准则第十八条第一款第（四）项和第二款）

87. 当存在诸如下列情形时，注册会计师作出点估计或区间估计以评价管理层的点估计，可能是恰当的应对措施：

（1）会计估计不是源于会计系统对数据的常规处理；

（2）注册会计师对管理层在上期财务报表中作出的类似事项的会计估计进行复核后认为本期流程不太可能是有效的；

（3）被审计单位没有恰当设计或执行针对会计估计流程的控制；

（4）财务报表日至审计报告日之间发生的事项或交易与管理层的点估计相互矛盾；

（5）注册会计师能够从其他来源获取作出点估计或区间估计时可使用的相关数据。

88. 即使被审计单位的控制得到恰当设计和执行，作出点估计或区间估计也可能是应对已评估风险的有效（从效率或效果方面考虑）措施。在其他情况下，在确定是否有必要实施进一步审计程序及其性质和范围时，注册会计师也可能考虑这种方法。

89. 注册会计师在作出点估计或区间估计时使用的方法可能有所不同，取决于具体情况下哪种方法最有效。例如，注册会计师可能开始时作出初始点估计，然后评估其对假设变化的敏感性，以确定用以评价管理层点估计的区间估计。在其他情况下，注册会计师可能首先作出区间估计，然后再确定点估计（如可能）。

90. 注册会计师作出点估计（相对于区间估计）的能力取决于许多因素，包括使用的模型、可获得数据的性质和范围，以及会计估计涉及的估计不确定性。进一步讲，作出点估计或区间估计的决定可能受到适用的财务报告编制基础的影响。该适用的财务报告编制基础可能规定在考虑可供选择的结果和假设后所使用的点估计，或者规定特定计量方法（如使用预期价值概率加权折现法）。

91. 注册会计师可能采用诸如下列方法作出点估计或区间估计：

（1）使用模型，如公开出售供特定部门或行业使用的模型，或专有的模型，或注册会计师自行开发的模型；

（2）在管理层考虑可供选择的假设或结果的基础上进一步深入研究，

如引入不同的一组假设；

（3）雇用或聘请在专门领域具有专长的人员开发或运用模型，或者提供相关假设；

（4）参照其他可比较的条件、交易或事项，或者可比较的资产或负债的市场（如相关）。

了解管理层的假设或方法（参见本准则第十八条第二款第（一）项）

92. 当注册会计师作出点估计或区间估计并使用有别于管理层的假设或方法时，注册会计师需要按照本准则第十八条第二款第（一）项的要求充分了解管理层在作出会计估计时使用的假设或方法。这种了解可能向注册会计师提供与其作出恰当点估计或区间估计相关的信息，并有助于了解和评价任何有别于管理层点估计的重大差异。例如，差异可能源于注册会计师与管理层使用不同但同样有效的假设。这可能显示出会计估计对某些假设高度敏感，因此受高度估计不确定性的影响，这意味着会计估计可能存在特别风险。此外，差异也可能是由于管理层造成的事实错误所导致。根据具体情况，注册会计师在得出结论时，与管理层就使用的假设的基础及其有效性以及作出会计估计的方法差异（如存在）进行讨论可能是有帮助的。

缩小区间估计（参见本准则第十八条第二款第（二）项）

93. 当注册会计师认为运用区间估计（注册会计师的区间估计）来评价管理层点估计的合理性是恰当的时，按照本准则第十八条第二款第（二）项要求作出的区间估计需要包括所有"合理"的结果而不是所有可能的结果。这是因为包括所有可能结果的区间估计太宽泛以至于不能有效地确定会计估计是否存在错报。如果注册会计师的区间估计范围足够小以至于能够确定会计估计是否存在错报，它就是有用和有效的。

94. 通常情况下，当区间估计的区间已缩小至等于或低于实际执行的重要性时，该区间估计对于评价管理层的点估计是适当的。但是，对于某些特定行业，可能难以将区间缩小至低于某一金额。这并不必然否定管理层对会计估计的确认，但是可能意味着与会计估计相关的估计不确定性可能导致特别风险。本指南第102段至第115段说明了应对特别风险的其他措施。

95. 下列方法可以将区间估计的区间缩小至某一区域，使得在该区域内的所有结果视为是合理的：

（1）从区间估计中剔除注册会计师认为不可能发生的极端结果；

（2）根据可获得的审计证据，继续缩小区间估计直至注册会计师认为该区间估计内的所有结果均视为是合理的。在极其特殊的情况下，注册会计师可能缩小区间估计直至审计证据指向点估计。

（四）考虑是否需要专门技能或知识（参见本准则第十九条）

96. 在计划审计工作时，注册会计师需要确定执行审计业务所需资源的性质、时间安排和范围。这可能包括在必要时由具有专门技能或知识的人员参与。此外，《中国注册会计师审计准则第1121号——对财务报表审计实施的质量控制》要求项目合伙人确信项目组和项目组以外的专家整体上具有适当的胜任能力和必要素质。在审计会计估计的过程中，注册会计师根据经验和业务的具体情况，可能认为需要具备与会计估计的一个或多个方面相关的专门技能或知识。

97. 当确定是否需要专门技能或知识时，注册会计师可能考虑的事项包括：

（1）特定业务或行业中所涉及的资产、负债或所有者权益组成部分的性质（如矿产储量、生物资产和复杂金融工具）；

（2）高度的估计不确定性；

（3）涉及复杂计算或专门模型，如不存在可观察到的市场时估计公允价值；

（4）与会计估计相关的适用的财务报告编制基础的要求的复杂性，包括是否存在容易产生不同解释的领域，或者会计实务不一致或正在演变的领域；

（5）注册会计师拟采取的、应对评估的风险的审计程序。

98. 对大多数会计估计，即使存在估计不确定性，也不太可能需要专门技能或知识。例如，在评价坏账准备时，注册会计师不太可能需要具备专门技能或知识。

99. 但是，当涉及会计或审计以外的领域时，注册会计师可能不具备所要求的专门技能或知识，需要从专家那里获取有关技能或知识。《中国注册会计师审计准则第1421号——利用专家的工作》及其应用指南对确定雇用或聘请专家的必要性，以及当利用其工作时注册会计师承担的责任作出了规定并提供了指引。

100. 在某些情况下，注册会计师可能认为有必要获取与会计或审计特定领域相关的专门技能或知识。具备这种专门技能或知识的人员可能为注册会计师所在的会计师事务所雇用，或者从外部机构聘请。如果这些人员对审计业务实施审计程序，从而成为项目组成员，相应地需要遵守《中国注册会计师审计准则第1421号——利用专家的工作》的规定。

101. 根据注册会计师对专家或具备专门技能或知识的人员的了解以及与之交往的经验，注册会计师可能认为需要与所涉及的人员讨论适用的财务报告编制基础的要求等事项，以确定其工作与审计目的相关。

五、实施进一步实质性程序以应对特别风险（参见本准则第二十条）

102. 在审计导致特别风险的会计估计时，注册会计师在实施进一步实质性程序时需要重点评价下列事项：

（1）管理层是如何评估估计不确定性对会计估计的影响，以及这种不确定性对财务报表中会计估计的确认的恰当性可能产生的影响；

（2）相关披露的充分性。

（一）估计不确定性

管理层对估计不确定性的考虑（参见本准则第二十条第（一）项）

103. 管理层可能根据具体情况采用多种方法评价会计估计的可供选择的假设或结果。方法之一是敏感性分析，可能涉及确定会计估计的金额如何随着假设的不同而变化。即使对于公允价值会计估计，由于不同市场参与方使用不同的假设，会计估计仍然可能存在差异。敏感性分析可能针对"乐观"和"悲观"等不同情形得出一系列结果。

104. 敏感性分析结果可能表明会计估计对特定假设的变化不敏感，也可能表明会计估计对一个或多个假设敏感，因而这些假设成为注册会计师重点关注的对象。

105. 在处理估计不确定性时，某种特定方法（如敏感性分析）并不一定比其他方法更合适，管理层也并不一定需要通过细致的过程和详尽的记录来体现对可供选择的假设或结果的考虑。重要的是管理层是否已评估了估计不确定性影响会计估计的方式，而不是所采用的具体评估方法。相应地，当管理层没有考虑可供选择的假设或结果时，注册会计师有必要与管理层讨论其如何处理估计不确定性对会计估计的影响，并要求管理层提供支持性证据。

对小型被审计单位的特殊考虑

106. 小型被审计单位可能使用简单方法评估估计不确定性。除复核可获得的文件外，通过询问管理层，注册会计师可能获取其他关于管理层对可供选择的假设或结果进行考虑的审计证据。此外，管理层可能不具备考虑可供选择的结果或处理估计不确定性的专长。在这种情况下，注册会计师可以向管理层解释处理估计不确定性的流程，或其他可使用的不同评估方法，以及相应的记录。但是，这并不改变管理层在财务报表编制方面承担的责任。

重大假设（参见本准则第二十条第（二）项）

107. 如果在作出会计估计时运用的某些假设的合理变化可能对会计估计的计量产生重大影响，则这些假设被视为重大假设。

108. 从管理层建立的持续战略分析和风险管理流程中可能获得相关信息，以支持管理层根据其了解的情况作出的重大假设。即使没有建立正式的流程（如在小型被审计单位），注册会计师可以通过询问管理层或与其讨论评价假设，并结合其他审计程序，获取充分、适当的审计证据。

109. 本指南第 77 段至第 83 段描述了注册会计师在评价管理层作出的假设时需要考虑的事项。

管理层的意图和能力（参见本准则第二十条第（三）项）

110. 本指南第 13 段和第 80 段描述了注册会计师需要考虑的与管理层作出的假设及其意图和能力相关的事项。

（二）作出区间估计（参见本准则第二十一条）

111. 在编制财务报表时，管理层可能确信已经适当地处理了估计不确定性对导致特别风险的会计估计的影响。但是，在某些情况下，注册会计师可能认为管理层的工作是不够的，例如，注册会计师可能作出以下判断：

（1）通过评价管理层如何处理估计不确定性的影响不能获取充分、适当的审计证据；

（2）有必要进一步分析与会计估计相关的估计不确定性的程度，例如，注册会计师注意到类似环境下类似会计估计的结果存在较大差别；

（3）不大可能通过如复核截至审计报告日发生的事项等审计程序获得其他审计证据；

（4）可能有迹象表明管理层在作出会计估计时存在管理层偏向。

112. 本指南第 87 段至第 95 段描述了在作出区间估计时注册会计师需要考虑的事项。

（三）确认和计量的标准

财务报表中对会计估计的确认（参见本准则第二十二条第（一）项）

113. 如果管理层在财务报表中确认一项会计估计，注册会计师评价的重点是会计估计的计量是否足够可靠，能否满足适用的财务报告编制基础规定的确认标准。

114. 对于没有在财务报表中确认的会计估计，注册会计师评价的重点是会计估计是否在实质上已满足适用的财务报告编制基础规定的确认标准。即使某一项会计估计没有得到确认,且注册会计师认为这种处理是恰当的,可能仍然有必要在财务报表附注中披露具体情况。注册会计师也可能将被认为具有高度估计不确定性的会计估计确定为按照《中国注册会计师审计准则第 1504 号——在审计报告中沟通关键审计事项》的规定,应当在审计报告中沟通的关键审计事项(如适用),注册会计师也可能认为有必要在审计报告中增加强调事项段(参见《中国注册会计师审计准则第 1503 号——在审计报告中增加强调事项段和其他事项段》)。如果该事项被确定为关键审计事项,《中国注册会计师审计准则第 1503 号——在审计报告中增加强调事项段和其他事项段》禁止注册会计师在审计报告中针对该事项增加强调事项段。

会计估计的计量基础(参见本准则第二十二条第(二)项)

115. 对于公允价值会计估计,某些适用的财务报告编制基础在要求或者允许进行公允价值计量和披露时,是以公允价值可以可靠计量这一假定作为前提条件的。在某些情况下,如不存在恰当的计量方法或基础,这种假定可能不成立。在这种情况下,注册会计师评价的重点是管理层用以推翻适用的财务报告编制基础所规定的与采用公允价值相关的假定的依据是否恰当。

六、评价会计估计的合理性并确定错报(参见本准则第二十三条)

116. 根据获取的审计证据,注册会计师可能认为这些证据指向与管理层的点估计不同的会计估计。当审计证据支持点估计时,注册会计师的点估计与管理层的点估计之间的差异构成错报。当注册会计师认为使用其区间估计能够获取充分、适当的审计证据时,则在注册会计师区间估计之外的管理层的点估计得不到审计证据的支持。在这种情况下,错报不小于管理层的点估计与注册会计师区间估计之间的最小差异。

117. 当管理层根据其对环境变化的主观判断而改变某项会计估计,或者改变上期作出会计估计的方法时,基于获取的审计证据,注册会计师可能认为会计估计被管理层随意改变而产生错报,或者将其视为可能存在管理层偏向的迹象(参见本指南第 124 段和第 125 段)。

118. 针对注册会计师为了评价未更正错报对财务报表的影响而如何区分错报,《中国注册会计师审计准则第 1251 号——评价审计过程中识别出的错报》及其应用指南作出了规定并提供了指引。一项错报,无论是由于舞弊还是错误导致,当与会计估计相关时,可能是由于下列因素导致的:

(1) 毋庸置疑地存在错报（事实错报）；

(2) 由注册会计师认为管理层对会计估计作出的判断不合理，或认为管理层对会计政策的选择或运用不恰当而产生的差异（判断错报）；

(3) 注册会计师对总体中错报的最佳估计，包括由审计样本中识别出的错报推断出总体中的错报（推断错报）。

在某些涉及会计估计的情形中，错报可能由上述因素共同导致，因此难以或不可能区分出由哪一具体因素导致。

119. 评价在财务报表附注中的会计估计和相关披露（无论是由适用的财务报告编制基础要求的还是属于自愿披露的）的合理性时考虑的事项，与在审计财务报表中确认的会计估计时考虑的事项在实质上是相同的。

七、与会计估计相关的披露

（一）按照适用的财务报告编制基础作出的披露（参见本准则第二十四条）

120. 按照适用的财务报告编制基础列报财务报表，包括对重大事项的充分披露。适用的财务报告编制基础可能允许或规定与会计估计相关的披露，并且某些实体可能在财务报表附注中自愿披露额外信息。例如，这些披露可能包括：

(1) 使用的假设；

(2) 使用的估计方法，包括适用的模型；

(3) 选择估计方法的基础；

(4) 改变上期估计方法产生的影响；

(5) 估计不确定性的原因和影响。

这些披露与财务报表使用者理解在财务报表中确认或披露的会计估计相关，注册会计师需要就其披露是否符合适用的财务报告编制基础的规定获取充分、适当的审计证据。

121. 在某些情况下，适用的财务报告编制基础可能对披露估计不确定性作出特别规定。例如：

(1) 披露关键假设以及产生估计不确定性的其他原因，该估计不确定性具有导致对资产和负债账面价值作出重大调整的特别风险。这些要求可能用"估计不确定性的关键原因"或"关键会计估计"等术语表述；

(2) 对于区间估计，披露可能出现的结果的区间和用以确定该区间的假设；

(3) 披露关于公允价值会计估计相对被审计单位财务状况和经营成果

的重要程度的信息;

(4) 披露定性信息(如受风险影响的情况、被审计单位管理风险的目标、政策和程序以及计量风险的方法),以及自上期以来这些定性信息的任何变化;

(5) 披露定量信息,如受风险影响的程度(以内部提供给关键管理人员的信息为基础),包括信用风险、流动性风险和市场风险。

(二) 披露导致特别风险的会计估计的估计不确定性(参见本准则第二十五条)

122. 对具有特别风险的会计估计,即使已按照适用的财务报告编制基础的要求进行了披露,注册会计师仍可能根据所涉及的情况和事实认为对估计不确定性的披露是不充分的。会计估计可能结果的区间估计相对于重要性越大,注册会计师对估计不确定性的披露充分性的评价越重要(参见本指南第 94 段的相关讨论)。

123. 在某些情况下,注册会计师可能认为鼓励管理层在财务报表附注中描述与估计不确定性相关的情况是适当的。当注册会计师认为管理层在财务报表中对估计不确定性的披露不充分或存在误导时,《中国注册会计师审计准则第 1502 号——在审计报告中发表非无保留意见》及其应用指南为注册会计师在这种情况下如何发表审计意见作出了规定并提供了指引。

八、可能存在管理层偏向的迹象(参见本准则第二十六条)

124. 在审计过程中,注册会计师可能注意到管理层作出的、可能导致出现管理层偏向迹象的判断和决策。这些迹象可能影响注册会计师对有关风险评估结果和相关应对措施是否仍然恰当的判断,并且注册会计师可能有必要考虑对审计其他方面的影响。进一步讲,这些迹象可能影响注册会计师对财务报表整体是否不存在重大错报的评估(参见《中国注册会计师审计准则第 1501 号——对财务报表形成审计意见和出具审计报告》及其应用指南)。

125. 与会计估计相关的、可能存在管理层偏向迹象的例子包括:

(1) 管理层主观地认为环境已经发生变化,并相应地改变会计估计或估计方法;

(2) 针对公允价值会计估计,被审计单位的自有假设与可观察到的市场假设不一致,但仍使用被审计单位的自有假设;

(3) 管理层选择或作出重大假设以产生有利于管理层目标的点估计;

（4）选择带有乐观或悲观倾向的点估计。

九、书面声明（参见本准则第二十七条）

126.《中国注册会计师审计准则第 1341 号——书面声明》及其应用指南规范了书面声明的使用。根据估计不确定性的性质、重要性和程度，有关财务报表中确认或披露的会计估计的书面声明可能包括下列内容：

（1）计量流程（包括管理层在根据适用的财务报告编制基础作出会计估计时使用的相关假设和模型）的恰当性，以及流程的一贯运用；

（2）假设恰当地反映了管理层代表被审计单位执行特定措施的意图和能力（当这些意图和能力与会计估计和披露相关时）；

（3）在适用的财务报告编制基础下与会计估计相关的披露的完整性和适当性；

（4）不存在需要对财务报表中会计估计和披露作出调整的期后事项。

127. 针对未在财务报表中确认或披露的会计估计，书面声明也可能包括下列内容：

（1）管理层用于确定不满足适用的财务报告编制基础规定的确认或披露标准的依据的恰当性（参见本指南第 114 段）；

（2）针对未在财务报表中以公允价值计量或披露的会计估计，管理层用于推翻适用的财务报告编制基础规定的与使用公允价值相关的假定的依据的恰当性（参见本指南第 115 段）。

十、审计工作底稿（参见本准则第二十八条）

128. 在审计过程中，记录识别出的可能存在管理层偏向的迹象，有助于注册会计师确定其风险评估结果和相关应对措施是否仍然恰当，以及评价财务报表整体是否不存在重大错报。本指南第 125 段提供了可能存在管理层偏向迹象的例子。

附录：（参见本指南第 1 段）

不同财务报告编制基础下公允价值的计量和披露

本附录旨在讨论在不同财务报告编制基础下对公允价值的计量和披露。
1. 不同的财务报告编制基础要求或允许在财务报表中作出不同的公

允价值计量和披露；同样，不同财务报告编制基础在提供关于资产和负债计量或相关披露的指引上也存在差异。此外，某些特定行业也存在公允价值计量和披露惯例。

2. 不同财务报告编制基础之间，或者某一特定财务报告编制基础中针对不同的资产、负债或披露，都可能存在不同的公允价值定义。例如，《国际会计准则第 39 号——金融工具：确认与计量》的公允价值定义为：在公平交易中，熟悉情况的自愿当事人之间交换资产或清偿债务的金额。公允价值概念通常假设是当前交易而不是在过去或未来的某一日期进行结算。相应地，计量公允价值的流程可能是为了求得交易发生时的估计价格。此外，不同的财务报告编制基础可能使用不同的措辞，如"对特定实体的价值"、"在用价值"或类似术语，这些措辞均属于本准则中的公允价值概念。

3. 财务报告编制基础可能采用不同方法处理因时间流逝而产生的公允价值计量的变化。例如，某些财务报告编制基础可能要求将某些资产或负债的公允价值计量的变化直接在权益中反映，但在其他的财务报告编制基础下可能反映在损益中。在某些财务报告编制基础中，确定是否采用或如何应用公允价值会计受到管理层针对特定资产或负债执行某些措施的意图的影响。

4. 不同财务报告编制基础可能要求在财务报表中采用某些特定的公允价值计量和披露，以及详细规定或允许存在不同程度的计量和披露。财务报告编制基础可能：

（1）对某些包含在财务报表中的信息、在财务报表附注中披露的信息或在补充资料中列报的信息规定计量、列报与披露要求；

（2）允许被审计单位自行选择使用公允价值计量，或只有在满足特定条件时使用公允价值计量；

（3）规定确定公允价值的方法，如使用独立评估师，或详细规定采用折现现金流量的方法；

（4）允许在若干可替代方法中选择某种方法确定公允价值（财务报告编制基础可能提供或没有提供选择标准）；

（5）除明显在行业惯例或会计实务中使用的公允价值计量方法和披露外，未提供任何指引。

5. 某些财务报告编制基础假定资产或负债的公允价值能够可靠计量，并以此作为要求或允许采用公允价值计量或披露的前提条件。在某些情况下，当资产或负债在活跃市场上不存在市场报价，并且其他合理估计公允价值的方法明显不恰当或不具有操作性时，这种假定可能无法成立。某些财务报告编制基础可能详细规定确定公允价值的层级框架，该框架将用于确定公允价值的输入数据分为下列两种极端情况：

（1）清晰的"可观察到的输入数据"，这种输入数据基于公开报价和活跃市场；

（2）"不可观察到的输入数据"，这种输入数据涉及管理层自身关于市场参与方可能使用的假设的判断。

6. 某些财务报告编制基础要求对估值信息作出某种明确的调整或修改，或者只针对某一特殊资产或负债进行特别考虑。例如，投资性房地产的会计处理可能要求对所评估的市场价值进行调整，如销售时的估计清理成本、房地产的状况和地理位置以及其他事项。同样，如果某一特殊资产不存在活跃市场，就可能要对公开市场报价进行调整或修改，以形成对公允价值更加合理的计量。例如，如果市场交易不频繁，市场发育不成熟，或者已发生的交易量相对于现有可供交易的总量较小，则市场报价可能不代表公允价值。相应地，该市场价格可能不得不作出调整或修改。在作出调整或修改时，可能有必要从其他渠道获取市场信息。进一步讲，在某些情况下（如当某种类型的债务投资有指定的担保物时），在确定一项资产或负债的公允价值或者可能的资产减值时，可能有必要考虑相应的担保物。

7. 在绝大多数财务报告编制基础中，公允价值计量的前提是假定企业是持续经营的，没有任何意图或必要进行清算，或者显著削减经营规模，或者在不利条件下从事交易。因此，公允价值不是企业在强制性交易、非自愿性清算或强制清盘而收到或支付的金额。另一方面，总体经济环境或某些行业的特定经济状况可能导致市场缺乏流动性，并要求将萧条市场中的价格和潜在重大的萧条市场中的价格作为公允价值的预测值。但是，在适用的财务报告编制基础规定或允许采用公允价值计量，并且可能或没有规定如何计量的情况下，在确定资产和负债的公允价值时，企业可能有必要考虑当前经济或经营形势的影响。例如，管理层尽快处置某项资产以满足特定经营目标的计划，可能与确定该资产的公允价值相关。

公允价值计量的普遍性

8. 公允价值的计量和披露在财务报告编制基础中逐渐得到广泛使用。公允价值可能以多种方式在财务报表中出现，并影响财务报表项目的确定，包括以公允价值计量下列项目：

（1）特定资产或负债，如有价证券或者某项金融工具项下的义务对应的负债，这些资产或负债需日常或定期采用市价计价；

（2）权益的特定组成部分。例如，对具有权益特征的某些金融工具（如可转换为普通股的可转换债券）进行确认、计量和列报；

（3）在企业合并中获取的特定资产或负债。例如，企业合并中购买一个企业而形成的商誉，通常以获取的可识别资产和负债的公允价值以及给付对价的公允价值为基础；

（4）一次性调整为公允价值的特定资产或负债。一些财务报告编制基础可能要求使用公允价值计量来量化一项资产或一组资产减值的调整额。例如，在对企业合并中取得的商誉进行减值测试时，首先确定明确界定的经营主体或报告单元的公允价值，再将该公允价值分配至该经营主体或报告单元的资产或负债，以得出隐含商誉，最后将隐含商誉与已记录商誉进行比较。

（5）资产和负债的汇总。在某些情况下，一类或一组资产或负债的计量需要将该类或该组的一些单项资产或负债的公允价值进行汇总。例如，在适用的财务报告编制基础下，一项多样化的贷款组合的计量可能以构成该组合的一些贷款类型的公允价值为基础来确定。

（6）在财务报表附注中披露（或作为补充信息列报）未在财务报表中确认的信息。

《中国注册会计师审计准则第1324号——持续经营》应用指南

（2017年2月28日修订）

一、本准则的范围（参见本准则第一条）

1.《中国注册会计师审计准则第1504号——在审计报告中沟通关键审计事项》及其应用指南规范了注册会计师在审计报告中沟通关键审计事项的责任，并明确在该准则及其应用指南适用时，与持续经营相关的事项可能被确定为关键审计事项，并解释可能导致对被审计单位持续经营能力产生重大疑虑的事项或情况存在重大不确定性，就其性质而言属于关键审计事项。

二、持续经营假设（参见本准则第二条）

对公共部门实体的特殊考虑

2. 在公共部门实体，管理层同样需要运用持续经营假设。例如，《国际公共部门会计准则第 1 号——财务报表列报》规范了有关公共部门实体持续经营能力的问题。持续经营风险可能主要源于以下情况（包括但不限于）：公共部门实体以营利为基础经营、政府的支持可能减少或撤销或者使公共部门实体私有化。可能导致对公共部门实体持续经营能力产生重大疑虑的事项或情况，可能包括公共部门实体缺乏继续存在所需的资金或出台影响公共部门实体所提供服务的政策。

三、风险评估程序和相关活动

（一）可能导致对被审计单位持续经营能力产生重大疑虑的事项或情况（参见本准则第九条）

3. 以下是单独或汇总起来可能导致对被审计单位持续经营能力产生重大疑虑的事项或情况的示例。这些示例并不能涵盖所有事项或情况，也不意味着存在其中一个或多个项目就一定表明存在重大不确定性。

财务方面：

（1）净资产为负或营运资金出现负数；

（2）定期借款即将到期，但预期不能展期或偿还，或过度依赖短期借款为长期资产筹资；

（3）存在债权人撤销财务支持的迹象；

（4）历史财务报表或预测性财务报表表明经营活动产生的现金流量净额为负数；

（5）关键财务比率不佳；

（6）发生重大经营亏损或用以产生现金流量的资产的价值出现大幅下跌；

（7）拖欠或停止发放股利；

（8）在到期日无法偿还债务；

（9）无法履行借款合同的条款；

（10）与供应商由赊购变为货到付款；

（11）无法获得开发必要的新产品或进行其他必要的投资所需的资金。

经营方面：

（1）管理层计划清算被审计单位或终止运营；

（2）关键管理人员离职且无人替代；

（3）失去主要市场、关键客户、特许权、执照或主要供应商；

（4）出现用工困难问题；

（5）重要供应短缺；

(6) 出现非常成功的竞争者。

其他方面：

(1) 违反有关资本或其他法定或监管要求，例如对金融机构的偿债能力或流动性要求；

(2) 未决诉讼或监管程序，可能导致其无法支付索赔金额；

(3) 法律法规或政府政策的变化预期会产生不利影响；

(4) 对发生的灾害未购买保险或保额不足。

某些措施通常可以减轻这些事项或情况的严重性。例如，被审计单位无法正常偿还债务的影响，可能被管理层通过替代方法（如处置资产、重新安排贷款偿还或获得额外资本金）计划保持足够的现金流量所抵消。类似地，主要供应商的流失也可以通过寻找适当的替代供应来源以降低损失。

4. 本准则第九条规定的风险评估程序，可以帮助注册会计师确定管理层运用持续经营假设是否可能是一个重要问题以及其对计划审计工作的影响。这些程序还使注册会计师可以更及时地与管理层讨论，包括讨论管理层的计划和针对识别出的持续经营问题的解决方案。

对小型被审计单位的特殊考虑（参见本准则第九条）

5. 被审计单位的规模可能影响其承受不利情况的能力。小型被审计单位能够迅速反应以利用机会，但是可能缺乏支持经营的储备。

6. 与小型被审计单位持续经营特别相关的情况，包括银行及其他借款方可能终止为被审计单位提供支持的风险，以及可能失去主要供应商、主要客户、关键员工，或者在执照、特许权或其他法律协议下经营的权利的风险。

(二) 在整个审计过程中对有关事项或情况的审计证据保持警觉（参见本准则第十条）

7. 如果在审计过程中获取了影响风险评估结果的额外的审计证据，注册会计师需要根据《中国注册会计师审计准则第1211号——通过了解被审计单位及其环境识别和评估重大错报风险》的要求修正风险评估结果，并相应地修改计划的进一步审计程序。如果注册会计师完成风险评估后识别出可能导致对被审计单位持续经营能力产生重大疑虑的事项或情况，除实施本准则第十五条规定的审计程序外，注册会计师可能还需要修正重大错报风险的评估结果。这些事项或情况还可能影响注册会计师用以应对评估的风险的进一步审计程序的性质、时间安排和范围。《中国注册会计师审计准则第1231号——针对评估的重大错报风险采取的应对措施》及其应用指南对此作出了规定并提供了指引。

四、评价管理层的评估

（一）管理层的评估、支持性分析和注册会计师的评价（参见本准则第十一条）

8. 管理层对被审计单位持续经营能力的评估，是注册会计师考虑管理层运用持续经营假设的一个关键部分。

9. 纠正管理层缺乏分析不是注册会计师的责任。在某些情况下，管理层缺乏详细分析以支持其评估，可能不妨碍注册会计师确定管理层运用持续经营假设是否适合具体情况。例如，如果被审计单位具有盈利经营的记录并很容易获得财务支持，管理层可能不需要进行详细分析就能作出评估。在这种情况下，如果其他审计程序足以使注册会计师认为管理层在编制财务报表时运用的持续经营假设适合具体情况，注册会计师可能无需实施详细的评价程序，就可以对管理层评估的适当性得出结论。

10. 在其他情况下，按照本准则第十一条的要求评价管理层对被审计单位持续经营能力所作的评估，可能包括评价管理层作出评估时遵循的程序、评估依据的假设、管理层的未来应对计划以及管理层的计划在具体情况下是否可行。

（二）管理层评估的期间（参见本准则第十二条）

11. 大多数明确要求管理层作出评估的财务报告编制基础都详细规定了管理层需要在多长期间考虑所有可获得的信息。

（三）对小型被审计单位的特殊考虑（参见本准则第十一条和第十二条）

12. 在大多数情况下，小型被审计单位的管理层可能不对被审计单位的持续经营能力作出详细评估，而是依赖对经营活动和预期未来前景的深入了解。然而，按照本准则的规定，注册会计师需要评价管理层对被审计单位持续经营能力的评估。对于小型被审计单位，注册会计师与管理层讨论中长期融资可能是适当的，前提是管理层的观点能够通过足够的书面证据得以证实且与注册会计师对被审计单位的了解一致。因此，注册会计师可以通过如讨论、询问和检查支持性文件（如收到的未来供应订单）评价其可行性或以其他方式予以证实，以满足本准则第十二条有关提请管理层延长评估期间的规定。

13. 业主兼经理持续的支持对于小型被审计单位的持续经营能力通常很重要。如果小型被审计单位在很大程度上依赖于向业主兼经理融资，那么确保这些资金不会撤离可能是很重要的。例如，面临财务困境的小型被审计单位的持续经营能力可能取决于业主兼经理是否将其对被审计单位贷款的求偿权排在银行或其他债权人之后，或者是否以其个人资产作为抵押为被审计单位的贷款提供担保。在这种情况下，注册会计师可以获取适当的书面证据，证明业主兼经理对贷款的次序求偿或提供的担保。如果被审计单位依赖业主兼经理提供的额外支持，注册会计师可以评价业主兼经理履行提供支持的承诺中所规定义务的能力。此外，注册会计师还可以要求对这类支持的条款和条件以及业主兼经理的意图或理解进行书面确认。

五、超出管理层评估的期间（参见本准则第十四条）

14. 可能存在着已知的事项（预定的或非预定的）或情况，是超出管理层评估期间发生的，可能导致注册会计师对管理层编制财务报表时运用持续经营假设的适当性产生怀疑，根据本准则第十条的要求，注册会计师需要对存在这些事项或情况的可能性保持警觉。由于事项或情况发生的时点距离作出评估的时点越远，与事项或情况的结果相关的不确定性的程度也相应增加，因此在考虑更远期间发生的事项或情况时，只有持续经营事项的迹象达到重大时，注册会计师才需要考虑采取进一步措施。如果识别出这些事项或情况，注册会计师可能需要提请管理层评价这些事项或情况对于其评估被审计单位持续经营能力的潜在重要性。在这种情况下，本准则第十五条规定的程序适用。

15. 除询问管理层外，注册会计师没有责任实施其他任何审计程序，以识别超出管理层评估期间并可能导致对被审计单位持续经营能力产生重大疑虑的事项或情况。如本准则第十二条所述，管理层的评估期间至少是自财务报表日起十二个月。

六、识别出事项或情况时实施追加的审计程序（参见本准则第十五条）

16. 与本准则第十五条的要求相关的审计程序可能包括：
（1）与管理层分析和讨论现金流量、盈利及其他相关预测；
（2）分析和讨论可获得的被审计单位最近的中期财务报表；
（3）阅读公司债券和借款合同的条款并确定是否存在违约情况；
（4）阅读股东、治理层及相关委员会会议有关财务困境的会议纪要；
（5）向被审计单位的律师询问是否存在诉讼或索赔，管理层对诉讼或索赔结果的评估以及对其财务影响的估计是否合理；
（6）向关联方或第三方确认提供或保持财务支持的协议的存在性、合法性和可执行性，并对其提供额外资金的能力作出评估；
（7）评价被审计单位处理尚未完成的客户订单的计划；

（8）针对期后事项实施审计程序，以识别那些能够改善或影响被审计单位持续经营能力的事项；

（9）确认授信合同的存在性、条款和充分性；

（10）获取并复核有关监管行动的报告；

（11）对于拟处置的资产，确定支持证据的充分性。

（一）评价管理层的未来应对计划（参见本准则第十五条第（二）项）

17. 评价管理层未来应对计划可能包括向管理层询问该计划。管理层的应对计划可能包括管理层变卖资产、对外借款、重组债务、削减或延缓开支或者获得新的资本。

（二）管理层评估的期间（参见本准则第十五条第（三）项）

18. 除本准则第十五条第（三）项要求实施的程序外，注册会计师还可能：

（1）将最近若干期间的预测性财务信息与实际结果相比较；

（2）将本期预测性财务信息与截至目前的实际结果相比较。

19. 如果管理层的假设包括第三方通过放弃贷款优先求偿权、承诺保持或提供补充资金或担保等方式向被审计单位提供持续的支持，且这种支持对于被审计单位的持续经营能力很重要，注册会计师可能需要考虑要求该第三方提供书面确认（包括条款和条件），并获得有关该第三方有能力提供这种支持的证据。

（三）书面声明（参见本准则第十五条第（五）项）

20. 为了支持已获取的、与管理层持续经营能力评估相关的未来应对计划及其可行性的审计证据，注册会计师可能认为获取除本准则第十五条要求以外的特别书面声明是适当的。

七、审计结论

（一）与可能导致对被审计单位持续经营能力产生重大疑虑的事项或情况相关的重大不确定性（参见本准则第十七条和第十八条）

21. 在讨论与可能导致对持续经营能力产生重大疑虑的事项或情况相关的、应当在财务报表中披露的不确定性时，《国际会计准则第1号——财务报表列报》使用"重大不确定性"的术语。其他一些财务报告编制基础在类似情况下可能使用其他类似术语。注册会计师可以将这些术语视为含义相同。

（二）当已识别出事项或情况且存在重大不确定性时披露的充分性

22. 本准则第十七条解释，鉴于不确定性潜在影响的重要程度和发生的可能性，为了使财务报表实现公允反映，管理层有必要适当披露该不确定性的性质和影响，则表明存在重大不确定性。无论适用的财务报告编制基础是否或如何定义重大不确定性，本准则第十七条均要求注册会计师对是否存在重大不确定性得出结论。

23. 本准则第十八条要求注册会计师确定财务报表是否披露了该条规定的事项。这一要求是对注册会计师确定按照适用的财务报告编制基础对重大不确定性作出的披露是否充分的补充。除本准则第十八条规定的事项外，某些财务报告编制基础要求的额外披露还可能包括：

（1）管理层对与被审计单位履行义务能力相关的事项或情况的重要程度作出的评价；

（2）管理层在评估被审计单位持续经营能力时作出的重要判断。

针对管理层如何考虑与主要事项或情况相关的潜在影响的重要程度、发生的可能性及发生时间的披露，某些财务报告编制基础可能提供了额外指引。

（三）当已识别出事项或情况但不存在重大不确定性时披露的充分性（参见本准则第十九条）

24. 即使不存在重大不确定性，本准则第十九条要求注册会计师根据适用的财务报告编制基础的规定，评价财务报表是否充分披露了可能导致对被审计单位持续经营能力产生重大疑虑的事项或情况。某些财务报告编制基础可能针对下列方面的披露作出规定：

（1）主要事项或情况；

（2）管理层对与被审计单位履行义务能力相关的事项或情况的重要程度作出的评价；

（3）管理层为减轻这些事项或情况的影响而作出的应对计划；

（4）管理层在评估被审计单位持续经营能力时作出的重要判断。

25. 注册会计师对财务报表是否实现公允反映作出的评价包括对财务报表的整体列报、结构和内容是否合理的考虑，以及财务报表（包括相关附注）是否公允地反映了相关交易和事项。根据事实和情况，注册会计师可能确定财务报表为实现公允反映而作出额外披露是必要的。例如，当识别出可能导致对被审计单位持续经营能力产生重大疑虑的事项或情况，但根据获取的审计证据，注册会计师认为不存在重大不确定性，且适用的财务报告编制基础未针对该具体情况提出明确的披露要求时，注册会计师可能认为额外披露是必要的。

八、对审计报告的影响

(一) 运用持续经营假设是不适当的 (参见本准则第二十条)

26. 如果财务报表已按照持续经营假设编制,但注册会计师根据判断认为管理层在财务报表中运用持续经营假设是不适当的,则无论财务报表对管理层运用持续经营假设的不适当性是否作出披露,注册会计师均应按照本准则第二十条的要求发表否定意见。

27. 如果在具体情况下运用持续经营假设是不适当的,管理层可能被要求或自愿选择按照其他会计基础(如清算基础)编制财务报表。注册会计师可以对财务报表进行审计,前提是注册会计师确定其他会计基础在具体情况下是可接受的编制基础。如果财务报表对其采用的会计基础已作出充分披露,注册会计师可以对这些财务报表发表无保留意见,但可能认为按照《中国注册会计师审计准则第 1503 号——在审计报告中增加强调事项段和其他事项段》的规定在审计报告中增加强调事项段是适当或必要的,以提醒财务报表使用者注意其他会计基础及其使用理由。

(二) 运用持续经营假设是适当的,但存在重大不确定性 (参见本准则第二十一条和第二十二条)

28. 识别出重大不确定性对财务报表使用者理解财务报表是重要的事项。在审计报告中增加单独的部分并在该部分的标题中提及存在与持续经营相关的重大不确定性这一事实,可以提醒财务报表使用者关注这一情况。

29. 本指南的附录列示了当适用的财务报告编制基础是企业会计准则时,要求包含在审计报告中的说明的参考格式。如果采用的是其他适用的财务报告编制基础,可能需要根据其他适用的财务报告编制基础的具体情况对本指南附录中列示的内容进行调整。

30. 本准则第二十一条对所述每一种具体情况规定了需要在审计报告中列示的最低信息要求。注册会计师可以提供额外信息以对上述要求进行补充,例如:

(1) 解释存在重大不确定性对报表使用者理解财务报表是十分重要的;

(2) 解释如何在审计中应对该事项。(参见本指南第 1 段)

财务报表对重大不确定性已作出充分披露 (参见本准则第二十一条)

31. 针对注册会计师已就管理层运用持续经营假设的适当性获取充分、适当的审计证据,但存在重大不确定性,且财务报表已作出充分披露的情况,本指南附录中的参考格式 1 列示了审计报告的参考格式。《〈中国注册会计师审计准则第 1501 号——对财务报表形成审计意见和出具审计报告〉应用指南》附录中的审计报告参考格式也列示了适用于所有被审计单位的有关持续经营的参考措辞,以描述财务报表责任方以及注册会计师各自与持续经营相关的责任。

财务报表对重大不确定性未作出充分披露(参见本准则第二十二条)

32. 针对注册会计师已就管理层运用持续经营假设的适当性获取充分、适当的审计证据,但财务报表未对重大不确定性作出充分披露的情况,本指南附录中的参考格式2和参考格式3分别列示了出具保留意见和否定意见的审计报告的参考格式。

33. 当存在多项对财务报表整体具有重要影响的重大不确定性时,在极少数情况下,注册会计师可能认为发表无法表示意见是适当的,而非在审计报告中增加本准则第二十一条规定的以"与持续经营相关的重大不确定性"为标题的单独部分。《中国注册会计师审计准则第1502号——在审计报告中发表非无保留意见》及其应用指南对此提供了指引。

与监管机构的沟通(参见本准则第二十一条和第二十二条)

34. 当受监管的被审计单位的注册会计师认为有必要在审计报告中提及持续经营事项时,注册会计师可能有责任与适当的监管机构或执法机构沟通。

管理层不愿作出评估或延长评估期间(参见本准则第二十三条)

35. 在某些情况下,注册会计师可能认为有必要提请管理层作出评估或延长评估期间。如果管理层予以拒绝,由于注册会计师可能无法获取有关管理层运用持续经营假设编制财务报表的充分、适当的审计证据(如是否存在管理层提出的应对计划或其他缓解因素的审计证据),注册会计师发表保留意见或无法表示意见可能是适当的。

附录:

与持续经营相关的审计报告参考格式

参考格式1:当注册会计师确定存在重大不确定性,且财务报表已作出充分披露时,发表无保留意见的审计报告。

参考格式2:当注册会计师确定存在重大不确定性,且财务报表由于未作出充分披露而存在重大错报时,发表保留意见的审计报告。

参考格式3:当注册会计师确定存在重大不确定性,但财务报表遗漏了与重大不确定性相关的必要披露时，发表否定意见的审计报告。

参考格式 1：当注册会计师确定存在重大不确定性，且财务报表已作出充分披露时，发表无保留意见的审计报告

背景信息：

1. 对上市实体整套财务报表进行审计。该审计不属于集团审计（即不适用《中国注册会计师审计准则第 1401 号——对集团财务报表审计的特殊考虑》）；

2. 管理层按照企业会计准则编制财务报表；

3. 审计业务约定条款体现了《中国注册会计师审计准则第 1111 号——就审计业务约定条款达成一致意见》中关于管理层对财务报表责任的描述；

4. 基于获取的审计证据，注册会计师认为发表无保留意见是恰当的；

5. 适用的相关职业道德要求为中国注册会计师职业道德守则；

6. 基于获取的审计证据，注册会计师认为可能导致对被审计单位持续经营能力产生重大疑虑的事项或情况存在重大不确定性，财务报表对该重大不确定性已作出充分披露；

7. 已按照《中国注册会计师审计准则第 1504 号——在审计报告中沟通关键审计事项》的规定沟通了关键审计事项；

8. 注册会计师在审计报告日前已获取所有其他信息，且未识别出信息存在重大错报；

9. 负责监督财务报表的人员与负责编制财务报表的人员不同；

10. 除财务报表审计外，注册会计师还承担法律法规要求的其他报告责任，且注册会计师决定在审计报告中履行其他报告责任。

审计报告

ABC 股份有限公司全体股东：

一、对财务报表出具的审计报告[①]

（一）审计意见

我们审计了 ABC 股份有限公司（以下简称 ABC 公司）财务报表，包

[①] 如果审计报告中不包含"按照相关法律法规的要求报告的事项"部分，则不需要加入此标题。

括 20×1 年 12 月 31 日的资产负债表、20×1 年度的利润表、现金流量表、股东权益变动表以及相关财务报表附注。

我们认为,后附的财务报表在所有重大方面按照企业会计准则的规定编制,公允反映了 ABC 公司 20×1 年 12 月 31 日的财务状况以及 20×1 年度的经营成果和现金流量。

(二)形成审计意见的基础

我们按照中国注册会计师审计准则的规定执行了审计工作。审计报告的"注册会计师对财务报表审计的责任"部分进一步阐述了我们在这些准则下的责任。按照中国注册会计师职业道德守则,我们独立于 ABC 公司,并履行了职业道德方面的其他责任。我们相信,我们获取的审计证据是充分、适当的,为发表审计意见提供了基础。

(三)与持续经营相关的重大不确定性

我们提醒财务报表使用者关注,如财务报表附注×所述,ABC 公司 20×1 年发生净亏损×元,且于 20×1 年 12 月 31 日,ABC 公司流动负债高于资产总额×元。如财务报表附注×所述,这些事项或情况,连同财务报表附注×所示的其他事项,表明存在可能导致对 ABC 公司持续经营能力产生重大疑虑的重大不确定性。该事项不影响已发表的审计意见。

(四)关键审计事项

关键审计事项是我们根据职业判断,认为对本期财务报表审计最为重要的事项。这些事项的应对以对财务报表整体进行审计并形成审计意见为背景,我们不对这些事项单独发表意见。除"与持续经营相关的重大不确定性"部分所描述的事项外,我们确定下列事项是需要在审计报告中沟通的关键审计事项。

[按照《中国注册会计师审计准则第 1504 号——在审计报告中沟通关键审计事项》的规定描述每一关键审计事项。]

(五)其他信息

[按照《中国注册会计师审计准则第 1521 号——注册会计师对其他信息的责任》的规定报告,见《〈中国注册会计师审计准则第 1521 号——注册会计师对其他信息的责任〉应用指南》附录 2 中的参考格式 1。]

(六)管理层和治理层对财务报表的责任

[按照《中国注册会计师审计准则第 1501 号——对财务报表形成审计意见和出具审计报告》的规定报告,见《〈中国注册会计师审计准则第 1501 号——对财务报表形成审计意见和出具审计报告〉应用指南》参考格式 1。]

（七）注册会计师对财务报表审计的责任

［按照《中国注册会计师审计准则第 1501 号——对财务报表形成审计意见和出具审计报告》的规定报告，见《〈中国注册会计师审计准则第 1501 号——对财务报表形成审计意见和出具审计报告〉应用指南》参考格式 1。］

二、按照相关法律法规的要求报告的事项

［按照《中国注册会计师审计准则第 1501 号——对财务报表形成审计意见和出具审计报告》的规定报告，见《〈中国注册会计师审计准则第 1501 号——对财务报表形成审计意见和出具审计报告〉应用指南》参考格式 1。］

××会计师事务所 （盖章）	中国注册会计师：×××（项目合伙人） （签名并盖章） 中国注册会计师：××× （签名并盖章）
中国××市	20×2 年×月×日

参考格式 2：当注册会计师确定存在重大不确定性，且财务报表由于未作出充分披露而存在重大错报时，发表保留意见的审计报告

背景信息：

1. 对上市实体整套财务报表进行审计。该审计不属于集团审计（即不适用《中国注册会计师审计准则第 1401 号——对集团财务报表审计的特殊考虑》）；

2. 管理层按照企业会计准则编制财务报表；

3. 审计业务约定条款体现了《中国注册会计师审计准则第 1111 号——就审计业务约定条款达成一致意见》中关于管理层对财务报表责任的描述；

4. 基于获取的审计证据，注册会计师认为可能导致对被审计单位持续经营能力产生重大疑虑的事项或情况存在重大不确定性。财务报表附注×讨论了融资协议的规模、到期日和总安排，但财务报表未讨论其影响以及再融资的可获得性，也未将该情况界定为重大不确定性；

5. 适用的相关职业道德要求为中国注册会计师职业道德守则；

6. 财务报表由于未充分披露重大不确定性而存在重大错报。注册会

计师认为未充分披露对财务报表的影响重大但不具有广泛性,因此发表保留意见;

7. 已按照《中国注册会计师审计准则第1504号——在审计报告中沟通关键审计事项》的规定沟通了关键审计事项;

8. 注册会计师在审计报告日前已获取所有其他信息,并且导致对财务报表发表保留意见的事项也影响其他信息;

9. 负责监督财务报表的人员与负责编制财务报表的人员不同;

10. 除财务报表审计外,注册会计师还承担法律法规要求的其他报告责任,且注册会计师决定在审计报告中履行其他报告责任。

审计报告

ABC 股份有限公司全体股东:

一、对财务报表出具的审计报告①

(一)保留意见

我们审计了 ABC 股份有限公司(以下简称 ABC 公司)财务报表,包括 20×1 年 12 月 31 日的资产负债表,20×1 年度的利润表、现金流量表、股东权益变动表以及相关财务报表附注。

我们认为,除"形成保留意见的基础"部分所述事项产生的影响外,后附的财务报表在所有重大方面按照企业会计准则的规定编制,公允反映了 ABC 公司 20×1 年 12 月 31 日的财务状况以及 20×1 年度的经营成果和现金流量。

(二)形成保留意见的基础

如财务报表附注×所述,ABC 公司融资协议期满,且未偿付余额将于 20×2 年 3 月 19 日到期。ABC 公司未能重新商定协议或获取替代性融资。这种情况表明存在可能导致对 ABC 公司持续经营能力产生重大疑虑的重大不确定性。财务报表对这一事项并未作出充分披露。

我们按照中国注册会计师审计准则的规定执行了审计工作。审计报告的"注册会计师对财务报表审计的责任"部分进一步阐述了我们在这些准则下的责任。按照中国注册会计师职业道德守则,我们独立于 ABC 公司,并履行了职业道德方面的其他责任。我们相信,我们获取的审计证据是充

---

① 如果审计报告中不包含"按照相关法律法规的要求报告的事项"部分,则不需要加入此标题。

分、适当的,为发表保留意见提供了基础。

(三)关键审计事项

关键审计事项是我们根据职业判断,认为对本期财务报表审计最为重要的事项。这些事项的应对以对财务报表整体进行审计并形成审计意见为背景,我们不对这些事项单独发表意见。除"形成保留意见的基础"部分所述事项外,我们确定下列事项是需要在审计报告中沟通的关键审计事项。

[按照《中国注册会计师审计准则第 1504 号——在审计报告中沟通关键审计事项》的规定描述每一关键审计事项。]

(四)其他信息

[按照《中国注册会计师审计准则第 1521 号——注册会计师对其他信息的责任》的规定报告,见《〈中国注册会计师审计准则第 1521 号——注册会计师对其他信息的责任〉应用指南》附录 2 中的参考格式 6。该参考格式中其他信息部分的最后一段需要进行改写,以描述导致注册会计师对财务报表发表保留意见并且也影响其他信息的事项。]

(五)管理层和治理层对财务报表的责任

[按照《中国注册会计师审计准则第 1501 号——对财务报表形成审计意见和出具审计报告》的规定报告,见《〈中国注册会计师审计准则第 1501 号——对财务报表形成审计意见和出具审计报告〉应用指南》参考格式 1。]

(六)注册会计师对财务报表审计的责任

[按照《中国注册会计师审计准则第 1501 号——对财务报表形成审计意见和出具审计报告》的规定报告,见《〈中国注册会计师审计准则第 1501 号——对财务报表形成审计意见和出具审计报告〉应用指南》参考格式 1。]

二、按照相关法律法规的要求报告的事项

[按照《中国注册会计师审计准则第 1501 号——对财务报表形成审计意见和出具审计报告》的规定报告,见《〈中国注册会计师审计准则第 1501 号——对财务报表形成审计意见和出具审计报告〉应用指南》参考格式 1。]

××会计师事务所	中国注册会计师:×××(项目合伙人)
(盖章)	(签名并盖章)
	中国注册会计师:×××
	(签名并盖章)
中国××市	20×2 年×月×日

参考格式 3：当注册会计师确定存在重大不确定性，但财务报表遗漏了与重大不确定性相关的必要披露时，发表否定意见的审计报告

背景信息：

1. 对非上市实体整套财务报表进行审计。该审计不属于集团审计（即不适用《中国注册会计师审计准则第 1401 号——对集团财务报表审计的特殊考虑》）；

2. 管理层按照企业会计准则编制财务报表；

3. 审计业务约定条款体现了《中国注册会计师审计准则第 1111 号——就审计业务约定条款达成一致意见》中关于管理层对财务报表责任的描述；

4. 适用的相关职业道德要求为中国注册会计师职业道德守则；

5. 基于获取的审计证据，注册会计师认为可能导致对被审计单位持续经营能力产生重大疑虑的事项或情况存在重大不确定性，且该公司正考虑申请破产。财务报表遗漏了与重大不确定性相关的必要披露。该漏报对财务报表的影响重大且具有广泛性，因此发表否定意见；

6. 注册会计师未被要求，并且也决定不沟通关键审计事项；

7. 注册会计师在审计报告日前已获取所有其他信息，并且导致对财务报表发表否定意见的事项也影响其他信息；

8. 负责监督财务报表的人员与负责编制财务报表的人员不同；

9. 除财务报表审计外，注册会计师还承担法律法规要求的其他报告责任，且注册会计师决定在审计报告中履行其他报告责任。

审计报告

ABC 股份有限公司全体股东：

一、对财务报表出具的审计报告①

（一）否定意见

我们审计了 ABC 股份有限公司（以下简称 ABC 公司）财务报表，包括 20×1 年 12 月 31 日的资产负债表，20×1 年度的利润表、现金流量表、股东权益变动表以及相关财务报表附注。

---

① 如果审计报告中不包含"按照相关法律法规的要求报告的事项"部分，则不需要加入此标题。

我们认为，由于"形成否定意见的基础"部分所述事项的重要性，后附的财务报表没有在所有重大方面按照企业会计准则的规定编制，未能公允反映 ABC 公司 20×1 年 12 月 31 日的财务状况以及 20×1 年度的经营成果和现金流量。

（二）形成否定意见的基础

ABC 公司融资协议期满，且未偿付余额于 20×1 年 12 月 31 日到期。ABC 公司未能重新商定协议或获取替代性融资，正考虑申请破产。这种情况表明存在可能导致对 ABC 公司持续经营能力产生重大疑虑的重大不确定性。财务报表对这一事项并未作出充分披露。

我们按照中国注册会计师审计准则的规定执行了审计工作。审计报告的"注册会计师对财务报表审计的责任"部分进一步阐述了我们在这些准则下的责任。按照中国注册会计师职业道德守则，我们独立于 ABC 公司，并履行了职业道德方面的其他责任。我们相信，我们获取的审计证据是充分、适当的，为发表否定意见提供了基础。

（三）其他信息

［按照《中国注册会计师审计准则第 1521 号——注册会计师对其他信息的责任》的规定报告，见《〈中国注册会计师审计准则第 1521 号——注册会计师对其他信息的责任〉应用指南》附录 2 中的参考格式 7。该参考格式中其他信息部分的最后一段需要进行改写，以描述导致注册会计师对财务报表发表否定意见并且也影响其他信息的事项。］

（四）管理层和治理层对财务报表的责任

［按照《中国注册会计师审计准则第 1501 号——对财务报表形成审计意见和出具审计报告》的规定报告，见《〈中国注册会计师审计准则第 1501 号——对财务报表形成审计意见和出具审计报告〉应用指南》参考格式 3。］

（五）注册会计师对财务报表审计的责任

［按照《中国注册会计师审计准则第 1501 号——对财务报表形成审计意见和出具审计报告》的规定报告，见《〈中国注册会计师审计准则第 1501 号——对财务报表形成审计意见和出具审计报告〉应用指南》参考格式 3。］

二、按照相关法律法规的要求报告的事项

［按照《中国注册会计师审计准则第 1501 号——对财务报表形成审计意见和出具审计报告》的规定报告，见《〈中国注册会计师审计准则第 1501

号——对财务报表形成审计意见和出具审计报告〉应用指南》参考格式1。]

××会计师事务所　　　　　　中国注册会计师：×××
　　（盖章）　　　　　　　　　　（签名并盖章）
　　　　　　　　　　　　　　　中国注册会计师：×××
　　　　　　　　　　　　　　　　（签名并盖章）
中国××市　　　　　　　　　　20×2年×月×日

《中国注册会计师审计准则第1331号——首次审计业务涉及的期初余额》应用指南

（2017年2月28日修订）

一、审计程序

（一）对公共部门实体的特殊考虑（参见本准则第八条）

1. 法律法规可能对公共部门实体作出限制性规定，使现任注册会计师不能从前任注册会计师获取信息。例如，某公共部门实体之前由接受法定委托的注册会计师执行审计，现该公共部门实体变更为私营部门实体，有关保密的法律法规的规定，可能限制新接受委托的现任注册会计师接触前任注册会计师的工作底稿或其他信息，前任注册会计师可能无法就此提供帮助。在沟通受到限制的情况下，现任注册会计师可能需要通过其他方式获取审计证据；如果无法获取充分、适当的审计证据，现任注册会计师需要考虑对审计意见的影响。

2. 如果由接受法定委托的注册会计师将某公共部门实体的审计外包给另一家会计师事务所，而接受外包的会计师事务所没有执行该公共部门实体上期财务报表审计，通常不视为取代接受法定委托的注册会计师。然而，根据外包协议的性质，从接受外包的会计师事务所的注册会计师履行职责的角度看，该审计业务可被视为首次审计业务，因此，需要遵守本准则的规定。

（二）期初余额（参见本准则第八条第二款）

3. 为获取有关期初余额的充分、适当的审计证据，需要实施的审计程序的性质和范围取决于下列事项：

（1）被审计单位运用的会计政策；

（2）账户余额、各类交易和披露的性质以及本期财务报表存在的重大错报风险；

（3）期初余额相对于本期财务报表的重要程度；

（4）上期财务报表是否经过审计，如果经过审计，前任注册会计师的意见是否为非无保留意见。

4. 如果上期财务报表由前任注册会计师审计，注册会计师可能通过复核前任注册会计师的审计工作底稿获取有关期初余额的充分、适当的审计证据。这种复核是否能够提供充分、适当的审计证据，受前任注册会计师的专业胜任能力和独立性的影响。

5. 审计准则和相关职业道德要求对现任注册会计师与前任注册会计师的沟通作出规定。

6. 对于流动资产和流动负债，注册会计师可以通过本期实施的审计程序获取有关期初余额的部分审计证据。例如，本期应收账款的收回（或应付账款的支付）为其在期初的存在、权利和义务、完整性和计价提供了部分审计证据。然而，就存货而言，本期对存货的期末余额实施的审计程序，几乎无法提供有关期初持有存货的审计证据。因此，注册会计师有必要实施追加的审计程序。下列一项或多项审计程序可能提供有关期初存货余额的充分、适当的审计证据：

（1）监盘当前的存货数量并调节至期初存货数量；

（2）对期初存货项目的计价实施审计程序；

（3）对毛利和存货截止实施审计程序。

7. 对于非流动资产和非流动负债，如长期股权投资、固定资产和长期借款，注册会计师可以通过检查形成期初余额的会计记录和其他信息获取审计证据。在某些情况下，注册会计师还可以通过向第三方函证获取有关期初余额（如长期借款和长期股权投资的期初余额）的部分审计证据。在另外一些情况下，注册会计师可能需要实施追加的审计程序。

二、审计结论和审计报告

（一）期初余额（参见本准则第十二条）

8.《中国注册会计师审计准则第1502号——在审计报告中发表非无保留意见》对可能导致注册会计师对财务报表发表非无保留意见的情形、适合具体情况的意见类型和审计报告的内容作出规定，当发表非无保留意见时，注册会计师需要遵守这些规定。如果无法针对期初余额获取充分、适当的审计证据,注册会计师需要在审计报告中发表下列类型之一的非无保留意见:

(1) 发表适合具体情况的保留意见或无法表示意见;

(2) 除非法律法规禁止,对经营成果和现金流量(如相关)发表保留意见或无法表示意见,而对财务状况发表无保留意见。

本指南附录列示了与期初余额相关的非无保留意见的审计报告的参考格式。

(二)前任注册会计师对上期财务报表发表了非无保留意见(参见本准则第十五条)

9. 在某些情况下,导致前任注册会计师发表非无保留意见的事项可能与对本期财务报表发表的意见既不相关也不重大。例如,上期存在范围限制,但在本期导致范围限制的事项已得到解决。

附录:

与期初余额相关的非无保留意见的审计报告的参考格式

参考格式1:

背景信息:

1. 对非上市实体整套财务报表进行审计。该审计不属于集团审计(即不适用《中国注册会计师审计准则第1401号——对集团财务报表审计的特殊考虑》);

2. 管理层按照企业会计准则编制财务报表;

3. 审计业务约定条款体现了《中国注册会计师审计准则第1111号——就审计业务约定条款达成一致意见》中关于管理层对财务报表责任的描述;

4. 注册会计师未能在本期期初对存货实施监盘,也未能获取有关存货期初余额的充分、适当的审计证据;

5. 针对存货期初余额无法获取充分、适当的审计证据可能产生的影响,对被审计单位的经营成果和现金流量而言是重大但非广泛的;

6. 期末财务状况已得到公允反映;

7. 法律法规禁止注册会计师对被审计单位的经营成果和现金流量发

表保留意见,而对财务状况发表无保留意见;

8. 适用的相关职业道德要求为中国注册会计师职业道德守则;

9. 基于获取的审计证据,根据《中国注册会计师审计准则第1324号——持续经营》,注册会计师认为可能导致对被审计单位持续经营能力产生重大疑虑的事项或情况不存在重大不确定性;

10. 注册会计师未被要求,并且也决定不沟通关键审计事项;

11. 注册会计师在审计报告日前已获取所有其他信息,且未识别出信息存在重大错报;

12. 已列报对应数据,且上期财务报表已由前任注册会计师审计,法律法规不禁止注册会计师提及前任注册会计师对对应数据出具的审计报告,并且注册会计师决定提及;

13. 负责监督财务报表的人员与负责编制财务报表的人员不同;

14. 除财务报表审计外,注册会计师还承担法律法规要求的其他报告责任,且注册会计师决定在审计报告中履行其他报告责任。

审计报告

ABC 股份有限公司全体股东:

一、对财务报表出具的审计报告[①]

(一) 保留意见

我们审计了 ABC 股份有限公司(以下简称 ABC 公司)财务报表,包括 20×1 年 12 月 31 日的资产负债表,20×1 年度的利润表、现金流量表、股东权益变动表以及相关财务报表附注。

我们认为,除"形成保留意见的基础"部分所述事项可能产生的影响外,后附的财务报表在所有重大方面按照企业会计准则的规定编制,公允反映了 ABC 公司 20×1 年 12 月 31 日的财务状况以及 20×1 年度的经营成果和现金流量。

(二) 形成保留意见的基础

我们于 20×1 年 6 月 30 日接受委托审计 ABC 公司财务报表,因而未能对期初存货实施监盘程序。我们通过其他审计程序也未能确定 20×0 年 12 月 31 日的存货数量。由于期初存货对经营成果和现金流量的影响重大,

---

[①] 如果审计报告中不包含"按照相关法律法规的要求报告的事项"部分,则不需要加入此标题。

我们无法确定是否有必要对本期利润表中报告的利润和现金流量表中报告的经营活动产生的现金净流量进行调整。

我们按照中国注册会计师审计准则的规定执行了审计工作。审计报告的"注册会计师对财务报表审计的责任"部分进一步阐述了我们在这些准则下的责任。按照中国注册会计师职业道德守则，我们独立于 ABC 公司，并履行了职业道德方面的其他责任。我们相信，我们获取的审计证据是充分、适当的，为发表保留意见提供了基础。

（三）其他事项

ABC 公司 20×0 年度财务报表已由其他注册会计师审计，并于 20×1 年 3 月 31 日发表了无保留意见。

（四）其他信息

［按照《中国注册会计师审计准则第 1521 号——注册会计师对其他信息的责任》的规定报告，见《〈中国注册会计师审计准则第 1521 号——注册会计师对其他信息的责任〉应用指南》附录 2 中的参考格式 1。］

（五）管理层和治理层对财务报表的责任

［按照《中国注册会计师审计准则第 1501 号——对财务报表形成审计意见和出具审计报告》的规定报告，见《〈中国注册会计师审计准则第 1501 号——对财务报表形成审计意见和出具审计报告〉应用指南》参考格式 3。］

（六）注册会计师对财务报表审计的责任

［按照《中国注册会计师审计准则第 1501 号——对财务报表形成审计意见和出具审计报告》的规定报告，见《〈中国注册会计师审计准则第 1501 号——对财务报表形成审计意见和出具审计报告〉应用指南》参考格式 3。］

二、按照相关法律法规的要求报告的事项

［按照《中国注册会计师审计准则第 1501 号——对财务报表形成审计意见和出具审计报告》的规定报告，见《〈中国注册会计师审计准则第 1501 号——对财务报表形成审计意见和出具审计报告〉应用指南》参考格式 1。］

××会计师事务所	中国注册会计师：×××
（盖章）	（签名并盖章）
	中国注册会计师：×××
	（签名并盖章）
中国××市	20×2 年×月×日

参考格式2：

背景信息：

1. 对非上市实体整套财务报表进行审计。该审计不属于集团审计（即不适用《中国注册会计师审计准则第1401号——对集团财务报表审计的特殊考虑》）；

2. 管理层按照企业会计准则编制财务报表；

3. 审计业务约定条款体现了《中国注册会计师审计准则第1111号——就审计业务约定条款达成一致意见》中关于管理层对财务报表责任的描述；

4. 注册会计师未能在本期期初对存货实施监盘，也未能获取有关存货期初余额的充分、适当的审计证据；

5. 针对存货期初余额无法获取充分、适当的审计证据可能产生的影响，对被审计单位的经营成果和现金流量而言是重大但非广泛的；

6. 期末财务状况已经得到公允反映；

7. 对被审计单位的经营成果和现金流量发表保留意见，而对财务状况发表无保留意见，这种意见被认为是适合具体情况的；

8. 适用的相关职业道德要求为中国注册会计师职业道德守则；

9. 基于获取的审计证据，根据《中国注册会计师审计准则第1324号——持续经营》，注册会计师认为可能导致对被审计单位持续经营能力产生重大疑虑的事项或情况不存在重大不确定性；

10. 注册会计师未被要求，并且也决定不沟通关键审计事项；

11. 注册会计师在审计报告日前已获取所有其他信息，且未识别出信息存在重大错报；

12. 已列报对应数据，且上期财务报表已由前任注册会计师审计，法律法规不禁止注册会计师提及前任注册会计师对对应数据出具的审计报告，并且注册会计师决定提及；

13. 负责监督财务报表的人员与负责编制财务报表的人员不同；

14. 除财务报表审计外，注册会计师还承担法律法规要求的其他报告责任，且注册会计师决定在审计报告中履行其他报告责任。

审计报告

ABC 股份有限公司全体股东：

一、对财务报表出具的审计报告①

（一）审计意见

我们审计了 ABC 股份有限公司（以下简称 ABC 公司）财务报表，包括 20×1 年 12 月 31 日的资产负债表，20×1 年度的利润表、现金流量表、股东权益变动表以及相关财务报表附注。

对经营成果和现金流量发表的保留意见

我们认为，除"形成审计意见的基础，包括对经营成果和现金流量形成保留意见的基础"部分所述事项可能产生的影响外，后附的利润表和现金流量表在所有重大方面按照企业会计准则的规定编制，公允反映了 ABC 公司 20×1 年度的经营成果和现金流量。

对财务状况发表的无保留意见

我们认为，后附的资产负债表和股东权益变动表在所有重大方面按照企业会计准则的规定编制，公允反映了 ABC 公司 20×1 年 12 月 31 日的财务状况。

（二）形成审计意见的基础，包括对经营成果和现金流量形成保留意见的基础

我们于 20×1 年 6 月 30 日接受委托审计 ABC 公司财务报表，因而未能对期初存货实施监盘程序。我们通过其他审计程序也未能确定 20×0 年 12 月 31 日的存货数量。由于期初存货对经营成果和现金流量的影响重大，我们无法确定是否有必要对本期利润表中报告的利润和现金流量表中报告的经营活动产生的现金净流量进行调整。

我们按照中国注册会计师审计准则的规定执行了审计工作。审计报告的"注册会计师对财务报表审计的责任"部分进一步阐述了我们在这些准则下的责任。按照中国注册会计师职业道德守则，我们独立于 ABC 公司，并履行了职业道德方面的其他责任。我们相信，我们获取的审计证据是充分、适当的，为针对财务状况发表无保留意见以及针对经营成果和现金流量发表保留意见提供了基础。

---

① 如果审计报告中不包含"按照相关法律法规的要求报告的事项"部分，则不需要加入此标题。

（三）其他事项

ABC 公司 20×0 年度财务报表已由其他注册会计师审计，并于 20×1 年 3 月 31 日发表了无保留意见。

（四）其他信息

［按照《中国注册会计师审计准则第 1521 号——注册会计师对其他信息的责任》的规定报告，见《〈中国注册会计师审计准则第 1521 号——注册会计师对其他信息的责任〉应用指南》附录 2 中的参考格式 1。］

（五）管理层和治理层对财务报表的责任

［按照《中国注册会计师审计准则第 1501 号——对财务报表形成审计意见和出具审计报告》的规定报告，见《〈中国注册会计师审计准则第 1501 号——对财务报表形成审计意见和出具审计报告〉应用指南》参考格式 3。］

（六）注册会计师对财务报表审计的责任

［按照《中国注册会计师审计准则第 1501 号——对财务报表形成审计意见和出具审计报告》的规定报告，见《〈中国注册会计师审计准则第 1501 号——对财务报表形成审计意见和出具审计报告〉应用指南》参考格式 3。］

二、按照相关法律法规的要求报告的事项

［按照《中国注册会计师审计准则第 1501 号——对财务报表形成审计意见和出具审计报告》的规定报告，见《〈中国注册会计师审计准则第 1501 号——对财务报表形成审计意见和出具审计报告〉应用指南》参考格式 1。］

××会计师事务所	中国注册会计师：×××
（盖章）	（签名并盖章）
	中国注册会计师：×××
	（签名并盖章）
中国××市	20×2 年×月×日

《中国注册会计师审计准则第 1332 号——期后事项》应用指南

(2017 年 2 月 28 日修订)

一、本准则的适用范围(参见本准则第一条)

1. 如果已审计财务报表在报出后被纳入其他文件(除《中国注册会计师审计准则第 1521 号——注册会计师对其他信息的责任》所定义的年度报告外),注册会计师需要考虑其可能承担的与期后事项相关的额外责任。例如,为遵守中国证券监督管理委员会《关于加强对通过发审会的拟发行证券的公司会后事项监管的通知》(证监发行字〔2002〕15 号)的规定,注册会计师可能需要实施追加的审计程序,以将审计程序涵盖的期间延伸至最终发行文件的生效日期。这些程序可能包括:

(1) 实施本准则第九条和第十条规定的审计程序,并将其期间延伸至最终发行文件的生效日期或临近该生效日;

(2) 查阅发行文件,并评估发行文件内的其他信息与已审计财务信息是否一致。

二、定义

(一) 审计报告日(参见本准则第五条)

2. 审计报告日不应早于注册会计师获取充分、适当的审计证据(包括证明构成整套财务报表的所有报表已编制完成,并且法律法规规定的被审计单位董事会、管理层或类似机构已经认可其对财务报表负责的证据),并在此基础上对财务报表形成审计意见的日期。因此,审计报告日不应早于本准则第七条规定的财务报表批准日。由于事务性方面的原因,审计报告提交给被审计单位的日期与本准则第五条规定的审计报告日可能并不相同,而是滞后一段时间。

(二) 财务报表报出日(参见本准则第六条)

3. 财务报表报出日通常取决于被审计单位的监管环境。在某些情况下,财务报表报出日可能是财务报表报送给监管机构的日期。由于已审计财务报表不能在未附审计报告的情况下报出,因此已审计财务报表的报出日不应早于审计报告日,且不应早于审计报告提交给被审计单位的日期。

对公共部门实体的特殊考虑

4. 对公共部门实体而言,财务报表报出日可能是将已审计财务报表连同审计报告提交给主管部门或以其他方式公布的日期。

(三)财务报表批准日(参见本准则第七条)

5. 在某些国家或地区,法律法规指定个人或机构(如管理层或治理层)负责就构成整套财务报表的所有报表(包括相关附注)已编制完成得出结论,并规定了必要的批准程序。在其他一些国家或地区,法律法规并未对批准程序作出规定,因此被审计单位根据其管理和治理结构,按其自身的程序来编制和完成财务报表。

在某些国家或地区,财务报表需要由股东最终批准。在这些国家或地区,股东的最终批准并非注册会计师认为已获取充分、适当的审计证据的必要条件。就审计准则而言,财务报表批准日是一个比较早的日期,即被审计单位的董事会、管理层或类似机构确定构成整套财务报表的所有报表(包括相关附注)已经编制完成,并声称对此负责的日期。

三、财务报表日至审计报告日之间发生的事项(本准则第九条至第十二条)

6. 根据风险评估结果,为获取充分、适当的审计证据,本准则第九条要求的审计程序可能包括复核或测试会计记录或财务报表日至审计报告日之间的交易。本准则第九条和第十条要求的审计程序是注册会计师为其他目的而实施的程序的补充。当然,为其他目的而实施的程序(例如,为获取财务报表日账户余额的审计证据而实施的程序,如截止程序或与期后应收账款回收有关的程序)也可以提供有关期后事项的证据。

7. 本准则第十条规定了注册会计师需要按照本准则第九条的规定实施某些审计程序。但是,注册会计师就期后事项实施的程序可能取决于可获得的信息,特别是自财务报表日以来会计记录的编制程度。如果会计记录未能反映最新信息,被审计单位也没有编制中期财务报表(无论是基于内部还是外部目的),或者没有编制管理层或治理层会议的纪要,则相关审计程序可以采用检查可获得的账簿和记录(包括银行对账单)的形式。本指南第9段列举了注册会计师在询问过程中可以考虑的额外事项。

8. 除本准则第十条所述的审计程序外,注册会计师可能认为实施下列一项或多项审计程序是必要和适当的:

(1)查阅被审计单位在财务报表日后最近期间内的预算、现金流量预测和其他相关的管理报告；

（2）就诉讼和索赔事项询问被审计单位的法律顾问，或扩大之前口头或书面查询的范围；

（3）考虑是否有必要获取涵盖特定期后事项的书面声明以支持其他审计证据，从而获取充分、适当的审计证据。

（一）询问（参见本准则第十条第二款第（二）项）

9. 在向管理层和治理层（如适用）询问是否已发生可能影响财务报表的期后事项时，注册会计师可以询问根据初步或尚无定论的数据作出会计处理的项目的现状。此外，注册会计师还可以就下列事项进行专门询问：

（1）是否已发生新的承诺、借款或担保；

（2）是否已出售或购置资产，或者计划出售或购置资产；

（3）是否已增加资本或发行债务工具（如发行新的股票或债券），或者是否已签订或计划签订合并或清算协议；

（4）资产是否已被政府征用或因不可抗力（如火灾或洪水）而遭受损失；

（5）或有事项是否已发生新的进展；

（6）是否已作出或考虑作出异常的会计调整；

（7）是否已发生或可能发生影响财务报表编制时所采用会计政策适当性的事项（如影响持续经营假设适当性的事项）；

（8）是否已发生与财务报表中会计估计或准备计提相关的事项；

（9）是否已发生与资产可收回性相关的事项。

（二）查阅会议纪要（参见本准则第十条第二款第（三）项）

对公共部门实体的特殊考虑

10. 在某些国家或地区，对于公共部门实体，注册会计师可以向立法机关查阅相关记录，如无书面记录，则就相关立法涉及的事项进行询问。

四、注册会计师在审计报告日后至财务报表报出日前知悉的事实

（一）审计报告日后获取的其他信息的影响（参见本准则第十三条）

10a. 尽管在审计报告日后至财务报表报出日前，注册会计师没有义务针对财务报表实施任何审计程序，《中国注册会计师审计准则第1521号——注册会计师对其他信息的责任》及其应用指南针对注册会计师在审计报告日后获取的其他信息提出要求并提供了指引，这些其他信息可能包括注册会计师在审计报告日后至财务报表报出日前获取的其他信息。

（二）管理层告知注册会计师的责任（参见本准则第十三条）

11. 如《〈中国注册会计师审计准则第 1111 号——就审计业务约定条款达成一致意见〉应用指南》所述，审计业务约定书包括管理层同意告知注册会计师在审计报告日至财务报表报出日之间注意到的可能影响财务报表的事实。

（三）双重报告日期（参见本准则第十五条第（一）项）

12. 在采用本准则第十五条所述第一种处理方式的情况下，注册会计师修改审计报告，针对财务报表修改部分增加补充报告日期，而对管理层作出修改前的财务报表出具的原审计报告日期保持不变。之所以这样处理是因为，原审计报告日期告知财务报表使用者针对该财务报表的审计工作何时完成；补充报告日期告知财务报表使用者自原审计报告日之后实施的审计程序仅针对财务报表的后续修改。有关补充报告日期的示例如下："除附注×所述事项的日期为［仅针对附注×所述修改的审计程序完成日期］之外，［原审计报告日］"。

（四）管理层不修改财务报表（参见本准则第十六条）

13. 在某些国家或地区，法律法规或财务报告编制基础可能并不要求管理层报出经修改的财务报表。例如，当下一期间的财务报表即将报出，且在后续期间的财务报表中拟作出适当披露时，管理层可能无需报出经修改的财务报表。

对公共部门实体的特殊考虑

14. 对于公共部门实体，如果管理层不修改财务报表，注册会计师根据本准则第十六条采取的措施也可能包括向主管部门或适当的立法机关单独报告，说明期后事项对财务报表及审计报告的影响。

（五）注册会计师为防止财务报表使用者信赖审计报告所采取的措施（参见本准则第十六条第（二）项）

15. 尽管注册会计师已通知管理层不要将财务报表报出并且管理层已同意这样做，注册会计师可能还需要履行额外的法律义务。

16. 在注册会计师已通知管理层的情况下，如果管理层仍将财务报表向第三方报出，注册会计师需要采取适当措施，以设法防止财务报表使用者信赖该审计报告。注册会计师采取的措施取决于自身的权利和义务。因此，注册会计师可能认为寻求法律意见是适当的。

五、注册会计师在财务报表报出后知悉的事实

（一）财务报表报出后获取的其他信息的影响（参见本准则第十七条）

16a. 《中国注册会计师审计准则第 1521 号——注册会计师对其他信

息的责任》规范了注册会计师针对审计报告日后获取的其他信息所负的责任。尽管在财务报表报出后,注册会计师没有义务针对财务报表实施任何审计程序,《中国注册会计师审计准则第1521号——注册会计师对其他信息的责任》及其应用指南针对注册会计师在审计报告日后获取的其他信息提出要求并提供了指引。

(二)管理层不修改财务报表(参见本准则第二十条)

对公共部门实体的特殊考虑

17. 在某些国家或地区,法律法规可能禁止公共部门实体报出经修改的财务报表。在这种情况下,注册会计师采取的适当措施可能是向适当的法定机构报告。

(三)注册会计师为防止财务报表使用者信赖审计报告所采取的措施(参见本准则第二十条)

18. 如果注册会计师已经通知管理层或治理层,而管理层或治理层没有采取必要措施,注册会计师需要采取适当措施,以设法防止财务报表使用者信赖该审计报告。注册会计师采取的措施取决于自身的权利和义务。因此,注册会计师可能认为寻求法律意见是适当的。

《中国注册会计师审计准则第1401号——对集团财务报表审计的特殊考虑》应用指南

(2017年2月28日修订)

一、因法律法规要求或其他原因对组成部分进行审计(参见本准则第四条)

1. 在确定是否利用根据法律法规的要求或由于其他原因而对组成部分实施的审计为集团审计提供审计证据时,影响集团项目组决策的因素包括下列方面:

(1)编制组成部分财务报表采用的财务报告编制基础,与编制集团财务报表采用的财务报告编制基础之间的差异;

(2)组成部分注册会计师遵守的审计准则和其他职业准则,与在集团财务报表审计中遵守的审计准则和其他职业准则之间的差异;

(3)是否可以及时完成组成部分财务报表审计,以满足集团报告的时间要求。

二、定义

（一）组成部分（参见本准则第十七条）

2. 集团结构影响如何识别组成部分。例如，有些集团的组织结构规定，由母公司、子公司、合营企业以及按权益法或成本法核算的被投资实体编制财务信息；或由集团本部、分支机构编制财务信息；或是将两者结合。这些集团的财务报告系统可能是按照这样的组织结构来组织的。相应地，母公司、子公司、合营企业以及按权益法或成本法核算的被投资实体，或者集团本部、分支机构可被视为组成部分。而其他一些集团可能按照职能部门、生产过程、单项产品或劳务（或一组产品或劳务）或地区分布来组织财务报告系统。在这种情况下，集团管理层或组成部分管理层可能以职能部门、生产过程、单项产品或劳务（或一组产品或劳务）或地区为单位（报告主体或业务活动）编制财务信息并将其包括在集团财务报表中。相应地，这些职能部门、生产过程、单项产品或劳务（或一组产品或劳务）或地区可被视为组成部分。

3. 集团财务报告系统中可能存在不同层次的组成部分。在这种情况下，在汇总层次上识别组成部分，可能比逐一识别更为合适。

4. 将某一层次的组成部分汇总起来，可以构成集团审计的一个组成部分。然而，这一组成部分也可能需要编制包括其所有组成部分（即子集团）财务信息的财务报表。因此，本准则也适用于不同的集团项目合伙人及其项目组对大型集团中的子集团进行的审计。

（二）重要组成部分（参见本准则第十八条）

5. 随着单个组成部分对集团具有的财务重大性的增加，集团财务报表的重大错报风险通常也会增加。集团项目组可以将选定的基准乘以某一百分比，以协助识别对集团具有财务重大性的单个组成部分。确定基准和应用于该基准的百分比属于职业判断。根据集团的性质和具体情况，适当的基准可能包括集团资产、负债、现金流量、利润总额或营业收入。例如，集团项目组可能认为超过选定基准15%的组成部分是重要组成部分。然而，较高或较低的百分比也可能是适合具体情况的。

6. 某些组成部分由于其特定性质或情况，可能存在导致集团财务报表发生重大错报的特别风险，集团项目组可能将其识别为重要组成部分。例如，某组成部分进行外汇交易，虽然其对集团并不具有财务重大性，但仍使集团面临导致重大错报的特别风险。

（三）组成部分注册会计师（参见本准则第二十条）

7. 基于集团审计目的，集团项目组成员可能按照集团项目组的工作要求，对组成部分财务信息执行相关工作。在这种情况下，该成员也是组成部分注册会计师。

三、责任（参见本准则第二十四条）

8. 尽管组成部分注册会计师基于集团审计目的对组成部分财务信息执行相关工作，并对所有发现的问题、得出的结论或形成的意见负责，集团项目合伙人及其所在的会计师事务所仍对集团审计意见负有责任。

9. 如果因未能就组成部分财务信息获取充分、适当的审计证据，导致集团项目组在对集团财务报表出具的审计报告中发表非无保留意见，集团项目组需要在导致非无保留意见的事项段中说明不能获取充分、适当审计证据的原因，除非法律法规要求在审计报告中提及组成部分注册会计师，并且这样做对充分说明情况是必要的，否则不应提及组成部分注册会计师。

四、集团审计业务的承接与保持

（一）在承接与保持阶段获取了解（参见本准则第二十五条）

10. 如果是新业务，集团项目组可以通过下列途径了解集团及其环境、集团组成部分及其环境：

（1）集团管理层提供的信息；

（2）与集团管理层的沟通；

（3）如适用，与前任集团项目组、组成部分管理层或组成部分注册会计师的沟通。

11. 集团项目组可能需要对下列事项进行了解：

（1）集团结构，包括法律意义上的结构和组织结构（即集团财务报告系统是如何组织的）；

（2）组成部分中对集团重要的业务活动，包括业务活动在何种行业状况、监管环境以及经济和政治环境下发生；

（3）对服务机构的利用，包括共享服务中心；

（4）对集团层面控制的描述；

（5）合并过程的复杂程度；

（6）对组成部分财务信息执行相关工作的组成部分注册会计师是否不属于集团项目合伙人所在的会计师事务所及其网络，以及集团管理层委托多家会计师事务所的理由；

（7）集团项目组是否可以不受限制地接触集团治理层和管理层、组成部分治理层和管理层、组成部分信息和组成部分注册会计师（包括集团项目组需要获取的相关审计工作底稿），以及是否可以对组成部分财务信息执行必要的工作。

12. 如果是连续审计业务，集团项目组获取充分、适当的审计证据的能力可能受某些方面重大变化的影响，例如：

（1）集团组织结构的变化（如发生收购、处置或重组，或集团财务报告系统的组织方式发生变化）；

（2）对集团具有重要影响的组成部分业务活动的变化；

（3）集团治理层、管理层或重要组成部分的关键管理人员在构成上的变化；

（4）对集团或组成部分管理层诚信和胜任能力的疑虑；

（5）集团层面控制的变化；

（6）适用的财务报告编制基础的变化。

（二）对获取充分、适当的审计证据的预期（参见本准则第二十六条）

13. 集团可能只包括不重要的组成部分。在这种情况下，集团项目组如果能够执行下列工作，集团项目合伙人就能够合理预期可以获取充分、适当的审计证据，以作为形成集团审计意见的基础：

（1）对某些组成部分财务信息执行相关工作；

（2）参与组成部分注册会计师对其他组成部分财务信息执行的工作，参与的程度需足以使其获取充分、适当的审计证据。

（三）接触信息（参见本准则第二十六条）

14. 集团项目组接触信息可能受到集团管理层无法克服的情况的限制。例如，受与保密性或数据隐私有关的法律法规的限制，或组成部分注册会计师拒绝集团项目组接触相关审计工作底稿的要求。某些限制也可能来自于集团管理层。

15. 即使接触信息受到限制，集团项目组仍有可能获取充分、适当的审计证据，然而这种可能性随着组成部分对集团重要程度的增加而降低。例如，对于按权益法核算的组成部分，集团项目组无法接触组成部分的治理层、管理层或注册会计师（包括集团项目组需要获取的相关审计工作底稿）。在这种情况下，如果该组成部分不是重要组成部分，且集团项目组拥有其整套财务报表和审计报告，并能够接触集团管理层拥有的与该组成部分相关的信息，则集团项目组可能认为这些信息已构成与该组成部分相关的充分、适当的审计证据。然而，如果该组成部分是重要组成部分，集团项目组就无法遵守本准则中与集团审计相关的要求。例如，集团项目组无法按照本准则第四十三条、第四十四条的规定参与组成部分注册会计师的工作。因此，集团项目组无法获取与该组成部分相关的充分、适当的审计证据。集团项目组需要按照《中国注册会计师审计准则第 1502 号——在审计报告中发表非无保留意见》的规定考虑无法获取充分、适当的审计证据对其形成审计意见的影响。

16. 如果集团管理层限制集团项目组或组成部分注册会计师接触重要组成部分的信息，则集团项目组将无法获取充分、适当的审计证据。

17. 如果这类限制与不重要的组成部分有关，集团项目组仍有可能获取充分、适当的审计证据，但是受到限制的原因可能影响集团审计意见。例如，可能影响集团管理层对集团项目组的询问所作回复的可靠性，以及集团管理层对集团项目组所作的声明的可靠性。

18. 法律法规可能禁止集团项目合伙人拒绝接受业务委托或解除业务约定。例如，注册会计师接受一定期间的委托，且不得在受托期间结束前解除业务约定。同样，在公共部门，根据授权审计文件的规定或出于公众利益的考虑，注册会计师可能无法拒绝接受业务委托或解除业务约定。在这些情况下，本准则的相关规定仍适用于集团审计，集团项目组需要按照《中国注册会计师审计准则第 1502 号——在审计报告中发表非无保留意见》的规定考虑无法获取充分、适当的审计证据对其形成审计意见的影响。

19. 本指南附录 1 提供了集团项目组无法获取充分、适当的审计证据而出具保留意见的审计报告的参考格式。在该参考格式中，集团项目组无法就按权益法核算的重要组成部分获取充分、适当的审计证据，集团项目组判断这种影响重大但并不广泛。

（四）业务约定条款（参见本准则第二十七条）

20. 业务约定条款需要明确适用的财务报告编制基础。集团审计业务约定条款可能还需要包括下列事项：

（1）在法律法规允许的范围内，集团项目组与组成部分注册会计师的沟通应当尽可能地不受限制；

（2）组成部分注册会计师与组成部分治理层、组成部分管理层之间进行的重要沟通（包括就值得关注的内部控制缺陷进行的沟通），也应当告知集团项目组；

（3）监管机构与组成部分就财务报告事项进行的重要沟通，应当告知集团项目组；

（4）如果集团项目组认为有必要，应当允许集团项目组接触组成部分信息、组成部分治理层、组成部分管理层和组成部分注册会计师（包括集团项目组需要获取的相关审计工作底稿），以及允许集团项目组或允许其要求组成部分注册会计师对组成部分财务信息执行相关工作。

21. 在集团项目合伙人接受集团审计业务委托后，下列方面受到的限制将导致无法获取充分、适当的审计证据，从而可能影响集团审计意见：

（1）集团项目组接触组成部分信息、组成部分治理层和管理层，或组成部分注册会计师（包括集团项目组需要获取的相关审计工作底稿）；

（2）拟对组成部分财务信息执行的工作。

在极其特殊的情况下，如果适用的法律法规允许，这些限制可能导致解除业务约定。

五、总体审计策略和具体审计计划（参见本准则第二十九条）

22. 集团项目合伙人对集团总体审计策略和具体审计计划的复核，是其履行集团审计业务指导责任的重要内容。

六、了解集团及其环境、集团组成部分及其环境

（一）集团项目组了解的事项（参见本准则第三十条）

23. 《中国注册会计师审计准则第1211号——通过了解被审计单位及其环境识别和评估重大错报风险》对注册会计师应当了解的事项作出了规定。本指南附录2对集团项目组需要了解的集团特有事项提供了指引。

（二）集团管理层下达的指令（参见本准则第三十条）

24. 为实现财务信息的一致性和可比性，集团管理层通常对组成部分下达指令。这些指令具体说明了对包括在集团财务报表中的组成部分财务信息的要求，通常采用财务报告程序手册和报告文件包的形式。报告文件包通常由标准模板组成，用以提供包括在集团财务报表中的财务信息，但报告文件包通常不采用按照适用的财务报告编制基础编制和列报的整套财务报表的形式。

25. 集团管理层下达的指令通常包括：

（1）运用的会计政策；

（2）适用于集团财务报表的法定和其他披露要求，包括分部的确定和报告、关联方关系及其交易、集团内部交易、未实现内部交易损益以及集团内部往来余额；

（3）报告的时间要求。

26. 集团项目组对指令的了解可能包括下列方面：

（1）就完成报告文件包而言，指令是否清晰、实用；

（2）指令是否充分说明了适用的财务报告编制基础的特点；

（3）指令是否规定了为遵守适用的财务报告编制基础的要求而需要充分披露的事项（如关联方关系及其交易和分部信息的披露）；

（4）指令是否规定了如何确定合并调整事项（如集团内部交易、未实现内部交易损益和集团内部往来余额）；

（5）指令是否规定了组成部分管理层对财务信息的批准程序。

（三）舞弊（参见本准则第三十条）

27. 注册会计师需要识别和评估由于舞弊导致财务报表发生重大错报的风险，针对评估的风险设计和实施适当的应对措施。用以识别由于舞弊导致的集团财务报表重大错报风险所需的信息可能包括：

（1）集团管理层对集团财务报表可能存在由于舞弊导致的重大错报风险的评估；

（2）集团管理层对集团舞弊风险的识别和应对过程，包括集团管理层识别出的任何特定舞弊风险，或可能存在舞弊风险的账户余额、某类交易或披露；

（3）是否有特定组成部分可能存在舞弊风险；

（4）集团治理层如何监督集团管理层识别和应对集团舞弊风险的过程，以及集团管理层为降低集团舞弊风险而建立的控制；

（5）就集团项目组对是否知悉任何影响组成部分或集团的舞弊事实、舞弊嫌疑或舞弊指控的询问，集团治理层、管理层和内部审计人员（如适用，还包括组成部分管理层、组成部分注册会计师和其他人员）作出的答复。

（四）集团项目组成员和组成部分注册会计师对集团财务报表重大错报风险（包括舞弊风险）的讨论（参见本准则第三十条）

28. 项目组关键成员需要讨论由于舞弊或错误导致被审计单位财务报表发生重大错报的可能性，并特别强调舞弊导致的风险。在集团审计中，参与讨论的成员还可能包括组成部分注册会计师。集团项目合伙人对参与讨论的项目组成员、讨论的方式、时间和内容的确定，受多项因素（如以前与集团交往的经验）的影响。

29. 讨论可以提供下列机会：

（1）分享对组成部分及其环境的了解，包括对集团层面控制的了解；

（2）交流有关组成部分或集团的经营风险的信息；

（3）交流对下列有关舞弊问题的看法：

①集团财务报表可能如何以及在何处易于发生由于舞弊或错误导致的重大错报；

②集团管理层和组成部分管理层如何编制并隐瞒虚假财务报告；

③组成部分的资产可能如何被侵占；

（4）识别集团管理层或组成部分管理层可能倾向或有意操纵利润导致虚假财务报告而采取的惯常手段，例如，采用与适用的财务报告编制基础的规定不符的收入确认政策以操纵收入；

（5）考虑已知的、对集团产生影响的外部和内部因素。这些因素可能形成集团管理层、组成部分管理层或其他人员实施舞弊的动机或压力，从而为实施舞弊提供机会。这些因素还可能显示能够使集团管理层、组成部分管理层或其他人员将舞弊行为予以合理化的文化或环境；

（6）考虑集团或组成部分管理层可能凌驾于控制之上的风险；

（7）考虑是否基于集团财务报表编制目的而采用统一的会计政策编制组成部分财务信息，如果未采用统一的会计政策，如何识别和调整会计政策差异；

（8）讨论识别出的组成部分的舞弊，或显示组成部分存在舞弊的信息；

（9）分享可能显示违反法律法规的信息（如有关商业贿赂或不适当的转移定价的信息）。

（五）风险因素（参见本准则第三十一条）

30. 本指南附录3列示了一些情况或事项，这些情况或事项单独或汇总起来可能表明集团财务报表存在重大错报风险，包括由于舞弊导致的风险。

（六）风险评估（参见本准则第三十一条）

31. 集团项目组可以基于下列信息，在集团层面评估集团财务报表重大错报风险：

（1）在了解集团及其环境、集团组成部分及其环境和合并过程时获取的信息，包括在评价集团层面控制以及与合并过程相关的控制的设计和执行时获取的审计证据；

（2）从组成部分注册会计师获取的信息。

七、了解组成部分注册会计师（参见本准则第三十二条）

32. 只有当基于集团审计目的，计划要求由组成部分注册会计师执行组成部分财务信息的相关工作时，集团项目组才需要了解组成部分注册会计师。例如，如果集团项目组计划仅在集团层面对某些组成部分实施分析程序，就无需了解这些组成部分注册会计师。

（一）集团项目组为了解组成部分注册会计师而实施的程序和审计证据来源（参见本准则第三十二条）

33. 集团项目组为了解组成部分注册会计师而实施的程序的性质、时间安排和范围，受多项因素的影响，例如，集团项目组以往与组成部分注册会计师交往的经验，对组成部分注册会计师的了解，集团项目组和组成部分注册会计师受共同的政策和程序约束的程度等。这些共同的政策和程序举例如下：

（1）集团项目组和组成部分注册会计师是否共享统一的政策和程序（如审计方法）以执行相关工作，是否共享统一的质量控制政策和程序或统一的监控政策和程序；

（2）集团项目组和组成部分注册会计师在应遵守的法律法规或法律体系、职业监管、惩戒和外部执业质量检查、教育和培训、职业组织及其准则、语言和文化等方面的一致性或相似性。

34. 前段提及的因素相互影响，但并不相互排斥。例如，组成部分注册会计师甲一贯运用统一的质量控制、监控政策和程序以及统一的审计方法，或与集团项目合伙人处在同一国家或地区；组成部分注册会计师乙并未一贯运用统一的质量控制、监控政策和程序以及统一的审计方法，或在境外执业。集团项目组了解组成部分注册会计师甲所实施程序的范围，可能小于了解组成部分注册会计师乙所实施程序的范围，为了解组成部分注册会计师甲和乙而分别实施的程序的性质也可能是不同的。

35. 集团项目组可以通过多种途径了解组成部分注册会计师。在组成部分注册会计师参与集团审计的第一年，集团项目组可以通过下列途径进行了解：

（1）如果集团项目组和组成部分注册会计师来自同一家会计师事务所或在统一的监控政策和程序下进行运营的网络，评价质量监控系统的运行结果；

（2）访问组成部分注册会计师并与之讨论本准则第三十二条第（一）项至第（三）项所列事项；

（3）要求组成部分注册会计师以书面形式确认本准则第三十二条第（一）项至第（三）项所列事项。本指南附录4提供了组成部分注册会计师确认函的参考格式；

（4）要求组成部分注册会计师完成对本准则第三十二条第（一）至

项第（三）项所列事项的调查表；

（5）与集团项目合伙人所在的会计师事务所的同事进行讨论，或与对组成部分注册会计师有所了解且声誉良好的第三方进行讨论；

（6）向组成部分注册会计师所属的职业团体、颁发执业许可的机构或其他第三方进行函证。

在之后的年度，集团项目组对组成部分注册会计师的了解，可以基于其以前与组成部分注册会计师交往的经验。集团项目组可以要求组成部分注册会计师确认本准则第三十二条第（一）项至第（三）项所列事项自上期以来是否发生变化。

36. 在某些国家或地区，如果组成部分注册会计师所在地还设有独立监管机构对审计质量进行监控，集团项目组对监管环境进行了解，有助于其评价组成部分注册会计师的独立性和专业胜任能力。集团项目组可以从组成部分注册会计师或独立监管机构获取与监管环境相关的信息。

（二）与集团审计相关的职业道德要求（参见本准则第三十二条第（一）项）

37. 当基于集团审计目的对组成部分财务信息执行相关工作时，组成部分注册会计师需要遵守与集团审计相关的职业道德要求。这些要求与组成部分注册会计师在其所在国家或地区执行法定审计时所需遵守的职业道德要求可能不同，或需要遵守更多的要求。因此，集团项目组需要了解组成部分注册会计师是否了解并将遵守与集团审计相关的职业道德要求，组成部分注册会计师了解和遵守的程度是否足以使其履行其在集团审计中承担的责任。

（三）组成部分注册会计师的专业胜任能力（参见本准则第三十二条第（二）项）

38. 集团项目组对组成部分注册会计师的专业胜任能力的了解可能包括下列方面：

（1）组成部分注册会计师是否对适用于集团审计的审计准则和其他职业准则有充分的了解，以足以履行其在集团审计中的责任；

（2）组成部分注册会计师是否拥有对特定组成部分财务信息执行相关工作所必需的专门技能（如行业专门知识）；

（3）如果相关，组成部分注册会计师是否对适用的财务报告编制基础（集团管理层向组成部分下达的指令，通常说明适用的财务报告编制基础的特征）有充分的了解，以足以履行其在集团审计中的责任。

（四）集团项目组利用其对组成部分注册会计师的了解（参见本准则

第三十三条)

39. 如果组成部分注册会计师不符合与集团审计相关的独立性要求，集团项目组不能通过参与组成部分注册会计师的工作、实施追加的风险评估程序或对组成部分财务信息实施进一步审计程序，以消除组成部分注册会计师不具有独立性的影响。

40. 但是，集团项目组可以通过参与组成部分注册会计师的工作、实施追加的风险评估程序或对组成部分财务信息实施进一步审计程序，消除对组成部分注册会计师专业胜任能力的并非重大的疑虑（如认为其缺乏行业专门知识），或消除组成部分注册会计师未处于积极有效的监管环境中的影响。

41. 如果法律法规禁止集团项目组接触组成部分注册会计师审计工作底稿的相关部分，集团项目组可以要求组成部分注册会计师通过编写包含相关信息的备忘录消除这一影响。

八、重要性（参见本准则第三十四条至第三十六条）

42. 《中国注册会计师审计准则第1221号——计划和执行审计工作时的重要性》要求注册会计师：

（1）在制定总体审计策略时，确定财务报表整体的重要性。根据被审计单位的特定情况，如果存在一个或多个特定类别的交易、一个或多个账户余额或披露，其发生的错报金额虽然低于财务报表整体的重要性，但合理预期可能影响财务报表使用者依据财务报表作出的经济决策，注册会计师还需要确定适用于这些交易、账户余额或披露的一个或多个重要性水平。

（2）确定实际执行的重要性。在集团审计中，需要分别为集团财务报表整体和组成部分财务信息确定重要性。在制定集团总体审计策略时，使用集团财务报表整体的重要性。

43. 为将未更正和未发现错报的汇总数超过集团财务报表整体的重要性的可能性降至适当的低水平，需要将组成部分重要性设定为低于集团财务报表整体的重要性。针对不同的组成部分确定的重要性可能有所不同。但是，在确定组成部分重要性时，无需采用将集团财务报表整体重要性按比例分配的方式，因此，对不同组成部分确定的重要性的汇总数，有可能高于集团财务报表整体重要性。在制定组成部分总体审计策略时，需要使用组成部分的重要性。

44. 作为集团审计的一部分，需要按照本准则第三十九条、第四十条第（一）项以及第四十二条的规定，对拟审计或审阅的组成部分确定重要性。组成部分注册会计师需要使用组成部分重要性，评价识别出的未更正错报单独或汇总起来是否重大。

45. 除确定组成部分重要性外，还需要确定错报的临界值。组成部分注册会计师需要将在组成部分财务信息中识别出的超过临界值的错报通报给集团项目组。

46. 在审计组成部分财务信息时，组成部分注册会计师（或集团项目组）需要确定组成部分层面实际执行的重要性。这对于将组成部分财务信息中未更正和未发现错报的汇总数超过组成部分重要性的可能性降至适当的低水平是必要的。实务中，集团项目组可能按这一较低的水平确定组成部分重要性。在这种情况下，组成部分注册会计师需要使用组成部分重要性，评估组成部分财务信息的重大错报风险，针对评估的风险设计进一步审计程序，以及评价识别出的错报单独或汇总起来是否重大。

九、针对评估的风险采取的应对措施

（一）确定对组成部分财务信息拟执行的工作的类型（参见本准则第三十九条至第四十条）

47. 集团项目组确定对组成部分财务信息拟执行工作的类型以及参与组成部分注册会计师工作的程度，受下列因素影响：
（1）组成部分的重要程度；
（2）识别出的导致集团财务报表发生重大错报的特别风险；
（3）对集团层面控制的设计的评价，以及其是否得到执行的判断；
（4）集团项目组对组成部分注册会计师的了解。

本指南附录 5 说明了在确定对组成部分财务信息执行工作的类型时，组成部分的重要性将如何影响集团项目组作出的决策。

重要组成部分（参见本准则第四十条第（二）项和第（三）项）

48. 由于某一组成部分的特定性质或情况，该组成部分可能存在导致集团财务报表发生重大错报的特别风险，集团项目组可能将该组成部分识别为重要组成部分。在这种情况下，集团项目组可能能够识别出受到可能存在的特别风险影响的账户余额、某类交易或披露，并可能决定仅对这些账户余额、交易或披露实施审计，或要求组成部分注册会计师仅对这些账户余额、交易或披露实施审计。

例如，如本指南第 6 段所述，某组成部分进行外汇交易，虽然其对集团并不具有财务重大性，但可能存在导致集团财务报表发生重大错报的特别风险,集团项目组将该组成部分识别为重要组成部分,对该组成部分财务信息执行的工作可能仅限于受外汇交易影响的账户余额、交易和披露的审计。

如果集团项目组要求组成部分注册会计师仅针对一个或多个特定类别的账户余额、一类或多类交易或披露实施审计,在与组成部分注册会计师沟通时,集团项目组需要考虑多数财务报表项目是相互关联的这一事实。

49. 集团项目组可以设计审计程序,应对导致集团财务报表发生重大错报的特别风险。例如,如果可能存在存货过时的特别风险,对于持有大量过时存货的组成部分(如果组成部分不持有大量过时存货,则对集团不重要),集团项目组可以针对存货计价实施或要求组成部分注册会计师实施指定的审计程序。

不重要的组成部分(参见本准则第四十一条和第四十二条)

50. 根据业务的具体情况,集团项目组可以将组成部分财务信息在不同层面进行汇总,用以实施分析程序。实施分析程序的结果,可以佐证集团项目组得出的结论,即汇总的不重要的组成部分的财务信息不存在特别风险。

51. 根据本准则第四十二条的要求,集团项目组确定选择多少组成部分、选择哪些组成部分以及对所选择的每个组成部分财务信息执行工作的类型,可能受到下列因素的影响:

(1)预期就重要组成部分财务信息获取审计证据的程度;
(2)组成部分是新设立的还是收购的;
(3)组成部分是否发生重大变化;
(4)内部审计是否对组成部分执行了工作,以及内部审计工作对集团审计的影响;
(5)组成部分是否应用相同的系统和程序;
(6)集团层面控制运行的有效性;
(7)通过在集团层面实施分析程序识别出的异常波动;
(8)与同类其他组成部分相比,某组成部分是否对集团具有财务重大性,或可能导致风险;
(9)是否因法律法规要求或其他原因需要对组成部分执行审计。

选择不为被审计单位预见的同类其他组成部分,可以增加识别组成部分财务信息重大错报的可能性。对组成部分的选择通常实行定期轮换。

52. 集团项目组可以按照《中国注册会计师审阅准则第 2101 号——财务报表审阅》的相关要求,根据具体情况对组成部分财务信息实施审阅。集团项目组还可以实施追加的程序，作为对审阅程序的补充。

53. 如本指南第13段所述，集团可能只包括不重要的组成部分。在这些情况下，集团项目组可以按照本准则第四十二条的规定确定对组成部分财务信息拟执行工作的类型，以获取形成集团审计意见所依据的充分、适当的审计证据。如果集团项目组或组成部分注册会计师仅测试集团层面控制，并对组成部分财务信息实施分析程序，集团项目组通常不太可能获取形成集团审计意见所依据的充分、适当的审计证据。

（二）参与组成部分注册会计师的工作（参见本准则第四十三条和第四十四条）

54. 可能影响集团项目组参与组成部分注册会计师工作的因素包括：

（1）组成部分的重要程度；

（2）识别出的导致集团财务报表发生重大错报的特别风险；

（3）集团项目组对组成部分注册会计师的了解。

如果组成部分是重要组成部分或在组成部分中识别出特别风险，集团项目组需要实施本准则第四十三条和第四十四条规定的程序。

如果组成部分是不重要的组成部分，集团项目组参与组成部分注册会计师工作的性质、时间安排和范围，将根据集团项目组对组成部分注册会计师的了解的不同而不同。而该组成部分不是重要组成部分这一事实，成为次要考虑的因素。例如，即使某一组成部分未被视为重要组成部分，集团项目组仍可能决定参与组成部分注册会计师的风险评估，因为集团项目组对组成部分注册会计师专业胜任能力的并非重大的疑虑（如认为其缺乏行业专门知识），或者组成部分注册会计师未处于积极有效的监管环境中。

55. 集团项目组参与组成部分注册会计师工作的方式，可能取决于集团项目组对组成部分注册会计师的了解。除本准则第四十三条、第四十四条和第五十五条的规定外，这些方式可能还包括：

（1）与组成部分管理层或组成部分注册会计师会谈，获取对组成部分及其环境的了解；

（2）复核组成部分注册会计师的总体审计策略和具体审计计划；

（3）实施风险评估程序，识别和评估组成部分层面的重大错报风险。集团项目组可以单独或与组成部分注册会计师共同实施这类程序；

（4）设计和实施进一步审计程序。集团项目组可以单独或与组成部分注册会计师共同设计和实施这类程序；

（5）参加组成部分注册会计师与组成部分管理层的总结会议和其他重

要会议；

(6) 复核组成部分注册会计师的审计工作底稿的其他相关部分。

十、合并过程

合并调整和重分类事项（参见本准则第四十七条）

56. 合并过程可能需要对集团财务报表中列报的金额作出调整，这类调整不经过常规交易处理系统，可能不会受到针对其他财务信息的控制的约束。集团项目组对这类调整的适当性、完整性和准确性的评价可能包括：

(1) 评价重大调整是否恰当反映了相关事项和交易；

(2) 确定重大调整是否得到集团管理层和组成部分管理层（如适用）的正确计算、处理和授权；

(3) 确定重大调整是否有适当的证据支持并得到充分的记录；

(4) 检查集团内部交易、未实现内部交易损益以及集团内部往来余额是否核对一致并抵销。

十一、与组成部分注册会计师的沟通（参见本准则第五十三条和第五十四条）

57. 如果集团项目组与组成部分注册会计师之间未能建立有效的双向沟通关系，则存在集团项目组可能无法获取形成集团审计意见所依据的充分、适当的审计证据的风险。集团项目组清晰、及时地通报工作要求，是集团项目组和组成部分注册会计师之间形成有效的双向沟通关系的基础。

58. 集团项目组的工作要求通常采用指令函的形式。本指南附录6列示了可能需要在指令函中列明的通报事项，包括按照本准则的要求必须进行通报的事项，以及集团项目组认为有必要通报的其他事项。组成部分注册会计师就其已经执行的工作与集团项目组的沟通，通常采用备忘录或所执行工作的报告的形式。然而，集团项目组与组成部分注册会计师的沟通并不一定采用书面形式。例如，集团项目组可以与组成部分注册会计师讨论识别出的特别风险，或复核其审计工作底稿的相关部分。然而，无论采用何种形式进行沟通，本准则和其他审计准则中对工作底稿的记录要求仍然适用。

59. 在配合集团项目组时，如果法律法规未予禁止，组成部分注册会计师可以允许集团项目组接触相关审计工作底稿。

60. 如果集团项目组成员同时担任组成部分注册会计师，双方通过书面沟通以外的形式，也可以实现清晰沟通的目标。例如：

（1）组成部分注册会计师接触集团总体审计策略和具体审计计划，可以满足本准则第五十三条规定的沟通要求；

（2）集团项目组复核组成部分注册会计师的审计工作底稿，可以充分地实现本准则第五十四条规定的沟通的目的。

十二、评价审计证据的充分性和适当性

（一）复核组成部分注册会计师的审计工作底稿（参见本准则第五十五条第（二）项）

61. 组成部分注册会计师的审计工作底稿中哪些部分与集团审计相关，可能因具体情况的不同而不同。集团项目组在复核时，通常关注的是与导致集团财务报表发生重大错报的特别风险相关的审计工作底稿。组成部分注册会计师的审计工作底稿按照组成部分注册会计师所在会计师事务所的复核程序进行复核这一事实，可能将影响集团项目组的复核范围。

（二）审计证据的充分性和适当性（参见本准则第五十七条和第五十八条）

62. 如果认为未能获取充分、适当的审计证据作为形成集团审计意见的基础，集团项目组可以要求组成部分注册会计师对组成部分财务信息实施追加的程序。如果不可行，集团项目组可以直接对组成部分财务信息实施程序。

63. 集团项目合伙人对错报（无论该错报是由集团项目组识别还是由组成部分注册会计师告知）的汇总影响的评价，能够使其确定集团财务报表整体是否存在重大错报。

十三、与集团管理层和治理层的沟通

（一）与集团管理层的沟通（参见本准则第五十九条至第六十一条）

64. 《中国注册会计师审计准则第1141号——财务报表审计中与舞弊相关的责任》对注册会计师向管理层和治理层（如果管理层涉嫌舞弊）通报舞弊事项作出了规定。

65. 集团管理层可能要求集团项目组对某些重大敏感信息保密。可能对组成部分财务报表产生重要影响而组成部分管理层尚未知悉的事项包括：

(1) 潜在诉讼；

(2) 重要经营性资产的处置计划；

(3) 期后事项；

(4) 重大法律协议。

(二) 与集团治理层的沟通（参见本准则第六十二条）

66. 集团项目组向集团治理层通报的事项，可能包括组成部分注册会计师提请集团项目组关注，并且集团项目组根据职业判断认为与集团治理层责任相关的重大事项。与集团治理层的沟通可以在集团审计过程中的不同时点进行。例如，对于本准则第六十二条第（一）项和第（二）项所述事项，集团项目组可以在确定组成部分财务信息的相关工作后进行沟通；对于本准则第六十二条第（三）项所述事项，可以在审计结束时进行沟通；对于本准则第六十二条第（四）项和第（五）项所述事项，可以在这些事项发生时进行沟通。

附录1：（参见本指南第19段）

集团项目组无法获取充分、适当的审计证据而出具保留意见的审计报告的参考格式

背景信息：

(1) 对非上市实体整套合并财务报表进行审计。该审计属于集团审计，被审计单位拥有多个子公司（即适用《中国注册会计师审计准则第1401号——对集团财务报表审计的特殊考虑》）；

(2) 本附录提供了两种参考格式：在参考格式1中，管理层按照××财务报告编制基础的规定编制合并财务报表，该编制基础允许被审计单位只列报合并财务报表，注册会计师仅对合并财务报表发表审计意见；在参考格式2中，管理层按照企业会计准则的规定编制合并财务报表和母公司财务报表，注册会计师同时对合并财务报表和母公司财务报表发表审计意见。在使用本附录时，注册会计师需要根据适用的财务报告编制基础的要求，采用适当的参考格式；

(3) 审计业务约定条款体现了《中国注册会计师审计准则第1111号——就审计业务约定条款达成一致意见》中关于管理层对合并财务报表

责任的描述；

（4）由于集团项目组不能接触组成部分会计记录、管理层或注册会计师，因此无法获取与使用权益法核算的某一重要组成部分（投资的账面价值计 1500 万元，集团合并总资产计 6000 万元）相关的充分、适当的审计证据；

（5）集团项目组阅读了该组成部分截至 20×1 年 12 月 31 日的已审计财务报表及其审计报告，并考虑了集团管理层持有的与该组成部分相关的财务信息；

（6）根据集团项目合伙人的职业判断，无法获取充分、适当的审计证据对集团财务报表的影响重大但不具有广泛性。

（7）适用的相关职业道德要求为中国注册会计师职业道德守则；

（8）基于获取的审计证据，根据《中国注册会计师审计准则第 1324 号——持续经营》，注册会计师认为可能导致对被审计单位持续经营能力产生重大疑虑的事项或情况不存在重大不确定性；

（9）注册会计师未被要求，并且也决定不沟通关键审计事项；

（10）注册会计师在审计报告日前已获取所有其他信息，且导致对合并财务报表发表保留意见的事项也影响了其他信息；

（11）负责监督财务报表的人员与负责编制财务报表的人员不同；

（12）除财务报表审计外，注册会计师还承担法律法规要求的其他报告责任，且注册会计师决定在审计报告中履行其他报告责任。

参考格式 1：仅对合并财务报表发表审计意见

审计报告

ABC 股份有限公司全体股东：

一、对合并财务报表出具的审计报告[①]

（一）保留意见

我们审计了 ABC 股份有限公司及其子公司（以下简称 ABC 集团）合并财务报表，包括 20×1 年 12 月 31 日的合并资产负债表，20×1 年度的合并利润表、合并现金流量表、合并股东权益变动表以及相关合并财务报

---

① 如果审计报告中不包含"按照相关法律法规的要求报告的事项"部分，则不需要加入此标题。

表附注。

我们认为，除"形成保留意见的基础"部分所述事项可能产生的影响外，后附的合并财务报表在所有重大方面按照××财务报告编制基础的规定编制，公允反映了 ABC 集团 20×1 年 12 月 31 日的合并财务状况以及 20×1 年度的合并经营成果和合并现金流量。

（二）形成保留意见的基础

如合并财务报表附注×所述，20×1 年 1 月 ABC 股份有限公司（以下简称 ABC 公司）购买了 XYZ 有限责任公司（以下简称 XYZ 公司）的 30%股权，并采用权益法核算对 XYZ 公司的长期股权投资。20×1 年 12 月 31 日该项长期股权投资的账面价值计人民币 1500 万元，20×1 年度采用权益法确认的投资收益为 100 万元。由于未能获取 XYZ 公司的财务信息，也无法接触 XYZ 公司管理层和执行 XYZ 公司审计工作的注册会计师，我们无法就该项长期股权投资的账面价值以及 ABC 公司确认的 20×1 年度投资收益获取充分、适当的审计证据。

我们按照中国注册会计师审计准则的规定执行了审计工作。审计报告的"注册会计师对合并财务报表审计的责任"部分进一步阐述了我们在这些准则下的责任。按照中国注册会计师职业道德守则，我们独立于 ABC 集团，并履行了职业道德方面的其他责任。我们相信，我们获取的审计证据是充分、适当的，为发表保留意见提供了基础。

（三）其他信息

［按照《中国注册会计师审计准则第 1521 号——注册会计师对其他信息的责任》的规定报告，见《〈中国注册会计师审计准则第 1521 号——注册会计师对其他信息的责任〉应用指南》附录 2 中的参考格式 6。］

（四）管理层和治理层对合并财务报表的责任

［按照《中国注册会计师审计准则第 1501 号——对财务报表形成审计意见和出具审计报告》的规定报告，见《〈中国注册会计师审计准则第 1501 号——对财务报表形成审计意见和出具审计报告〉应用指南》参考格式 2。］

（五）注册会计师对合并财务报表审计的责任

［按照《中国注册会计师审计准则第 1501 号——对财务报表形成审计意见和出具审计报告》的规定报告，见《〈中国注册会计师审计准则第 1501 号——对财务报表形成审计意见和出具审计报告〉应用指南》参考格式 2[①]。］

---

① 本参考格式需要按照非上市实体的要求进行适当改写。

二、按照相关法律法规的要求报告的事项

[按照《中国注册会计师审计准则第 1501 号——对财务报表形成审计意见和出具审计报告》的规定报告,见《〈中国注册会计师审计准则第 1501 号——对财务报表形成审计意见和出具审计报告〉应用指南》参考格式 2。]

××会计师事务所	中国注册会计师:×××
（盖章）	（签名并盖章）
	中国注册会计师:×××
	（签名并盖章）
中国××市	20×2 年×月×日

参考格式 2:对合并财务报表及母公司财务报表发表审计意见

审计报告

ABC 股份有限公司全体股东:

一、对财务报表出具的审计报告[①]

（一）保留意见

我们审计了 ABC 股份有限公司（以下简称 ABC 公司）财务报表,包括 20×1 年 12 月 31 日的合并及母公司资产负债表,20×1 年度的合并及母公司利润表、合并及母公司现金流量表、合并及母公司股东权益变动表,以及相关财务报表附注。

我们认为,除"形成保留意见的基础"部分所述事项可能产生的影响外,后附的财务报表在所有重大方面按照企业会计准则的规定编制,公允反映了 ABC 公司 20×1 年 12 月 31 日的合并及母公司财务状况以及 20×1 年度的合并及母公司经营成果和现金流量。

（二）形成保留意见的基础

如财务报表附注×所述,20×1 年 1 月,ABC 公司购买了 XYZ 有限

---

① 如果审计报告中不包含"按照相关法律法规的要求报告的事项"部分,则不需要加入此标题。

责任公司(以下简称XYZ公司)的30%股权,并采用权益法核算对XYZ公司的长期股权投资。20×1年12月31日该项长期股权投资的账面价值1500万元,20×1年度采用权益法确认的投资收益为100万元。由于未能获取XYZ公司的财务信息,也无法接触XYZ公司管理层和执行XYZ公司审计工作的注册会计师,我们无法就该项长期股权投资的账面价值以及ABC公司确认的20×1年度投资收益获取充分、适当的审计证据。

我们按照中国注册会计师审计准则的规定执行了审计工作。审计报告的"注册会计师对财务报表审计的责任"部分进一步阐述了我们在这些准则下的责任。按照中国注册会计师职业道德守则,我们独立于ABC公司,并履行了职业道德方面的其他责任。我们相信,我们获取的审计证据是充分、适当的,为发表保留意见提供了基础。

(三)其他信息

ABC公司管理层(以下简称管理层)对其他信息负责。其他信息包括[X报告中涵盖的信息,但不包括财务报表和我们的审计报告]。

我们对财务报表发表的审计意见不涵盖其他信息,我们也不对其他信息发表任何形式的鉴证结论。

结合我们对财务报表的审计,我们的责任是阅读其他信息,在此过程中,考虑其他信息是否与财务报表或我们在审计过程中了解到的情况存在重大不一致或者似乎存在重大错报。

基于我们已执行的工作,如果我们确定其他信息存在重大错报,我们应当报告该事实。如上述"形成保留意见的基础"部分所述,我们无法就20×1年12月31日ABC公司对XYZ公司投资的账面价值以及ABC公司按持股比例计算的XYZ公司当年度净收益份额获取充分、适当的审计证据。因此,我们无法确定与该事项相关的其他信息是否存在重大错报。

(四)管理层和治理层对财务报表的责任

管理层负责按照企业会计准则的规定编制财务报表,使其实现公允反映,并设计、执行和维护必要的内部控制,以使财务报表不存在由于舞弊或错误导致的重大错报。

在编制财务报表时,管理层负责评估ABC公司的持续经营能力,披露与持续经营相关的事项(如适用),并运用持续经营假设,除非计划进行清算、终止运营或别无其他现实的选择。

治理层负责监督ABC公司的财务报告过程。

（五）注册会计师对财务报表审计的责任

我们的目标是对财务报表整体是否不存在由于舞弊或错误导致的重大错报获取合理保证，并出具包含审计意见的审计报告。合理保证是高水平的保证，但并不能保证按照审计准则执行的审计在某一重大错报存在时总能发现。错报可能由于舞弊或错误导致，如果合理预期错报单独或汇总起来可能影响财务报表使用者依据财务报表作出的经济决策，则通常认为错报是重大的。

在按照审计准则执行审计工作的过程中，我们运用职业判断，并保持职业怀疑。同时，我们也执行以下工作：

（1）识别和评估由于舞弊或错误导致的财务报表重大错报风险，设计和实施审计程序以应对这些风险，并获取充分、适当的审计证据，作为发表审计意见的基础。由于舞弊可能涉及串通、伪造、故意遗漏、虚假陈述或凌驾于内部控制之上，未能发现由于舞弊导致的重大错报的风险高于未能发现由于错误导致的重大错报的风险。

（2）了解与审计相关的内部控制，以设计恰当的审计程序，但目的并非对内部控制的有效性发表意见。①

（3）评价管理层选用会计政策的恰当性和作出会计估计及相关披露的合理性。

（4）对管理层使用持续经营假设的恰当性得出结论。同时，根据获取的审计证据，就可能导致对 ABC 公司持续经营能力产生重大疑虑的事项或情况是否存在重大不确定性得出结论。如果我们得出结论认为存在重大不确定性，审计准则要求我们在审计报告中提请报表使用者注意财务报表中的相关披露；如果披露不充分，我们应当发表非无保留意见。我们的结论基于截至审计报告日可获得的信息。然而，未来的事项或情况可能导致 ABC 公司不能持续经营。

（5）评价财务报表的总体列报、结构和内容（包括披露），并评价财务报表是否公允反映相关交易和事项。

（6）就 ABC 公司中实体或业务活动的财务信息获取充分、适当的审计证据，以对财务报表发表审计意见。我们负责指导、监督和执行集团审计，并对审计意见承担全部责任。

我们与治理层就计划的审计范围、时间安排和重大审计发现等事项进

---

① 如果注册会计师结合财务报表审计对内部控制的有效性发表意见，应当删除"但目的并非对内部控制的有效性发表意见"的措辞。

行沟通，包括沟通我们在审计中识别出的值得关注的内部控制缺陷。

二、按照相关法律法规的要求报告的事项

［本部分的格式和内容，取决于法律法规对其他报告责任性质的规定。本部分应当说明相关法律法规规定的事项（其他报告责任），除非其他报告责任涉及的事项与审计准则规定的报告责任涉及的事项相同。如果涉及相同的事项，其他报告责任可以在审计准则规定的同一报告要素部分列示。当其他报告责任和审计准则规定的报告责任涉及同一事项，并且审计报告中的措辞能够将其他报告责任与审计准则规定的责任予以清楚地区分（如差异存在）时，可以将两者合并列示（即包含在"对财务报表出具的审计报告"部分中，并使用适当的副标题）。］

××会计师事务所	中国注册会计师：×××
（盖章）	（签名并盖章）
	中国注册会计师：×××
	（签名并盖章）
中国××市	20×2年×月×日

附录2：（参见本指南第23段）

集团项目组需要了解的事项的示例

本附录广泛涵盖了集团项目组需要了解的与集团审计相关的事项，但并非所有事项都与每项集团审计业务相关。此外，本附录并非对所有事项的完整列示。

一、集团层面控制

1. 集团层面的控制可能包括下列方面的组合：

（1）集团管理层和组成部分管理层讨论有关业务发展、业绩评价的定期会议；

（2）对组成部分经营和财务成果的监控，包括能够使集团管理层根据

预算监控组成部分的业绩并采取适当行动的定期汇报制度;

（3）集团管理层的风险评估过程，即识别、分析和管理经营风险（包括可能导致集团财务报表发生重大错报的舞弊风险）的过程;

（4）对集团内部交易、未实现内部交易损益和集团内部往来余额进行监控、控制、调节和抵销;

（5）用于监控组成部分及时上报财务信息和评估其准确性与完整性的过程;

（6）集团整体或部分共享的、采用统一信息技术一般控制的中央信息技术系统;

（7）全部或某些组成部分共享的信息系统中的控制活动;

（8）对控制的监督，包括内部审计和自我评估程序;

（9）统一的政策和程序，包括集团财务报告程序手册;

（10）集团层面的方案，如适用于整个集团的行为守则、防止舞弊的方案;

（11）对组成部分管理层职责分派的安排。

2. 在有些情况下，内部审计也可以作为集团层面控制的一项内容，如当内部审计职能集中于集团时。如果集团项目组计划利用内部审计人员的工作，需要按照《中国注册会计师审计准则第1411号——利用内部审计人员的工作》的规定评价其专业胜任能力和客观性。

二、合并过程

集团项目组可以从下列方面了解合并过程:

1. 与适用的财务报告编制基础有关的事项

（1）组成部分管理层对适用的财务报告编制基础的了解程度;

（2）按照适用的财务报告编制基础，对组成部分进行识别和会计处理的过程;

（3）按照适用的财务报告编制基础，为提供分部报告而识别需单独报告的分部的过程;

（4）按照适用的财务报告编制基础，识别关联方关系及其交易的过程;

（5）适用于集团财务报表的会计政策，会计政策自上期以来发生的变化以及因新发布或修订会计准则而发生的变化;

（6）如果组成部分的报告期末不同于集团，对组成部分财务信息进行调整的程序。

2. 与合并过程有关的事项

（1）集团管理层了解组成部分运用的会计政策的过程，基于集团财务报表目的确保编制组成部分财务信息运用统一会计政策的过程（如适用），以及确保按照适用的财务报告编制基础识别和调整会计政策的差异的过程。

统一的会计政策，是指集团根据适用的财务报告编制基础，在会计确认、计量和报告中所采用的原则、基础和会计处理方法，组成部分采用统一的会计政策处理和报告类似的交易，并在各个会计期间保持一致。这些会计政策通常在集团管理层发布的财务报告程序手册和报告文件包中予以说明。

（2）集团管理层基于合并目的确保组成部分完整、准确、及时报告其财务信息的过程；

（3）将境外组成部分财务信息折算为集团财务报表采用的记账本位币的过程；

（4）如何组织信息技术服务于财务报表合并过程（包括合并过程的人工和自动化阶段），以及在合并过程的不同阶段采用的人工控制和自动化控制；

（5）集团管理层获知期后事项的过程。

3. 与合并调整有关的事项

（1）记录合并调整的过程，包括记录相关会计分录的作出、授权和处理，以及负责合并过程人员的经验；

（2）适用的财务报告编制基础所要求的合并调整；

（3）对事项和交易进行合并调整的商业理由；

（4）组成部分之间交易的频率、性质和规模；

（5）监督、控制、调节和抵销集团内部交易、未实现内部交易损益和集团内部账户余额的程序；

（6）按照适用的财务报告编制基础，将被收购资产、负债的账面价值调整为公允价值的措施，以及对商誉进行摊销（如适用）和对商誉进行减值测试的程序；

（7）控股股东或少数股东对某一组成部分亏损作出的安排（例如，少数股东权益承担弥补亏损的义务）。

附录 3：（参见本指南第 30 段）

可能表明集团财务报表存在重大错报风险的情况或事项的示例

本附录包括了可能表明集团财务报表存在重大错报风险的情况或事项，但并非所有这些情况或事项与每项集团审计业务都相关。此外，本附录并非对所有事项的完整列示。

1. 复杂的集团结构，特别是经常发生并购、处置或重组交易；
2. 薄弱的公司治理结构，包括不透明的决策程序；
3. 不存在集团层面的控制或集团层面的控制无效，包括集团管理层在监督组成部分业务活动和经营成果时不能获取充分的信息；
4. 组成部分在境外经营，其业务活动可能受到诸多因素的影响，如非正常的政府干预（如贸易和财政政策、对外汇和股利汇出的限制）和汇率波动；
5. 组成部分业务活动包含较高风险，包括使用长期合约，或使用创新或复杂金融工具进行交易；
6. 组成部分财务信息是否需要按照适用的财务报告编制基础的规定包括在集团财务报表中存在不确定性，例如，是否存在需要合并的特殊目的实体或非交易性实体；
7. 异常的关联方关系及其交易；
8. 以前合并时发生集团内部往来余额不平或调节不一致的情况；
9. 存在涉及多个组成部分的复杂交易；
10. 组成部分运用的会计政策与集团不一致；
11. 组成部分的报告期末与集团不同，可能用以操纵交易的时间安排；
12. 以前存在未经授权或不完整的合并调整事项；
13. 集团采用激进的税务筹划政策，或与处于"避税天堂"的实体从事大量现金交易；
14. 频繁变更负责组成部分财务信息审计的注册会计师。

附录4：（参见本指南第35段）

组成部分注册会计师确认函参考格式

本附录所示函件并非标准格式。组成部分注册会计师可视具体情况采用不同的格式。

集团项目组通常在组成部分注册会计师开始对组成部分财务信息执行相关工作前取得确认函。

××会计师事务所：

我们已经收到贵所20×2年×月×日发出的指令函，要求我们对ABC集团公司所属子公司XYZ公司20×1年度财务信息执行指令函中所列的工作。本函用于确认与贵所审计ABC集团公司20×1年度集团财务报表相关的事项。

我们确认：

1. 我们将按照指令函的要求执行工作。（或：我们提醒贵所，由于［列明具体原因］，我们不能满足贵所的下列要求：［列明指令的具体要求］。）

2. 这些要求是清晰的，我们能够理解这些要求。（或：我们希望贵所能够详细阐明下列要求：［列明指令的具体要求］。）

3. 我们将配合贵所的工作，并提供相关工作底稿。

我们认可：

1. XYZ公司的财务信息将包括在ABC集团公司的集团财务报表中。

2. 如贵所认为必要，可以参与我们应贵所要求而对XYZ公司20×1年度的财务信息执行的工作；

3. 贵所计划对我们的工作进行评价。如贵所认为适当，可以在对ABC集团公司合并财务报表的审计中利用我们的工作。

就我们计划对XYZ公司财务信息执行的工作，我们确认：

1. 我们充分了解中国注册会计师职业道德守则的要求，足以履行我们在集团财务报表审计中的责任。我们将遵守这些要求。特别是对于ABC集团公司及集团内其他组成部分，我们符合中国注册会计师职业道德守则［和监管机构名称和文件名称］对独立性的要求。

2. 我们充分了解中国注册会计师审计准则的要求，足以履行我们在集团财务报表审计中的责任。我们将在工作中遵守这些要求。

3. 我们拥有对XYZ公司财务信息执行相关工作的专门技能。

4. 我们充分了解企业会计准则和ABC集团公司财务报告程序手册的

要求，足以履行我们在集团财务报表审计中的责任。

在对 XYZ 公司财务信息执行相关工作的过程中，如果上述声明事项出现任何变化，我们将及时通知贵所。

××会计师事务所（盖章）
注册会计师（签名并盖章）
20×2 年×月×日

附录 5：（参见本指南第 47 段）

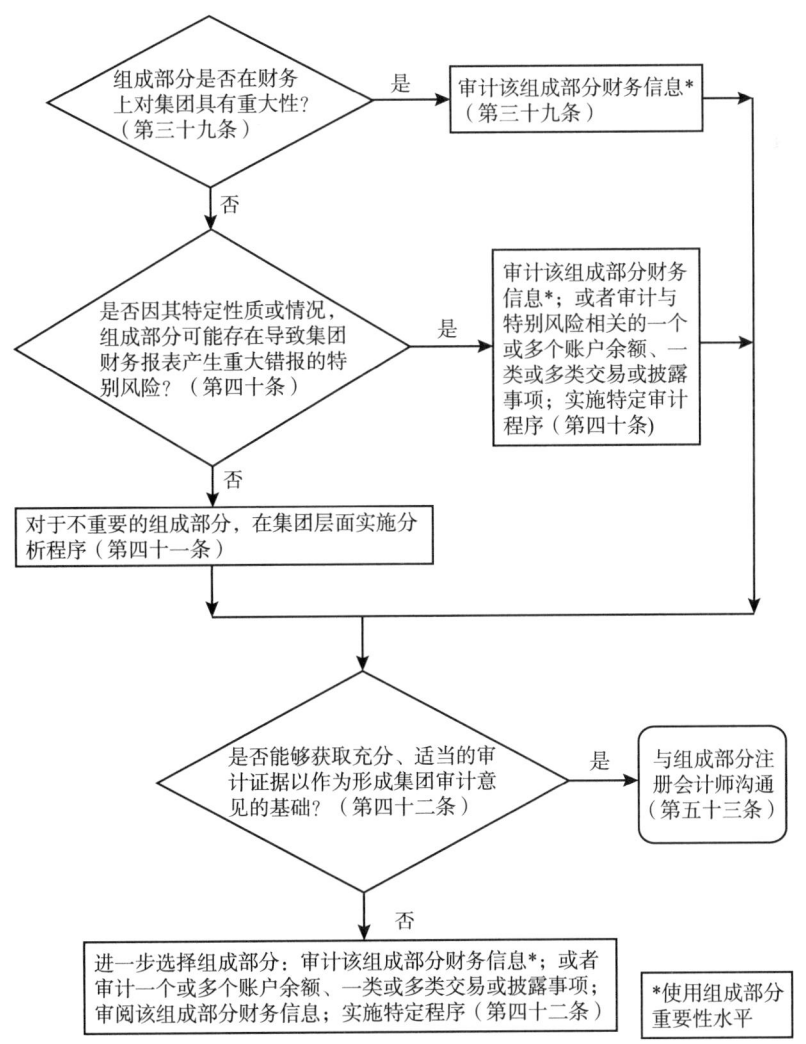

附录6:(参见本指南第58段)

列入集团项目组指令函的事项

本准则要求与组成部分注册会计师沟通的事项以楷体列示。

一、与组成部分注册会计师计划工作相关的事项

1. 在组成部分注册会计师知悉集团项目组将利用其工作的前提下,要求组成部分注册会计师确认其将配合集团项目组的工作;
2. 完成审计工作的时间要求;
3. 集团项目组计划与集团管理层会谈的日期,以及计划与组成部分管理层和组成部分注册会计师会谈的日期;
4. 主要联系人;
5. 组成部分注册会计师应执行的工作和集团项目组对其工作的利用,以及对双方在审计初期和审计过程中协调配合的安排,包括集团项目组拟参与的组成部分注册会计师工作;
6. 与集团审计相关的职业道德要求,特别是独立性要求;
7. 在对组成部分财务信息实施审计或审阅的情况下,组成部分的重要性和针对特定类别的交易、账户余额或披露采用的一个或多个重要性水平(如适用)以及临界值,超过临界值的错报不能被视为对集团财务报表明显微小的错报;
8. 集团管理层编制的关联方清单和集团项目组知悉的任何其他关联方。集团项目组应当要求组成部分注册会计师及时沟通集团管理层或集团项目组以前未识别出的关联方;
9. 拟对集团内部交易、未实现内部交易损益及集团内部往来余额执行的工作;
10. 对其他法定报告责任的指引,如就集团管理层对内部控制有效性认定出具的报告;
11. 如果完成组成部分财务信息相关工作的时间与集团项目组对集团财务报表形成结论的时间存在间隔,对期后事项进行复核的具体指引。

二、与组成部分注册会计师执行工作相关的事项

1. 集团项目组对全部或部分组成部分共享的处理系统中的控制活动进行测试的结果,以及拟由组成部分注册会计师实施的控制测试;

2. 识别出的与组成部分注册会计师工作相关的、由于舞弊或错误导致集团财务报表发生重大错报的特别风险。集团项目组应当要求组成部分注册会计师及时沟通所有识别出的、在组成部分内的其他由于舞弊或错误可能导致集团财务报表发生重大错报的特别风险,以及组成部分注册会计师针对这些特别风险采取的应对措施;

3. 如果内部审计对组成部分层面的控制或与组成部分相关的控制执行了相关工作,要求获取内部审计人员的工作结果;

4. 要求及时沟通从对组成部分财务信息执行的工作中获取的、与集团项目组最初进行集团层面风险评估所基于的审计证据相矛盾的审计证据;

5. 要求获取组成部分管理层遵守适用的财务报告编制基础的书面声明,或已经披露组成部分财务信息运用的会计政策与集团财务报表运用的会计政策存在差异的声明;

6. 组成部分注册会计师需要记录的事项。

三、其他事项

1. 要求及时向集团项目组报告下列事项:

(1) 重大的会计、财务报告和审计事项,包括会计估计和相关判断;

(2) 与组成部分持续经营状况相关的事项;

(3) 与诉讼和索赔相关的事项;

(4) 组成部分注册会计师在对组成部分财务信息执行工作中注意到的值得关注的内部控制缺陷和显示存在舞弊的信息;

2. 要求尽快向集团项目组报告任何重大或异常的事项;

3. 完成对组成部分财务信息的相关工作后,与集团项目组沟通本准则第五十四条所列事项的要求。

《中国注册会计师审计准则第1501号——对财务报表形成审计意见和出具审计报告》应用指南

(2017年2月28日修订)

一、被审计单位会计实务的质量(参见本准则第十三条)

1. 管理层需要对财务报表中的金额和披露作出大量判断。

2. 《中国注册会计师审计准则第1151号——与治理层的沟通》及其

应用指南包含对会计实务质量方面的讨论。在考虑被审计单位会计实务的质量时，注册会计师可能注意到管理层判断中可能存在的偏向。注册会计师可能认为缺乏中立性产生的累积影响，连同未更正错报的影响，导致财务报表整体存在重大错报。管理层缺乏中立性可能影响注册会计师对财务报表整体是否存在重大错报的评价。缺乏中立性的迹象包括下列情形：

（1）管理层对注册会计师在审计期间提请其注意的错报进行选择性更正。例如，如果更正某一错报将增加盈利，则对该错报予以更正，反之如果更正某一错报将减少盈利，则对该错报不予更正；

（2）管理层在作出会计估计时可能存在偏向。

3.《中国注册会计师审计准则第1321号——审计会计估计（包括公允价值会计估计）和相关披露》涉及管理层在作出会计估计时可能存在的偏向。在得出单项会计估计是否合理的结论时，可能存在管理层偏向的迹象本身并不构成错报。然而，这些迹象可能影响注册会计师对财务报表整体是否不存在重大错报的评价。

二、披露重大交易和事项对财务报表所传递信息的影响（参见本准则第十四条第（五）项）

4. 按照通用目的编制基础编制的财务报表通常反映被审计单位的财务状况、经营成果和现金流量。对于通用目的财务报表，注册会计师需要评价财务报表是否作出充分披露，以使财务报表预期使用者能够理解重大交易和事项对被审计单位财务状况、经营成果和现金流量的影响。

三、对适用的财务报告编制基础的说明（参见本准则第十六条）

5. 如《〈中国注册会计师审计准则第1101号——注册会计师的总体目标和审计工作的基本要求〉应用指南》所述，管理层和治理层（如适用）编制的财务报表需要恰当说明适用的财务报告编制基础。这种说明向财务报表使用者告知编制财务报表所依据的编制基础。

6. 只有当财务报表符合适用的财务报告编制基础的所有要求（在财务报表所涵盖的期间内有效）时，声明财务报表按照该编制基础编制才是恰当的。

7. 在对适用的财务报告编制基础的说明中使用不严密的修饰语或限定性的语言（如"财务报表实质上符合国际财务报告准则的要求"）是不恰当的，因为这可能误导财务报表使用者。

（一）提及两个或两个以上财务报告编制基础

8. 在某些情况下，财务报表可能声明按照两个财务报告编制基础（如某一国家或地区的财务报告编制基础和国际财务报告准则）编制。这可能是因为管理层被要求或自愿选择同时按照两个编制基础的规定编制财务报表，在这种情况下，两个财务报告编制基础都是适用的财务报告编制基础。只有当财务报表分别符合每个财务报告编制基础的所有要求时，声明财务报表按照这两个编制基础编制才是恰当的。财务报表需要同时符合两个编制基础的要求并且不需要调节，才能被视为按照两个财务报告编制基础编制。在实务中，同时遵守两个编制基础的可能性很小，除非某一国家或地区采用另一财务报告编制基础（如国际财务报告准则）作为本国或地区的财务报告编制基础，或者已消除遵守另一财务报告编制基础的所有障碍。

9. 如果财务报表按照某一财务报告编制基础编制，并且包含附注或补充报表，以将其结果调节至按照另一财务报告编制基础编制的结果，并不意味着该财务报表是按照另一财务报告编制基础编制的。这是因为该财务报表并没有按照另一财务报告编制基础要求的方式列示所有信息。

10. 然而，财务报表可能按照某一适用的财务报告编制基础编制，另外在财务报表附注中说明该财务报表符合另一财务报告编制基础的程度（如按照某一国家或地区财务报告编制基础编制的财务报表，可能说明其符合国际财务报告准则的程度）。这种说明可能构成本准则第四十六条讨论的补充财务信息，如果该信息不能与财务报表清楚区分，则将涵盖在审计意见中。

四、审计报告（参见本准则第二十条）

11. 书面形式的审计报告包括以纸质或电子介质形式存在的报告。

12. 本指南附录列示了包含本准则第二十条至第四十二条规定的要素的审计报告的参考格式。除审计意见部分和形成审计意见的基础部分之外，本准则对审计报告要素的排列顺序未作要求。然而，本准则要求使用特定的标题，以使按照审计准则执行审计出具的报告更易识别，特别是当审计报告要素的排列顺序不同于本指南附录中的审计报告参考格式时。

（一）按照中国注册会计师审计准则的规定执行审计工作出具的审计报告

标题（参见本准则第二十二条）

13. 审计报告的标题统一规范为"审计报告"。

收件人（参见本准则第二十三条）

14. 在某些国家或地区，法律法规或业务约定条款可能指定审计报告致送的对象。注册会计师通常将审计报告致送给财务报表使用者，一般是被审计单位的股东或治理层。

审计意见（参见本准则第二十五条至第二十六条）

提及已审计财务报表

15. 审计报告说明，注册会计师审计了被审计单位的财务报表，包括[指明适用的财务报告编制基础规定的构成整套财务报表的每一财务报表的名称、日期或涵盖的期间]以及相关财务报表附注。

16. 如果知悉已审计财务报表将包括在含有其他信息的文件（如年度报告）中，在列报格式允许的情况下，注册会计师可以考虑指出已审计财务报表在该文件中的页码。这有助于财务报表使用者识别与审计报告相关的财务报表。

在所有重大方面公允反映

17. 当注册会计师发表无保留意见时，使用"基于上述说明"或"取决于"等措辞是不适当的，因为这暗示是有条件的意见，或者是对意见的弱化或修改。

描述财务报表及其反映的事项

18. 审计意见涵盖由适用的财务报告编制基础所确定的整套财务报表。例如，在许多通用目的编制基础中，财务报表包括资产负债表、利润表、现金流量表、所有者权益变动表和相关附注（通常包括重要会计政策和会计估计以及其他解释性信息）。在某些国家或地区，额外的信息也可能被认为是财务报表的必要组成部分。

19. 审计意见说明财务报表在所有重大方面按照适用的财务报告编制基础的规定编制，公允反映了财务报表旨在反映的事项。例如，对于按照企业会计准则的规定编制的财务报表，这些事项是"被审计单位期末的财务状况、截至期末某一期间的经营成果和现金流量"。因此，当适用的财务报告编制基础是企业会计准则时，本准则第二十六条中的[……]可用前一句中的引号中的内容替代；如果适用其他的财务报告编制基础，则用描述财务报表旨在反映的事项的措辞替代。

对适用的财务报告编制基础的描述及其可能对审计意见的影响

20. 在审计意见中指出适用的财务报告编制基础，旨在告知审计报告使用者注册会计师发表审计意见的背景，而非为了限制注册会计师按照本准则第十五条的规定作出的评价。注册会计师可以使用诸如下列措辞指明适用的财务报告编制基础:"……按照国际财务报告准则的规定"或者"……按照企业会计准则的规定……"。

21. 如果适用的财务报告编制基础包括财务报告准则和法律法规的规定,可以使用诸如下列措辞指明适用的财务报告编制基础:"……按照国际财务报告准则和[×国家公司法]的要求"。《中国注册会计师审计准则第 1111 号——就审计业务约定条款达成一致意见》规范了如何处理财务报告准则与相关部门的规定存在冲突的情况。

22. 如本指南第 8 段所述,财务报表可能按照两个财务报告编制基础编制,在这种情况下,这两个编制基础都是适用的财务报告编制基础。在对财务报表形成审计意见时,需要分别考虑每个编制基础,并按照本准则第二十六条和第二十七条的规定以下列方式在审计意见中提及这两个编制基础:

(1) 如果财务报表分别符合每个编制基础,注册会计师需要发表两个意见:即一个意见是,财务报表按照其中一个适用的财务报告编制基础(如×国财务报告编制基础)编制;另一个意见是,财务报表按照另一个适用的财务报告编制基础(如国际财务报告准则)编制。这两个意见可以分别表述,也可以在一个句子中表述(例如,财务报表在所有重大方面按照×国财务报告编制基础和国际财务报告准则的规定编制,公允反映了[……])。

(2) 如果财务报表符合其中一个编制基础(如×国财务报告编制基础)而没有符合另一个编制基础(如国际财务报告准则),注册会计师需要对财务报表按照其中一个编制基础(如×国财务报告编制基础)编制发表无保留意见,而按照《中国注册会计师审计准则第 1502 号——在审计报告中发表非无保留意见》的规定,对财务报表按照另一个编制基础(如国际财务报告准则)编制发表非无保留意见。

23. 如本指南第 10 段所述,财务报表可能声称符合某一财务报告编制基础的所有要求,并补充披露财务报表对另一财务报告编制基础的符合程度。这种补充信息如果不能与财务报表清楚地区分,将涵盖在审计意见中(参见本准则第四十五条至第四十六条,以及本指南第 60 段至第 66 段)。因此:

(1) 如果有关财务报表符合另一财务报告编制基础的披露具有误导性,注册会计师需要按照《中国注册会计师审计准则第 1502 号——在审计报告中发表非无保留意见》的规定,发表非无保留意见;

(2) 如果有关财务报表符合另一财务报告编制基础的披露不具有误导

性，但是注册会计师认为该披露对财务报表使用者理解财务报表至关重要，注册会计师需要按照《中国注册会计师审计准则第 1503 号——在审计报告中增加强调事项段和其他事项段》的规定，在审计报告中增加强调事项段，以提醒财务报表使用者关注。

形成审计意见的基础（参见本准则第二十八条）

24. 形成审计意见的基础部分提供关于审计意见的重要背景。因此，本准则要求审计报告中形成审计意见的基础部分紧接在审计意见部分之后。

25. 提及使用的审计准则是为了向审计报告使用者说明，注册会计师按照审计准则的规定执行了审计工作。

相关职业道德要求

26. 指明相关职业道德要求所属的国家或地区，能够增加这些与特定审计业务有关的要求的透明度。《〈中国注册会计师审计准则第 1101 号——注册会计师的总体目标和审计工作的基本要求〉应用指南》说明相关职业道德要求通常是指中国注册会计师职业道德守则中与财务报表审计相关的规定。当相关职业道德要求包括国际职业会计师道德守则的要求时，声明中可能也提及国际职业会计师道德守则。如果国际职业会计师道德守则构成与审计相关的所有职业道德要求，声明中无需指出所属的国家或地区。

27. 在某些国家或地区，相关职业道德要求可能存在于多个不同来源中，例如职业道德守则以及法律法规中额外的规则和要求。当独立性和其他相关职业道德要求来源数目有限时，注册会计师可以选择指出来源的名称（例如，该国家或地区适用的守则、规则和法规的名称），或者可以提及被普遍理解并且恰当概括这些来源的术语（例如，×国家或地区私营实体审计的独立性要求）。

28. 法律法规和审计业务约定条款等可能要求注册会计师在审计报告中就适用于财务报表审计的相关职业道德要求的来源提供更具体的信息，包括关于独立性的职业道德要求。

29. 如果与财务报表审计相关的职业道德要求有多个来源，在确定要包含在审计报告中的恰当信息量时，一个重要的考虑是平衡增加透明度与掩盖审计报告中其他有用信息的风险。

对集团审计的特殊考虑

30. 在集团审计中，当相关职业道德要求（包括与独立性相关的要求）有多个来源时，在审计报告中提及的国家或地区一般与集团项目组适用的相关职业道德要求相关。这是因为在集团审计中，组成部分注册会计师也受到与集团审计相关的职业道德要求的约束。

31. 审计准则不制定关于注册会计师（包括组成部分注册会计师）的独立性或职业道德的具体要求，因此，不扩展或超越集团项目组适用的职业道德守则所作的独立性要求或其他职业道德要求，也不要求组成部分注册会计师在所有情况下都受到集团项目组适用的同一特定独立性要求的约束。因此，在集团审计中，相关职业道德要求（包括与独立性相关的要求）可能是复杂的。《中国注册会计师审计准则第1401号——对集团财务报表审计的特殊考虑》就注册会计师对组成部分财务信息执行工作提供了指引，包括组成部分注册会计师不能满足与集团审计相关的独立性要求的情形。

关键审计事项（参见本准则第二十一条第二款）

32. 法律法规可能要求在对非上市实体的审计报告中沟通关键审计事项，例如被法律法规认定为公众利益实体的实体。

33. 注册会计师也可能决定在对其他实体的审计中沟通关键审计事项，包括可能涉及重大公众利益的实体。例如，实体拥有数量众多且分布广泛的利益相关者，以及考虑到实体业务的性质和规模。举例来说，这些实体可能包括金融机构（如银行、保险公司和养老基金）以及慈善机构等。

34. 《中国注册会计师审计准则第1111号——就审计业务约定条款达成一致意见》要求注册会计师就审计业务约定条款与管理层和治理层（如适用）达成一致意见，并说明在就业务约定条款达成一致意见时，管理层和治理层担任的角色取决于被审计单位的治理结构和相关法律法规的规定。该准则还要求在审计业务约定书或其他适当形式的书面协议中提及注册会计师拟出具的审计报告的预期形式和内容。当注册会计师不被要求沟通关键审计事项时，该准则说明，注册会计师在审计业务约定条款中提及可能在审计报告中沟通关键审计事项，可能是有帮助的；在某些国家或地区，注册会计师在审计业务约定条款中提及这一可能性可能是必要的，因为这将使其保留沟通关键审计事项的能力。

对公共部门实体的特殊考虑

35. 在公共部门，上市实体并不常见。然而，因其规模、复杂程度或公众利益方面，公共部门实体可能是重要的。在这种情况下，法律法规可能要求在审计报告中沟通关键审计事项，或在法律法规未做要求时，注册会计师可能决定在审计报告中沟通关键审计事项。

对财务报表的责任（参见本准则第二十九条至第三十条）

36.《中国注册会计师审计准则第1101号——注册会计师的总体目标和审计工作的基本要求》说明了注册会计师按照审计准则的规定执行审计工作的前提。管理层和治理层（如适用）认可其按照适用的财务报告编制基础编制财务报表，并使其实现公允反映的责任。管理层也认可其设计、执行和维护内部控制，以使财务报表不存在由于舞弊或错误导致的重大错报的责任。审计报告中对管理层责任的说明包括提及这两种责任，因为这有助于向财务报表使用者解释执行审计工作的前提。《中国注册会计师审计准则第1151号——与治理层的沟通》使用治理层这一术语来描述对被审计单位负有监督责任的人员或组织，并对不同国家或地区以及不同被审计单位治理结构的多样性进行了讨论。

37. 某些情况下，在特定国家或地区或者基于被审计单位的性质，管理层和治理层承担与财务报表编制相关的额外责任，注册会计师在本准则第三十条和第三十一条所述责任的基础上增加对额外责任的说明是适当的。

38.《中国注册会计师审计准则第1111号——就审计业务约定条款达成一致意见》要求注册会计师在审计业务约定书或其他适当形式的书面协议中约定管理层的责任。《中国注册会计师审计准则第1111号——就审计业务约定条款达成一致意见》允许注册会计师作出以下灵活处理：如果法律法规规定了管理层和治理层（如适用）与财务报告相关的责任，注册会计师根据判断可能确定法律法规规定的责任与《中国注册会计师审计准则第1111号——就审计业务约定条款达成一致意见》的规定在效果上是等同的。对于在效果上等同的责任，注册会计师可以使用法律法规的措辞，在业务约定书或其他适当形式的书面协议中描述管理层的责任。在这种情况下，注册会计师也可以在审计报告中使用这些措辞描述本准则第三十条第（一）项提及的管理层的责任。在其他情况下，包括业务约定书采用法律法规规定的措辞而注册会计师决定不在审计报告中使用这些措辞时，使用本准则第三十条第（一）项中的措辞。除按照本准则第三十条的规定在审计报告中描述管理层的责任外，注册会计师还可以通过索引，指出在何处有对这些信息的更详细描述（例如，被审计单位的年度报告或适当机构的网站）。

39. 法律法规可能提及管理层对会计账簿和记录或会计系统的适当性所承担的责任。因为会计账簿和记录或会计系统是内部控制必要的组成部分（如《中国注册会计师审计准则第1211号——通过了解被审计单位及其环境识别和评估重大错报风险》所定义），所以《中国注册会计师审计准则第 1111 号——就审计业务约定条款达成一致意见》和本准则第三十条没有特别提及。

40. 本指南附录提供的参考格式演示了当适用的财务报告编制基础为企业会计准则时如何运用本准则第三十条第（二）项的要求。如果使用企业会计准则之外的其他适用的财务报告编制基础，则需要对参考格式进行调整，以反映所使用的其他财务报告编制基础。

对财务报告过程的监督（参见本准则第三十一条）

41. 当部分监督财务报告过程的人员同时参与编制财务报告时，可能需要对本准则第三十一条所要求的描述进行修改，以恰当反映被审计单位的特定情况。当监督财务报告过程的人员与负责编制财务报告的人员相同时，无需提及监督责任。

注册会计师对财务报表审计的责任（参见本准则第三十二条至第三十五条）

42. 按照本准则第三十二条至第三十五条的要求对注册会计师责任的描述可以进行调整，以反映被审计单位的特定性质，例如，当针对合并财务报表出具审计报告时。本指南附录的参考格式 2 提供了在此情况下可能的示例。

注册会计师的目标（参见本准则第三十三条第（一）项）

43. 审计报告说明注册会计师的目标是对财务报表整体是否不存在由于舞弊或错误导致的重大错报获取合理保证，并出具包含审计意见的审计报告。这与管理层编制财务报表的责任相区分。

描述重要性（参见本准则第三十三条第二款）

44. 本指南附录提供了按照本准则第三十三条第二款第（一）项的要求描述重要性的参考格式。如果按照本准则第三十三条第二款第（二）项的要求描述重要性，则可能需要对参考格式进行调整，以反映所使用的其他财务报告编制基础。

注册会计师与《中国注册会计师审计准则第 1504 号——在审计报告中沟通关键审计事项》相关的责任（参见本准则第三十五条第（三）项）

45. 在描述注册会计师的责任时，注册会计师可能认为提供超出本准则第三十五条第（三）项要求之外的额外信息是有用的。例如，注册会计师可以提及《中国注册会计师审计准则第 1504 号——在审计报告中沟通关键审计事项》第九条关于确定在执行审计工作时重点关注过的事项的要求。根据该要求，在确定执行审计工作时重点关注过的事项时，注册会计师应当考虑下列方面：

（1）按照《中国注册会计师审计准则第1211号——通过了解被审计单位及其环境识别和评估重大错报风险》的规定，评估的重大错报风险较高的领域或识别出的特别风险；

（2）与财务报表中涉及重大管理层判断（包括被认为具有高度估计不确定性的会计估计）的领域相关的重大审计判断；

（3）本期重大交易或事项对审计的影响。

其他报告责任（参见本准则第三十六条至第三十八条）

46. 注册会计师可能承担报告其他事项的额外责任，这些责任是对审计准则规定的注册会计师责任的补充。例如，如果注册会计师在财务报表审计中注意到某些事项，可能被要求对这些事项予以报告。此外，注册会计师可能被要求实施额外的规定程序并予以报告，或对特定事项（如会计账簿和记录的适当性、财务报告内部控制或其他信息）发表意见。

47. 在某些情况下，相关法律法规可能要求或允许注册会计师将对这些其他责任的报告作为对财务报表出具的审计报告的一部分。在另外一些情况下，相关法律法规可能要求或允许注册会计师在单独出具的报告中进行报告。

48. 仅当其他报告责任和审计准则规定的报告责任涉及同一事项，并且审计报告的措辞能够将其他报告责任与审计准则规定的责任予以清楚地区分时，本准则第三十六条至第三十八条才允许将其合并列示。为进行清楚地区分，可能有必要在审计报告中指出其他报告责任的来源并说明这些责任超出了审计准则规定的责任。否则，准则要求在审计报告中将其他报告责任单独作为一部分，并冠以"按照相关法律法规的要求报告的事项"或与其内容相称的其他标题。在此情况下，本准则第三十八条要求注册会计师将审计准则规定的报告责任冠以"对财务报表出具的审计报告"这一标题。

项目合伙人的姓名（参见本准则第三十九条至第四十条）

49.《质量控制准则第5101号——会计师事务所对执行财务报表审计和审阅、其他鉴证和相关服务业务实施的质量控制》要求会计师事务所制定政策和程序，为项目按照职业标准和适用的法律法规要求执行提供合理保证。尽管该准则已提出这些要求，在审计报告中指明项目合伙人有助于进一步增强对审计报告使用者的透明度。

50. 注册会计师可能决定在审计报告中包含项目合伙人姓名之外的信息，以进一步识别项目合伙人。

注册会计师的签名和盖章（参见本准则第四十一条）

51. 本准则要求注册会计师在审计报告中签名和盖章。

52. 在某些情形下，法律法规可能允许在审计报告中使用电子签名。

审计报告的日期（参见本准则第四十二条）

53. 审计报告的日期向审计报告使用者表明，注册会计师已考虑其知悉的、截至审计报告日发生的交易和事项的影响。注册会计师对审计报告日后发生的交易和事项的责任，在《中国注册会计师审计准则第1332号——期后事项》中作出了规定。

54. 由于审计意见是针对财务报表发表的，并且编制财务报表是管理层的责任，所以只有在注册会计师获取证据证明构成整套财务报表的所有报表（包括相关附注）已经编制完成，并且管理层已认可其对财务报表的责任的情况下，注册会计师才能得出已经获取充分、适当的审计证据的结论。

55. 财务报表需经董事会或类似机构批准后才可对外报出。法律法规明确了负责确定构成整套财务报表的所有报表（包括相关附注）已经编制完成的个人或机构（如董事会），并规定了必要的批准程序。在这种情况下，注册会计师需要在签署审计报告前获取财务报表已得到批准的证据。

56. 财务报表的批准日期是一个比较早的日期，即经认可的有权机构（如董事会）确定构成整套财务报表的所有报表（包括相关附注）已经编制完成，并声称对此负责的日期。

对公共部门实体的特殊考虑

57. 执行公共部门实体审计的注册会计师可能能够根据法律法规在审计报告中或补充报告中公开报告特定事项，这可能包含与《中国注册会计师审计准则第1504号——在审计报告中沟通关键审计事项》的目标相一致的信息。在这些情况下，注册会计师可能需要按照《中国注册会计师审计准则第1504号——在审计报告中沟通关键审计事项》的要求，对在审计报告中沟通的关键审计事项的某些方面进行调整，或在审计报告中提及补充报告中对该事项的描述。

（二）同时按照中国注册会计师审计准则和其他国家或地区审计准则执行审计工作出具的审计报告（参见本准则第四十三条）

58. 如果遵守了与审计工作相关的每项中国注册会计师审计准则，同时还遵守了其他国家或地区的审计准则，注册会计师可以在审计报告中提及，审计工作同时按照中国注册会计师审计准则和其他国家或地区的审计准则的规定执行。

59. 如果中国注册会计师审计准则和其他国家或地区的审计准则存在

冲突，并且该冲突将导致注册会计师形成不同的审计意见，或者不能增加中国注册会计师审计准则在特定情形下要求的强调事项段或其他事项段，那么声称同时遵守中国注册会计师审计准则和其他国家或地区的审计准则是不恰当的。在这种情况下，注册会计师只应提及在编制审计报告时遵守的审计准则（中国注册会计师审计准则或者其他国家或地区审计准则）。

五、与财务报表一同列报的补充信息（参见本准则第四十五条至第四十六条）

60. 在某些情况下，被审计单位可能根据法律法规的要求，或出于自愿选择，与财务报表一同列报适用的财务报告编制基础未作要求的补充信息。例如，被审计单位列报补充信息以增强财务报表使用者对适用的财务报告编制基础的理解，或者对财务报表的特定项目提供进一步解释。这种补充信息通常在补充报表中或作为额外的附注进行列示。

61. 本准则第四十五条明确，如果补充信息因其性质或列报方式构成财务报表的必要组成部分，则审计意见涵盖该补充信息。作出这一评价需要运用职业判断。例如：

（1）当财务报表附注中包含关于该财务报表对另一财务报告编制基础符合程度的说明或调节事项时，注册会计师可能认为这是与财务报表无法明确区分的补充信息。审计意见也涵盖与财务报表进行交叉索引的附注或补充报表。

（2）当列示费用具体项目的额外损益表作为财务报表附录中的单独表格进行披露时，注册会计师可能认为这是可以与财务报表明确区分的补充信息。

62. 如果审计报告在描述整套财务报表时对附注的提及是充分的，则注册会计师不必在审计报告中特别提及审计意见涵盖的补充信息。

63. 法律法规可能不要求对补充信息进行审计，管理层也可能决定不要求注册会计师将补充信息包括在财务报表审计范围内。

64. 注册会计师在评价未审计补充信息的列报方式是否会使财务报表使用者认为审计意见涵盖该补充信息时的考虑，举例来说包括，评价相对于财务报表和已审计补充信息，未审计补充信息列报的位置，以及是否被清楚地标明为"未审计"。

65. 管理层可能通过下列方法改变未审计补充信息的列报方式，以避免补充信息被认为涵盖在审计意见中：

（1）删除从财务报表到未审计补充报表或未审计附注的交叉索引，以使已审计信息和未审计信息的界限足够清楚；

（2）将未审计补充信息移出财务报表，如果这样做不可行，至少将所有未审计附注汇集起来一并置于要求披露的财务报表附注之后，并明确标明未审计。这是因为和已审计附注列在一起的未审计附注可能被误解为已审计。

66. 补充信息未审计的事实，不能减轻《中国注册会计师审计准则第1521号——注册会计师对其他信息的责任》所规定的注册会计师责任。

附录：

审计报告参考格式

参考格式1：对上市实体财务报表出具的审计报告

参考格式2：对上市实体合并财务报表出具的审计报告

参考格式3：对非上市实体财务报表出具的审计报告

参考格式1：对上市实体财务报表出具的审计报告

背景信息：

1. 对上市实体整套财务报表进行审计。该审计不属于集团审计（即不适用《中国注册会计师审计准则第1401号——对集团财务报表审计的特殊考虑》）；

2. 管理层按照企业会计准则编制财务报表；

3. 审计业务约定条款体现了《中国注册会计师审计准则第1111号——就审计业务约定条款达成一致意见》中关于管理层对财务报表责任的描述；

4. 基于获取的审计证据，注册会计师认为发表无保留意见是恰当的；

5. 适用的相关职业道德要求为中国注册会计师职业道德守则；

6. 基于获取的审计证据，根据《中国注册会计师审计准则第1324号——持续经营》，注册会计师认为可能导致对被审计单位持续经营能力产生重大疑虑的事项或情况不存在重大不确定性；

7. 已按照《中国注册会计师审计准则第1504号——在审计报告中沟通关键审计事项》的规定沟通了关键审计事项；

8. 注册会计师在审计报告日前已获取所有其他信息，且未识别出信息存在重大错报；

9. 负责监督财务报表的人员与负责编制财务报表的人员不同；

10. 除财务报表审计外，注册会计师还承担法律法规要求的其他报告责任，且注册会计师决定在审计报告中履行其他报告责任。

审计报告

ABC 股份有限公司全体股东：

一、对财务报表出具的审计报告①

（一）审计意见

我们审计了 ABC 股份有限公司（以下简称 ABC 公司）财务报表，包括 20×1 年 12 月 31 日的资产负债表，20×1 年度的利润表、现金流量表、股东权益变动表以及相关财务报表附注。

我们认为，后附的财务报表在所有重大方面按照企业会计准则的规定编制，公允反映了 ABC 公司 20×1 年 12 月 31 日的财务状况以及 20×1 年度的经营成果和现金流量。

（二）形成审计意见的基础

我们按照中国注册会计师审计准则的规定执行了审计工作。审计报告的"注册会计师对财务报表审计的责任"部分进一步阐述了我们在这些准则下的责任。按照中国注册会计师职业道德守则，我们独立于 ABC 公司，并履行了职业道德方面的其他责任。我们相信，我们获取的审计证据是充分、适当的，为发表审计意见提供了基础。

（三）关键审计事项

关键审计事项是我们根据职业判断，认为对本期财务报表审计最为重要的事项。这些事项的应对以对财务报表整体进行审计并形成审计意见为背景，我们不对这些事项单独发表意见。

［按照《中国注册会计师审计准则第 1504 号——在审计报告中沟通关键审计事项》的规定描述每一关键审计事项。］

（四）其他信息

［按照《中国注册会计师审计准则第 1521 号——注册会计师对其他信息的责任》的规定报告，见《〈中国注册会计师审计准则第 1521 号——注

---

① 如果审计报告中不包含"按照相关法律法规的要求报告的事项"部分，则不需要加入此标题。

册会计师对其他信息的责任〉应用指南》附录 2 中的参考格式 1。]

（五）管理层和治理层对财务报表的责任

ABC 公司管理层（以下简称管理层）负责按照企业会计准则的规定编制财务报表，使其实现公允反映，并设计、执行和维护必要的内部控制，以使财务报表不存在由于舞弊或错误导致的重大错报。

在编制财务报表时，管理层负责评估 ABC 公司的持续经营能力，披露与持续经营相关的事项（如适用），并运用持续经营假设，除非管理层计划清算 ABC 公司、终止运营或别无其他现实的选择。

治理层负责监督 ABC 公司的财务报告过程。

（六）注册会计师对财务报表审计的责任

我们的目标是对财务报表整体是否不存在由于舞弊或错误导致的重大错报获取合理保证，并出具包含审计意见的审计报告。合理保证是高水平的保证，但并不能保证按照审计准则执行的审计在某一重大错报存在时总能发现。错报可能由于舞弊或错误导致，如果合理预期错报单独或汇总起来可能影响财务报表使用者依据财务报表作出的经济决策，则通常认为错报是重大的。

在按照审计准则执行审计工作的过程中，我们运用职业判断，并保持职业怀疑。同时，我们也执行以下工作：

（1）识别和评估由于舞弊或错误导致的财务报表重大错报风险，设计和实施审计程序以应对这些风险，并获取充分、适当的审计证据，作为发表审计意见的基础。由于舞弊可能涉及串通、伪造、故意遗漏、虚假陈述或凌驾于内部控制之上，未能发现由于舞弊导致的重大错报的风险高于未能发现由于错误导致的重大错报的风险。

（2）了解与审计相关的内部控制，以设计恰当的审计程序，但目的并非对内部控制的有效性发表意见[①]。

（3）评价管理层选用会计政策的恰当性和作出会计估计及相关披露的合理性。

（4）对管理层使用持续经营假设的恰当性得出结论。同时，根据获取的审计证据，就可能导致对 ABC 公司持续经营能力产生重大疑虑的事项或情况是否存在重大不确定性得出结论。如果我们得出结论认为存在重大不确定性，审计准则要求我们在审计报告中提请报表使用者注意财务报表

---

① 如果注册会计师结合财务报表审计对内部控制的有效性发表意见，应当删除"但目的并非对内部控制的有效性发表意见"的措辞。

中的相关披露；如果披露不充分，我们应当发表非无保留意见。我们的结论基于截至审计报告日可获得的信息。然而，未来的事项或情况可能导致 ABC 公司不能持续经营。

（5）评价财务报表的总体列报、结构和内容（包括披露），并评价财务报表是否公允反映相关交易和事项。

我们与治理层就计划的审计范围、时间安排和重大审计发现等事项进行沟通，包括沟通我们在审计中识别出的值得关注的内部控制缺陷。

我们还就已遵守与独立性相关的职业道德要求向治理层提供声明，并与治理层沟通可能被合理认为影响我们独立性的所有关系和其他事项，以及相关的防范措施（如适用）。

从与治理层沟通过的事项中，我们确定哪些事项对本期财务报表审计最为重要，因而构成关键审计事项。我们在审计报告中描述这些事项，除非法律法规禁止公开披露这些事项，或在极少数情形下，如果合理预期在审计报告中沟通某事项造成的负面后果超过在公众利益方面产生的益处，我们确定不应在审计报告中沟通该事项。

二、按照相关法律法规的要求报告的事项

［本部分的格式和内容，取决于法律法规对其他报告责任性质的规定。本部分应当说明相关法律法规规定的事项（其他报告责任），除非其他报告责任涉及的事项与审计准则规定的报告责任涉及的事项相同。如果涉及相同的事项，其他报告责任可以在审计准则规定的同一报告要素部分列示。当其他报告责任和审计准则规定的报告责任涉及同一事项，并且审计报告中的措辞能够将其他报告责任与审计准则规定的责任（如存在差异）予以清楚地区分时，可以将两者合并列示（即包含在"对财务报表出具的审计报告"部分中，并使用适当的副标题）。］

××会计师事务所	中国注册会计师：×××（项目合伙人）
（盖章）	（签名并盖章）
	中国注册会计师：×××
	（签名并盖章）
中国××市	20×2年×月×日

参考格式 2：对上市实体合并财务报表出具的审计报告

背景信息：

1. 对上市实体整套合并财务报表进行审计。该审计属于集团审计，被审计单位拥有多个子公司（即适用《中国注册会计师审计准则第 1401 号——对集团财务报表审计的特殊考虑》）；

2. 管理层按照××财务报告编制基础编制合并财务报表，该编制基础允许被审计单位只列报合并财务报表；

3. 审计业务约定条款体现了《中国注册会计师审计准则第 1111 号——就审计业务约定条款达成一致意见》中关于管理层对合并财务报表责任的描述；

4. 基于获取的审计证据，注册会计师认为发表无保留意见是恰当的；

5. 适用的相关职业道德要求为中国注册会计师职业道德守则；

6. 基于获取的审计证据，根据《中国注册会计师审计准则第 1324 号——持续经营》，注册会计师认为可能导致对被审计单位持续经营能力产生重大疑虑的事项或情况不存在重大不确定性；

7. 已按照《中国注册会计师审计准则第 1504 号——在审计报告中沟通关键审计事项》的规定沟通了关键审计事项；

8. 注册会计师在审计报告日前已获取所有其他信息，且未识别出信息存在重大错报；

9. 负责监督合并财务报表的人员与负责编制合并财务报表的人员不同；

10. 除合并财务报表审计外，注册会计师还承担法律法规要求的其他报告责任，且注册会计师决定在审计报告中履行其他报告责任。

审计报告

ABC 股份有限公司全体股东：

一、对合并财务报表出具的审计报告[①]

（一）审计意见

我们审计了 ABC 股份有限公司及其子公司（以下简称 ABC 集团）合并财务报表，包括 20×1 年 12 月 31 日的合并资产负债表，20×1 年度的

[①] 如果审计报告中不包含"按照相关法律法规的要求报告的事项"部分，则不需要加入此标题。

合并利润表、合并现金流量表、合并股东权益变动表以及相关合并财务报表附注。

我们认为，后附的合并财务报表在所有重大方面按照××财务报告编制基础的规定编制，公允反映了ABC集团20×1年12月31日的合并财务状况以及20×1年度的合并经营成果和合并现金流量。

（二）形成审计意见的基础

我们按照中国注册会计师审计准则的规定执行了审计工作。审计报告的"注册会计师对合并财务报表审计的责任"部分进一步阐述了我们在这些准则下的责任。按照中国注册会计师职业道德守则，我们独立于ABC集团，并履行了职业道德方面的其他责任。我们相信，我们获取的审计证据是充分、适当的，为发表审计意见提供了基础。

（三）关键审计事项

关键审计事项是我们根据职业判断，认为对本期合并财务报表审计最为重要的事项。这些事项的应对以对合并财务报表整体进行审计并形成审计意见为背景，我们不对这些事项单独发表意见。

［按照《中国注册会计师审计准则第1504号——在审计报告中沟通关键审计事项》的规定描述每一关键审计事项。］

（四）其他信息

［按照《中国注册会计师审计准则第1521号——注册会计师对其他信息的责任》的规定报告，见《〈中国注册会计师审计准则第1521号——注册会计师对其他信息的责任〉应用指南》附录2中的参考格式1。］

（五）管理层和治理层对合并财务报表的责任

ABC集团管理层（以下简称管理层）负责按照××财务报告编制基础的规定编制合并财务报表，使其实现公允反映，并设计、执行和维护必要的内部控制，以使合并财务报表不存在由于舞弊或错误导致的重大错报。

在编制合并财务报表时，管理层负责评估ABC集团的持续经营能力，披露与持续经营相关的事项（如适用），并运用持续经营假设，除非管理层计划清算ABC集团、终止运营或别无其他现实的选择。

治理层负责监督ABC集团的财务报告过程。

（六）注册会计师对合并财务报表审计的责任

我们的目标是对合并财务报表整体是否不存在由于舞弊或错误导致的重大错报获取合理保证，并出具包含审计意见的审计报告。合理保证是高水平的保证，但并不能保证按照审计准则执行的审计在某一重大错报存在时总能发现。错报可能由于舞弊或错误导致，如果合理预期错报单独或汇总起来可能影响财务报表使用者依据合并财务报表作出的经济决策，则通常认为错报是重大的。

在按照审计准则执行审计工作的过程中，我们运用职业判断，并保持职业怀疑。同时，我们也执行以下工作：

（1）识别和评估由于舞弊或错误导致的合并财务报表重大错报风险，设计和实施审计程序以应对这些风险，并获取充分、适当的审计证据，作为发表审计意见的基础。由于舞弊可能涉及串通、伪造、故意遗漏、虚假陈述或凌驾于内部控制之上，未能发现由于舞弊导致的重大错报的风险高于未能发现由于错误导致的重大错报的风险。

（2）了解与审计相关的内部控制，以设计恰当的审计程序，但目的并非对内部控制的有效性发表意见①。

（3）评价管理层选用会计政策的恰当性和作出会计估计及相关披露的合理性。

（4）对管理层使用持续经营假设的恰当性得出结论。同时，根据获取的审计证据，就可能导致对 ABC 集团持续经营能力产生重大疑虑的事项或情况是否存在重大不确定性得出结论。如果我们得出结论认为存在重大不确定性，审计准则要求我们在审计报告中提请报表使用者注意合并财务报表中的相关披露；如果披露不充分，我们应当发表非无保留意见。我们的结论基于截至审计报告日可获得的信息。然而，未来的事项或情况可能导致 ABC 集团不能持续经营。

（5）评价合并财务报表的总体列报、结构和内容（包括披露），并评价合并财务报表是否公允反映相关交易和事项。

（6）就 ABC 集团中实体或业务活动的财务信息获取充分、适当的审计证据，以对合并财务报表发表审计意见。我们负责指导、监督和执行集团审计，并对审计意见承担全部责任。

我们与治理层就计划的审计范围、时间安排和重大审计发现等事项进行沟通，包括沟通我们在审计中识别出的值得关注的内部控制缺陷。

我们还就已遵守与独立性相关的职业道德要求向治理层提供声明，并与治理层沟通可能被合理认为影响我们独立性的所有关系和其他事项，以及相关的防范措施（如适用）。

---

① 如果注册会计师结合财务报表审计对内部控制的有效性发表意见，应当删除"但目的并非对内部控制的有效性发表意见"的措辞。

从与治理层沟通过的事项中，我们确定哪些事项对本期合并财务报表审计最为重要，因而构成关键审计事项。我们在审计报告中描述这些事项，除非法律法规禁止公开披露这些事项，或在极少数情形下，如果合理预期在审计报告中沟通某事项造成的负面后果超过在公众利益方面产生的益处，我们确定不应在审计报告中沟通该事项。

二、按照相关法律法规的要求报告的事项

［本部分的格式和内容，取决于法律法规对其他报告责任性质的规定。本部分应当说明相关法律法规规定的事项（其他报告责任），除非其他报告责任涉及的事项与审计准则规定的报告责任涉及的事项相同。如果涉及相同的事项，其他报告责任可以在审计准则规定的同一报告要素部分列示。当其他报告责任和审计准则规定的报告责任涉及同一事项，并且审计报告中的措辞能够将其他报告责任与审计准则规定的责任（如存在差异）予以清楚地区分时，可以将两者合并列示（即包含在"对合并财务报表出具的审计报告"部分中，并使用适当的副标题）。］

××会计师事务所 （盖章）	中国注册会计师：×××（项目合伙人） （签名并盖章） 中国注册会计师：××× （签名并盖章）
中国××市	20×2年×月×日

参考格式3：对非上市实体财务报表出具的审计报告

背景信息：

1. 对非上市实体整套财务报表进行审计。该审计不属于集团审计（即不适用《中国注册会计师审计准则第1401号——对集团财务报表审计的特殊考虑》）；

2. 管理层按照企业会计准则编制财务报表；

3. 审计业务约定条款体现了《中国注册会计师审计准则第1111号——就审计业务约定条款达成一致意见》中关于管理层对财务报表责任的描述；

4. 基于获取的审计证据，注册会计师认为发表无保留意见是恰当的；

5. 适用的相关职业道德要求为中国注册会计师职业道德守则；

6. 基于获取的审计证据，根据《中国注册会计师审计准则第1324号——持续经营》，注册会计师认为可能导致对被审计单位持续经营能力产生重大疑虑的事项或情况不存在重大不确定性；

7. 注册会计师未被要求，并且也决定不沟通关键审计事项；

8. 注册会计师在审计报告日前已获取所有其他信息，且未识别出信息存在重大错报；

9. 负责监督财务报表的人员与负责编制财务报表的人员不同；

10. 除财务报表审计外，注册会计师不承担法律法规要求的其他报告责任。

审计报告

ABC 股份有限公司全体股东：

一、审计意见

我们审计了 ABC 股份有限公司（以下简称 ABC 公司）财务报表，包括20×1年12月31日的资产负债表，20×1年度的利润表、现金流量表、股东权益变动表以及相关财务报表附注。

我们认为，后附的财务报表在所有重大方面按照企业会计准则的规定编制，公允反映了 ABC 公司20×1年12月31日的财务状况以及20×1年度的经营成果和现金流量。

二、形成审计意见的基础

我们按照中国注册会计师审计准则的规定执行了审计工作。审计报告的"注册会计师对财务报表审计的责任"部分进一步阐述了我们在这些准则下的责任。按照中国注册会计师职业道德守则，我们独立于 ABC 公司，并履行了职业道德方面的其他责任。我们相信，我们获取的审计证据是充分、适当的，为发表审计意见提供了基础。

三、其他信息

［按照《中国注册会计师审计准则第1521号——注册会计师对其他信息的责任》的规定报告，见《〈中国注册会计师审计准则第1521号——注册会计师对其他信息的责任〉应用指南》附录2中的参考格式1。］

四、管理层和治理层对财务报表的责任

ABC公司管理层（以下简称管理层）负责按照企业会计准则的规定编制财务报表，使其实现公允反映，并设计、执行和维护必要的内部控制，以使财务报表不存在由于舞弊或错误导致的重大错报。

在编制财务报表时，管理层负责评估 ABC 公司的持续经营能力，披露与持续经营相关的事项（如适用），并运用持续经营假设，除非管理层计划清算 ABC 公司、终止运营或别无其他现实的选择。

治理层负责监督 ABC 公司的财务报告过程。

五、注册会计师对财务报表审计的责任

我们的目标是对财务报表整体是否不存在由于舞弊或错误导致的重大错报获取合理保证，并出具包含审计意见的审计报告。合理保证是高水平的保证，但并不能保证按照审计准则执行的审计在某一重大错报存在时总能发现。错报可能由于舞弊或错误导致，如果合理预期错报单独或汇总起来可能影响财务报表使用者依据财务报表作出的经济决策，则通常认为错报是重大的。

在按照审计准则执行审计工作的过程中，我们运用职业判断，并保持职业怀疑。同时，我们也执行以下工作：

（1）识别和评估由于舞弊或错误导致的财务报表重大错报风险，设计和实施审计程序以应对这些风险，并获取充分、适当的审计证据，作为发表审计意见的基础。由于舞弊可能涉及串通、伪造、故意遗漏、虚假陈述或凌驾于内部控制之上，未能发现由于舞弊导致的重大错报的风险高于未能发现由于错误导致的重大错报的风险。

（2）了解与审计相关的内部控制，以设计恰当的审计程序，但目的并非对内部控制的有效性发表意见①。

（3）评价管理层选用会计政策的恰当性和作出会计估计及相关披露的合理性。

（4）对管理层使用持续经营假设的恰当性得出结论。同时，根据获取的审计证据，就可能导致对 ABC 公司持续经营能力产生重大疑虑的事项或情况是否存在重大不确定性得出结论。如果我们得出结论认为存在重大

---

① 如果注册会计师结合财务报表审计对内部控制的有效性发表意见，应当删除"但目的并非对内部控制的有效性发表意见"的措辞。

不确定性，审计准则要求我们在审计报告中提请报表使用者注意财务报表中的相关披露；如果披露不充分，我们应当发表非无保留意见。我们的结论基于截至审计报告日可获得的信息。然而，未来的事项或情况可能导致ABC公司不能持续经营。

（5）评价财务报表的总体列报、结构和内容（包括披露），并评价财务报表是否公允反映相关交易和事项。

我们与治理层就计划的审计范围、时间安排和重大审计发现等事项进行沟通，包括沟通我们在审计中识别出的值得关注的内部控制缺陷。

××会计师事务所	中国注册会计师：×××
（盖章）	（签名并盖章）
	中国注册会计师：×××
	（签名并盖章）
中国××市	20×2年×月×日

《中国注册会计师审计准则第1502号——在审计报告中发表非无保留意见》应用指南

（2017年2月28日修订）

一、非无保留意见的类型（参见本准则第三条）

1. 下表列示了注册会计师对导致发表非无保留意见的事项的性质和这些事项对财务报表产生或可能产生影响的广泛性作出的判断，以及注册会计师的判断对审计意见类型的影响。

导致发表非无保留意见的事项的性质	这些事项对财务报表产生或可能产生影响的广泛性	
	重大但不具有广泛性	重大且具有广泛性
财务报表存在重大错报	保留意见	否定意见
无法获取充分、适当的审计证据	保留意见	无法表示意见

二、应当发表非无保留意见的情形

（一）重大错报的性质（参见本准则第七条第（一）项）

2.《中国注册会计师审计准则第 1501 号——对财务报表形成审计意见和出具审计报告》规定，为了形成审计意见，针对财务报表整体是否不存在由于舞弊或错误导致的重大错报，注册会计师应当得出结论，确定是否已就此获取合理保证。在得出结论时，注册会计师需要按照《中国注册会计师审计准则第 1251 号——评价审计过程中识别出的错报》的规定评价未更正错报对财务报表的影响。

3.《中国注册会计师审计准则第 1251 号——评价审计过程中识别出的错报》给出了错报的定义，即错报是指某一财务报表项目的金额、分类、列报或披露，与按照适用的财务报告编制基础应当列示的金额、分类、列报或披露之间存在的差异。财务报表的重大错报可能源于：

(1) 选择的会计政策的恰当性；
(2) 对所选择的会计政策的运用；
(3) 财务报表披露的恰当性或充分性。

（二）选择的会计政策的恰当性

4. 在选择的会计政策的恰当性方面，当出现下列情形时，财务报表可能存在重大错报：

(1) 选择的会计政策与适用的财务报告编制基础不一致；
(2) 财务报表（包括相关附注）没有按照公允列报的方式反映交易和事项。

5. 财务报告编制基础通常对会计处理、披露和会计政策变更提出要求。如果被审计单位变更了重大会计政策，且没有遵守这些要求，财务报表可能存在重大错报。

（三）对所选择的会计政策的运用

6. 在对所选择的会计政策的运用方面，当出现下列情形时，财务报表可能存在重大错报：

(1) 管理层没有按照适用的财务报告编制基础的要求一贯运用所选择的会计政策，包括管理层未在不同会计期间或对相似的交易和事项一贯运用所选择的会计政策（运用的一致性）；
(2) 不当运用所选择的会计政策（如运用中的无意错误）。

（四）财务报表披露的恰当性或充分性

7. 在财务报表披露的恰当性或充分性方面，当出现下列情形时，财

务报表可能存在重大错报:

(1) 财务报表没有包括适用的财务报告编制基础要求的所有披露;

(2) 财务报表的披露没有按照适用的财务报告编制基础列报;

(3) 财务报表没有作出必要的披露以实现公允反映。

(五) 无法获取充分、适当的审计证据的情形(参见本准则第七条第(二)项)

8. 下列情形可能导致注册会计师无法获取充分、适当的审计证据(也称为审计范围受到限制):

(1) 超出被审计单位控制的情形;

(2) 与注册会计师工作的性质或时间安排相关的情形;

(3) 管理层施加限制的情形。

9. 如果注册会计师能够通过实施替代程序获取充分、适当的审计证据,则无法实施特定的程序并不构成对审计范围的限制。如果无法实施替代程序,则本准则第八条第(二)项和第十至十一条的规定适用。管理层施加的限制可能对审计产生其他影响,如注册会计师对舞弊风险的评估和对业务保持的考虑。

10. 超出被审计单位控制的情形举例如下:

(1) 被审计单位的会计记录已被毁坏;

(2) 重要组成部分的会计记录已被政府有关机构无限期地查封。

11. 与注册会计师工作的性质或时间安排相关的情形举例如下:

(1) 被审计单位需要使用权益法对联营企业进行核算,注册会计师无法获取有关联营企业财务信息的充分、适当的审计证据以评价是否恰当运用了权益法;

(2) 注册会计师接受审计委托的时间安排,使注册会计师无法实施存货监盘;

(3) 注册会计师确定仅实施实质性程序是不充分的,但被审计单位的控制是无效的。

12. 管理层对审计范围施加的限制致使注册会计师无法获取充分、适当的审计证据的情形举例如下:

(1) 管理层阻止注册会计师实施存货监盘;

(2) 管理层阻止注册会计师对特定账户余额实施函证。

三、确定非无保留意见的类型

(一) 注册会计师承接审计业务后,因管理层施加限制导致无法获取充

分、适当的审计证据的后果（参见本准则第十四条第（二）项和第十五条）

13. 解除审计业务约定是否可行，可能取决于管理层施加审计范围限制时注册会计师完成审计业务的阶段。如果基本上完成了审计业务，注册会计师可能决定在解除业务约定前尽量完成审计业务，发表无法表示意见，并在形成无法表示意见的基础部分说明审计范围受到的限制。

14. 在某些情况下，如果法律法规要求注册会计师继续执行审计业务，则注册会计师可能无法解除审计业务约定。这种情况可能包括：

（1）注册会计师接受委托审计公共部门实体的财务报表；

（2）注册会计师接受委托审计涵盖特定期间的财务报表，或者接受一定期间的委托，在完成财务报表审计前或在受托期间结束前，不允许解除审计业务约定。

在这些情况下，注册会计师可能认为需要在审计报告中增加其他事项段。

15. 如果注册会计师认为由于审计范围受到限制有必要解除审计业务约定，根据职业准则、法律法规或监管机构的要求，注册会计师可能需要向监管机构或被审计单位的股东报告与解除审计业务约定相关的事项。

（二）与发表否定意见或无法表示意见相关的其他考虑（参见本准则第十六条）

16. 在同一审计报告中包含无保留意见，不会与对财务报表整体发表的否定意见或无法表示意见相矛盾的情形举例如下：

（1）对财务报表按照既定的财务报告编制基础编制发表无保留意见，并在同一审计报告中对同一财务报表按照不同的财务报告编制基础编制发表否定意见；

（2）对经营成果、现金流量（如相关）发表无法表示意见，对财务状况发表无保留意见（参见《中国注册会计师审计准则第 1331 号——首次审计业务涉及的期初余额》）。在这种情况下，注册会计师没有对财务报表整体发表无法表示意见。

四、非无保留意见审计报告的格式和内容

（一）形成审计意见的基础（参见本准则第十七条、第十八条、第二十条和第二十二条）

17. 审计报告的一致性有助于提高使用者的理解和识别存在的异常情况。因此，尽管不可能统一非无保留意见的措辞和对导致非无保留意见的原因的描述，但仍有必要保持审计报告格式和内容的一致性。

18. 举例来说，如果存货被高估，注册会计师可以在形成审计意见的基础部分说明该重大错报的财务影响,即量化其对所得税、税前利润、净利润和股东权益的影响。

19. 如果存在下列情形之一,则在形成审计意见的基础部分中披露遗漏的信息是不切实际的:

(1) 管理层还没有作出这些披露,或管理层已作出但注册会计师不易获取这些披露;

(2) 根据注册会计师的判断,在审计报告中披露该事项过于庞杂。

20. 注册会计师可能已在审计报告形成审计意见的基础部分中对导致否定意见或无法表示意见的事项作出了说明,但这并不能成为注册会计师不对识别出的、可能导致非无保留意见的其他事项进行说明的正当理由。这是因为,对注册会计师注意到的其他事项的披露可能与财务报表使用者的信息需求相关。

(二) 审计意见(参见本准则第二十三条)

21. 修改这一标题能够使财务报表使用者清楚注册会计师发表了非无保留意见,并能够表明非无保留意见的类型。

(三) 保留意见(参见本准则第二十四条)

22. 当注册会计师发表保留意见时,在审计意见部分中使用"由于上述解释"或"受……影响"等措辞是不恰当的,因为这些措辞不够清晰或没有足够的说服力。

(四) 审计报告的参考格式(参见本准则第二十三条)

23. 本指南附录中的参考格式 1 和参考格式 2 分别列示了由于财务报表存在重大错报而发表保留意见和否定意见的审计报告的参考格式。

24. 本指南附录中的参考格式 3 列示了由于注册会计师无法获取充分、适当的审计证据而发表保留意见的审计报告的参考格式。参考格式 4 列示了由于无法针对财务报表单一要素获取充分、适当的审计证据而发表无法表示意见的审计报告的参考格式。参考格式 5 列示了由于无法针对财务报表多个要素获取充分、适当的审计证据而发表无法表示意见的审计报告的参考格式。在后两种参考格式中,无法获取充分、适当的审计证据对财务报表可能的影响重大且具有广泛性。其他包含报告要求的中国注册会计师审计准则,包括《中国注册会计师审计准则第 1324 号——持续经营》,其附录也包含非无保留意见审计报告的参考格式。

(五) 当对财务报表发表无法表示意见时,对注册会计师审计财务报表责任的表述(参见本准则第二十九条)

25. 当注册会计师对财务报表发表无法表示意见时,以下说明最好置于审计报告中的"注册会计师对财务报表审计的责任"部分（如本指南附录中参考格式 4 和参考格式 5 所示）：

（1）将按照《中国注册会计师审计准则第 1501 号——对财务报表形成审计意见和出具审计报告》第二十八条第（一）项的规定作出的说明，修改为：注册会计师的责任是按照中国注册会计师审计准则的规定，对被审计单位财务报表执行审计工作；

（2）按照《中国注册会计师审计准则第 1501 号——对财务报表形成审计意见和出具审计报告》第二十八条第（三）项的规定，说明注册会计师在独立性和职业道德方面的其他责任。

（六）当注册会计师对财务报表发表无法表示意见时的考虑（参见本准则第三十条）

26. 在审计报告的形成无法表示意见的基础部分提供注册会计师无法获取充分、适当的审计证据的原因，为使用者理解为什么注册会计师对财务报表发表无法表示意见提供了有用的信息，也可以进一步防止对财务报表的不恰当信赖。然而，除导致发表无法表示意见的事项外，沟通任何其他关键审计事项，可能会暗示财务报表整体在这些事项方面比实际情况更为可信，也可能与对财务报表整体发表无法表示意见不一致。类似地，按照《中国注册会计师审计准则第 1521 号——注册会计师对其他信息的责任》的规定，在审计报告中包含其他信息部分以反映注册会计师对其他信息与财务报表之间是否一致的考虑，也是不恰当的。因此，当注册会计师对财务报表发表无法表示意见时，本准则第三十条禁止在审计报告中包含关键审计事项部分或其他信息部分，除非法律法规另行要求注册会计师沟通关键审计事项或报告其他信息。

五、与治理层的沟通（参见本准则第三十一条）

27. 注册会计师与治理层沟通拟发表非无保留意见的情况和使用的措辞，是为了实现以下目的：

（1）提醒治理层注意拟发表的非无保留意见和拟发表非无保留意见的原因（或情形）；

（2）就发表非无保留意见寻求治理层的同意，或证实与管理层存在分歧的事项；

（3）治理层有机会向注册会计师提供与导致非无保留意见的事项相关的进一步信息和解释。

附录：

非无保留意见审计报告的参考格式

参考格式1：由于财务报表存在重大错报而发表保留意见的审计报告

参考格式2：由于合并财务报表存在重大错报而发表否定意见的审计报告

参考格式3：由于注册会计师无法获取关于一家境外联营公司的充分、适当的审计证据而发表保留意见的审计报告

参考格式4：由于注册会计师无法针对合并财务报表单一要素获取充分、适当的审计证据而发表无法表示意见的审计报告

参考格式5：由于注册会计师无法针对财务报表多个要素获取充分、适当的审计证据而发表无法表示意见的审计报告

参考格式1：由于财务报表存在重大错报而发表保留意见的审计报告

背景信息：

1. 对上市实体整套财务报表进行审计。该审计不属于集团审计（即不适用《中国注册会计师审计准则第1401号——对集团财务报表审计的特殊考虑》）；

2. 管理层按照企业会计准则编制财务报表；

3. 审计业务约定条款体现了《中国注册会计师审计准则第1111号——就审计业务约定条款达成一致意见》中关于管理层对财务报表责任的描述；

4. 存货存在错报，该错报对财务报表影响重大但不具有广泛性（即保留意见是恰当的）；

5. 适用的相关职业道德要求为中国注册会计师职业道德守则；

6. 基于获取的审计证据，根据《中国注册会计师审计准则第1324号——持续经营》，注册会计师认为可能导致对被审计单位持续经营能力产生重大疑虑的事项或情况不存在重大不确定性；

7. 已按照《中国注册会计师审计准则第1504号——在审计报告中沟通关键审计事项》的规定沟通了关键审计事项；

8. 注册会计师在审计报告日前已获取所有其他信息，且导致对财务报表发表保留意见的事项也影响了其他信息；

9. 负责监督财务报表的人员与负责编制财务报表的人员不同；

10. 除财务报表审计外,注册会计师还承担法律法规要求的其他报告责任,且注册会计师决定在审计报告中履行其他报告责任。

审计报告

ABC 股份有限公司全体股东:

一、对财务报表出具的审计报告①

(一)保留意见

我们审计了 ABC 股份有限公司(以下简称 ABC 公司)财务报表,包括 20×1 年 12 月 31 日的资产负债表,20×1 年度的利润表、现金流量表、股东权益变动表以及相关财务报表附注。

我们认为,除"形成保留意见的基础"部分所述事项产生的影响外,后附的财务报表在所有重大方面按照企业会计准则的规定编制,公允反映了 ABC 公司 20×1 年 12 月 31 日的财务状况以及 20×1 年度的经营成果和现金流量。

(二)形成保留意见的基础

ABC 公司 20×1 年 12 月 31 日资产负债表中存货的列示金额为×元。ABC 公司管理层(以下简称管理层)根据成本对存货进行计量,而没有根据成本与可变现净值孰低的原则进行计量,这不符合企业会计准则的规定。ABC 公司的会计记录显示,如果管理层以成本与可变现净值孰低来计量存货,存货列示金额将减少×元。相应地,资产减值损失将增加×元,所得税、净利润和股东权益将分别减少×元、×元和×元。

我们按照中国注册会计师审计准则的规定执行了审计工作。审计报告的"注册会计师对财务报表审计的责任"部分进一步阐述了我们在这些准则下的责任。按照中国注册会计师职业道德守则,我们独立于 ABC 公司,并履行了职业道德方面的其他责任。我们相信,我们获取的审计证据是充分、适当的,为发表保留意见提供了基础。

(三)其他信息

[按照《中国注册会计师审计准则第 1521 号——注册会计师对其他信息的责任》的规定报告,见《〈中国注册会计师审计准则第 1521 号——注册会计师对其他信息的责任〉应用指南》附录 2 中的参考格式 6。该参考格式中其他信息部分的最后一段需要进行改写,以描述导致注册会计师对

---

① 如果审计报告中不包含"按照相关法律法规的要求报告的事项"部分,则不需要加入此标题。

财务报表发表保留意见并且也影响其他信息的事项。]

（四）关键审计事项

关键审计事项是我们根据职业判断，认为对本期财务报表审计最为重要的事项。这些事项的应对以对财务报表整体进行审计并形成审计意见为背景，我们不对这些事项单独发表意见。除"形成保留意见的基础"部分所述事项外，我们确定下列事项是需要在审计报告中沟通的关键审计事项。

[按照《中国注册会计师审计准则第 1504 号——在审计报告中沟通关键审计事项》的规定描述每一关键审计事项。]

（五）管理层和治理层对财务报表的责任

[按照《中国注册会计师审计准则第 1501 号——对财务报表形成审计意见和出具审计报告》的规定报告，见《〈中国注册会计师审计准则第 1501 号——对财务报表形成审计意见和出具审计报告〉应用指南》参考格式1。]

（六）注册会计师对财务报表审计的责任

[按照《中国注册会计师审计准则第 1501 号——对财务报表形成审计意见和出具审计报告》的规定报告，见《〈中国注册会计师审计准则第 1501 号——对财务报表形成审计意见和出具审计报告〉应用指南》参考格式1。]

二、按照相关法律法规的要求报告的事项

[按照《中国注册会计师审计准则第 1501 号——对财务报表形成审计意见和出具审计报告》的规定报告，见《〈中国注册会计师审计准则第 1501 号——对财务报表形成审计意见和出具审计报告〉应用指南》参考格式1。]

××会计师事务所	中国注册会计师：×××（项目合伙人）
（盖章）	（签名并盖章）
	中国注册会计师：×××
	（签名并盖章）
中国××市	20×2 年×月×日

参考格式2：由于合并财务报表存在重大错报而发表否定意见的审计报告

背景信息：

1. 对上市实体整套合并财务报表进行审计。该审计属于集团审计，

被审计单位拥有多个子公司（即适用《中国注册会计师审计准则第1401号——对集团财务报表审计的特殊考虑》）；

2. 管理层按照××财务报告编制基础编制合并财务报表，该编制基础允许被审计单位只列报合并财务报表；

3. 审计业务约定条款体现了《中国注册会计师审计准则第1111号——就审计业务约定条款达成一致意见》中关于管理层对合并财务报表责任的描述；

4. 合并财务报表因未合并某一子公司而存在重大错报，该错报对合并财务报表影响重大且具有广泛性（即否定意见是恰当的），但量化该错报对合并财务报表的影响是不切实际的；

5. 适用的相关职业道德要求为中国注册会计师职业道德守则；

6. 基于获取的审计证据，根据《中国注册会计师审计准则第1324号——持续经营》，注册会计师认为可能导致对被审计单位持续经营能力产生重大疑虑的事项或情况不存在重大不确定性；

7. 适用《中国注册会计师审计准则第1504号——在审计报告中沟通关键审计事项》。然而，注册会计师认为，除形成否定意见的基础部分所述事项外，无其他关键审计事项；

8. 注册会计师在审计报告日前已获取所有其他信息，且导致对合并财务报表发表否定意见的事项也影响了其他信息；

9. 负责监督合并财务报表的人员与负责编制合并财务报表的人员不同；

10. 除合并财务报表审计外，注册会计师还承担法律法规要求的其他报告责任，且注册会计师决定在审计报告中履行其他报告责任。

审计报告

ABC 股份有限公司全体股东：

一、对合并财务报表出具的审计报告[①]

（一）否定意见

我们审计了 ABC 股份有限公司及其子公司（以下简称 ABC 集团）的合并财务报表，包括 20×1 年 12 月 31 日的合并资产负债表，20×1 年度的合并利润表、合并现金流量表、合并股东权益变动表以及相关合并财务

---

① 如果审计报告中不包含"按照相关法律法规的要求报告的事项"部分，则不需要加入此标题。

报表附注。

我们认为，由于"形成否定意见的基础"部分所述事项的重要性，后附的合并财务报表没有在所有重大方面按照××财务报告编制基础的规定编制，未能公允反映ABC集团20×1年12月31日的合并财务状况以及20×1年度的合并经营成果和合并现金流量。

（二）形成否定意见的基础

如财务报表附注×所述，20×1年ABC集团通过非同一控制下的企业合并获得对XYZ公司的控制权，因未能取得购买日XYZ公司某些重要资产和负债的公允价值，故未将XYZ公司纳入合并财务报表的范围。按照××财务报告编制基础的规定，该集团应将这一子公司纳入合并范围，并以暂估金额为基础核算该项收购。如果将XYZ公司纳入合并财务报表的范围，后附的ABC集团合并财务报表的多个报表项目将受到重大影响。但我们无法确定未将XYZ公司纳入合并范围对合并财务报表产生的影响。

我们按照中国注册会计师审计准则的规定执行了审计工作。审计报告的"注册会计师对合并财务报表审计的责任"部分进一步阐述了我们在这些准则下的责任。按照中国注册会计师职业道德守则，我们独立于ABC集团，并履行了职业道德方面的其他责任。我们相信，我们获取的审计证据是充分、适当的，为发表否定意见提供了基础。

（三）其他信息

［按照《中国注册会计师审计准则第1521号——注册会计师对其他信息的责任》的规定报告，见《〈中国注册会计师审计准则第1521号——注册会计师对其他信息的责任〉应用指南》附录2中的参考格式7。该参考格式中其他信息部分的最后一段需要进行改写，以描述导致注册会计师对财务报表发表否定意见并且也影响其他信息的事项。］

（四）关键审计事项

除"形成否定意见的基础"部分所述事项外，我们认为，没有其他需要在我们的报告中沟通的关键审计事项。

（五）管理层和治理层对合并财务报表的责任

［按照《中国注册会计师审计准则第1501号——对财务报表形成审计意见和出具审计报告》的规定报告，见《〈中国注册会计师审计准则第1501号——对财务报表形成审计意见和出具审计报告〉应用指南》参考格式2。］

（六）注册会计师对合并财务报表审计的责任

[按照《中国注册会计师审计准则第1501号——对财务报表形成审计意见和出具审计报告》的规定报告，见《〈中国注册会计师审计准则第1501号——对财务报表形成审计意见和出具审计报告〉应用指南》参考格式2。]

二、按照相关法律法规的要求报告的事项

[按照《中国注册会计师审计准则第1501号——对财务报表形成审计意见和出具审计报告》的规定报告，见《〈中国注册会计师审计准则第1501号——对财务报表形成审计意见和出具审计报告〉应用指南》参考格式2。]

××会计师事务所　　　　中国注册会计师：×××（项目合伙人）
　　（盖章）　　　　　　　　　　　（签名并盖章）
　　　　　　　　　　　　中国注册会计师：×××
　　　　　　　　　　　　　　　　（签名并盖章）
中国××市　　　　　　　　20×2年×月×日

参考格式3：由于注册会计师无法获取关于一家境外联营公司的充分、适当的审计证据而发表保留意见的审计报告

背景信息：

1. 对上市实体整套合并财务报表进行审计。该审计属于集团审计，被审计单位拥有多个子公司（即适用《中国注册会计师审计准则第1401号——对集团财务报表审计的特殊考虑》）；

2. 管理层按照××财务报告编制基础编制合并财务报表，该编制基础允许被审计单位只列报合并财务报表；

3. 审计业务约定条款体现了《中国注册会计师审计准则第1111号——就审计业务约定条款达成一致意见》中关于管理层对合并财务报表责任的描述；

4. 对一家境外联营公司，注册会计师无法获取充分、适当的审计证据，这一事项对合并财务报表可能产生的影响重大，但不具有广泛性（即保留意见是恰当的）；

5. 适用的相关职业道德要求为中国注册会计师职业道德守则；

6. 基于获取的审计证据，根据《中国注册会计师审计准则第1324号——持续经营》，注册会计师认为可能导致对被审计单位持续经营能力产生重大疑虑的事项或情况不存在重大不确定性；

7. 已按照《中国注册会计师审计准则第1504号——在审计报告中沟通关键审计事项》的规定沟通了关键审计事项；

8. 注册会计师在审计报告日前已获取所有其他信息，且导致对合并财务报表发表保留意见的事项也影响了其他信息；

9. 负责监督合并财务报表的人员与负责编制合并财务报表的人员不同；

10. 除合并财务报表审计外，注册会计师还承担法律法规要求的其他报告责任，且注册会计师决定在审计报告中履行其他报告责任。

审计报告

ABC 股份有限公司全体股东：

一、对合并财务报表出具的审计报告[①]

（一）保留意见

我们审计了 ABC 股份有限公司及其子公司（以下简称 ABC 集团）合并财务报表，包括 20×1 年 12 月 31 日的合并资产负债表，20×1 年度的合并利润表、合并现金流量表、合并股东权益变动表以及相关合并财务报表附注。

我们认为，除"形成保留意见的基础"部分所述事项可能产生的影响外，后附的合并财务报表在所有重大方面按照××财务报告编制基础的规定编制，公允反映了 ABC 集团 20×1 年 12 月 31 日的合并财务状况以及 20×1 年度的合并经营成果和合并现金流量。

（二）形成保留意见的基础

如财务报表附注×所述，ABC 集团于 20×1 年取得了境外 XYZ 公司 30% 的股权，因能够对 XYZ 公司施加重大影响，故采用权益法核算该项股权投资，于 20×1 年度确认对 XYZ 公司的投资收益×元，该项股权投资于 20×1 年 12 月 31 日合并资产负债表上反映的账面价值为×元。由于我们未被允许接触 XYZ 公司的财务信息、管理层和执行 XYZ 公司审计的注册会计师，我们无法就该项股权投资的账面价值以及 ABC 集团确认的

---

① 如果审计报告中不包含"按照相关法律法规的要求报告的事项"部分，则不需要加入此标题。

20×1 年度对 XYZ 公司的投资收益获取充分、适当的审计证据,也无法确定是否有必要对这些金额进行调整。

我们按照中国注册会计师审计准则的规定执行了审计工作。审计报告的"注册会计师对合并财务报表审计的责任"部分进一步阐述了我们在这些准则下的责任。按照中国注册会计师职业道德守则,我们独立于 ABC 集团,并履行了职业道德方面的其他责任。我们相信,我们获取的审计证据是充分、适当的,为发表保留意见提供了基础。

(三)其他信息

[按照《中国注册会计师审计准则第 1521 号——注册会计师对其他信息的责任》的规定报告,见《〈中国注册会计师审计准则第 1521 号——注册会计师对其他信息的责任〉应用指南》附录 2 中的参考格式 6。该参考格式中其他信息部分的最后一段需要进行改写,以描述导致注册会计师对财务报表发表保留意见并且也影响其他信息的事项。]

(四)关键审计事项

关键审计事项是我们根据职业判断,认为对本期合并财务报表审计最为重要的事项。这些事项的应对以对合并财务报表整体进行审计并形成审计意见为背景,我们不对这些事项单独发表意见。除"形成保留意见的基础"部分所述事项外,我们确定下列事项是需要在审计报告中沟通的关键审计事项。

[按照《中国注册会计师审计准则第 1504 号——在审计报告中沟通关键审计事项》的规定描述每一关键审计事项。]

(五)管理层和治理层对合并财务报表的责任

[按照《中国注册会计师审计准则第 1501 号——对财务报表形成审计意见和出具审计报告》的规定报告,见《〈中国注册会计师审计准则第 1501 号——对财务报表形成审计意见和出具审计报告〉应用指南》参考格式 2。]

(六)注册会计师对合并财务报表审计的责任

[按照《中国注册会计师审计准则第 1501 号——对财务报表形成审计意见和出具审计报告》的规定报告,见《〈中国注册会计师审计准则第 1501 号——对财务报表形成审计意见和出具审计报告〉应用指南》参考格式 2。]

二、按照相关法律法规的要求报告的事项

[按照《中国注册会计师审计准则第 1501 号——对财务报表形成审计

意见和出具审计报告》的规定报告，见《〈中国注册会计师审计准则第 1501 号——对财务报表形成审计意见和出具审计报告〉应用指南》参考格式 2。]

  ××会计师事务所   中国注册会计师：×××（项目合伙人）
    （盖章）   （签名并盖章）
           中国注册会计师：×××
             （签名并盖章）
  中国××市   20×2 年×月×日

参考格式 4：由于注册会计师无法针对合并财务报表单一要素获取充分、适当的审计证据而发表无法表示意见的审计报告

背景信息：

1. 对非上市实体整套合并财务报表进行审计。该审计属于集团审计，被审计单位拥有多个子公司（即适用《中国注册会计师审计准则第 1401 号——对集团财务报表审计的特殊考虑》）；

2. 管理层按照××财务报告编制基础编制合并财务报表，该编制基础允许被审计单位只列报合并财务报表；

3. 审计业务约定条款体现了《中国注册会计师审计准则第 1111 号——就审计业务约定条款达成一致意见》中关于管理层对合并财务报表责任的描述；

4. 对合并财务报表的某个要素，注册会计师无法获取充分、适当的审计证据。在本例中，对一家共同经营享有的利益份额占该被审计单位净资产的比例超过 90%，但注册会计师无法获取该共同经营财务信息的审计证据。这一事项对合并财务报表可能产生的影响被认为是重大的且具有广泛性（即无法表示意见是恰当的）；

5. 适用的相关职业道德要求为中国注册会计师职业道德守则；

6. 负责监督合并财务报表的人员与负责编制合并财务报表的人员不同；

7. 按照审计准则要求在注册会计师的责任部分作出有限的表述；

8. 除合并财务报表审计外，注册会计师还承担法律法规要求的其他报告责任，且注册会计师决定在审计报告中履行其他报告责任。

审计报告

ABC 股份有限公司全体股东：

一、对合并财务报表出具的审计报告[①]

（一）无法表示意见

我们接受委托，审计 ABC 股份有限公司及其子公司（以下简称 ABC 集团）合并财务报表，包括 20×1 年 12 月 31 日的合并资产负债表，20×1 年度的合并利润表、合并现金流量表、合并股东权益变动表以及相关合并财务报表附注。

我们不对后附的 ABC 集团合并财务报表发表审计意见。由于"形成无法表示意见的基础"部分所述事项的重要性，我们无法获取充分、适当的审计证据以作为对合并财务报表发表审计意见的基础。

（二）形成无法表示意见的基础

ABC 集团对共同经营 XYZ 公司享有的利益份额在该集团的合并资产负债表中的金额（资产扣除负债后的净影响）为×元，占该集团 20×1 年 12 月 31 日净资产的 90% 以上。我们未被允许接触 XYZ 公司的管理层和注册会计师，包括 XYZ 公司注册会计师的审计工作底稿。因此，我们无法确定是否有必要对 XYZ 公司资产中 ABC 集团共同控制的比例份额、XYZ 公司负债中 ABC 集团共同承担的比例份额、XYZ 公司收入和费用中 ABC 集团的比例份额，以及合并现金流量表和合并股东权益变动表中的要素作出调整。

（三）管理层和治理层对合并财务报表的责任

［按照《中国注册会计师审计准则第 1501 号——对财务报表形成审计意见和出具审计报告》的规定报告，见《〈中国注册会计师审计准则第 1501 号——对财务报表形成审计意见和出具审计报告〉应用指南》参考格式 2。］

（四）注册会计师对合并财务报表审计的责任

我们的责任是按照中国注册会计师审计准则的规定，对 ABC 集团的合并财务报表执行审计工作，以出具审计报告。但由于"形成无法表示意见的基础"部分所述的事项，我们无法获取充分、适当的审计证据以作为

---

① 如果审计报告中不包含"按照相关法律法规的要求报告的事项"部分，则不需要加入此标题。

发表审计意见的基础。

按照中国注册会计师职业道德守则,我们独立于ABC集团,并履行了职业道德方面的其他责任。

二、按照相关法律法规的要求报告的事项

[按照《中国注册会计师审计准则第1501号——对财务报表形成审计意见和出具审计报告》的规定报告,见《〈中国注册会计师审计准则第1501号——对财务报表形成审计意见和出具审计报告〉应用指南》参考格式2。]

××会计师事务所	中国注册会计师:×××
(盖章)	(签名并盖章)
	中国注册会计师:×××
	(签名并盖章)
中国××市	20×2年×月×日

参考格式5:由于注册会计师无法针对财务报表多个要素获取充分、适当的审计证据而发表无法表示意见的审计报告

背景信息:

1. 对非上市实体整套财务报表进行审计。该审计不属于集团审计(即不适用《中国注册会计师审计准则第1401号——对集团财务报表审计的特殊考虑》);

2. 管理层按照企业会计准则编制财务报表;

3. 审计业务约定条款体现了《中国注册会计师审计准则第1111号——就审计业务约定条款达成一致意见》中关于管理层对财务报表责任的描述;

4. 对财务报表的多个要素,注册会计师无法获取充分、适当的审计证据。例如,对被审计单位的存货和应收账款,注册会计师无法获取审计证据,这一事项对财务报表可能产生的影响重大且具有广泛性;

5. 适用的相关职业道德要求为中国注册会计师职业道德守则;

6. 负责监督财务报表的人员与负责编制财务报表的人员不同;

7. 按照审计准则要求在注册会计师的责任部分作出有限的表述;

8. 除财务报表审计外,注册会计师还承担法律法规要求的其他报告责任,且注册会计师决定在审计报告中履行其他报告责任。

审计报告

ABC 股份有限公司全体股东:

一、对财务报表出具的审计报告①

(一)无法表示意见

我们接受委托,审计 ABC 股份有限公司(以下简称 ABC 公司)财务报表,包括 20×1 年 12 月 31 日的资产负债表,20×1 年度的利润表、现金流量表、股东权益变动表以及相关财务报表附注。

我们不对后附的 ABC 公司财务报表发表审计意见。由于"形成无法表示意见的基础"部分所述事项的重要性,我们无法获取充分、适当的审计证据以作为对财务报表发表审计意见的基础。

(二)形成无法表示意见的基础

我们于 20×2 年 1 月接受委托审计 ABC 公司财务报表,因而未能对 ABC 公司 20×1 年初金额为×元的存货和年末金额为×元的存货实施监盘程序。此外,我们也无法实施替代审计程序获取充分、适当的审计证据。并且,ABC 公司于 20×1 年 9 月采用新的应收账款电算化系统,由于存在系统缺陷导致应收账款出现大量错误。截至报告日,ABC 公司管理层(以下简称管理层)仍在纠正系统缺陷并更正错误,我们也无法实施替代审计程序,以对截至 20×1 年 12 月 31 日的应收账款总额×元获取充分、适当的审计证据。因此,我们无法确定是否有必要对存货、应收账款以及财务报表其他项目作出调整,也无法确定应调整的金额。

(三)管理层和治理层对财务报表的责任

[按照《中国注册会计师审计准则第 1501 号——对财务报表形成审计意见和出具审计报告》的规定报告,见《〈中国注册会计师审计准则第 1501 号——对财务报表形成审计意见和出具审计报告〉应用指南》参考格式 3。]

(四)注册会计师对财务报表审计的责任

我们的责任是按照中国注册会计师审计准则的规定,对 ABC 公司的财务报表执行审计工作,以出具审计报告。但由于"形成无法表示意见的

---

① 如果审计报告中不包含"按照相关法律法规的要求报告的事项"部分,则不需要加入此标题。

基础"部分所述的事项,我们无法获取充分、适当的审计证据以作为发表审计意见的基础。

按照中国注册会计师职业道德守则,我们独立于 ABC 公司,并履行了职业道德方面的其他责任。

二、按照相关法律法规的要求报告的事项

[按照《中国注册会计师审计准则第 1501 号——对财务报表形成审计意见和出具审计报告》的规定报告,见《〈中国注册会计师审计准则第 1501 号——对财务报表形成审计意见和出具审计报告〉应用指南》参考格式 1。]

××会计师事务所	中国注册会计师:×××
(盖章)	(签名并盖章)
	中国注册会计师:×××
	(签名并盖章)
中国××市	20×2 年×月×日

《中国注册会计师审计准则第 1503 号——在审计报告中增加强调事项段和其他事项段》应用指南

(2017 年 2 月 28 日修订)

一、审计报告中强调事项段和关键审计事项之间的关系(参见本准则第三条和第九条第(二)项)

1. 根据《中国注册会计师审计准则第 1504 号——在审计报告中沟通关键审计事项》的规定,关键审计事项是指注册会计师根据职业判断认为对本期财务报表审计最为重要的事项。关键审计事项从注册会计师已与治理层沟通过的事项中选取,后者包括本期财务报表审计中的重大审计发现。沟通关键审计事项能够为财务报表预期使用者提供额外的信息,以帮助其了解注册会计师根据职业判断认为对本期财务报表审计最为重要的事项。沟通关键审计事项还能够帮助预期使用者了解被审计单位，以及已审计财务报表中涉及重大管理层判断的领域。当《中国注册会计师审计准则第1504号——在审计报告中沟通关键审计事项》适用时，强调事项段的使用不能代替对某项关键审计事项的描述。

2. 按照《中国注册会计师审计准则第1504号——在审计报告中沟通关键审计事项》的规定被确定为关键审计事项的事项，根据注册会计师的职业判断，也可能对财务报表使用者理解财务报表至关重要。在这些情况下，按照《中国注册会计师审计准则第1504号——在审计报告中沟通关键审计事项》的规定将该事项作为关键审计事项沟通时，注册会计师可能希望突出或提请进一步关注其相对重要程度。在关键审计事项部分，注册会计师可以使该事项的列报较其他事项更为突出（例如，作为第一个事项），或在关键审计事项的描述中增加额外的信息，以指出该事项对财务报表使用者理解财务报表的重要程度。

3. 根据《中国注册会计师审计准则第1504号——在审计报告中沟通关键审计事项》的规定，某一事项可能未被确定为关键审计事项（因该事项不是重点关注过的事项），但根据注册会计师的职业判断，该事项对财务报表使用者理解财务报表至关重要（例如期后事项）。根据本准则的规定，如果认为有必要提请财务报表使用者关注该事项，注册会计师应当将该事项包含在审计报告的强调事项段中。

二、审计报告中的强调事项段

（一）需要增加强调事项段的情形（参见本准则第五条和第九条）

4. 本准则附录1列示的其他审计准则，对注册会计师在特定情况下在审计报告中增加强调事项段提出具体要求。这些情形包括：

（1）法律法规规定的财务报告编制基础是不可接受的，但其是基于法律法规作出的规定；

（2）提醒财务报表使用者关注财务报表按照特殊目的编制基础编制；

（3）注册会计师在审计报告日后知悉了某些事实（即期后事项），并且出具了新的或经修改的审计报告。

5. 注册会计师可能认为需要增加强调事项段的情形举例如下：

（1）异常诉讼或监管行动的未来结果存在不确定性；

（2）在财务报表日至审计报告日之间发生的重大期后事项；

（3）在允许的情况下，提前应用对财务报表有重大影响的新会计准则；

（4）存在已经或持续对被审计单位财务状况产生重大影响的特大灾难。

6. 过于广泛使用强调事项段，可能会降低注册会计师对强调事项所作沟通的有效性。

（二）在审计报告中包含强调事项段（参见本准则第十条）

7. 在审计报告中包含强调事项段不影响审计意见。包含强调事项段不能代替下列情形：

（1）根据审计业务的具体情况，按照《中国注册会计师审计准则第1502号——在审计报告中发表非无保留意见》的规定发表非无保留意见；

（2）适用的财务报告编制基础要求管理层在财务报表中作出的披露，或为实现公允列报所需的其他披露；

（3）按照《中国注册会计师审计准则第1324号——持续经营》的规定，当可能导致对被审计单位持续经营能力产生重大疑虑的事项或情况存在重大不确定性时作出的报告。

8. 本指南第16段至第17段为在具体情况下强调事项段放置的位置提供了进一步指引。

三、审计报告中的其他事项段（参见本准则第十一条至第十二条）

（一）可能需要增加其他事项段的情形

与使用者理解审计工作相关的情形

9. 《中国注册会计师审计准则第1151号——与治理层的沟通》要求注册会计师就计划的审计范围和时间安排与治理层进行沟通，包括沟通注册会计师识别的特别风险。尽管与特别风险相关的事项可能被确定为关键审计事项，根据《中国注册会计师审计准则第1504号——在审计报告中沟通关键审计事项》对关键审计事项的定义，其他与计划及范围相关的事项（例如，计划的审计范围或审计中对重要性的运用）不太可能构成关键审计事项。然而，法律法规可能要求注册会计师在审计报告中沟通与计划及范围相关的事项，或者注册会计师可能认为有必要在其他事项段中沟通这些事项。

10. 在少数情况下，即使由于管理层对审计范围施加的限制导致无法获取充分、适当的审计证据可能产生的影响具有广泛性，注册会计师也不能解除业务约定。在这种情况下，注册会计师可能认为有必要在审计报告中包含其他事项段，解释为何不能解除业务约定。

与使用者理解注册会计师的责任或审计报告相关的情形

11. 法律法规或得到广泛认可的惯例可能要求或允许注册会计师详细说明某些事项，以进一步解释注册会计师在财务报表审计中的责任或审计报告。当其他事项部分包含多个事项,并且根据注册会计师的职业判断,这些事项与财务报表使用者理解审计工作、注册会计师的责任或审计报告相关时,对每个事项使用不同的子标题可能是有帮助的。

12. 增加其他事项段不涉及以下两种情形:

(1)除审计准则规定的责任外,注册会计师还有其他报告责任(参见《中国注册会计师审计准则第1501号——对财务报表形成审计意见和出具审计报告》第三十六条至第三十八条);

(2)注册会计师可能被要求实施额外的规定程序并予以报告,或对特定事项发表意见。

对两套或两套以上财务报表出具审计报告的情形

13. 被审计单位可能按照通用目的编制基础(如×国财务报告编制基础)编制一套财务报表,且按照另一个通用目的编制基础(如国际财务报告准则)编制另一套财务报表,并委托注册会计师同时对两套财务报表出具审计报告。如果注册会计师已确定两个财务报告编制基础在各自情形下是可接受的,可以在审计报告中增加其他事项段,说明该被审计单位根据另一个通用目的编制基础编制了另一套财务报表以及注册会计师对这些财务报表出具了审计报告。

限制审计报告分发和使用的情形

14. 为特定目的编制的财务报表可能按照通用目的编制基础编制,因为财务报表预期使用者已确定这种通用目的财务报表能够满足他们对财务信息的需求。由于审计报告旨在提供给特定使用者,注册会计师可能认为在这种情况下需要增加其他事项段,说明审计报告只是提供给财务报表预期使用者,不应被分发给其他机构或人员或者被其他机构或人员使用。

(二)在审计报告中增加其他事项段

15. 其他事项段的内容明确反映了未被要求在财务报表中列报或披露的其他事项。其他事项段不包括法律法规或其他职业准则(如中国注册会计师职业道德守则中与信息保密相关的规定)禁止注册会计师提供的信息。其他事项段也不包括要求管理层提供的信息。

四、强调事项段和其他事项段在审计报告中的位置(参见本准则第十条和第十二条)

16. 强调事项段或其他事项段在审计报告中的位置取决于拟沟通信息的性质,以及与按照《中国注册会计师审计准则1501号——对财务报表形成审计意见和出具审计报告》的规定需要报告的其他要素相比较，注册会计师针对该信息对财务报表预期使用者的相对重要程度的判断。例如：

强调事项段

（1）当强调事项段与适用的财务报告编制基础相关时，包括当注册会计师确定法律法规规定的财务报告编制基础不可接受时，注册会计师可能认为有必要将强调事项段紧接在"形成审计意见的基础"部分之后，以为审计意见提供合适的背景信息；

（2）当审计报告中包含关键审计事项部分时，基于注册会计师对强调事项段中信息的相对重要程度的判断，强调事项段可以紧接在关键审计事项部分之前或之后。注册会计师可以在"强调事项"标题中增加进一步的背景信息，例如"强调事项——期后事项"，以将强调事项段和关键审计事项部分描述的每个事项予以区分。

其他事项段

（1）当审计报告中包含关键审计事项部分，且其他事项段也被认为必要时，注册会计师可以在"其他事项"标题中增加进一步的背景信息，例如"其他事项——审计范围"，以将其他事项段和关键审计事项部分描述的每个事项予以区分；

（2）当增加其他事项段旨在提醒使用者关注与审计报告中提及的其他报告责任相关的事项时，该段落可以置于"按照相关法律法规的要求报告的事项"部分内；

（3）当其他事项段与注册会计师的责任或使用者理解审计报告相关时，可以单独作为一部分，置于"对财务报表出具的审计报告"和"按照相关法律法规的要求报告的事项"之后。

17. 本指南附录中的参考格式1列示了当审计报告中同时包含关键审计事项部分、强调事项段和其他事项段时，有关它们之间相互影响的参考格式。参考格式2列示了针对非上市实体出具的保留意见审计报告的参考格式，其中包含强调事项段，且不存在需要沟通的关键审计事项。

五、与治理层的沟通（参见本准则第十三条）

18. 按照本准则第十三条的规定与治理层的沟通能使治理层了解注册会计师拟在审计报告中所强调的特定事项的性质，并在必要时为治理层提供向注册会计师作出进一步澄清的机会。对于连续审计业务，当某一特定事项在每期审计报告的其他事项段中重复出现时，除非法律法规另有规定，注册会计师可能认为没有必要在每次审计业务中重复沟通。

附录：

审计报告参考格式

参考格式1：包含关键审计事项部分、强调事项段及其他事项段的审计报告

参考格式2：由于偏离适用的财务报告编制基础导致的带强调事项段的保留意见审计报告

参考格式1：包含关键审计事项部分、强调事项段及其他事项段的审计报告

背景信息：

1. 对上市实体整套财务报表进行审计。该审计不属于集团审计（即不适用《中国注册会计师审计准则第1401号——对集团财务报表审计的特殊考虑》）；

2. 管理层按照企业会计准则编制财务报表；

3. 审计业务约定条款体现了《中国注册会计师审计准则第1111号——就审计业务约定条款达成一致意见》中关于管理层对财务报表责任的描述；

4. 基于获取的审计证据，注册会计师认为发表无保留意见是恰当的；

5. 适用的相关职业道德要求为中国注册会计师职业道德守则；

6. 基于获取的审计证据，根据《中国注册会计师审计准则第1324号——持续经营》，注册会计师认为可能导致对被审计单位持续经营能力产生重大疑虑的事项或情况不存在重大不确定性；

7. 在财务报表日至审计报告日之间，被审计单位的生产设备发生了火灾，被审计单位已将其作为期后事项披露。根据注册会计师的判断，该事项对财务报表使用者理解财务报表至关重要，但在本期财务报表审计中不是重点关注过的事项；

8. 已按照《中国注册会计师审计准则第1504号——在审计报告中沟通关键审计事项》的规定沟通了关键审计事项；

9. 注册会计师在审计报告日前已获取所有其他信息，且未识别出信息存在重大错报；

10. 已列报对应数据，且上期财务报表已由前任注册会计师审计。法

律法规不禁止注册会计师提及前任注册会计师对对应数据出具的审计报告,并且注册会计师已决定提及;

11. 负责监督财务报表的人员与负责编制财务报表的人员不同;

12. 除财务报表审计外,注册会计师还承担法律法规要求的其他报告责任,且注册会计师决定在审计报告中履行其他报告责任。

审计报告

ABC 股份有限公司全体股东:

一、对财务报表出具的审计报告①

(一)审计意见

我们审计了 ABC 股份有限公司(以下简称 ABC 公司)财务报表,包括 20×1 年 12 月 31 日的资产负债表、20×1 年度的利润表、现金流量表、股东权益变动表以及相关财务报表附注。

我们认为,后附的财务报表在所有重大方面按照企业会计准则的规定编制,公允反映了 ABC 公司 20×1 年 12 月 31 日的财务状况以及 20×1 年度的经营成果和现金流量。

(二)形成审计意见的基础

我们按照中国注册会计师审计准则的规定执行了审计工作。审计报告的"注册会计师对财务报表审计的责任"部分进一步阐述了我们在这些准则下的责任。按照中国注册会计师职业道德守则,我们独立于 ABC 公司,并履行了职业道德方面的其他责任。我们相信,我们获取的审计证据是充分、适当的,为发表审计意见提供了基础。

(三)强调事项

我们提醒财务报表使用者关注,财务报表附注 × 描述了火灾对 ABC 公司的生产设备造成的影响。本段内容不影响已发表的审计意见。

(四)关键审计事项

关键审计事项是我们根据职业判断,认为对本期财务报表审计最为重要的事项。这些事项的应对以对财务报表整体进行审计并形成审计意见为背景,我们不对这些事项单独发表意见。

[按照《中国注册会计师审计准则第 1504 号——在审计报告中沟通关

---

① 如果审计报告中不包含"按照相关法律法规的要求报告的事项"部分,则不需要加入此标题。

键审计事项》的规定描述每一关键审计事项。]

（五）其他事项

20×0 年 12 月 31 日的资产负债表，20×0 年度的利润表、现金流量表、股东权益变动表以及相关财务报表附注由其他会计师事务所审计，并于 20×1 年 3 月 31 日发表了无保留意见。

（六）其他信息

[按照《中国注册会计师审计准则第 1521 号——注册会计师对其他信息的责任》的规定报告，见《〈中国注册会计师审计准则第 1521 号——注册会计师对其他信息的责任〉应用指南》附录 2 中的参考格式 1。]

（七）管理层和治理层对财务报表的责任

[按照《中国注册会计师审计准则第 1501 号——对财务报表形成审计意见和出具审计报告》的规定报告，见《〈中国注册会计师审计准则第 1501 号——对财务报表形成审计意见和出具审计报告〉应用指南》参考格式 1。]

（八）注册会计师对财务报表审计的责任

[按照《中国注册会计师审计准则第 1501 号——对财务报表形成审计意见和出具审计报告》的规定报告，见《〈中国注册会计师审计准则第 1501 号——对财务报表形成审计意见和出具审计报告〉应用指南》参考格式 1。]

二、按照相关法律法规的要求报告的事项

[按照《中国注册会计师审计准则第 1501 号——对财务报表形成审计意见和出具审计报告》的规定报告，见《〈中国注册会计师审计准则第 1501 号——对财务报表形成审计意见和出具审计报告〉应用指南》参考格式 1。]

××会计师事务所	中国注册会计师：××× （项目合伙人）
（盖章）	（签名并盖章）
	中国注册会计师：×××
	（签名并盖章）
中国××市	20×2 年×月×日

参考格式2：由于偏离适用的财务报告编制基础的规定导致的带强调事项段的保留意见审计报告

背景信息：

1. 对非上市实体整套财务报表进行审计。该审计不属于集团审计（即不适用《中国注册会计师审计准则第1401号——对集团财务报表审计的特殊考虑》）；

2. 管理层按照企业会计准则编制财务报表；

3. 审计业务约定条款体现了《中国注册会计师审计准则第1111号——就审计业务约定条款达成一致意见》中关于管理层对财务报表责任的描述；

4. 由于偏离企业会计准则的规定导致发表保留意见；

5. 适用的相关职业道德要求为中国注册会计师职业道德守则；

6. 基于获取的审计证据，根据《中国注册会计师审计准则第1324号——持续经营》，注册会计师认为可能导致对被审计单位持续经营能力产生重大疑虑的事项或情况不存在重大不确定性；

7. 在财务报表日至审计报告日之间，被审计单位的生产设备发生了火灾，被审计单位已将其作为期后事项披露。根据注册会计师的判断，该事项对财务报表使用者理解财务报表至关重要，但在本期财务报表审计中不是重点关注过的事项；

8. 注册会计师未被要求，并且也决定不沟通关键审计事项；

9. 注册会计师在审计报告日前未获取任何其他信息；

10. 负责监督财务报表的人员与负责编制财务报表的人员不同；

11. 除财务报表审计外，注册会计师还承担法律法规要求的其他报告责任，且注册会计师决定在审计报告中履行其他报告责任。

审 计 报 告

ABC股份有限公司全体股东：

一、对财务报表出具的审计报告[①]

（一）保留意见

我们审计了ABC股份有限公司（以下简称ABC公司）财务报表，包

[①] 如果审计报告中不包含"按照相关法律法规的要求报告的事项"部分，则不需要加入此标题。

括 20×1 年 12 月 31 日的资产负债表，20×1 年度的利润表、现金流量表、股东权益变动表以及相关财务报表附注。

我们认为，除"形成保留意见的基础"部分所述事项产生的影响外，后附的财务报表在所有重大方面按照企业会计准则的规定编制，公允反映了 ABC 公司 20×1 年 12 月 31 日的财务状况以及 20×1 年度的经营成果和现金流量。

（二）形成保留意见的基础

ABC 公司 20×1 年 12 月 31 日资产负债表中以公允价值计量且其变动计入当期损益的金融资产的列示金额为×元。ABC 公司管理层（以下简称管理层）根据成本对以公允价值计量且其变动计入当期损益的金融资产进行计量，而没有根据公允价值进行计量，这不符合企业会计准则的规定。ABC 公司的会计记录显示，如果管理层以公允价值来计量以公允价值计量且其变动计入当期损益的金融资产，ABC 公司 20×1 年度利润表中公允价值变动损益将减少×元，20×1 年 12 月 31 日资产负债表中以公允价值计量且其变动计入当期损益的金融资产列示金额将减少×元。相应地，所得税、净利润和股东权益将分别减少×元、×元和×元。

我们按照中国注册会计师审计准则的规定执行了审计工作。审计报告的"注册会计师对财务报表审计的责任"部分进一步阐述了我们在这些准则下的责任。按照中国注册会计师职业道德守则，我们独立于 ABC 公司，并履行了职业道德方面的其他责任。我们相信，我们获取的审计证据是充分、适当的，为发表保留意见提供了基础。

（三）强调事项——火灾的影响

我们提醒财务报表使用者关注，财务报表附注×描述了火灾对 ABC 公司的生产设备造成的影响。本段内容不影响已发表的审计意见。

（四）管理层和治理层对财务报表的责任

［按照《中国注册会计师审计准则第 1501 号——对财务报表形成审计意见和出具审计报告》的规定报告，见《〈中国注册会计师审计准则第 1501 号——对财务报表形成审计意见和出具审计报告〉应用指南》参考格式 3。］

（五）注册会计师对财务报表审计的责任

［按照《中国注册会计师审计准则第 1501 号——对财务报表形成审计意见和出具审计报告》的规定报告，见《〈中国注册会计师审计准则第 1501 号——对财务报表形成审计意见和出具审计报告〉应用指南》参考

格式3。]

二、按照相关法律法规的要求报告的事项

[按照《中国注册会计师审计准则第1501号——对财务报表形成审计意见和出具审计报告》的规定报告，见《〈中国注册会计师审计准则第1501号——对财务报表形成审计意见和出具审计报告〉应用指南》参考格式1。]

××会计师事务所　　　　　　　　中国注册会计师：×××
　　（盖章）　　　　　　　　　　　　（签名并盖章）
　　　　　　　　　　　　　　　　中国注册会计师：×××
　　　　　　　　　　　　　　　　　　（签名并盖章）
中国××市　　　　　　　　　　　20×2年×月×日

《中国注册会计师审计准则第1504号——在审计报告中沟通关键审计事项》应用指南

（2017年2月28日发布）

一、本准则的范围（参见本准则第三条）

1. 重要程度可以表述为某一事项在具体情形下的相对重要性。某一事项的重要程度是由注册会计师结合具体情形判断的。重要程度可以结合定量因素和定性因素来考虑，例如，相对规模、所涉及对象的性质、对所涉及对象的影响，以及预期使用者所表现出来的兴趣。判断某一事项的重要程度，需要对事实和情况作出客观分析，包括分析与治理层沟通的性质和范围。

2. 按照《中国注册会计师审计准则第1151号——与治理层的沟通》的规定，注册会计师应当与治理层进行双向沟通，其中可能就某些事项进行的沟通最为充分，财务报表使用者对这些事项感兴趣，并且呼吁增加这些沟通的透明度。例如，使用者对了解注册会计师在对财务报表整体形成

审计意见时作出的重大判断尤其感兴趣，因为这些判断通常与管理层在编制财务报表时作出的重大判断领域相关。

3. 要求注册会计师在审计报告中沟通关键审计事项，可能有助于加强注册会计师与治理层就这些事项进行的沟通，同时还可能提高管理层和治理层对审计报告中提及的财务报表披露的关注程度。

4. 根据《中国注册会计师审计准则第1221号——计划和执行审计工作时的重要性》的规定，就审计而言，注册会计师针对财务报表使用者作出下列假定是合理的：

（1）拥有经营、经济活动和会计方面的适当知识，并有意愿认真研究财务报表中的信息；

（2）理解财务报表是在运用重要性水平基础上编制、列报和审计的；

（3）认可建立在对估计和判断的应用以及对未来事项的考虑的基础上的会计计量具有固有不确定性；

（4）依据财务报表中的信息作出合理的经济决策。

由于审计报告后附已审计财务报表，通常认为审计报告使用者与财务报表预期使用者相同。

（一）关键审计事项、审计意见及审计报告其他要素之间的关系（参见本准则第五条、第十二条和第十五条）

5. 《中国注册会计师审计准则第1501号——对财务报表形成审计意见和出具审计报告》及其应用指南就对财务报表形成审计意见作出规定并提供指引。沟通关键审计事项并不代替管理层按照适用的财务报告编制基础在财务报表中作出的披露或为实现财务报表的公允反映而需要作出的披露。《中国注册会计师审计准则第1502号——在审计报告中发表非无保留意见》及其应用指南规范了注册会计师认为财务报表披露在恰当性或充分性方面存在重大错报的情形。

6. 当注册会计师按照《中国注册会计师审计准则第1502号——在审计报告中发表非无保留意见》的规定发表保留意见或否定意见时，在"形成保留（否定）意见的基础"部分描述导致非无保留意见的事项有助于预期使用者了解并识别存在的这些事项。因此，将这些事项与"关键审计事项"部分描述的其他关键审计事项区分开来单独沟通，能够使其在审计报告中得以适当地突出显示（参见本准则第十五条）。《〈中国注册会计师审计准则第1502号——在审计报告中发表非无保留意见〉应用指南》的附录列示了当注册会计师发表保留意见或否定意见并在审计报告中沟通其他关键审计事项时，"关键审计事项"部分的引言如何受到影响。本指南第58段列示了当注册会计师确定除审计报告"形成保留（否定）意见的基础"部分或"与持续经营相关的重大不确定性"部分说明的事项外，不存在其他需要在审计报告中沟通的关键审计事项时，"关键审计事项"部分如何进行说明。

7. 如果注册会计师对财务报表发表保留意见或否定意见，沟通其他关键审计事项仍有助于增强预期使用者对审计工作的了解，因而确定关键审计事项的要求仍然适用。然而，否定意见是在注册会计师得出结论认为错报单独或汇总起来对财务报表产生的影响重大且具有广泛性时发表的，因此：

（1）根据导致否定意见的事项的重要程度，注册会计师可能确定不存在其他关键审计事项。在这种情况下，本准则第十五条的要求适用。

（2）如果除导致否定意见的事项外，还存在一项或多项其他事项被确定为关键审计事项，则鉴于已发表否定意见，对这些其他关键审计事项的描述不要暗示财务报表整体在这些事项方面比实际情况更为可靠，这一点非常重要。

8. 《中国注册会计师审计准则第1503号——在审计报告中增加强调事项段和其他事项段》规定，注册会计师在认为必要时可以在审计报告中增加强调事项段和其他事项段。通过这种方式，该准则为注册会计师建立了在审计报告中进行进一步沟通的机制。在这些情况下，审计报告中的强调事项段或其他事项段需要与关键审计事项部分分开列示。如果某事项被确定为关键审计事项，则不能以强调事项段或其他事项段代替按照本准则第十三条的规定对该关键审计事项的描述。《〈中国注册会计师审计准则第1503号——在审计报告中增加强调事项段和其他事项段〉应用指南》就关键审计事项与强调事项段之间的关系提供了进一步指引。

二、确定关键审计事项（参见本准则第九条至第十条）

9. 注册会计师确定关键审计事项的决策过程，旨在从与治理层沟通过的事项中筛选出较少数量的事项，这基于注册会计师就哪些事项对本期财务报表审计最为重要作出的判断。

10. 即使已审计财务报表包含比较财务报表（即审计意见涉及财务报表列报的每个期间），注册会计师确定的关键审计事项仅限于对本期财务报表审计最为重要的事项。

11. 尽管注册会计师确定关键审计事项是为了本期财务报表审计，并且本准则并不要求注册会计师更新上期审计报告中的关键审计事项，但注册会计师考虑上期财务报表审计的关键审计事项对本期财务报表审计而言是否仍为关键审计事项可能是有用的。

（一）重点关注过的事项（参见本准则第九条）

12. 重点关注的概念基于这样的认识：审计是风险导向的，注重识别和评估财务报表重大错报风险，设计和实施应对这些风险的审计程序，获取充分、适当的审计证据，以作为形成审计意见的基础。对于特定账户余额、交易类别或披露，评估的认定层次重大错报风险越高，在计划和实施审计程序并评价审计程序的结果时通常涉及的判断就越多。在设计进一步审计程序时，注册会计师评估的风险越高，就需要获取越有说服力的审计证据。当由于评估的风险较高而需要获取更具说服力的审计证据时，注册会计师可能需要增加所需审计证据的数量，或者获取更具相关性或可靠性的证据，如更多地从第三方获取证据或从多个独立渠道获取互相印证的证据。

13. 因此，对注册会计师获取充分、适当的审计证据或对财务报表形成审计意见构成挑战的事项可能与注册会计师确定关键审计事项尤其相关。

14. 注册会计师重点关注过的领域通常与财务报表中复杂、重大的管理层判断领域相关，因而通常涉及困难或复杂的注册会计师职业判断。相应地，重点关注过的事项通常影响注册会计师的总体审计策略以及与这些事项相关的审计资源分配和审计工作力度。这些影响的例子可能包括较高级别的审计项目组成员参与审计业务的程度，或者注册会计师的专家或在会计、审计的专业领域具有专长的人员（这些人员由会计师事务所聘请或雇用）对这些领域的参与。

15. 多项中国注册会计师审计准则要求注册会计师与治理层以及其他可能与重点关注过的领域相关的人员进行特定的沟通。例如：

（1）《中国注册会计师审计准则第1151号——与治理层的沟通》要求注册会计师与治理层沟通审计工作中遇到的重大困难（如有）。这些困难可能包括：

①关联方交易，特别是对注册会计师获取关联方交易与公平交易在所有其他方面（除价格外）都等同的审计证据的能力存在的限制。

②集团审计受到的限制，如集团项目组接触某些信息受到的限制。

（2）《中国注册会计师审计准则第1121号——对财务报表审计实施的质量控制》要求项目合伙人就疑难问题或争议事项进行适当咨询。例如，注册会计师可能已就某一重大技术事项向会计师事务所内部或外部其他人员进行咨询，可能表明该事项构成关键审计事项。该准则还要求项目合伙人与项目质量控制复核人员讨论在审计过程中遇到的重大事项。

（二）确定重点关注过的事项时的考虑（参见本准则第九条）

16. 在计划审计工作时，注册会计师可以先就哪些事项很可能属于在审计中重点关注的领域因而可能构成关键审计事项形成一个初步的看法。按照《中国注册会计师审计准则第 1151 号——与治理层的沟通》的规定，注册会计师可以在与治理层讨论计划的审计范围和时间安排时沟通这一看法。然而，注册会计师对关键审计事项的确定需要基于执行审计程序的结果或整个审计过程中获取的审计证据。

17. 本准则第九条规定了注册会计师在确定重点关注过的事项时应当进行的特定考虑。这些考虑着眼于与治理层沟通过的事项的性质，这些事项通常与财务报表中披露的事项相关联，并且旨在反映预期使用者对于财务报表审计可能特别感兴趣的领域。要求注册会计师进行这些考虑，并不意味着与之相关的事项必然构成关键审计事项，只有当按照本准则第十条的规定被认为对审计工作最为重要时，相关事项才构成关键审计事项。由于这些考虑可能是相互关联的（例如，与本准则第九条第（二）至（三）项所描述情形相关的事项也可能被识别为特别风险），对与治理层沟通过的某一特定事项，如同时适用本准则第九条第（一）至（三）项中的两项以上，可能增加注册会计师将其识别为关键审计事项的可能性。

18. 除与本准则第九条要求的特定考虑相关的事项外，还可能存在其他与治理层沟通过、需要注册会计师重点关注的事项，因而可能根据本准则第十条的规定构成关键审计事项。这些事项可能包括与已执行审计工作相关但可能不被要求在财务报表中披露的事项等。例如，在会计期间内上线一套新的 IT 系统（或现有 IT 系统的重大变更）可能构成重点关注过的领域，尤其是当这种变更对注册会计师的总体审计策略具有重大影响，或与一项特别风险相关时（例如，影响收入确认的系统的变更）。

根据《中国注册会计师审计准则第 1211 号——通过了解被审计单位及其环境识别和评估重大错报风险》的规定评估的重大错报风险较高的领域或识别出的特别风险（参见本准则第九条第（一）项）

19. 《中国注册会计师审计准则第 1151 号——与治理层的沟通》要求注册会计师与治理层沟通识别出的特别风险。根据该准则应用指南第 13 段的解释，注册会计师还可以与治理层沟通注册会计师计划如何应对评估的重大错报风险较高的领域。

20. 《中国注册会计师审计准则第 1211 号——通过了解被审计单位及

其环境识别和评估重大错报风险》将特别风险定义为注册会计师识别和评估的、根据判断认为需要特别考虑的重大错报风险。重大管理层判断领域和重大非常规交易通常可能被识别为存在特别风险。因而，特别风险通常属于需要重点关注的领域。

21. 并非所有特别风险都属于需要注册会计师重点关注的领域。例如，《中国注册会计师审计准则第1141号——财务报表审计中与舞弊相关的责任》假定在收入确认方面存在舞弊风险，并要求注册会计师将评估的由于舞弊导致的重大错报风险作为特别风险。该准则还指出，由于管理层凌驾于控制之上的行为发生方式不可预见，这种风险属于由于舞弊导致的重大错报风险，从而也是一种特别风险。这些风险是否需要重点关注，需要视其性质而定。如果这些风险不需要重点关注，注册会计师在按照本准则第十条的规定确定关键审计事项时可能不必加以考虑。

22. 根据《中国注册会计师审计准则第1211号——通过了解被审计单位及其环境识别和评估重大错报风险》的规定，注册会计师对认定层次重大错报风险的评估结果，可能随着审计过程中不断获取审计证据而作出相应的变化。针对财务报表的特定领域修改注册会计师的风险评估结果并重新评价计划实施的审计程序（即审计方案的重大变化，例如，注册会计师的风险评估基于预期特定控制运行有效这一判断，而注册会计师获取的证据表明这些控制在被审计期间内并未有效运行，尤其是在评估的重大错报风险较高的领域）可能导致某一领域被确定为需要重点关注的领域。

与财务报表中包含重大管理层判断（包括被认为具有高度估计不确定性的会计估计）的领域相关的重大审计判断（参见本准则第九条第（二）项）

23. 《中国注册会计师审计准则第1151号——与治理层的沟通》要求注册会计师与治理层沟通注册会计师对被审计单位会计实务（包括会计政策、会计估计和财务报表披露）重大方面的质量的看法。在很多情况下，这涉及关键会计估计和相关披露，很可能属于重点关注领域，也可能被识别为特别风险。

24. 按照《中国注册会计师审计准则第1321号——审计会计估计（包括公允价值会计估计）和相关披露》的规定被识别为具有高度估计不确定性的会计估计可能未被确定为存在特别风险，然而财务报表使用者对这些会计估计很感兴趣。这些估计高度依赖管理层判断，通常是财务报表中最为复杂的领域，并且可能同时需要管理层的专家和注册会计师的专家的参与。对财务报表具有重大影响的会计政策（以及这些政策的重大变化）对财务报表使用者理解财务报表特别相关，尤其是当被审计单位的实务与同行业其他实体不一致时。

本期重大交易或事项对审计的影响（参见本准则第九条第（三）项）

25. 对财务报表或审计工作具有重大影响的事项或交易可能属于重点关注领域，并可能被识别为特别风险。例如，在审计过程中的各个阶段，注册会计师可能已与管理层和治理层就重大关联方交易或超出被审计单位正常经营过程的重大交易，或在其他方面显得异常的交易对财务报表的影响进行了大量讨论。管理层可能已就这些交易的确认、计量、列报或披露作出困难或复杂的判断，这可能已对注册会计师的总体审计策略产生重大影响。

26. 那些影响管理层假设或判断的经济、会计、法规、行业或其他方面的重大变化也可能影响注册会计师的总体审计方案，由此成为需要注册会计师重点关注的事项。

（三）最为重要的事项（参见本准则第十条）

27. 注册会计师可能已就需要重点关注的事项与治理层进行了较多的互动。就这些事项与治理层进行沟通的性质和范围，通常能够表明哪些事项对审计而言最为重要。例如，对于较为困难和复杂的事项，注册会计师与治理层的互动可能更加深入、频繁或充分，这些事项（如重大会计政策的运用）构成重大的注册会计师判断或管理层判断的对象。

28. 运用最为重要的事项这一概念，需要以被审计单位和已执行的审计工作为背景。因此，注册会计师确定和沟通关键审计事项的目的在于识别出该审计项目特有的事项，并就这些事项相对于审计中其他事项的重要程度作出判断。

29. 在确定某一与治理层沟通过的事项的相对重要程度以及该事项是否构成关键审计事项时，下列考虑也可能是相关的：

（1）该事项对预期使用者理解财务报表整体的重要程度，尤其是对财务报表的重要性。

（2）与该事项相关的会计政策的性质或者与同行业其他实体相比，管理层在选择适当的会计政策时涉及的复杂程度或主观程度。

（3）从定性和定量方面考虑，与该事项相关的由于舞弊或错误导致的已更正错报和累积未更正错报（如有）的性质和重要程度。

（4）为应对该事项所需要付出的审计努力的性质和程度，包括：

①为应对该事项而实施审计程序或评价这些审计程序的结果（如有）在多大程度上需要特殊的知识或技能。

②就该事项在项目组之外进行咨询的性质。

（5）在实施审计程序、评价实施审计程序的结果、获取相关和可靠的审计证据以作为发表审计意见的基础时，注册会计师遇到的困难的性质和严重程度，尤其是当注册会计师的判断变得更加主观时。

（6）识别出的与该事项相关的控制缺陷的严重程度。

（7）该事项是否涉及多项可区分但又相互关联的审计考虑。例如，长期合同可能在收入确认、诉讼或其他或有事项等方面需要重点关注，并且可能影响其他会计估计。

30. 从需要重点关注的事项中，确定哪些事项以及多少事项对本期财务报表审计最为重要属于职业判断。需要在审计报告中包含的关键审计事项的数量可能受被审计单位规模和复杂程度、业务和经营环境的性质，以及审计业务具体事实和情况的影响。一般而言，最初确定为关键审计事项的事项越多，注册会计师越需要重新考虑每一事项是否符合关键审计事项的定义。罗列大量关键审计事项可能与这些事项是审计中最为重要的事项这一概念相抵触。

三、沟通关键审计事项

（一）在审计报告中单设关键审计事项部分（参见本准则第十一条）

31. 将单设的关键审计事项部分置于接近审计意见的位置，能够突出这些信息，同时向财务报表预期使用者展示项目特定信息在其眼中的价值。

32. 在关键审计事项部分列示每一事项的顺序属于职业判断。例如，这些信息可能基于注册会计师对其相对重要程度的判断进行列示，也可能与事项在财务报表中的披露方式相对应。本准则第十一条关于增加子标题的要求旨在进一步区分这些事项。

33. 如果列报了比较财务信息，关键审计事项部分的引言需要作相应调整，以提醒所描述的关键审计事项仅与本期财务报表审计相关这一事实，还可以指明这些财务报表涵盖的具体期间（例如，20×1年度）。

（二）描述单一关键审计事项（参见本准则第十三条）

34. 对某项关键审计事项的描述是否充分属于职业判断。对关键审计事项进行描述的目的在于提供一种简明、不偏颇的解释，以使预期使用者能够了解为何该事项是对审计最为重要的事项之一，以及这些事项是如何在审计中加以应对的。限制使用过于专业的审计术语也能够帮助那些不具备适当审计知识的预期使用者了解注册会计师在审计过程中关注特定事项的原因。注册会计师提供信息的性质和范围需要在相关方各自责任的背景下作出权衡（即注册会计师以一种简明且可理解的形式提供有用的信息，但避免不恰当地提供有关被审计单位的原始信息）。

35. 原始信息是指与被审计单位相关、尚未由被审计单位公布（例如，未包含在财务报表中、未包含在审计报告日可获取的其他信息或者管理层或治理层的其他口头或书面沟通中，如财务信息的初步公告或投资者简报）的信息。这些信息是被审计单位管理层和治理层的责任。

36. 在描述关键审计事项时，注册会计师需要避免不恰当地提供与被审计单位相关的原始信息。对关键审计事项的描述本身通常不构成有关被审计单位的原始信息，这是由于对关键审计事项的描述是在对财务报表进行审计的背景下进行的。然而，注册会计师可能认为提供进一步信息用于解释为何该事项被认为对审计最为重要因而被确定为关键审计事项，以及这些事项如何在审计中加以应对是有必要的，除非法律法规禁止披露这些信息。如果确定披露这些信息是必要的，注册会计师可以鼓励管理层或治理层进一步披露信息，而不是在审计报告中提供原始信息。

37. 基于注册会计师将要在审计报告中沟通某一关键审计事项这一事实，管理层或治理层可能决定在财务报表或年度报告的其他位置就该事项增加或强化相关披露。增加或强化相关披露可能提供有关下列事项的更充分的信息：

（1）会计估计对关键假设变化的敏感性；

（2）当在适用的财务报告编制基础下，被审计单位对会计实务或会计政策存在多种选择时，被审计单位采用某项会计实务或会计政策的理由。

38. 《中国注册会计师审计准则第1521号——注册会计师对其他信息的责任》对年度报告作出定义，并规范了注册会计师与年度报告中包含的其他信息相关的责任。根据该准则的应用指南，以下一项或多项文件可能构成年度报告：

（1）董事会报告；

（2）公司董事会、监事会及董事、监事、高级管理人员保证年度报告内容的真实、准确、完整，不存在虚假记载、误导性陈述或重大遗漏，并承担个别和连带法律责任的声明；

（3）公司治理情况说明；

（4）内部控制自我评价报告。

尽管对财务报表发表的审计意见并不涵盖其他信息，注册会计师在对某项关键审计事项进行描述时，可以考虑这些其他信息，以及从被审计单位或其他可靠渠道获取的公开信息。

39. 注册会计师在审计过程中编制的审计工作底稿也能够帮助其形成对某项关键审计事项的描述。例如，与治理层之间的书面或口头沟通形成的记录以及其他审计工作底稿，能够为注册会计师在审计报告中沟通关键审计事项提供有用的基础。这是因为，按照《中国注册会计师审计准则第1131号——审计工作底稿》的规定编制的审计工作底稿，旨在记录审计中遇到的重大事项和得出的结论，以及在得出结论时作出的重大职业判断。审计工作底稿记录了已实施审计程序的性质、时间安排和范围，实施审计程序的结果以及获取的审计证据。审计工作底稿可以帮助注册会计师形成对关键审计事项的描述，并在描述中解释该事项的重要程度，还有助于注册会计师遵守本准则第十八条的要求。

索引至财务报表中对该事项的披露（参见本准则第十三条）

40. 本准则第十三条要求注册会计师在逐项描述关键审计事项时，说明该事项被认定为审计中最为重要的事项之一的原因，以及该事项在审计中是如何应对的。因此，对关键审计事项的描述不是对财务报表披露内容的简单重复。然而，对财务报表相关披露的索引能够使预期使用者进一步了解管理层在编制财务报表时如何应对这些事项。

41. 除索引至相关披露外，注册会计师还可以提醒财务报表使用者关注这些披露的关键方面。管理层就有关某一特定事项如何影响本期财务报表的具体方面或因素所进行披露的程度，可能帮助注册会计师准确描述其在审计中如何应对该事项的特定方面，从而使得预期使用者能够了解为何该事项构成关键审计事项。例如：

（1）如果被审计单位对会计估计披露充分，注册会计师可以提醒使用者关注财务报表中对关键假设、可能出现的结果的区间，以及与估计不确定性的关键原因或关键会计估计相关的其他定性和定量信息的披露，以作为说明为何该事项是审计中最为重要的事项之一以及如何在审计中应对该事项的部分内容。

（2）如果注册会计师根据《中国注册会计师审计准则第1324号——持续经营》的规定，认为可能导致对被审计单位持续经营能力产生重大疑虑的事项或情况不存在重大不确定性，注册会计师仍可能确定在按照该准则的规定执行审计工作得出结论时，与该结论相关的一项或多项事项构成关键审计事项。在这种情况下，注册会计师在审计报告中对这些关键审计事项的描述可以包括财务报表中披露的、已识别出的事项或情况，如重大经营亏损、可获得的借款安排和潜在的债务重组，或者违反贷款协议及相关缓解因素。

注册会计师认为该事项是审计中最为重要的事项之一的原因（参见本准则第十三条第（一）项）

42. 在审计报告中描述关键审计事项的目的在于提供为何将该事项确定为关键审计事项的见解。本准则第九条至第十条的要求，以及本指南第 12 段至第 29 段的内容与确定关键审计事项有关，因而也可能有助于注册会计师考虑如何在审计报告中沟通这些事项。例如，解释什么因素导致注册会计师认为某个特定事项需要重点关注并且对审计最为重要，这很可能是预期使用者的兴趣所在。

43. 在确定对关键审计事项的描述需要包含的信息时，注册会计师需要考虑对于预期使用者而言该信息的相关性。这可能包括相关描述是否有助于使用者更好地了解审计工作和注册会计师的判断。

44. 将某事项直接联系到被审计单位的特定情况，也可能有助于最大程度上降低这种描述随着时间的推移而变得过于标准化和有用性降低的可能性。例如，由于某行业的特定情况或财务报告的复杂程度，某些事项可能对于该行业的多个实体普遍构成关键审计事项。注册会计师在描述为何认为该事项是最为重要的事项之一时，强调被审计单位的特定方面（例如，影响本期财务报表中作出的判断的情形）以使这种描述对预期使用者而言更为相关可能是有用的。这对于描述某一在多个期间重复发生的关键审计事项而言也可能是重要的。

45. 这种描述也可以提及注册会计师根据审计的具体情况将某一事项确定为最为重要的事项之一时作出的主要考虑，例如：

（1）影响注册会计师获取审计证据能力的经济状况，如某些金融工具的市场缺乏流动性。

（2）新的或新兴领域的会计政策，如项目组在会计师事务所内部咨询的被审计单位特有的或行业特有的事项。

（3）对财务报表具有重大影响的被审计单位战略或经营模式发生变化。

该事项在审计中是如何应对的（参见本准则第十三条第（二）项）

46. 在审计报告中描述一项关键审计事项在审计中如何应对时，描述的详细程度属于职业判断。根据本准则第十三条第（二）项的要求，注册会计师可以描述下列要素：

（1）审计应对措施或审计方案中，与该事项最为相关或对评估的重大错报风险最有针对性的方面；

(2) 对已实施审计程序的简要概述；
(3) 实施审计程序的结果；
(4) 对该事项的主要看法。

法律法规可能就关键审计事项的描述规定特定的形式或内容，也可能明确规定对关键审计事项的描述应包含上述一项或多项要素。

47. 为使预期使用者能够理解在对财务报表整体进行审计的背景下关键审计事项的重要程度，以及关键审计事项和审计报告其他要素（包括审计意见）之间的关系，注册会计师可能需要注意用于描述关键审计事项的语言，使之：

(1) 不暗示注册会计师在对财务报表形成审计意见时尚未恰当解决该事项。

(2) 将该事项直接联系到被审计单位的具体情况，避免使用一般化或标准化的语言。

(3) 能够体现出对该事项在相关财务报表披露（如有）中如何应对的考虑。

(4) 不对财务报表单一要素单独发表意见，也不暗示是对财务报表单一要素单独发表意见。

48. 描述注册会计师针对某一事项的应对措施或审计方案，尤其是当审计方案需要根据被审计单位的事实和情况专门制定时，可能有助于预期使用者了解异常情况以及注册会计师用于应对重大错报风险的重大职业判断。此外，某一特定期间的审计方案可能受被审计单位具体情况、经济状况或行业发展的影响。注册会计师提及与治理层就该事项进行沟通的性质和范围也可能是有用的。

49. 例如，在描述对某项被认为具有高度估计不确定性的会计估计（如复杂金融工具的估价）采用的审计方案时，注册会计师可能希望强调其雇用或聘请了专家。提及利用专家的工作并不减轻注册会计师对财务报表发表审计意见的责任，因而与《中国注册会计师审计准则第1421号——利用专家的工作》第十五条至第十六条的规定并无不一致。

50. 描述审计程序可能存在挑战，尤其是在较为复杂、涉及判断的审计领域。简明扼要地汇总已实施的审计程序，以充分沟通注册会计师对评估的重大错报风险采取的应对措施以及所涉及的重大注册会计师判断可能尤其困难。尽管如此，注册会计师可能认为有必要描述已实施的特定程序，以沟通该事项在审计中是如何应对的。这种描述通常可能是高度概括的，而非包含对程序的详细描述。

51. 如本指南第 46 段所述，注册会计师在审计报告中描述关键审计事项时，也可能指出注册会计师采取的应对措施的结果。然而，如果这样做，注册会计师需要避免使预期使用者认为这种描述是针对单一关键审计事项发表单独的意见，也需要避免使预期使用者对财务报表整体的审计意见产生疑问。

（三）不在审计报告中沟通关键审计事项的情形（参见本准则第十四条）

52. 法律法规可能禁止管理层或注册会计师公开披露某一被确定为关键审计事项的事项。例如，法律法规可能明确禁止任何可能损害相关机构对某项违法行为或疑似违法行为（如与洗钱相关或疑似与洗钱相关的行为）进行调查的公开披露。

53. 如本准则第十四条第（二）项所述，不在审计报告中沟通某项关键审计事项属于极少数情形。这是因为，为预期使用者提高审计的透明度通常被认为符合公众利益。因此，仅当合理预期在审计报告中沟通某关键审计事项对被审计单位或公众造成的负面后果非常严重以至于超过在公众利益方面产生的益处时，不沟通该事项的判断才是适当的。

54. 确定不沟通某项关键审计事项，需要考虑与该事项相关的事实和情况。与管理层和治理层沟通有助于注册会计师了解管理层对沟通某一事项可能导致的负面后果的严重程度的看法，尤其是能够在下列方面帮助注册会计师确定是否沟通该事项：

（1）帮助注册会计师了解被审计单位未公开披露该事项的原因（例如，法律法规或特定财务报告编制基础允许延迟披露或不披露该事项）以及管理层对披露所带来的负面后果（如有）的看法。管理层可能提醒注册会计师关注法律法规或其他权威要求中的某些规定可能与考虑负面后果相关（例如，可能涉及对被审计单位的商业谈判或竞争地位造成损害）。然而，管理层关于负面后果的看法本身并不能减轻注册会计师按照本准则第十四条第（二）项的规定确定该负面后果是否可能被合理预期超过在公众利益方面产生的益处的需要。

（2）关注被审计单位是否已就该事项与适当的执法或监管机构进行沟通，尤其是这些沟通看起来是否能够支持管理层关于公开披露该事项不适当的认定。

（3）在适当时，使注册会计师能够鼓励管理层和治理层公开披露与该事项相关的信息。如果管理层和治理层关于沟通的顾虑仅限于与该事项相关的特定方面，因而与该事项相关的某些信息可能不太敏感从而能够沟通，在这种情况下尤其可能使得管理层和治理层同意公开披露相关信息。

注册会计师还可能认为有必要从管理层获取关于公开披露该事项为何不适当的书面声明,包括管理层对沟通该事项可能带来的负面后果的严重程度的看法。

55. 注册会计师可能有必要结合相关职业道德要求考虑沟通某一关键审计事项带来的影响。此外,法律法规可能要求注册会计师与适当的执法或监管机构沟通该事项,而无论该事项是否在审计报告中沟通。这种沟通也可能有助于注册会计师考虑沟通该事项可能带来的负面后果。

56. 注册会计师决定不沟通某一事项所需要进行的考虑是复杂的,包含重大职业判断。因此,注册会计师可能认为获取法律意见是适当的。

(四)其他情形下关键审计事项部分的形式和内容(参见本准则第十六条)

57. 本准则第十六条的要求适用于下列三种情形:

(1)注册会计师根据本准则第十条的规定,确定不存在关键审计事项(参见本指南第59段)。

(2)注册会计师根据本准则第十四条的规定,确定不在审计报告中沟通某一关键审计事项,并且不存在其他关键审计事项。

(3)仅有的关键审计事项是根据本准则第十五条的规定进行沟通的事项。

58. 如果注册会计师确定不存在需要沟通的关键审计事项,可以在审计报告中作如下表述:

关键审计事项

除形成保留(否定)意见的基础部分或与持续经营相关的重大不确定性部分所描述的事项外,我们确定不存在其他需要在审计报告中沟通的关键审计事项。

或者:

关键审计事项

我们确定不存在需要在审计报告中沟通的关键审计事项。

59. 确定关键审计事项涉及对需要重点关注的事项的相对重要程度作出判断。因此,对上市实体整套通用目的财务报表进行审计的注册会计师,确定与治理层沟通过的事项中不存在任何一项需要在审计报告中沟通的关键审计事项,可能是较为少见的情况。然而,在某些有限的情况下(如某上市实体的经营业务非常有限),注册会计师可能确定由于不存在需要重点关注的事项,因而根据本准则第十条的规定,不存在关键审计事项。

四、与治理层沟通（参见本准则第十七条）

60. 《中国注册会计师审计准则第 1151 号——与治理层的沟通》要求注册会计师及时与治理层沟通。沟通关键审计事项的适当时间安排因业务具体情况的不同而不同。然而，注册会计师可以在讨论计划的审计范围和时间安排时沟通有关关键审计事项的初步看法，也可以在沟通审计发现时进一步讨论这些事项。这样做可能有助于减轻实务中在财务报表即将完成并对外公布时才试图就关键审计事项进行充分的双向沟通所带来的挑战。

61. 与治理层沟通能够使治理层注意到注册会计师拟在审计报告中沟通的关键审计事项，并给治理层提供在必要时进一步澄清的机会。注册会计师可能认为向治理层提供审计报告草稿以方便这一讨论是有帮助的。与治理层的沟通确认了治理层在监督财务报告过程中的重要作用，同时为治理层提供了了解注册会计师如何确定关键审计事项以及将如何在审计报告中描述这些事项的机会。这也能够使治理层考虑鉴于这些事项将在审计报告中进行沟通，作出新的披露或提高披露质量是否有用。

62. 本准则第十七条第（一）项要求的与治理层的沟通也适用于不在审计报告中沟通某一关键审计事项的极少数情形（参见本准则第十四条和本指南第 54 段）。

63. 本准则第十七条第（二）项中关于当注册会计师确定不存在需要在审计报告中沟通的关键审计事项时与治理层进行沟通的要求，能够为注册会计师提供机会，使其与熟悉审计工作以及审计中遇到的重大事项的其他人员（包括项目质量控制复核人员，如有）作进一步沟通。这些讨论能够促使注册会计师重新评价不存在关键审计事项的决定。

五、审计工作底稿（参见本准则第十八条）

64. 根据《中国注册会计师审计准则第 1131 号——审计工作底稿》第十条的规定，注册会计师编制的审计工作底稿，应当使得未曾接触该项审计工作的有经验的专业人士清楚了解重大职业判断。就关键审计事项而言，这些职业判断包括从与治理层沟通过的事项中确定重点关注过的事项，以及这些事项中的每一项是否构成关键审计事项。注册会计师对此作出的判断很可能能够通过对与治理层沟通形成的工作底稿、与每个事项相关的工作底稿（参见本指南第 39 段），以及对审计中遇到的重大事项形成的其他工作底稿（如审计工作总结）来支持。然而，本准则并不要求注册会计师记录其他与治理层沟通过的事项不构成重点关注过的事项的原因。

《中国注册会计师审计准则第1511号——比较信息：对应数据和比较财务报表》应用指南

（2017年2月28日修订）

一、审计程序

书面声明（参见本准则第十二条）

1. 在比较财务报表的情形下，由于管理层需要再次确认其以前作出的与上期相关的书面声明仍然适当，注册会计师需要要求管理层提供与审计意见所提及的所有期间相关的书面声明。在对应数据的情形下，由于审计意见针对包括对应数据的本期财务报表，注册会计师需要要求管理层仅就本期财务报表提供书面声明。然而，对上期财务报表中影响比较信息的重大错报进行更正而作出的任何重述，注册会计师需要要求管理层提供特别书面声明。

二、审计报告

（一）审计报告：对应数据

不在审计意见中提及比较数据（参见本准则第十三条）

2. 由于审计意见是针对包括对应数据的本期财务报表整体的，审计意见不提及对应数据。

（二）导致对上期财务报表发表非无保留意见的事项（参见本准则第十四条）

3. 如果以前针对上期财务报表发表了非无保留意见，且导致非无保留意见的事项已经解决，并已按照适用的财务报告编制基础进行恰当的会计处理，或在财务报表中作出适当的披露，则针对本期财务报表发表的审计意见无需提及之前发表的非无保留意见。

4. 如果以前针对上期财务报表发表了非无保留意见，且导致非无保留意见的事项尚未解决，该尚未解决的事项可能与本期数据无关。尽管如此，由于尚未解决的事项对本期数据和对应数据的可比性存在影响或可能存在影响，需要对本期财务报表发表保留意见、无法表示意见或否定意见（如适用）。

5. 如果针对上期财务报表发表了非无保留意见，且导致非无保留意见的事项尚未解决，本指南附录1和附录2列示了在这种情况下出具的审计报告的参考格式。

上期财务报表中的错报（参见本准则第十五条）

6. 如果存在错报的上期财务报表尚未更正，并且没有重新出具审计报告，但对应数据已在本期财务报表中得到适当重述或恰当披露，注册会计师可以在审计报告中增加强调事项段，以描述这一情况，并提及详细描述该事项的相关披露在财务报表中的位置（参见《中国注册会计师审计准则第1503号——在审计报告中增加强调事项段和其他事项段》）。

上期财务报表已经前任注册会计师审计（参见本准则第十六条）

7. 如果上期财务报表已由前任注册会计师审计，并且法律法规不禁止注册会计师提及前任注册会计师对对应数据出具的审计报告，本指南附录3列示了在这种情况下出具的审计报告的参考格式。

上期财务报表未经审计（参见本准则第十七条）

7a. 如果注册会计师未能获取有关期初余额的充分、适当的审计证据，按照《中国注册会计师审计准则第1502号——在审计报告中发表非无保留意见》的规定，注册会计师应当对财务报表发表保留意见或无法表示意见。如果在针对期初余额不含有对本期财务报表产生重大影响的错报获取充分、适当审计证据时遇到重大困难，注册会计师可能按照《中国注册会计师审计准则第1504号——在审计报告中沟通关键审计事项》的规定，将其确定为关键审计事项。

（三）审计报告：比较财务报表

在审计意见中提及财务报表所属的各期，以及发表审计意见涵盖的各期（参见本准则第十八条）

8. 由于对比较财务报表出具的审计报告涵盖所列报的每期财务报表，注册会计师可以对一期或多期财务报表发表保留意见、否定意见或无法表示意见，或者在审计报告中增加强调事项段，而对其他期间的财务报表发表不同的审计意见。

9. 当同时出现下列情况时，注册会计师可参照本指南附录4列示的审计报告的参考格式出具审计报告：

（1）注册会计师需要结合本期审计对本期和上期财务报表同时出具审计报告；

（2）针对上期财务报表发表了非无保留意见，并且导致非无保留意见的事项仍未解决。

对上期财务报表的意见不同于以前发表的意见（参见本准则第十九条）

10. 当结合本期审计对上期财务报表出具审计报告时，如果注册会计师在本期审计过程中注意到严重影响上期财务报表的情形或事项，对上期财务报表发表的意见可能与以前发表的意见不同。在某些国家或地区，注册会计师可能负有额外的报告责任，以防止信赖注册会计师以前对上期财务报表出具的报告。

上期财务报表已经前任注册会计师审计（参见本准则第二十一条）

11. 前任注册会计师可能无法或不愿对上期财务报表重新出具审计报告。注册会计师可以在审计报告中增加其他事项段，指出前任注册会计师对更正前的上期财务报表出具了报告。此外，如果注册会计师针对作出更正的调整事项接受委托实施审计并获取充分、适当的审计证据，可以在审计报告中增加以下段落：

"作为 20×2 年度财务报表审计的一部分，我们同时审计了附注×中所描述的用于对 20×1 年度财务报表作出更正的调整事项。我们认为这些调整是恰当的，并得到了适当运用。除了与调整相关的事项外，我们没有接受委托对公司 20×1 年度财务报表实施审计、审阅或其他程序，因此，我们不对 20×1 年度财务报表整体发表意见或提供任何形式的保证。"

上期财务报表未经审计（参见本准则第二十二条）

11a. 如果注册会计师未能获取有关期初余额的充分、适当的审计证据，按照《中国注册会计师审计准则第 1502 号——在审计报告中发表非无保留意见》的规定，注册会计师应当对财务报表发表保留意见或无法表示意见。如果在针对期初余额不含有对本期财务报表产生重大影响的错报获取充分、适当审计证据时遇到重大困难，注册会计师可能按照《中国注册会计师审计准则第 1504 号——在审计报告中沟通关键审计事项》的规定，将其确定为关键审计事项。

附录1：（参见本指南第5段）

有关对应数据的审计报告的参考格式

背景信息：

1. 对非上市实体整套财务报表进行审计。该审计不属于集团审计（即不适用《中国注册会计师审计准则第 1401 号——对集团财务报表审计

的特殊考虑》);

2. 管理层按照企业会计准则编制财务报表;

3. 审计业务约定条款体现了《中国注册会计师审计准则第1111号——就审计业务约定条款达成一致意见》中关于管理层对财务报表责任的描述;

4. 以前对上期财务报表出具了保留意见的审计报告;

5. 导致保留意见的事项仍未解决;

6. 该尚未解决的事项对本期数据的影响或可能的影响是重大的,需要对本期数据发表非无保留意见;

7. 适用的相关职业道德要求为中国注册会计师职业道德守则;

8. 基于获取的审计证据,根据《中国注册会计师审计准则第1324号——持续经营》,注册会计师认为可能导致对被审计单位持续经营能力产生重大疑虑的事项或情况不存在重大不确定性;

9. 注册会计师未被要求,并且也决定不沟通关键审计事项;

10. 注册会计师在审计报告日前未获取任何其他信息;

11. 负责监督财务报表的人员与负责编制财务报表的人员不同;

12. 除财务报表审计外,注册会计师还承担法律法规要求的其他报告责任,且注册会计师决定在审计报告中履行其他报告责任。

审计报告

ABC 股份有限公司全体股东:

一、对财务报表出具的审计报告[①]

(一)保留意见

我们审计了 ABC 股份有限公司(以下简称 ABC 公司)财务报表,包括 20×1 年 12 月 31 日的资产负债表,20×1 年度的利润表、现金流量表、股东权益变动表以及相关财务报表附注。

我们认为,除"形成保留意见的基础"部分所述事项产生的影响外,后附的财务报表在所有重大方面按照企业会计准则的规定编制,公允反映了 ABC 公司 20×1 年 12 月 31 日的财务状况以及 20×1 年度的经营成果和现金流量。

---

① 如果审计报告中不包含"按照相关法律法规的要求报告的事项"部分,则不需要加入此标题。

（二）形成保留意见的基础

如财务报表附注×所述，ABC公司未按照企业会计准则的规定对房屋建筑物和机器设备计提折旧。这项决定是ABC公司管理层（以下简称管理层）在上一会计年度开始时作出的，导致我们对该年度财务报表发表了保留意见。如果按照房屋建筑物5%和机器设备20%的年折旧率计提折旧，20×1年度和20×0年度的当年亏损将分别增加×元和×元，20×1年末和20×0年末的房屋建筑物和机器设备的净值将因累计折旧而减少×元和×元，并且20×1年末和20×0年末的累计亏损将分别增加×元和×元。

我们按照中国注册会计师审计准则的规定执行了审计工作。审计报告的"注册会计师对财务报表审计的责任"部分进一步阐述了我们在这些准则下的责任。按照中国注册会计师职业道德守则，我们独立于ABC公司，并履行了职业道德方面的其他责任。我们相信，我们获取的审计证据是充分、适当的，为发表保留意见提供了基础。

（三）管理层和治理层对财务报表的责任

[按照《中国注册会计师审计准则第1501号——对财务报表形成审计意见和出具审计报告》的规定报告，见《〈中国注册会计师审计准则第1501号——对财务报表形成审计意见和出具审计报告〉应用指南》参考格式3。]

（四）注册会计师对财务报表审计的责任

[按照《中国注册会计师审计准则第1501号——对财务报表形成审计意见和出具审计报告》的规定报告，见《〈中国注册会计师审计准则第1501号——对财务报表形成审计意见和出具审计报告〉应用指南》参考格式3。]

二、按照相关法律法规的要求报告的事项

[按照《中国注册会计师审计准则第1501号——对财务报表形成审计意见和出具审计报告》的规定报告，见《〈中国注册会计师审计准则第1501号——对财务报表形成审计意见和出具审计报告〉应用指南》参考格式1。]

××会计师事务所	中国注册会计师：×××
（盖章）	（签名并盖章）
	中国注册会计师：×××
	（签名并盖章）
中国××市	20×2年×月×日

附录2：(参见本指南第5段)

有关对应数据的审计报告的参考格式

背景信息：

1. 对非上市实体整套财务报表进行审计。该审计不属于集团审计（即不适用《中国注册会计师审计准则第1401号——对集团财务报表审计的特殊考虑》）；

2. 管理层按照企业会计准则编制财务报表；

3. 审计业务约定条款体现了《中国注册会计师审计准则第1111号——就审计业务约定条款达成一致意见》中关于管理层对财务报表责任的描述；

4. 以前对上期财务报表出具了保留意见的审计报告；

5. 导致保留意见的事项仍未解决；

6. 尽管尚未解决的事项对本期数据的影响或可能的影响并不重大，但由于尚未解决的事项对本期数据和对应数据的可比性存在影响或可能存在影响，需要对本期数据发表非无保留意见；

7. 适用的相关职业道德要求为中国注册会计师职业道德守则；

8. 基于获取的审计证据，根据《中国注册会计师审计准则第1324号——持续经营》，注册会计师认为可能导致对被审计单位持续经营能力产生重大疑虑的事项或情况不存在重大不确定性；

9. 注册会计师未被要求，并且也决定不沟通关键审计事项；

10. 注册会计师在审计报告日前未获取任何其他信息；

11. 负责监督财务报表的人员与负责编制财务报表的人员不同；

12. 除财务报表审计外，注册会计师还承担法律法规要求的其他报告责任，且注册会计师决定在审计报告中履行其他报告责任。

审计报告

ABC 股份有限公司全体股东：

一、对财务报表出具的审计报告[①]

（一）保留意见

我们审计了 ABC 股份有限公司（以下简称 ABC 公司）财务报表，包

[①] 如果审计报告中不包含"按照相关法律法规的要求报告的事项"部分，则不需要加入此标题。

括 20×1 年 12 月 31 日的资产负债表，20×1 年度的利润表、现金流量表、股东权益变动表以及相关财务报表附注。

我们认为，除"形成保留意见的基础"部分所述事项对对应数据可能产生的影响外，后附的财务报表在所有重大方面按照企业会计准则的规定编制，公允反映了 ABC 公司 20×1 年 12 月 31 日的财务状况以及 20×1 年度的经营成果和现金流量。

（二）形成保留意见的基础

由于我们于 20×0 年末接受委托对 ABC 公司的财务报表进行审计，我们无法对 20×0 年年初的存货实施监盘，也不能实施替代程序确定存货的数量。鉴于年初存货影响经营成果的确定，我们不能确定是否应对 20×0 年度的经营成果和年初留存收益作出必要的调整。因此，我们对 20×0 年度的财务报表发表了保留意见。由于该事项对本期数据和对应数据的可比性存在影响或可能存在影响，我们对本期财务报表发表了保留意见。

我们按照中国注册会计师审计准则的规定执行了审计工作。审计报告的"注册会计师对财务报表审计的责任"部分进一步阐述了我们在这些准则下的责任。按照中国注册会计师职业道德守则，我们独立于 ABC 公司，并履行了职业道德方面的其他责任。我们相信，我们获取的审计证据是充分、适当的，为发表保留意见提供了基础。

（三）管理层和治理层对财务报表的责任

[按照《中国注册会计师审计准则第 1501 号——对财务报表形成审计意见和出具审计报告》的规定报告，见《〈中国注册会计师审计准则第 1501 号——对财务报表形成审计意见和出具审计报告〉应用指南》参考格式 3。]

（四）注册会计师对财务报表审计的责任

[按照《中国注册会计师审计准则第 1501 号——对财务报表形成审计意见和出具审计报告》的规定报告，见《〈中国注册会计师审计准则第 1501 号——对财务报表形成审计意见和出具审计报告〉应用指南》参考格式 3。]

二、按照相关法律法规的要求报告的事项

[按照《中国注册会计师审计准则第 1501 号——对财务报表形成审计意见和出具审计报告》的规定报告，见《〈中国注册会计师审计准则第 1501 号——对财务报表形成审计意见和出具审计报告〉应用指南》参考

格式 1。]

××会计师事务所	中国注册会计师：×××
（盖章）	（签名并盖章）
	中国注册会计师：×××
	（签名并盖章）
中国××市	20×2年×月×日

附录 3：（参见本指南第 7 段）

有关对应数据的审计报告的参考格式

背景信息：

1. 对非上市实体整套财务报表进行审计。该审计不属于集团审计（即不适用《中国注册会计师审计准则第 1401 号——对集团财务报表审计的特殊考虑》）；

2. 管理层按照企业会计准则编制财务报表；

3. 审计业务约定条款体现了《中国注册会计师审计准则第 1111 号——就审计业务约定条款达成一致意见》中关于管理层对财务报表责任的描述；

4. 基于获取的审计证据，注册会计师认为发表无保留意见是恰当的；

5. 适用的相关职业道德要求为中国注册会计师职业道德守则；

6. 基于获取的审计证据，根据《中国注册会计师审计准则第 1324 号——持续经营》，注册会计师认为可能导致对被审计单位持续经营能力产生重大疑虑的事项或情况不存在重大不确定性；

7. 注册会计师未被要求，并且也决定不沟通关键审计事项；

8. 注册会计师在审计报告日前已获取所有其他信息，且未识别出信息存在重大错报；

9. 已列报对应数据，且上期财务报表已由前任注册会计师审计；

10. 法律法规不禁止注册会计师提及前任注册会计师对对应数据出具的审计报告，并且注册会计师决定提及；

11. 负责监督财务报表的人员与负责编制财务报表的人员不同；

12. 除财务报表审计外，注册会计师还承担法律法规要求的其他报告责任,且注册会计师决定在审计报告中履行其他报告责任。

审计报告

ABC 股份有限公司全体股东:

一、对财务报表出具的审计报告①

(一)审计意见

我们审计了 ABC 股份有限公司(以下简称 ABC 公司)财务报表,包括 20×1 年 12 月 31 日的资产负债表,20×1 年度的利润表、现金流量表、股东权益变动表以及相关财务报表附注。

我们认为,后附的财务报表在所有重大方面按照企业会计准则的规定编制,公允反映了 ABC 公司 20×1 年 12 月 31 日的财务状况以及 20×1 年度的经营成果和现金流量。

(二)形成审计意见的基础

我们按照中国注册会计师审计准则的规定执行了审计工作。审计报告的"注册会计师对财务报表审计的责任"部分进一步阐述了我们在这些准则下的责任。按照中国注册会计师职业道德守则,我们独立于 ABC 公司,并履行了职业道德方面的其他责任。我们相信,我们获取的审计证据是充分、适当的,为发表审计意见提供了基础。

(三)其他事项

20×0 年 12 月 31 日的资产负债表,20×0 年度的利润表、现金流量表和股东权益变动表以及相关财务报表附注由其他会计师事务所审计,并于 20×1 年 3 月 31 日发表了无保留意见。

(四)其他信息

[按照《中国注册会计师审计准则第 1521 号——注册会计师对其他信息的责任》的规定报告,见《〈中国注册会计师审计准则第 1521 号——注册会计师对其他信息的责任〉应用指南》附录 2 中的参考格式 1。]

(五)管理层和治理层对财务报表的责任

[按照《中国注册会计师审计准则第 1501 号——对财务报表形成审计意见和出具审计报告》的规定报告,见《〈中国注册会计师审计准则第 1501 号——对财务报表形成审计意见和出具审计报告〉应用指南》参考格式 3。]

---

① 如果审计报告中不包含"按照相关法律法规的要求报告的事项"部分,则不需要加入此标题。

（六）注册会计师对财务报表审计的责任

［按照《中国注册会计师审计准则第 1501 号——对财务报表形成审计意见和出具审计报告》的规定报告，见《〈中国注册会计师审计准则第 1501 号——对财务报表形成审计意见和出具审计报告〉应用指南》参考格式 3。］

二、按照相关法律法规的要求报告的事项

［按照《中国注册会计师审计准则第 1501 号——对财务报表形成审计意见和出具审计报告》的规定报告，见《〈中国注册会计师审计准则第 1501 号——对财务报表形成审计意见和出具审计报告〉应用指南》参考格式 1。］

××会计师事务所	中国注册会计师：×××
（盖章）	（签名并盖章）
	中国注册会计师：×××
	（签名并盖章）
中国××市	20×2 年×月×日

附录 4：（参见本指南第 9 段）

有关比较财务报表的审计报告的参考格式

背景信息：

1. 对非上市实体整套财务报表进行审计。该审计不属于集团审计（即不适用《中国注册会计师审计准则第 1401 号——对集团财务报表审计的特殊考虑》）；

2. 管理层按照企业会计准则编制财务报表；

3. 审计业务约定条款体现了《中国注册会计师审计准则第 1111 号——就审计业务约定条款达成一致意见》中关于管理层对财务报表责任的描述；

4. 注册会计师需要结合本年审计对本期和上期财务报表同时出具审

计报告；

　　5. 对上期财务报表发表了保留意见；

　　6. 导致非无保留意见的事项仍未解决；

　　7. 尚未解决的事项对本期数据产生的影响或可能产生的影响，对于本期财务报表和上期财务报表都是重大的，需要发表非无保留意见；

　　8. 适用的相关职业道德要求为中国注册会计师职业道德守则；

　　9. 基于获取的审计证据，根据《中国注册会计师审计准则第1324号——持续经营》，注册会计师认为可能导致对被审计单位持续经营能力产生重大疑虑的事项或情况不存在重大不确定性；

　　10. 注册会计师未被要求，并且也决定不沟通关键审计事项；

　　11. 注册会计师在审计报告日前未获取任何其他信息；

　　12. 负责监督财务报表的人员与负责编制财务报表的人员不同；

　　13. 除财务报表审计外，注册会计师还承担法律法规要求的其他报告责任，且注册会计师决定在审计报告中履行其他报告责任。

审计报告

ABC 股份有限公司全体股东：

一、对财务报表出具的审计报告[①]

（一）保留意见

　　我们审计了 ABC 股份有限公司（以下简称 ABC 公司）财务报表，包括 20×1 年 12 月 31 日和 20×0 年 12 月 31 日的资产负债表，20×1 年度和 20×0 年度的利润表、现金流量表、股东权益变动表以及相关财务报表附注。

　　我们认为，除"形成保留意见的基础"部分所述事项产生的影响外，后附的财务报表在所有重大方面按照企业会计准则的规定编制，公允反映了 ABC 公司 20×1 年 12 月 31 日和 20×0 年 12 月 31 日的财务状况以及 20×1 年度和 20×0 年度的经营成果和现金流量。

（二）形成保留意见的基础

　　如财务报表附注×所述，ABC 公司未按照企业会计准则的规定对房屋建筑物和机器设备计提折旧。如果按照房屋建筑物 5% 和机器设备 20% 的

---

　　① 如果审计报告中不包含"按照相关法律法规的要求报告的事项"部分，则不需要加入此标题。

年折旧率计提折旧，20×1 年度和 20×0 年度的当年亏损将分别增加×元和×元，20×1 年末和 20×0 年末的房屋建筑物和机器设备的净值将因累计折旧而分别减少×元和×元，并且 20×1 年末和 20×0 年末的累计亏损将分别增加×元和×元。

我们按照中国注册会计师审计准则的规定执行了审计工作。审计报告的"注册会计师对财务报表审计的责任"部分进一步阐述了我们在这些准则下的责任。按照中国注册会计师职业道德守则，我们独立于 ABC 公司，并履行了职业道德方面的其他责任。我们相信，我们获取的审计证据是充分、适当的，为发表保留意见提供了基础。

（三）管理层和治理层对财务报表的责任

［按照《中国注册会计师审计准则第 1501 号——对财务报表形成审计意见和出具审计报告》的规定报告，见《〈中国注册会计师审计准则第 1501 号——对财务报表形成审计意见和出具审计报告〉应用指南》参考格式 3。］

（四）注册会计师对财务报表审计的责任

［按照《中国注册会计师审计准则第 1501 号——对财务报表形成审计意见和出具审计报告》的规定报告，见《〈中国注册会计师审计准则第 1501 号——对财务报表形成审计意见和出具审计报告〉应用指南》参考格式 3。］

二、按照相关法律法规的要求报告的事项

［按照《中国注册会计师审计准则第 1501 号——对财务报表形成审计意见和出具审计报告》的规定报告，见《〈中国注册会计师审计准则第 1501 号——对财务报表形成审计意见和出具审计报告〉应用指南》参考格式 1。］

××会计师事务所	中国注册会计师：×××
（盖章）	（签名并盖章）
	中国注册会计师：×××
	（签名并盖章）
中国××市	20×2 年×月×日

《中国注册会计师审计准则第 1521 号——注册会计师对其他信息的责任》应用指南

（2017 年 2 月 28 日修订）

一、定义

（一）年度报告（参见本准则第十条）

1. 法律法规或惯例可能对被审计单位年度报告的内容和名称作出界定。

2. 年度报告通常以年度为基础编制。然而，当所审计财务报表涵盖的期间短于一年或者超过一年时，年度报告也可以涵盖与财务报表相同的期间。

3. 在某些情况下，被审计单位的年度报告可能是一个单独的文件，并冠以"年度报告"或其他标题。在其他情况下，法律法规或惯例可能要求被审计单位通过单个文件或两个以上（含两个）服务于相同目的的文件组合，向所有者（或类似的利益相关方）报告被审计单位经营情况和财务报表列报的经营成果及财务状况信息（即年度报告）。例如，根据法律法规或惯例，以下一项或多项文件可能构成年度报告：

（1）董事会报告；

（2）公司董事会、监事会及董事、监事、高级管理人员保证年度报告内容的真实、准确、完整，不存在虚假记载、误导性陈述或重大遗漏，并承担个别和连带法律责任的声明；

（3）公司治理情况说明；

（4）内部控制自我评价报告。

4. 年度报告可能以纸质的形式提供给使用者，也可能以电子形式，包括载于被审计单位网站的形式提供给使用者。一份文件（或者系列文件组合）无论以何种方式提供给使用者，均可能符合年度报告的定义。

5. 年度报告从性质、目的和内容方面与其他报告不同，例如为满足特定利益相关者团体的信息需求而编制的报告，或为满足特定监管报告目标（即使该报告应当予以公开）而编制的报告。有些报告如作为独立的文件发布，通常不是组成年度报告的系列文件的一部分（根据法律法规或惯例），因此，不属于本准则范围内的其他信息。这些报告的例子包括：

（1）单独的行业或监管报告（如资本充足率报告），如可能由银行、保险和养老金行业编制的报告；

（2）公司社会责任报告；

（3）可持续发展报告；

（4）多元化和平等机会报告；

（5）产品责任报告；

（6）劳工做法和工作条件报告。

（二）其他信息的错报（参见本准则第十二条）

6. 当其他信息中披露了某特定事项时，其他信息可能遗漏或掩饰对恰当理解该事项必要的信息。例如，其他信息声称说明了管理层使用的关键业绩指标，那么遗漏某项管理层使用的关键业绩指标可能表明其他信息未经正确陈述或具有误导性。

7. 如果适用于其他信息的框架中包括关于重要性概念的讨论，该框架可以为注册会计师在本准则下关于重要性的判断提供参考。然而在很多情况下，可能不存在适用的框架，对应用于其他信息的重要性概念进行讨论。在这些情况下，以下特征向注册会计师提供了确定其他信息的错报是否重大的参考框架：

（1）重要性是结合财务报表使用者整体共同的财务信息需求而考虑的。其他信息的使用者预计与财务报表使用者相同，因为预期这类使用者通过阅读其他信息以增加对财务报表的背景情况的了解。

（2）对重要性的判断需要考虑错报的特定情形，考虑使用者是否会被未更正的错报所影响。并非所有错报均会影响使用者的经济决策。

（3）对重要性的判断包括定性和定量两方面的考虑。因此，这类判断可以考虑在被审计单位年度报告的背景下，其他信息所针对项目的性质和规模。

（三）其他信息（参见本准则第十一条）

8. 本指南附录1包含了可能包括在其他信息中的金额和其他项目的例子。

9. 在某些情况下，适用的财务报告编制基础可能要求作出特定披露，但是允许这些披露在财务报表之外。由于这类披露是适用的财务报告编制基础所要求的，它们属于财务报表的组成部分。因此，就本准则而言，它们不构成其他信息。

10. 可扩展商业报告语言（XBRL）标记不构成本准则界定的其他信息。

二、获取其他信息（参见本准则第十四条）

11. 基于法律法规的规定或惯例，确定哪些文件属于或构成年度报告通常是明确的。在很多情况下，管理层或治理层可能已按照惯例或承诺公布一系列文件，这些文件组合起来构成年度报告。然而，在某些情况下，哪个（些）文件属于或构成年度报告可能并不明确。在这些情况下，文件的时间安排和目的（以及文件为谁编制）可能是与注册会计师确定哪个（些）文件属于或构成年度报告相关的事项。

12. 如果根据法律法规的规定，年度报告被翻译成其他语言（例如当某一国家或地区有超过一种官方语言时），或者如果根据不同的法律法规编制多个"年度报告"（例如当被审计单位在多个国家或地区上市时），需要考虑一个或多个"年度报告"是否构成其他信息的组成部分。相关法律法规可能就此提供进一步指引。

13. 管理层或治理层对年度报告的编制负责。注册会计师可以与管理层或治理层沟通以下事项：

（1）注册会计师希望在审计报告日前及时获取年度报告（包括构成年度报告的系列文件组合）最终版本，以能够在审计报告日前完成本准则要求的程序。如果不可能在审计报告日前获取，需尽早获取，且无论如何早于被审计单位发布这些信息；

（2）如果其他信息在审计报告日后获取可能产生的影响。

14. 本指南第13条所指的沟通，在以下例子中尤其恰当：

（1）首次接受审计业务委托；

（2）当管理层或治理层发生变动时；

（3）当其他信息预计在审计报告日后获取时。

15. 如果治理层需要在被审计单位发布其他信息前批准其他信息，其他信息的最终版本应为治理层已经批准的用于发布的版本。

16. 在某些情况下，被审计单位的年度报告可能是根据法律法规的规定或者被审计单位报告实务，在被审计单位财务报告涵盖期间后不久发布的一份独立文件，使得注册会计师能够在审计报告日前取得该文件。在其他情况下，这种文件可能在较晚的时间，或者在被审计单位选择的时间才被要求发布。也可能存在这种情况，即被审计单位的年度报告是系列文件组合，每个文件的发布时间都取决于不同的要求或者被审计单位的报告实务。

17. 可能存在这些情况，在审计报告日，被审计单位正在考虑起草可能作为被审计单位年度报告的一部分的某文件（例如，自愿提供给利益相关者的报告），而管理层无法向注册会计师确认这类文件的目的或时间。如果注册会计师无法确定这类文件的目的或时间，就本准则而言，它不构成其他信息。

18. 在审计报告日前及时获取其他信息，能够对财务报表、审计报告或其他信息在发布之前作出必要的修改。审计业务约定书可以提及与管理层就注册会计师及时获取，并在可能的情况下在审计报告日前获取其他信息达成的一致意见。

19. 如果使用者只能通过被审计单位的网站获取其他信息，则从被审计单位获取的、而不是直接从被审计单位网站获取的其他信息的版本，是注册会计师应当根据本准则对其执行程序的相关文件。按照本准则，注册会计师没有责任去查找其他信息，包括可能在被审计单位网站存在的其他信息，也不需要执行任何程序以确认其他信息在被审计单位网站得到恰当显示，或者已经以电子形式得以恰当传递或显示。

20. 如果注册会计师没有获取部分或全部其他信息，本准则不禁止注册会计师在审计报告中签署日期或出具审计报告。

21. 如果其他信息是在审计报告日后获取的，本准则不要求注册会计师更新按照《中国注册会计师审计准则第 1332 号——期后事项》第九条和第十条的规定已经实施的程序。

22.《中国注册会计师审计准则第 1341 号——书面声明》及其应用指南对书面声明的使用提出要求并提供指引。针对只能在审计报告日后获取的其他信息，本准则第十四条第（三）项要求注册会计师获取书面声明，以支持注册会计师有能力完成本准则要求的、与这类信息相关的程序。此外，注册会计师可能认为要求其他书面声明是有用的，例如：

（1）管理层已经告知注册会计师预期发布并可能构成其他信息的所有文件；

（2）注册会计师在审计报告日前获取的任何其他信息和财务报表之间是一致的，其他信息不存在任何重大错报；

（3）对于注册会计师在审计报告日前未获取的其他信息，管理层拟编制并发布这些其他信息，以及预计发布的时间。

三、阅读并考虑其他信息（参见本准则第十五条和第十六条）

23. 根据《中国注册会计师审计准则第 1101 号——注册会计师的总体目标和审计工作的基本要求》的规定，注册会计师在计划和执行审计工作时应当保持职业怀疑。在阅读和考虑其他信息时保持职业怀疑,例如,意识到管理层可能对其计划获得成功过分乐观,以及警惕与以下方面不一致的信息:

(1) 财务报表;

(2) 注册会计师在审计中了解到的情况。

24. 根据《中国注册会计师审计准则第 1121 号——对财务报表审计实施的质量控制》的规定,项目合伙人负责按照职业准则和适用的法律法规的规定指导、监督与执行审计业务。针对本准则的规定,在确定适当的项目组成员,以应对本准则第十五条和第十六条的要求时可以考虑的因素包括:

(1) 项目组成员的相关经验;

(2) 被指派完成这些任务的项目组成员是否了解审计中的相关情况,以识别其他信息和了解到的情况存在的不一致;

(3) 应对本准则第十五条和第十六条的要求所涉及的判断程度。例如,对于应与财务报表中的金额相同的其他信息中的金额,评估其一致性的程序可以由经验较少的项目组成员执行;

(4) 在集团审计的情况下,是否有必要询问组成部分注册会计师以处理与该组成部分有关的其他信息。

(一) 考虑其他信息和财务报表之间是否存在重大不一致(参见本准则第十五条第(一)项)

25. 其他信息可能包括金额或其他项目,这些金额或其他项目旨在与财务报表中的金额或其他项目相一致,或对其进行概括,或为其提供更详细的信息。这类金额或其他项目的例子可能包括:

(1) 包含了财务报表摘录的表格、图表或图形。

(2) 对财务报表中列示的余额或账户提供进一步细节的披露,例如"20×1 年度的收入,由来自产品 X 的×万元和来自产品 Y 的×万元组成。"

(3) 对财务结果的描述,例如,"20×1 年度研究和开发费用合计数是×万元。"

26. 在评价其他信息中所选择的金额或其他项目与财务报表的一致性时,注册会计师不需要对其他信息中的所有金额或其他项目(旨在与财务报表中的金额或其他项目相一致,或对其进行概括,或为其提供更详细的信息)与财务报表中的金额或其他项目进行比较。

27. 选择哪些金额或其他项目进行比较属于职业判断事项。与本判断相关的因素包括:

（1）金额或其他项目在列报中的重要程度，可能影响使用者对该金额或其他项目的重视程度（例如，一项关键比率或金额）；

（2）如果是定量方面的信息，该金额与财务报表中的账户或项目，或者该金额与相关其他信息相比的相对规模；

（3）其他信息中特定的金额或其他项目的敏感性，例如，向高级管理人员授予的股份支付。

28. 确定审计程序的性质和范围以应对本准则第十五条第（一）项的要求属于职业判断事项。注册会计师在判断的过程中，需要认识到本准则中注册会计师的责任，不构成对其他信息的鉴证业务，也不要求注册会计师对其他信息提供一定程度的保证。这些程序的例子包括：

（1）对于旨在与财务报表中的信息一致的信息，将该信息与财务报表进行比较。

（2）对于旨在与财务报表披露传达相同意思的信息，比较使用的措辞，考虑所使用措辞差异的重要程度，以及这些差异是否会隐含不同意思。

（3）获取管理层提供的其他信息和财务报表中的金额之间的调节表，并：

①将调节表中的项目与财务报表和其他信息进行比较；

②检查调节表中的计算是否正确。

29. 基于对其他信息性质的考虑，在评价其他信息中所选择的金额和其他项目与财务报表是否一致时，还需要评价与财务报表相比其列报的方式（如相关）。

（二）考虑其他信息和注册会计师在审计中了解到的情况是否存在重大不一致（参见本准则第十五条第（二）项）

30. 其他信息可能包括与注册会计师在审计中了解到的情况相关的金额或项目（除本准则第十五条第（一）项提及的情况外）。这些金额或项目的例子可能包括：

（1）对产量的披露，或者按地理区域汇总产量的表格；

（2）对"公司本年度新推出产品 X 和产品 Y"的声明；

（3）对被审计单位主要经营地点的概括，例如"被审计单位的主要经营中心在 X 国，同时在 Y 国和 Z 国也有经营场所。"

31. 注册会计师在审计中了解到的情况，包括注册会计师根据《中国注册会计师审计准则第 1211 号——通过了解被审计单位及其环境识别和评估重大错报风险》对被审计单位及其环境（包括被审计单位内部控制）的了解。《中国注册会计师审计准则第 1211 号——通过了解被审计单位及其环境识别和评估重大错报风险》列示了注册会计师应当获取的了解，包括下列事项：

(1) 相关的行业状况、法律和监管环境及其他外部因素；

(2) 被审计单位的性质；

(3) 被审计单位会计政策的选择和运用；

(4) 被审计单位的目标和战略；

(5) 对被审计单位财务业绩的衡量和评价；

(6) 被审计单位的内部控制。

32. 注册会计师在审计中了解到的情况也可能包括从性质上讲具有预测性的事项。这类事项的例子可能包括：当评价管理层执行无形资产或商誉减值测试使用的假设时，或者当评价管理层对被审计单位持续经营能力的评估时，注册会计师考虑过的业务前景和未来现金流量。

33. 在考虑其他信息和注册会计师在审计中了解到的情况之间是否存在重大不一致时，注册会计师可以重点关注其他信息中重要的事项，该事项足够重要以至于与其相关的其他信息的错报可能是重大的。

34. 对于其他信息中的许多事项，注册会计师回顾在审计中获取的审计证据和得到的结论，可能足以使注册会计师考虑其他信息和注册会计师在审计中了解到的情况之间是否存在重大不一致。注册会计师越有经验、越熟悉该项审计的关键方面，对相关事项的回顾将越足够。例如，注册会计师可能能够根据回顾与管理层或治理层的讨论或者审计过程中所执行程序（如阅读董事会会议纪要）的结果，考虑其他信息和注册会计师在审计中了解到的情况之间是否存在重大不一致，而不需要采取进一步措施。

35. 注册会计师可能确定，参考相关审计工作底稿，或者向项目组相关成员或相关组成部分注册会计师询问，以作为注册会计师考虑重大不一致是否存在的基础是适当的。例如：

(1) 当其他信息描述计划终止一条主要生产线时，尽管注册会计师知道该项终止计划，注册会计师可以向执行这方面审计程序的相关项目组成员询问，以支持注册会计师对其他信息中的描述与注册会计师在审计中了解到的情况是否存在重大不一致的考虑；

(2) 当其他信息描述审计中已考虑的诉讼的重要细节，但是注册会计师无法完整地回忆起来时，可能有必要参考概括了这部分细节的审计工作底稿，以帮助注册会计师回忆。

36. 注册会计师是否以及在何种程度上参考相关审计工作底稿，或者向相关项目组成员或相关组成部分注册会计师询问，属于职业判断事项。然而，注册会计师可能没有必要对包含在其他信息中的所有事项都参考相关审计工作底稿，或者向相关项目组成员或相关组成部分注册会计师询问。

（三）对其他信息似乎存在重大错报的迹象保持警觉（参见本准则第十六条）

37. 其他信息可能包括对与财务报表不相关的事项的讨论，也可能在范围上超出注册会计师在审计中了解到的情况。例如，其他信息可能包括对被审计单位温室气体排放情况的陈述。

38. 对与财务报表或注册会计师在审计过程中了解到的情况不相关的其他信息中似乎存在重大错报的迹象保持警觉，有助于注册会计师遵循相关职业道德要求。职业道德要求注册会计师不得在明知的情况下与以下其他信息发生关联：含有严重虚假或误导性的陈述；含有缺少充分依据的陈述或信息；存在遗漏或含糊其辞的信息，且这种遗漏或含糊其辞会使其他信息产生误导。对其他信息似乎存在重大错报的其他迹象保持警觉，可能能够使注册会计师识别下列事项，如：

（1）其他信息与阅读其他信息的项目组成员的普遍认知（除审计过程中了解到的情况之外）之间的差异，使注册会计师相信其他信息似乎存在重大错报；

（2）其他信息内部不一致，使注册会计师相信其他信息似乎存在重大错报。

四、当似乎存在重大不一致或其他信息似乎存在重大错报时的应对（参见本准则第十七条）

39. 注册会计师与管理层关于重大不一致（或其他信息似乎存在重大错报）的讨论，可能包括要求管理层对其他信息中管理层声明的基础提供支持。基于管理层的进一步信息和解释，注册会计师可能认可其他信息不存在重大错报。例如，管理层的解释可能对正常的判断差异提供合理和充分的理由。

40. 反之，与管理层的讨论可能提供进一步信息，以支持注册会计师对于其他信息存在重大错报的结论。

41. 相比事实性质的事项，在判断事项上质疑管理层可能是更加困难的。然而，可能存在这种情况，即注册会计师认为，其他信息包含了与财务报表或注册会计师在审计中了解到的情况不一致的陈述。这些情况可能导致对其他信息、财务报表和注册会计师在审计中了解到的情况的怀疑。

42. 由于其他信息可能的重大错报范围广泛，注册会计师为判断其他信息是否存在重大错报而可能执行的其他审计程序的性质和范围，属于注册会计师在具体情形下的职业判断事项。

43. 当某事项与财务报表或注册会计师在审计中了解到的情况不相关时，注册会计师可能无法完整评估管理层对于注册会计师询问的回答。尽管如此，基于管理层的进一步信息和解释，或者跟进管理层对其他信息作出的改动后，注册会计师可能认可，重大不一致似乎不再存在或者其他信息不再存在重大错报。当注册会计师无法确定重大不一致似乎不再存在或者其他信息似乎不再存在重大错报时，注册会计师可以要求管理层向有资格的第三方（如管理层的专家或法律顾问）咨询。在某些情况下，考虑管理层咨询的结果后，注册会计师可能无法得出其他信息是否存在重大错报的结论。注册会计师可以采取以下一项或多项措施：

（1）从注册会计师的法律顾问处获取建议；

（2）考虑对审计报告的影响，例如，如果管理层施加限制，是否在审计报告中描述这一情况；

（3）在相关法律法规允许的情况下解除业务约定。

五、当注册会计师认为其他信息存在重大错报时的应对

（一）当注册会计师认为审计报告日前获取的其他信息存在重大错报时的应对（参见本准则第十九条）

44. 在与治理层沟通后，如果其他信息未得到更正，注册会计师采取何种措施属于注册会计师的职业判断事项。注册会计师可以考虑管理层和治理层提供的不进行更正的理由是否会引起对管理层和治理层诚信或诚实的怀疑，例如，注册会计师怀疑该理由存在误导的意图。注册会计师也可能认为，寻求法律意见是恰当的。在某些情况下，注册会计师可能根据法律、法规或其他职业准则的要求，与监管机构或相关职业团体沟通该事项。

对报告的影响

45. 在少数情况下，当拒绝更正其他信息的重大错报导致对管理层和治理层的诚信产生怀疑，进而质疑审计证据总体上的可靠性时，对财务报表发表无法表示意见可能是恰当的。

解除业务约定

46. 当拒绝更正其他信息的重大错报导致对管理层和治理层的诚信产生怀疑，进而质疑审计过程中从其获取声明的可靠性时，在法律法规允许的情况下，解除业务约定可能是适当的。

对公共部门实体的特殊考虑

47. 在公共部门，解除业务约定也许不可能。在这些情况下，注册会计师可以向立法机关出具报告，详细说明该事项，或采取其他恰当措施。

（二）当注册会计师认为审计报告日后获取的其他信息存在重大错报时的应对（参见本准则第二十条）

48. 如果注册会计师认为审计报告日后获取的其他信息存在重大错报，且该重大错报已经被更正，注册会计师在这种情况下执行的必要程序，包括确定更正已经完成（根据本准则第十八条第（一）项的规定），也可能包括复核管理层为与收到其他信息（如果之前已经公告）的人士沟通并告知其修改而采取的步骤。

49. 如果治理层不同意修改其他信息，注册会计师采取何种恰当措施以设法提醒审计报告使用者适当关注未更正错报，需要运用职业判断，并且可能受相关法律法规的影响。因此，注册会计师可能认为就注册会计师的法定权利和义务寻求法律意见是适当的。

50. 如果其他信息的重大错报仍未更正，在法律法规允许的情况下，注册会计师可能采取的、设法提醒审计报告使用者适当关注未更正错报的措施举例来说包括：

（1）向管理层提供一份新的或修改后的审计报告，其中包括根据本准则第二十三条的规定修正后的其他信息部分。同时要求管理层将该新的或修改后的审计报告提供给审计报告使用者。在此过程中，注册会计师可能需要基于审计准则和适用的法律法规的要求，考虑对新的或修改后的审计报告的日期产生的影响（如有）。注册会计师也可以复核管理层采取的、向这些使用者提供新的或修改后的审计报告的步骤；

（2）提醒审计报告使用者关注其他信息的重大错报，例如，在股东大会上通报该事项；

（3）与监管机构或相关职业团体沟通未更正的重大错报；

（4）考虑对持续承接业务的影响（参见本指南第46段）。

六、当财务报表存在重大错报或注册会计师对被审计单位及其环境的了解需要更新时的应对（参见本准则第二十一条）

51. 在阅读其他信息时，注册会计师可能知悉影响下列方面的新信息：

（1）注册会计师对被审计单位及其环境的了解，因而可能表明需要修改注册会计师对风险的评估；

（2）注册会计师评价已识别的错报对审计的影响和未更正错报（如有）对财务报表的影响的责任；

（3）注册会计师关于期后事项的责任。

七、报告（参见本准则第二十二条至第二十四条）

52. 对于非上市实体的财务报表审计，注册会计师可能认为在审计报告中指明预期将在审计报告日后获取的其他信息可能是适当的，以针对这些其他信息（注册会计师对其负有本准则规定的相关责任）提供额外的透明度。在某些情况下，例如，当管理层能够向注册会计师声明这类其他信息将在审计报告日后发布时，注册会计师可能认为如此处理是恰当的。

（一）参考格式（参见本准则第二十二条至第二十三条）

53. 本指南附录 2 提供了审计报告中"其他信息"部分的例子。

（二）当对财务报表发表保留意见或否定意见时对报告的影响（参见本准则第二十四条）

54. 如果导致注册会计师发表非无保留意见的事项未被包含在其他信息中或其他信息未针对该事项，同时该事项不影响其他信息的任何部分，对财务报表发表保留意见或否定意见可能不会对本准则第二十三条第（五）项要求的说明产生影响。在其他情形下，可能对此类报告产生影响，如本指南第 55 段至第 58 段所述。

财务报表重大错报导致的保留意见

55. 在审计意见是保留意见的情况下，可能需要考虑其他信息是否因导致对财务报表发表保留意见的同一事项或相关事项也存在重大错报。

范围受到限制导致的保留意见

56. 如果关于财务报表的重要项目存在范围限制，注册会计师将不能对该事项获取充分、适当的审计证据。在这些情况下，注册会计师可能无法确定，与该事项相关的、其他信息的金额和其他项目是否导致其他信息的重大错报。因此，注册会计师可能需要修改本准则第二十三条第（五）项要求的说明，提及注册会计师无法考虑管理层在其他信息中对该事项的描述；针对该事项，注册会计师已经对财务报表发表了保留意见，如"形成保留意见的基础"部分所述。然而，注册会计师被要求报告已识别的、任何其他未更正的其他信息的重大错报。

否定意见

57. 注册会计师针对在"形成否定意见的基础"部分描述的某特定事项已对财务报表发表否定意见，并不能为省略按照本准则第二十三条第（五）项第 2 点在审计报告中报告识别出其他信息的重大错报提供理由。如果已对财务报表发表否定意见，注册会计师可能需要适当修改本准则第二十三条第（五）项要求的说明，例如，指出其他信息中的金额和其他项目因导致对财务报表发表否定意见的同一事项或相关事项也存在重大错报。

无法表示意见

58. 当注册会计师对财务报表发表无法表示意见时，提供审计的进一步详细情况，包括其他信息部分，可能会使财务报表整体的无法表示意见显得逊色。因此，在这些情况下，根据《中国注册会计师审计准则第1502号——在审计报告中发表非无保留意见》的规定，审计报告不包括针对本准则报告要求的部分。

附录1：（参见本准则第十五条和本指南第8段）

其他信息中可能包含的金额或其他项目的举例

以下是在其他信息中可能包含的金额或其他项目的示例。此列表并非穷尽所有情况。

金额

1. 关键财务业绩摘要中的项目，如净利润、每股收益、股利、销售收入及其他业务收入，以及采购和运营费用等。
2. 选定的经营数据，如对主要经营领域持续经营活动产生的收益，或按地域分部或产品线划分的销售收入。
3. 特殊项目，如资产处置、诉讼准备金、资产减值、纳税调整、环境治理准备金、改制和重组费用。
4. 流动性和资本来源信息，如现金、现金等价物和有价证券、股利，以及债务、融资租赁。
5. 分部或分支的资本性支出。
6. 涉及资产负债表外安排的金额和财务影响。
7. 涉及担保、合同义务、法律或环境诉讼和其他或有事项的金额。
8. 财务指标或比率，如毛利率、平均资本回报率、平均股东权益回报率、流动比率、利息保障倍数和债务比率。有些可能直接与财务报表勾稽。

其他项目

1. 对关键会计估计及相关假设的解释。
2. 对关联方的识别，以及对关联方交易的描述。

3. 对被审计单位管理商品、外汇或利率风险的政策或方法的阐述，如使用远期合约、利率掉期或其他金融工具。

4. 对资产负债表外安排的性质的描述。

5. 对担保、赔偿、合同义务、诉讼或环境责任案件和其他或有事项的描述，包括管理层对被审计单位相关风险的定性评估。

6. 对法律或监管要求变化的描述，如新的税收或环境法规，这些新的税收或环境法规已对被审计单位的业务或财务状况产生重大影响，或将对被审计单位的未来财务前景产生重大影响。

7. 管理层关于已在本期生效或将在下期生效的新财务报告准则对被审计单位财务业绩、财务状况和现金流量产生的影响的定性评估。

8. 对业务环境和前景的一般描述。

9. 战略概述。

10. 主要商品或原材料的市场价格走势描述。

11. 供求情况和监管环境的地区间对比。

12. 对影响被审计单位在特定领域盈利能力的特定因素的解释。

附录2：（参见本准则第二十二条至第二十三条、本指南第53段）

与其他信息相关的审计报告的参考格式

参考格式1：当注册会计师在审计报告日前已获取所有其他信息，且未识别出其他信息存在重大错报时，适用于任何被审计单位，无论是上市实体还是非上市实体的无保留意见审计报告。

参考格式2：当注册会计师在审计报告日前已获取部分其他信息，且未识别出其他信息存在重大错报，并预期能够在审计报告日后获取剩余其他信息时，适用于上市实体的无保留意见审计报告。

参考格式3：当注册会计师在审计报告日前已获取部分其他信息，且未识别出其他信息存在重大错报，并预期能够在审计报告日后获取剩余其他信息时，适用于非上市实体的无保留意见审计报告。

参考格式4：当注册会计师在审计报告日前未获取任何其他信息，但预期能够在审计报告日后获取其他信息时，适用于上市实体的无保留意见审计报告。

参考格式 5：当注册会计师在审计报告日前已获取所有其他信息，并且已确定其他信息存在重大错报时，适用于任何被审计单位，无论是上市实体还是非上市实体的无保留意见审计报告。

参考格式 6：当注册会计师在审计报告日前已获取所有其他信息，但合并财务报表重要项目的审计范围受到限制，且影响其他信息时，适用于任何被审计单位，无论是上市实体还是非上市实体的保留意见审计报告。

参考格式 7：当注册会计师在审计报告日前已获取所有其他信息，且对合并财务报表发表的否定意见也对其他信息有影响时，适用于任何被审计单位，无论是上市实体还是非上市实体的否定意见审计报告。

参考格式 1：当注册会计师在审计报告日前已获取所有其他信息，且未识别出其他信息存在重大错报时，适用于任何被审计单位，无论是上市实体还是非上市实体的无保留意见审计报告。

背景信息：

1. 对上市实体或非上市实体整套财务报表进行审计。该审计不属于集团审计（即不适用《中国注册会计师审计准则第 1401 号——对集团财务报表审计的特殊考虑》）；

2. 管理层按照企业会计准则编制财务报表；

3. 审计业务约定条款体现了《中国注册会计师审计准则第 1111 号——就审计业务约定条款达成一致意见》中关于管理层对财务报表责任的描述；

4. 基于获取的审计证据，注册会计师认为发表无保留意见是恰当的；

5. 适用的相关职业道德要求为中国注册会计师职业道德守则；

6. 基于获取的审计证据，根据《中国注册会计师审计准则第 1324 号——持续经营》，注册会计师认为可能导致对被审计单位持续经营能力产生重大疑虑的事项或情况不存在重大不确定性；

7. 已按照《中国注册会计师审计准则第 1504 号——在审计报告中沟通关键审计事项》的规定沟通了关键审计事项；

8. 注册会计师在审计报告日前已获取所有其他信息，且未识别出信息存在重大错报；

9. 负责监督财务报表的人员与负责编制财务报表的人员不同；

10. 除财务报表审计外，注册会计师还承担法律法规要求的其他报告责任，且注册会计师决定在审计报告中履行其他报告责任。

审计报告

ABC 股份有限公司全体股东：

一、对财务报表出具的审计报告①

（一）审计意见

我们审计了 ABC 股份有限公司（以下简称 ABC 公司）财务报表，包括 20×1 年 12 月 31 日的资产负债表、20×1 年度的利润表、现金流量表、股东权益变动表以及相关财务报表附注。

我们认为，后附的财务报表在所有重大方面按照企业会计准则的规定编制，公允反映了 ABC 公司 20×1 年 12 月 31 日的财务状况以及 20×1 年度的经营成果和现金流量。

（二）形成审计意见的基础

我们按照中国注册会计师审计准则的规定执行了审计工作。审计报告的"注册会计师对财务报表审计的责任"部分进一步阐述了我们在这些准则下的责任。按照中国注册会计师职业道德守则，我们独立于 ABC 公司，并履行了职业道德方面的其他责任。我们相信，我们获取的审计证据是充分、适当的，为发表审计意见提供了基础。

（三）关键审计事项②

关键审计事项是我们根据职业判断，认为对本期财务报表审计最为重要的事项。这些事项的应对以对财务报表整体进行审计并形成审计意见为背景，我们不对这些事项单独发表意见。

［按照《中国注册会计师审计准则第 1504 号——在审计报告中沟通关键审计事项》的规定描述每一关键审计事项。］

（四）其他信息

ABC 公司管理层（以下简称管理层）对其他信息负责。其他信息包括［X 报告中涵盖的信息，但不包括财务报表和我们的审计报告］。

我们对财务报表发表的审计意见不涵盖其他信息，我们也不对其他信息发表任何形式的鉴证结论。

结合我们对财务报表的审计，我们的责任是阅读其他信息，在此过程

---

① 如果审计报告中不包含"按照相关法律法规的要求报告的事项"部分，则不需要加入此标题。

② 本段适用于按照《中国注册会计师审计准则第 1504 号——在审计报告中沟通关键审计事项》的规定沟通关键审计事项的情形。

中，考虑其他信息是否与财务报表或我们在审计过程中了解到的情况存在重大不一致或者似乎存在重大错报。

基于我们已执行的工作，如果我们确定其他信息存在重大错报，我们应当报告该事实。在这方面，我们无任何事项需要报告。

（五）管理层和治理层对财务报表的责任

[按照《中国注册会计师审计准则第 1501 号——对财务报表形成审计意见和出具审计报告》的规定报告，见《〈中国注册会计师审计准则第 1501 号——对财务报表形成审计意见和出具审计报告〉应用指南》参考格式 1。]

（六）注册会计师对财务报表审计的责任

[按照《中国注册会计师审计准则第 1501 号——对财务报表形成审计意见和出具审计报告》的规定报告，见《〈中国注册会计师审计准则第 1501 号——对财务报表形成审计意见和出具审计报告〉应用指南》参考格式 1。①]

二、按照相关法律法规的要求报告的事项

[按照《中国注册会计师审计准则第 1501 号——对财务报表形成审计意见和出具审计报告》的规定报告，见《〈中国注册会计师审计准则第 1501 号——对财务报表形成审计意见和出具审计报告〉应用指南》参考格式 1。]

××会计师事务所	中国注册会计师：×××（项目合伙人）②
（盖章）	（签名并盖章）
	中国注册会计师：×××
	（签名并盖章）
中国××市	20×2 年×月×日

参考格式 2：当注册会计师在审计报告日前已获取部分其他信息，且未识别出其他信息存在重大错报，并预期能够在审计报告日后获取剩余其他信息时，适用于上市实体的无保留意见审计报告。

背景信息：

1. 对上市实体整套财务报表进行审计。该审计不属于集团审计（即不适用《中国注册会计师审计准则第 1401 号——对集团财务报表审计的

---

① 如果被审计单位是非上市实体，需要参考《〈中国注册会计师审计准则第 1501 号——对财务报表形成审计意见和出具审计报告〉应用指南》参考格式 3。

② 披露项目合伙人姓名的要求仅适用于上市实体。

特殊考虑》）；

2. 管理层按照企业会计准则编制财务报表；

3. 审计业务约定条款体现了《中国注册会计师审计准则第1111号——就审计业务约定条款达成一致意见》中关于管理层对财务报表责任的描述；

4. 基于获取的审计证据，注册会计师认为发表无保留意见是恰当的；

5. 适用的相关职业道德要求为中国注册会计师职业道德守则；

6. 基于获取的审计证据，根据《中国注册会计师审计准则第1324号——持续经营》，注册会计师认为可能导致对被审计单位持续经营能力产生重大疑虑的事项或情况不存在重大不确定性；

7. 已按照《中国注册会计师审计准则第1504号——在审计报告中沟通关键审计事项》的规定沟通了关键审计事项；

8. 注册会计师在审计报告日前已获取部分其他信息，且未识别出信息存在重大错报，并预期能够在审计报告日后获取剩余其他信息；

9. 负责监督财务报表的人员与负责编制财务报表的人员不同；

10. 除财务报表审计外，注册会计师还承担法律法规要求的其他报告责任，且注册会计师决定在审计报告中履行其他报告责任。

审 计 报 告

ABC股份有限公司全体股东：

一、对财务报表出具的审计报告[①]

（一）审计意见

我们审计了ABC股份有限公司（以下简称ABC公司）财务报表，包括20×1年12月31日的资产负债表，20×1年度的利润表、现金流量表、股东权益变动表以及相关财务报表附注。

我们认为，后附的财务报表在所有重大方面按照企业会计准则的规定编制，公允反映了ABC公司20×1年12月31日的财务状况以及20×1年度的经营成果和现金流量。

（二）形成审计意见的基础

我们按照中国注册会计师审计准则的规定执行了审计工作。审计报告

---

① 如果审计报告中不包含"按照相关法律法规的要求报告的事项"部分，则不需要加入此标题。

的"注册会计师对财务报表审计的责任"部分进一步阐述了我们在这些准则下的责任。按照中国注册会计师职业道德守则，我们独立于 ABC 公司，并履行了职业道德方面的其他责任。我们相信，我们获取的审计证据是充分、适当的，为发表审计意见提供了基础。

（三）关键审计事项

关键审计事项是我们根据职业判断，认为对本期财务报表审计最为重要的事项。这些事项的应对以对财务报表整体进行审计并形成审计意见为背景，我们不对这些事项单独发表意见。

[按照《中国注册会计师审计准则第 1504 号——在审计报告中沟通关键审计事项》的规定描述每一关键审计事项。]

（四）其他信息

ABC 公司管理层（以下简称管理层）对其他信息负责。其他信息包括 X 报告（但不包括财务报表和我们的审计报告）和 Y 报告。我们在审计报告日前已获取 X 报告，而 Y 报告预期将在审计报告日后提供给我们。

我们对财务报表发表的审计意见不涵盖其他信息，我们也不对其他信息发表任何形式的鉴证结论。

结合我们对财务报表的审计，我们的责任是阅读其他信息，在此过程中，考虑其他信息是否与财务报表或我们在审计过程中了解到的情况存在重大不一致或者似乎存在重大错报。

基于我们对审计报告日前获取的其他信息已执行的工作，如果我们确定其他信息存在重大错报，我们应当报告该事实。在这方面，我们无任何事项需要报告。

[当我们阅读 Y 报告后，如果确定其中存在重大错报，审计准则要求我们与治理层沟通该事项并采取（描述适用的措施）。]①

（五）管理层和治理层对财务报表的责任

[按照《中国注册会计师审计准则第 1501 号——对财务报表形成审计意见和出具审计报告》的规定报告，见《〈中国注册会计师审计准则第 1501 号——对财务报表形成审计意见和出具审计报告〉应用指南》参考格式 1。]

（六）注册会计师对财务报表审计的责任

[按照《中国注册会计师审计准则第 1501 号——对财务报表形成审计

---

① 如果注册会计师针对审计报告日后获取的其他信息识别出未更正重大错报，并且有法定义务采取特定措施，则本段可能是有用的。

意见和出具审计报告》的规定报告,见《〈中国注册会计师审计准则第1501号——对财务报表形成审计意见和出具审计报告〉应用指南》参考格式1。]

二、按照相关法律法规的要求报告的事项

[按照《中国注册会计师审计准则第1501号——对财务报表形成审计意见和出具审计报告》的规定报告,见《〈中国注册会计师审计准则第1501号——对财务报表形成审计意见和出具审计报告〉应用指南》参考格式1。]

××会计师事务所	中国注册会计师:×××(项目合伙人)
(盖章)	(签名并盖章)
	中国注册会计师:×××
	(签名并盖章)
中国××市	20×2年×月×日

参考格式3:当注册会计师在审计报告日前已获取部分其他信息,且未识别出其他信息存在重大错报,并预期能够在审计报告日后获取剩余其他信息时,适用于非上市实体的无保留意见审计报告。

背景信息:

1. 对非上市实体整套财务报表进行审计。该审计不属于集团审计(即不适用《中国注册会计师审计准则第1401号——对集团财务报表审计的特殊考虑》);

2. 管理层按照企业会计准则编制财务报表;

3. 审计业务约定条款体现了《中国注册会计师审计准则第1111号——就审计业务约定条款达成一致意见》中关于管理层对财务报表责任的描述;

4. 基于获取的审计证据,注册会计师认为发表无保留意见是恰当的;

5. 适用的相关职业道德要求为中国注册会计师职业道德守则;

6. 基于获取的审计证据,根据《中国注册会计师审计准则第1324号——持续经营》,注册会计师认为可能导致对被审计单位持续经营能力产生重大疑虑的事项或情况不存在重大不确定性;

7. 注册会计师未被要求,并且也决定不沟通关键审计事项;

8. 注册会计师在审计报告日前已获取部分其他信息，且未识别出信息存在重大错报，并预期能够在审计报告日后获取剩余其他信息；

9. 负责监督财务报表的人员与负责编制财务报表的人员不同；

10. 除财务报表审计外，注册会计师不承担法律法规要求的其他报告责任。

审计报告

ABC 股份有限公司全体股东：

一、审计意见

我们审计了 ABC 股份有限公司（以下简称 ABC 公司）财务报表，包括 20×1 年 12 月 31 日的资产负债表，20×1 年度的利润表、现金流量表、股东权益变动表以及相关财务报表附注。

我们认为，后附的财务报表在所有重大方面按照企业会计准则的规定编制，公允反映了 ABC 公司 20×1 年 12 月 31 日的财务状况以及 20×1 年度的经营成果和现金流量。

二、形成审计意见的基础

我们按照中国注册会计师审计准则的规定执行了审计工作。审计报告的"注册会计师对财务报表审计的责任"部分进一步阐述了我们在这些准则下的责任。按照中国注册会计师职业道德守则，我们独立于 ABC 公司，并履行了职业道德方面的其他责任。我们相信，我们获取的审计证据是充分、适当的，为发表审计意见提供了基础。

三、其他信息

ABC 公司管理层（以下简称管理层）对其他信息负责。我们在审计报告日前已获取的其他信息包括［X 报告中涵盖的信息，但不包括财务报表和我们的审计报告］。

我们对财务报表发表的审计意见不涵盖其他信息，我们也不对其他信息发表任何形式的鉴证结论。

结合我们对财务报表的审计，我们的责任是阅读其他信息，在此过程中，考虑其他信息是否与财务报表或我们在审计过程中了解到的情况存在重大不一致或者似乎存在重大错报。

基于我们对审计报告日前获取的其他信息已执行的工作，如果我们确定其他信息存在重大错报，我们应当报告该事实。在这方面，我们无任何事项需要报告。

四、管理层和治理层对财务报表的责任

［按照《中国注册会计师审计准则第1501号——对财务报表形成审计意见和出具审计报告》的规定报告，见《〈中国注册会计师审计准则第1501号——对财务报表形成审计意见和出具审计报告〉应用指南》参考格式3。］

五、注册会计师对财务报表审计的责任

［按照《中国注册会计师审计准则第1501号——对财务报表形成审计意见和出具审计报告》的规定报告，见《〈中国注册会计师审计准则第1501号——对财务报表形成审计意见和出具审计报告〉应用指南》参考格式3。］

××会计师事务所	中国注册会计师：×××
（盖章）	（签名并盖章）
	中国注册会计师：×××
	（签名并盖章）
中国××市	20×2年×月×日

参考格式4：当注册会计师在审计报告日前未获取任何其他信息，但预期能够在审计报告日后获取其他信息时，适用于上市实体的无保留意见审计报告。

背景信息：

1. 对上市实体整套财务报表进行审计。该审计不属于集团审计（即不适用《中国注册会计师审计准则第1401号——对集团财务报表审计的特殊考虑》）；

2. 管理层按照企业会计准则编制财务报表；

3. 审计业务约定条款体现了《中国注册会计师审计准则第1111号——就审计业务约定条款达成一致意见》中关于管理层对财务报表责任的描述；

4. 基于获取的审计证据，注册会计师认为发表无保留意见是恰当的；

5. 适用的相关职业道德要求为中国注册会计师职业道德守则；

6. 基于获取的审计证据，根据《中国注册会计师审计准则第 1324 号——持续经营》，注册会计师认为可能导致对被审计单位持续经营能力产生重大疑虑的事项或情况不存在重大不确定性；

7. 已按照《中国注册会计师审计准则第 1504 号——在审计报告中沟通关键审计事项》的规定沟通了关键审计事项；

8. 注册会计师在审计报告日前未获取任何其他信息，但预期能够在审计报告日后获取其他信息；

9. 负责监督财务报表的人员与负责编制财务报表的人员不同；

10. 除财务报表审计外，注册会计师还承担法律法规要求的其他报告责任，且注册会计师决定在审计报告中履行其他报告责任。

<h2 style="text-align:center">审计报告</h2>

ABC 股份有限公司全体股东：

一、对财务报表出具的审计报告[①]

（一）审计意见

我们审计了 ABC 股份有限公司（以下简称 ABC 公司）财务报表，包括 20×1 年 12 月 31 日的资产负债表，20×1 年度的利润表、现金流量表、股东权益变动表以及相关财务报表附注。

我们认为，后附的财务报表在所有重大方面按照企业会计准则的规定编制，公允反映了 ABC 公司 20×1 年 12 月 31 日的财务状况以及 20×1 年度的经营成果和现金流量。

（二）形成审计意见的基础

我们按照中国注册会计师审计准则的规定执行了审计工作。审计报告的"注册会计师对财务报表审计的责任"部分进一步阐述了我们在这些准则下的责任。按照中国注册会计师职业道德守则，我们独立于 ABC 公司，并履行了职业道德方面的其他责任。我们相信，我们获取的审计证据是充分、适当的，为发表审计意见提供了基础。

---

① 如果审计报告中不包含"按照相关法律法规的要求报告的事项"部分，则不需要加入此标题。

（三）关键审计事项

关键审计事项是我们根据职业判断，认为对本期财务报表审计最为重要的事项。这些事项的应对以对财务报表整体进行审计并形成审计意见为背景，我们不对这些事项单独发表意见。

［按照《中国注册会计师审计准则第 1504 号——在审计报告中沟通关键审计事项》的规定描述每一关键审计事项。］

（四）其他信息

ABC 公司管理层（以下简称管理层）对其他信息负责。其他信息包括［X 报告中涵盖的信息，但不包括财务报表和我们的审计报告］。X 报告预期将在审计报告日后提供给我们。

我们对财务报表发表的审计意见不涵盖其他信息，我们也不对其他信息发表任何形式的鉴证结论。

结合我们对财务报表的审计，我们的责任是在能够获取上述其他信息时阅读这些信息，在此过程中，考虑其他信息是否与财务报表或我们在审计过程中了解到的情况存在重大不一致或者似乎存在重大错报。

［当我们阅读 X 报告后，如果确定其中存在重大错报，审计准则要求我们与治理层沟通该事项并采取（描述适用的措施）。］①

（五）管理层和治理层对财务报表的责任

［按照《中国注册会计师审计准则第 1501 号——对财务报表形成审计意见和出具审计报告》的规定报告，见《〈中国注册会计师审计准则第 1501 号——对财务报表形成审计意见和出具审计报告〉应用指南》参考格式 1。］

（六）注册会计师对财务报表审计的责任

［按照《中国注册会计师审计准则第 1501 号——对财务报表形成审计意见和出具审计报告》的规定报告，见《〈中国注册会计师审计准则第 1501 号——对财务报表形成审计意见和出具审计报告〉应用指南》参考格式 1。］

二、按照相关法律法规的要求报告的事项

［按照《中国注册会计师审计准则第 1501 号——对财务报表形成审计意见和出具审计报告》的规定报告，见《〈中国注册会计师审计准则第

---

① 如果注册会计师针对审计报告日后获取的其他信息识别出未更正重大错报，并且有法定义务采取特定措施，则本段可能是有用的。

1501 号——对财务报表形成审计意见和出具审计报告〉应用指南》参考格式 1。]

××会计师事务所　　　中国注册会计师：×××（项目合伙人）
（盖章）　　　　　　　　　（签名并盖章）
　　　　　　　　　　　　中国注册会计师：×××
　　　　　　　　　　　　　　（签名并盖章）
中国××市　　　　　　　20×2 年×月×日

参考格式 5：当注册会计师在审计报告日前已获取所有其他信息，并且已确定其他信息存在重大错报时，适用于任何被审计单位，无论是上市实体还是非上市实体的无保留意见审计报告。

背景信息：

1. 对上市实体或非上市实体整套财务报表进行审计。该审计不属于集团审计（即不适用《中国注册会计师审计准则第 1401 号——对集团财务报表审计的特殊考虑》）；

2. 管理层按照企业会计准则编制财务报表；

3. 审计业务约定条款体现了《中国注册会计师审计准则第 1111 号——就审计业务约定条款达成一致意见》中关于管理层对财务报表责任的描述；

4. 基于获取的审计证据，注册会计师认为发表无保留意见是恰当的；

5. 适用的相关职业道德要求为中国注册会计师职业道德守则；

6. 基于获取的审计证据，根据《中国注册会计师审计准则第 1324 号——持续经营》，注册会计师认为可能导致对被审计单位持续经营能力产生重大疑虑的事项或情况不存在重大不确定性；

7. 已按照《中国注册会计师审计准则第 1504 号——在审计报告中沟通关键审计事项》的规定沟通了关键审计事项；

8. 注册会计师在审计报告日前已获取所有其他信息，并且已确定其他信息存在重大错报；

9. 负责监督财务报表的人员与负责编制财务报表的人员不同；

10. 除财务报表审计外，注册会计师不承担法律法规要求的其他报告责任。

审计报告

ABC 股份有限公司全体股东：

一、审计意见

我们审计了 ABC 股份有限公司（以下简称 ABC 公司）财务报表，包括 20×1 年 12 月 31 日的资产负债表，20×1 年度的利润表、现金流量表、股东权益变动表以及相关财务报表附注。

我们认为，后附的财务报表在所有重大方面按照企业会计准则的规定编制，公允反映了 ABC 公司 20×1 年 12 月 31 日的财务状况以及 20×1 年度的经营成果和现金流量。

二、形成审计意见的基础

我们按照中国注册会计师审计准则的规定执行了审计工作。审计报告的"注册会计师对财务报表审计的责任"部分进一步阐述了我们在这些准则下的责任。按照中国注册会计师职业道德守则，我们独立于 ABC 公司，并履行了职业道德方面的其他责任。我们相信，我们获取的审计证据是充分、适当的，为发表审计意见提供了基础。

三、其他信息

ABC 公司管理层（以下简称管理层）对其他信息负责。其他信息包括［X 报告中涵盖的信息，但不包括财务报表和我们的审计报告］。

我们对财务报表发表的审计意见不涵盖其他信息，我们也不对其他信息发表任何形式的鉴证结论。

结合我们对财务报表的审计，我们的责任是阅读其他信息，在此过程中，考虑其他信息是否与财务报表或我们在审计过程中了解到的情况存在重大不一致或者似乎存在重大错报。

基于我们已执行的工作，如果我们确定其他信息存在重大错报，我们应当报告该事实。如下所述，我们确定其他信息存在重大错报。

［描述其他信息的重大错报］

四、关键审计事项①

关键审计事项是我们根据职业判断，认为对本期财务报表审计最为重

---

① 本段适用于按照《中国注册会计师审计准则第 1504 号——在审计报告中沟通关键审计事项》的规定沟通关键审计事项的情形。

要的事项。这些事项的应对以对财务报表整体进行审计并形成审计意见为背景，我们不对这些事项单独发表意见。

[按照《中国注册会计师审计准则第 1504 号——在审计报告中沟通关键审计事项》的规定描述每一关键审计事项。]

五、管理层和治理层对财务报表的责任

[按照《中国注册会计师审计准则第 1501 号——对财务报表形成审计意见和出具审计报告》的规定报告，见《〈中国注册会计师审计准则第 1501 号——对财务报表形成审计意见和出具审计报告〉应用指南》参考格式 1。]

六、注册会计师对财务报表审计的责任

[按照《中国注册会计师审计准则第 1501 号——对财务报表形成审计意见和出具审计报告》的规定报告，见《〈中国注册会计师审计准则第 1501 号——对财务报表形成审计意见和出具审计报告〉应用指南》参考格式 1。①]

××会计师事务所	中国注册会计师：×××（项目合伙人）②
（盖章）	（签名并盖章）
	中国注册会计师：×××
	（签名并盖章）
中国××市	20×2 年×月×日

参考格式 6：当注册会计师在审计报告日前已获取所有其他信息，但合并财务报表重要项目的审计范围受到限制，且影响其他信息时，适用于任何被审计单位，无论是上市实体还是非上市实体的保留意见审计报告。

背景信息：

1. 对上市实体或非上市实体整套合并财务报表进行审计。该审计属于集团审计（即适用《中国注册会计师审计准则第 1401 号——对集团财

---

① 如果被审计单位是非上市实体，需要参考《〈中国注册会计师审计准则第 1501 号——对财务报表形成审计意见和出具审计报告〉应用指南》参考格式 3。

② 披露项目合伙人姓名的要求仅适用于上市实体。

务报表审计的特殊考虑》)。

2. 管理层按照××财务报告编制基础编制合并财务报表,该编制基础允许被审计单位只列报合并财务报表;

3. 审计业务约定条款体现了《中国注册会计师审计准则第1111号——就审计业务约定条款达成一致意见》中关于管理层对合并财务报表责任的描述;

4. 对于一项对境外关联方的投资,注册会计师无法获取充分、适当的审计证据。无法获取充分、适当审计证据的可能影响对合并财务报表而言被认为是重大但非广泛的(即保留意见是适当的);

5. 适用的相关职业道德要求为中国注册会计师职业道德守则;

6. 基于获取的审计证据,根据《中国注册会计师审计准则第1324号——持续经营》,注册会计师认为可能导致对被审计单位持续经营能力产生重大疑虑的事项或情况不存在重大不确定性;

7. 已按照《中国注册会计师审计准则第1504号——在审计报告中沟通关键审计事项》的规定沟通了关键审计事项;

8. 注册会计师在审计报告日前已获取所有其他信息,且合并财务报表重要项目审计范围受到的限制也影响了其他信息;

9. 负责监督合并财务报表的人员与负责编制合并财务报表的人员不同;

10. 除合并财务报表审计外,注册会计师不承担法律法规要求的其他报告责任。

审计报告

ABC股份有限公司全体股东:

一、保留意见

我们审计了ABC股份有限公司及其子公司(以下简称ABC集团)合并财务报表,包括20×1年12月31日的合并资产负债表,20×1年度的合并利润表、合并现金流量表、合并股东权益变动表以及相关合并财务报表附注。

我们认为,除"形成保留意见的基础"部分所述事项可能产生的影响外,后附的合并财务报表在所有重大方面按照××财务报告编制基础的规定编制,公允反映了ABC集团20×1年12月31日的合并财务状况以及20×1年度的合并经营成果和合并现金流量。

二、形成保留意见的基础

ABC 集团对本年度内取得的境外联营公司 XYZ 公司的投资以权益法核算，截至 20×1 年 12 月 31 日，该项投资在合并资产负债表中的账面价值为 × 元，ABC 集团按持股比例计算的 XYZ 公司净收益份额 × 元已包含在集团本年度收益中。由于我们无法接触 XYZ 公司的财务信息、管理层以及注册会计师，我们无法就 ABC 集团对 XYZ 公司在 20×1 年 12 月 31 日投资的账面价值以及 ABC 集团按持股比例计算的 XYZ 公司当年度净收益份额获取充分、适当的审计证据。因此，我们无法确定是否需要对上述金额进行调整。

我们按照中国注册会计师审计准则的规定执行了审计工作。审计报告的"注册会计师对合并财务报表审计的责任"部分进一步阐述了我们在这些准则下的责任。按照中国注册会计师职业道德守则，我们独立于 ABC 集团，并履行了职业道德方面的其他责任。我们相信，我们获取的审计证据是充分、适当的，为发表保留意见提供了基础。

三、其他信息

ABC 集团管理层（以下简称管理层）对其他信息负责。其他信息包括［X 报告中涵盖的信息，但不包括合并财务报表和我们的审计报告］。

我们对合并财务报表发表的审计意见不涵盖其他信息，我们也不对其他信息发表任何形式的鉴证结论。

结合我们对合并财务报表的审计，我们的责任是阅读其他信息，在此过程中，考虑其他信息是否与合并财务报表或我们在审计过程中了解到的情况存在重大不一致或者似乎存在重大错报。

基于我们已执行的工作，如果我们确定其他信息存在重大错报，我们应当报告该事实。如上述"形成保留意见的基础"部分所述，我们无法就 20×1 年 12 月 31 日 ABC 集团对 XYZ 公司投资的账面价值以及 ABC 集团按持股比例计算的 XYZ 公司当年度净收益份额获取充分、适当的审计证据。因此，我们无法确定与该事项相关的其他信息是否存在重大错报。

四、关键审计事项[①]

关键审计事项是我们根据职业判断，认为对本期合并财务报表审计最为

---

① 本段适用于按照《中国注册会计师审计准则第 1504 号——在审计报告中沟通关键审计事项》的规定沟通关键审计事项的情形。

重要的事项。这些事项的应对以对合并财务报表整体进行审计并形成审计意见为背景,我们不对这些事项单独发表意见。除"形成保留意见的基础"部分所述事项外,我们确定下列事项是需要在审计报告中沟通的关键审计事项。

[按照《中国注册会计师审计准则第1504号——在审计报告中沟通关键审计事项》的规定描述每一关键审计事项。]

五、管理层和治理层对合并财务报表的责任

[按照《中国注册会计师审计准则第1501号——对财务报表形成审计意见和出具审计报告》的规定报告,见《〈中国注册会计师审计准则第1501号——对财务报表形成审计意见和出具审计报告〉应用指南》参考格式2。]

六、注册会计师对合并财务报表审计的责任

[按照《中国注册会计师审计准则第1501号——对财务报表形成审计意见和出具审计报告》的规定报告,见《〈中国注册会计师审计准则第1501号——对财务报表形成审计意见和出具审计报告〉应用指南》参考格式2。①]

××会计师事务所	中国注册会计师:×××(项目合伙人)②
(盖章)	(签名并盖章)
	中国注册会计师:×××
	(签名并盖章)
中国××市	20×2年×月×日

参考格式7:当注册会计师在审计报告日前已获取所有其他信息,且对合并财务报表发表的否定意见也对其他信息有影响时,适用于任何被审计单位,无论是上市实体还是非上市实体的否定意见审计报告。

背景信息:

1. 对上市实体或非上市实体整套合并财务报表进行审计。该审计属于集团审计(即适用《中国注册会计师审计准则第1401号——对集团财务报表审计的特殊考虑》);

---

① 如果被审计单位是非上市实体,需要参考《〈中国注册会计师审计准则第1501号——对财务报表形成审计意见和出具审计报告〉应用指南》参考格式3,并进行适当改写。
② 披露项目合伙人姓名的要求仅适用于上市实体。

2. 管理层按照××财务报告编制基础编制合并财务报表,该编制基础允许被审计单位只列报合并财务报表;

3. 审计业务约定条款体现了《中国注册会计师审计准则第1111号——就审计业务约定条款达成一致意见》中关于管理层对合并财务报表责任的描述;

4. 由于未合并一家子公司,合并财务报表存在重大错报,重大错报对合并财务报表而言被认为是广泛的(即否定意见是适当的)。由于不可行,合并财务报表错报的影响无法确定;

5. 适用的相关职业道德要求为中国注册会计师职业道德守则;

6. 基于获取的审计证据,根据《中国注册会计师审计准则第1324号——持续经营》,注册会计师认为可能导致对被审计单位持续经营能力产生重大疑虑的事项或情况不存在重大不确定性;

7. 已按照《中国注册会计师审计准则第1504号——在审计报告中沟通关键审计事项》的规定沟通了关键审计事项;

8. 注册会计师在审计报告日前已获取所有其他信息,且对合并财务报表发表的否定意见也对其他信息有影响;

9. 负责监督合并财务报表的人员与负责编制合并财务报表的人员不同;

10. 除合并财务报表审计外,注册会计师不承担法律法规要求的其他报告责任。

审计报告

ABC 股份有限公司全体股东:

一、否定意见

我们审计了 ABC 股份有限公司及其子公司(以下简称 ABC 集团)合并财务报表,包括 20×1 年 12 月 31 日的合并资产负债表,20×1 年度的合并利润表、合并现金流量表、合并股东权益变动表以及相关合并财务报表附注。

我们认为,由于"形成否定意见的基础"部分所述事项的重要性,后附的合并财务报表没有在所有重大方面按照××财务报告编制基础的规定编制,未能公允反映 ABC 集团 20×1 年 12 月 31 日的合并财务状况以及 20×1 年度的合并经营成果和合并现金流量。

二、形成否定意见的基础

如财务报表附注×所述,由于无法确定ABC集团于20×1年度收购的子公司XYZ公司某些重要资产和负债项目在收购日的公允价值,ABC集团未将该子公司纳入合并范围。该项投资以成本计量。根据××财务报告编制基础,ABC集团应将该子公司纳入合并范围,并以暂估金额为基础核算该项收购。如果将XYZ公司纳入合并范围,后附合并财务报表的多个项目将受到重大影响。我们尚未确定未将该公司纳入合并范围对合并财务报表的影响。

我们按照中国注册会计师审计准则的规定执行了审计工作。审计报告的"注册会计师对合并财务报表审计的责任"部分进一步阐述了我们在这些准则下的责任。按照中国注册会计师职业道德守则,我们独立于ABC集团,并履行了职业道德方面的其他责任。我们相信,我们获取的审计证据是充分、适当的,为发表否定意见提供了基础。

三、其他信息

ABC集团管理层(以下简称管理层)对其他信息负责。其他信息包括[X报告中涵盖的信息,但不包括合并财务报表和我们的审计报告]。

我们对合并财务报表发表的审计意见不涵盖其他信息,我们也不对其他信息发表任何形式的鉴证结论。

结合我们对合并财务报表的审计,我们的责任是阅读其他信息,在此过程中,考虑其他信息是否与合并财务报表或我们在审计过程中了解到的情况存在重大不一致或者似乎存在重大错报。

基于我们已执行的工作,如果我们确定其他信息存在重大错报,我们应当报告该事实。如上述"形成否定意见的基础"部分所述,ABC集团应当将XYZ公司纳入合并范围,并以暂估金额为基础核算该项收购。我们认为,由于X报告中的相关金额或其他项目受到未合并XYZ公司的影响,其他信息存在重大错报。

四、关键审计事项①

关键审计事项是我们根据职业判断,认为对本期合并财务报表审计最

---

① 本段适用于按照《中国注册会计师审计准则第1504号——在审计报告中沟通关键审计事项》的规定沟通关键审计事项的情形。

为重要的事项。这些事项的应对以对合并财务报表整体进行审计并形成审计意见为背景,我们不对这些事项单独发表意见。除"形成否定意见的基础"部分所述事项外,我们确定下列事项是需要在审计报告中沟通的关键审计事项。

[按照《中国注册会计师审计准则第1504号——在审计报告中沟通关键审计事项》的规定描述每一关键审计事项。]

五、管理层和治理层对合并财务报表的责任

[按照《中国注册会计师审计准则第1501号——对财务报表形成审计意见和出具审计报告》的规定报告,见《〈中国注册会计师审计准则第1501号——对财务报表形成审计意见和出具审计报告〉应用指南》参考格式2。]

六、注册会计师对合并财务报表审计的责任

[按照《中国注册会计师审计准则第1501号——对财务报表形成审计意见和出具审计报告》的规定报告,见《〈中国注册会计师审计准则第1501号——对财务报表形成审计意见和出具审计报告〉应用指南》参考格式2。[1]]

××会计师事务所 (盖章)	中国注册会计师:×××(项目合伙人)[2] (签名并盖章)
	中国注册会计师:××× (签名并盖章)
中国××市	20×2年×月×日

附件3:

本批应用指南生效实施后废止的15项应用指南

1.《中国注册会计师审计准则第1111号——就审计业务约定条款达成一致意见》应用指南;

---

[1] 如果被审计单位是非上市实体,需要参考《〈中国注册会计师审计准则第1501号——对财务报表形成审计意见和出具审计报告〉应用指南》参考格式3,并进行适当改写。
[2] 披露项目合伙人姓名的要求仅适用于上市实体。

2.《中国注册会计师审计准则第 1121 号——对财务报表审计实施的质量控制》应用指南；

3.《中国注册会计师审计准则第 1131 号——审计工作底稿》应用指南；

4.《中国注册会计师审计准则第 1151 号——与治理层的沟通》应用指南；

5.《中国注册会计师审计准则第 1251 号——评价审计过程中识别出的错报》应用指南；

6.《中国注册会计师审计准则第 1321 号——审计会计估计（包括公允价值会计估计）和相关披露》应用指南；

7.《中国注册会计师审计准则第 1324 号——持续经营》应用指南；

8.《中国注册会计师审计准则第 1331 号——首次审计业务涉及的期初余额》应用指南；

9.《中国注册会计师审计准则第 1332 号——期后事项》应用指南；

10.《中国注册会计师审计准则第 1401 号——对集团财务报表审计的特殊考虑》应用指南；

11.《中国注册会计师审计准则第 1501 号——对财务报表形成审计意见和出具审计报告》应用指南；

12.《中国注册会计师审计准则第 1502 号——在审计报告中发表非无保留意见》应用指南；

13.《中国注册会计师审计准则第 1503 号——在审计报告中增加强调事项段和其他事项段》应用指南；

14.《中国注册会计师审计准则第 1511 号——比较信息：对应数据和比较财务报表》应用指南；

15.《中国注册会计师审计准则第 1521 号——注册会计师对含有已审计财务报表的文件中的其他信息的责任》应用指南。

中国注册会计师行业制度全编
（增补本·2018）

实务指引

财政部 银监会关于进一步规范银行函证及回函工作的通知

(2016年7月12日,财会〔2016〕13号)

各省、自治区、直辖市、计划单列市财政厅(局),各银监局,各政策性银行、大型银行、股份制银行,邮储银行,外资银行:

银行函证是注册会计师独立审计的核心程序之一,银行回函对于注册会计师在审计工作中识别财务报表错误与舞弊行为至关重要。为进一步规范银行函证及回函工作,保证审计工作质量,维护金融市场秩序,现将有关事项通知如下:

一、高度重视银行函证回函工作

银行函证回函工作是金融服务的内在组成部分,也关系到金融安全的维护与保障。高质高效的银行函证回函工作,有助于夯实市场主体会计信息质量、防范金融风险、维护金融秩序,有助于各政策性银行、商业银行、农村合作银行、农村信用社和村镇银行(以下统称银行)加强内部控制、降低运营风险、法律风险和声誉风险,推动社会信用体系的建设。

随着金融业务的创新发展,企业与银行之间资金往来的形式复杂多样,原询证函格式无法覆盖新的业务情形。另外,也存在着部分银行对回函工作不够重视、回函不完整、不及时等问题,损害了银行回函作为审计证据的可靠性,也易引发银行的经营风险。

各银行应从健全内部管理、防范金融风险、承担社会责任的高度,充分认识银行函证的重要性,提升服务意识,高度重视并切实做好银行函证的回函工作。

二、规范银行函证及回函工作

注册会计师应当根据具体业务的需要,从本通知所附银行询证函格式中选择适当的银行询证函,并确保函证的完整规范有效。注册会计师应当对银行询证函及回函中所列信息严格保密,仅用于审计(验资)目的,并按照执业准则的要求形成业务工作底稿。

各银行应严格规范银行函证回函工作。各银行原则上应当在被审计单位签署的银行询证函原件上确认、填写相关信息并签章;如不在询证函原件上回复而采用银行系统自动生成的相关报告并签章作为回复的,应对询证函列示的全部项目作出回应。银行应对回函信息的真实性和准确性负责。银行应于收到询证函之日起 10 个工作日内,按照询证函所载致送的会计师事务所地址,将回函直接寄往会计师事务所。会计师事务所对被审计单位开户行的回函真实性存有疑虑或开户行未对全部函证事项及时回函的情况下,可向开户行的上级行反映投诉,上级行应督促开户行积极配合办理,或由上级行直接办理。

三、严格银行函证回函的内部控制

为有效防范因银行函证回函不实导致的运营风险、法律风险和声誉风险,银行应在以下方面建立和完善银行函证回函工作的内部控制,并确保其有效运行:

(一)明确回函的工作流程,建立相应的授权机制和制衡机制,实现不相容职责的分离;

(二)规范询证函回函用章的管理制度,明确回函用章;

(三)校验询证函印章,确定其与预留印鉴一致无误后,方可办理回函业务;

(四)询证函回函人员应注意核查询证函内容及格式、留存相关回函复印件或影像文件,当发现询证函所载信息与银行信息不相符时,应在回函上按照要求列明不符事项;

(五)加强回函的复核控制,即由函证处理人员根据原始业务记录进行填写,并由主管人员根据授权复核后在回函上签字并加盖有效印章;

(六)建立完备的回函操作记录,记录中应体现处理过程及主管人员复核签字等内控程序;

(七)将回函工作纳入银行内审或内控检查范畴,并对所发现问题及回函投诉事项建立缺陷整改、责任认定和问责机制;

(八)银行函证受理部门名称、地址、联系电话应当公开透明。

四、建立健全银行函证集中处理机制

鼓励各银行对信息系统功能进行升级和扩展,使针对同一客户的所有信息能够集中显示,同时应当加强对信息系统的安全管理和授权管理。鼓励各银行建立银行函证的集中处理机制,如全国性或区域性银行函证处理

中心，负责集中处理注册会计师或其他第三方的银行询证函，以保障回函工作的质量和效率。

五、加强回函监管工作

金融监管部门将强化监管，对于银行在办理回函工作中出现的失信行为，依照相关法律法规予以处理，追究法律责任。

本通知对银行的监管要求适用于企业集团财务公司。本通知自2016年10月1日起施行，《关于做好企业的银行存款借款及往来款项函证工作的通知》（财协字〔1999〕1号）中有关银行询证函的相关规定同时废止。

财政部　银监会
2016年7月12日

附件：
1. 审计业务银行询证函（通用格式）
2. 审计业务银行询证函（备选格式）
3. 验资业务银行询证函（通用格式）

附件1：

审计业务银行询证函（通用格式）

编号：_____

××（银行）：

本公司聘请的××会计师事务所正在对本公司____年度（或期间）的财务报表进行审计，按照中国注册会计师审计准则的要求，应当询证本公司与贵行相关的信息。下列第1－14项信息出自本公司的记录：

（1）如与贵行记录相符，请在本函"结论"部分签字、签章；

（2）如有不符，请在本函"结论"部分列明不符项目及具体内容，并签字和签章。

本公司谨授权贵行将回函直接寄至××会计师事务所，地址及联系方式如下：

回函地址：

联系人：　　　　电话：　　　　传真：　　　　邮编：

电子邮箱：

本公司谨授权贵行可从本公司××账户支取办理本询证函回函服务的费用。

截至_____年___月___日，本公司与贵行相关的信息列示如下：

1. 银行存款

账户名称	银行账号	币种	利率	账户类型	余额	起止日期	是否用于担保或存在其他使用限制	备注

除上述列示的银行存款外，本公司并无在贵行的其他存款。

注："起止日期"一栏仅适用于定期存款，如为活期或保证金存款，可只填写"活期"或"保证金"字样；"账户类型"列明账户性质，如基本户、一般户等。

2. 银行借款

借款人名称	银行账号	币种	余额	借款日期	到期日期	利率	抵（质）押品/担保人	备注

除上述列示的银行借款外，本公司并无自贵行的其他借款。

注：如存在本金或利息逾期未付行为，在"备注"栏中予以说明。

3. 自___年___月___日起至___年___月___日期间内注销的账户

账户名称	银行账号	币种	注销账户日

除上述列示的注销账户外,本公司在此期间并未在贵行注销其他账户。

4. 本公司作为贷款方的委托贷款

账户名称	银行账号	资金借入方	币种	利率	余额	贷款起止日期	备注

除上述列示的委托贷款外,本公司并无通过贵行办理的其他委托贷款。

注:如资金借入方存在本金或利息逾期未付行为,在"备注"栏中予以说明。

5. 本公司作为借款方的委托贷款

账户名称	银行账号	资金借出方	币种	利率	余额	贷款起止日期	备注

除上述列示的委托贷款外,本公司并无通过贵行办理的其他委托贷款。

注:如存在本金或利息逾期未付行为,在"备注"栏中予以说明。

6. 担保(包括保函)

(1)本公司为其他单位提供的、以贵行为担保受益人的担保

被担保人	担保方式	担保余额	担保到期日	担保合同编号	备注

除上述列示的担保外,本公司并无其他以贵行为担保受益人的担保。

注:如采用抵押或质押方式提供担保的,应在"备注"栏中说明抵押或质押物情况;如被担保方存在本金或利息逾期未付行为,在"备注"栏

中予以说明。

(2) 贵行向本公司提供的担保

被担保人	担保方式	担保金额	担保到期日	担保合同编号	备注

除上述列示的担保外,本公司并无贵行提供的其他担保。

7. 本公司为出票人且由贵行承兑而尚未支付的银行承兑汇票

银行承兑汇票号码	承兑银行名称	结算账户账号	票面金额	出票日	到期日

除上述列示的银行承兑汇票外,本公司并无由贵行承兑而尚未支付的其他银行承兑汇票。

8. 本公司向贵行已贴现而尚未到期的商业汇票

商业汇票号码	付款人名称	承兑人名称	票面金额	出票日	到期日	贴现日	贴现率	贴现净额

除上述列示的商业汇票外,本公司并无向贵行已贴现而尚未到期的其他商业汇票。

9. 本公司为持票人且由贵行托收的商业汇票

商业汇票号码	承兑人名称	票面金额	出票日	到期日

除上述列示的商业汇票外,本公司并无由贵行托收的其他商业汇票。

10. 本公司为申请人、由贵行开具的、未履行完毕的不可撤销信用证

信用证号码	受益人	信用证金额	到期日	未使用金额

除上述列示的不可撤销信用证外，本公司并无由贵行开具的、未履行完毕的其他不可撤销信用证。

11. 本公司与贵行之间未履行完毕的外汇买卖合约

类别	合约号码	买卖币种	未履行的合约买卖金额	汇率	交收日期
贵行卖予本公司					
本公司卖予贵行					

除上述列示的外汇买卖合约外，本公司并无与贵行之间未履行完毕的其他外汇买卖合约。

12. 本公司存放于贵行托管的有价证券或其他产权文件

有价证券或其他产权文件名称	产权文件编号	数量	金额

除上述列示的有价证券或其他产权文件外，本公司并无存放于贵行托管的其他有价证券或其他产权文件。

13. 本公司购买的由贵行发行的未到期银行理财产品

产品名称	产品类型	认购金额	购买日	到期日	币种

除上述列示的银行理财产品外，本公司并无购买其他由贵行发行的理财产品。

14. 其他

注：此项应填列注册会计师认为重大且应予函证的其他事项，如欠银行的其他负债或者或有负债、除外汇买卖外的其他衍生交易、贵金属交易等。

（预留印鉴）
年　月　日
经办人：
职　务：
电　话：

以下由被询证银行填列
结论：

经本行核对，所函证项目与本行记载信息相符。特此函复。 　　　　　年　　月　　日　经办人：　职务：　电话： 　　　　　　　　　　　　　复核人：　职务：　电话： 　　　　　　　　　　　　　　　　　（银行盖章）
经本行核对，存在以下不符之处。 　　　　　年　　月　　日　经办人：　职务：　电话： 　　　　　　　　　　　　　复核人：　职务：　电话： 　　　　　　　　　　　　　　　　　（银行盖章）

说明：

1. 本询证函（包括回函）中所列信息应严格保密，仅用于注册会计师审计目的。

2. 注册会计师可根据审计的需要，从本函所列第 1-14 项中选择所需询证的项目，对于不适用的项目，应当将该项目中的表格用斜线划掉。

3. 本函应由被审计单位加盖骑缝章。

附件 2：

审计业务银行询证函（备选格式）

编号：

××（银行）：

本公司聘请的××会计师事务所正在对本公司_____年度（或期间）的财务报表进行审计，按照中国注册会计师审计准则的要求，应当询证截至_____年_____月_____日本公司与贵行相关的信息。请填写下列第 1~14 项中的表格，并签字和盖章。

本公司谨授权贵行将回函直接寄至××会计师事务所，地址及联系方式如下：

回函地址：

联系人：　　　　　电话：　　　　　传真：　　　　　邮编：

电子邮箱：

本公司谨授权贵行可从本公司××账户支取办理本询证函回函服务的费用。

（预留印鉴）

年　月　日

经办人：

职　务：

电　话：

以下由被询证银行填列

1. 银行存款

账户名称	银行账号	币种	利率	账户类型	余额	起止日期	是否用于担保或存在其他使用限制	备注

注:"起止日期"一栏仅适用于定期存款,如为活期或保证金存款,可只填写"活期"或"保证金"字样;"账户类型"列明账户用途,如基本户、一般户等。

2. 银行借款

借款人名称	银行账号	币种	余额	借款日期	到期日期	利率	抵(质)押品/担保人	备注

注:如存在本金或利息逾期未付行为,在"备注"栏中予以说明。

3. 自____年____月____日起至____年____月____日期间内注销的账户

账户名称	银行账号	币　种	注销账户日

4. 贵公司作为委托方的委托贷款

账户名称	银行账号	资金借入方	币种	利率	余额	贷款起止日期	备注

注:如资金借入方存在本金或利息逾期未付行为,在"备注"栏中予以说明。

5. 贵公司作为借款方的委托贷款

账户名称	银行账号	资金借出方	币种	利率	余额	贷款起止日期	备注

注：如存在本金或利息逾期未付行为，在"备注"栏中予以说明。

6. 担保（包括保函）

（1）贵公司为其他单位提供的、以本行为担保受益人的担保

被担保人	担保方式	担保余额	担保到期日	担保合同编号	备注

注：如采用抵押或质押方式提供担保的，应在"备注"栏中说明抵押或质押物情况；如被担保方存在本金或利息逾期未付行为，在"备注"栏中予以说明。

（2）本行向贵公司提供的担保

被担保人	担保方式	担保金额	担保到期日	担保合同编号	备注

7. 贵公司为出票人且由本行承兑而尚未支付的银行承兑汇票

银行承兑汇票号码	结算账户账号	票面金额	出票日	到期日

8. 贵公司向本行已贴现而尚未到期的商业汇票

商业汇票号码	付款人名称	承兑人名称	票面金额	出票日	到期日	贴现日	贴现率	贴现净额

9. 贵公司为持票人且由本行托收的商业汇票

商业汇票号码	承兑人名称	票面金额	出票日	到期日

10. 贵公司为申请人、由本行开具的、未履行完毕的不可撤销信用证

信用证号码	受益人	信用证金额	到期日	未使用金额

11. 本行与贵公司之间未履行完毕的外汇买卖合约

类　别	合约号码	买卖币种	未履行的合约买卖金额	汇率	交收日期
本行卖予贵公司					
贵公司卖予本行					

12. 贵公司存放于本行托管的有价证券或其他产权文件

有价证券或其他产权文件名称	产权文件编号	数量	金额

13. 贵公司购买的由本行发行的未到期银行理财产品

产品名称	产品类型	认购金额	购买日	到期日	币种

14. 其他

```
[                                    ]
```

注：此项应填列未在本函第 1～13 项列示的重要信息，包括欠银行的其他负债或者或有负债、除外汇买卖外的其他衍生交易、贵金属交易等。

银行确认
本行确认在上述第 1～14 项的表格中填列的金额和信息是正确、完整的。
年　　月　　日　　经办人：　　　职务：　　　电话： 　　　　　　　　　　　　　　复核人：　　　职务：　　　电话： （银行盖章）

说明：

1. 本询证函（包括回函）中所列信息应严格保密，仅用于注册会计师审计目的。

2. 本函应由被审计单位加盖骑缝章。

3. 如本函中的空白处不足，银行可另行添加附页列示相关信息，并在附页上签字和盖章。

附件 3：

验资业务银行询证函（通用格式）

编号：

××（银行）：

本公司［（*筹）］聘请的××会计师事务所正在对本公司［（*筹）］的注册资本实收（或注册资本、实收资本变更）情况进行审验。按照国家有关法规的规定和中国注册会计师审计准则的要求，应当询证本公司［（*筹）］［出资者（股东）］［#外方股东］向贵行缴存的出资额。下列数据及事项［出自本公司账簿记录，］如与贵行记录相符，请在本函"结论"部分签字、签章；如有不符，请在本函"结论"部分列明不符项目及具体内容，并签字、签章。回函请直接寄至××会计师事务所。

回函地址：

联系人：　　　　电话：　　　　传真：　　　　邮编：

电子邮箱：

截至＿＿＿＿年＿＿月＿＿日止，本公司［（＊筹）］［出资者（股东）］［#外方股东］缴入的出资额列示如下：

缴款人	缴入日期	#［账户性质］	银行账号	币种	金额	款项用途	#［款项来源］		备注
							境内	境外	

　　　　　　　　　　　　　　　　××公司［（＊筹）］：（盖章）
　　　　　　　　　　　［＊法定代表人或委托代理人：（签名并盖章）］
　　　　　　　　　　　　　　　　　　年　　月　　日

注1：＊适用于拟设立公司。

注2：#适用于外商投资企业（外方出资）。

以下由被询证银行填列

结论：

经本行核对，所函证项目与本行记载信息相符。特此函复。 　　　年　　月　　日　　经办人：　　　职务：　　　电话： 　　　　　　　　　　　　复核人：　　　职务：　　　电话： 　　　　　　　　　　　　　　　　　　　　　　　（银行盖章）
经本行核对，存在以下不符之处。 　　　年　　月　　日　　经办人：　　　职务：　　　电话： 　　　　　　　　　　　　复核人：　　　职务：　　　电话： 　　　　　　　　　　　　　　　　　　　　　　　（银行盖章）

说明：

1. 本询证函（包括回函）中所列信息应严格保密，仅用于注册会计师执行验资业务。

2. 本函应由被验资企业加盖骑缝章。

中国注册会计师协会关于印发《企业内部控制审计问题解答》的通知

(2015年2月5日，会协〔2015〕7号)

各省、自治区、直辖市注册会计师协会：

为了进一步指导注册会计师解决在企业内部控制审计中遇到的实务问题，防范审计风险，我会制定了《企业内部控制审计问题解答》，现予印发。

使用中有何问题，请及时反馈我会。

附件：企业内部控制审计问题解答

中国注册会计师协会
2015年2月5日

附件：

企业内部控制审计问题解答

除特别说明外，本问题解答以注册会计师将财务报表审计和内部控制审计整合执行（以下简称整合审计）为前提，内部控制均指财务报告内部控制。

一、内部控制审计与财务报表审计有哪些共同点？

答：内部控制审计和财务报表审计之间存在多方面的共同点，例如：

（一）两者的终极目的一致。虽然各有侧重，但终极目的都是提高财务报表预期使用者对财务报表的信赖程度。

（二）两者都采用风险导向审计方法。注册会计师首先实施风险评估程序，识别和评估财务报表重大错报风险（包括由于舞弊导致的重大错报风险），在此基础上，针对评估的重大错报风险，通过设计和实施恰当的应对措施，获取充分、适当的审计证据。

（三）两者运用的重要性水平相同。注册会计师在财务报表审计中运用重要性水平，旨在计划和执行财务报表审计工作，评价识别出的错报对审计的影响以及未更正错报对财务报表和审计意见的影响，以对财务报表整体是否不存在重大错报获取合理保证；注册会计师在内部控制审计中运用重要性水平，旨在计划和执行内部控制审计工作，评价识别出的内部控制缺陷单独或组合起来是否构成内部控制重大缺陷，以对被审计单位是否在所有重大方面保持了有效的内部控制获取合理保证。由于内部控制的目标是合理保证财务报告及相关信息的真实、完整，因此对于同一财务报表，在两种审计中运用的重要性水平应当相同。

（四）两者识别的重要账户、列报及其相关认定相同。注册会计师在识别重要账户、列报及其相关认定时应当评价的重大错报风险因素对于内部控制审计和财务报表审计而言是相同的，因此对于同一财务报表，在两种审计中识别的重要账户、列报及其相关认定应当相同。

（五）两者了解和测试内部控制设计和运行有效性的基本方法相同，都可能实施询问、观察、检查以及重新执行等程序。

二、内部控制审计与财务报表审计有哪些区别？

答：内部控制审计是对内部控制的有效性发表审计意见，并对内部控制审计过程中注意到的非财务报告内部控制重大缺陷进行披露；财务报表审计是对财务报表是否在所有重大方面按照适用的财务报告编制基础编制发表审计意见。虽然内部控制审计和财务报表审计存在多方面的共同点，但财务报表审计是对财务报表进行审计，重在审计"结果"，而内部控制审计是对保证财务报表质量的内部控制的有效性进行审计，重在审计"过程"。发表审计意见的对象不同，使得两者存在区别，例如：

（一）对内部控制进行了解和测试的目的不同

在财务报表审计和内部控制审计中，注册会计师都需要了解与审计相关的内部控制，并都可能涉及测试相关内部控制运行的有效性，但两者目的不同。注册会计师在财务报表审计中了解和测试内部控制，是为了识别、评估和应对重大错报风险，据此确定实质性程序的性质、时间安排和范围，并获取与财务报表是否在所有重大方面按照适用的财务报告编制基础编制相关的审计证据，以支持对财务报表发表的审计意见；注册会计师在内部控制审计中了解和测试内部控制，是为了对内部控制的有效性发表审计意见。

（二）测试内部控制运行有效性的范围要求不同

在财务报表审计中，针对评估的认定层次重大错报风险，注册会计师可能选择采用实质性方案或综合性方案。如果采用实质性方案，注册会计师可以不测试内部控制的运行有效性；如果采用综合性方案，注册会计师综合运用控制测试和实质性程序，因而需要测试内部控制的运行有效性。根据《中国注册会计师审计准则第1231号——针对评估的重大错报风险采取的应对措施》的相关规定，当存在下列情形之一时，注册会计师应当设计和实施控制测试，针对相关控制运行的有效性，获取充分、适当的审计证据：

（1）在评估认定层次重大错报风险时，预期控制的运行是有效的（即在确定实质性程序的性质、时间安排和范围时，注册会计师拟信赖控制运行的有效性）；

（2）仅实施实质性程序并不能够提供认定层次充分、适当的审计证据。

也就是说，如果以上两种情况均不存在，注册会计师可能对部分认定，甚至全部认定都不测试内部控制的运行有效性。

在内部控制审计中，注册会计师应当针对所有重要账户和列报的每一个相关认定获取控制设计和运行有效性的审计证据，以便对内部控制整体的有效性发表审计意见。

（三）内部控制测试的期间要求不同

首先，在财务报表审计中，针对评估的认定层次重大错报风险，如果注册会计师选择综合性方案，需要获取内部控制在整个拟信赖期间运行有效的审计证据，而在内部控制审计中，注册会计师对于基准日的内部控制运行有效性发表意见，则仅需要对内部控制在基准日前足够长的时间（可能短于整个审计期间）内的运行有效性获取审计证据。

其次，尽管连续审计时注册会计师在财务报表审计和内部控制审计中都可以考虑以前审计中所了解和测试的情况，但在执行内部控制审计时，注册会计师不得采用《中国注册会计师审计准则第1231号——针对评估的重大错报风险采取的应对措施》第十四条中提及的"每三年至少对控制测试一次"的方法，而应当在每一年度审计中测试内部控制（对自动化应用控制在满足特定条件情况下所采用的与基准相比较策略除外）。

（四）对控制缺陷的评价和沟通要求不同

在内部控制审计中，注册会计师应当评价识别出的内部控制缺陷是否构成一般缺陷、重要缺陷或重大缺陷。在财务报表审计中，注册会计师需要确定识别出的内部控制缺陷单独或连同其他缺陷是否构成值得关注的内部控制缺陷。

相应地，两者的沟通要求存在不同。

在财务报表审计中：

1. 注册会计师应当以书面形式及时向治理层通报值得关注的内部控制缺陷，致送书面沟通文件的时间可能根据注册会计师对治理层履行监督责任需要的考虑确定（对于上市实体，治理层可能需要在批准财务报表前收到注册会计师的沟通文件；对于其他实体，注册会计师可能会在较晚日期致送书面沟通文件，但需要满足完成最终审计档案的归档要求）。

2. 注册会计师还应当及时向相应层级的管理层通报：

（1）已向或拟向治理层通报的值得关注的内部控制缺陷，除非在具体情况下不适合直接向管理层通报。此项应采用书面方式通报。

（2）在审计过程中识别出的、其他方未向管理层通报而注册会计师根据职业判断认为足够重要从而值得管理层关注的内部控制其他缺陷。此项对沟通形式没有强制要求，可以采用书面或口头形式。

在内部控制审计中：

对于重大缺陷和重要缺陷，注册会计师应当以书面形式与管理层和治理层沟通，书面沟通应在注册会计师出具内部控制审计报告前进行；如果注册会计师认为审计委员会和内部审计机构对内部控制的监督无效，应当就此以书面形式直接与董事会沟通。此外，注册会计师应当以书面形式与管理层沟通其在审计过程中识别的所有其他内部控制缺陷（包括注意到的非财务报告内部控制缺陷），并在沟通完成后告知治理层。

（五）审计报告的形式和内容以及所包括的意见类型不同

内部控制审计报告的形式和内容不同于财务报表审计报告。注册会计师应当分别按照中国注册会计师审计准则和《企业内部控制审计指引》及《企业内部控制审计指引实施意见》的相关规定，出具财务报表审计报告和内部控制审计报告。此外，内部控制审计报告不存在保留意见的意见类型，如果内部控制存在一项或多项重大缺陷，除非审计范围受到限制，注册会计师应当对内部控制发表否定意见；如果审计范围受到限制，注册会计师应当解除业务约定或出具无法表示意见的内部控制审计报告。

三、注册会计师如何基于内部控制审计与财务报表审计的共同点，整合审计工作以同时实现内部控制审计和财务报表审计的目标？

答：财务报表审计和内部控制审计存在多方面的共同点。注册会计师基于统一的风险评估，为财务报表审计和内部控制审计制定整合的审计计划，有助于实现整合审计的目标，减少重复工作，提高审计效率和效果。

具体而言，财务报表审计与内部控制审计至少在以下几个方面是可以整合共享的：

1. 重要性水平的确定；
2. 固有风险的评估；
3. 集团审计中重要组成部分和非重要组成部分的确定；
4. 重要账户、列报及其相关认定的确定；
5. 内部控制设计与运行有效性的测试；
6. 内部控制缺陷的识别和评价。

在审计工作的具体执行过程中，注册会计师还需要按照《企业内部控制审计指引实施意见》第九部分中有关"审计证据和结论的相互参照"的指引，在财务报表审计中考虑内部控制审计中实施的、所有针对内部控制设计与运行有效性的测试结果对所计划实施的实质性程序性质、时间安排和范围的影响。同时，也要在内部控制审计中评价财务报表审计中所实施实质性程序的结果对控制有效性结论的影响。

实务中，在整合审计的情况下，注册会计师可以只编制一套整合的审计工作底稿，将内部控制审计和财务报表审计的整合考虑贯穿审计的整个过程，以更有效地实现整合审计的目标，并同时满足财务报表审计和内部控制审计的需要。

四、注册会计师如何计划内部控制设计与运行有效性的测试工作，以实现内部控制审计和财务报表审计的有机整合？

答：《企业内部控制审计指引》第五条规定，在整合审计中，注册会计师应当对内部控制设计与运行的有效性进行测试，以同时实现下列目标：

1. 获取充分、适当的证据，支持其在内部控制审计中对内部控制有效性发表的意见。
2. 获取充分、适当的证据，支持其在财务报表审计中对控制风险的评估结果。

考虑到财务报表审计与内部控制审计中对内部控制设计和运行有效性测试的共同点和区别，注册会计师可以做出以下安排：

一是在适当的情况下，尽量对重要账户和列报的相关认定采用综合性方案。通过综合性方案中内部控制设计和运行有效性的测试，注册会计师在获取证据以支持其对内部控制有效性发表意见的同时，如果内部控制设计和运行测试有效，也能够基于对控制风险的评估结果，相应调整实质性程序的性质、时间安排和范围,例如,当重大错报风险(由固有风险和控制风险决定)评估为低时,注册会计师可能不需要调整实质性程序的性质以获取更具说服力的审计证据,或者认为可以在期中而非期末实施某些审计程序,从而节省实施实质性程序所需的审计资源,更有效率地实现整合审计的目标。

二是控制测试的时间安排尽量同时满足内部控制审计和财务报表审计的要求。具体包括,在确定测试某项控制运行涵盖的期间时,在内部控制审计所要求的"足够长的期间"和财务报表审计中所要求的"拟信赖的期间"中取其长者;同时,注册会计师可以通过合理安排控制测试的时间,给被审计单位留有整改的时间。

此外,注册会计师在每年度的整合审计中需要针对所有重要账户和列报的每个相关认定获取内部控制设计和运行有效的审计证据,而不利用《中国注册会计师审计准则第1231号——针对评估的重大错报风险采取的应对措施》第十四条提及的"每三年至少对控制测试一次"的方法(对自动化应用控制在满足特定条件情况下所采用的与基准相比较策略除外)。

五、在内部控制审计过程中,注册会计师如何区分财务报告内部控制和非财务报告内部控制?

答:根据《企业内部控制基本规范》第三条的规定,内部控制的目标包括合理保证企业经营管理合法合规、资产安全、财务报告及相关信息真实完整,提高经营效率和效果,促进企业实现发展战略。所谓财务报告内部控制,即由公司的董事会、监事会、经理层及全体员工实施的旨在合理保证财务报告及相关信息真实、完整而设计和运行的内部控制,以及用于保护资产安全的内部控制中与财务报告可靠性目标相关的控制。具体而言,财务报告内部控制主要包括下列方面的政策和程序:

1. 保存充分、适当的记录,准确、公允地反映企业的交易和事项;
2. 合理保证按照适用的财务报告编制基础的规定编制财务报表;
3. 合理保证收入和支出的发生以及资产的取得、使用或处置经过适当授权;
4. 合理保证及时防止或发现并纠正未经授权的、对财务报表有重大影响的交易和事项。

财务报告内部控制以外的其他内部控制,属于非财务报告内部控制。

注册会计师考虑某一控制是否是财务报告内部控制的关键依据是控制目标,财务报告内部控制是那些与企业的财务报告可靠性目标相关的内部控制。例如,《企业内部控制应用指引第 9 号——销售业务》第十二条要求"企业应当指定专人通过函证等方式,定期与客户核对应收账款、应收票据、预收账款等往来款项",企业为此建立的定期对账及差异处理控制与其往来款项的存在、权利和义务、计价和分摊等认定相关,属于财务报告内部控制;《企业内部控制应用指引第 8 号——资产管理》第十一条要求"企业应当根据各种存货采购间隔期和当期库存,综合考虑企业生产经营计划、市场供求等因素、充分利用信息系统,合理确定存货采购日期和数量,确保存货处于最佳库存状态",企业为达到最佳库存的经营目标而建立的对存货采购间隔时间进行监控的相关控制与经营效率效果相关,而不直接与财务报表的认定相关,属于非财务报告内部控制。

当然,相当一部分的内部控制能够实现多种目标,主要与经营目标或合规性目标相关的控制可能同时也与财务报告可靠性目标相关。因此,不能仅仅因为某一控制与经营目标或合规性目标相关而认定其属于非财务报告内部控制,注册会计师需要考虑特定控制在特定企业环境中的目标、性质及作用,根据职业判断考虑该控制在具体情况下是否属于财务报告内部控制。

需要指出的是,在实务中注册会计师对财务报告内部控制的考虑是融于其所采用的自上而下的审计方法过程中的。《企业内部控制审计指引实施意见》要求注册会计师采用自上而下的方法选择拟测试的内部控制,其中包括从财务报表层次初步了解内部控制整体风险,识别、了解和测试企业层面控制,基于财务报表层次识别重要账户、列报及其相关认定,了解潜在错报的来源,并识别企业用于应对这些错报或潜在错报的控制,然后选择拟测试的内部控制。基于自上而下的方法,注册会计师需要识别财务报表的重要账户和列报及其相关认定,以及与相关认定有关的业务流程中可能发生重大错报的环节。鉴于注册会计师识别的相关认定以及可能发生重大错报的环节均与财务报表相关,注册会计师针对这些错报或潜在错报来源识别的相应内部控制通常是财务报告内部控制。

六、如何理解内部控制审计与企业内部控制自我评价之间的关系,如两者的测试范围是否需要一致?注册会计师需要对企业内部控制自我评价执行什么工作?

答:根据《企业内部控制基本规范》的规定,企业应当对内部控制的有效性进行自我评价,出具自我评价报告,并聘请会计师事务所对内部控制的有效性进行审计。同时,根据《企业内部控制审计指引实施意见》的规定，被审计单位认可并理解其责任，其中包括对内部控制的有效性进行评价并编制内部控制评价报告的责任，也是注册会计师接受或保持内部控制审计业务的前提之一。

内部控制审计与内部控制自我评价之间的关系可以概括为"各自独立、单方面利用"。也就是说，两者之间是相互独立的。内部控制审计可以根据《企业内部控制审计指引实施意见》"利用他人的工作"部分的具体要求，考虑利用内部控制自我评价的工作（企业层面内部控制除外）。同时，根据《企业内部控制审计指引》的规定，注册会计师完成审计工作后，应当取得经企业签署的书面声明，声明企业没有利用注册会计师执行的审计程序及其结果作为自我评价的基础。

内部控制审计与内部控制自我评价是相互独立的，两者测试工作的具体内容可能不同。企业应当根据《企业内部控制评价指引》的规定对自身的内部控制进行测试、评价并编制自我评价报告。在执行内部控制审计时，注册会计师所选取测试的组成部分、控制活动和测试方法，可能与企业在进行自我评价时选取纳入测试范围的组成部分、控制活动和测试方法不同。注册会计师应当根据《企业内部控制审计指引》和《企业内部控制审计指引实施意见》的要求，运用职业判断，选取拟测试的组成部分和控制活动，并确定测试方法，无须受企业在自我评价中确定的测试工作的限制。

根据《企业内部控制审计指引》的规定，注册会计师是对财务报告内部控制的有效性直接发表审计意见，并非是对企业内部控制评价报告发表审计意见。在内部控制审计中，注册会计师对企业内部控制自我评价开展的工作主要包括：

1. 注册会计师应当对企业内部控制自我评价工作进行评估，判断是否利用企业内部审计人员、内部控制评价人员和其他相关人员的工作以及可利用的程度，相应减少可能本应由注册会计师执行的工作。

对此，在实务中，注册会计师可以在每个年度的较早时期与管理层就内部控制自我评价工作（包括自我评价的工作范围、工作方法、样本选取方法及样本规模等）进行沟通，并获取必要的管理层自我评价文档。如果管理层就内部控制评价工作定期召开会议，注册会计师可以要求参加会议以及时了解内部控制自我评价工作的实际进展以及前期遇到的问题。上述步骤及获取的文档有助于注册会计师确定其内部控制审计的时间安排，以及在多大程度上可以利用被审计单位的评价工作。

2. 注册会计师应当识别、了解和测试对内部控制有效性具有重要影响的企业层面控制。企业内部控制自我评价是企业层面控制的重要组成部分，与控制环境、对控制的监督这两项要素相关，注册会计师应将其包括在企业层面控制的范围进行考虑。

3. 在形成审计意见时，注册会计师应当查阅从各种来源获取的审计证据，包括企业本年度涉及内部控制的内部审计报告或类似报告，并评价这些报告中指出的控制缺陷。

4. 考虑企业内部控制评价报告的影响。注册会计师还需要按照《企业内部控制审计指引实施意见》的相关要求，考虑企业内部控制评价报告对注册会计师内部控制审计报告的可能影响，包括评价企业内部控制评价报告对相关法律法规规定要素的列报是否完整和恰当；如果内部控制存在重大缺陷，企业是否已经在内部控制评价报告中对其进行了公允反映等。

七、如果集团企业有部分子公司尚未按照企业内部控制规范体系的标准建立健全其内部控制，注册会计师应当如何考虑其对内部控制审计的影响？

答：《企业内部控制基本规范》第四条指出，企业建立与实施内部控制，应当遵循全面性原则等五项原则。其中，全面性原则要求企业的内部控制应当贯穿决策、执行和监督全过程，覆盖企业及其所属单位的各种业务和事项。因此，对于按照相关法律法规的规定应当实施企业内部控制规范体系（包括《企业内部控制基本规范》和《企业内部控制配套指引》）的企业，原则上应当在其所有子公司按照企业内部控制规范体系的标准建立健全内部控制。

企业在按照企业内部控制规范体系的标准建立健全内部控制时，可能由于各种原因未能覆盖所有子公司。注册会计师应当评估其对内部控制审计的影响，在实施风险评估、控制测试及缺陷评价中充分考虑这一情况的影响，并据此得出审计结论和出具审计报告。在此过程中，注册会计师需要考虑的因素可能包括：

1. 尚未按照企业内部控制规范体系的标准建立健全内部控制的子公司的财务信息在集团财务报表整体中的重要程度，例如，是否是重要组成部分，是否存在对集团财务报表有重大影响的重要账户、列报及其相关认定；

2. 企业的董事会及管理层是否以及如何采取措施，以确保相关子公司在尚未按照企业内部控制规范体系的标准建立健全内部控制体系时，仍能保持有效的财务报告内部控制；

3. 未按照企业内部控制规范体系的标准建立健全内部控制的子公司是否存在其他替代性的内部控制制度和程序，虽然不完全符合内部控制规范体系的要求，仍能够有效防止、发现并纠正影响集团财务报表的重大错报；

4. 在以前年度及当年度审计中，是否发现这些尚未按照企业内部控制规范体系的标准建立健全内部控制的子公司存在内部控制重大缺陷或财务报表重大错报。

注册会计师应当结合内部控制审计中发现的问题，向企业的治理层和管理层沟通，提请其尽快全面贯彻实施企业内部控制规范体系的要求。

如果法律法规的相关豁免规定允许被审计单位不将某些实体纳入内部控制评价范围，注册会计师可以不将这些实体纳入内部控制审计的范围。这种情况不构成审计范围受到限制，但注册会计师应当在内部控制审计报告中增加强调事项段或者在注册会计师的责任段中，就这些实体未被纳入评价范围和内部控制审计范围这一情况，作出与被审计单位类似的恰当陈述。① 注册会计师应当评价相关豁免是否符合法律法规的规定，以及被审计单位有关该项豁免的陈述是否恰当。如果认为被审计单位有关该项豁免的陈述不恰当，注册会计师应当提请其作出适当修改。如果被审计单位未作出适当修改，注册会计师应当在内部控制审计报告的强调事项段中说明被审计单位的陈述需要修改的理由。

八、在开展整合审计时，会计师事务所如何组建项目组？

答：当财务报表审计延伸成为整合审计后，审计的范围和复杂程度大大增加，需要注册会计师作出很多新的职业判断，这些判断包括集团审计中确定组成部分内部控制审计的范围、利用他人工作的程度、设计控制测试以实现整合审计的双重目标、财务报表审计中发现的问题对内部控制审计的影响、评价控制缺陷的严重程度等。

会计师事务所在开展整合审计时，需要统筹考虑，挑选具有胜任能力的人员组成项目组。在组建项目组时，需要考虑下列事项：

1. 委派掌握内部控制审计知识和方法的审计人员，如有可能，考虑配备有内部控制审计经验的审计人员；

---

① 例如，证监会发布的《上市公司实施企业内部控制规范体系监管问题解答》（2011年第1期）说明，"公司在报告年度发生并购交易的，可豁免本年度对被并购企业财务报告内部控制有效性的评价。发生上述情况的，公司应对评价范围做出说明，披露评价范围不包括被并购企业。如果并购交易导致公司财务报告内部控制发生重大变化的，需同时予以说明。"

2. 必要时配备专家，如信息系统等方面的专家。这些专家在审计项目的前期就要参与审计工作，从而判断在审计过程中哪些领域需要更深参与才能对相关内部控制的设计和运行有效性获取充分、适当的审计证据。

项目合伙人及其他有经验的项目组成员需要参与整合审计计划的制定，以便及时作出上述职业判断，避免项目组中经验较少的成员作出不恰当的决定从而影响审计效果和效率。特别是在首次执行整合审计时，项目合伙人、项目经理以及参与审计项目的有关专家往往需要付出更多时间。项目合伙人要做出恰当安排，确保在执行审计的过程中及时指导并复核审计工作，充分考虑财务报表审计和内部控制审计的互相参照与整合。另外，会计师事务所应当按照《企业内部控制审计指引实施意见》的规定，考虑是否委派适当的项目质量控制复核人员，以客观评价项目组作出的重大判断以及在编制内部控制审计报告时得出的结论。

在整合审计中，财务报表审计和内部控制审计原则上应由同一个项目组执行。如果项目组又被划分为承担不同具体工作的团队，则需要考虑团队间的沟通和协调配合，不同的团队需要站在"整合"的角度来制定审计策略、评估测试结果，一方面减少重复工作，另一方面兼顾两类审计的要求，保证内部控制审计和财务报表审计的审计证据和结论可以相互参照，避免审计判断出现不一致的情况。

九、确定与控制相关的风险对确定控制测试的性质、时间安排和范围有什么作用？

答：与控制相关的风险，包括一项控制可能无效的风险，以及如果该控制无效，可能导致重大缺陷的风险。与控制相关的风险越高，注册会计师需要获取的审计证据就越多。注册会计师对控制相关风险的评价将直接影响控制测试的性质、时间安排和范围。

（一）对控制测试性质的影响

注册会计师在测试控制的有效性时，应当综合运用询问、观察、检查和重新执行等方法。注册会计师测试控制有效性实施的程序，按提供证据的效力，由弱到强排序通常为：询问、观察、检查和重新执行。其中询问本身并不能为得出控制是否有效的结论提供充分、适当的证据。

在内部控制审计中，与控制相关的风险越高，注册会计师对审计证据的效力要求也越高。

（二）对控制测试时间安排的影响

一般而言，与控制相关的风险越高，注册会计师对控制的测试时间越应接近基准日。当注册会计师选择内部控制测试期间时,还应当考虑测试涵盖的期间能否为内部控制在基准日之前一段足够长的期间内有效运行提供足够的审计证据。

即便注册会计师认为与控制相关的风险较高,因而决定对控制的测试时间应接近基准日,仍可在期中测试,但应调整针对剩余期间进行的前推测试的性质和范围。

(三) 对控制测试范围的影响

注册会计师确定的控制测试范围,应当足以使其获取充分、适当的审计证据,为基准日内部控制是否不存在重大缺陷提供合理保证。与控制相关的风险越高,注册会计师需要获取的证据就越多。

对于人工控制,《企业内部控制审计指引实施意见》提供了采用检查或重新执行程序测试控制运行有效性时的最小样本量区间表,供注册会计师参照使用。

中国注册会计师协会关于印发
《中国注册会计师职业判断指南》的通知

(2015年3月26日,会协〔2015〕18号)

各省、自治区、直辖市注册会计师协会:

为了倡导注册会计师强化职业判断意识,指导其更好地运用职业判断,提高职业判断能力和质量,我会制定了《中国注册会计师职业判断指南》,现予印发。

使用中有何问题,请及时反馈我会。

中国注册会计师协会
2015年3月26日

中国注册会计师职业判断指南

一、总则

1. 为了倡导注册会计师强化职业判断意识,指导其更好地运用职业判断,提高职业判断能力和质量,制定本指南。

2. 本指南适用于在会计师事务所工作的注册会计师。工商业界职业会计师(非执业会员)在从事财务报告编制或内部审计等业务时,也可以参考本指南。

3. 本指南所称职业判断,是指在审计准则、财务报告编制基础和职业道德要求的框架下,注册会计师综合运用相关知识、技能和经验,作出适合审计业务具体情况、有根据的行动决策[①]。

4. 职业判断是注册会计师行业的精髓。从本质上讲,会计和审计实务是由一系列判断行为构成的。对职业判断的概念可以从下列方面进行

[①] 参见《中国注册会计师审计准则第1101号——注册会计师的总体目标和审计工作的基本要求》第十六条。

理解：

（1）职业判断是由专业人士作出的。作出职业判断的人员需要具备必要的知识、经验和专业技能，并保持应有的职业精神，即职业判断不能屈从于他人的意志，并且要客观、公正地表述其结论。

（2）职业判断是在法律法规和职业标准的框架下作出的。职业标准既包括注册会计师执业所必须遵守的审计准则体系和职业道德要求，也包括财务报告编制基础以及其他一些与注册会计师业务相关的职业规范。

（3）职业判断是一种在具有不确定性情况下的决策过程。职业判断以判断事项具有某种程度的不确定性为前提，并且需要遵循一定的决策过程。这种决策通常针对复杂和困难的问题作出，并且决策结论可能对相关方产生一定的影响。

二、职业判断的必要性

5. 财务报告编制者和注册会计师的职业判断是财务报告的核心。如果没有职业判断对知识、经验的灵活运用，仅靠机械执行会计和审计程序，财务报告机制无法有效运作。在任何情况下，财务报告的编制和审计都离不开由具有专业知识和技能的人员在具体情形下作出的职业判断。

6. 应对经济环境的不确定性，需要注册会计师作出职业判断。随着社会经济的不断发展，经济环境日益复杂多变，实体经营的不确定性增加。在这种经济环境下，实体从事的每项经济业务都面临着或多或少的风险，大部分会计事项都具有不同程度的不确定性，如赊销业务存在坏账风险，产品担保和售后服务会导致或有负债等。财务报告编制者在面对这些不确定性时，需要进行一定程度的估计，即财务报告编制者需要作出职业判断。注册会计师为了对财务信息发表意见，就需要对财务报告编制者的判断进行再判断。

7. 应对注册会计师与被审计单位之间存在的信息不对称，需要注册会计师运用职业判断。注册会计师对被审计单位来说是外部人员，不可能时刻观察被审计单位的经营活动，也不可能无限量地获取被审计单位的信息，同时，还需要考虑审计效率和报告时限等因素。因此，注册会计师在执行其认为必要的审计工作以获取相关信息发表意见时，需要运用职业判断。

8. 遵循以原则为导向的职业标准，需要注册会计师充分运用职业判断。随着实体经济活动和交易事项的日趋丰富和复杂，审计工作量迅速增大，审计的复杂程度也不断增加。评价相关会计政策选择和运用的恰当性、使用审计抽样技术、评价内部控制、确定重要性、识别和评估重大错报风险，都需要具备一定素质和经验的人员才能胜任，对注册会计师职业判断的需求与日俱增。

9. 职业判断是职业标准的内在要求，二者的关系可概括如下：

（1）职业标准是职业界作为一个集体作出的判断。职业标准来源于注册会计师的实务，是职业界对实务中经常遇到的可规范化问题作出的总结，是实务中高质量职业判断的结晶。从这个意义上说，职业标准是用注册会计师行业集体的职业判断为注册会计师个人的职业判断作出指引。

（2）职业标准作用的发挥离不开注册会计师的职业判断。随着职业标准在各国家或地区的广泛制定和实施，对注册会计师职业判断的需求并没有减少的迹象，反而有所增加，"职业判断"一词在职业标准中出现的频率越来越高。职业判断是职业标准有效实施的关键，如果没有职业判断，职业标准的执行就是一种盲目、机械的执行；如果没有恰当运用职业判断，则由判断形成的决策就可能具有误导性。要实现职业标准的制定目标，充分发挥职业标准的作用，就需要合理和有效地运用职业判断。

（3）职业标准为职业判断提供了制度边界。职业判断必须是在法律法规和职业标准所组成的框架内进行的。职业标准通过严格的应循程序制定，是成文的职业智慧，通常代表了一种解决判断问题的普遍有效的方法。职业判断在遵循职业标准的前提下进行，通常可以降低职业判断的风险，如果没有职业标准的约束，所作的判断就容易带有随意性。

10. 注册会计师应当具有职业判断能力。职业判断能力是注册会计师专业胜任能力的核心。从本质上讲，注册会计师执业所遇到的各种事项，包括会计、审计和职业道德事项，都需要注册会计师作出一系列的职业判断。

三、注册会计师职业判断的主要领域

11. 职业判断涉及注册会计师执业的各个环节。一方面，职业判断贯穿于注册会计师执业的始终，从决定是否接受业务委托，到出具业务报告，注册会计师都需要作出职业判断；另一方面，职业判断涉及注册会计师执业中的各类事项，包括与具体会计事项相关的职业判断、与审计过程相关的职业判断，以及与遵守职业道德要求相关的职业判断。

12. 由于实体的经营活动错综复杂，注册会计师在执业中可能遇到的职业判断事项或行为多种多样，本指南不可能列举注册会计师在实务中可能遇到的所有职业判断事项或行为，仅就一些典型事项举例说明。

13. 与具体会计事项相关的职业判断是一种再判断。财务报告编制者在编制财务信息时，需要根据适用的财务报告编制基础，对实体的会计事项作出其自身的职业判断，而注册会计师则需要根据审计准则和财务报告编制基础的规定，对财务报告编制者的职业判断作出再判断。与具体会计事项相关的职业判断的典型事项包括（但不限于）：

（1）与资产减值相关的职业判断。例如，资产是否发生减值，资产减值准备的计提金额，资产减值准备能否转回，是否需要作出披露以及披露的内容等。

（2）与收入确认相关的职业判断。例如，根据经济业务的实质判断某项业务是否符合收入确认条件，收入确认的时点和金额等。

（3）与公允价值计量相关的职业判断。例如，投资性房地产公允价值的确定、金融资产公允价值的确定等。

（4）与关联方关系及其交易的会计处理和披露相关的职业判断。例如，关联方交易的价格是否公允，关联方关系及其交易的披露是否充分等。

（5）与或有事项相关的职业判断。例如，对或有事项发生可能性的估计、对或有负债的确认和计量等。

（6）与期后事项相关的职业判断。例如，调整事项与非调整事项的区分等。

（7）与合并报表相关的职业判断。例如，合并范围的确定等。

（8）其他与会计政策和会计估计相关的职业判断。例如，固定资产折旧年限的确定、发出存货核算方法的选择等。

14. 注册会计师为满足审计准则的要求和收集审计证据的需要，在确定所需实施的审计程序的性质、时间安排和范围时，需要运用职业判断。与审计过程相关的职业判断的典型事项包括（但不限于）：

（1）确定重要性，识别和评估重大错报风险。

（2）在实施实质性分析程序时确定预期值，并确定已记录金额与预期值之间的可接受差异额。

（3）评价内部控制的有效性。

（4）评价审计过程中识别出的错报。

（5）对被审计单位持续经营能力的评估。

（6）为实现审计准则规定的目标和注册会计师的总体目标，评价是否已获取充分、适当的审计证据以及是否还需执行更多的工作。

（7）根据已获取的审计证据得出结论，选择恰当的审计意见类型。

（8）确定是否利用以及在多大程度上利用内部审计人员或专家的工作。

15. 《中国注册会计师职业道德守则》要求注册会计师遵循职业道德基本原则，并运用职业道德概念框架识别、评估和应对对职业道德基本原则的不利影响。注册会计师在运用职业道德概念框架时，需要运用职业判断，以评价不利影响的严重程度并决定采取的防范措施。在具体业务中，与遵守职业道德要求相关的职业判断的典型事项包括（但不限于）：

（1）与网络或网络事务所相关的职业判断。例如，对某个联合体是否构成网络的判断等。

（2）与公众利益实体相关的职业判断。例如，对某一实体是否属于公众利益实体的判断等。

（3）与经济利益相关的职业判断。例如，某项经济利益是直接经济利益还是间接经济利益，因经济利益产生的不利影响的严重程度等。

（4）与密切关系相关的职业判断。例如，密切关系的性质，可能对独立性影响的严重程度等。

（5）与非鉴证服务相关的职业判断。例如，某项非鉴证服务是否涉及承担管理层职责、某项非鉴证服务是否影响鉴证业务的独立性等。

四、注册会计师如何作出职业判断

（一）注册会计师职业判断的基本要求

16. 注册会计师职业判断需要在相关法律法规、职业标准的框架下作出，并以具体事实和情况为依据。如果有关职业判断的决策不被该业务的具体事实和情况所支持或者缺乏充分、适当的审计证据，职业判断并不能作为不恰当决策的理由。

（二）注册会计师职业判断的决策过程

17. 注册会计师职业判断的决策过程通常可划分为下列五个步骤：

（1）确定职业判断的问题和目标；

（2）收集和评价相关信息；

（3）识别可能采取的解决方案；

（4）评价可供选择的方案；

（5）得出职业判断结论并作出书面记录。

18. 确定问题和目标是职业判断的起点。当注册会计师进行一项职业判断时，首先需要明确对什么作出判断，以及判断要达到什么目标。职业判断的问题既可能是注册会计师的审计事项或行为，也可能是不同的财务报表项目或认定。确定问题和目标至关重要，构成整个职业判断的基础。有时问题和目标并不明显，因此，确定问题和目标不是一项简单的任务，注册会计师在这方面的能力很大程度上取决于其个体特征,尤其是经验和专业技能,经验不足的注册会计师可能无法准确发现某一关键问题。

19. 收集和评价相关信息是职业判断的基础。在确定问题和目标的阶段,注册会计师可能已经完成了一部分信息的收集工作。一般来说,需要收集的信息至少包括事实依据、行业及被审计单位的情况等。例如,注册会计师需要了解可能影响客观性和独立性的因素,识别财务报表使用者和其他利益相关者,还可能需要考虑相关准则在以往类似情况下或在其他被审计单位是如何适用的。在收集和评价相关信息时,与被审计单位进行沟通将有助于注册会计师确定关键问题及可能存在的偏见。

20. 就某一具体职业判断问题而言,解决方案可能不是唯一的。为了作出决策,注册会计师需要识别尽可能多的解决方案,以便对每一种方案进行评价,找出优点和不足。

21. 注册会计师在评价可能的方案时,主要工作是把所要判断的对象与确定的判断标准进行比较,确定其与标准的符合程度。此外,注册会计师还要考虑方案的可操作性。

22. 在对各种可能方案作出评价的基础上,注册会计师需要作出肯定或否定形式的判断或选择性判断。例如,对于合规性,注册会计师需要作出合规还是不合规的判断;对于审计意见,注册会计师需要作出发表无保留意见、保留意见、否定意见或无法表示意见的判断。

23. 注册会计师需要在整个审计过程中运用职业判断,并就职业判断作出适当记录。注册会计师编制的审计工作底稿,应当使未曾接触该项审计工作的有经验的专业人士清楚了解在对重大事项得出结论时作出的重大职业判断。注册会计师对职业判断的记录,需要遵守《中国注册会计师审计准则第1131号——审计工作底稿》及其应用指南的相关规定[①]。

24. 上述决策过程的各步骤并不是严格的依次继起关系,有时注册会计师可能需要回到前面的步骤。例如,在识别或评价可供选择的方案时,注册会计师可能发现收集到的相关信息不足,因而需要回到收集和评价相关信息的步骤。

25. 在某些情况下,注册会计师可能根据实际情况简化执行某些步骤。例如,会计师事务所内部的技术手册已经就某一职业判断问题作出明确指引,并且这些指引能够为该问题提供较为合理的解决方案,注册会计

---

① 参见《中国注册会计师审计准则第1131号——审计工作底稿》第十条第(三)项以及《〈中国注册会计师审计准则第1131号——审计工作底稿〉应用指南》第8~11段。

师可能不需要识别并评价更多可能的解决方案。再如，在对某些会计事项进行再判断时，注册会计师通常只需要确定财务报告编制者作出职业判断时所选择的方案是否符合相关财务报告编制基础的要求，而不需要列出各种可选择的方案并进行评价。

26. 职业判断的决策过程适用于任何职业判断事项和行为，下面以审计过程中确定财务报表整体的重要性为例，演示注册会计师职业判断的决策过程：

（1）确定职业判断的问题和目标。确定财务报表整体的重要性是制定总体审计策略时的常规程序，注册会计师通常需要首先选定一个基准，再乘以某一百分比作为财务报表整体的重要性。因此，职业判断的关键问题是选择适当的基准和百分比，而职业判断的目标是确定财务报表整体的重要性。

（2）收集和评价相关信息。在选择适当的基准和百分比时，注册会计师需要站在财务报表使用者的角度考虑问题，可能需要收集和评价的相关信息举例如下：

①财务报表要素（如资产、负债、所有者权益、收入和费用）；

②是否存在财务报表使用者特别关注的项目（如为了评价财务业绩，使用者可能更关注利润、收入或净资产）；

③被审计单位的性质、所处的生命周期阶段以及所处行业和经济环境；

④被审计单位的所有权结构和融资方式（例如，如果被审计单位仅通过权益而非债务进行融资，财务报表使用者可能更关注被审计单位的收益，而非资产及资产的索偿权）；

⑤基准的相对波动性。

（3）识别可能采取的解决方案。基准和百分比只要符合具体情况并在大多数人接受的区间之内，都可能是适当的。例如，注册会计师可能选择以经常性业务税前利润、总资产或收入的一定比例作为财务报表整体的重要性。如果可选方案之一是用经常性业务税前利润的5%确定财务报表整体的重要性，支持该方案的理由可能是被审计单位是以营利为目的的上市公司，而5%在大多数人接受的区间之内；反对该方案的理由可能是被审计单位处于盈亏临界点或微利状态。

（4）评价可供选择的方案。在这一步骤，注册会计师需要结合前一步骤得出的可供选择方案以及各方案的优点和不足来权衡各方案的利弊，在权衡时，注册会计师可能需要考虑在收集和评价信息阶段收集到的相关信息，在必要时，注册会计师可能需要进行咨询。

（5）得出职业判断结论并作出书面记录。在权衡各方案的利弊之后，注册会计师得出结论，确定方案，并与审计项目组其他成员进行沟通，在审计项目组内达成一致意见。最后，注册会计师需要就职业判断作出书面记录。

五、注册会计师职业判断的质量

（一）衡量职业判断质量的标准

27. 衡量职业判断质量的标准通常包括下列方面：
（1）准确性和意见一致性；
（2）决策一贯性和稳定性；
（3）可辩护性和书面记录。

28. 准确性是指职业判断的结论与特定标准或客观事实的相符程度。意见一致性是指不同职业判断主体针对同一职业判断问题所作判断彼此认同的程度。在很多情况下，可用于衡量判断质量的特定标准或客观事实并不存在，此时，职业判断的质量可以通过意见一致性来衡量。需要注意的是，对某一职业判断问题，会计师事务所内部的技术手册一般代表了该事务所意见的一致性；业界对某一问题的主流看法，一般体现了行业大多数意见的一致性。不同注册会计师或会计师事务所对同一职业判断问题，可能达成高度共识，也可能存在差异甚至分歧。当存在差异和分歧时，对于职业判断质量的衡量，可能还需要结合其他因素予以考虑，例如，该判断是否为业界的主流意见；或者作出判断的主体是否在该判断领域具有足够的经验、专业权威等等。

29. 决策一贯性用于衡量同一注册会计师针对同一项目的不同判断问题作出的判断之间的关系。例如，在审计工作中，注册会计师对重大错报风险的评估结果与对所需收集审计证据数量和质量的判断需要具有内在的一贯性。稳定性用于衡量注册会计师针对相同的职业判断问题在不同时点所作出的判断之间的关系。例如，在审计工作中，同一注册会计师在不同时点，基于相同或相似的情况得出的职业判断结论相同或相似，则该职业判断具有较高的稳定性。

30. 可辩护性是指注册会计师能够证明自己的工作。可辩护性可以从三个方面进行衡量：理由的充分性、思维的逻辑性和程序的合规性。书面记录是记录职业判断中观察、思维和决策的主要手段，对职业判断进行详细的书面记录可提高判断决策的可辩护性。例如，在审计工作中，对下列事项进行书面记录，有利于提高职业判断的可辩护性：

(1) 对职业判断问题和目标的描述；
(2) 解决职业判断相关问题的思路；
(3) 收集到的相关信息（包括咨询专家的意见）；
(4) 得出的结论以及得出结论的理由；
(5) 就决策结论与被审计单位进行沟通的方式和时间。

（二）职业判断质量的影响因素

31. 注册会计师是职业判断的主体，其个体特征对职业判断质量是十分重要的影响因素。通常来说，注册会计师的下列特征可能对职业判断质量产生积极影响：

(1) 知识、经验和专业技能；
(2) 独立、客观和公正；
(3) 职业怀疑。

32. 知识、经验和专业技能与注册会计师的胜任能力有关，通常很难定义和区分。一般来说，知识和经验来源于注册会计师的教育、培训和执业实践，知识和经验较丰富的注册会计师，其职业判断质量通常高于知识和经验较贫乏的注册会计师。然而，对于具备一定的知识和经验，但缺乏必要专业技能的注册会计师来说，在作出某些需要专业知识和技能（如金融工具的公允价值）的职业判断时，其职业判断质量难以保证。专业技能是一个综合性的概念，其决定性因素包括注册会计师对相关专业知识的掌握以及解决实际问题的能力，例如数据分析能力、逻辑推理能力、沟通协调能力等，这些能力在很大程度上是从解决问题的过程中培养出来的。

33. 具备良好的专业技能意味着注册会计师能够：

(1) 自觉或不自觉地、迅速地、清晰地以及果断地运用过去的经验作出决策；
(2) 坚信自己具备良好的决策能力，能够镇定和自信地作出决策；
(3) 能够在压力下作出决策，甚至在面临较大压力时，仍然能够有效解决问题；
(4) 能够使别人信服自己的专业知识，并能有效地将自身的决策能力传授给他人；
(5) 能够找到新颖独特的方法解决难题；
(6) 必要时，能够找到新的方法解决既定问题；
(7) 在解决问题时，表现出高度的探索求真精神。

34. 注册会计师可以通过培训和学习获取所需的知识和经验。然而，仅仅掌握这些知识和经验并不能保证注册会计师具备符合要求的专业技能。经验丰富的注册会计师还需要注意如何灵活地运用其所掌握的知识和经验去解决特定的问题。注册会计师可以通过对实际案例的研究获得相关专业技能。

35. 独立、客观和公正与注册会计师的职业道德有关。注册会计师在作出职业判断时，需要从独立的角度出发，不受外界和自身利益左右，不故意曲解事实，不以成见、偏见或个人的好恶影响对待问题的客观性，而应通过客观的观察与思考以及公正的判断对问题作出评价和决定。

36. 注册会计师在独立、客观和公正地作出高标准的职业判断方面负有不可推卸的责任。因此，所有会计师事务所都需要制定必要的政策和程序，以便从实质和形式两方面确保执业的独立、客观和公正。这些政策和程序构成会计师事务所内部质量控制制度的重要组成部分。

37. 职业怀疑与注册会计师的思维模式有关。注册会计师需要采取质疑的思维方式，对可能表明由于错误或舞弊导致错报的迹象保持警觉，以及对审计证据进行审慎评价。职业怀疑固有地存在于注册会计师的职业判断中。当注册会计师面对一项审计任务，或取得一项审计证据时，不能无理由相信被审计单位的陈述或提供的证据是可信的。

38. 把握职业怀疑的一个关键性词语是"适当"。注册会计师既不能缺少怀疑，也不能过度怀疑，要把握好分寸。通常来说，注册会计师需要对相互矛盾的审计证据、引起对作为审计证据的文件记录和对询问的答复的可靠性产生怀疑的信息、表明可能存在舞弊的情况等予以适当关注，适当加强职业怀疑。

39. 注册会计师需要认识到个体的局限性。如果相关知识已经超出了注册会计师的认知范围，则需要考虑向其他人员咨询。通过咨询，注册会计师能够弥补其在知识或技术方面的不足，同时能够增强其借助他人的技能完成具体任务的能力。在某些情况下，即使注册会计师拥有相关的知识和能力，在对重大事项作出判断时也可以考虑向其他人员咨询，这种咨询能够使注册会计师借助其他人员的专业知识和经验，避免对职业判断事项的误解，以及得出更多可供选择的方案。

40. 利用群体决策通常有助于提高职业判断的质量。群体决策通常指与其他相关人员（可能是经验丰富的注册会计师，或是在某些领域内有专长的专家）就职业判断进行讨论，也包括研究相关文献和其他资料，并集体得出结论。群体决策有多人参加，通常能够产生较多可供选择的方案，而且在达成群体的一致意见时，需要同时考虑多个不同的观点，具有一定的错误校正机制,因此,通常被认为具有较高的可辩护性,其质量高于个人决策的质量。

六、提高注册会计师职业判断质量的相关建议

(一)对会计师事务所的建议

41. 注册会计师的职业判断质量,与会计师事务所的业务质量和经营风险密切相关。会计师事务所遵循《质量控制准则第5101号——会计师事务所对执行财务报表审计和审阅、其他鉴证和相关服务业务实施的质量控制》的规定,建立并保持质量控制制度,有助于保证或提高本会计师事务所注册会计师的职业判断质量。

42. 下列措施可能有助于会计师事务所提高职业判断质量:

(1)建立完善的组织架构,加大事务所企业文化和风险意识的宣传贯彻力度,整体提高注册会计师的专业能力和风险意识。

(2)建立和完善培训制度,提高注册会计师的专业素质,并将职业判断作为培训的重点项目,提高注册会计师的职业判断意识和能力。

(3)建立并及时更新知识库和案例库,以专家的职业判断和以往的职业判断来丰富注册会计师的知识和经验。

(4)创造良好的组织文化,鼓励项目组成员之间的讨论,充分发挥群体决策的优势。

(5)建立和完善咨询机制,合理保证注册会计师能够就职业判断中的疑难问题或争议事项获取咨询建议。

(6)制定相关政策和程序,处理和解决注册会计师之间可能发生的意见分歧。

(7)制定相关政策和程序,要求对特定业务实施项目质量控制复核,以客观评价项目组作出的重大判断以及在编制报告时得出的结论。

(8)由经验较丰富的人员复核经验较少的人员的工作。

(9)建立和完善有关独立性的政策和程序,合理保证注册会计师执业的独立、客观和公正。

(10)制定相关政策和程序,督促注册会计师就相关职业判断情况作出及时完整的书面记录。

(二)对注册会计师的建议

43. 职业判断存在风险,通常受时间压力、知识和经验不足以及所获取信息有限等因素的影响。由于职业判断的风险性,注册会计师难以保证职业判断完美无缺,可能会发生判断偏差,从而影响职业判断的质量。注

册会计师通常需要采取防范措施，以降低发生判断偏差的可能性。

44. 下列措施可能有助于注册会计师提高其个人职业判断的质量：

（1）积极参加相关培训，包括与职业判断相关的培训，增强自身的职业判断意识、信心和能力。

（2）参与、观察同一审计项目组中职业判断水平较高的注册会计师的工作，或阅读他们的工作记录，了解其作出职业判断的过程和技巧。

（3）就职业判断中的疑难问题向经验较丰富的注册会计师咨询，并在必要时进行集体决策。

（4）在作出职业判断前更充分地收集和评价相关信息。

（5）在相关法律法规、职业标准的框架下作出职业判断，并以客观事实为依据。

（6）在作出职业判断前实施适当的应循程序，评估并质疑财务报告编制者的职业判断。

（7）严格遵守职业道德要求，始终保持独立、客观和公正。

（8）保持适当的职业怀疑，对引起疑虑的情形保持警觉，并审慎评价相关证据。

（9）对执业过程中遇到的重要事项、得出的结论以及在得出结论过程中的重要职业判断进行记录，包括对财务报告编制者的判断所作的评估和质疑。

（三）对监管部门的建议

45. 监管部门在实施监管的过程中，可能需要对财务报告编制者或注册会计师的职业判断作出再判断，以评估财务报告编制者或注册会计师的职业判断是否恰当。下列建议可能有助于监管部门作出判断：

（1）依据财务报告编制者或注册会计师在作出职业判断的时点可获取的信息来对判断进行评估，而不是以实施监管时可获取的信息为依据。

（2）充分了解职业标准与职业判断的关系，尤其是原则导向的职业标准中允许作出职业判断的界限，尊重财务报告编制者和注册会计师的职业判断。

（3）评估相关职业判断是否已按照相关法律法规或职业标准的要求在财务报告或其他文件中予以充分披露。

（4）评估相关职业判断是否已按照相关规定得到恰当记录。

（四）对准则制定机构的建议

46. 如前文所述，职业标准与职业判断之间的关系非常密切，因此，准则制定机构的角色对于职业判断也是非常重要的。下列建议可能有助于准则制定机构适当行使其职责：

（1）职业标准的制定以原则导向为基础，为财务报告编制者和注册会计师提供适当的职业判断空间，并将职业判断的要求写入职业标准。

（2）原则导向的职业标准需要有一个清晰的结构层次，包括全局性的概念、反映这些概念的原则以及使标准具备可操作性的指南。

（3）职业标准的指南需要具有一定程度的灵活性，着重于重要问题，而将具体细节交由财务报告编制者和注册会计师作出判断。

（4）制定职业判断指南，指导财务报告编制者和注册会计师如何作出职业判断，提高职业判断能力。

（5）指导财务报告编制者和注册会计师对重要的职业判断事项或行为作出记录并在必要时予以披露。

中国注册会计师协会关于印发《会计师事务所财政支出绩效评价业务指引》的通知

（2016年4月6日，会协〔2016〕10号）

各省、自治区、直辖市注册会计师协会：

为加强对会计师事务所执行财政支出绩效评价业务的技术指导，更好地服务财政改革和管理，我会制订了《会计师事务所财政支出绩效评价业务指引》，现予印发。

使用中有何问题，请及时反馈我会。

附件：会计师事务所财政支出绩效评价业务指引

中国注册会计师协会
2016年4月6日

附件：

会计师事务所财政支出绩效评价业务指引

第一章 概述

一、财政支出绩效评价业务的背景

预算绩效管理是政府绩效管理的重要组成部分。加强预算绩效管理，有利于提升预算管理水平，增强单位支出责任，提高公共服务质量，优化公共资源配置，节约公共支出成本。财政部《预算绩效管理工作规划（2012—2015年）》提出，建立"预算编制有目标、预算执行有监控、预算完成有评价、评价结果有反馈、反馈结果有应用"的全过程预算绩效管理机制，实现预算绩效管理与预算编制、执行、监督有机结合。

《国务院关于深化预算管理制度改革的决定》（国发〔2014〕45号）强调："实施全面规范、公开透明的预算制度，将公开透明贯穿预算改革

和管理全过程，充分发挥预算公开透明对政府部门的监督和约束作用，建设阳光政府、责任政府、服务政府。""全面推进预算绩效管理工作，强化支出责任和效率意识，逐步将绩效管理范围覆盖各级预算单位和所有财政资金，将绩效评价重点由项目支出拓展到部门整体支出和政策、制度、管理等方面，加强绩效评价结果应用，将评价结果作为调整支出结构、完善财政政策和科学安排预算的重要依据。"

（一）《预算法》关于绩效评价的相关规定

《预算法》明确预算绩效管理是法定的政府预算管理制度，奠定了依法评价的法律基础。规范和加强财政支出绩效评价工作是《预算法》的要求。

1. 《预算法》提出了讲求绩效的原则："各级预算应当遵循统筹兼顾、勤俭节约、量力而行、讲求绩效和收支平衡的原则。"（《预算法》第十二条）

2. 《预算法》将绩效目标管理作为预算编制的重要依据之一："各部门、各单位应当按照国务院财政部门制定的政府收支分类科目、预算支出标准和要求，以及绩效目标管理等预算编制规定，根据其依法履行职能和事业发展的需要以及存量资产情况，编制本部门、本单位预算草案。"（《预算法》第三十二条）

3. 《预算法》提出要参考绩效评价结果编制预算："各级预算应当根据年度经济社会发展目标、国家宏观调控总体要求和跨年度预算平衡的需要，参考上一年预算执行情况、有关支出绩效评价结果和本年度收支预测，按照规定程序征求各方面意见后，进行编制。"（《预算法》第三十二条）

4. 《预算法》明确财政支出绩效评价是法定的管理环节："各级政府财政部门必须依照法律、行政法规和国务院财政部门的规定，及时、足额地拨付预算支出资金，加强对预算支出的管理和监督。各级政府、各部门、各单位的支出必须按照预算执行，不得虚假列支。各级政府、各部门、各单位应当对预算支出情况开展绩效评价。"（《预算法》第五十七条）

（二）财政部对绩效评价工作的相关规定

根据财政部《关于印发〈财政支出绩效评价管理暂行办法〉的通知》（财预〔2011〕285号），财政支出绩效评价是指财政部门和预算部门（单位）根据设定的绩效目标，运用科学、合理的绩效评价指标、评价标准和评价方法，对财政支出的经济性、效率性和效益性进行客观、公正的评价。各级财政部门和各预算部门（单位）是绩效评价的主体。

绩效评价的对象是纳入政府预算管理的资金。按照预算级次，可分为本级部门预算管理的资金和上级政府对下级政府的转移支付资金。部门预算支出绩效评价包括基本支出绩效评价、项目支出绩效评价和部门整体支出绩效评价。绩效评价以项目支出为重点，评价一定金额以上、与各部门职能密切相关、具有明显社会影响和经济影响的项目，有条件的地方可以对部门整体支出进行评价。目前，绩效评价工作在各地进行了有效试点，并在有序扩大实施范围。

财政部《关于推进预算绩效管理的指导意见》（财预〔2011〕416号）提出，预算绩效管理是一个由绩效目标管理、绩效运行跟踪监控管理、绩效评价实施管理、绩效评价结果反馈和应用管理共同组成的综合系统。

财政部《关于印发〈预算绩效管理工作规划（2012—2015年）〉的通知》（财预〔2012〕396号）中提出"在强化财政部门、预算部门绩效评价主体功能的同时，探索引入第三方评价。"财政部门负责本级预算部门和下级财政部门支出绩效的评价或再评价，预算部门负责组织实施本部门支出绩效评价工作，对下属单位支出进行评价或再评价。第三方评价可以在接受财政或预算部门委托的情况下独立开展。具体实施评价时，可对部门基本支出、部门项目支出、部门支出管理和财政综合支出进行绩效评价。

（三）会计师事务所开展绩效评价业务的情况

在绩效评价工作中委托会计师事务所提供服务，为会计师事务所积极发挥专业优势服务财政工作提供了平台和空间，越来越多的会计师事务所参与到这一领域中。

从实践来看，会计师事务所执行的绩效评价中，项目支出评价较多。其中，不同地区情况不同，有些地区的会计师事务所按照委托方的具体要求执行工作，不由会计师事务所出具评价报告；有些地区会计师事务所则是按照委托，开展绩效评价业务并出具评价报告，相对独立地作出更多决策和判断。

对于注册会计师行业而言，绩效评价工作是一项具有广阔发展前景的新业务领域。中国注册会计师协会鼓励、引导会计师事务所拓展绩效评价业务，并提供相应的支持。《中国注册会计师行业发展规划（2011—2015年）》中对开发、承接绩效评价业务作出了规划，支持、鼓励和推动注册会计师专业方向院校开设绩效评价相关课程及专业方向建设，同时通过各种方式大力开展绩效评价业务培训，培养绩效评价专业人才。

二、相关概念

（一）绩效目标

绩效目标是绩效评价的对象计划在一定期限内达到的产出和效果，由预算部门（单位）在申报预算时填报。预算部门（单位）年初申报预算时，应当按照相关规定将绩效目标随年度预算一起编制。

1. 绩效目标需要包括的主要内容：

（1）预期产出，包括提供的公共产品和服务的数量；

（2）预期效果，包括经济效益、社会效益、环境效益和可持续影响等；

（3）服务对象或项目受益人满意程度；

（4）达到预期产出所需要的成本资源；

（5）衡量预期产出、预期效果和服务对象满意程度的绩效指标；

（6）其他。

2. 绩效目标应当符合的要求：

（1）指向明确。绩效目标要符合国民经济和社会发展规划、部门职能及事业发展规划，并与相应的财政支出范围、方向、效果紧密相关；

（2）具体细化。绩效目标应当从数量、质量、成本和时效等方面进行细化，尽量进行定量表述；

（3）合理可行。制定绩效目标时要经过调查研究和科学论证，目标要符合客观实际。

3. 绩效目标审核的主要内容：

（1）完整性审核。绩效目标的内容是否完整，绩效目标是否明确、清晰；

（2）相关性审核。绩效目标的设定与部门职能、事业发展规划是否相关，是否对申报的绩效目标设定了相关联的绩效指标，绩效指标是否细化、量化；

（3）适当性审核。资金规模与绩效目标之间是否匹配，在既定资金规模下，绩效目标是否过高或过低；或者要完成既定绩效目标，资金规模是否过大或过小；

（4）可行性审核。绩效目标是否经过充分论证和合理测算；采取的措施是否切实可行，并能确保绩效目标如期实现。综合考虑成本效益，是否有必要安排财政资金。

绩效目标审核结果由财政部门和预算部门确认。

（二）财政支出的经济性、效率性和效益性

1. 经济性。

经济性是成本与投入的关系，是指以最低费用取得一定数量和质量的资源，即预算支出是否节约。

在评价经济性时，可能考虑的因素举例如下：

（1）选择的方式或者取得的设备（即投入）是否是对公共资金最经济的使用；

（2）人力、物力和财力是否已被经济使用；

（3）管理活动是否符合良好的管理原则和管理政策。

2. 效率性。

效率性是投入和产出的关系，包括是否以最小的投入取得一定的产出或者以一定的投入取得最大的产出。通过与类似活动、其他期间或已采纳的标准进行比较，可以形成效率性方面的结论。有时也可能以最佳实践等作为比较标准。如果无法通过与标准的对比得出结论，评价人员可能依据所能获取的信息、观点以及在评价过程中的分析进行评价。

在评价效率性时，可能考虑的因素举例如下：

（1）人力、财力和其他资源是否得到有效运用；

（2）项目、实体和活动是否得到有效管理、组织、执行、监控和评价；

（3）财政预算资金支出活动是否符合规定的目标和要求；

（4）公共服务是否以服务对象为导向并及时提供；

（5）是否有效实现项目目标。

3. 效益性。

效益性是产出与目标的关系，是指达到政策目标、运营目标和其他预期结果的程度。

在评价效益性时，可能考虑的因素举例如下：

（1）经济效益；

（2）社会效益；

（3）生态效益；

（4）可持续影响；

（5）社会公众或服务对象满意度；

（6）确认哪些因素阻碍令人满意的绩效目标的实现；

（7）识别公共服务项目更为合理的途径，对结果和原因进行分析。

（三）绩效评价的基本内容

1. 绩效目标设定情况；

2. 资金投入和使用情况；

3. 为实现绩效目标制定的制度、采取的措施等；

4. 绩效目标的实现程度及效果；

5. 绩效评价的其他内容。

（四）绩效评价的基本原则

1. 科学规范原则。绩效评价应当严格执行规定的程序，按照科学可行的要求，采用定量与定性分析相结合的方法。

2. 公正公开原则。绩效评价应当符合真实、客观、公正的要求，依法公开并接受监督。

3. 分级分类原则。绩效评价由各级财政部门、各预算部门根据评价对象的特点分类组织实施。

4. 绩效相关原则。绩效评价应当针对具体支出及其产出绩效进行，评价结果应当清晰反映支出和产出绩效之间的紧密对应关系。

（五）绩效评价的主要依据

1. 国家相关法律、法规和规章制度；

2. 各级政府制定的国民经济与社会发展规划、方针政策和相关制度；

3. 预算管理制度、资金及财务管理办法、财务会计资料；

4. 预算部门职能职责、中长期发展规划及年度工作计划；

5. 相关行业政策、行业标准及专业技术规范；

6. 申请预算时提出的绩效目标及其他相关材料，财政部门预算批复，财政部门和预算部门年度预算执行情况，年度决算报告；

7. 人大审查结果报告、审计报告及决定、财政监督检查报告；

8. 其他相关资料。

三、制定依据和指引定位

（一）制定依据

1. 财政部关于印发《财政支出绩效评价管理暂行办法》的通知（财预〔2011〕285号）；

2. 财政部《关于推进预算绩效管理的指导意见》（财预〔2011〕416号）；

3. 财政部关于印发《预算绩效管理工作规划（2012—2015年）》的通知（财预〔2012〕396号）；

4. 财政部关于印发《预算绩效评价共性指标体系框架》的通知（财预〔2013〕53号）；

5. 财政部关于印发《地方财政管理绩效综合评价方案》的通知（财

预〔2014〕45号）；

6. 财政部关于印发《中央部门预算绩效目标管理办法》的通知（财预〔2015〕88号）；

7. 财政部关于印发《中央对地方专项转移支付绩效目标管理暂行办法》的通知（财预〔2015〕163号）；

8. 相关专项工作、专项资金绩效评价办法，如民政部、财政部联合发布的《最低生活保障工作绩效评价办法》（民发〔2014〕21号），以及财政部、环境保护部联合发布的《江河湖泊生态环境保护项目资金绩效评价暂行办法》（财建〔2014〕650号）等。

（二）指引定位

本指引针对会计师事务所就被评价单位的财政支出（项目支出）进行绩效评价并独立出具报告的情形进行编写，用于指导和帮助会计师事务所开展相关绩效评价业务。在此情形下，会计师事务所按照规定程序接受委托，作为第三方独立开展项目支出绩效评价活动，运用科学、规范的评价方法，将项目投入产出的实际情况与评价标准、评价依据进行比较分析和综合评判，形成评价结论，出具评价报告，并通过绩效评价发现决策和执行中的问题、提出改进的方向，以促进预算管理。

会计师事务所开展其他类型绩效评价业务，可根据具体情况参考使用本指引。

需要注意的是，在开展绩效评价过程中，财政部门对绩效评价组织管理和工作程序已有要求的，会计师事务所需要遵守相关要求。

第二章 财政支出绩效评价业务的承接

一、承接绩效评价业务的前提条件

（一）被评价单位认可并理解其责任

被评价单位认可并理解其责任是绩效评价人员执行绩效评价工作的前提。被评价单位的具体责任包括：

1. 设定、确认绩效目标；

2. 设计和实施恰当的内部控制（包括预算管理制度等），保证经济、有效和合法地使用预算资金；

3. 根据绩效目标完成情况填列基础信息表，汇总相关的情况和数据，提供相关佐证资料，进行总结分析，编制绩效报告；

4. 及时为评价工作提供必要的工作条件,包括提供真实、合法、完整的基础资料,允许评价人员不受限制地接触执行评价工作所需的相关信息等。

(二)绩效评价工作组具有专业胜任能力

绩效评价涉及具体的社会、经济调查,要求具有高水平的分析、判断技能。因此,需要绩效评价人员接受过良好的教育,具有一定的学历和工作经验,具有足够的专业熟练程度和良好的工作能力,了解特定项目的外部环境和内部情况,具备相应的逻辑归纳能力、社会调查能力、写作能力和交流沟通能力,例如学习创新、社交技巧、诚实公正、判断力、承受压力、良好的口头表达和书面沟通等技能,以有效开展评价工作。

会计师事务所在组建工作组、委派绩效评价人员时,需要考虑团队是否具备以下知识与技能:

1. 绩效评价相关知识,以及运用这些知识所需的职业判断能力和经验;
2. 关于政府组织、职能和项目的相关知识;
3. 预算管理、项目管理和财务管理等方面的专业知识及其应用;
4. 与具体评价业务相关的公共部门管理、财务会计、管理会计、统计、工程造价、信息技术、审计、咨询、管理学、社会调查等专业技能应用能力。

(三)绩效评价人员遵守职业道德要求

在承接和开展绩效评价工作过程中,要求评价人员恪守诚信和保持良好职业行为,因此,需要坚持客观公正原则,保持职业怀疑态度,严格履行保密义务。

1. 客观公正原则

评价人员需要公正处事、实事求是,不应由于偏见、利益冲突或他人的不当影响而损害自己的职业判断。

会计师事务所委派评价人员时,应当考虑其是否与被评价单位存在利害关系或可能影响公正性的其他情况,在会计师事务所内部设置相应的回避制度和程序,以避免对客观和公正性产生影响。

评价人员不得向被评价单位索取、收受合同约定以外的酬金或其他财物,或者利用业务之便,谋取其他不正当利益。

2. 职业怀疑态度

评价人员在整个评价过程中需要保持职业怀疑态度,充分关注绩效评价资料的质量。

3. 保密义务

评价人员应当对绩效评价工作中获知的信息保密,未经适当授权或法律法规允许，不得向不相关的其他方透露所获知的信息，或利用所获知的信息为自己或他人谋取利益。

对于委托方在业务约定书及其他沟通文件中明确的专门的保密要求，工作组还需要专门设置适当的程序，以履行具体的保密条款要求。

二、签订绩效评价业务约定书

在决定承接绩效评价业务后，会计师事务所需要与委托方就业务约定条款达成一致意见，形成绩效评价服务合同或其他适当形式的书面协议。业务约定条款具体包括绩效评价的对象和内容、各方责任、业务收费、合同终止条款、违约责任等。

会计师事务所根据评价业务的具体情况确定委派人员的级别、时间以及聘用专家等投入，与委托方协商合理的业务收费。

本指引附录一提供了绩效评价服务合同参考格式。

三、关注评价工作中的沟通与反馈

评价人员和被评价单位的沟通，始于与被评价单位的初次接触。在评价过程中实现坦诚和积极的沟通是理想情况，绩效评价可能遇到被评价单位的消极对待，对此，评价人员需要与相关方面及时进行信息反馈。评价人员将评价目标和方法告知被评价单位，获得被评价单位的协助，建立具有建设性的互动过程，对于高质量地完成评价工作至关重要。

第三章 计划评价工作和编制评价工作方案

评价人员需要合理计划评价工作，以及时、经济、高效地完成评价工作。在绩效评价中，审慎地编制绩效评价工作方案是必不可少的。

一、方案的涵义与原则

财政支出项目绩效评价工作方案是会计师事务所为有效开展绩效评价而撰写的工作规划，是具体实施绩效评价的重要基础，也是保障绩效评价质量的重要手段。

评价工作方案要结合财政支出绩效评价的特点和内在要求，符合可行性、全面性和简明性原则：

1. 可行性原则是指方案设计要符合主客观条件，其评价内容、方法、步骤和时间节点安排要科学合理，具有可操作性；

2. 全面性原则是指评价工作方案要全面反映工作概况，包括评价对象、范围、步骤、方法、时间、组织实施等内容，明确指标体系和各项指标数据的采集方法和来源；

3. 简明性原则是指方案编写要逻辑性强、简明扼要、易于理解。

二、方案的结构与内容

评价工作方案的结构主要包括项目概况、评价思路、指标体系、社会调查和组织实施等五要素。

（一）项目概况

1. 项目立项的背景和目的：项目背景是指立项的环境和条件，项目目的是指实施项目达到的目标和意义。

2. 项目立项依据：描述项目立项依据，可逐条列示，注明出处和来源。

3. 项目预算及资金来源：描述整个项目的预算情况、预算变更情况及变更原因、资金来源与计划安排等内容。

4. 项目计划实施内容：包括项目立项时间、批复单位、项目具体内容、项目所在区域、具体资金投向、项目计划完成时间等要素。

5. 项目的组织及管理：重点包括特定项目主管部门和具体实施单位及各自职责、项目管理组织架构、项目具体实施流程，以及项目业务管理和财务管理等核心管理制度。

6. 利益相关方：确定特定项目的利益相关方，分析利益相关方参与项目设计、实施、运行、受益的路径。项目的利益相关方一般包括项目相关主管部门、项目单位、项目受益者、社会公众等，描述利益相关方在项目不同阶段中的职责和作用。

7. 项目绩效目标：明确项目绩效目标与立项目的的相关性和合理性，以及项目绩效目标设立依据；反映项目绩效目标的实际设定情况，绩效目标需要补充完善的，需要提供相应依据。

（二）评价思路

1. 评价目的和依据：评价目的是绩效评价工作要实现的目标，是评价工作的基本导向，体现评价价值，回答为什么评价；评价依据回答依据什么评价，即阐明法律、政策、技术、管理等支撑条件（包括行业方面和财政方面）。

2. 评价对象和范围：对特定财政支出项目的资金活动和管理活动投入、产出的全过程进行完整、准确的表述。

3. 评价时段的确定：根据项目实际情况，确定评价的时段。

（三）绩效评价指标体系

绩效评价指标体系设计是绩效评价的核心和难点，包括指标框架、指标权重和评价标准等方面，要考虑实用性、可操作性和可实现性，以充分体现和真实反映项目的绩效状况和绩效目标的实现程度。

1. 指标体系设计的总体思路：概述指标设计思路、指标设计依据、权重设计思路、数据来源及取数方式、评价标准及评价方式等。

2. 指标体系：包括共性指标和个性指标，从决策类、管理类和绩效类分级设计。

3. 各项指标定义、评分标准和评分细则：针对每个指标编写对应的绩效评价指标底稿，包括指标解释、指标权重、评价标准、数据来源及取数方式。

（四）社会调查工作方案

社会调查工作方案是指针对特定项目涉及的利益相关方开展各种形式调查的工作计划，说明调查目的，安排调查对象，确定调查方式，明确抽样方法，设计问卷调查内容和访谈提纲。

（五）评价的组织实施

1. 评价工作组人员分工；

2. 评价时间及主要工作进程安排；

3. 质量控制制度，即会计师事务所为保证绩效评价工作的质量、工期和效率而制定的政策和程序。

三、开展调研

评价人员需要充分了解被评价项目或被评价单位的业务情况，以实现评价目标、识别重要评价事项和履行评价责任，通过调查研究后编制评价工作方案。

（一）调研内容

1. 被评价项目的特点（经济分类、角色和职能、常规行为和过程、发展趋势等）；

2. 项目总体目标和绩效目标；

3. 组织结构和受托责任关系；

4. 内外部环境及利益相关方；

5. 影响项目实施的外部制约因素；

6. 管理制度、岗位责任制度和资源等方面的保障程度。

（二）信息来源

1. 相关立法和立法机关的报告；
2. 部门相关政策文件；
3. 单位组织结构、内部管理文件和操作手册；
4. 行业调查以及专家的研究观点、现场踏勘；
5. 预算资金支出的合规性检查和专项业务的调查结果；
6. 与被评价单位和利益相关方的讨论结果；
7. 管理信息系统；
8. 新闻报道；
9. 其他相关信息系统（如办公统计数据）。

（三）项目信息

1. 项目决策。

查阅与项目相关的各级政府部门制定的国民经济与社会发展规划、方针政策，以及相关行业政策和行业标准或专业技术规范，以了解项目决策的背景情况；查阅项目的可行性研究报告、立项报告、经财政部门批准的预算方案等，了解项目的决策情况；查阅被评价单位的工作计划和职能文件，了解被评价单位对项目执行的相关规划。

2. 项目管理。

查阅项目的实施方案以及反映管理过程的相关资料（如项目招投标文件、工程监理报告等），了解项目的具体实施情况；通过与被评价单位管理人员沟通以及查阅被评价单位的相关管理制度和报告（如财务管理制度、项目相关账簿、专项审计报告等），了解预算资金的管理及具体使用情况。

3. 项目绩效。

查阅反映项目完成情况和实施效果的相关资料（如项目完工验收报告、项目经费决算表、预算单位的绩效报告及项目执行情况报告等），了解项目实际完成情况。

四、设计绩效评价指标体系的思路

构建绩效评价指标体系是评价工作的关键一环，直接影响评价人员所需获取的相关资料和进行数据分析的重点，以及最终绩效评价结论的科学性。评价人员需要围绕资金使用、资源配置、项目管理等方面，客观分析项目的产出和效果，体现投入、过程到产出、效果的逻辑，科学编制绩效指标评价体系。

（一）绩效评价指标

绩效评价指标是指衡量绩效目标实现程度的考核工具。根据财政部《财政支出绩效评价管理暂行办法》的相关要求，绩效评价指标的确定应当遵循以下原则：

1. 相关性原则。应当与绩效目标有直接的联系，能够恰当反映目标的实现程度；

2. 重要性原则。应当优先使用最具评价对象代表性、最能反映评价要求的核心指标；

3. 可比性原则。对同类评价对象要设定共性的绩效评价指标，以便于评价结果可以相互比较；

4. 系统性原则。应当将定量指标与定性指标相结合，系统反映财政支出所产生的社会效益、经济效益、环境效益和可持续影响等；

5. 经济性原则。应当通俗易懂、简便易行，数据的获取应当考虑现实条件和可操作性，符合成本效益原则。

绩效评价指标分为共性指标和个性指标。共性指标是指适用于所有评价对象的指标，主要包括预算编制和执行情况、财务管理状况、资产配置、使用、处置及其收益管理情况以及社会效益、经济效益等。个性指标是针对预算部门或项目特点设定的，适用于不同预算部门或项目的绩效评价指标。

财政部《预算绩效评价共性指标体系框架》提供了设置具体共性指标时的参考性框架，可以灵活选取最能体现绩效评价对象特征的共性指标。个性指标需要结合绩效评价对象的具体情况，参照财政部门相关规定，在与委托单位充分沟通的基础上构建，以准确、合理地反映绩效评价指标的个性特征。

对于某些财政支出类别，例如经济建设支出、财政支农支出、财政教育支出、财政科技支出、财政文化体育支出、财政卫生支出、财政社会保障支出、政府采购支出、信息系统建设及运行维护支出等，如财政及其他相关部门制定了具有针对性的绩效评价指标，会计师事务所执行相关绩效评价业务时需要予以应用。

在设定指标时，评价人员需要考虑相关指标是否可以量化。对于可以量化的指标，通过对获取的资料进行计算分析，得出评价结果。对于无法量化的定性指标，可以通过专家经验判断、问卷测试、横向比较等方法取得判断基础或依据。对于预算资金使用中存在的违规行为，需要充分考虑其对绩效评价等级的影响。

（二）绩效评价标准

根据财政部《财政支出绩效评价管理暂行办法》的规定，绩效评价标准是指衡量财政支出绩效目标完成程度的尺度，具体包括：

1. 计划标准，是指以预先制定的目标、计划、预算、定额等数据作为评价的标准；
2. 行业标准，是指参照国家公布的行业指标数据制定的评价标准；
3. 历史标准，是指参照同类指标的历史数据制定的评价标准；
4. 其他经财政部门确认的标准。

在实务中，评价人员在确定评价标准时可能考虑的因素如下：

1. 相关法律法规；
2. 立法机关或行政部门的决定；
3. 与历史信息、行业标杆值、最佳实践的比较；
4. 国家或国际相关标准；
5. 被评价单位设定的个性绩效指标的合理性；
6. 专家建议；
7. 相关专业政策与知识；
8. 类似评价中使用过的标准；
9. 相关的预算管理、项目管理和财务管理等文献。

（三）绩效指标权重

绩效评价指标的权重是指某一指标在整个绩效评价指标体系中的比重，应根据该指标在整体指标体系中的重要程度，选用科学方法、合理设置权重。

绩效评价指标体系一般从预算资金的投入、过程、产出、效果四个方面进行构建，而绩效评价关注的重点是评价对象的实际产出和效果。因此，在具体设置绩效评价指标的权重时，需要考虑提高产出类指标和效果类指标的权重，以使其在绩效评价指标的整体权重中占主导。

财政部《预算绩效管理工作规划（2012—2015 年）》中提出："加快对绩效指标的研究设计和修订补充，初步形成涵盖各类各项支出，符合目标内容，突出绩效特色，细化、量化的绩效指标；加强各类标准值的收集和整理，初步形成体现计划、行业、专业、历史等各方面特点的各类评价标准；强化评价权重设置的研究，选用各种科学的方法，合理设置权重分值，构建体现相关性、重要性、系统性、经济性原则的绩效评价指标体系，并实现绩效评价指标体系的共建共享。"评价人员需要及时更新和掌握财政部门最新的绩效评价分类指标库，以在具体评价业务中有效设定绩效评价指标体系。

五、确定绩效评价方法

绩效评价方法是指用于分析绩效数据，得出评价结论的各种经济分析、评估和评价方法。绩效评价方法的选用应当坚持简便有效的原则。根据评价对象的具体情况，可采用一种或多种方法进行绩效评价。

根据财政部《财政支出绩效评价管理暂行办法》的规定，绩效评价方法主要采用成本效益分析法、比较法、因素分析法、最低成本法、公众评判法等。

（一）成本效益分析法

是指将一定时期内的支出与效益进行对比分析，以评价绩效目标的实现程度。结合预算支出确定的目标，比较支出所产生的效益和付出的成本。其适用范围有一定的局限性，主要适用于成本和效益都能准确计量的项目，如公共工程项目等。一般情况下，以社会效益为主的支出项目不宜采用该方法。

（二）比较分析法

是指通过对绩效目标与实施效果、历史与当期情况、不同部门和地区同类支出的比较，综合分析绩效目标实现程度。比较法主要适用于财政项目资金管理，通常也通过案例对比分析进行评判。

（三）因素分析法

是指通过综合分析影响绩效目标实现、实施效果的内外因素，评价绩效目标的实现程度。许多支出项目运用因素分析法，通过不同因素的权重评比，进行综合分析。

（四）最低成本法

是指对效益确定但不易计量的多个同类对象的实施成本进行比较，评价绩效目标的实现程度。在使用最低成本法的同时，需要明确不同对象的产出和结果，并适当选取其他方式综合进行绩效评价。

（五）公众评判法

是指通过专家评估、公众问卷及抽样调查等对财政支出效果进行评判，评价绩效目标的实现程度。对于无法直接用指标计量其效益的支出项目，可以选择有关专家进行评估并对社会公众进行问卷调查，以评价其效益，可用于对公共部门和财政投资兴建的公共设施进行评价。

六、委派评价人员

(一) 组建评价工作组

会计师事务所指定业务负责人,对具体绩效评价业务的总体质量负责。在委派评价人员时,应当考虑相关人员的胜任能力,确信工作组整体上具有适当的胜任能力并遵循相关的职业道德要求,能够按照业务约定书的约定高质量地完成评价业务。

(二) 合理安排分工

业务负责人指导、监督、复核工作组成员执行的评价工作,以确保:工作组全体成员充分理解评价目标;评价程序充分并得以恰当执行;评价资料充分、可靠、相关并得以记录,以支持评价结论和建议;满足项目预算、时间表、工作方案安排的要求;与委托方和被评价单位充分沟通,及时征求意见。

在评价过程中,可以安排工作组内经验较多的人员复核经验较少人员的工作,并合理保证评价人员就疑难问题进行适当的咨询。

七、利用专家工作的特殊考虑

(一) 利用专家工作

绩效评价涉及范围广泛,评价过程中可能需要利用专家的工作,例如相关行业专家、绩效管理专家等。专家工作主要包括专家咨询和专家评审,前者主要是借助专家的专业力量为绩效评价工作中的专业问题提供意见与建议,评价人员借助专家的工作作出评价结论并形成绩效评价报告;后者是专家直接参与绩效评价工作,对财政支出的经济性、效率性与效益性作出判断,评价人员整理专家意见,并根据专家意见形成绩效评价报告。

(二) 考虑聘任条件

在利用专家的工作时,需要考虑专家的胜任能力和经验。如果当地财政部门对专家聘任条件作了具体要求,会计师事务所聘用专家需要遵守其要求。实务中,有些地区的财政部门建立有专门的绩效评价专家库,在录取专家库成员时对相关专家的资格和经验作了适当考虑,这有助于会计师事务所对专家的选聘。

(三) 明确专家定位

会计师事务所需要确保专家独立于被评价项目,告知专家所需遵守的道德规范(如保密性要求和回避要求等),并考虑以专家承诺书等方式予以确认。

会计师事务所需要指定专人加强与专家的沟通，尊重和采纳专家恰当的意见和建议。

八、编写绩效评价工作方案

基于对项目的了解，工作组对选择的绩效评价指标体系、设定的绩效评价标准以及计划的工作安排进行书面记录，形成评价工作方案。

（一）符合要求

评价工作方案的编写既要符合方案写作的一般要求，又要结合绩效评价的工作特征和内在要求，符合可行性、全面性和简明性要求。

（二）协同参与

业务负责人和工作组成员参与评价工作方案的制定，对于恰当计划评价工作非常重要。实务中，评价工作方案的确定，可能需要包括委托方、评价人员、专家等在内的多方参与和沟通。根据财政部门的具体要求，评价工作方案可能还需要经过适当形式的评审或财政部门的认可。

（三）时间要求

评价人员需要在绩效评价业务约定书约定的时间内完成评价工作方案（初稿），并在委托方组织召开评价工作方案评审会后的约定时间内，提交评价工作方案（正式稿）。

本指引附录二提供了财政支出绩效评价工作方案参考提纲。

本指引附录三提供了财政支出绩效评价工作流程图示例。

第四章　绩效评价的具体实施

绩效评价的实施可以视为一个资料收集、分析和沟通的过程。评价人员收集资料、解读资料并加以分析，与委托方和被评价单位进行持续沟通，就各种发现、意见和观点进行评价，直至最终形成评价结论。

一、资料收集方法

常用的资料收集方法包括：

（一）文件检查

检查文件是收集资料的有效途径。文件可以提供多种类型的资料，例如，项目绩效（总结）报告、项目受益者满意度测试以及政府相关优惠政策规定；对会计资料反映的预算资金收支活动的合规性检查，比如项目独立核算、专款专用、原始凭证的合规、资金收支的合法等。在绩效评价的初期需要确定文件的性质、地点以及可获得性，从而确保文件检查方法的成本效益性。

（二）文献分析

文献分析是指查阅与评价业务相关的文献，研究相关历史资料，以帮助评价人员获取有用的资料，但需要对其内容的可靠性进行评估，包括信息是否客观，是否是多方位的描述。

（三）问卷调查

问卷调查是从人群或者组织群体中收集详细、具体的信息，特别是就某个特定问题收集信息，可以运用包括函证、网上调查、电话核实等在内的多种调查方法。问卷调查通常需要运用计算机进行加工，并假定对问题内容有较好了解。如能合理使用，问卷调查是一种有效的方法，尽管在设计问卷和处理答复时较为困难、耗时。

（四）访谈

访谈基本是一个问与答的过程，以获取具体信息。绩效评价工作需要大量依赖访谈，在评价工作的不同阶段进行不同类型的访谈，从寻求事实的交流和讨论（非结构化的访谈，采用开放式的询问），到结构化的访谈（采用封闭式问题清单）。通过访谈，收集材料和信息，记录态度、意见和建议。

访谈可用于计划阶段以及调查阶段，旨在获取与评价目标相关的文件、意见和想法，证实由其他渠道获取的事实、数据。可以采用多种技术手段，同时访谈一人或多人。为了尽可能广泛地获取信息，需要对不同职位、观点和见解的人员进行访谈。

访谈要注意针对各类意见收集相关的事实和信息，在通过访谈获取细节和内容之前需要进行策划。对访谈的结果需要进行整理和记录，以帮助后续的分析和质量复核。在分析访谈信息或数据时，需要将谈话的内容分为不同的类别或主题，归纳信息的共同线索或相互印证的事项。

（五）研讨会

在绩效评价的各阶段可召开研讨会。研讨会可用于：

（1）获取对某专业领域的了解；

（2）讨论项目管理的成功经验与成绩、产出与效果以及改进措施；

（3）通报不同的观点和意见。

这一方法的优势在于将拥有不同知识和观点的人员聚集在一起，从而可以对问题领域有更好的了解。

（六）焦点小组

焦点小组是将选定的人员集中起来讨论某个主题或事项。该方法主要用于收集定性信息，可以从受益人或者其他利益相关方，获取关于执行情况的信息以及政府项目影响的信息。

（七）观察

观察法在绩效评价中并不常见。这一方法主要用于深入了解操作的运行方式，获得相关领域人员的意见、测试观点及与其他信息进行对比。

有关资料收集方法比较如下：

方法	总体目标	优势	不足
问卷调查	可以一种无压力的方式从大量人员处快速、便捷地获取信息	1. 可以匿名完成 2. 管理成本较低 3. 易于比较分析 4. 可以获得大量的数据 5. 许多样本问卷可供使用	1. 可能得不到认真反馈 2. 措辞可能影响被调查者的回应 3. 需要抽样方面的专家 4. 无法给出全貌
访谈	可以全面了解某人的想法，或是详细了解调查进一步的信息	1. 获取全面深入的信息 2. 建立关系 3. 灵活沟通	1. 需要较长的时间 2. 难以分析和比较 3. 成本很高 4. 采访者可能影响受访者的回应
文件检查	可以在不干扰项目的情况下了解项目的实施情况；审查财务资料、备忘录和会议记录等	1. 反映全面的、历史的信息 2. 不干扰项目或者客户在项目中的日常工作 3. 信息已经存在 4. 很少对信息有偏见	1. 经常花费很多时间 2. 信息可能不完整 3. 需要清楚在寻找什么 4. 不是获取数据的灵活方法；仅限于已存在的数据
观察	可以收集项目实际运行情况的信息，特别是流程的运行情况	1. 观察项目的实际发生情况 2. 灵活应对发生的事项	1. 解释观察到的行为存在困难 2. 对观察活动进行分类是复杂的 3. 可能影响被观察者的行为 4. 成本较高
焦点小组	通过小组讨论，深入考察某一问题，例如，针对建议的反应、了解常见的投诉等	1. 快捷可靠地获取共同印象 2. 是短期内获取广泛深入信息的有效方法 3. 能够传达项目的关键信息	1. 难以分析成员的反应 2. 协调员需要负责保密和披露事宜 3. 很难将多人安排到一起

绩效评价可能运用社会科学中的多种数据收集方法，比如调查、访谈、观察以及检查书面文件等。在选择方法时，基本原则是灵活务实。某些实际情况可能限制可供选择的方法，例如数据的可获得性，对此，评价人员可能不得不选择次优方案。在绩效评价中，需要关注资料收集方法的有效性、可靠性：

（1）有效性：采用的方法与评价目标相适应；

（2）可靠性：在同一环境下重复调查工作，能够得出一致的结论。

二、资料类型特征

资料可以分为实物资料、口头资料、书面资料和分析性资料。

（一）实物资料

实物资料可以通过观察人员、事件或检查实物等方式形成。这种资料以照片等方式呈现。一幅实物状况的照片会比单纯的文字描述更有证明力。当实地观察实物状况对实现评价目标具有重要意义时，实物状况就需要得到确证。例如，可以由两名或多名评价人员进行实地观察，如有可能，可由被评价单位人员陪同。

（二）口头资料

口头资料通常是由询问访谈形成的记录，可能提供通过其他方式不一定能够获取的重要线索。询问访谈的对象可能包括被评价单位人员、项目受益人、专家、社会公众等。如果口头资料不只是用于提供背景信息，则需要对口头资料加以佐证。

佐证口头资料的方法包括：

（1）向受访者获取书面确认书；

（2）从多个不同的独立来源证明同一个事实；

（3）检查相关记录。

在评价口头资料的可靠性和相关性时，评价人员需要评估受访者的可信度，包括受访者的职位、知识、技术和诚信。

（三）书面资料

书面资料在绩效评价资料中最为普遍。书面资料可能来自被评价单位的外部或内部。外部书面资料可能包括被评价单位收到的信件或备忘录、供应商发票、租约、合同、外部审计报告、内部审计报告和其他报告、第三方确认函等。内部书面资料产生于被评价单位内部，例如会计记录、职位描述、计划、预算、内部报告和备忘录、绩效统计汇总表、内部政策和流程等。

如果将由被评价单位管理控制系统（如会计系统）生成的文档作为资料，评价人员需要评估系统的内部控制。

（四）分析性资料

分析性资料来自于对数据资料的分析和验证。分析过程包括计算复核、比率分析、趋势分析，还可以进行与既定标准或行业基准的对比分析。分析通常是定量的（如资源的投入产出比率），也可以是定性的（如观察对被评价单位的投诉是否呈现一致趋势）。

三、资料质量特征

评价人员需要获取具有充分性、可靠性、相关性的评价资料，以支持其判断或结论。

（一）资料的充分性

资料的充分性与资料数量相关。在绩效评价中，影响所需资料数量的因素可能包括：

（1）形成不恰当评价结论的风险；

（2）以往有关被评价单位记录或声明的可靠性的经验；

（3）被评价单位对某些事项的敏感性；

（4）获取资料的成本与其证明作用。

（二）资料的可靠性

如果真实反映了应表达的内容，则资料是适当的（即合法可靠）。在评价资料的可靠性时，可以考虑下列方面：

（1）佐证是增加资料可靠性的有效方法。这意味着评价人员从不同的来源获取不同类型的资料；

（2）来自于被评价单位外部的资料通常比被评价单位内部产生的资料更可靠；

（3）书面资料通常比口头资料更可靠；

（4）评价人员观察、分析产生的资料通常比间接获取的资料更可靠；

（5）被评价单位信息的可靠性一定程度上取决于被评价单位内部控制的可靠性；

（6）得到书面佐证的口头资料比单独的口头资料更可靠；

（7）原件比复印件更可靠。

（三）资料的相关性

相关性要求资料与评价目标和标准之间具有清晰的逻辑关系。在制定资料收集计划时，针对每个问题和标准，列示出所需资料的性质、来源以及相关的评价程序。

四、收集资料

(一) 收集思路

收集资料是绩效评价实施阶段的核心工作,通过充分收集定性信息和定量数据,对特定项目进行了解,以描述、分析绩效目标实现程度。绩效评价工作依赖职业判断,资料收集和文档的质量至关重要,需要按照预算管理程序、项目管理要素和绩效评价工作要求,有序、全面地收集相关资料:

1. 相关评价标准:与特定项目相关的法律法规、政策文件、行业标准及专业技术规范等;

2. 项目立项资料:调查报告、可行性研究报告、立项或概算批复、预算批复等;

3. 项目管理资料:项目的管理制度与责任制度、财务管理制度等;

4. 预算决算资料:预算申报表、决算报表及其相关会计资料等;

5. 项目实施资料:招投标文件、委托外包合同或计划任务书、监理报告、审价报告和审计报告等;

6. 产出效果资料:项目成果及其交接资料、专业验收报告、项目总结资料、社会调查资料及受益者问卷调查等。

针对项目的具体情况,需要编制恰当的"提供资料清单"交预算单位或实施单位准备,要求及时提供。

对项目资金投入、委托外包程序和经济合同执行等情况,需要对照相关财经法规规定,进行合规性检查,据此作为项目投入与项目管理的重要评价资料。

(二) 沟通协调

在收集资料过程中,评价人员需要具有创造性、灵活性和谨慎性。绩效评价资料更多是说服性的。当形成的是说服性的而非结论性的资料时,就可能获取的资料的性质及时与相关专家进行讨论,可能是一种有效的方式,有助于降低误解风险,加快评价进度。

鉴于被评价单位以及有利害关系的当事人可能提出不同的观点和意见,评价人员需要从不同来源及时收集评价资料,分别进行沟通。

(三) 整理判断

资料收集工作可能是一次性的,也可能是持续进行的(如时间序列分析、纵向分析等)。收集的资料可能是实物资料、书面资料(包括书面声明)、口头资料(访谈)或者基于评价目标的其他形式资料。通常情况下，需要同时收集定性信息和定量数据。获取的资料需要是可解读的，并且具备相关质量特征。

绩效评价可以通过问卷、调查和观察等方法获取一手数据（即自有资料）。然而，绩效评价中大量使用的是二手数据（即他人提供的资料）。评价人员尽可能获取最优信息，但过于苛求数据的精确性可能是高成本的和不必要的，因为通过次优方案获取的数据可能已经足够充分、适当。

评价人员需要秉持批判的态度，对所获取的信息要去粗存精、去伪存真、由此及彼、由表及里地进行分析判断，作出客观评价。评价人员要能够从不同的角度分析问题，并且客观、开放地接受不同的意见和看法。

如果绩效信息由被评价单位的信息系统生成，则数据的可靠性对评价结果具有重要影响，此时评价人员需要采取措施评估信息系统的可靠性，审查信息系统的一般控制和应用控制。

在评价过程中，如果需要获取敏感性信息（例如对管理层的看法），需要确保匿名，不泄露信息提供者身份。

五、综合分析

在绩效评价中，综合分析定量数据和定性信息是重要环节。绩效评价中所作的分析基于对所评价活动的良好认知。

（一）定量分析

1. 了解数据的分布与变化

数据的分布与变化通常可以用结构性、趋势性图表予以反映（饼图、柱状图或者曲线图），显示出某变量的所有数值。统计是评价过程中进行分析和报告的有用工具。

三种数据分布可能对评价人员比较重要：

（1）"集中趋势"的分布；

（2）数据的分布范围；

（3）数据的分布形态。

数据分布可能用于：

（1）确定数据水平、范围或形态，这些内容可能比单一的平均数更有用；

（2）通过概率分布评价风险；

（3）评估样本数据能否代表总体。

2. 回归分析

回归分析是评价变量之间关联程度的方法，可能用于：

（1）确定变量之间可能存在的相关关系；

（2）识别与预期不同的异常事件；
（3）对未来数值进行预测。

（二）定性分析

信息分析是一个智力性、创造性、循环往复的过程。经常包括讨论和思考、头脑风暴法以及常用的非定量技术，例如内容分析、比较分析以及专家小组帮助下的分析等。

六、信息技术环境下绩效评价的特殊考虑

信息技术正在日益广泛地运用于公共部门项目的计划、执行和监控，良好运行的信息系统有助于项目的有效执行，以更低的成本提供服务，改善项目的经济性、效率性和效益性。然而，不当的信息系统可能引起重大系统性错误。因此，评价人员需要了解被评价单位的信息系统，以评价信息系统对预算绩效管理和绩效评价工作的影响。

（一）系统评价环节

1. 了解被评价单位的信息系统以确定其对绩效评价目标的重要性。

2. 根据绩效评价目标，评价信息系统设计的合理性、系统运行的有效性、系统一般控制与应用控制适当性，确定需要进行信息系统评价的范围与内容，聘请信息系统专家执行评价工作。

3. 视需要，开发并运用计算机辅助评价技术以提高评价工作的效率和效果。

（二）需要考虑的问题

在许多情况下，最重要问题是确定信息系统能否提升被评价单位项目管理的效率，以及信息系统是否能使利益相关方受益。

评价人员需要考虑的问题可能包括：

（1）信息系统的范围、内容、业务流程和潜在风险；

（2）信息系统是否支持被评价单位的目标和经营战略，构成被评价单位业务活动的必要组成部分；

（3）信息系统运行需要高素质的员工；

（4）运用业务效率方面的指标衡量信息系统对业务活动的贡献。

除评价信息系统是否有价值之外，评价人员还可能考虑评价信息技术对实现透明、问责机制和治理方面的贡献。

（三）计划评价工作

信息技术环境下的绩效评价同样需要编制计划、纳入评价工作方案。信息技术环境下的绩效评价需要训练有素的评价人员，具备专门的信息技术、会计等方面的技能。需要考虑获取适当的硬件和软件工具，对评价人员进行适当的培训，以使其同步了解技术发展的最新情况以及相应的信息系统评价方法。在技术性较强的领域，可能需要专家提供服务。

（四）计算机辅助评价技术的运用

评价工作越来越多地使用计算机辅助评价技术，帮助开展评价业务。计算机辅助评价技术可用于数据收集、项目流程有效性的验证以及数据分析，例如：

（1）访问并提取被评价单位数据库中的信息；

（2）对数据进行加总、概括、分类、比较，或按照某个标准从大量数据中进行抽取；

（3）对数据进行制表、核对和计算；

（4）进行抽样、统计处理和分析；

（5）帮助完成评价方案和控制，例如提供电子工作底稿、支持有效索引、复核和报告；

（6）开展网络问卷调查；

（7）提供用于满足特定评价要求的报告。

会计师事务所可能需要根据被评价单位的信息技术环境以及评价目标，设计自动化评价工具。

第五章　形成评价结论和撰写评价报告

绩效评价报告是绩效评价工作成果的集中反映，评价人员对获取的信息进行汇总和分析，提炼形成最终的评价报告。

一、形成结论时需要进行的工作

（一）获取书面声明

在形成评价结论之前，评价人员考虑向被评价单位获取其自身已履行编制绩效报告和向评价人员提供完整信息的责任的书面声明。本指引附录四提供了被评价单位声明书参考格式，其具体格式和内容需要根据项目实际情况进行调整。

（二）复核评价资料

资料支撑对于绩效评价至关重要，要考虑资料是否充分、可靠和相关。在搜集项目资料时，要求被评价单位提供尽可能全面的项目资料，同时善于利用各种公开的统计数据，如政府部门政务公开信息、统计或研究机构的各类数据库及研究成果、互联网上各类相关数据信息。通过充分收集、分析和加工数据信息，形成对绩效评价宏观与微观层面的数据信息支撑。

（三）形成评价结论

如前所述，评价工作需要进行综合分析，运用多种分析模型和方法。虽然没有统一的方法，但是评价人员需要系统、谨慎地分析所收集的资料和意见。这一过程中要对相关细节问题进行核对，权衡各种观点，向专家进行咨询，作出比较分析；将相关评价结果按照既定要求进行组织，在工作组内外部进行讨论。

评价结论要说明特定项目绩效目标的实现程度，应用项目绩效指标完成情况反映投入、产出与效果方面的成绩、经验与存在的问题，对评价指标目标值与实际值的差异情况、产生原因与预期后果等进行具体分析，对已实现的绩效目标总结相关经验与做法，对存在的问题总结分析影响项目绩效目标及预算资金使用的主要因素。

如果可行，要涵盖所有可能预见的主要观点，以避免在评价的最终阶段出现全新甚至可能是决定性的观点。绩效评价的有效实施，需要在各种可能相互对立的观点中谨慎权衡，在这一过程中可以利用经验丰富的专家的帮助。

（四）梳理问题与建议

评价建议以事实为依据，针对存在的问题提出具有建设性的合理建议。分析问题产生的原因和结果，作为提出评价建议的基础。评价建议要具体、可行，能够改善预算管理，提高预算资金运用效果。

可以对项目设立的必要性、项目设计的科学性、预算资金投入的合理性、项目管理和资金管理内部控制的保障度等方面提出政策建议。

建议改进措施，是围绕问题寻求具体的解决途径与方法，应当合理、可操作，有利于预算单位提高预算绩效管理。

（五）与被评价单位充分沟通

在出具正式的绩效评价报告之前，工作组需要与被评价单位进行多方面的沟通。对于问题的表述，工作组要与被评价单位进行适当的沟通，征询其意见，这种沟通并非被评价单位干涉工作组的职业判断，而是从被评价单位获取可能的解释和补充资料，以对问题的性质和影响作进一步确认。评价人员需要评估被评价单位的反馈信息；如果该信息符合评价资料的一般标准，评价人员需要修改报告。评价人员要恰当记录口头或书面的反馈并分析所有的意见分歧。

（六）征询监管部门和专家的意见

工作组可能将绩效评价报告初稿提交相关专家、财政部门及主管部门，与其就评价报告的内容进行充分沟通，获取建议，考虑是否有必要对评价报告作进一步改进，以使报告更加清晰全面，符合报告使用者的需要。根据财政部《财政支出绩效评价管理暂行办法》的规定，绩效评价结果采取评分与评级相结合的形式。实务中，需要执行财政部门对绩效评价结果的分值和等级的规定。

二、撰写评价报告

绩效评价报告涵盖评价目标、评价范围、评价方法和资料来源，以及评价发现、评价结论和评价建议等内容。按照财政部《财政支出绩效评价管理暂行办法》的规定，绩效评价报告的主要内容包括：

（一）项目概况

介绍项目单位的基本情况、项目的实际实施情况、资金来源和使用情况、项目设定的绩效目标等。

（二）绩效评价的组织实施情况

阐述绩效评价人员的构成、数据的收集方法及评价的具体实施过程描述等。

（三）绩效评价指标体系、评价标准和评价方法

反映评价指标的设定及权重、具体使用的评价标准等。

（四）绩效目标的实现程度

报告项目产出与效果，完成预期产出或服务的数量、实现预期质量的标准或水平、达到预期的进度时效；对照项目预期效益指标，分析预期目标的实现程度。

（五）存在问题与原因分析

分析绩效目标的实现程度，对具体评价指标目标值与实际值的差异进行分析，从项目决策、实施、管理等主要方面准确、客观地描述存在的问题，分析问题产生的原因及预期影响，为提出相关建议奠定基础。

（六）评价结论及建议

按照评价标准（包括评分值、等级、分类评分结果）阐述评价结果，反映项目绩效管理的成绩与经验，披露项目存在的问题，并针对问题提出切实可行的改进建议和措施。

（七）其他需要说明的问题

各地财政部门对于评价报告的具体格式和内容可能有进一步的规范和要求，撰写报告时需要考虑其具体要求。

本指引附录五提供了财政支出绩效评价报告参考提纲。

三、报告的质量要求

财政部《财政支出绩效评价管理暂行办法》规定,绩效评价报告应当依据充分、真实完整、数据准确、分析透彻、逻辑清晰、客观公正、报送及时。

(一)充分性

报告的各部分内容均有足够的依据,资料来源清晰,引文加以注释,指标评价有工作底稿,社会调查有工作记录。

(二)完整性

报告包括实现评价目标所需的全部信息和观点,以确保对报告事项和情况的充分、正确理解,达到关于报告内容的要求。评价目标、标准、发现和结论之间的关系需要可证实、完整和清晰。提出的建议与分析结果或评价结论之间具有清晰的联系。

(三)准确性

要使报告使用者确信报告是可信、可靠的。评价报告中只要出现不准确之处就会令人怀疑整份评价报告的正确性,对评价报告产生质疑。不准确的评价报告也会损害会计师事务所甚至整个行业的信誉。

(四)透彻性

报告要全面阐述绩效目标实现程度,对项目的经济性、效率性、效益性等作出具体分析,对项目绩效与存在问题的因果分析等陈述清晰、分析透彻。

(五)逻辑性

报告易于阅读和理解,结构顺畅,组织合理,定量分析与定性分析结论一致,内容不重复,文句用词严谨,技术术语和不常用缩写词诠释涵义。

(六)客观性

报告的内容和表述公正,避免夸大或者弱化绩效不足问题。事实与意见分开陈述,使用的语言不带有偏见或暗示,避免使用可能引起抵触情绪的语言。

(七)及时性

评价人员需要在绩效评价工作方案(正式稿)通过后的约定时间内完成项目绩效评价报告(初稿),并在委托方组织召开项目绩效评价报告评审会后的约定时间内提交项目绩效评价报告(正式稿)。

四、报告的分发和使用

绩效评价报告的分发和使用需要遵守财政部门的相关规定以及业务约定书的具体要求。

随着政府信息公开工作的逐步完善，绩效评价结果公开披露成为促进社会监督的有效尝试，目前已在部分地区进行试点，通过政府网站等方式向社会公布绩效评价报告。

五、绩效评价业务的质量控制

绩效评价报告的质量涉及会计师事务所内部质量控制，会计师事务所需要根据《质量控制准则第 5101 号——会计师事务所对执行财务报表审计和审阅、其他鉴证和相关服务业务实施的质量控制》的规定，建立和保持相关质量控制制度，合理保证会计师事务所和评价工作组能够遵守质量控制制度和相关规定，出具适合具体情况的评价报告。

会计师事务所的政策和程序要在绩效评价人员的招聘、任务委派、职业发展、培训、业绩考核等方面作出合理安排。例如：

（一）人力资源

通过充分有效的培训保持绩效评价人员的专业熟练程度，培训主题可能包括绩效评价方法的发展现状、定性分析方法、案例分析、统计抽样、数据资料收集技巧、数据分析、报告撰写，以及公共管理、公共政策、社会科学或信息技术等。视需要，组织评价人员参加财政部门、注册会计师协会以及其他方面组织的绩效评价业务培训。

（二）技术支持

鉴于绩效评价业务的特点，承办该类业务的会计师事务所需要考虑在所内建设绩效评价技术支持平台，严格绩效评价工作质量考核。

（三）工作底稿和档案管理

工作底稿是绩效评价中收集和产生的相关文档，包括评价工作方案、绩效指标评分工作底稿、座谈会和访谈会议记录、满意度测试汇总底稿、专家意见和建议以及评价报告等。

工作底稿是外勤工作和评价报告的联结点，足够完整和具体的工作底稿能够发挥以下作用：

（1）确认和支持评价人员的观点和报告；
（2）提高评价工作的效率和效果；
（3）作为撰写评价报告或者回答被评价单位或其他方提问的依据；
（4）作为评价人员遵守评价工作技术规范的证据；
（5）有助于工作的计划、监督和复核；
（6）为未来的工作提供参考依据。

在相关政策和程序中，需要对绩效评价业务底稿的归档时间、保存期限、使用和保密等方面作出规定，以满足财政部门的相关要求。

（四）信息化

提升信息化建设水平，建立绩效评价数据库，包括法律法规、部门规章、指标体系、报告和底稿范本、分类专家库等，不断提高绩效评价的科学性和规范化。

附录1：绩效评价服务合同参考格式

绩效评价服务合同（参考格式）

甲方：××财政部门

乙方：××会计师事务所

甲、乙双方根据《中华人民共和国政府采购法》、《中华人民共和国合同法》等规定，经协商，就××绩效评价项目签署本合同：

一、项目名称

××绩效评价项目。

二、合同金额

本合同的合同价为××。

三、完成时间

［约定对绩效评价服务的时间安排，包括制定评价方案、形成评价报告等方面］

四、服务内容及要求

1. 乙方应按照甲方的相关要求和具体工作安排，提供绩效评价服务，服务内容如下：

（1）前期调研、沟通及相关工作布置；

（2）编制评价工作方案；

（3）实地考察，数据采集，社会调查；

（4）数据分析，形成评价报告；

（5）根据专家评审意见完善评价报告，并及时提交甲方确认。

2. 乙方在评价过程中，应具有良好职业操守，保持独立客观公正。

3. 乙方的评价工作接受财政部门的指导和监督。

五、权利与义务

1. 甲方的权利与义务。
（1）有权对乙方的评价工作质量进行监督。
（2）负责对评价项目的开展进行协调。
（3）负责组织验收评价项目成果。
（4）应按照本合同约定的时间和方式向乙方支付服务费用。
（5）有权向相关部门投诉乙方的违规行为。
2. 乙方的权利与义务。
（1）应根据本合同规定，按时保质完成评价工作。
（2）有权要求甲方就项目的开展提供必要的协助。
（3）应独立完成评价项目，未经甲方同意，不得将评价项目转包、分包给第三人。
（4）应对评价项目内容履行保密义务，未经甲方同意，不得将项目成果及评价过程中的相关资料向不相关的其他方透露，也不得将其用于本合同之外的任何目的。
（5）有权要求甲方按照本合同的规定支付服务费用。
（6）有权向有关部门投诉甲方的违规行为。

六、结算方式

1. 本次服务收费总额为×，按照乙方在评价工作中所用时间及［有关收费规定］计算确认。
2. 本项目分×次支付：［如按合同签订后、评价报告提交后、评价报告验收后等分期支付］。
3. 与本次服务有关的其他费用（包括交通费、食宿费、邮电通讯费等）由_____承担。

七、违约责任

1. 如果乙方无故逾期未能完成评价工作，应以合同价为基数，按照［×比例］向甲方支付违约金。
2. 如果乙方遇到可能妨碍按时完成评价的情况，应及时告知甲方。在收到乙方通知后，甲、乙双方应协商确定是否修改合同，延长完成期限。
3. 如果甲方未按照合同约定期限向乙方支付服务费用，应以合同价为基数，按照［×比例］向乙方支付违约金。

4. 如果甲方拒绝提供必要的协助，导致评价无法开展的，乙方有权解除合同，并要求甲方承担因项目而发生的必要费用。

八、合同的修改与终止

1. 经双方协商一致，可修改本合同。
2. 本合同未尽事项，经双方协商一致可另行补充。
3. 对本合同的任何修改应采用书面形式，并由双方（授权代表）签署确认。
4. 本合同将因服务完成而自行终止。
5. 如与国家法律法规相违背，本合同将自行终止。

九、不可抗力

1. 任何一方对由于不可抗力造成的部分或全部不能履行本合同，不承担违约责任。但迟延履行后发生不可抗力的，不能免除责任。
2. 遇有不可抗力的一方，应在×日内将事件的情况以书面形式通知另一方，并在事件发生后×日内，向另一方提交合同不能履行或部分不能履行或需要延期履行理由的报告。
3. 不可抗力是指协议双方不可预见、不可避免、不可克服的自然灾害和社会事件。

十、争议的解决

甲、乙双方在履行合同时发生争议的，应尽可能协商解决。协商不成的，可提请仲裁机构仲裁或向人民法院提起诉讼。

十一、合同生效

1. 本合同经双方签字盖章后生效。
2. 本合同一式×份，双方各执×份。

甲方：（盖章）	乙方：（盖章）
法定代表人（授权代表）：	法定代表人（授权代表）：
地址：	地址：
电话：	电话：
签订时间：　　年 月 日	签订时间：　　年 月 日
签订地址：	签订地址：

附录2：财政支出绩效评价工作方案参考提纲

财政支出绩效评价工作方案（参考提纲）

一、项目概况

（一）项目立项的背景和目的

描述项目立项背景要简明扼要，描述项目立项目的要详细、明确、充分。

（二）项目立项依据

描述项目立项依据，要逐条列示，注明出处和来源。

（三）项目预算及资金来源

要全面完整地描述整个项目的预算情况、预算变更情况及变更原因。描述项目资金计划安排情况，包括资金来源、资金安排的起始时间、投入量等内容。

（四）项目计划实施内容

重点包括项目立项时间、批复单位、项目具体内容（或政策受益条件及受益范围）、项目所在区域、具体资金投向、项目计划完成时间等要素。如项目在实施期内要素发生变更，需要说明变更的内容、依据及变更审批程序。

（五）项目的组织及管理

重点包括项目主管部门和具体实施部门的名称及各自职责、项目管理组织架构、项目具体实施流程，以及项目业务管理和财务管理等核心管理制度。

（六）利益相关方

确定项目的利益相关方，分析利益相关方参与项目设计、实施、运行、受益的路径。项目的相关利益方一般包括：项目相关的主管部门、项目单位、项目受益者（直接受益者、间接受益者）、社会公众等；描述利益相关方在项目不同阶段中的职责和作用。

（七）项目绩效目标

明确项目绩效目标与立项目的的相关性和合理性，以及项目绩效目标设立依据；反映项目绩效目标的实际设定情况，对绩效目标需要补充完善的，应提供相应依据。

（八）其他

其他可能对项目绩效产生重要影响的情况。

二、评价思路

（一）评价目的和依据

评价目的是通过评价所要实现的目标，体现评价价值，是整个评价工作的基本导向，解决为什么评价的问题。

评价依据是要回答依据什么评价的问题，即要阐明法律、政策、技术、管理等支撑条件，包括行业方面和财政方面。

（二）评价对象和范围

评价对象和范围的表述要完整、准确。

（三）评价时段的确定

根据项目实际情况，确定本次评价准备阶段、实施阶段和报告阶段的起止时间。

三、绩效评价指标体系

绩效评价指标体系设计是绩效评价的核心和难点，重点包括指标框架、指标权重和评价标准等方面。指标设置要考虑其实用性、可操作性和可实现性，要充分体现和真实反映项目的绩效状况和绩效目标的完成情况。

（一）指标体系设计的总体思路

概述指标设计思路、指标设计依据、权重设计思路、数据来源及取数方式、评价标准及评分方式确定的原则和方法。

（二）指标体系

共性指标可从《预算绩效评价共性指标体系框架》中选择，个性指标要根据项目的实际情况制定。

（三）各项指标定义、评价标准、评分细则

针对每个指标编写对应的绩效评价指标底稿，包括指标解释、指标权重、评价标准、数据来源及取数方式。

四、绩效评价方法

描述选取的主要绩效评价方法，指出选取的该种（或几种）评价方法的理由。

五、评价工作的组织实施

（一）人员分工

清晰界定相关人员（包括专家）的权利及责任，确保评价工作有序开展。

（二）评价时间及主要工作进度安排

重点对相关活动、相关工作按阶段或进程作出具体的时间安排，包括评价期间、评价实施时限及各工作环节（步骤）的时间节点。

（三）质量控制制度

为保证绩效评价过程、结果的客观性、准确性而制定的政策和程序。

附录3：财政支出绩效评价工作流程图示例

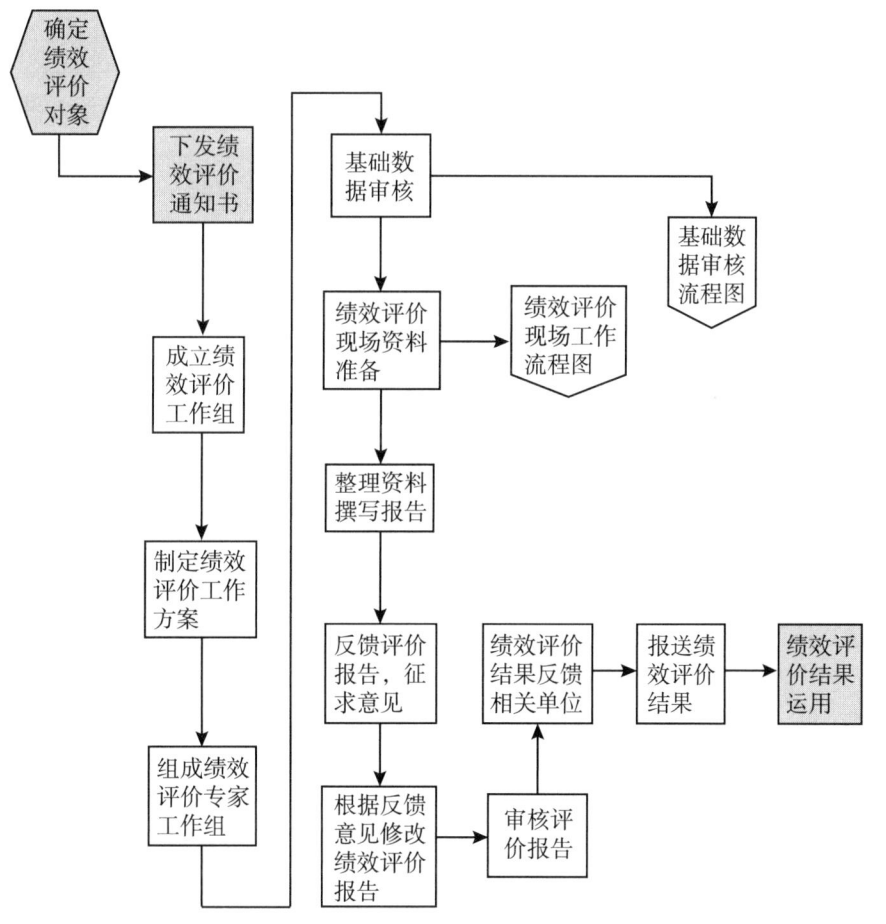

注：流程图中，以灰色标示的环节是委托方或相关主管部门的职责。

附录4：被评价单位声明书参考格式

说明：本声明书格式仅供参考，内容需要根据项目具体情况进行调整。

××会计师事务所：

本声明书是针对贵所开展××单位××年××项目绩效评价工作而提供。绩效评价的目的是对该项目的经济性、效率性和效益性进行客观、公正的评价，总结工作经验、指出存在问题、提出改进建议措施，以提高单位项目管理、预算管理和财务管理水平。

尽我们所知，并在作出必要的查询和了解后，我们确认：

一、我们已履行关于绩效报告的相关责任：

1. 设定、确认绩效目标；

2. 设计和实施恰当的内部控制（包括预算管理制度等），保证经济、有效和合法地使用预算资金；

3. 对绩效目标完成情况进行总结分析并编制绩效报告。

二、我们已向贵所提供下列工作条件：

1. 允许评价人员接触我们注意到的、与该项目评价工作相关的所有信息（如记录、文件和其他事项）。我们提供的所有资料是真实、合法、完整的；

2. 允许在获取评价资料时不受限制地接触贵所认为必要的相关人员；

3. 基于评价目的，提供关于利益相关方的必要信息，协助开展满意度调查和访谈工作。我们已通知实施单位，要求其配合评价工作、提供相关资料；

4. 我们已告知贵所与该项目相关的获得表彰的情况和发现的违规行为［或根据实际情况进行改写］；

5. 提供开展评价工作所需的必要场所及设施；

6. ［评价人员可能认为必要的其他事项］。

预算单位：（盖章）

年　月　日

附录5：财政支出绩效评价报告参考提纲

财政支出绩效评价报告（参考提纲）

一、项目基本情况

（一）项目概况
（二）项目绩效目标
1. 项目绩效总目标
2. 项目绩效阶段性目标

二、项目单位绩效报告情况

三、绩效评价工作情况

（一）绩效评价目的
（二）绩效评价原则、评价指标体系（附表说明）、评价方法
（三）绩效评价工作过程
1. 前期准备
2. 组织实施
3. 分析评价

四、绩效评价指标分析情况

（一）项目资金情况分析
1. 项目资金到位情况分析
2. 项目资金使用情况分析
3. 项目资金管理情况分析
（二）项目实施情况分析
1. 项目组织情况分析
2. 项目管理情况分析
（三）项目绩效情况分析
1. 项目经济性分析（项目成本控制情况，项目成本节约情况）
2. 项目的效率性分析（项目实施进度，项目完成质量）
3. 项目的效益性分析（项目预期目标完成程度，项目实施对经济和社会的影响）

五、综合评价情况及评价结论（附相关评分表）

六、绩效评价结果应用建议（以后年度预算安排、评价结果公开等）

七、主要经验及做法、存在的问题和建议

八、其他需说明的问题

中国注册会计师行业制度全编
(增补本·2018)

行业党建

中共财政部党组关于印发《注册会计师行业"学党章党规、学系列讲话，做合格党员"学习教育的指导意见》的通知

（2016年5月18日，财党〔2016〕41号）

各省、自治区、直辖市财政厅（局）党组，新疆生产建设兵团财政局党组：

党中央决定，2016年在全体党员中开展"学党章党规、学系列讲话，做合格党员"学习教育，各级财政部门党组负有指导注册会计师行业开展"两学一做"学习教育的重要责任。按照《中共中央办公厅印发〈关于在全体党员中开展"学党章党规、学系列讲话，做合格党员"学习教育方案〉的通知》要求和习近平总书记重要指示精神，以及《中共财政部党组关于印发〈财政部"学党章党规、学系列讲话，做合格党员"学习教育方案〉的通知》要求，特制定《注册会计师行业"学党章党规、学系列讲话，做合格党员"学习教育的指导意见》。现印发给你们，请结合实际贯彻落实。

附件：注册会计师行业"学党章党规、学系列讲话，做合格党员"学习教育的指导意见

中共财政部党组
2016年5月18日

附件：

注册会计师行业"学党章党规、学系列讲话，做合格党员"学习教育的指导意见

2016年在全体党员中开展"学党章党规、学系列讲话，做合格党员"学习教育（以下简称"两学一做"学习教育）是党中央作出的重大决定，

指导注册会计师行业开展"两学一做"学习教育是各级财政部门党组的重要责任。按照《中共中央办公厅印发〈关于在全体党员中开展"学党章党规、学系列讲话，做合格党员"学习教育方案〉的通知》要求和习近平总书记重要指示精神，以及《中共财政部党组关于印发〈财政部"学党章党规、学系列讲话，做合格党员"学习教育方案〉的通知》要求，现就在注册会计师行业全体党员中开展"两学一做"学习教育提出如下意见：

一、深刻认识开展"两学一做"学习教育的重要意义

开展"两学一做"学习教育，是贯彻落实全面从严治党要求的重要部署。党的十八大以来，围绕全面从严治党，党中央作出一系列重大部署，制定实施八项规定，部署开展党的群众路线教育实践活动和"三严三实"专题教育，强力肃贪反腐、正风肃纪，完善各方面的规章制度等，在解决管党失之于宽、失之于软的问题上取得明显成效，党风政风为之一新。但也要清醒看到，目前的成效还是阶段性的，严肃党内政治生活、恢复发扬党的优良传统和作风的任务还很重，严明党的纪律和规矩、营造良好政治生态的任务还很重，加强党员教育、建设高素质党员队伍的任务还很重，全面从严治党永远在路上。开展"两学一做"学习教育，就是要步步深入、环环相扣，以严肃的态度、严抓的韧劲，把全面从严治党的良好态势巩固发展下去，做到真管真严、长管长严。

开展"两学一做"学习教育，是推进思想政治建设常态化制度化的重要实践。思想政治建设是党的根本性建设，加强党的建设，首要任务是加强思想政治建设，关键是教育管理好党员。党的十八大以来，党的思想政治建设适应新的实践要求，取得许多新的重大成果，党员队伍的思想政治素质有了新的提高。同时也要看到，在一些党员中依然存在这样那样的问题，比如，政治意识淡薄、政治责任感缺乏；党的意识和党员意识淡化；口无遮拦、乱评妄议党的大政方针等等。解决日常的党内政治生活中存在的思想问题，需要在经常性教育上下功夫，这既符合党员队伍的实际，也符合思想政治建设的特点和规律。开展"两学一做"学习教育，就是要按照思想建党和制度治党相结合的要求，立足于抓常、抓细、抓长，推动党内教育由集中性教育向经常性教育延伸，把思想政治建设融入日常的党内政治生活之中，为党在思想上政治上行动上的团结统一夯实基础，为协调推进"四个全面"战略布局、贯彻落实五大发展理念提供坚强组织保证。

开展"两学一做"学习教育，是推动管党治党工作向基层延伸的重要举措。全覆盖、全方位是全面从严治党的应有之义。基层是党的执政之

基、力量之源，只有基层党组织坚强有力，党员发挥应有作用，党的根基才能牢固，党才有战斗力。党的十八大以来，从严治党的重点是领导干部这个"关键少数"。开展"两学一做"学习教育，就是推动党内教育从"关键少数"向广大党员拓展，把全面从严治党落实到每个支部、每名党员，推动全面从严治党的要求在基层落地生根，让党的每一个细胞都健康起来，每一个组织都坚强起来，更好保持党的先进性和纯洁性，为实现两个一百年的奋斗目标、实现中华民族伟大复兴的中国梦提供有力支撑。

注册会计师行业党建作为加强社会组织党建的"试验田"，实现了党的组织和工作在行业的持续全面覆盖。但行业落实全面从严治党要求，加强思想政治建设，充分发挥行业各级党组织战斗堡垒作用和广大党员的先锋模范作用的任务还很重。"两学一做"学习教育是行业在新的起点上深化党的建设的重要契机和动力，是探索社会组织落实全面从严治党要求的重要任务，是加强行业党员教育管理的有力抓手。行业各级党组织和党员要充分认识开展"两学一做"学习教育的重大意义，自觉用习近平总书记重要指示精神和党中央部署要求统一思想和行动，增强责任感，把"两学一做"学习教育抓好、抓实、抓到位。

二、精准把握"两学一做"学习教育的总体要求

1. 落实好"基础在学，关键在做"。开展"两学一做"学习教育，学是基础，做是关键。以学促做、知行合一，做合格共产党员是学习教育的着眼点和落脚点。要把党的思想建设放在首位，以尊崇党章、遵守党规为基本要求，以用习近平总书记系列重要讲话精神武装全党为根本任务，教育引导行业党员自觉按党员标准规范言行，进一步坚定理想信念，提高党性觉悟；进一步增强政治意识、大局意识、核心意识、看齐意识，坚定正确政治方向；进一步树立清风正气，严守政治纪律政治规矩；进一步强化宗旨观念，勇于担当作为，在工作、学习和社会生活中起先锋模范作用。

2. 针对问题"学"和"做"。开展"两学一做"学习教育，要增强针对性，要紧密联系注册会计师行业实际，带着问题学，针对问题改。一是着力解决一些党员理想信念模糊动摇的问题，主要是对共产主义缺乏信仰，对中国特色社会主义缺乏信心，精神空虚，推崇西方价值观念，热衷于组织、参加封建迷信活动等。二是着力解决一些党员党的意识淡化、重业务轻政治的问题，主要是看齐意识不强，不守政治纪律政治规矩，在党不言党、不爱党、不护党、不为党，组织纪律散漫，不按规定参加党的组织生活，不按时交纳党费，不完成党组织分配的任务，不按党的组织原则

办事,行事独断专横,抓党建"一阵风",党建业务"两张皮"等。三是着力解决一些党员宗旨观念淡薄的问题,主要是利己主义严重,遇事只信市场和金钱,违反执业准则,不诚信执业,损害行业形象,在人民群众生命财产安全受到威胁时临危退缩等。四是着力解决一些党员精神不振的问题,主要是工作消极懈怠,不作为、不会为、不善为,逃避推卸责任,政治学习应付了事,学而不懂、学而不信、学而不用,不起先锋模范作用等。五是着力解决一些党员道德行为不端的问题,主要是违反社会公德、职业道德、家庭美德,不注意个人品德,弄虚作假,诋毁同行,不正当低价竞争,贪图享受、奢侈浪费,对员工感情淡漠,甚至侵害员工利益等。要持之以恒纠正"四风",教育引导行业党员紧紧抓住"服务国家建设这个主题和诚信建设这条主线",进一步增强执业使命感、责任感,恪守诚信品质,以严谨的专业精神、良好的职业道德服务国家建设,维护行业诚信形象,促进行业科学发展。

3. 准确把握基本要求。"两学一做"学习教育不是一次活动,不分批次、不划阶段、不设环节。要以党支部为基本单位,以"三会一课"等党的组织生活为基本形式,以落实党员教育管理制度为基本依托,突出正常教育,用好日常的教育途径、教育方式,区分层次,有针对性地解决问题,真正把党的思想政治建设抓在日常、严在经常。

开展"两学一做"学习教育,要坚持正面教育为主,用科学理论武装头脑;坚持学用结合,知行合一;坚持问题导向,注重实效;坚持领导带头,以上率下;坚持从实际出发,分类指导。要指导事务所党组织结合实际开展学习教育,鼓励和支持探索"互联网+党建"等新途径,发挥事务所党支部自我净化、自我提高的主动性,防止大而化之,力戒形式主义。

三、联系实际落实"两学一做"学习教育内容

1. 学党章党规。要着眼明确基本标准、树立行为规范,通读熟读党章、廉洁自律准则、纪律处分条例和党员权利保障条例,深入领会党的性质、宗旨、指导思想、奋斗目标、组织原则、优良作风,领会党员的条件和义务、权利、行为规范,进一步明确做合格党员的标准,提升尊崇党章党规、敬畏党章党规、遵守党章党规的思想自觉。要结合学习《中共中央办公厅〈关于加强社会组织党的建设工作的意见(试行)〉》和《财政部党组〈关于进一步深化注册会计师行业党的建设工作的指导意见〉》,进一步提高深化行业党建工作的认识和水平。

2. 学系列讲话。着眼加强理论武装、统一思想行动,主要把握好

"三个基本",即学习领会习近平总书记系列重要讲话的基本精神,学习领会党中央治国理政新理念新思想新战略的基本内容,理解掌握增强党性修养、践行宗旨观念、涵养道德品格等基本要求。要把学习领会讲话精神与学习贯彻习近平同志关于注册会计师行业要"紧紧抓住服务国家建设这个主题和诚信建设这条主线"推进行业科学发展等重要批示精神结合起来,坚持学而信、学而用、学而行,切实用讲话精神统一思想,提高服务国家建设的意识,进一步明确加强行业党建和推动行业改革发展的工作目标和措施,牢牢把握行业改革发展正确方向。

行业各级党组织负责人要学得更多更深一些,要求更严更高一些,着力提高做好领导工作所必要的政治素养和政策水平。要把学习党章党规与学系列讲话贯通起来学习、统一起来领会,在学系列讲话中加深对党章党规的理解,在学党章党规中深刻领悟系列讲话的基本精神。

3. 做合格党员。着眼党和国家事业的新发展对党员的新要求,紧扣注册会计师行业作为社会监督体系重要组成部分和社会诚信链条重要一环的功能定位,坚持以知促行,教育引导党员做讲政治、有信念,讲规矩、有纪律,讲道德、有品行,讲奉献、有作为的合格党员。一要引导党员强化政治意识,保持政治本色,把理想信念时时处处体现为行动的力量;二要引导党员坚定自觉地在思想上政治上行动上同以习近平同志为总书记的党中央保持高度一致,经常主动向党中央看齐,向党的理论和路线方针政策看齐,做政治上的明白人;三要引导党员践行党的宗旨,始终坚持诚信执业,自觉维护社会公众利益,全心全意为人民服务;四要引导党员加强党性锻炼和道德修养,心存敬畏、手握戒尺,把合格标尺立起来,把做人做事的底线划出来,筑牢拒腐防变的防线;五要引导党员始终保持干事创业、开拓进取的精气神,平常时候看得出来,关键时刻冲得上去,积极投身行业"创新服务年"主题活动,在诚信执业、服务国家建设中奋发有为、建功立业,把党员的先锋形象树起来,用行动体现信仰信念的力量。

四、结合行业特点扎实推进"两学一做"学习教育

注册会计师行业开展"两学一做"学习教育,要针对行业从业人员流动性强、外勤作业时间长、行业信息化建设有一定基础的特点,采取小型、业余、分散的方式务实灵活地开展。鼓励和支持事务所紧密联系自身实际,充分利用现代信息技术手段,探索学习教育新途径,科学设计载体,大胆创新方式,增强学习教育的吸引力和实效性。

1. 引导党员搞好自学。行业各级党组织要引导党员充分利用中国共产党新闻网"两学一做"学习教育专栏等开展自学,通过网站、党员QQ群、微信群、微信公众号等新媒体手段,及时推送学习内容,加强对党员自学的辅导。党员要围绕行业发展大局和事务所中心工作,带着问题学,联系问题思考。

2. 围绕专题学习讨论。党支部可通过即时通信手段、网络视频等方式每季度召开一次全体党员会议,每次围绕一个专题学习研讨,指定党员作重点交流发言。设在项目组上的党小组可单独组织专题学习讨论,也可与项目单位党组织开展共同学习讨论。学习讨论要紧密结合事务所党建工作实际和事务所中心工作,针对不同岗位党员特点和存在的问题,联系个人思想工作生活实际,看自己能否坚持信仰信念宗旨,能否正确处理公与私、义与利、个人与组织、个人与群众的关系,能否努力追求高尚道德和职业情操、带头践行社会主义核心价值观、保持积极健康生活方式,能否在压力和诱惑面前遵守党纪党规,坚持诚信执业,能否保持良好的精神状态,敢于担当作为,让党员学得进去、议得起来,通过学习讨论,真正提高认识,找到差距,明确努力方向。

3. 创新方式讲党课。讲党课一般在党支部范围内进行。事务所党组织要积极把"三会一课"拓展到网络上、项目组上,解决好工学矛盾。党组织书记、党员合伙人(股东)要在所在党支部讲党课。讲党课要联系行业和事务所实际,注重运用身边事例、现身说法,强化互动交流、答疑释惑,增强党课吸引力和感染力。党课可结合"七一"前后开展纪念建党95周年活动安排。

4. 召开党支部专题组织生活会。2016年底前,各党支部要召开专题组织生活会。支部班子及其成员要对照职能职责,进行党性分析,查摆在思想、组织、作风、纪律等方面存在的问题。要面向党员和群众广泛征求意见,严肃认真开展批评和自我批评,针对突出问题和薄弱环节提出整改措施。组织全体党员对事务所党员合伙人(股东)、党组织班子的工作、作风等进行评议。党小组可参照党支部要求,召开专题组织生活会。

5. 开展民主评议党员。以党支部为单位召开全体党员会议,组织党员开展民主评议。对照党员标准,按照个人自评、党员互评、民主测评、组织评定的程序,对党员进行评议。党员人数较多的党支部,个人自评和党员互评可分党小组进行。结合民主评议,支部班子成员要与每名党员谈心谈话。党支部要综合民主评议情况和党员日常表现,确定评议等次,对优秀党员予以表扬;对有不合格表现的党员,按照党章和党内有关规定,区别不同情况,稳妥慎重给予组织处理。

6. 立足岗位作贡献。针对不同群体党员实际情况，提出党员发挥作用的具体要求，重点落实党员示范岗、党员责任区制度和党员挂牌上岗、亮明身份制度。结合行业"创新服务年"主题活动，可设立党员创新示范岗、党员创新示范团队等，引导党员、项目团队立足岗位职责和服务项目，从本职工作做起，创新创优服务，带动身边的群众为创新服务做贡献。

五、确保"两学一做"学习教育取得实效

事务所党组织"两学一做"学习教育按党组织隶属关系由地方党委领导，各级财政部门党组和行业党组织要总结行业党建系统指导与地方党委统一领导紧密结合的做法，加强领导指导，确保上下联动、相互衔接，形成合力。

1. 层层落实责任。各级财政部门党组、行业各级党组织要把开展"两学一做"学习教育作为一项重大政治任务，尽好责、抓到位、见实效。各省（区、市）财政厅（局）党组要制定具体指导性文件，加强对本地区事务所党员学习教育的具体指导。中国注册会计师行业党委要按照财政部党组的要求，加强对行业"两学一做"学习教育的指导，选择10家左右事务所党组织作为直接联系点，示范带动行业学习教育深入开展。各级行业党组织要切实担负起指导或领导责任，帮助事务所党组织制定学习教育计划，派员参加事务所党组织相关活动。地方行业党组织要把学习教育开展情况纳入对事务所党组织的考核内容。事务所党组织具体负责组织好本所党员学习教育的组织实施，事务所党组织书记要以上率下，以身作则，带头学习、带头整改，做合格党组织书记，发挥示范引领作用。

2. 强化组织保障。加大整顿软弱涣散事务所党组织工作力度，优化事务所党组织设置，进一步配齐配全事务所党组织班子特别是带头人，健全工作制度，确保"两学一做"学习教育有人抓、有人管。要对党员组织关系进行集中排查，理顺党员组织关系，努力使每名党员都纳入党组织有效管理，参加学习教育。同时要把学习教育与事务所党组织书记培训、党务工作者培训结合起来，帮助事务所党组织书记等党务骨干掌握工作方法，明确工作要求。

3. 坚持问题导向。学习教育是为了解决问题。要以解决问题为牵引来开展学习教育，对照总体要求中要着力解决的六个方面问题来改，以改革创新精神补齐制度短板，真正使党的组织生活、党员教育管理严起来、实起来，完善党员日常教育管理，严肃党内政治生活，推动解决执业中的问题,将学习教育成果转化为促进行业和事务所改革发展的实践,做到两手抓、两促进。

4. 注重分类指导。在学习内容上区分事务所普通党员、党员合伙人（股东）、党组织班子成员等不同层次、不同对象。在组织方式上因地制宜、因人而异,对长期执行外勤任务的从业党员,注重就近就便开展学习教育。对党员人数少、党建相对薄弱的中小事务所,引导大所党组织、先进党组织与中小所党组织结对开展学习教育,联合党组织可以参加行业党组织和注协党组织学习教育,推动"两学一做"学习教育在行业深入有效开展。

5. 加强宣传引导。行业党组织要充分利用行业党建网、注协门户网站、会刊、简报、微信公众号等媒体,以及公众媒体宣传行业"两学一做"学习教育的做法和成效。事务所党组织要通过管理信息系统、宣传栏、即时通讯等宣传平台,大力宣传"两学一做"学习教育的内容和要求,加强舆论引导,营造良好氛围。

中共财政部党组关于印发《关于进一步深化注册会计师行业党的建设工作的指导意见》的通知

(2016年5月30日,财党〔2016〕43号)

各省、自治区、直辖市财政厅(局)党组,新疆生产建设兵团财政局党组:

2009年中共中央组织部和财政部党组联合印发《关于进一步加强注册会计师行业党的建设工作的通知》以来,注册会计师行业创建了"条块结合、充分发挥行业党组织作用"的党建工作管理体制,实现了党的组织和工作"双覆盖"、会计师事务所党组织隶属关系和党员组织关系"双理顺",参加了学习实践科学发展观、创先争优和党的群众路线教育实践等全党集中性政治教育活动,连续开展主题年活动,推动党建与业务两结合、两促进,行业党建和行业发展取得显著成效,探索了加强社会组织党建的路子。2015年《中共中央办公厅印发〈关于加强社会组织党的建设工作的意见(试行)〉的通知》,对当前和今后一个时期加强包括注册会计师行业在内的社会组织党建工作作出了部署要求,为指导注册会计师行业贯彻落实好中央文件精神,在新的起点上进一步深化党的建设工作,现将《关于进一步深化注册会计师行业党的建设工作的指导意见》印发给你们,请结合实际贯彻落实。

中共财政部党组
2016年5月30日

附件:

关于进一步深化注册会计师行业党的建设工作的指导意见

2009年中共中央组织部和财政部党组联合印发《关于进一步加强注册会计师行业党的建设工作的通知》以来,注册会计师行业创建了"条块结合、充分发挥行业党组织作用"的党建工作管理体制,实现了党的组织和工作"双覆盖"、会计师事务所(以下简称事务所)党组织隶属关系和党员组织关系"双理顺",参加了学习实践科学发展观、创先争优和党的群众路线教育实践等全党集中性政治教育活动,连续开展主题年活动,推动党建与业务两结合、两促进,行业党建和行业发展取得显著成效,探索了加强社会组织党建的路子。2015 年《中共中央办公厅印发〈关于加强社会组织党的建设工作的意见(试行)〉的通知》(以下简称《通知》),对当前和今后一个时期加强包括注册会计师行业在内的社会组织党建工作作出了部署要求,为指导注册会计师行业贯彻落实好《通知》精神,在新的起点上进一步深化党的建设工作,提出如下意见。

一、总体要求和工作任务

1. 总体要求。坚持以马克思列宁主义、毛泽东思想、邓小平理论、"三个代表"重要思想、科学发展观为指导,深入贯彻习近平总书记系列重要讲话精神和《通知》精神,以促进行业科学发展为目标,以发挥事务所党组织战斗堡垒作用和党员先锋模范作用为重点,以党务工作者队伍建设为支撑,以制度机制建设为保障,不断创新理念、措施和载体,在新的起点上全面深化行业党的建设,探索新形势下社会组织落实全面从严治党要求的具体方式和途径,努力使行业党建继续走在社会组织党建工作的前列。

2. 工作任务。事务所党组织设置更加优化,以事务所党组织书记为核心的党建工作骨干力量进一步壮大,事务所党组织战斗堡垒作用和党员先锋模范作用更加显著,行业党建体制制度机制更加有效,行业统战工作和党群共建工作水平进一步提升,行业党建始终为行业科学发展提供坚强政治和组织保证。

二、发挥党组织政治核心作用

3. 地位作用。事务所党组织是党在行业和事务所中的战斗堡垒,发挥政治核心作用。要着眼履行党的政治责任,紧紧围绕党章赋予基层党组织的基本任务开展工作,严肃组织生活,严明政治纪律、政治规矩和组织纪律,充分发挥党组织的政治功能和政治作用。要按照建设基层服务型党组织的要求,创新服务方式,提高服务能力,提升服务水平,通过服务贴近群众、团结群众、引导群众、赢得群众。

4. 基本职责。(1)保证政治方向。宣传和执行党的路线方针政策,宣传和执行党中央、上级党组织和本组织的决议,组织党员群众认真学习中国特色社会主义理论体系，深入学习习近平总书记系列重要讲话精神，教育引导党员群众遵守国家法律法规，引导监督事务所依法执业、诚信从业。（2）团结凝聚群众。做好思想政治工作，教育引导职工群众增强政治认同，关心和维护职工群众的正当权利和利益，汇聚推进改革发展的正能量。（3）推动事业发展。激发从业人员工作热情和主人翁意识，促进事务所健全章程和各项管理制度，引导和支持事务所有序参与社会治理、提供服务、承担社会责任。（4）建设先进文化。坚持用社会主义核心价值观引领文化建设，组织丰富多彩的文化活动，营造积极向上的文化氛围，教育党员群众自觉抵制不良倾向，坚决同各种违法犯罪行为作斗争。（5）服务人才成长。关心关爱人才，主动帮助引导，不断提高从业人员的思想和业务素质，支持和保障各类人才干事创业。（6）加强自身建设。创新组织设置，健全工作机制，严格执行组织生活各项制度，做好发展党员和党员教育管理服务工作。维护和执行党的纪律，监督党员切实履行义务，做好党风廉政建设。领导事务所工会、共青团、妇联等群团基层组织工作。

三、优化事务所党组织设置

5. 保持党组织在行业动态全覆盖。新成立并有党员或有新增党员、具备组建条件的事务所，要在3个月内独立建立党组织。向不具备组建条件的事务所选派党建工作指导员，同时注重指导这些事务所通过建立工会、共青团组织等途径开展党的工作，条件成熟时及时建立党组织。所有事务所党组织关系和党员关系原则上要转入当地行业党组织。

6. 适时组建事务所党委或总支。有正式党员100人以上的事务所，经上一级行业党组织批准，设立党的基层委员会；有正式党员50人以上不足100人的，经上一级行业党组织批准，设立党的总支部委员会。事务所党委或党总支要结合本事务所组织架构和党员分布实际，在业务部室或项目团队设立党支部。各级行业党组织要大力支持和指导符合条件的事务所适时成立党委或党总支，合理设置党支部，切实增强组织活力。

7. 完善联合党组织设置。有正式党员但不足3人的事务所，要加入联合党组织。联合党组织要依托行业党组织、按照地域相邻、有利于开展活动和发挥作用的原则组建，覆盖的事务所和党员不宜过多。联合党组织书记一般由注协部室主任以上党员担任，或者从机关事业单位离退休人员中选聘优秀专职党务工作者担任。联合党组织中具备单独组建条件的事务所，要及时单独建立党组织。事务所可会同同一品牌（实体）下的税务师、评估、工程造价等机构成立联合党组织。对软弱涣散的联合党组织，要及时进行整顿，配齐配强党组织书记，保证工作开展。

四、拓展事务所党组织发挥作用的途径

8. 立足发挥优势开展党组织活动。围绕行业和事务所发展重点和中心工作开展主题年活动，把党的活动融入行业和事务所执业活动、日常管理、诚信建设等业务工作之中，以党的优势为行业发展注入活力和动力，使党组织的活动为行业发展所需要。开展专家服务团、同心服务团等志愿服务，与客户、社区等结对共建，与困难企业、创业企业结对帮扶，向社会公益组织提供免费审计，义务性支持社会公益事业发展。发挥事务所联系广泛的优势，组织党员在从业活动中宣传党的路线方针政策，凝聚社会共识。

9. 依托信息网络开展党组织活动。针对从业人员流动性强的特点，充分利用信息技术手段、依托事务所管理信息系统，把党的活动阵地、"三会一课"等拓展到网络上，开通网络互动、网络投票和网络评议等平台，及时公布党内信息，通报党内情况，广泛征求党员对事务所和党组织有关决策和活动的意见建议，把党员知情权、参与权、选举权、监督权落到实处。

10. 以执业团队为单位开展党组织活动。有条件事务所可以按照业务相近、工作关系密切、人员相对稳定的执业团队为单位建立党小组，按照"小型、业余、灵活、有效"的原则，组织开展党的活动。党小组长要组织团队成员提高思想政治觉悟和业务能力，对其廉洁自律、规范执业、遵纪守法等情况进行监督。事务所党组织可以根据事务所实际，把党小组建立在项目上，项目党小组可与项目单位党组织开展共建活动，参加项目单位党组织的活动，增进与项目单位沟通，以党建促进提升事务所服务水平和诚信形象。

11. 以典型示范为抓手开展党组织活动。事务所党组织要经常性、多途径培育和选树不同层次、不同类型、不同侧面、不同领域的先优典型。通过内刊、宣传栏、简报、网络、年终总结会等多种途径，大范围宣传和表彰先优典型，更好发挥先优典型示范带动作用，激励党员在任务面前，敢于担当；在难题面前，敢于攻关；在矛盾面前，敢于碰硬；在成绩面前，敢于突破，充分发挥党组织和党员先进模范作用。

12. 建立党建业务双向互动工作机制。事务所管理层和党组织班子应双向进入、交叉任职。没有实现负责人与党组织书记"一肩挑"的事务所，党组织书记应参加合伙人会议和管理层会议，使党组织切实参与事务所的决策管理，将党建与业务更加紧密结合起来。探索建立事务所党组织与管理层沟通协商和恳谈制度，事务所党组织要及时向事务所合伙人（股东）通报有关重要事项，邀请事务所合伙人（股东）中非党员同志参加相关活动。

13. 坚持党建带群建。事务所党组织应加强对工青妇等群团组织的领导，积极推进党群组织共建、队伍共建、阵地共建，除党章规定的活动外，提倡党群活动一体化，形成党建带群建、群建促党建的生动局面。充分发挥群团组织联系群众优势，在员工工资、劳保福利等方面提供群众期盼的服务，促进利益协调。关心关爱员工，组织党员群众结对子活动，开展走访慰问困难员工活动，积极为员工排忧解难，切实增强员工对党组织的认同感，扩大事务所党建工作的群众基础。

五、紧扣行业实际创新党员教育管理

14. 提高发展党员质量。行业各级党组织要主动与属地党委有关部门沟通，制定行业发展党员工作计划。发展党员要始终把政治标准放在首位，选择在党性观念强、业务水平高、群众基础好的事务所合伙人（股东）、业务骨干和青年注册会计师中发展党员。严格工作程序和纪律，在入党积极分子的推荐确定、培养教育，发展对象的政治审查、公示，预备党员的接收、教育、考察、公示和转正等每一个环节，都要严格程序、严格把关。事务所党组织讨论接收预备党员前，上一级行业党组织要对发展对象的条件、培养教育情况和入党手续等进行全面审查。探索建立动态管理机制，及时调整不合格人员，防止把不具备党员条件的人吸收到党内。注意入党积极分子工作岗位和工作单位变动时的互相衔接。

15. 切实加强党员管理。把党员组织关系结转与注册会计师注册转所、档案转移、事务所人事关系管理等有序衔接，确保这些关系同步结转。党员必须在介绍信注明的有效期限内办理接转手续，并到转入单位党组织报到，逾期不转者，应给予严肃的批评和教育。对在转移和接收党员组织关系过程中推诿扯皮、无故拒转拒接的党组织和党员，上级党组织要批评教育，及时纠正。根据中央组织部印发《关于中国共产党党费收缴、使用和管理的规定》（中组发〔2008〕3号）的要求，结合事务所自身实际，建立健全党费收缴管理制度，党员应当主动按月交纳党费，党组织应当按照规定收缴党员党费，不得垫交或扣缴党员党费。积极利用全国党员信息库，提高党员管理工作信息化水平。

16. 健全党员教育培养和党内激励关怀帮扶机制。要结合每年进行的注册会计师业务培训,加强对党员的党性党风党纪和思想政治教育,把党员教育与行业诚信和职业道德建设相结合,把遵守党的纪律与遵守执业纪律相结合。针对从业人员流动性强的特点,探索建立网上党课,设立党建QQ群、微博和微信等,做好党员经常性教育。坚持从思想、工作、生活上关心和关爱党员,开展主题演讲比赛、运动会、摄影比赛等文体活动,加强交流,增进友谊;通过听取意见、反映诉求、走访慰问、谈心谈话、设立党内帮扶资金等措施,解决生活困难党员实际问题,积极为党员排忧解难,增强党员归属感和荣誉感。

17. 健全党员立足岗位创先争优长效机制。通过开展业务练兵、执业竞赛、业务创新、争当业务技术能手等提高党员专业胜任能力。通过设立党员先锋岗、金牌员工岗、巾帼建功岗、党员责任区、党员服务窗口等形式,引导党员比学赶超、攻坚克难,促进发展,争创一流业绩。通过开展党员承诺践诺、诚信倡议、自律公约等活动,推动党员争当规范执业标兵、争当诚信建设模范。

18. 贯彻从严要求提高组织生活质量。制定事务所党建工作手册,将组织生活、活动开展、民主评议党员、党员联系群众等制度要求流程化、标准化,提高事务所党建工作和党员管理的规范化水平。严肃组织生活,事务所党组织每月至少召开1次支委会,每年至少召开1次组织生活会,开展批评和自我批评、民主评议党员,将民主评议结果作为对党员奖惩的依据。党组织对党员参加组织生活的情况要经常进行督促检查,对无故不参加组织生活的党员,要及时给予批评帮助。结合从业人员经常外勤执业的实际,试行党员组织关系一方隶属、参加多重组织生活模式,积极开展开放式、互动式党内活动,进一步提高组织生活的效果,坚决防止组织生活随意化、平淡化、娱乐化、庸俗化。

19. 加强对党员的监督。事务所党组织要认真贯彻落实《中国共产党廉洁自律准则》和《中国共产党纪律处分条例》,严格监督执纪,坚决把纪律挺在前面,经常开展批评和自我批评,让咬耳扯袖、红脸出汗成为常态。对违反职业道德守则、执业准则,特别是受到刑事处罚、行政处罚、行业惩戒的党员从业人员,事务所和行业党组织应依法依纪对党员及党组织作出调查处理。

六、切实加强党务工作者队伍建设

20. 选优配强事务所党组织书记。按照守信念、讲奉献、有本领、重品行,政治上强、热爱党的工作、熟悉群众工作的标准,选好配强事务所党组织书记。事务所党组织书记一般从内部选举产生,由管理层成员兼任,行政"一把手"是党员的要兼任党组织书记。上一级行业党组织要认真考察、审批事务所党组织书记,进行任职前谈话。

21. 规范党建工作指导员管理。暂不具备组建条件的事务所,可通过选派党建工作指导员开展党的工作。党建工作指导员由省、地市行业党组织优先从本级注协中选派热爱党的工作、有做好群众工作的热情和能力的党员担任。派出注协和行业党组织负责党建工作指导员的具体管理和考核,应对其进行岗前培训,组织他们交流工作经验,指导解决工作中遇到的各种困难和问题。党建工作指导员的工作纳入年度工作考核内容。有条件地方可以给予党建工作指导员适当津贴。

一名党建工作指导员联系指导事务所不超过 5 家。党建工作指导员每季度到事务所的时间不少于半天,负责向事务所从业人员宣传党的路线、方针、政策和国家法律法规,引导事务所依法经营,照章纳税;帮助培养发展党员,建立党的组织,做好党员教育、管理和监督工作,充分发挥党员的先锋模范作用;对事务所发展提出意见和建议,维护国家利益、公众利益以及事务所和从业人员的合法权益;促进事务所文化建设,帮助事务所排忧解难。不得在事务所领取任何报酬,不得增加事务所负担。

22. 提升党务工作者能力素质。要坚持专兼职相结合、严格管理和关心激励相结合,选配政治素质好、既懂业务又熟悉党务工作的党员进入事务所党组织领导班子。在已有工作基础上,力争再用五年左右时间,全国和各省区市大型事务所党组织至少有 1 人参加中央党校中央国家机关分校财政部注册会计师行业党员骨干进修班学习。各级行业党组织分级分类组织事务所党务工作者培训,保证每年对其轮训一次。重点加强党的理论和路线方针政策、党内法规和国家法律法规、党务知识、行业管理等方面的教育培训,提高做好群众工作、服务行业发展的能力。注意把培养事务所党务工作者与培养选拔行业领军人才工作相结合。

23. 强化党务工作者激励约束机制。规模大、党员数量多的事务所党组织,应配备专职副书记。事务所专职党务工作者一般纳入管理人员序列。有条件的地方注协可给予事务所党务工作者适当的工作津贴。优先推荐符合条件的党组织书记作为各级"两代表一委员"人选,作为劳模等各类先进人物人选。行业党组织应建立事务所党务工作者职务变动报告制度,党务工作者因坚持原则遭受不公正待遇时,上级行业党组织应及时了解情况,给予帮助和支持。事务所党组织书记每年应向上一级行业党组织和事务所党员报告工作并接受评议。

七、完善行业党建工作管理体制机制和基础保障

24. 切实加强行业系统指导。各级财政部门党组织要严格落实党建工作责任，按照党中央和各级党委基层党建工作考核的要求，履职尽责，每年至少听取一次行业党建工作汇报，专题研究、着力推进行业党建工作。分管行业工作的财政部门领导原则上担任同级行业党组织书记。

省级以上行业党组织应根据实际需要，设置相应的工作机构，配备必要的工作人员，负责行业党建工作。各级行业党组织要研究制定并组织实施行业党建工作规划，围绕中心工作创新活动载体，建立健全沟通协调、督促检查、考核评价等制度；按照"五好"基层党组织标准，开展行业先进党组织创建活动；对先进典型经验进行总结，提炼和推广事务所支部工作法，不断加强和改进事务所党建工作，形成一批事务所党建工作示范点，打造事务所党建工作品牌。加强对事务所负责人的思想教育，引导他们主动支持党建工作，为党组织开展活动、做好工作提供必要条件，并将有关内容写入事务所章程（合伙协议）。各级行业党组织可每2~3年开展一次评选表彰先进党组织、优秀党务工作者、优秀党员和支持党建工作非党合伙人等先进典型，建立健全行业党建工作激励机制。

25. 强化行业党组织的统战职能。认真落实中共中央统战部、财政部党组《关于加强注册会计师行业统战工作的意见》（统发〔2011〕15号），建立健全与行业人士的联系机制，完善行业代表人士库，重点从非党员合伙人（股东）、领军人才中培养选拔行业代表人士，并着力提升履行社会职能、参政议政的能力，加快建设一支高素质行业代表人士队伍。各级财政部门、行业党组织要积极协调有关部门，加大从行业代表人士中向各级人大、政府、政协、司法机关及人民团体等推荐提名的工作力度，促进行业代表人士更好发挥作用，服务社会。

26. 贯彻执行地方党委部署。行业各级党组织要认真贯彻落实地方党委的工作部署，加强横向联系沟通，每年至少向地方组织、统战、社会组织党建工作机构等部门汇报1次行业党建工作；在开展党的重大活动、发展党员、党员管理、党内表彰、政治安排使用等日常组织管理工作中，积极寻求地方党委支持；要主动与有关部门沟通，协调和配合落实好《通知》要求，就行业代表人士的评先选优、政治安排、"两代表一委员"等的推荐人选，事先征求事务所党组织和当地行业党组织的意见，形成"条块结合"的工作合力。

27. 完善直接联系机制。在不改变党组织隶属关系的情况下，省级以上行业党组织应直接联系10家左右规模较大、人员较多、影响力强的事务所党组织,不定期到事务所调研,及时了解情况、听取意见、加强指导。各级行业党组织领导班子、注协领导班子成员每人要联系1家事务所党组织作为联系点,经常到事务所调研指导,与事务所党组织书记谈心谈话,与党员一起过组织生活,"面对面"倾听从业人员诉求,研究新情况,解决新问题。总结推广好做法、好经验,运用基层经验推动面上工作。

28. 建立健全党建工作台账。行业党组织要建立工作台账,全面、准确、动态掌握本地区事务所党组织数量、类型、党员数量、负责人等信息,切实掌握事务所变更、撤并或注销,事务所党组织换届、委员变化等信息,及时对事务所党组织相关工作给予指导、做出决定。事务所党组织要建立健全工作台账,做到党员底数实、党员组织关系从属状况清,及时更新党员接受教育、奖惩情况,动态掌握入党积极分子、发展对象、预备党员信息。有条件的行业党组织可在事务所相对集中的区域建立党建工作站,配备专兼职人员做好事务所党组织和党员管理工作。

29. 落实好党建经费。各级财政部门党组织在行业基层党组织阵地建设、党员和党务工作者教育培训、党组织开展活动等方面提供必要的经费支持。各级注协应将党建经费列入工作经费予以保障,中国注册会计师行业党委、中国注册会计师协会继续以"以奖代补"方式对省级行业党组织提供党建经费支持。进一步完善"会费补一点、党费返一点、事务所筹一点"的事务所党建工作经费保障机制,行业党组织和注协对所属事务所党组织,特别是联合党组织、中小事务所党组织活动经费给予必要支持;事务所党员上交的党费要全额下拨;事务所应按照中共中央组织部、财政部、国家税务总局联合印发的《关于非公有制企业党组织工作经费问题的通知》(组通字〔2014〕42号)的规定,将党建工作经费纳入管理费用列支,不超过职工年度工资薪金总额1%的部分,据实在事务所或合伙人所得税前扣除。

30. 建设好党建阵地。事务所党组织要按照党员活动有场所、党员教育有设施、党员身份有标志、党务机构有标识、党务工作有制度、党建工作有专栏的"六有"标准,建设党建工作阵地,同时在工作时间上给予必要保障。行业党组织要充分利用注协办公场所等现有条件,为事务所党组织活动提供便利。

31. 抓好督促检查推进落实。中国注册会计师行业党委每季度通报各省区市行业党建工作进展情况,每年对省级行业党组织年度工作进行考核。直接管理事务所党组织和党员的行业党组织每年对事务所党建工作进行考核,并将相关考核指标纳入注协对事务所综合评价体系。各级行业党组织要不定期组织开展督查,查事务所党组织年度工作计划、查重大活动方案、查职责、查措施、督进度、督质量,推动工作落实。

中共财政部党组印发《关于推进注册会计师行业"两学一做"学习教育常态化制度化的指导意见》的通知

(2017年5月28日,财党〔2017〕35号)

各省、自治区、直辖市财政厅(局)党组:

现将《关于推进注册会计师行业"两学一做"学习教育常态化制度化的指导意见》印发给你们,请结合实际贯彻落实。

推进"两学一做"学习教育常态化制度化,对于进一步用习近平总书记系列重要讲话精神武装全党,加强和规范党内政治生活,保持党的先进性和纯洁性,增强党的生机活力,确保全党更加紧密地团结在以习近平同志为核心的党中央周围,激励全党为实现崇高理想和宏伟目标而不懈奋斗,不断开创中国特色社会主义事业新局面,具有重大而深远的意义。

各级财政部门党组、行业各级党组织和广大党员要从讲政治的高度,把推进注册会计师行业"两学一做"学习教育常态化制度化作为重大政治任务抓紧抓实。各级财政部门党组要切实履行职责,指导支持各级注册会计师行业党组织根据属地党委及组织部门要求,结合实际制定具体实施方案,认真抓好落实,确保取得实实在在的效果。

附件:关于推进注册会计师行业"两学一做"学习教育常态化制度化的指导意见

中共财政部党组
2017年5月28日

附件：

关于推进注册会计师行业"两学一做" 学习教育常态化制度化的指导意见

2016年注册会计师行业按照中央统一部署，在全体党员中开展"学党章党规、学系列讲话，做合格党员"学习教育，加强了行业党的思想政治建设，促进了行业健康有序发展。为贯彻落实党的十八届六中全会精神，持续推动全面从严治党向行业基层延伸，根据中共中央办公厅《关于推进"两学一做"学习教育常态化制度化的意见》（以下简称《意见》），现就推进行业"两学一做"学习教育常态化制度化提出如下意见。

一、从讲政治的高度充分认识推进行业"两学一做"学习教育常态化制度化的重大意义

党章是管党治党的总章程，党规是党员思想和行为的具体遵循。习近平总书记系列重要讲话是中国特色社会主义理论体系最新成果，是当代中国马克思主义最新发展，是我们党推进具有许多新的历史特点的伟大斗争、党的建设新的伟大工程、中国特色社会主义伟大事业的强大思想武器，是各级党组织和全体党员必须始终坚持的行动指南。做合格党员是对每名党员的基本要求。开展"两学一做"学习教育是坚持思想建党、组织建党、制度治党紧密结合的有力抓手，是不断加强党的思想政治建设的有效途径，为新形势下落实全面从严治党要求积累了成功经验。推进"两学一做"学习教育常态化制度化，对于进一步用习近平总书记系列重要讲话精神武装全党，加强和规范党内政治生活，保持党的先进性和纯洁性，增强党的生机活力，确保全党更加紧密地团结在以习近平同志为核心的党中央周围，激励全党为实现崇高理想和宏伟目标而不懈奋斗，不断开创中国特色社会主义事业新局面，具有重大而深远的意义。

注册会计师行业是社会主义现代化建设的重要力量，行业党建承担着社会组织党建探路者的重要责任，推进行业"两学一做"学习教育常态化制度化，是落实全面从严治党要求的内在需要，是在新的起点上进一步深化行业党建工作的有效途径，是促进行业科学发展的重要保障。各级财政部门党组、行业各级党组织和广大党员要认真学习贯彻习近平总书记对推进"两学一做"学习教育常态化制度化的重要指示、《意见》和推进"两

学一做"学习教育常态化制度化工作座谈会精神，提高政治站位，深刻认识这项工作的重大意义，抓紧抓实抓好，使行业党建工作持续走在社会组织党建工作前列。

二、紧密联系行业实际把握目标要求

推进行业"两学一做"学习教育常态化制度化，必须紧密联系行业、事务所和党员思想工作实际，坚持用党章党规规范党组织和党员行为，用习近平总书记系列重要讲话特别是行业要"紧紧抓住服务国家建设这个主题和诚信建设这条主线"推进行业科学发展重要批示精神武装头脑、指导实践、推动工作，坚持学思践悟、知行合一，坚持全覆盖、常态化、重创新、求实效，不断增强行业各级党组织和党员政治意识、大局意识、核心意识、看齐意识，在思想上政治上行动上同以习近平同志为核心的党中央保持高度一致，做到政治合格、执行纪律合格、品德合格、发挥作用合格。要不断增强党内政治生活的政治性、时代性、原则性、战斗性，不断增强党自我净化、自我完善、自我革新、自我提高能力，确保党组织充分履行职能、发挥核心作用，确保行业党组织和事务所党组织负责人忠诚干净担当、发挥表率作用，确保行业广大党员党性坚强、发挥先锋模范作用，为团结凝聚职工群众、推动行业科学发展提供坚强组织保证。要始终把思想教育作为首要任务，紧扣目标要求，有的放矢地开展思想教育工作，持之以恒运用强大的思想教育武器保证目标实现。

要坚持融入日常、抓在经常。事务所党组织要以"三会一课"为基本制度，以党支部为基本单位，把"两学一做"作为党员教育的基本内容，长期坚持、形成常态。突出问题导向，建立完善及时发现和解决问题的有效机制，推动行业各级党组织和党员自觉修正错误、改进提高，着力补齐工作"短板"；注重以上率下，以行业党组织和事务所党组织负责人带头学习、严格落实全面从严治党要求、加强思想政治建设的实际行动，为事务所党组织和广大党员作出示范；强化分类指导，针对大中小不同规模事务所，区分党委、党总支、党支部、联合党支部等不同党组织形式明确工作要求，体现具体化、精准化、差异化；激发基层活力，充分调动党支部积极性主动性创造性，探索创新党内教育和组织生活的有效方法；选树先进典型，引导行业党员向先进典型学习，见贤思齐；坚持常抓不懈，把学习教育与中心工作深度融合，综合运用督导考核等手段，探索"线上""线下"相结合的工作方式，防止和克服紧一阵松一阵、表面化形式化、学习教育与思想工作实际"两张皮"等不良倾向。

三、着眼领会掌握基本精神基本内容基本要求安排学习

行业各级党组织要切实按照中共中央办公厅《关于在全体党员中开展"学党章党规、学系列讲话,做合格党员"学习教育方案》和《意见》,以及财政部党组《注册会计师行业"学党章党规、学系列讲话,做合格党员"学习教育的指导意见》,在引导党员领会掌握基本精神、基本内容、基本要求上下功夫,针对行业从业人员流动性强、外勤作业时间长、长期加班加点的特点和实际情况,科学安排,创新方式方法,注重学习效果。

制定并落实学习安排计划。事务所党组织要按年度作出学习安排,坚持读原著、学原文、悟原理,要把学习习近平总书记系列重要讲话同学习马克思列宁主义、毛泽东思想、邓小平理论、"三个代表"重要思想、科学发展观紧密结合起来;要结合党的重大政治活动、重点工作部署联系实际学、带着问题学、不断跟进学,做到学而信、学而思、学而行。行业各级党组织领导班子成员要根据自身实际制定个人学习计划,坚持缺什么补什么,每年完成规定学习任务。

采取行之有效的学习方式方法。坚持每年"一竿子到底"举办事务所党组织书记远程培训班,在行业继续教育中增加有关学习内容,帮助行业党员领会掌握党章党规和系列讲话基本精神、基本内容、基本要求。各级行业党组织要建立和维护好网上学习平台,事务所党组织要利用其内部管理信息系统、微信等网络方式,及时推送学习资料,方便行业党员采取小型、业余、分散的方式务实灵活地学习。行业各级党组织要通过举办演讲比赛、知识测试、征文等活动,激励督导党员增强学习的主动性积极性。

注重学习效果。要着眼明确基本标准、树立行为规范学习党章党规,深刻认识党章是管党治党的总规矩总遵循,自觉践行党内政治生活准则、廉洁自律准则和党内监督条例、纪律处分条例等党内法规要求。着眼加强理论武装、统一思想行动学习系列讲话,准确把握蕴涵其中的治国理政新理念新思想新战略,领会贯穿其中的马克思主义立场观点方法,筑牢维护习近平同志核心地位、维护党中央权威的思想根基,在推动各项事业发展上体现新担当。

四、按照"四讲四有"标准引导党员做到"四个合格"

行业各级党组织要教育引导广大党员按照"四讲四有"标准,做到政治合格、执行纪律合格、品德合格、发挥作用合格。在政治合格方面,重点是坚定理想信念,正确把握政治方向,坚定站稳政治立场,坚决维护以

习近平同志为核心的党中央权威,不断增强中国特色社会主义道路自信、理论自信、制度自信、文化自信。在执行纪律合格方面,重点是增强组织纪律性,执行党的决定,服从组织分配,严守党的纪律特别是政治纪律和政治规矩。在品德合格方面,重点是继承发扬党的优良传统和作风,大力弘扬忠诚老实、光明坦荡、公道正派、实事求是、艰苦奋斗、清正廉洁等共产党人价值观,带头践行社会主义核心价值观。在发挥作用合格方面,重点是牢记党的根本宗旨,爱岗敬业、履职尽责,服务群众、奉献社会,敢担当、敢负责、敢作为,在深化行业党的建设、推进行业改革发展和服务国家建设的各项事业中发挥先锋模范作用。

创新载体措施,引导督促党员落实"四个合格"要求。组织开展做合格党员大讨论,明确行业党员日常行为规范。广泛推行党员戴党徽亮身份、承诺践诺等做法,增强党性意识,落实党员先进性要求,自觉接受群众监督,发挥先锋模范作用。结合党员个人特长,组织党员利用党员活动日、节假日、业余时间,开展志愿服务和结对帮扶,引导党员团结凝聚广大群众,贯彻党的理论和路线方针政策,积极服务社会。

发挥先进典型示范引领作用,激发争做"四个合格"党员的内生动力。注重发现、培育行业先进典型,大力宣传行业践行"两学一做"优秀党员先进事迹,用身边人、身边事激励党员学习先进,自我提升。设立党员先锋岗、党员示范岗等,调动党员干事创业的积极性,激励党员立足岗位创先争优。

完善党建与业务结合机制,为争做"四个合格"党员提供动力和舞台。结合开展行业主题年活动,立足行业党围绕中心、服务大局的功能定位,进一步探索建立健全行业党建与业务相结合的机制,为发挥事务所党组织战斗堡垒作用和党员先锋模范作用提供机制保障。每年梳理分析行业和事务所发展及党建工作的薄弱环节,研究确立若干重点任务,集中力量攻坚克难,引导党员在急难险重任务中作表率、当先锋。

五、联系思想工作实际经常查找解决问题

要把查找解决问题作为"两学一做"学习教育的规定要求。党员要对照党章党规,对照系列讲话,对照先进典型,把自己摆进去,自省修身,打扫思想灰尘、进行"党性体检",有什么问题解决什么问题,什么问题突出重点解决什么问题;要查找分析理想信念是否坚定、对党是否忠诚老实、大是大非面前是否旗帜鲜明、是否做到在思想上政治上行动上同以习近平同志为核心的党中央保持高度一致,着力解决党的意识不强、组织观念不强、发挥作用不够等问题。事务所党组织要查找分析组织生活是否经常、认真、严肃，党员教育管理监督是否严格、规范，团结教育服务群众是否有力、到位，着力解决政治功能不强、组织软弱涣散、从严治党缺位等问题。要把党的组织生活作为查找解决问题的重要途径，注重听取职工群众的意见和反映，建立完善及时发现和解决问题的有效机制。

落实谈心谈话制度。事务所党组织班子成员之间、班子成员和党员之间、党员和党员之间要开展经常性的谈心谈话，坦诚相见，交流思想，交换意见，及时发现问题。党组织书记要经常与党员谈心谈话，发现问题及时提醒。谈心谈话不仅要结合组织生活会进行，也要体现到日常工作沟通中，用好监督执纪的"四种形态"，抓早抓小，防微杜渐。要将事务所党员的违纪违法违规案例作为反面教材，认真开展警示教育。

认真开好组织生活会。地方行业党组织要根据属地党委部署每年对事务所党员组织生活会作出具体安排。事务所党组织要把组织生活会作为经常查找和解决问题的有效方式，广泛听取群众的意见和反映，深入查摆问题，剖析思想原因，严肃认真地开展批评和自我批评，坚持"团结—批评—团结"，严于解剖自身缺点，热忱帮助同志认识不足，要制定整改方案，认真加以整改。

坚持民主评议党员。以党支部为单位普遍开展党员评议，继续探索完善和推广利用网络开展党员民主评议的工作方式，要重点抓好对党员合伙人（股东）的评议工作。要依据评议结果帮助引导党员自觉认识问题，激励党员自我改进提高。探索建立行业党内监督执纪制度，严格稳慎处置不合格党员。

六、坚持行业党组织、事务所党组织负责人率先垂范

各级行业党组织要建立健全理论中心组学习制度，按年度作出学习安排，以理论中心组学习为主要抓手，组织行业党组织成员深入系统开展集体学习。理论中心组学习要把学习党章党规、学习系列讲话作为主要内容，确定主题，加强研讨式、互动式、调研式学习，发挥引领示范作用。要带头总结行业党建工作规律，对行业党建工作行之有效的做法、实践证明成熟的经验，及时用制度形式固定下来。对工作中存在的问题和薄弱环节，要带头攻坚克难，创新思路，强化举措，不断深化行业党的建设。

事务所党组织班子成员特别是党组织书记要把"两学一做"作为锤炼党性的基本功、必修课，加强政治能力训练，自觉把讲政治贯穿于日常工作生活和党性锻炼的全过程，时刻牢记自己第一身份是党员。要带头学习，不断增强"四个意识"，坚定理想信念、坚定"四个自信"，做到思想认同、政治看齐、行动紧跟。要带头做合格党员、合格书记，时刻检视存在的差距和不足，不断改造自己，提高思想政治觉悟。要践行"三严三实"要求，履职尽责、担当作为，务实功、求实效，积极推进事务所科学发展。要密切联系群众，切实改进作风，推进解决员工反映的问题。

七、把"两学一做"学习教育落实到党支部

党支部是党最基本的组织，是党全部工作和战斗力的基础。要树立党的一切工作到支部的鲜明导向，注重把思想政治工作落到党支部，把从严教育管理党员落到党支部，把群众工作落到党支部。要把"两学一做"落实到党支部，并以"两学一做"为动力，把党支部建设成为教育党员的学校、团结群众的核心、攻坚克难的堡垒。

要把党支部建设作为最重要的基本建设。要结合行业管理服务等工作，健全事务所党的组织和工作动态覆盖机制，优化事务所党组织特别是党支部设置，不断扩大党的组织和工作覆盖。选好配强党支部班子，落实事务所党员负责人担任党组织书记、管理层和党组织班子双向进入和交叉任职要求。加强对事务所党支部书记的培训，帮助其提高党务工作能力。制定事务所党组织工作手册，指导事务所党支部健全各项工作制度，不断规范党的组织生活、按期换届、党费收缴、发展党员等工作。

运用"三会一课"等制度抓好"两学一做"学习教育。党支部要组织党员按期参加党员大会、党小组会和上党课，定期召开支部委员会会议。"三会一课"要突出政治学习和教育，突出党性锻炼，坚决防止表面化、形式化、娱乐化、庸俗化。要以学习党章党规、学习习近平总书记系列重要讲话为主要内容，针对党员思想工作实际，确定"三会一课"的主题和具体方式，做到形式多样、氛围庄重。推广党支部主题党日，组织党员在主题党日开展"三会一课"、集中交纳党费、服务群众等活动。利用红色教育基地开展开放式组织生活。行业各级党组织书记每年至少为行业党员讲一次党课，鼓励普通党员联系实际讲党课，组织党务专家、先进模范等到事务所讲党课。党课内容要贴近党员、贴近实际，不搞照本宣科，注重运用身边事例、现身说法、强化互动交流、答疑解惑，增强党课的吸引力和感染力。

建立事务所党支部工作经常性督查指导机制。持续整顿软弱涣散党支部，为党支部开展工作和活动提供必要保障。事务所党支部要按照"定频次、定主题、定责任"的要求，制定"三会一课"年度计划并报上级党

组织备案，如实、规范记录"三会一课"开展情况，加强检查考核，对没有正当理由长期不参加"三会一课"的党员，要进行批评教育，促其改正。行业党组织要坚持和完善行业党组织联系点制度、分片督导制度等，经常性开展督查，对开展"三会一课"不经常、不认真、不严肃的，要批评纠正；情况严重的，要采取整顿措施，进行组织处理。

八、以压实责任为抓手层层推动工作落实

各级财政部门党组、行业各级党组织要深刻领会"两学一做"学习教育常态化制度化对于全面从严治党的战略性意义和基础性工程的地位，充分认识推进行业"两学一做"学习教育常态化制度化的政治责任，高度重视，精心组织，抓常抓细抓长。

强化责任落实。各级财政部门党组要切实履行指导职责，加大指导支持力度。各级行业党组织要根据属地党委及组织部门要求，每年专门研究部署，结合实际加强督导。事务所党组织要作出具体工作安排。要强化"抓书记、书记抓"的工作机制，有效传递压力，一级抓一级，层层抓落实。

强化督导考核。要建立健全督查机制，定期对"两学一做"学习教育开展情况进行督促检查、分析评估、指导推动，及时总结交流经验，发现和解决存在问题。将组织开展"两学一做"学习教育情况纳入行业各级党组织党建工作考核的重要内容，每年结合年度党建工作总结、述职进行检查和评估，作为评判党组织和党组织书记履行管党治党责任情况的重要依据，注重从党支部工作成效和所属党员作用发挥看效果，让事务所党员群众作评价。要把考核结果与党建资金支持、评先奖优、事务所综合评价等挂起钩来。对工作落实不力、搞形式走过场的，要严肃批评、追责问责。

强化舆论宣传。按照"具体化、接地气、有实效"的要求，在行业党建网、注协网站、会刊、微信公众号，以及事务所内刊、外网、宣传栏等开辟专栏，及时宣传"两学一做"学习教育新要求新进展和好做法好经验，大力宣传行业先进典型，营造推进"两学一做"学习教育常态化制度化的良好氛围。

关于学习贯彻中央统战工作会议和《中国共产党统一战线工作条例（试行）》精神的通知

（2015年7月7日，会行党〔2015〕8号）

各省、自治区、直辖市注册会计师行业（协会）党组织：

中央统战工作会议是党的十八大以来党中央召开的第一次统战工作会议，习近平总书记出席会议并作重要讲话，《中国共产党统一战线条例（试行）》（以下简称《条例》）是中国共产党第一部关于统一战线工作的法规，在统战工作历史上都具有里程碑意义。深入学习贯彻中央统战工作会议和《条例》精神，是当前和今后一个时期统一战线的首要任务。根据中央要求，为切实将中央统战工作会议和《条例》精神学习好、贯彻好、落实好，结合行业实际，现将有关事宜通知如下：

一、加强宣传工作，认真学习、深刻领会中央统战工作会议和《条例》颁布的重要意义

中央统战工作会议和《条例》，特别是习近平总书记的重要讲话，深刻阐述了新形势下关于统一战线的新思想、新观点、新要求，是中国特色社会主义统一战线理论的重大创新成果。各级行业党组织要认真组织学习，贯彻会议精神，真正领会精神实质，把握核心要义。要通过举办座谈会、报告会、茶话会、培训班等多种方式，组织党员干部和党外代表人士认真学习中央统战工作会议和《条例》精神，学深、学透，把思想认识统一到中央精神上来。要充分利用行业网站、微信平台、协会会刊等新闻媒介，广泛深入宣传中央统战工作会议和《条例》精神，积极营造学习贯彻会议和《条例》精神的良好氛围。

要充分认识做好新形势下统战工作和行业党外知识分子工作的重要意义。注册会计师行业作为专业服务业，是新社会组织的重要组成部分，注册会计师等专业服务人士是新社会阶层的重要组成部分，是新形势下统战工作对象之一。加强注册会计师行业统战工作，要高度重视行业党外代表

人士在推动社会经济发展，加强和创新社会治理方面发挥的重要作用，充分认识到加强行业统战工作对于巩固党的社会基础和群众基础的重要意义。注册会计师行业作为社会组织重要组成部分，为超过420万家企业、行政事业单位提供审计、鉴证、咨询等服务，在保障市场经济正常运营，促进国民经济健康发展和社会公平正义中发挥着重要作用。中央统战工作会议中，特别对新社会阶层和人士的统战工作予以强调，体现了中央对新社会阶层统战工作的高度重视，各级行业党组织要充分认识到做好行业统战工作的重要意义和历史责任。

二、加强党的领导，加强组织建设，扎实做好行业党外人士统战工作

中央统战工作会议强调，做好新形势下统战工作最根本的是要坚持党的领导。统战工作是全党的工作，必须全党重视，大家共同来做。近年来，财政部党组的有力领导，行业党委的组织推动，地方党委的具体指导，为各级行业党委统战工作提供了坚实的政治保障。行业统战工作已初步形成了地方党委统一领导，统战工作部门牵头协调，财政部门党组织指导，注册会计师行业党组织具体负责，会计师事务所党组织广泛参与的行业统战工作组织体系。

各级行业党组织要在思想上高度重视，组织上确实保障，把统战工作纳入重要议事日程，行业党组织负责人要带头参加行业统战工作重要活动。

各级行业党组织要深化组织建设，在省级行业党组织中设立统战工作岗，明确统战工作具体负责人，使统战工作有人抓、有人管，从组织上，人员配置上得到保障。要积极加深与当地各级党委及统战部门工作交流和汇报沟通，争取得到他们的指导和帮助，更好做好行业党外知识分子的统战工作。

三、重视党外代表人士的培养，充分发挥党外代表人士作用

中央统战工作会议对做好党外知识分子统战工作作了专门论述，进一步明确了做好各项工作的着力点和具体要求，为开展党外知识分子统战工作指明了方向。习近平总书记指出："党外知识分子工作，是统一战线的基础性、战略性工作。"这个定位进一步提升了党外知识分子工作的地位和作用。做好党外知识分子统战工作，就是要做好培养、使用党外代表人士工作。中央统战工作会议精神强调，培养、使用党外人士是党的一贯政策，重点是科学使用，发挥作用；要加强党外代表人士培养、选拔、使用的工作力度，努力培养造就一批自觉接受中共领导，坚定不移走中国特色社会主义道路，具有较强代表性和参政议政能力的党外代表人士队伍。注

册会计师行业作为社会组织，行业从业人员是新社会阶层人士的一部分，各级行业党组织要做好团结、服务、指导、教育行业党外代表人士的工作，充分发挥他们的作用。

各级行业党组织要以真信任、真倚重、真支持的态度，鼓励他们积极参政议政，落实党外代表人士在参政议政中"有为"。各级行业党组织要定期联系代表人士，了解情况，征求意见，为他们参政议政建言献策，提供支持和保障。要落实党外代表人士在参与行业建设中有职、"有位"。各级行业协会的理事会、常务理事会，要安排一定比例的党外代表人士，积极发挥行业党外代表人士，特别是行业代表委员作用，使之在参与行业建设、社会服务等方面更好凝聚共识，优化决策，反映行业合理诉求，提高社会对行业的认知和公信度。各级行业党组织要加强对行业党外代表人士的组织推荐、思想引导，为他们的成长成才创造更多学习和锻炼的机会。要不失时机，向各级人大、政府、政协和有关人民团体做好党外代表人士的推荐工作，使他们的真才实学回报社会，造福人民。同时，各级行业党组织要做好行业党外代表人士的管理培训工作。习近平总书记指出，党外代表人士工作的关键是加强培养，提高素质。只有把培养这个基础性工作做扎实了，更多的优秀人才才能脱颖而出。各级行业党组织在工作中要做到：

一是建立、完善行业党外人士数据库。要按专业结构、年龄梯次、地区分布等建立党外代表人士信息管理数据库，包括行业党外人士后备队伍数据。

二是持续关注，跟踪培养。各级行业党组织要对行业党外代表人士和后备人选进行培训辅导，定期、不定期组织行业代表人士培训班，为行业代表人士提升履职能力提供培训服务。

三是创造机会，锻炼提升。各级行业党组织要积极推荐行业党外代表人士参加行业执业质量核查，行业科研活动，择优推荐党外代表人士到政府部门和社会组织及国际机构任职、挂职，为党外代表人士成长创造条件，提供更多学习锻炼的机会。

各级行业党组织要借助中央统战工作会议和《条例》颁发的东风，围绕党中央"四个全面"的战略布局，认真把握战略工作特点和规律，做好新社会阶层人士教育引导工作，发挥代表人士的智慧和专业才能，不断提高行业统战工作规范化、制度化建设水平。

中国注册会计师行业党委
2015年7月7日

中国注册会计师行业党委关于认真学习宣传贯彻党的十九大精神的通知

(2017年11月22日,会行党〔2017〕16号)

各省、自治区、直辖市注册会计师行业(协会)党组织:

学习宣传贯彻党的十九大精神是当前和今后一段时期全党全国的首要政治任务。为贯彻落实《中共中央关于认真学习宣传贯彻党的十九大精神的决定》要求,推动注册会计师行业切实把思想统一到党的十九大精神上来,把力量凝聚到实现党的十九大确定的目标任务上来,根据党中央有关精神和财政部党组有关要求,现就有关工作通知如下。

一、充分认识党的十九大的重大意义,准确领会把握党的十九大精神的思想精髓和核心要义

党的十九大是在全面建成小康社会决胜阶段、中国特色社会主义进入新时代的关键时期召开的一次十分重要的大会。大会高举中国特色社会主义伟大旗帜,以马克思列宁主义、毛泽东思想、邓小平理论、"三个代表"重要思想、科学发展观、习近平新时代中国特色社会主义思想为指导,分析了国际国内形势发展变化,回顾和总结了过去5年的工作和历史性变革,作出了中国特色社会主义进入了新时代、我国社会主要矛盾已经转化为人民日益增长的美好生活需要和不平衡不充分的发展之间的矛盾等重大政治论断,深刻阐述了新时代中国共产党的历史使命,确立了习近平新时代中国特色社会主义思想的历史地位,提出了新时代坚持和发展中国特色社会主义的基本方略,确定了决胜全面建成小康社会、开启全面建设社会主义现代化国家新征程的目标,对新时代推进中国特色社会主义伟大事业和党的建设新的伟大工程作出了全面部署。大会批准了习近平同志代表十八届中央委员会所作的《决胜全面建成小康社会夺取新时代中国特色社会主义伟大胜利》的报告,批准了中央纪律检查委员会的工作报告,审议通过了《中国共产党章程(修正案)》,选举产生了新一届中央委员会和中央纪律检查委员会。

认真学习宣传贯彻党的十九大精神,事关党和国家工作全局,事关中国特色社会主义事业长远发展，事关最广大人民根本利益，对于动员全党全国各族人民更加紧密地团结在以习近平同志为核心的党中央周围，高举中国特色社会主义伟大旗帜，坚定道路自信、理论自信、制度自信、文化自信，为实现推进现代化建设、完成祖国统一、维护世界和平与促进共同发展三大历史任务，为决胜全面建成小康社会、夺取新时代中国特色社会主义伟大胜利、实现中华民族伟大复兴的中国梦、实现人民对美好生活的向往继续奋斗，具有重大现实意义和深远历史意义。

学习领会党的十九大精神，必须坚持全面准确，坚持读原著、学原文、悟原理，做到学深悟透。要认真研读党的十九大报告和党章，学习习近平总书记在党的十九届一中全会上的重要讲话精神。要通过学习，深刻领会党的十九大的主题，深刻领会习近平新时代中国特色社会主义思想的历史地位和丰富内涵，深刻领会党的十八大以来党和国家事业发生的历史性变革，深刻领会中国特色社会主义进入了新时代，深刻领会我国社会主要矛盾的变化，深刻领会新时代中国共产党的历史使命，深刻领会实现第一个百年奋斗目标和向第二个百年奋斗目标进军，深刻领会社会主义经济建设、政治建设、文化建设、社会建设、生态文明建设等方面的重大部署，深刻领会国防和军队建设、港澳台工作、外交工作的重大部署，深刻领会坚定不移全面从严治党的重大部署。

注册会计师行业作为社会主义市场经济的制度安排，注册会计师作为中国特色社会主义事业的重要力量，行业党建作为社会组织党建的探路者，在新时代肩负重要责任和使命。行业各级党组织要充分认识学习好、宣传好、贯彻好十九大精神的重大意义，动员和激励行业广大党员和从业人员更加紧密地团结在以习近平同志为核心的党中央周围，坚持以习近平新时代中国特色社会主义思想为指导，增强"四个意识"，坚定"四个自信"，自觉把党的十九大精神贯彻到行业发展和行业党建的各项工作，推动行业党建向纵深发展，促进行业高质量发展。

二、迅速兴起全行业学习宣传党的十九大精神的热潮

学习宣传党的十九大精神，要在学懂、弄通、做实上下功夫，既要整体把握、全面系统，又要突出重点、抓住关键，把着力点聚焦到习近平新时代中国特色社会主义思想是党必须长期坚持的指导思想上，聚焦到5年来党和国家事业取得历史性成就和发生历史性变革上，聚焦到作出中国特色社会主义进入了新时代、我国社会主要矛盾已经转化为人民日益增长的美好生活需要和不平衡不充分的发展之间的矛盾等重大政治论断的深远影响上，聚焦到贯彻落实党的十九大的重大决策部署上，聚焦到以习近平同志为核心的新一届中央领导集体是深受全党全国各族人民拥护和信赖的领导集体上，聚焦到习近平总书记是全党拥护、人民爱戴、当之无愧的党的领袖上。

1. 以上率下推动学习。行业各级党组织和事务所党组织负责人要发挥表率引领作用，要带头学习，先学一步、学深一层，作深入学、持续学的表率。要带头宣讲，联系本地区行业和事务所实际，把党的十九大精神讲清楚，让广大党员和从业人员听得懂、能领会、可落实，以实际行动带动行业广大党员和群众学习。要带头督导，深入行业，深入事务所、项目组了解学习开展情况，组织学习交流，加强对热点难点问题解疑释惑，督促学习宣传工作落到实处。

2. 抓好教育培训。行业各级党组织要开展多形式、分层次、全覆盖的培训，组织行业广大党员从业人员认真学习贯彻党的十九大精神。地方行业党组织要发挥主动性、创造性，通过举办培训班、学习班、研讨班等，对本地区行业党务工作者、党员进行集中培训，切实把本地区的学习贯彻活动策划好、组织好、落实好。事务所党组织要把党的十九大精神作为"两学一做"学习教育常态化制度化重要内容，通过"三会一课"、主题党日等活动，做好学习培训。全国行业党委年底前将举办党的十九大精神远程培训班，"一竿子"到底对全国事务所党组织书记进行培训；举办面向行业党外人士的培训，增进党外人士对党的十九大精神的认知认同；在行业举办的培训班中，也要加入党的十九大精神学习内容。

3. 大力开展全方位宣传。要牢牢把握正确导向，坚持团结稳定鼓劲、正面宣传为主，弘扬主旋律、传播正能量，着力用党的十九大精神统一行业思想、凝聚行业力量。要充分利用各种宣传形式和手段，营造浓厚氛围，在会刊、网站、微信公众号等集中推出学习专栏，利用墙报、电子显示屏等宣传阵地，大力宣传党的十九大精神，让党的十九大精神在全行业人人皆知、深入人心，进一步激发广大从业人员锐意进取、埋头苦干的精神，进一步鼓足干劲，奋勇前进。全国行业党委将带头办好行业党建网"学习贯彻党的十九大精神"专栏。

三、坚持用党的十九大精神统领行业各项工作

行业各级党组织要立足行业改革发展和行业党建实际，紧密联系本地区行业和事务所工作实际及党员思想实际，大力弘扬理论联系实际的马克思主义学风，把学习贯彻党的十九大精神同进一步贯彻落实习近平同志关于注册会计师行业要紧紧抓住服务国家建设这个主题和诚信建设这条主线的重要批示精神紧密结合起来，切实把党的十九大精神落实到行业发展和行业党建工作各个方面。

1. 深刻把握新时代注册会计师行业发展的阶段性特征。要学懂弄通"新时代"这一重大政治判断的丰富内涵，指导行业深入总结过去5年行业围绕服务国家建设这个主题和诚信建设这条主线，深入实施行业发展五大战略，取得的行业整体规模不断扩大，结构布局更加优化，执业质量稳步提升、服务能力明显改善，社会影响显著增强等方面的成就。要深刻认识党的十九大为行业发展提供了重要契机和不竭动力，深入分析新时代行业发展面临的机遇和挑战，在深化行业发展认识上解放思想，深刻把握新时代行业发展变化特征、趋势和规律。要在新时代行业发展阶段变化上形成共识，抢抓机遇，勇敢迎接挑战，牢牢把握新时代行业发展的主动权，保证行业在新时代有新作为、新起色和新成就。

2. 坚持用习近平新时代中国特色社会主义思想武装头脑、指导行业实践。要把用习近平新时代中国特色社会主义思想武装头脑作为头等大事切实抓紧抓好。在广泛宣传、持续学习、深入研讨习近平新时代中国特色社会主义思想中，注重教育引导行业广大从业人员联系党的十八大以来个人成长、行业改革发展成就、党和国家事业发生历史性变革、中国国际地位和作用显著提升等，深刻领会这一思想的时代背景、历史地位、科学体系、精神实质、实践要求，使习近平新时代中国特色社会主义思想入心入脑。要自觉把习近平新时代中国特色社会主义思想贯彻到行业实践全过程，体现到行业发展的各个方面，指导行业"十三五"发展规划和信息化规划实施，完善行业发展制度机制，着力推动行业信息化建设、国际化建设、注册会计师队伍职业化建设，以及专业服务市场建设，着力解决行业发展不平衡不充分问题。

3. 服务党的十九大战略部署的落实，实现行业高质量发展。要对照党的十九大战略部署谋划发展，把党的十九大提出的战略部署转化为本地区行业和事务所的工作任务，对照自身职责能力定位，实现战略、规划、目标和任务的对接，确保行业发展始终与党的要求和国家发展同向。要大力加强自身建设，毫不松懈地推进行业诚信体系建设，推进事务所品牌建设；要加强行业人才队伍建设，加大行业领军人才培养力度，大胆探索行业人才队伍激励机制，筑牢行业发展根基；要狠抓行业监管，突出质量要求，严格市场准入，强化后续监管，加大处罚力度，将监管压力转化为事务所改进提升执业质量的不竭动力，不断提高行业服务能力和服务水平，推动行业由高速增长转向高质量发展。事务所要抓住落实党的十九大战略部署带来的发展机遇，大力拓展市场，扩大服务范围，增加服务品种，创新服务方式，提高服务质量和效率，为实现党的十九大提出的目标任务作出积极贡献。

4. 按照新时代党的建设总要求推进行业党建向纵深发展。要按照党的十九大提出的新时代党的建设总要求，提高行业党建工作质量，把行业各级党组织建设得更加有力，为行业发展提供坚强的组织保证。始终把党的政治建设放在首位，教育引导行业广大党员旗帜鲜明讲政治，树牢"四个意识"，坚定"四个自信"，做到"四个服从"，坚决维护习近平总书记的核心地位，坚决维护党中央权威和集中统一领导。加强思想建设，按照党中央统一部署，结合推进"两学一做"学习教育常态化制度化，开展"不忘初心、牢记使命"主题教育，学习贯彻习近平新时代中国特色社会主义思想，在学思践悟、知行合一上下功夫、求实效。加强组织建设，以提升组织力为重点，突出政治功能，把行业各级党组织建设成为宣传党的主张、贯彻党的决定、领导基层治理、团结动员群众、推动改革发展的坚强战斗堡垒，切实担负好《党章》规定的职责任务，引导党员发挥先锋模范作用。坚持"三会一课"制度，进一步优化事务所党组织设置，扩大行业党组织的覆盖面，推进活动方式创新，加强党组织带头人队伍建设。加强行业党的作风建设，巩固拓展党的群众路线教育实践活动成果，构建作风建设长效机制，引导党员群众培育良好行风，营造向上氛围。探索加强行业党的纪律建设，建立健全行业党内监督体制机制，加强纪律教育，强化纪律执行，让党员知敬畏、存戒惧、守底线。

四、切实加强对行业学习宣传贯彻党的十九大精神的组织领导

行业各级党组织要严格落实《中共中央关于认真学习宣传贯彻党的十九大精神的决定》要求，切实加强对行业学习宣传贯彻党的十九大精神的组织领导，不断把学习宣传贯彻工作引向深入。

1. 切实落实领导责任。行业各级党组织要把学习宣传贯彻党的十九大精神摆上重要议事日程，按照中央、属地党委部署和行业党委的要求，结合本地区行业和事务所实际，迅速行动、周密部署、精心组织，制定学习宣传贯彻党的十九大精神方案，着力抓好学习宣传贯彻工作。要加强工作指导和督促检查，行业各级党组织书记要靠前指挥，抓方案部署的贯彻落实。要加强对事务所党组织学习宣传情况的检查督导，把学习宣传情况作为考核评先选优的重要依据，确保学习宣传活动迅速展开、全面覆盖。

要充分发挥工青妇组织的各自优势,开展各具特色的学习宣传活动。

2. 创新方式方法。行业各级党组织和事务所党组织要不断创新方式方法和平台载体,着力增强学习宣传党的十九大精神的吸引力感染力。要结合行业工作特点,坚持既严谨又生动,运用党员和从业人员乐于参与、便于参与的方式,采取富有时代特色、体现实践要求的方法,在拓展广度深度上下功夫。要充分运用新技术新应用创新媒体传播方式,不断增强学习宣传贯彻的效果,通过开通网络课程、开展网上交流等形式,为党员学习提高提供便捷渠道,帮助事务所党员克服工学矛盾。

3. 注重实效。要在系统学习领会的基础上,有针对性地开展深入学习讨论与调查研究,把党的十九大精神的学习转化为促进工作的思路和举措,务求取得实效。要加强支部内部党员之间、党小组之间及各事务所党组织之间的交流互动,相互促进,共同提高,真正学以致用。要把学习宣传贯彻十九大精神融入到业务工作中,做到目标同向、安排同步、工作同力,完善两手抓、两促进的工作机制。要深入挖掘、及时总结推广学习宣传贯彻十九大精神中的好做法、好经验,真正使党的十九大精神在注册会计师行业落地生根。

各地行业党组织制定计划及推进学习宣传贯彻党十九大精神情况,请及时报送中国注册会计师行业党委。

中国注册会计师行业党委
2017 年 11 月 22 日

中国注册会计师行业制度全编
(增补本·2018)

附 录

《中国注册会计师行业制度全编》及《中国注册会计师行业制度全编（增补本）》中已失效或废止制度一览表

制度名称	所在卷目及页码	发文单位	说明
注册会计师全国统一考试办法（2009年财政部令第55号）	行业管理卷17页	财政部	已修订。2014年4月财政部修订发布《注册会计师全国统一考试办法》（财政部令第75号）
财政部关于印发《香港特别行政区、澳门特别行政区、台湾地区居民及外国人参加中华人民共和国注册会计师全国统一考试办法》的通知（财会〔2009〕4号）	行业管理卷20页	财政部	已修订。2014年6月财政部修订发布《香港特别行政区、澳门特别行政区、台湾地区居民及外国人参加中华人民共和国注册会计师全国统一考试办法》（财会〔2014〕22号）
注册会计师考试管理工作指南（财考办〔2010〕136号） 注册会计师全国统一考试考务工作规则（财考〔2010〕6号） 注册会计师全国统一考试监考人员工作规则（财考〔2010〕6号） 注册会计师全国统一考试应考人员考场守则（财考〔2010〕6号）	行业管理卷22、39、52、56页	财政部	已修订。2014年6月财政部印发《注册会计师全国统一考试应考人员考场守则》等5项考试管理制度的通知（财考〔2014〕6号）及《注册会计师全国统一考试考务管理办法》等7项考试管理制度的通知（财考〔2014〕7号）

续表

制度名称	所在卷目及页码	发文单位	说 明
财政部注册会计师考试委员会办公室关于转发《国家计委关于注册会计师考试收费标准问题的通知》的通知（财考办〔2001〕13号）	行业管理卷87页	财政部	已有新规定。2015年6月发改委和财政部联合发布《国家发展改革委 财政部关于改革全国性职业资格考试收费标准管理方式的通知》（发改价格〔2015〕1217号）
会计师事务所审批和监督暂行办法（2005年财政部令24号）	行业管理卷95页	财政部	已有新规定。2017年8月财政部发布《会计师事务所执业许可和监督管理办法》（财政部令第89号）
中国注册会计师协会关于发布《会计师事务所综合评价办法（试行）》的通知（会协〔2011〕41号）	行业管理卷156页	中国注册会计师协会	已有新规定。2015年7月中注协发布《会计师事务所综合评价办法（2015修订）》（会协〔2015〕42号）
关于印发《注册会计师专业方向资助资金使用管理暂行办法》的通知（会协〔2011〕107号）	行业管理卷339页	中国注册会计师协会	政策变更
关于印发《注册会计师专业方向院校考核办法》的通知（会协〔2011〕118号）	行业管理卷341页	中国注册会计师协会	政策变更
执业质量兼职检查员管理办法（会协〔2009〕66号） 中国注册会计师协会执业质量检查人员和检查组工作质量考核评价办法（会协办〔2011〕18号）	行业管理卷368、370页	中国注册会计师协会	已修订。2014年7月中注协对《中国注册会计师协会执业质量兼职检查员管理办法》（会协〔2009〕66号）和《中国注册会计师协会执业质量检查人员和检查组工作质量考核评价办法》（会协办〔2011〕18号）进行修订，合并为《中国注册会计师协会执业质量检查人员管理办法》（会协办〔2014〕37号）

续表

制度名称	所在卷目及页码	发文单位	说　明
关于印发《注册会计师业务指导目录（2012年）》的通知（会协〔2011〕117号）	行业发展卷261页	中国注册会计师协会	已修订。2014年5月中注协修订印发《注册会计师业务指导目录（2014年）》（会协〔2014〕28号）
中国注册会计师审计准则第1111号——就审计业务约定条款达成一致意见（2010年11月1日修订）	执业准则卷（上）28页	财政部	已修订。2016年12月财政部修订发布中国注册会计师审计准则第1111号——就审计业务约定条款达成一致意见（2016年12月23日修订）
中国注册会计师审计准则第1131号——审计工作底稿（2010年11月1日修订）	执业准则卷（上）38页	财政部	已修订。2016年12月财政部修订发布中国注册会计师审计准则第1131号——审计工作底稿（2016年12月23日修订）
中国注册会计师审计准则第1151号——与治理层的沟通（2010年11月1日修订）	执业准则卷（上）57页	财政部	已修订。2016年12月财政部修订发布中国注册会计师审计准则第1151号——与治理层的沟通（2016年12月23日修订）
中国注册会计师审计准则第1301号——审计证据（2010年11月1日修订）	执业准则卷（上）95页	财政部	已修订。2016年12月财政部修订发布中国注册会计师审计准则第1301号——审计证据（2016年12月23日修订）
中国注册会计师审计准则第1324号——持续经营（2010年11月1日修订）	执业准则卷（上）123页	财政部	已修订。2016年12月财政部修订发布中国注册会计师审计准则第1324号——持续经营（2016年12月23日修订）

续表

制度名称	所在卷目及页码	发文单位	说明
中国注册会计师审计准则第1332号——期后事项（2010年11月1日修订）	执业准则卷（上）131页	财政部	已修订。2016年12月财政部修订发布中国注册会计师审计准则第1332号——期后事项（2016年12月23日修订）
中国注册会计师审计准则第1341号——书面声明（2010年11月1日修订）	执业准则卷（上）136页	财政部	已修订。2016年12月财政部修订发布中国注册会计师审计准则第1341号——书面声明（2016年12月23日修订）
中国注册会计师审计准则第1501号——对财务报表形成审计意见和出具审计报告（2010年11月1日修订）	执业准则卷（上）159页	财政部	已修订。2016年12月财政部修订发布中国注册会计师审计准则第1501号——对财务报表形成审计意见和出具审计报告（2016年12月23日修订）
中国注册会计师审计准则第1502号——在审计报告中发表非无保留意见（2011年11月1日修订）	执业准则卷（上）166页	财政部	已修订。2016年12月财政部修订发布中国注册会计师审计准则第1502号——在审计报告中发表非无保留意见（2016年12月23日修订）
中国注册会计师审计准则第1521号——注册会计师对含有已审计财务报表的文件中的其他信息的责任（2010年11月1日修订）	执业准则卷（上）178页	财政部	已修订。2016年12月财政部修订发布中国注册会计师审计准则第1521号——注册会计师对其他信息的责任（2016年12月23日修订）

续表

制度名称	所在卷目及页码	发文单位	说明
《中国注册会计师审计准则第1111号——就审计业务约定条款达成一致意见》应用指南（2010年11月1日修订）	执业准则卷（上）355页	中国注册会计师协会	已修订。2017年2月中注协修订发布《中国注册会计师审计准则第1111号——就审计业务约定条款达成一致意见》应用指南（2017年2月28日修订）
《中国注册会计师审计准则第1121号——对财务报表审计实施的质量控制》应用指南（2010年11月1日修订）	执业准则卷（上）372页	中国注册会计师协会	已修订。2017年2月中注协修订发布《中国注册会计师审计准则第1121号——对财务报表审计实施的质量控制》应用指南（2017年2月28日修订）
《中国注册会计师审计准则第1131号——审计工作底稿》应用指南（2010年11月1日修订）	执业准则卷（上）380页	中国注册会计师协会	已修订。2017年2月中注协修订发布《中国注册会计师审计准则第1131号——审计工作底稿》应用指南（2017年2月28日修订）
《中国注册会计师审计准则第1151号——与治理层的沟通》应用指南（2010年11月1日修订）	执业准则卷（上）418页	中国注册会计师协会	已修订。2017年2月中注协修订发布《中国注册会计师审计准则第1151号——与治理层的沟通》（2017年2月28日修订）
《中国注册会计师审计准则第1321号——审计会计估计（包括公允价值会计估计）和相关披露》应用指南（2010年11月1日修订）	执业准则卷（上）559页	中国注册会计师协会	已修订。2017年2月中注协修订发布《中国注册会计师审计准则第1321号——审计会计估计（包括公允价值会计估计）和相关披露》应用指南（2017年2月28日修订）

续表

制度名称	所在卷目及页码	发文单位	说　明
《中国注册会计师审计准则第1324号——持续经营》应用指南（2010年11月1日修订）	执业准则卷（下）606页	中国注册会计师协会	已修订。2017年2月中注协修订发布《中国注册会计师审计准则第1324号——持续经营》应用指南（2017年2月28日修订）
《中国注册会计师审计准则第1331号——首次审计业务涉及的期初余额》应用指南（2010年11月1日修订）	执业准则卷（下）613页	中国注册会计师协会	已修订。2017年2月中注协修订发布《中国注册会计师审计准则第1331号——首次审计业务涉及的期初余额》应用指南（2017年2月28日修订）
《中国注册会计师审计准则第1332号——期后事项》应用指南（2010年11月1日修订）	执业准则卷（下）619页	中国注册会计师协会	已修订。2017年2月中注协修订发布《中国注册会计师审计准则第1332号——期后事项》应用指南（2017年2月28日修订）
《中国注册会计师审计准则第1401号——对集团财务报表审计的特殊考虑》应用指南（2010年11月1日修订）	执业准则卷（下）632页	中国注册会计师协会	已修订。2017年2月中注协修订发布《中国注册会计师审计准则第1401号——对集团财务报表审计的特殊考虑》应用指南（2017年2月28日修订）
《中国注册会计师审计准则第1501号——对财务报表形成审计意见和出具审计报告》应用指南（2010年11月1日修订）	执业准则卷（下）674页	中国注册会计师协会	已修订。2017年2月中注协修订发布《中国注册会计师审计准则第1501号——对财务报表形成审计意见和出具审计报告》应用指南（2017年2月28日修订）

续表

制度名称	所在卷目及页码	发文单位	说明
《中国注册会计师审计准则第1502号——在审计报告中发表非无保留意见》应用指南（2010年11月1日修订）	执业准则卷（下）685页	中国注册会计师协会	已修订。2017年2月中注协修订发布《中国注册会计师审计准则第1502号——在审计报告中发表非无保留意见》应用指南（2017年2月28日修订）
《中国注册会计师审计准则第1503号——在审计报告中增加强调事项段和其他事项段》应用指南（2010年11月1日修订）	执业准则卷（下）697页	中国注册会计师协会	已修订。2017年2月中注协修订发布《中国注册会计师审计准则第1503号——在审计报告中增加强调事项段和其他事项段》应用指南（2017年2月28日修订）
《中国注册会计师审计准则第1511号——比较信息：对应数据和比较财务报表》应用指南（2010年11月1日修订）	执业准则卷（下）702页	中国注册会计师协会	已修订。2017年2月中注协修订发布《中国注册会计师审计准则第1511号——比较信息：对应数据和比较财务报表》应用指南（2017年2月28日修订）
《中国注册会计师审计准则第1521号——注册会计师对含有已审计财务报表的文件中的其他信息的责任》应用指南（2010年11月1日修订）	执业准则卷（下）712页	中国注册会计师协会	已修订。2017年2月中注协修订发布《中国注册会计师审计准则第1521号——注册会计师对其他信息的责任》应用指南（2017年2月28日修订）
财政部 中国人民银行关于做好企业的银行存款借款及往来款项函证工作的通知（财协字〔1999〕1号）	实务指引卷（下）1330页	财政部、中国人民银行	已有新规定。2016年财政部、银监会发布《财政部 银监会关于进一步规范银行函证及回函工作的通知》（财会〔2016〕13号）

续表

制度名称	所在卷目及页码	发文单位	说　明
中国注册会计师协会关于发布《会计师事务所综合评价办法》的通知（会协〔2014〕22号）	2014年增补本176页	中国注册会计师协会	已有新规定。2015年7月中注协发布《会计师事务所综合评价办法（2015修订）》（会协〔2015〕42号）
会计师事务所信息化建设奖励办法（会协〔2014〕48号）	2014年增补本287页	中国注册会计师协会	有效期已过

（截至2017年12月31日）